Lernbücher Jura

Sachenrecht

Wolfgang Lüke

Sachenrecht

von

Dr. Wolfgang Lüke, LL.M. (Chicago)

o. Professor an der Technischen Universität Dresden

Verlag C.H.Beck München 2009

Verlag C.H.Beck im Internet:
beck.de

ISBN 978 3 406 55979 2

© 2009 Verlag C.H.Beck oHG
Wilhelmstraße 9, 80801 München
Druck und Bindung: Nomos Verlagsgesellschaft
In den Lissen 12, 76547 Sinzheim

Satz: ottomedien, Marburger Straße 11, 64289 Darmstadt

Gedruckt auf säurefreiem, alterungsbeständigem Papier
(hergestellt aus chlorfrei gebleichtem Zellstoff)

Vorwort

Das Sachenrecht ist „Kernbereich des Bürgerlichen Rechts" (§ 5a Abs. 2 S. 3 DRiG) und nach den Prüfungsordnungen der Länder Pflichtfach in der Ersten Juristischen Staatsprüfung (z. B. § 8 Abs. 2 Nr. 1 JAPrO BW; § 18 Abs. 2 Nr. 1 lit. a JAPO Bayern; § 11 Abs. 2 Nr. 1 lit. d JAG NRW; § 14 Abs. 3 Nr. 1 lit. c SächsJAPO). Den Studierenden fällt der Zugang zu diesem Rechtsgebiet häufig schwer, das nicht zuletzt deshalb im Studium zu den weniger beliebten Materien des Bürgerlichen Rechts gehört. Aus didaktischer Sicht ist das sehr bedauerlich, stellt das Sachenrecht doch eine in sich geschlossene Teilrechtsordnung dar, die systematisches Vorgehen erfordert und belohnt. Aber auch seine praktische Bedeutung verlangt, dass der Studierende sich um solide Kenntnisse des Sachenrechts bemüht.

Der vorliegende Band versucht, hierfür ein Hilfsmittel zu sein und zugleich Interesse am Sachenrecht zu wecken. Entsprechend dem Charakter der Reihe stellt er ein Lernbuch dar, das sich auf Grundlagen beschränkt und nicht wissenschaftlichen Zielsetzungen dient. Die Nachweise sind daher knapp gehalten und sollen eine Vertiefung ermöglichen. Das Buch ist zum Durcharbeiten und individuellen Ergänzen gedacht. Es verlangt bei der Lektüre kritisches Mitdenken und nicht ein rein rezeptives Durchlesen. Hierbei sollen Strukturen und Grundwissen des Sachenrechts vermittelt werden. Die Kontroll- und Verständnisfragen bieten die Möglichkeit zu prüfen, ob das Gelesene zutreffend erfasst wurde. Exemplarische Entscheidungen aus der höchstrichterlichen Rechtsprechung und darauf bezogene Fragen sollen den Studierenden an die Lektüre der Entscheidungsliteratur heranführen. Die Fälle orientieren sich zwar an den Klausurerfordernissen, deren Lösungen gehen teilweise aber darüber hinaus, da sich in ihrem Kontext das eine oder andere Problem vertiefend ansprechen lässt. Dringend empfohlen wird, sich zu den Fällen jeweils Skizzen anzufertigen (auf die aus Raumgründen im Buch verzichtet wurde) und zunächst eine eigene Lösung zu erarbeiten.

Der Band beruht auf den Erfahrungen, die der Verfasser im Laufe seiner bisherigen Berufsjahre während der vielfach gehaltenen Vorlesung zum Sachenrecht machen konnte. Das Buch richtet sich in erster Linie an den Anfänger, ist aber ebenfalls zur Überprüfung des Kenntnisstandes in der Examensvorbereitungsphase geeignet.

Der Verfasser hat den Mitarbeitern seines Lehrstuhles nicht nur für die Unterstützung bei der Erstellung des Manuskripts, sondern auch für zahlreiche Hinweise zu danken. Namentlich waren dies seit Beginn der Arbeiten Frau Rechtsanwältin *Milena Wenske*, die Herren Richter *Ulrich Stengel* und

Rechtsanwalt *Torsten Ellke* sowie meine gegenwärtigen wissenschaftlichen Mitarbeiter, die Herren Assessoren *Alexander Scherz* und *Johannes Clasen*.

Dresden, im Juni 2009   *Wolfgang Lüke*

Inhaltsverzeichnis

§ 3. Das Eigentum

§ 6. Gesetzlicher Eigentumserwerb

§ 7. Der Herausgabeanspruch des Eigentümers nach § 985

§ 8. Die weiteren Ansprüche des Eigentümer-Besitzer-Verhältnisses

§ 9. Das Grundbuch

§ 10. Übertragung von Eigentum an unbeweglichen Sachen

§ 11. Vormerkung und dingliches Vorkaufsrecht

§ 14. Der einfache Eigentumsvorbehalt

§ 15. Die besonderen Formen des Eigentumsvorbehalts

§ 16. Sicherungseigentum

§ 17. Pfandrecht

§ 18. Hypothek

§ 19. Die Grundschuld

§ 20. Nutzungsrechte

Abkürzungsverzeichnis

a. A.	andere(r) Ansicht
a. a. O.	am angegebenen Ort
Abb.	Abbildung
abl.	ablehnend
Abs.	Absatz
Abt.	Abteilung
AcP	Archiv für die civilistische Praxis (Band (Jahr), Seite)
a. E.	am Ende
a. F.	alte Fassung
AGB	Allgemeine Geschäftsbedingungen
AGBG	Gesetz über Allgemeine Geschäftsbedingungen
AktG	Aktiengesetz
Alt.	Alternative
a. M.	andere(r) Meinung
Anm.	Anmerkung
arg.	argumentum
Arg.	Argument
Art.	Artikel
Artt.	Artikel (Plural)
Aufl.	Auflage
ausf.	ausführlich
BauGB	Baugesetzbuch
BayObLG	Bayerisches Oberstes Landesgericht
BayObLGE	Entscheidungen des BayObLG (amtliche Sammlung) (Jahr, Seite)
BB	Der Betriebs-Berater (Jahr, Seite)
BBergG	Bundesberggesetz
BbgBO	Brandenburgische Bauordnung
Bd.	Band
BesR	Besitzrecht
BGB	Bürgerliches Gesetzbuch
BGBl.	Bundesgesetzblatt (Jahr, Band, Seite)
BGH	Bundesgerichtshof
BGHR	BGH – Rechtsprechung Zivilsachen (Jahr, Seite)
BGHZ	Entscheidungen des Bundesgerichtshofs in Zivilsachen (Band, Seite)
BMV	Besitzmittlungsverhältnis
BNatSchG	Gesetz über Naturschutz und Landschaftspflege (Bundesnaturschutzgesetz)
Bsp.	Beispiel
bspw.	beispielsweise
BT-Drs.	Bundestags-Drucksache
BVerfG	Bundesverfassungsgericht
BVerfGE	Entscheidungen des Bundesverfassungsgerichts (Band, Seite)

bzgl. . . . . bezüglich
bzw. . . . . beziehungsweise

DDR . . . . Deutsche Demokratische Republik
DepotG . . . . . . Depotgesetz
dgl. . . . . dergleichen
d.h. . . . . das heißt
d.i. . . . . das ist
DNotZ . . . . . . Deutsche Notar-Zeitschrift (Jahr, Seite)

ebd. . . . . ebenda
EBE . . . . Eildienst: Bundesgerichtliche Entscheidungen (Jahr, Seite)
EBV . . . . Eigentümer-Besitzer-Verhältnis
EGBGB . . . . . . Einführungsgesetz zum Bürgerlichen Gesetzbuch
ErbbauRG . . . . Gesetz über das Erbbaurecht
ETVB . . . . Eigentumsvorbehalt
EuZW . . . . Europäische Zeitschrift für Wirtschaftsrecht (Jahr, Seite)

f. . . . . folgende (Singular)
FamRZ . . . . . . Zeitschritt für das gesamte Familienrecht (Jahr, Seite)
ff. . . . . folgende (Plural)
FGG . . . . Gesetz über die Angelegenheiten der freiwilligen Gerichtsbarkeit
Fn. . . . . Fußnote
FStrG . . . . Bundesfernstraßengesetz

GBO . . . . Grundbuchordnung
GbR . . . . Gesellschaft bürgerlichen Rechts
GBV . . . . Verordnung zur Durchführung der Grundbuchordnung (Grundbuch-
                     verfügung)
gem. . . . . gemäß
GG . . . . Grundgesetz für die Bundesrepublik Deutschland
ggf. . . . . gegebenenfalls
GmbH . . . . Gesellschaft mit beschränkter Haftung
GmbHG . . . . . Gesetz betreffend die Gesellschaften mit beschränkter Haftung
GoA . . . . Geschäftsführung ohne Auftrag
grds. . . . . grundsätzlich
GrdstVG . . . . . Gesetz über Maßnahmen zur Verbesserung der Agrarstruktur und zur
                     Sicherung land- und forstwirtschaftlicher Betriebe, Grundstückver-
                     kehrsgesetz
GV . . . . Gerichtsvollzieher
GVBl. . . . . Gesetz- und Verordnungsblatt

HausratsVO . . . Hausratsverordnung
HBO . . . . Hessische Bauordnung
Hdb. . . . . Handbuch
HGB . . . . Handelsgesetzbuch
h.L. . . . . herrschende Lehre
h.M. . . . . herrschende Meinung
HS . . . . Halbsatz

i.d.R. . . . . in der Regel
i.d.S. . . . . in dem Sinne
i.H. . . . . in Höhe
i.H.v. . . . . in Höhe von
insb. . . . . insbesondere
InsO . . . . Insolvenzordnung
InvG . . . . Investmentgesetz
i.S. . . . . im Sinne
i.S.d. . . . . im Sinne des
i.S.v. . . . . im Sinne von
i.Ü. . . . . im Übrigen
i.V. . . . . in Verbindung
i.V.m. . . . . in Verbindung mit

JA . . . . Juristische Arbeitsblätter (Jahr, Seite)
JR . . . . Juristische Rundschau (Jahr, Seite)
Jura . . . . Juristische Ausbildung (Jahr, Seite)
JuS . . . . Juristische Schulung (Jahr, Seite)
JZ . . . . Juristenzeitung (Jahr, Seite)

Kap. . . . . Kapitel
KapMuG . . . . . Gesetz zur Einführung von Kapitalanleger-Musterverfahren
Kfz . . . . Kraftfahrzeug
KG . . . . Kammergericht/Kommanditgesellschaft
krit. . . . . kritisch

LG . . . . Landgericht
lit. . . . . litera
Lit. . . . . Literatur

MaBV . . . . Makler- und Bauträgerverordnung
m.Anm. . . . . . . mit Anmerkung
m.a.W. . . . . mit anderen Worten
MDR . . . . Monatsschrift für Deutsches Recht (Jahr, Seite)
m.E. . . . . meines Erachtens
mgl. . . . . möglich
MM . . . . Mindermeinung
m.w.N. . . . . . . mit weiteren Nachweisen

NBauO . . . . . . Niedersächsische Bauordnung
n.F. . . . . neue Fassung
NJW . . . . Neue Juristische Wochenschrift (Jahr, Seite)
NJW-RR . . . . . NJW-Rechtsprechungs-Report Zivilrecht (Jahr, Seite)
Nr. . . . . Nummer
NZM . . . . Neue Zeitschrift für Miet- und Wohnungsrecht

o. . . . . oben
OHG . . . . Offene Handelsgesellschaft
OLG . . . . Oberlandesgericht

Pkw . . . .   Personenkraftwagen
probl. . . . .   problematisch

RDG . . . .   Rechtsdienstleistungsgesetz
Rn. . . . .   Randnummer(n)
RegE . . . .   Regierungsentwurf
RGBl. . . . . . .   Reichsgesetzblatt
RGZ . . . .   Entscheidungen des Reichsgerichts in Zivilsachen (Band, Seite)
RPflG . . . .   Rechtspflegergesetz
RSiedlG . . . .   Reichssiedlungsgesetz
Rspr. . . . .   Rechtsprechung

s. . . . .   siehe
S. . . . .   Seite
SachenRBerG .   Sachenrechtsbereinigungsgesetz
SächsBO . . . . .   Sächsische Bauordnung
SächsDSchG . . .   Gesetz zum Schutz und zur Pflege der Kulturdenkmale im Freistaat
                     Sachsen (Sächsisches Denkmalschutzgesetz)
SächsNatSchG .   Sächsisches Gesetz über Naturschutz und Landschaftspflege (Sächsi-
                     sches Naturschutzgesetz)
SächsWaldG . . .   Waldgesetz für den Freistaat Sachsen
ScheckG . . . . .   Scheckgesetz
SchiffsRegO . . .   Schiffsregisterordnung
SchiffsRG . . . .   Gesetz über die Rechte an eingetragenen Schiffen und Schiffsbauwer-
                     ken
sog. . . . .   sogenannte (r, n, s)
StGB . . . .   Strafgesetzbuch
StPO . . . .   Strafprozessordnung
str. . . . .   streitig
st. Rspr. . . . . . .   ständige Rechtsprechung
SÜ . . . .   Sicherungsübereignung

u. . . . .   unten/unter
u.a. . . . .   unter anderen(m), und andere
u.ä. . . . .   und ähnliche(m, n, s)
unstr. . . . .   unstreitig
usw. . . . .   und so weiter

v. . . . .   von/vom
v. a. . . . .   vor allem
Var. . . . .   Variante
Verf. . . . .   Verfasser
vgl. . . . .   vergleiche
Vorbem. . . . . . .   Vorbemerkung(en)

WEG . . . .   Gesetz über das Wohnungseigentum und das Dauerwohnrecht, Woh-
                     nungseigentumsgesetz
WHG . . . .   Gesetz zur Ordnung des Wasserhaushalts
WM . . . .   Wertpapier-Mitteilungen (Jahr, Seite)

z.B. . . . . zum Beispiel
ZfIR . . . . Zeitschrift für Immobilienrecht (Jahr, Seite)
ZGB . . . . Zivilgesetzbuch der DDR
Ziff. . . . . Ziffer
ZMR . . . . Zeitschrift für Miet- und Raumrecht (Jahr, Seite)
ZPO . . . . Zivilprozessordnung
z.T. . . . . zum Teil
zust. . . . . zustimmend
ZVG . . . . Gesetz über die Zwangsversteigerung und Zwangsverwaltung
z. Zt. . . . . zur Zeit

Paragraphen ohne Gesetzesangabe sind solche des BGB.

Verzeichnis der abgekürzt zitierten Literatur

AnwK/*Bearbeiter* . . . . Anwaltkommentar BGB, Bd. 3, Sachenrecht, 2. Aufl. 2008

B/L/A/H . . . . *Baumbach/Lauterbach/Albers/Hartmann*, ZPO, 67. Aufl. 2009

Bamberger/Roth/*Bearbeiter* . . . . . *Bamberger/Roth*, BGB, 2. Aufl. 2007 f.

Baur/Stürner . . . . *Baur/Stürner,* Sachenrecht, 18. Aufl. 2009

Bork, AT . . . . *Bork*, Allgemeiner Teil des BGB, 2. Aufl. 2006

Brehm/Berger . . . . *Brehm/Berger*, Sachenrecht, 2. Aufl. 2006

Bülow . . . . *Bülow*, Recht der Kreditsicherheiten, 7. Aufl. 2006

Demharter . . . . *Demharter*, Grundbuchordnung, 26. Aufl. 2008

Erman/*Bearbeiter* . . . . *Erman*, Bürgerliches Gesetzbuch, 12. Aufl. 2008

Grziwotz/Lüke/Saller . . . . *Grziwotz/Lüke/Saller*, Praxishandbuch Nachbarrecht, 2005

Jauernig/*Bearbeiter* . . . . *Jauernig*, Bürgerliches Gesetzbuch, 12. Aufl. 2007

Kropholler . . . . *Kropholler*, Studienkommentar BGB, 11. Aufl. 2008

Medicus, BR . . . . *Medicus,* Bürgerliches Recht, 21. Aufl. 2007

MünchKomm-BGB/*Bearbeiter* . . . Münchener Kommentar zum Bürgerlichen Gesetzbuch, 5. Aufl. 2006 ff.; Bd. 6: Sachenrecht, 4. Aufl. 2004; Bd. 7: Familienrecht I, 4. Aufl. 2004

MünchKomm-ZPO/*Bearbeiter* . . Münchener Kommentar zur Zivilprozessordnung, 3. Aufl. 2007 f.

Palandt/*Bearbeiter* . . . . *Palandt*, Bürgerliches Gesetzbuch, 68. Aufl. 2009

Prütting . . . . *Prütting*, Sachenrecht, 33. Aufl. 2008

PWW/*Bearbeiter* . . . . *Prütting/Wegen/Weinreich*, BGB, 4. Aufl. 2009

Reinicke/Tiedtke . . . . *Reinicke/Tiedke*, Kreditsicherung, 5. Aufl. 2006

Rosenberg/Gaul/Schilken . . . . *Rosenberg/Gaul/Schilken*, Zwangsvollstreckungsrecht, 11. Aufl. 1997

Rüthers/Stadler . . . . *Ruthers/Stadler*, Allgemeiner Teil des BGB, 15. Aufl. 2007

Schellhammer . . . . *Schellhammer*, Sachenrecht nach Anspruchsgrundlagen, 2. Aufl. 2005

Soergel/*Bearbeiter* . . . . *Soergel,* Bürgerliches Gesetzbuch, Kommentar, 13. Aufl. 2002 ff.

Staudinger/*Bearbeiter* . . . . *Staudinger*, Kommentar zum BGB, Neubearbeitungen 2002 ff.; zit.: Staudinger/*Bearbeiter* (Bearbeitungsjahr)

Stein/Jonas/*Bearbeiter* . . . . *Stein/Jonas*, Kommentar zur ZPO, 22. Aufl. 2002 ff.

Vieweg/Werner . . . . *Vieweg/Werner*, Sachenrecht, 3. Aufl. 2007

Westermann/*Bearbeiter* . . . . *Westermann*, Sachenrecht, 7. Aufl. 1998

Wieling . . . . *Wieling*, Sachenrecht, 5. Aufl. 2007

Wilhelm . . . . *Wilhelm*, Sachenrecht, 3. Aufl. 2007

Wolf/Wellenhofer . . . . *Wolf*, Sachenrecht, 24. Aufl. 2008

Wolff/Raiser . . . . *Wolff/Raiser*, Sachenrecht, 10. Aufl. 1957

Zöller/*Bearbeiter*. . . . . *Zöller*, ZPO, 27. Aufl. 2009

§ 1. Grundbegriffe und Prinzipien

I. Gegenstand des Sachenrechts

1. Begriff des Sachenrechts

a) Sachenrecht im objektiven und subjektiven Sinn – Abgrenzung zum Schuldrecht

Sachenrecht im **objektiven** Sinne bezeichnet die Gesamtheit der Regeln, **1** die das Verhältnis zwischen einem rechtsfähigen Rechtssubjekt und einer Sache i.S. des BGB regeln. Während das Schuldrecht die Beziehungen des Einzelnen zu einer oder mehreren anderen Personen zum Gegenstand hat, steht im Sachenrecht die **Zuordnung der Rechte** an einer Sache zu einer Person im Vordergrund. Das schließt sich hieraus ergebende Anspruchsbeziehungen nicht aus, so etwa wenn der Eigentümer gegen den Besitzer als solchen Ansprüche geltend macht oder jemand das Eigentumsrecht stört.

Der Einzelne hat ein **dingliches** Recht an einer Sache, wenn ihm ein sol- **2** ches nach den Bestimmungen des Sachenrechts zugeordnet ist. Das **subjektive** Sachenrecht beschreibt damit die Befugnisse, die mit diesem Recht verbunden sind. Rechtsgeschäfte, die dingliche Rechte durch Begründung, Aufgabe, Übertragung, Belastung oder anderweitiges unmittelbares Einwirken verändern, bezeichnet man als **Verfügungen.** Diese sind von den schuldrechtlichen **Verpflichtungsgeschäften** abzugrenzen. Betrachtet man den Kauf und die Übereignung eines beweglichen Gegenstandes, so scheint die Aufspaltung in zwei getrennte Rechtsgeschäfte unnötig aufwendig verglichen mit dem sog. kausalen System anderer Rechtsordnungen, bei dem mit dem Kaufvertrag auch die Übereignung stattfindet. Zudem widerspricht es dem tatsächlichen Phänomen eines einheitlichen Vorgangs. Der Gesetzgeber des BGB hat sich gleichwohl aus Gründen des Verkehrsschutzes für eine Trennung zwischen schuldrechtlichem Grundgeschäft und dem Erfüllungsgeschäft, das in der Regel eine Verfügung darstellt, entschieden. Der Mangel des schuldrechtlichen Geschäftes soll sich nicht ohne weiteres auf die dingliche Rechtslage auswirken. Ist Ersteres nichtig, so muss grundsätzlich der ehemalige Eigentümer eine Rückübereignung nach Bereicherungsrecht verlangen und kann nicht etwa Herausgabe des Eigentums begehren (§ 985). Die Nichtigkeit des schuldrechtlichen Rechtsgeschäftes lässt das dingliche Verfügungsgeschäft grundsätzlich unbeeinflusst (dazu sogleich unter Rn. 43 ff.).

b) Sachenrecht als materielles Recht

3   Sachenrecht regelt als materielles Recht, wie die sachenrechtliche Zuordnung erfolgt, welchen Inhalt sie hat und wie Änderungen vorgenommen
werden können oder eintreten. Die Durchsetzung sachenrechtlicher Positionen findet nach den Bestimmungen des Zivilverfahrensrechts statt. Die sachenrechtlichen Bestimmungen können sich auf ein solches Verfahren nicht
nur dadurch auswirken, dass sie die Voraussetzungen für einen Anspruch oder
eine wirksame Verfügung festlegen, sondern zum Teil auch Fragen der Beweislast abweichend von allgemeinen Beweislastregeln etwa durch Vermutungen treffen (s. §§ 1006, 891, 932 Abs. 2). Selbst im Zivilverfahrensrecht
finden sich mitunter materiellrechtliche Regelungen, so etwa § 894 ZPO,
nach dem ein rechtskräftiges Urteil zur Abgabe einer Willenserklärung diese
ersetzt. Es handelt sich dabei um eine Vorschrift, die vor allem im Zusammenhang mit dem Grundbuchberichtigungsanspruch nach § 894 von erheblicher praktischer Bedeutung ist.

4   Verfahrensrecht spielt im Sachenrecht im Zusammenhang mit dem Immobiliarrecht eine besondere Rolle. Hier wird die Publizität durch die Eintragung in ein Register **(Grundbuch)** erreicht. Die Grundbuchordnung (GBO),
ein spezielles Gesetz im Rahmen der sog. **freiwilligen** – da nicht Streit entscheidenden – **Gerichtsbarkeit,** regelt das Verfahren, mittels dessen ein solcher Eintrag erlangt werden kann (Grundbuchverfahrensrecht). Das sog.
materielle Grundbuchrecht befasst sich dagegen mit den Wirksamkeitsvoraussetzungen dinglicher Rechtsänderungen und findet sich im BGB (s. u.
Rn. 341 ff.).

c) Bundesrechtliche Regelung des Sachenrechts

5   Sachenrecht ist grundsätzlich **Bundesrecht,** nur einzelne enge Gebiete
sind dem **Landesgesetzgeber vorbehalten** (Artt. 64–69, 106–133 EGBGB).
Hierzu gehören etwa die nachbarrechtlichen Vorschriften (Art. 124 EGBGB,
s. u. Rn. 129).

d) Besonderheiten in den Ländern auf dem Gebiet der ehemaligen DDR

6   Das Sachenrecht der DDR nach dem ZGB, das im Jahre 1976 das BGB ablöste, beruhte auf dem BGB. Die Gegenstände privaten Eigentums waren jedoch erheblich eingeschränkt (vgl. § 23 Abs. 1 ZGB). Daneben gab es Gegenstände, die sozialistisches Eigentum darstellten (§ 20 Abs. 1 ZGB). Die Nutzung
von Grundstücken konnte aufgrund unterschiedlicher Rechte erfolgen (§ 286
Abs. 1 ZGB). Bei Zuweisung von dinglichen Nutzungsrechten an Grundstücken, die in Volkseigentum oder genossenschaftlichem Eigentum standen
(§§ 286 Abs. 1 Nr. 1 und 2, 287 ff., 291 ff. ZGB) geschah die Nutzung aufgrund dinglicher Nutzungsrechte. Die infolge eines derartigen Rechts errich

teten Gebäude standen im persönlichen Eigentum des Nutzungsberechtigten (§§ 288 Abs. 4, 292 Abs. 3 ZGB).

Im Zuge der Wiedervereinigung wurde gem. Art. 233 § 2 Abs. 1 EGBGB das **7** Sachenrecht der Bundesrepublik Deutschland, soweit es das Eigentum betrifft, auf das ZGB erstreckt. Der Inhalt des Eigentums richtet sich für alle Eigentumsformen des ZGB daher nach den §§ 903 ff. Eine Besonderheit gilt aber bis heute gem. Art. 231 § 5 EGBGB für das Gebäudeeigentum (s. hierzu u. Rn. 18).

e) Sachenrecht im Internationalen Recht und im Europäischen Recht

Im Internationalen Privatrecht unterliegen Rechte an einer Sache dem **8** Recht des Staates, in dem sich die Sache befindet (*lex rei sitae*). Dies ist in Art. 43 EGBGB ausdrücklich geregelt. Ein Statutenwechsel (Wechsel der materiell maßgebenden Rechtsordnung) kann nach Art. 43 Abs. 2 EGBGB eintreten, wenn die Sache in einen anderen Staat verbracht wird. Zu Problemen kommt es vor allem im Zusammenhang mit den Sicherungsrechten, wenn ein im Ursprungsstaat anerkanntes dingliches Recht in dem Staat, in den die Sache verbracht wurde, nicht anerkannt ist. Hier gilt zunächst der Grundsatz, dass im Interesse des internationalen Rechtsverkehrs nach ausländischem Recht begründete dingliche Rechte anerkannt werden. Dies steht allerdings unter dem Vorbehalt, dass damit nicht dem inländischen Rechtsverkehr und dem sachenrechtlichen Typenzwang des deutschen Rechts geschadet wird. Überwiegend wird ein ausländisches Recht in ein funktionsäquivalentes Institut des deutschen Rechts transponiert (*BGH* NJW 1987, 3077, 3079). Teilweise wird auch der Standpunkt vertreten, dass der Schutz wohlerworbener Rechte einen absoluten Vorrang verdiene (s. Erman/*Hohloch*, Art. 43 EGBGB Rn. 21).

Ein ausländisches dingliches Recht darf gem. Art. 43 Abs. 2 EGBGB nicht **9** „in Widerspruch" zur Rechtsordnung des Belegenheitsstaates ausgeübt werden. Die Anwendung dieser Bestimmungen bietet nicht unerhebliche Schwierigkeiten, die u.a. darin bestehen können, dass mit der Anerkennung des Rechtsinstituts selber noch keine praktische Folge verbunden ist. Das dingliche Recht aber kann durch die inländischen Bestimmungen begrenzt sein. Daher wird trotz Art. 43 Abs. 2 EGBGB die sog. Transposition der Rechte auch in Zukunft eine Rolle spielen. Dabei besteht die Schwierigkeit darin, weder zu viel noch zu wenig Rechtsinhalte zuzuerkennen.

Bislang gibt es für die Länder der EU noch kein einheitliches Sachenrecht. **10** Ein wesentlicher Grund hierfür liegt wohl in der starken Orientierung des Sachenrechts an nationalen Traditionen. Gleichwohl wird die Forderung nach einem einheitlichen Sachenrecht zunehmend lauter. Dadurch würde etwa im Bereich der dinglichen Sicherheiten eine Erleichterung des Rechtsverkehrs innerhalb der EU erreicht werden. Ob ein solches einheitliches Recht wünschenswert ist, erscheint trotzdem gerade im Hinblick auf die notwendige Akzeptanz der Regelungen in der Bevölkerung fraglich. Man wird die Entwicklung abwarten müssen (s. *Meyer*, EuZW 2004, 389 ff.).

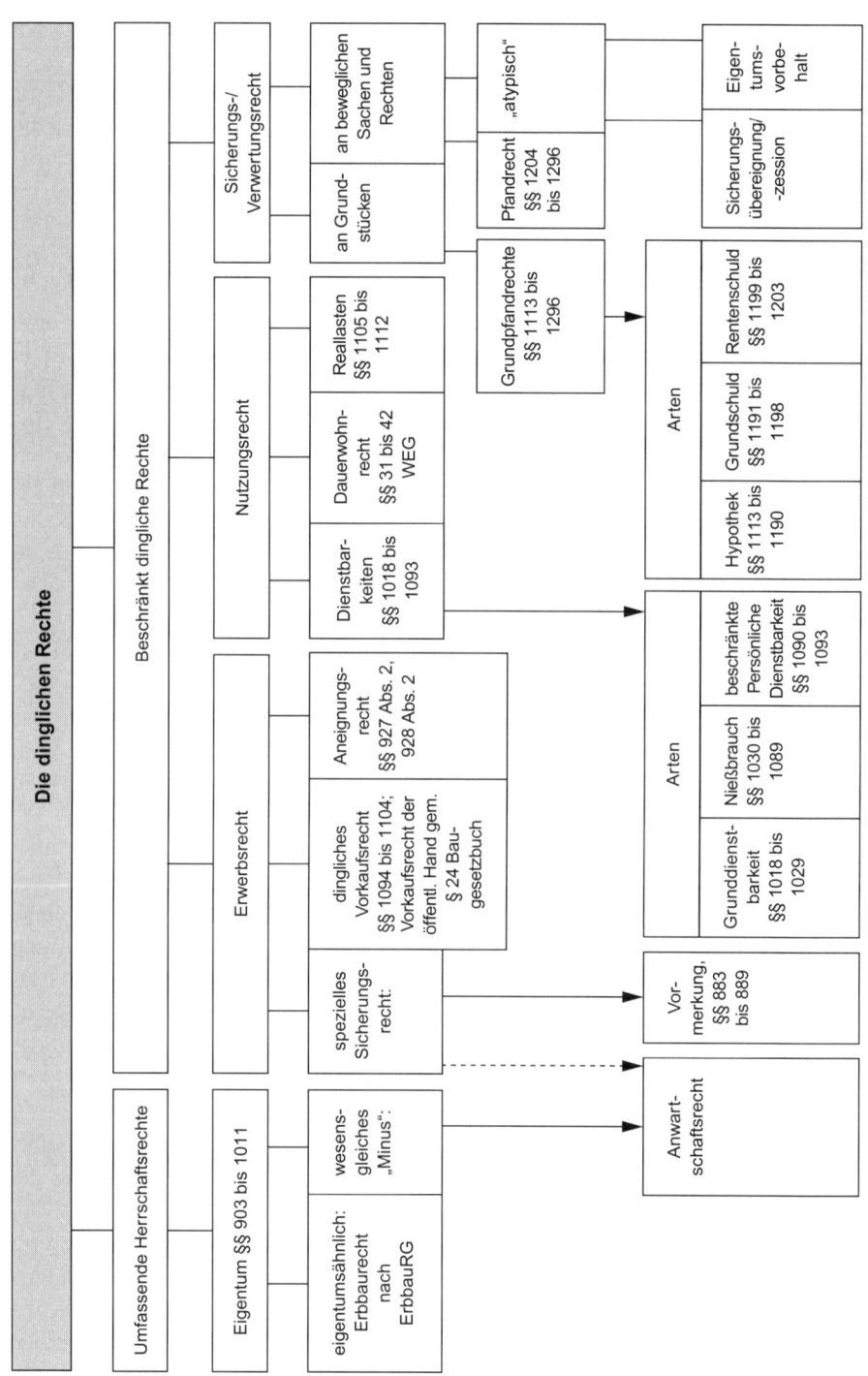

2. Arten dinglicher Rechte

Dingliche Rechte können einen unterschiedlichen Inhalt haben. Verein- **11**
facht lassen sich vier Kategorien dinglicher Rechte unterscheiden, wie die
vorstehende Übersicht verdeutlicht.

Aus ihr ergibt sich, dass es einerseits das umfassende Herrschaftsrecht gibt, **12**
das als **Eigentum** bezeichnet wird, und andererseits Rechte, die nur einen
Teilausschnitt der Befugnisse eines Eigentümers einräumen. Diese Rechte
bezeichnet man als **beschränkt dingliche Rechte,** die sich ihrerseits in drei
Typen kategorisieren lassen: Sicherungs-, Nutzungs- und Erwerbsrechte.

Nicht immer ist eine eindeutige Zuordnung zu einer der vier Gruppen **13**
möglich. Beispielhaft sei dies für das Erbbaurecht gezeigt. Der Inhaber dieses
Rechtes darf ein Bauwerk auf oder unter der Erdoberfläche haben (§ 1 ErbbauRG). Darin lässt sich zum einen eine eigentumsähnliche Position sehen,
zum anderen stellt es eine Art Nutzungsrecht dar (s. u. Rn. 823). Ähnlich
zweifelhaft ist die Zuordnung der Reallast (entweder zu den Sicherungs-
oder zu den Nutzungsrechten). Fraglich ist auch die Einordnung des Besitzes,
aus dem sich zwar Ansprüche ableiten, der selbst aber nur eine rein **tatsäch-**
liche Beziehung zur Sache bezeichnet (s. u. Rn. 46).

3. Begriff der Sache

Wie der Name *„Sachenrecht"* schon erkennen lässt, geht es in diesem **14**
Rechtsgebiet nicht um das Verhältnis jeglicher Rechtsobjekte und deren Zuordnung zu einzelnen Personen, sondern nur um die Sachen i. S. körperlicher
Gegenstände (§ 90). Es gibt daneben andere **Rechtsobjekte,** die in der Praxis ebenfalls von ganz erheblicher Bedeutung sind, seien es Immaterialgüter-
rechte (wie etwa das Patent, Urheberrechte u. ä.) oder andere Rechte (hierbei sind relative, d.h. nur im Verhältnis zu einer oder mehreren Personen
bestehende Rechte, und absolute Rechte, d.h. im Verhältnis zu jedermann
bestehende Rechte, zu unterscheiden). **Tiere** nimmt das Gesetz als Kreaturen
aus dem Kreis der Sachen aus. Auf sie sind aber die für Sachen geltenden Regeln entsprechend anzuwenden, § 90 a Satz 3. Ein sachlicher Unterschied ist
mit dieser Besonderheit nicht verbunden.

Es ist weiterhin zwischen beweglichen (Mobilien) und unbeweglichen Sachen **15**
(Immobilien) zu differenzieren. Diese Unterscheidung hat Auswirkung auf viele
Fragen des Sachenrechts, auch wenn die Eigentümerbefugnisse als solche grundsätzlich gleich sind. Abweichend voneinander aber erfolgt etwa die Übertragung
des Eigentums an beweglichen und unbeweglichen Sachen (s. u. Rn. 152).

Auch die Unterscheidung zwischen **wesentlichen** und **nicht wesent-** **16**
lichen Bestandteilen hat eine erhebliche praktische Bedeutung. Als wesentliche Bestandteile sind solche Gegenstände zu bezeichnen, die zu einer ande-

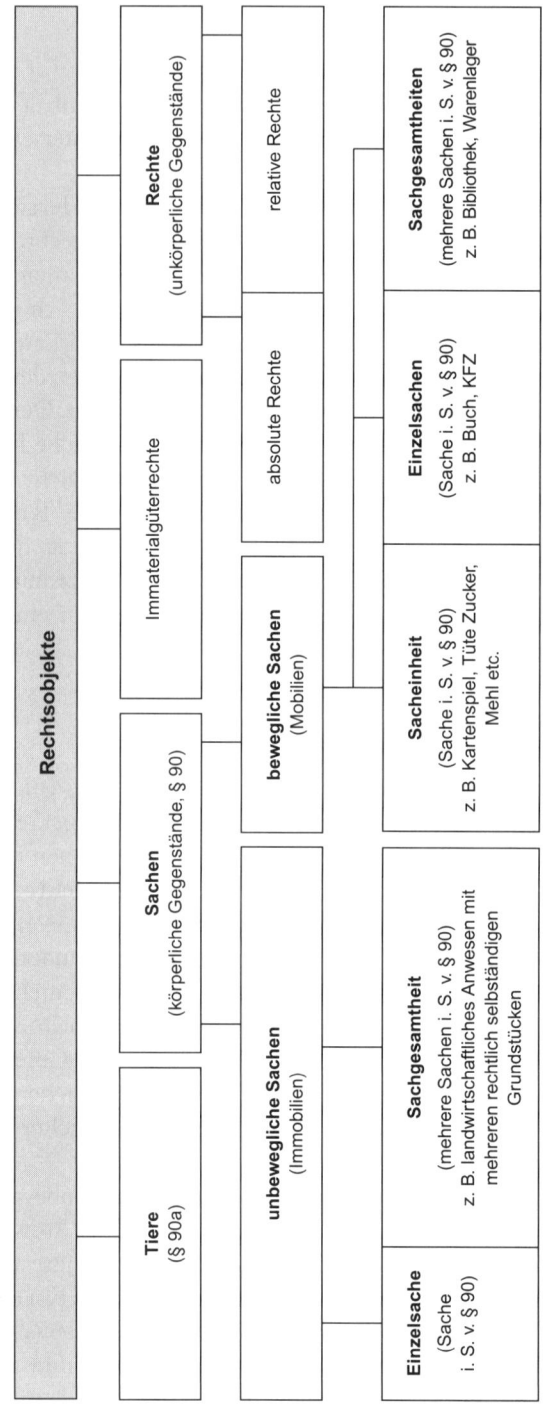

ren Sache in so enger Verbindung stehen, dass nach Trennung die Einzelsache nicht mehr brauchbar ist. Wesentliche Bestandteile können nicht Gegenstand besonderer Rechte sein und haben daher kein eigenes Rechtsschicksal (§ 93).

Anders ist dies bei nicht wesentlichen Bestandteilen. Auch sie teilen zwar das Schicksal der Sache, doch kann an ihnen ein von der Hauptsache abweichendes Recht bestehen. Zu beachten ist, dass die Differenzierung in § 93 zwischen wesentlichen und nicht wesentlichen Bestandteilen nicht auf die Funktionsfähigkeit der Sache selber abstellt, sondern auf die Zerstörung oder Veränderung ihres „Wesens".

Die Bedeutung dessen zeigt sich etwa daran, dass der Motor in einem Kfz **17** sicherlich im sprachlichen Sinne ein wesentliches Teil des Fahrzeugs in dem Sinne ist, dass das Auto ohne Motor nicht fährt. Im juristischen Sinne stellt er aber einen nicht wesentlichen Bestandteil dar. Der Motor kann z. B. problemlos ausgebaut und in ein anderes Fahrzeug eingebaut werden, ohne dass diese seine Funktionsfähigkeit beeinträchtigen würde. Wird also ein neuer Motor eingebaut, so kann eine andere Person als der Halter des Kraftfahrzeuges hieran Eigentum haben. Gleiches gilt etwa für Speicherkarten in einem Computer, die nachträglich eingebaut werden. An ihnen können getrennte Rechte bestehen. In beiden Fällen kommt es nicht darauf an, ob das Fahrzeug oder der Computer ohne diesen Bestandteil überhaupt funktionsfähig ist.

Für **Häuser** sieht das Gesetz eine besondere Regelung vor (§ 94), nach der **18** diese wesentliche Bestandteile des Grundstücks werden, mit dem sie fest verbunden sind (Akzessionsgrundsatz). Besonderheiten gelten hier in den Ländern der ehemaligen DDR. Entgegen § 94 Abs. 1 sind Gebäude, die aufgrund eines Nutzungsrechts errichtet wurden, nicht wesentliche Bestandteile des Grundstücks. Vielmehr bleibt das selbständige Eigentum an den Gebäuden bestehen und das Nutzungsrecht ist wesentlicher Bestandteil des Gebäudes (Art. 231 § 5 Abs. 2 EGBGB). Hierfür wurden eigens sog. Gebäudegrundbuchblätter eingerichtet. Der Gebäudeeigentümer ist damit stets auch Inhaber des Nutzungsrechts. Der Inhaber des Nutzungsrechts gem. § 9 SachenRBerG kann zwischen dem Ankauf des Grundstücks und der Bestellung des Erbbaurechts wählen (§§ 15 f. SachenRBerG). Auf diese Weise soll das dauerhafte Auseinanderfallen von Eigentümergrundstück und Gebäude unter starker Berücksichtigung der Interessen des Nutzungsberechtigten letztlich beseitigt werden.

Scheinbestandteile sind dagegen bei Grundstücken solche Sachen, die **19** nur zu einem vorübergehenden Zweck mit dem Grund und Boden verbunden sind (§ 95 Abs. 1 S. 1). Das Gleiche gilt für solche Gebäude und andere Werke, die in Ausübung eines Rechts an einem fremden Grundstück von dem Berechtigten mit dem Grundstück verbunden worden sind. Diese etwas manierierte Formulierung stellt entscheidend darauf ab, dass zur Zeit der Verbindung oder Einfügung der Sache eine spätere Trennung beabsichtigt ist (BGHZ 157, 305; s. aber auch *BGH* NJW 2006, 929 hinsichtlich späterer Willensänderungen, wenn ein berechtigtes Interesse an bloß vorübergehender Nutzung entstanden ist). Entscheidend ist der **Wille** des Verbindenden, der in der Regel bei Ausübung eines zeitlich begrenzten Nutzungsrechtes nur auf einen vorübergehenden Zweck gerichtet ist. Unter § 95 Abs. 1 S. 2 fallen etwa Versorgungsleitungen, wenn sie aufgrund öffentlich-rechtlicher Befugnisse eingefügt worden sind, z.B. Fernmeldekabel (BGHZ 125, 56, 59) und Gas- und Wasserleitungen (BGHZ 37, 353, 362). Scheinbestandteile bleiben bewegliche Sachen und sind daher wie bewegliche Sachen zu übereignen (s. hierzu u. Rn. 151 ff.).

20   **Zubehör** ist rechtlich selbständig, dient aber dem wirtschaftlichen Zweck der Hauptsache. Es muss sich beim Zubehör um bewegliche Sachen handeln. Maßgeblich für die Zubehöreigenschaft ist die Verkehrsanschauung (§ 97 Abs. 1). Das BGB trägt diesem wirtschaftlichen Zusammenhang trotz rechtlicher Selbständigkeit von Zubehör in vielfacher Hinsicht Rechnung. So erstreckt sich die Veräußerung (das bezeichnet Verpflichtungs- und Verfügungsgeschäft) der Sache, z.B. eines Grundstücks (§ 311c), in der Regel auch auf das Zubehör. Auch die Haftung von Grundstücken von bestehenden Grundpfandrechten (sog. **Haftungsverband;** s. Rn. 730), erstreckt sich auf das dem Grundstückseigentümer gehörende Zubehör (§§ 1120 ff.). Bei der Übereignung eines Grundstücks geht das Zubehör von Gesetzes wegen gem. § 926 über, ohne dass es eines entsprechenden Übereignungsaktes bedarf, sofern nur eine solche Verpflichtung besteht (s. auch u. Rn. 407).

21   Vielfach spielen im Sachenrecht die Begriffe Nutzung und Früchte eine Rolle (z.B. §§ 987, 1030). Sie sind in den §§ 99 ff. erläutert. Danach sind Nutzungen entweder Früchte einer Sache oder eines Rechts oder sonstige Gebrauchsvorteile (§ 100).

22   **Früchte einer Sache** sind die Erzeugnisse einer Sache und die sonstige Ausbeute, die bestimmungsgemäß aus ihr gewonnen wird (§ 99 Abs. 1). **Früchte eines Rechts** sind die Erträge, die das Recht bestimmungsgemäß gewährt (§ 99 Abs. 2, z.B. Getreide bei bestehendem Nießbrauch oder Pacht an einem Grundstück).

Mittelbare Sach- und Rechtsfrüchte sind Erträge, die eine Sache oder ein Recht vermöge eines Rechtsverhältnisses gewähren, so etwa die Miete bei Mietshäusern, die Pacht bei Verpachtung eines Betriebes oder die Überbaurente bei einem überbauten Grundstück (§ 912). Mittelbare Rechtsfrüchte sind im Immaterialgüterrecht die Lizenzgebühr für die Überlassung des Rechts.

II. Rechtsquellen des Sachenrechts

1. BGB und Sondergesetze

23   Das Sachenrecht ist vor allem im Dritten Buch des BGB geregelt. Aber auch die anderen Bücher des BGB enthalten einzelne sachenrechtliche Be-

stimmungen. Das gilt etwa für die voranstehend dargestellten Vorschriften über die Sachen (§§ 90 ff.) oder die Regeln über die Verfügungsbefugnis der Ehegatten, die im Familienrecht zu finden sind (z.B. § 1365, Verfügungen über das Vermögen im Ganzen betreffend).

Daneben gibt es sachenrechtliche Sondergesetze. Von diesen sind vor allem **24** das Wohnungseigentumsgesetz (WEG) sowie das Erbbaurechtsgesetz (ErbbauRG) hervorzuheben. Im WEG finden sich nicht nur die sachenrechtlichen Bestimmungen über die Begründung des Wohnungseigentums, sondern auch alle Regelungen über das Verhältnis der Wohnungseigentümer untereinander. Darüber hinaus kennt das Wohnungseigentumsrecht bestimmte verfahrensrechtliche Besonderheiten für gerichtliche Streitigkeiten. Diese unterliegen nach der grundlegenden Reform des Wohnungseigentumsrechts (durch das Gesetz vom 26. März 2007, BGBl. I, S. 370) dem Verfahren nach der ZPO und nicht mehr den Bestimmungen und Grundsätzen der freiwilligen Gerichtsbarkeit.

Die Erbbaurechtsverordnung regelt Fragen wie den Inhalt des Erbbau- **25** rechts sowie den Erbbauzins als Entgelt für das gewährte Erbbaurecht. Andere Bestimmungen betreffen Besonderheiten des Grundbuchrechts und der Beleihung (s. Rn. 823).

2. Aufbau des Dritten Buches

Das dritte Buch folgt im Aufbau der Systematik des BGB, indem es zwar ei- **26** nerseits zwischen Mobiliar- und Immobiliarsachenrecht unterscheidet, andererseits bestimmte Regelungen, die für beiderlei Eigentum gelten, vorzieht und einheitlich trifft. Das gilt etwa für den gesamten Bereich des Besitzes sowie den Inhalt des Eigentums, die Eigentumsarten und den Schutz des Eigentums. Getrennt geregelt sind dagegen die Begründung, Übertragung und Aufhebung des Eigentums und der beschränkten dinglichen Rechte sowie die Arten der verschiedenen dinglichen Rechte. Aber auch innerhalb des Immobiliarsachenrechts folgt der Gesetzgeber dieser Aufbauform, indem er allgemeine Bestimmungen, wie etwa jene über die Verfügung über das Recht, den Rang, die materiellrechtlichen Wirkungen des Grundbucheintrags und den Widerspruch vor die Klammer gezogen vorab regelt. Lernt man das Sachenrecht kennen, so erschwert diese Regelungsform zwar etwas den Zugang, bei zunehmender Vertrautheit mit den Regeln lernt man diesen Aufbau aber als ausgesprochen effektive und die Zusammenhänge verdeutlichende Regelungstechnik schätzen.

III. Sachenrechtliche Prinzipien

Das Sachenrecht kennt einige vom Schuldrecht grundsätzlich abweichende **27** Prinzipien, deren Kenntnis das Verständnis der Regeln erleichtert. Den sa-

chenrechtlichen Vorschriften liegen diese Grundsätze zugrunde, ohne dass sie
an irgendeiner Stelle ausdrücklich normiert wären.

1. Numerus clausus der Sachenrechte

28   Die Privatautonomie wird im Sachenrecht nur in engeren Grenzen als im
Schuldrecht gewährt. Das Gesetz stellt es den Parteien zwar grundsätzlich frei,
bestimmte sachenrechtliche Rechtsgeschäfte vorzunehmen, teilweise ordnet
es aber zwingende Rechtsfolgen an. Vor allem ist es den Parteien nicht möglich, neue dingliche Rechte zu kreieren. Gerade hierin liegt ein wichtiger
Unterschied zum Schuldrecht. Dort ist es den Parteien möglich, andere
schuldrechtliche Vertragstypen als jene, die im BGB geregelt sind, zu schaffen
(vgl. § 311 Abs. 1). Hiervon wird bekanntlich rege Gebrauch gemacht, wie
die Vertragstypen des Factoring, Franchising und andere Vereinbarungen zeigen. Grenzen ergeben sich hier in erster Linie aus den Regelungen des Ver-
braucherschutzes, des AGB-Rechts und den äußersten Grenzen der Privatautonomie, die vor allem die §§ 134, 138 setzen. Ein vergleichbarer rechtlicher
Gestaltungsspielraum steht den Parteien im Sachenrecht nicht zu. Hier muss
man bei der Wahl des dinglichen Rechts auf die gesetzlich geregelten Rechte
zurückgreifen und ist auch bei der Ausgestaltung des Rechts an die Bestimmungen des BGB gebunden. Man spricht insoweit allgemein vom numerus
clausus oder **Typenzwang** der Sachenrechte und der **Typenfixierung.**

> **Merksatz:** Numerus clausus bedeutet die Beschränkung auf die im Gesetz geregelten
> dinglichen Rechte (Typenzwang) in ihrer dort vorgesehenen Ausgestaltung.

29   Der Zweck des numerus clausus der Sachenrechte liegt im **Verkehrsschutz.** Jede Partei soll wissen, welchen Inhalt etwa eine Hypothek hat. Nur
dann kann sie sich über die Belastung bei Erwerb des Eigentums ein sicheres
Bild machen.

30   Trotz dieser engen Grenzen der Gestaltungsfreiheit hat die Rechtsprechung einige Erweiterungen bei den dinglichen Rechten zugelassen. In diesen Fällen erwies sich der gesetzliche Rahmen als zu eng, um den Anforderungen des Wirtschaftslebens zu genügen. Das gilt zum einen für das
Sicherungseigentum (hierzu Rn. 615 ff.), das funktional eine Art im Gesetz nicht vorgesehenes besitzloses Pfandrecht bei Mobilien darstellt und zum
anderen für die **Anwartschaft** oder das **Anwartschaftsrecht** (s. z.B.
Rn. 544), die als Vorstufe zum Vollrecht angesehen werden und teilweise deren Regelungen vorwegnehmen. Die Bedürfnisse des Verkehrsschutzes werden hier dadurch gewahrt, dass der Inhalt dieser Rechte oder Rechtspositionen allgemein anerkannt ist. Die Institute sind letztlich **Gewohnheitsrecht.**

31   Grundsätzlich sind dingliche Rechte als Vermögensrechte übertragbar
(Grundsatz der Übertragbarkeit). Nur in bestimmten Fällen schließt das

Gesetz eine solche Übertragbarkeit aus. Dies gilt etwa für den Nießbrauch (§ 1059 S. 1) und die persönliche Dienstbarkeit (§ 1092 Abs. 1 S. 1).

Eine weitere Einschränkung der Privatautonomie mit Bedeutung für das **32** Sachenrecht stellt § 137 S. 1 dar. Danach können keine Vereinbarungen getroffen werden, durch die die Befugnis, über ein veräußerliches Recht zu verfügen, eingeschränkt wird. Derartige Abreden haben stets nur obligatorische Wirkung (§ 137 S. 2). Damit soll zum einen die Verknüpfung von Recht und Verfügungsbefugnis gesichert und zum anderen verhindert werden, dass dingliche Rechte dem Rechtsverkehr entzogen werden. Trotz § 137 S. 1 lässt § 399 den Ausschluss der Abtretbarkeit bei Forderungen zu. Hierin wird überwiegend keine Ausnahme von dem **Grundsatz des § 137** gesehen, da von vornherein nur eine nicht abtretbare Forderung entstanden sei (*Lüke*, JuS 1992, 114; MünchKomm-BGB/*Armbrüster*, § 137, Rn. 11, 20).

2. Grundsatz der Spezialität oder Bestimmtheit

Das Sachenrecht ist weiterhin beherrscht vom Grundsatz der Spezialität. **33** Danach muss jedes (Eigentums-)Recht an einem einzelnen Gegenstand eingeräumt und übertragen werden. Das Sachenrecht kennt kein Eigentum an Sachgesamtheiten. Im Gegensatz zum Schuldvertrag, der etwa den Verkauf eines ganzen Betriebes vorsehen kann, erfordert die Erfüllung eines solchen Vertrages eine Vielzahl von Übertragungsakten der zum Betrieb gehörenden (beweglichen oder unbeweglichen) Sachen, Forderungen und anderen Rechtsobjekte (s. o. Rn. 14). Lediglich § 926 schafft hier gewisse Erleichterungen (s. Rn. 20).

> **Merksatz:** Spezialität (Bestimmtheit) gilt sowohl für die Inhaberschaft des Rechtes als auch für das Verfügungsgeschäft.

Der Bestimmtheitsgrundsatz verlangt weiterhin, dass Gegenstand eines **34** dinglichen Rechtsgeschäfts eine vorhandene oder zumindest bestimmbare Sache sein muss. Auch hier steht wieder der Verkehrsschutz als Zweck des Grundsatzes im Vordergrund. Ein Dritter soll allein anhand des dinglichen Rechtsgeschäftes erkennen können, wer an welcher Sache ein dingliches Recht hat.

3. Publizitätsprinzip oder Traditionsprinzip

Der Gesetzgeber sieht in der Klarheit der dinglichen Rechtslage ein be- **35** sonderes **Bedürfnis des Rechtsverkehrs.** Dem versucht er nicht nur durch den numerus clausus der Sachenrechte, sondern auch durch entsprechende Publizitätsmittel gerecht zu werden. Die Übertragung des Eigentums etwa bedarf sowohl einer **dinglichen Einigung** (Vertrag), als auch eines **Publizitätsaktes.** Letzterer unterscheidet sich je nachdem, ob er sich auf Mobilien oder Immobilien bezieht. Bei der Immobilie besteht aus Sicht des Gesetzgebers ein noch höheres Bedürfnis nach Rechtssicherheit als bei Mobilien. Es wird daher ein Register dinglicher Rechte an Grundstücken – sog. **Grundbuch** – bei den Amtsgerichten (als Grundbuchämtern) geführt (s. schon o. Rn. 4). Der Erwerb des Rechtes bedarf grundsätzlich konstitutiv der **Eintragung im Grundbuch (Übertragungswirkung).** Andere Rechte, deren Umlauffähigkeit erhöht werden sollen, können verbrieft werden (so etwa die Hypothek durch den Hypothekenbrief oder die Grundschuld durch den Grundschuldbrief). Ihre Übertragung kann dadurch außerhalb des Grundbuches stattfinden. Von der Eintragung im Grundbuch gehen wiederum gewisse Schutzwirkungen zugunsten redlicher Erwerber aus **(Gutglaubenswirkung).** Die Gutglaubensvorschriften können zu dem für den Laien überraschenden Ergebnis führen, dass ein Veräußerer mehr Rechte verschaffen kann, als er selber hat. Bei Mobilien steht dagegen die Verschaffung des **Besitzes** als Publizitätsakt im Vordergrund, der dieselben Funktionen hat (zur Publizitätsfunktion des Besitzes s. u. Rn. 50).

36   Dem Besitz oder der Eintragung im Grundbuch kommt darüber hinaus eine sog. **Vermutungswirkung** zu. Danach ist mit der Grundbuchlage die Vermutung verknüpft, dass sie der wahren Rechtslage entspricht (z. B. § 891). Für den Eigenbesitzer (z. Begriff s. Rn. 75 f.) wird dessen Eigentum vermutet (s. § 1006 Abs. 1 S. 1; s. hierzu Rn. 267).

> **Merksatz:** Das Publizitätsprinzip dient der Sicherheit des Rechtsverkehrs. Es wirkt sich bei der Übertragung (Übertragungswirkung), dem Erwerb vom Nichtberechtigten (Gutglaubenswirkung) und dem Nachweis der Rechtsinhaberschaft (Vermutungswirkung) aus.

4. Absolute Wirkung dinglicher Rechte

37   Dingliche Rechte wirken gegenüber jedermann, also absolut (s. Rn. 14). Sie sind, im Gegensatz zum Schuldrecht, keine **relativen Rechte** wie etwa Ansprüche (zum Begriff s. § 194 Abs. 1), die dem Eigentümer gegenüber einer bestimmten Person zustehen, auch wenn zu ihrem Schutz oder ihrer Durchsetzung durchaus (dingliche) Ansprüche bestehen können (s. hierzu z. B. die Ausnahme der Vormerkung, § 883 Abs. 2, s. unten Rn. 423 ff.). Auf dingliche Ansprüche finden die Vorschriften zu den schuldrechtlichen Ansprüchen analoge Anwendung, es sei denn, dass eine Vergleichbarkeit der Regelungslage fehlt (Einzelheiten u. Rn. 270 ff.; ausführlich MünchKomm-BGB/*Kramer*, Einl. Bd. 2 Rn. 8).

38   Einen absoluten, d. h. gegenüber jedermann wirkenden Geltungsanspruch haben z. B. die Befugnisse des Eigentümers (z. B. § 903). Die Absolutheit zeigt

sich auch beim Schutz des dinglichen Rechts, der gegenüber jedermann gilt. Der Schutz etwa des Eigentums gegenüber rechtswidriger Besitzvorenthaltung wird durch einen Anspruch auf Herausgabe gegen den Besitzer gewährt (§ 985); gegenüber anderen Störungen und (zu befürchtenden) Beeinträchtigungen gibt es den Beseitigungs- und Unterlassungsanspruch nach § 1004. Ein Recht auf Schadensersatz für Substanzverletzungen kann sich aus den deliktischen Ansprüchen des Schuldrechts ergeben (§§ 823 ff.).

Für beschränkt dingliche Rechte, die einen Ausschnitt der Befugnisse des **39** Eigentümers übertragen, verweisen die Vorschriften teilweise auf die sachenrechtlichen Bestimmungen. Das Gesetz geht weiterhin von einer grundsätzlichen **Unteilbarkeit** der mit einem Recht verbundenen Befugnisse aus.

5. Formbedürfnis

Das Publizitätserfordernis führt mittelbar auch zu bestimmten Formerfor- **40** dernissen, indem die Voraussetzungen für eine Eintragung im Grundbuch nach den Verfahrensvorschriften der Grundbuchordnung als Nachweis der Eintragungsvoraussetzungen durch öffentliche oder öffentlich beglaubigte Urkunden erfolgen muss (§ 29 GBO). Damit soll erreicht werden, dass möglichst nur richtige Eintragungen stattfinden. Auch aus anderen Schutzerwägungen (Belehrung, Übereilung und Warnung sowie Beweis- und Gewährsfunktion) verlangt das Gesetz – etwa bei der Übertragung von Immobilien, deren Bedeutung vom Gesetzgeber als besonders hoch eingeschätzt wird – für die dingliche Einigung teilweise eine bestimmte Form (s. § 925 Abs. 1 S. 1: gleichzeitige Anwesenheit beider Teile vor einer zuständigen Stelle, s. u. Rn. 387 ff.).

Gerade wegen der Form und der Notwendigkeit der notariellen Beurkun- **41** dung wird jüngst an einer praktischen Erleichterung durch Einsatz von Informationstechnik gearbeitet, wie sie im Registerrecht schon durch das elektronische Grundbuch in vielen Bundesländern stattgefunden hat. Die Verkörperung der Urkunden wird vielfach nicht mehr als erforderlich angesehen. Daher werden andere Techniken geschaffen, die die Beurkundungszwecke sicherstellen und dem Nachweis der Richtigkeit der Urkunde dienen sollen (elektronische Signatur etc.). In diesem Bereich hat die Entwicklung wohl erst begonnen (*Bohrer*, DNotZ 2008, 39 ff.).

6. Auslegung

Der Umstand der notariellen Beurkundung hat Auswirkungen auf die Aus- **42** legung von dinglichen Verträgen. Zwar können diese – wie die formbedürftigen Erklärungen grundsätzlich – auch durch Heranziehung von außerhalb der Urkunde liegenden Umständen ausgelegt werden. Die Rechtsprechung verlangt allerdings nach der sog. **Andeutungstheorie**, dass der aus den Umständen außerhalb der Urkunde ermittelte rechtsgeschäftliche Wille in der Urkunde zumindest einen, wenn auch unvollkommenen Ausdruck gefunden hat (z.B. *BGH* NJW 2000, 1569). Dies soll allerdings nicht für unabsichtliche Falschbezeichnungen bei formbedürftigen Erklärungen (z.B. Verwechslung der Flurstücknamen) gelten (z.B. *BGH* NJW 2002, 1038). Ebenfalls wird keine Andeutung bei **Vertragslücken** verlangt, die im Wege der ergänzenden Vertragsauslegung geschlossen werden können (BGHZ 86, 47 f. für Testamente).

7. Abstraktions- und Trennungsprinzip

43 Das deutsche Recht ist, soweit es das Verhältnis zwischen schuldrechtlicher Vereinbarung als Kausalgeschäft und der dinglichen Verfügung betrifft, durch das Trennungs- und Abstraktionsprinzip gekennzeichnet (für eine Übersicht s. u. Rn. 153). Diese grenzen beide Rechtsgeschäfte voneinander ab, indem sowohl ihre Voraussetzungen als auch ihre Wirksamkeit jeweils getrennt voneinander zu beurteilen sind. Die Wirksamkeit des einen Rechtsgeschäftes ist grundsätzlich **„abstrakt"**, d.h. unabhängig von der Wirksamkeit des anderen Rechtsgeschäftes **(äußerliche Abstraktion)**. Weitergehend bedarf das dingliche Rechtsgeschäft zur Wirksamkeit nicht einer kausalen Zweckbestimmung **(inhaltliche Abstraktion)**. Ist ein Grundstückskaufvertrag sittenwidrig und daher unwirksam, so ändert das grundsätzlich nichts an der Wirksamkeit der – sittlich neutralen – Übereignung. Der Veräußerer muss nach den Grundsätzen der ungerechtfertigen Bereicherung (§§ 812 ff.) die **Rückübereignung** des Grundstückes verlangen. Umgekehrt kann es zu einer Unwirksamkeit des Übereignungsvorganges kommen, die ohne Wirkungen für die Gültigkeit des Kaufvertrages ist. Dieser ist somit noch nicht erfüllt und der Käufer hat unverändert einen Anspruch auf Übereignung (§§ 433 Abs. 1, 311b). Es gibt allerdings Fälle, in denen der Mangel des schuldrechtlichen Kausalgeschäfts auch auf die dingliche Verfügung „durchschlägt" (sog. Fehleridentität; s. u. Rn. 155 f.). Hierzu gehören etwa Mängel der Geschäftsfähigkeit, Nichtigkeit nach § 134, die Anfechtung nach § 123 sowie Verstöße gegen zentrale Vorschriften des Rechts der Allgemeinen Geschäftsbedingungen (§§ 305 f., 305c, 307).

44 Aus dem Gesagten ergibt sich auch, dass allein der Kaufvertrag nicht zu einer Änderung der dinglichen Zuordnung führt (vgl. Rn. 22), selbst wenn schuldrechtliches und dingliches Geschäft rein tatsächlich zusammenfallen (sog. **Handkauf**). Vielmehr bedarf es im Gegensatz zu manchen ausländischen Rechtsordnungen mit sog. kausalem System stets eines dinglichen Verfügungsgeschäftes (s. schon o. Rn. 2). Hält man sich den alltäglichen Vorgang eines Erwerbs vor Augen, so erscheint das unnötig kompliziert. Mit dieser rechtlichen Konstruktion soll aber Bedürfnissen des **Verkehrsschutzes** Rechnung getragen werden. Der Abschluss des Kaufvertrages ist als solcher in der Regel für Dritte nicht erkennbar und genügt daher den Publizitätsanforderungen nicht. Die Unwirksamkeit des Kaufvertrags soll aber ohne entsprechenden Rückabwicklungsakt (der seinerseits wieder die Anforderungen an eine Publizität erfüllen soll) nicht zu einer Veränderung der dinglichen Zuordnung führen. Der Sinn von Trennungs- und Abstraktionsgrundsatz besteht darin, dass ein erhebliches Maß an **Rechtssicherheit** auch dadurch gewonnen wird, dass nicht jede Nichtigkeit des Kausalverhältnisses schon zur Veränderung der dinglichen Zuordnung führt.

Sehr umstritten ist, ob und inwieweit die Parteien diese vom Gesetz vorgegebene rechtliche Konstruktion aufheben können. Es bieten sich hierfür zwei denkbare Wege an. Zum ersten könnte die Wirksamkeit des jeweils anderen Rechtsgeschäftes zur Gültigkeitsbedingung gem. § 158 Abs. 1 des jeweils anderen Rechtsgeschäftes gemacht werden. Als zweites böte sich an, dass die Parteien beide Rechtsgeschäfte als **einheitliches Rechtsgeschäft** i.S. des § 139 ansehen. Beide Wege werden in Ausnahmefällen für möglich erachtet. Es kann aber nicht grundsätzlich von einem derartigen Zusammenhang ausgegangen werden (s. hierzu Rn. 156 f.). Aus der Trennung und Abstraktheit beider Rechtsgeschäfte folgt für den Gläubiger eines Kaufvertrages ein erhebliches Sicherungsbedürfnis gegenüber Verfügungen nach dessen Abschluss. Auch dann ist der Eigentümer unverändert berechtigt, über sein Eigentum zu verfügen und könnte damit die Erfüllung des Kaufvertrages unmöglich machen, indem er eine Veräußerung an einen Dritten vornimmt (sog. Zwischenverfügung; vgl. u. Rn. 543, 565 ff.). Das Gesetz stellt hier für den Bereich des Immobiliarsachenrechts die Vormerkung (Rn. 423 ff.) zur Verfügung. Auch hat der Erwerber einer Immobilie die Möglichkeit, durch einstweilige Verfügung gegenüber dem Veräußerer ein gerichtliches Veräußerungsverbot anordnen zu lassen (§§ 136, 135).

45

IV. Kontrollfragen

1. Erläutern Sie die Begriffe Verpflichtungs- und Verfügungsgeschäft!
2. In welchem Verhältnis stehen die Begriffe Trennungs- und Abstraktionsprinzip hierzu?
3. In welche beiden Kategorien lassen sich dingliche Rechte einteilen? Nennen Sie Beispiele!
4. Wo befinden sich im BGB außerhalb des Dritten Buches wichtige Bestimmungen zum Sachenrecht?
5. Nennen und erläutern Sie die neben Trennungs- und Abstraktionsprinzip wichtigsten sachenrechtlichen Prinzipien des BGB!
6. Wirken dingliche Rechte absolut oder relativ?

Empfehlungen zur vertiefenden Lektüre:

Denck, Relativität im Sachenrecht, JuS 1981, 861; *Jauernig*, Trennungsprinzip und Abstraktionsprinzip, JuS 1994, 721; *Petersen*, Das Abstraktionsprinzip, Jura 2004, 98; *Schreiber*, Der Eigentumserwerb an Grundstücksbestandteilen, Jura 2006, 113.

§ 2. Der Besitz

I. Inhalt und Funktion des Besitzes

1. Besitz als tatsächliche Sachbeziehung

46   Bezeichnet jemand im täglichen Leben sich oder einen anderen als Besitzer einer Sache, so meint er damit meist im juristischen Sinne Eigentum und nicht Besitz. Das BGB freilich unterscheidet streng zwischen beiden Instituten. Während das Eigentum weitgehende Befugnisse im Umgang mit der Sache begründet (§ 903), ist der Besitz lediglich der Begriff für eine **tatsächliche Beziehung** zu einem Gegenstand, die dem Besitzer die faktische Einflussnahme auf die Sache ermöglicht.

> **Merksatz:** Der Besitz begründet ein Rechtsverhältnis, aber kein Recht.

47   Für den Besitz kommt es nicht auf die Berechtigung der Besitzbeziehung an. Auch durch rechtswidrige Handlungen, etwa einem Diebstahl oder eine Unterschlagung, kann Besitz begründet werden. Endet dagegen die Möglichkeit der Einflussnahme, so endet auch der Besitz. Gegenstand des Besitzes können nur – bewegliche oder unbewegliche – Sachen oder Sachteile sein; entsprechende Anwendung finden die Besitzvorschriften auf Tiere (§ 90a; s. schon o. Rn. 14). Nichtkörperliche Sachen – wie etwa Rechte – können nicht Bezugsobjekt des Besitzes sein. Nur in Ausnahmefällen erkennt das BGB einen sog. Rechtsbesitz an, der aber auch ein Sachbesitz ist. So genießt der Besitzer des herrschenden Grundstücks Besitzschutz bei der Ausübung einer zugunsten des Eigentümers eingetragenen Dienstbarkeit (§§ 1029, 1090).

2. Inhaber des Besitzes

48   Das Gesetz geht zwar von einer natürlichen Person als Inhaber des Besitzes aus, aber auch juristische Personen können durch ihre Organe besitzen. Die h.M. wendet hier § 31 analog an (*BGH* NJW 1971, 1358; BGHZ 56, 73, 77). Einzelne Gesellschafter können im Übrigen Besitzdiener der juristischen Person sein. Selbst Personenhandelsgesellschaften können besitzen; ausgeübt wird ihr Besitz in diesem Fall durch den geschäftsführenden Gesellschafter (Westermann/*Gursky*, § 20 III 2).

Gleiches wird man auch für die „teilrechtsfähige", nach außen tätige Gesellschaft bürgerlichen Rechts annehmen müssen. Im Übrigen steht bei Gesamthandsgemeinschaften den Mitgliedern der Gemeinschaft der Besitz zur gesamten Hand zu (*BGH* NJW 1983, 1114, 1115 f.).

3. Funktionen des Besitzes

a) Besitzschutz

Das Gesetz schützt die mit dem Besitz bezeichnete Beziehung am Gegenstand, um Selbsthilfe zu verhindern und für Rechtsfrieden zu sorgen (*Kollhosser*, JuS 1992, 215; Soergel/*Stadler*, Vor § 854 Rn. 2). Zwar stellt nicht jede Störung des Besitzes einen Angriff auf die Rechtsordnung dar, so etwa wenn jemand etwas in der irrtümlichen Annahme mitnimmt, es gehöre ihm. Die Möglichkeit, diesen Zustand stets wieder rückgängig machen zu können, würde den Rechtsfrieden aber doch stören. Daher gewährt der Besitz – und hierin besteht seine **erste Funktion** – Schutz vor Störungen und Entzug. Man spricht in diesem Zusammenhang vom **possessorischen Schutz** im Gegensatz zum **petitorischen Schutz,** der sich regelmäßig auf das Eigentum oder andere dingliche Rechte an der Sache stützt. Der possessorische Schutz dient ausschließlich dem Besitzschutz und stellt daher möglicherweise nur einen vorläufigen Zustand her. Dies zeigt das Beispiel des Diebes: Dieser ist zwar Besitzer der Sache und kann sich als solcher vor weiteren Störungen und Entzug schützen (vgl. aber die Beschränkung des Besitzschutzes gem. § 861 Abs. 2 und § 862 Abs. 2). Der Eigentümer kann aber aufgrund seines Eigentums von ihm den Besitz herausverlangen (§ 985). So gesehen ist Besitzschutz **vorläufiger Schutz.** **49**

b) Publizitätsfunktion

Die **zweite Funktion des Besitzes** besteht darin, dass er für den Rechtserwerb erforderlich ist. Dies gilt in erster Linie für den Erwerb beweglicher Sachen. Hier erfüllt der Besitz die sog. Publizitätsfunktion. Der Besitzwechsel ist ein wahrnehmbarer Umstand des Eigentümerwechsels und daher im Rahmen des Eigentumserwerbs erforderlich. Im Grundstückssachenrecht wird diese Aufgabe vom Grundbuch wahrgenommen, das Aufschluss über die Eigentumslage gibt (s. schon o. Rn. 36). **50**

Aufgrund der Vermutungswirkung des Besitzes (Rn. 36) für die Eigentumslage erleichtert der Besitz auch den Eigentumsschutz (s. § 1006). **51**

Bei der Pfändung von Vermögensgegenständen des Schuldners im Zwangsvollstreckungsverfahren ist auf den Gewahrsam des Schuldners abzustellen (§ 808 ZPO). Der Gewahrsam ist hierbei *nur* die rein tatsächliche Sachherrschaft über die Sache und insofern vom Besitz zu unterscheiden, der auch unter anderen Voraussetzungen entstehen kann (s. u. Rn. 53 ff., 57 ff.). Der Gewahrsam hat auch eine Publizitätsfunktion, denn er lässt die Zugehörigkeit des Gegenstandes zum Schuldnervermögen vermuten und berechtigt den Gerichtsvollzieher zur Pfändung (BGHZ 95, 10, 16).

II. Arten des Besitzes

52   Anhand unterschiedlicher Kriterien wird der Besitz in verschiedene Formen unterteilt.

1. Unmittelbarer und mittelbarer Besitz

Die wohl wichtigste Differenzierung ist jene **nach der Nähe der Beziehung** zwischen Besitzer und Besitzobjekt. Das Gesetz trennt hier zwischen
unmittelbarem und mittelbarem Besitz.

a) Voraussetzungen des unmittelbaren Besitzes

53   Über den unmittelbaren Besitz gibt es keine eigene gesetzliche Bestim-
mung. Das BGB beschränkt sich auf die Regelung über den Erwerb und
Verlust des unmittelbaren Besitzes (§§ 854, 856). Das macht es erforderlich,
Merkmale zu entwickeln, die den Besitz charakterisieren. Die nachfolgenden
Beispiele machen diese Notwendigkeit deutlich.

Beispiele:
(1) A lässt nach der Kinovorstellung seinen Schirm liegen. Dies fällt ihm erst zu Hause
(a) oder schon beim Betreten der Straße (b) auf. Hat er noch Besitz am Schirm?
(2) B stellt seinen Sperrmüll auf den Bürgersteig am Straßenrand, damit die Gegenstände am nächsten Morgen abgeholt werden. Er will verhindern, dass bis dahin jemand
die Kartons durchstöbert. Kann er das nach Besitzschutzbestimmungen?
(3) Vor dem Denkmal der X-Gemeinde, einem alten Wegekreuz, steht eine Spenden-
büchse für dessen Restaurierung. C wirft dort Geld hinein. Ist die Gemeinde X Besitzerin dieses Geldes?

54   Die Beispiele zeigen, dass allein mit dem Begriffsmerkmal „**tatsächliche
Sachherrschaft**" keine eindeutige Klärung getroffen werden kann, ob eine
Besitzbeziehung zu einer Sache besteht. Die h.M. behilft sich mit der **Verkehrsanschauung.**
55   In **objektiver Hinsicht** verlangt unmittelbarer Besitz **eine gewisse
Dauer und Festigkeit** der Beziehung zur Sache. Diese fehlt etwa, wenn
man sich den Gesetzestext seines Banknachbarn in der Vorlesung ausleiht,
um eine Vorschrift nachzulesen (vgl. *OLG München* NJW 1970, 667; *KG*
NJW-RR 1994, 713). Es muss eine jederzeitige Einwirkung auf die Sache
ohne Hindernisse möglich sein, entweder aufgrund der bestehenden Sachherrschaft oder der Achtung anderer vor fremdem Besitz (*Prütting*, Rn. 52).
So endet der Besitz an einer Wohnung nicht bereits, wenn man sie – sei es
auch für eine längere Abwesenheit – verwaist zurücklässt.

Im Beispiel 1b (Rn. 53) ist die tatsächliche Sachherrschaft an dem Regenschirm noch
gegeben, anders verhält es sich aber bei 1a, denn von zu Hause aus kann A nicht mehr jederzeit auf den Schirm einwirken.

In **subjektiver Hinsicht** muss der Besitz von einem entsprechenden **56** wahrnehmbaren **Begründungswillen** getragen sein. Dieser Wille muss sich allerdings nicht auf einen bestimmten Gegenstand beziehen, sondern kann auch genereller Natur sein (BGHZ 101, 186).

Im Beispiel 2 (Rn. 53) fehlt es an der Wahrnehmbarkeit des Besitzgründungswillens, denn für einen Passanten ist nicht erkennbar, dass B den Besitz an den Gegenständen weiterhin ausüben will.

Im Beispiel 3 (Rn. 53) dagegen hat die Stadt Besitz an dem Geld, denn die Geldbüchse ist für deren Vertreter erreichbar, die Stadt hat Besitzbegründungswillen und dieser ist wegen der Beschriftung auch erkennbar.

Voraussetzungen des unmittelbaren Besitzes
– Objektiv: eine Sachherrschaftsbeziehung von gewisser Dauer und Festigkeit, die eine jederzeitige Einwirkung gestattet
– Subjektiv: wahrnehmbarer Begründungswillen

b) Voraussetzungen des mittelbaren Besitzes

Der mittelbare Besitz wird in § 868 bestimmt. Die Vorschrift nennt zwei **57** Voraussetzungen:
(1) Jemand besitzt aus einer abgeleiteten Rechtsposition, wie z. B. der Mieter eines Gegenstandes, aufgrund eines zwischen ihm – als Besitzmittler – und dem mittelbaren Besitzer bestehenden **Besitzmittlungsverhältnisses.**
(2) Der **unmittelbare Besitzer** muss einen entsprechenden **Besitzmittlungswillen** als Fremdbesitzer haben.

Ob darüber hinaus ein **Besitzbegründungswille des mittelbaren Besitzers** erforderlich ist, wird in Rechtsprechung und Lehre unterschiedlich beantwortet (dafür: *Schellhammer*, Rn. 78; *Westermann/Gursky*, § 19 I 2; Palandt/*Bassenge*, § 868 Rn. 8; RGZ 98, 131, 135; dagegen: MünchKomm-BGB/ *Joost*, § 868 Rn. 21).

Voraussetzungen des mittelbaren Besitzes
– ein Besitzmittlungsverhältnis zwischen Besitzmittler und mittelbarem Besitzer
– unmittelbarer Fremdbesitz
– unmittelbarer Besitzer (Besitzmittler) muss mit Besitzmittlungswillen als Fremdbesitzer besitzen
– Besitzbegründungswille des mittelbaren Besitzers (str., s. Rn. 63)

Zu (1): Das Rechtsverhältnis kann eins der in § 868 beispielhaft genann- **58** ten oder ein anderes sein, z. B. Leihe, Leasing (in beiden Formen, Operating- oder Finanzierungsleasing), GoA oder Kauf unter Eigentumsvorbehalt. Selbst **gesetzliche Besitzmittlungsverhältnisse,** wie etwa die eheliche Lebensgemeinschaft (§ 1353) oder die elterliche Vermögenssorge (§ 1626), die einen Mitbesitz begründen, reichen aus (*BGH* NJW 1979, 976; 1989, 2542; s. hierzu Fall 2 u. Rn. 118). Auf die Wirksamkeit des Rechtsverhältnisses kommt es nicht an. Es muss aber immer um einen bestimmten Gegenstand gehen.

Der mittelbare Besitzer muss im Zusammenhang mit dem Besitzmittlungsverhältnis einen Herausgabeanspruch haben. Dabei ist nicht erforderlich, dass sich dieser unmittelbar aus dem Besitzmittlungsverhältnis ergibt. Es genügt, wenn – etwa bei einem nichtigen Besitzmittlungsverhältnis – der Anspruch von Gesetzes wegen besteht, wie bei der ungerechtfertigten Bereicherung (§§ 812 ff.), dem Anspruch aus Eigentum (§ 985) oder der Geschäftsführung ohne Auftrag (weitergehend offenbar *Wieling*, § 6 II 2, der ausführt, der Besitzer müsse nur beim Eintritt bestimmter Voraussetzungen zur Herausgabe bereit sein).

59   **Zu (2):** Der Besitzmittlungswille des Besitzmittlers muss durch die Anerkennung des Herausgabeanspruchs als tatsächliche Voraussetzung des mittelbaren Besitzes nach außen sichtbar sein. Der Besitzmittlungswille ist selbst bei gesetzlichen Besitzmittlungsverhältnissen erforderlich (str., aber h. M., s. Westermann / *Gursky*, § 18 Nr. 2). Gibt der Besitzmittler erkennbar seinen Besitzmittlungswillen auf, so endet auch der mittelbare Besitz.

60   Einen Besitzschutz hat der mittelbare Besitzer gem. § 869 nur, wenn gegenüber dem unmittelbaren Besitzer verbotene Eigenmacht (zum Begriff Rn. 97) verübt wird (*BGH* WM 1977, 218). Gegenüber dem Besitzmittler genießt er keinen Besitzschutz und muss sich in diesem Verhältnis auf sonstiges materielles Recht stützen. Er kann im Falle der Entziehung des unmittelbaren Besitzes dessen Wiedereinräumung an den bisherigen Besitzmittler verlangen. Lediglich wenn dieser hieran kein Interesse mehr hat oder ihn nicht mehr übernehmen kann, ist die Einräumung des Besitzes an ihn zulässig (§ 869 S. 2). Fehlt es an einer verbotenen Eigenmacht gegenüber dem unmittelbaren Besitzer, weil dieser etwa die Besitzbeeinträchtigung gestattet, so besteht keine Möglichkeit des Besitzschutzes gem. den §§ 869, 861, 862.

61   Das Gesetz lässt auch mittelbaren Besitz über mehrere Stufen zu (§ 871). Ein Beispiel hierfür ist die Pfändung beweglicher Sachen durch den Gerichtsvollzieher gem. § 808 Abs. 1 ZPO. Handelt es sich um „Geld, Kostbarkeiten und Wertpapiere", so sind diese vom Gerichtsvollzieher in Besitz zu nehmen (vgl. § 808 Abs. 2 ZPO). Es entsteht dann ein zweistufiges Besitzmittlungsverhältnis:

Besitzstufen bei Pfändung gem. § 808 Abs. 1 ZPO

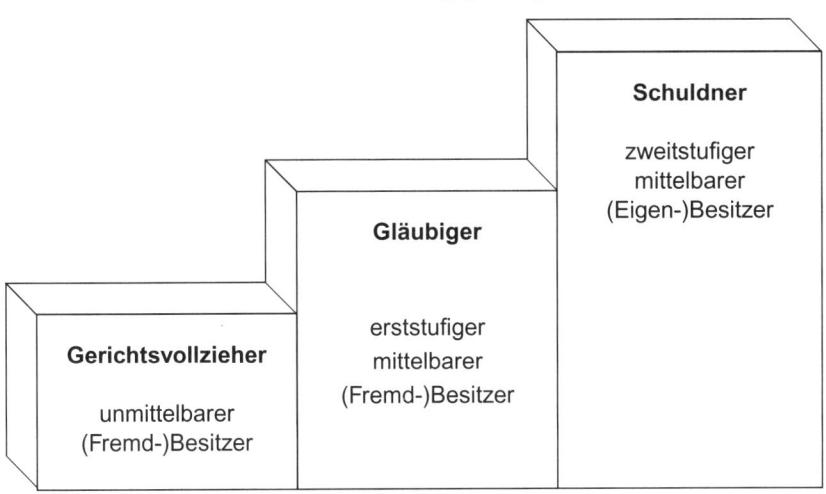

Handelt es sich um sonstige bewegliche Sachen, so sollen diese beim Schuldner verbleiben (§ 808 Abs. 2 ZPO). Es entstehen folgende „Besitzmittlungsstufen":

Besitzstufen bei Pfändung gem. § 808 Abs. 2 ZPO

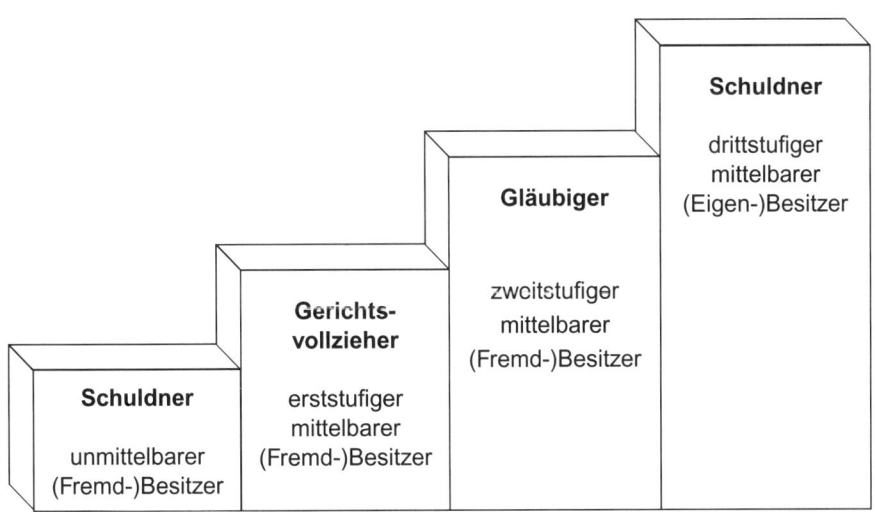

Ein anderes Beispiel eines gängigen Besitzmittlungsverhältnisses ist die Untermiete, in der der Untermieter unmittelbarer Besitzer, der Untervermieter/Mieter erststufiger mittelbarer und der Vermieter zweitstufiger mittelbarer Besitzer ist.

Eine Person kann im Rahmen eines solchen Stufenverhältnisses auch auf **62** verschiedenen Stufen stehen. Dies zeigt schon das Beispiel der Pfändung gem.

§ 808 Abs. 2 ZPO, wo der Schuldner sowohl unmittelbarer (Fremd-)Besitzer und mittelbarer (Eigen-)Besitzer ist (s. hierzu MünchKomm-ZPO/*Gruber*, § 808, Rn. 44). Gleiches gilt, wenn der Vermieter von seinem Mieter untermietet; hier ist Ersterer mittelbarer Eigenbesitzer (zweiter Stufe) und zugleich unmittelbarer Fremdbesitzer (Palandt/*Bassenge*, § 872 Rn. 2). Bedeutung hat diese Abstufung der Besitzmittlungsverhältnisse vor allem für die Besitzklage (zum Begriff s. u. Rn. 104). Der höherstufige mittelbare Besitzer darf Herausgabe an sich nur verlangen, wenn weder der unmittelbare Besitzer noch ein niederrangiger Besitzmittler die Sache verlangen können oder wollen. Im Übrigen reicht für die Übertragung des mittelbaren Besitzes hier wie auch beim einstufigen mittelbaren Besitz die Übertragung dieses Besitzes im Rahmen der Mobiliarübertragung gem. § 930 aus (s. Rn. 184).

63   Zwar nennt das Gesetz einen Besitzbegründungswillen nicht als Voraussetzung für die Besitzbegründung, doch wird teilweise unter Hinweis auf die allgemeinen Grundsätze des Besitzes ein entsprechender Wille gefordert, der aber bei einem rechtsgeschäftlichen Besitzmittlungsverhältnis stets vorliege (Soergel/*Stadler*, § 868 Rn. 5, 9). Ein Besitzbegründungswille bei gesetzlichen Besitzmittlungsverhältnissen wird jedoch nicht durchweg, sondern letztlich nur bei Verträgen zugunsten Dritter (so etwa Palandt/*Bassenge*, § 868 Rn. 8; a. A. Soergel/*Stadler*, § 868 Rn. 9, nach der für gesetzliche Besitzmittlungsverhältnisse ein solcher Besitzbegründungswille erforderlich sein soll) verlangt. Angesichts dieses doch engen Bereiches, für den ein Besitzbegründungswille verlangt wird, hat die Streitfrage kaum praktische Auswirkung. Der Besitzbegründungswille soll darauf gerichtet sein, dass der Besitzmittler dem mittelbaren Besitzer gegenüber einen eingeschränkten Besitzwillen hat.

2. Besitz mehrerer: Mit-, Teil- und Nebenbesitz

a) Mitbesitz

64   Weitere Unterscheidungen sind möglich nach der Zahl der gleichstufigen Besitzer und nach dem Umfang des Besitzrechts. An einer Sache können mehrere Personen **gleichstufigen** Besitz haben. Dies wird mit dem Begriff **Mitbesitz** bezeichnet, der sich aber nicht auf ideelle Anteile der Sache beschränkt. Vielmehr besitzen die Mitbesitzer gleichberechtigt nebeneinander. Kann jeder der Mitbesitzer unabhängig von den anderen sein Besitzrecht ausüben, so spricht man von **schlichtem Mitbesitz**. Beschränkt wird das Besitzrecht nur durch das Besitzrecht der anderen Mitbesitzer der ganzen Sache (*KG* NJW-RR 1994, 713). Unerheblich ist, ob die Besitzer als Eigen- oder Fremdbesitzer ihre Sachherrschaft ausüben (zur Unterscheidung von Fremd- und Eigenbesitz, s. u. Rn. 75 f.). So haben die Mieter in einem Miethaus Mitbesitz an dem gemeinsam genutzten Treppenhaus und Fahrstuhl (BGHZ 62, 213). Auch ein Mitverschluss mittels gleichartiger Schlüssel (etwa die gemeinsam genutzte Waschküche oder Abstellräume) begründet schlichten Mitbesitz (Palandt/*Bassenge*, § 866 Rn. 2).

Typischerweise wird ein solcher Mitbesitz von Ehegatten unabhängig vom **65** Güterstand an der gemeinsam gemieteten Wohnung sowie am Hausrat begründet. Unerheblich dafür ist es, wer Vertragspartei des Mietvertrages ist. Der Besitz spielt auch für die (widerlegliche) Eigentumsvermutung des § 1362 eine Rolle, da sie zumindest einen Mitbesitz des schuldenden Ehegatten voraussetzt (für die vollstreckungsrechtliche unwiderlegliche Vermutung s. § 793 ZPO). Auch eine Außen-GbR wird man nach neuerem Verständnis wegen ihrer Teilrechtsfähigkeit als besitzfähig ansehen müssen (s. schon o. Rn. 48).

Es sind auch Fälle denkbar, in denen die Besitzer den Besitz nur gemein- **66** sam ausüben können. Dies wird meist als **qualifizierter Mitbesitz** bezeichnet (teilweise wird auch von treuhänderischem Mitbesitz gesprochen, während andere diesen nur im Rahmen eines Besitzmittlungsverhältnisses beim mittelbaren Besitzer annehmen, wenn der mittelbare Besitzer seine Besitzrechte lediglich gesamthänderisch gebunden geltend machen kann; so etwa bei Erbengemeinschaften, hierzu Palandt/*Bassenge*, § 866 Rn. 2). Typisches Beispiel hierfür ist das Bankschließfach, das sich nur mittels gleichzeitigem Einsatzes der Schlüssel von Inhaber *und* Bank öffnen lässt (anders z. B. *OLG Düsseldorf* NJW-RR 1996, 839 m.w.N. – Alleinbesitz am Schließfachinhalt; dagegen überzeugend *Werner*, JuS 1980, 175 f.). Gleiches gilt für die im Zollverschluss befindlichen Sachen (RGZ 112, 138).

Im Unterschied zum einfachen Mitbesitz kann beim qualifizierten Mitbesitz nicht ein Besitzer allein den Besitz ausüben. Dies hat Auswirkungen auf das Verhältnis der Besitzer untereinander. Beim qualifizierten Mitbesitz sind die einzelnen Mitbesitzer immer auf die gleichzeitige Besitzausübung aller angewiesen.

Die Bedeutung des Mitbesitzes liegt vor allem in der Beschränkung des **67** Besitzschutzes. Im Streit über die Grenzen ihres Besitzes genießen die Mitbesitzer untereinander keinen Besitzschutz (§ 866). Wird dagegen der Mitbesitz völlig entzogen, so verbleibt dem Mitbesitzer die Möglichkeit des Besitzschutzes (*BGH* BB 1973, 913; *OLG Köln* FamRZ 1997, 1276). Völlig unberührt vom Mitbesitz ist die Möglichkeit, den Besitzschutz gegenüber Dritten geltend zu machen. Grundsätzlich richtet sich der Besitzschutzanspruch auf Wiedereinräumung des Mitbesitzes, es sei denn, es liegt die Situation des § 869 S. 2 HS. 2 vor.

b) Teilbesitz

Teilbesitz besteht, wenn sich der Besitz auf einen Sachteil oder (wesent- **68** lichen) Bestandteil (zum Begriff Rn. 16) beschränkt. Die rechtliche Unselbstständigkeit wesentlicher Bestandteile spielt hier also keine Rolle (vgl. § 93, o. Rn. 16), da der Besitz kein Recht ist. Voraussetzung für den Teilbesitz ist, dass die Möglichkeit einer getrennten Sachherrschaft überhaupt existiert. Der Mieter oder Wohnungseigentümer ist Teilbesitzer seiner Wohnung (als Teil des gesamten Hauses), sei diese nun Mietwohnung oder Sondereigentum (so bei Wohnungseigentum). Keinen Teilbesitz gibt es an ideellen Bruchteilen (BGHZ 85, 264).

c) Nebenbesitz

69   Hierbei handelt es sich um ein von der Lehre entwickeltes, im Gesetz nicht vorgesehenes Institut, bei dem ein Besitzmittler den Besitz nicht nur für eine Person, sondern unter Überschreitung seiner von diesem eingeräumten Befugnisse für eine weitere mittelt. So etwa, wenn der Besitzmittler unter Eigentumsvorbehalt einen Gegenstand kauft und Besitz an ihm erlangt, sich einem Dritten gegenüber aber als Eigentümer geriert und diesem ebenfalls den Besitz mittelt (s. Rn. 215 und den dortigen Fall 5). In diesem Fall versucht ein Teil der Lehre mit der Konstruktion des Nebenbesitzes hauptsächlich zu verhindern, dass der Eigentumsvorbehaltsverkäufer sein Eigentum an den Dritten zu einem Zeitpunkt verliert, zu dem es dafür keine Rechtfertigung gebe. Der Nebenbesitz betrifft vor allem diese Frage und soll daher im Zusammenhang mit den entsprechenden Erwerbs- und Gutglaubensvorschriften erörtert werden (u. Rn. 215), da die maßgeblichen Erwägungen für und gegen seine Anerkennung damit zusammenhängen.

3. Besitzdiener

70   Das Gesetz sieht in § 855 die Möglichkeit vor, tatsächliche Gewalt über einen Gegenstand auszuüben und gleichwohl keinen Besitz an ihm zu haben. Besitzer ist in diesem Fall derjenige, dessen Weisungen die Person mit tatsächlicher Gewalt über die Sache (sog. Besitzdiener) befolgt. Die Weisungsmacht und -befolgung durch den tatsächlich Besitzenden ersetzt mit anderen Worten die tatsächliche Gewalt über die Sache. Der Besitzdiener wird als Werkzeug des Besitzers angesehen. Im Übrigen bedeutet Besitzdienerschaft auch, dass der Besitzherr auf die Sache zugreifen kann. Diese Möglichkeit muss freilich nicht ununterbrochen bestehen.

71   Für das Bestehen einer Weisungsbeziehung ist wiederum die **Verkehrsanschauung** maßgeblich. Im Unterschied zum Besitzmittlungsverhältnis, in dem der mittelbare Besitzer Ansprüche und Rechte gegen den Besitzmittler hat, verlangt die h.M. für den Besitzdiener eine soziale Unterordnung unter den Besitzer (Westermann/*Gursky*, § 10 II 1 m.w.N., a.A. MünchKomm-BGB/*Joost*, § 855 Rn. 5). Ersterer muss sich zu Letzterem in einem sozialen Abhängigkeitsverhältnis befinden (krit. hierzu *Wieling*, § 4 IV 1a, bb, der auf die enge Beziehung von sozialer, wirtschaftlicher und rechtlicher Abhängigkeit hinweist, so dass Ersterer keine eigenständige Bedeutung zukomme; a.A. aber BGHZ 27, 360; Palandt/*Bassenge*, § 855 Rn. 2). Auch hier ist die recht-

liche Wirksamkeit des Besitzdienerverhältnisses ohne Bedeutung, wenn der Besitzdiener die Weisungsunterworfenheit anerkennt.

Typische Beispiele für eine Besitzdienerschaft sind Angestellte in einem **72** Geschäft (RGZ 51, 20, 23; 71, 248, 251), Hausangestellte auch hinsichtlich der ihnen überlassenen Räume (Erman/*A. Lorenz*, § 855 Rn. 12) sowie Soldaten und Beamte hinsichtlich der ihnen dienstlich anvertrauten Sachen (*OLG München* NJW 1987, 1830). Geschäftsunfähige Kinder sind Besitzdiener an den Gegenständen, die ihnen die Eltern überlassen haben. Daran ändert auch der Umstand nichts, dass sie möglicherweise Eigentümer dieser Gegenstände sind (*Baur/Stürner*, § 7 Rn. 68).

Bedeutung hat die Besitzdienerschaft insoweit, als dass nur der Besitzherr **73** Besitzer ist. Alle an dem Besitz anknüpfenden Rechtsfolgen treffen ihn (§§ 861, 985, 1007) und kommen ihm zugute (§§ 861, 862, 1007). Gegenüber dem Besitzherrn hat der Besitzdiener keinen Besitzschutz, er kann aber Besitzschutzansprüche des Besitzherrn für diesen geltend machen (§ 860; Jauernig/*Jauernig*, § 855 Rn. 2).

4. Besitz ohne Sachherrschaft

§ 857 ordnet für den Erbfall einen Besitzwechsel auf den oder die (end- **74** gültigen) Erben an. Hier handelt es sich um einen rein rechtlichen Besitz, der kraft Gesetzes eintritt und keinerlei Bezug zur tatsächlichen Herrschaft über die Sachen hat. Der Besitz ist der Gleiche, wie er beim Erblasser bestand. Das gilt auch für Eigen- oder Fremdbesitz und Bös- oder Gutgläubigkeit sowie für die Fehlerhaftigkeit des Besitzes. § 857 ist erforderlich, da die tatsächliche Gewalt mit dem Tod des Besitzers endet und der – unmittelbare – Besitz jedenfalls damit nicht von der Universalsukzession des § 1922 erfasst ist. Auf ein Wissen des Erben von seiner Erbenstellung und dem Nachlass kommt es nicht an. Zweck des § 857 ist es, dem Erben zum Schutze des Nachlasses die Rechte eines Besitzers gegenüber Dritten zu geben, die auf einen zur Erbschaft gehörenden Gegenstand zugreifen wollen (z. B. § 935).

5. Eigen- und Fremdbesitz

Eine weitere Unterscheidung trifft das Gesetz danach, ob der Besitzer die **75** Sache als eigene oder als fremde Sache besitzt (§ 872). Je nachdem ist der Besitzer Fremd- oder Eigenbesitzer. Beide Besitzformen sind als mittelbarer oder unmittelbarer Besitz möglich. Ohne Bedeutung ist es, ob der Wille zum Eigenbesitz sich auf rechtmäßigen Erwerb stützt. Im Zusammenhang mit dem Besitzmittlungsverhältnis kann eine Person gleichzeitig mittelbarer Eigen- und unmittelbarer Fremdbesitzer sein (s. z. B. *BGH* NJW 1983, 568 und o. Rn. 62).

76   Die Unterscheidung zwischen beiden Besitzformen ist vor allem im Zusammenhang mit dem gesetzlichen Eigentumserwerb wichtig (§§ 900, 927, 937 ff., 955, 958; s. im Übrigen §§ 920, 1006, 1120, 1127; ZVG §§ 147, 171).

III. Erwerb und Verlust des Besitzes

1. Erwerb des unmittelbaren Besitzes

a) Erlangung der tatsächlichen Gewalt

77   Entsprechend dem Inhalt des Besitzverhältnisses kommt es für die Besitzbegründung darauf an, die unmittelbare Sachherrschaft zu erlangen (sog. Besitzergreifung; hierzu als Ausnahme § 857, s. Rn. 74). Unmittelbarer Besitz wird grds. also nicht etwa durch Rechtsgeschäft erworben. Nach überwiegender Auffassung muss zugleich ein entsprechender Wille vorliegen, Sachherrschaft i.S. eines allgemeinen „Beherrschungswillens" auszuüben. Der Wille kann aber ganz genereller Art sein und muss sich nicht auf den konkreten Gegenstand richten. Die Begründung des Besitzes setzt also einen Besitzerwerbswillen voraus (RGZ 106, 135, 136; BGHZ 101, 186, 187). Dieser Wille ist angesichts des Umstandes, dass Besitz nur eine tatsächliche Sachbeziehung ist, nicht ein rechtsgeschäftlicher, sondern ein natürlicher Wille. Es reicht daher die natürliche Willensfähigkeit des Besitzerwerbers aus, die bspw. auch ein Minderjähriger hat. Das Gesetz sieht das Merkmal der Willensfähigkeit nicht vor. Deshalb wird von einem Teil der Literatur ein derartiges Erfordernis abgelehnt, wenn der Gegenstand sich im „organisierten Herrschaftsbereich" befindet (Westermann/*Gursky*, § 13 I 2). Beide Auffassungen kommen im Wesentlichen zu den gleichen Ergebnissen, weshalb auf diesen Streit nicht weiter eingegangen werden soll. So wird man einen Besitz an den im Briefkasten befindlichen Briefen ebenso bejahen können wie einen Besitz an Waren, die auf einem Platz vor dem Ladengeschäft abgestellt sind.

78   Die Besitzbegründung kann einseitig durch Besitzergreifung oder im Wege der Übergabe (s. § 929) im Zusammenwirken mit dem Übergebenden (*BGH NJW* 1979, 714, 715) stattfinden. Sie ist ein Realakt. Daher ist bei ihr keine Stellvertretung möglich. Es bedarf nicht der Geschäftsfähigkeit (s. o. Rn. 77) und bei Willensmängeln besteht keine Möglichkeit zur Anfechtung.

79   Teilweise wird von dem generellen Besitzwillen wieder eine Ausnahme gemacht, wenn der Besitzer an einem Besitz dieser Gegenstände kein Interesse erkennen lässt (s. Westermann/*Gursky*, § 13 I 2). Dies müsste z. B. für Wurfsendungen im Briefkasten gelten, wenn der Besitzer sich durch einen entsprechenden Hinweis auf dem Briefkasten derartige Zusendungen verbittet. Während es hier noch recht eindeutig ist, birgt diese Auffassung in anderen Situationen das Risiko, mit Unterstellungen zu arbeiten (hierauf hinweisend Erman/*A. Lorenz*, § 854 Rn. 10). Daher sollte von derartigen Ausnahmen abgesehen werden. In jedem Fall muss der Besitzerwerb sich nach außen darstellen, so dass Dritten ein Wechsel im Besitz erkennbar ist.

b) Besitzerwerb durch Einigung

§ 854 Abs. 2 sieht eine Sonderform des Besitzerwerbs durch Rechtsge- **80** schäft vor. Dies betrifft die Situation, dass der Besitzerwerber (im Zeitpunkt der Einigung) bereits auf die Sache tatsächlich einwirken kann. Dann genügt für den Besitzerwerb die Einigung. Hierfür gelten sämtliche Vorschriften für die Vornahme von Rechtsgeschäften (mit Ausnahme des Vertrages zugunsten Dritter, RGZ 66, 99; Soergel/*Stadler*, § 854 Rn. 21; a. A. *Wieling*, § 4 II 2b mit dem Argument, dass es um die Verschaffung von Realien geht). Diese Einigung über den Besitzerwerb ist von der Einigung etwa im Rahmen eines dinglichen Vertrages über den Eigentumsübergang zu unterscheiden, wenn auch beide Rechtsgeschäfte tatsächlich zusammenfallen können.

Denkbar ist eine Vereinbarung durch konkludentes Handeln. Hier muss **81** der Besitzerwechsel ebenfalls erkennbar sein (BGHR 2003, 524, 524). Die Vorschrift enthält für beide Seiten eine Erleichterung, indem sie keinen Realakt vornehmen müssen. Typisches Beispiel ist die Besitzübertragung von Holzstapeln im Wald oder anderen schwer transportierbaren Gegenständen, die einen „offenen Besitz" erfordern (zum Begriff s. *Wieling*, § 4 II 2a). Der Verkehrsschutz erleidet wegen der erforderlichen Erkennbarkeit des Besitzwechsels keine Einbuße.

c) Besonderheiten bei der Einschaltung von Hilfspersonen

Da der Besitzerwerb nach § 854 Abs. 1 ein Realakt ist, scheidet eine Stell- **82** vertretung grundsätzlich aus (so schon o. Rn. 78). Das macht den Erwerb von Eigentum (der einen Besitzerwerb voraussetzt) zu einem gewissen Problem. Bei seiner Lösung spielt der Besitzdiener eine besondere Rolle. Er kann für den Besitzherrn nicht nur die tatsächliche Gewalt über die Sache ausüben, sondern sogar Besitz für ihn erwerben. Dafür muss die Voraussetzung der tatsächlichen Sachherrschaft in seiner Person vorliegen und der Besitzherr – sofern man trotz der dargestellten Bedenken der h. M. folgt (so o. Rn. 77) – generellen Besitzwillen haben.

Im Übrigen werden etliche Bestimmungen der Stellvertretung auf den Be- **83** sitzdiener entsprechend angewandt. Dies gilt vor allem für § 166, der dazu führt, dass es grundsätzlich auf die Bösgläubigkeit des Besitzdieners ankommt. Nur eine Mindermeinung (MünchKomm-BGB/*Medicus*, § 990 Rn. 12 m.w.N.) will auf § 831 abstellen, da es sich beim EBV um besonderes Deliktsrecht handele. Die Anwendung der Vorschrift erscheint aber nicht nur im Ergebnis aufgrund der Exkulpationsmöglichkeit (§ 831 Abs. 1 S. 2) wenig überzeugend, sondern stößt auch deshalb auf Bedenken, weil es sich bei § 831 um eine Vorschrift handelt, die eine Haftung für eigenes Verschulden bei Auswahl und Aufsicht und nicht etwa aufgrund einer Zurechnung für fremdes Verschulden vorsieht (s. hierzu allgemein BGHZ 117, 106 f.).

2. Erwerb des mittelbaren Besitzes

84 Die Einräumung des mittelbaren Besitzes kann auf vielfältige Weise stattfinden:
- Einräumung des unmittelbaren Besitzes an einen anderen durch Übergabe unter Beibehaltung des mittelbaren Besitzes.
- Ein Dritter kann unmittelbaren Besitz erwerben und diesen dem mittelbaren Besitzer mitteln wollen. Diese Möglichkeit ist wichtig im Zusammenhang mit dem Eigentumserwerb unter Einschaltung Dritter. Dies sei anhand eines Beispiels erläutert:
  - Beauftragt der A den B etwas bei C zu erwerben, so kann der Besitzerwerb durch ein im Vorhinein vereinbartes (antizipiertes) Besitzkonstitut stattfinden, indem B sich verpflichtet, bis zur Übergabe der Sache an A im Falle eines Erwerbes, diese zu verwahren. B mittelt dann den Besitz an der Sache dem A.
  - Diese Vorgehensweise wird sich vor allem empfehlen, wenn die Voraussetzungen für die Besitzdienerschaft fehlen. Maßgeblich ist, dass der Besitzmittler einen nach außen erkennbaren Fremdbesitz hat. Diesen kann er bereits im Zeitpunkt des Erwerbes haben oder später bilden.
- Mittelbarer Besitz kann auch im Rahmen einer Besitzstufung begründet werden, indem der mittelbare Besitzer zu einem Fremdbesitzer ersten Grades und der Erwerber mittelbarer Eigenbesitzer zweiten Grades wird.

85 Für die Übertragung des mittelbaren Besitzes sieht das Gesetz in § 870 auch die Möglichkeit vor, diese durch Abtretung des Herausgabeanspruches auf den Besitzerwerber vorzunehmen. Hierbei handelt es sich nach h. M. wie bei § 854 Abs. 2 um ein Rechtsgeschäft (s. o. Rn. 80). Daneben ist denkbar, dass auf Weisung des mittelbaren Besitzers der Besitzmittler für einen anderen mittelbaren Besitzer besitzen will.

86 Die Regelung des § 870 ist besitzrechtlich nicht ohne Probleme, da der Besitzmittler von der Abtretung nicht notwendigerweise etwas weiß und gleichwohl ein Besitzwechsel stattfinden soll, selbst wenn der Wille des Besitzmittlers auf einen anderen mittelbaren Besitzer gerichtet ist.

3. Verlust des Besitzes

a) Unmittelbarer Besitz, § 856

Der Verlust des unmittelbaren Besitzes tritt zunächst in umgekehrter Weise **87** wie seine Begründung ein, nämlich durch den Verlust der tatsächlichen Gewalt (§ 856 Abs. 1 Fall 2). Dabei kommt es für die Aufgabe des Besitzes nicht auf einen rechtsgeschäftlichen Willen an. Auch die Freiwilligkeit des Besitzverlustes ist für diesen ohne Bedeutung, so dass selbst das Verlieren eines Gegenstandes zum Besitzverlust führen kann. Die Beendigung des Besitzes muss nach außen erkennbar sein.

Die Freiwilligkeit ist allerdings insofern von Bedeutung, da ein unfreiwilli- **88** ger Besitzverlust andere Rechtsfolgen nach sich zieht (§§ 858, 935). Die nur vorübergehende Verhinderung der Gewaltausübung ist für den Besitz ohne Folgen (§ 856 Abs. 2). Wichtig ist nur, dass eine Wiederausübung des Besitzes erwartet werden kann.

Der Besitzverlust kann außerdem durch Besitzaufgabe eintreten. Diese ver- **89** langt nur eine Beendigung des Besitzwillens (§ 856 Abs. 1 Fall 1).

b) Besitzverlust bei Besitzdienerschaft

Bei Besitzdienerschaft führt der Verlust der tatsächlichen Sachherrschaft **90** seitens des Besitzdieners zum Besitzverlust des Besitzherrn, es sei denn, Letzterer ist seinerseits in der Lage, die Sachherrschaft auszuüben. Ein Verlust des Besitzes tritt zudem ein, wenn der Besitzdiener durch seine Handlungen zu erkennen gibt, die Sachherrschaft nicht mehr für den Besitzherrn ausüben zu wollen. Dies kann etwa dadurch geschehen, dass er für sich oder einen anderen Besitzherrn die Sachherrschaft ausübt. Sofern dies ohne den Willen des Besitzherrn stattfindet, handelt es sich um einen unfreiwilligen Besitzverlust mit allen daran anknüpfenden besitz- und eigentumsrechtlichen Folgen (§§ 858, 935).

c) Verlust des mittelbaren Besitzes

Der mittelbare Besitz geht vor allem dadurch verloren, dass der Besitzmitt- **91** lungswille des Besitzmittlers sich nach außen erkennbar ändert. Leiht sich etwa jemand ein Buch und entfernt nach einer gewissen Zeit den Eigentümerstempel, so endet damit das Besitzmittlungsverhältnis. Auf die Kenntnis von dieser Änderung des Besitzmittlungswillens seitens des mittelbaren Besitzers kommt es nicht an.

Besitz und Besitzdienerschaft

	Unmittelbarer Besitzer	Mittelbarer Besitzer	Besitzdiener (selbst nicht Besitzer!)
Voraussetzungen	• Begründung unmittelbarer Sachherrschaft (Realakt), d. h. tatsächliche Gewalt (nach Verkehrsanschauung, § 854 Abs. 1) • natürlicher (nicht rechtsgeschäftlicher) Besitzbegründungswille (h. M.) genereller Art (str.) • Erkennbarkeit nach außen ------------------ • rechtsgeschäftliche Einigung über Besitzerwerb (§ 854 Abs. 2) • tatsächliche Einwirkungsmöglichkeit auf die Sache • Aufgabe des Besitzes des bisherigen Besitzers ------------------ • Ausübung des unmittelbaren Besitzes durch Besitzdiener (Voraussetzung s. rechte Spalte)	• Besitzmittlungsverhältnis • Besitzmittlungswille des Mittlers als Fremdbesitzer • Besitzbegründungswille (str.) ------------------ • § 870: Abtretung des Herausgabeanspruchs aus dem Besitzmittlungsverhältnis (Rechtsgeschäft, h. M.) ------------------ • Ausübung des mittelbaren Besitzes durch Besitzdiener (s. rechte Spalte)	• tatsächliche Sachherrschaft des Dieners • Weisungsbeziehung zum Besitzherrn (h. M.: soziale Unterordnung); str., ob nach außen erkennbar • genereller Besitzwille des Besitzherrn (h. M.) • Besitzherr kann unmittelbarer **oder** mittelbarer Besitzer sein
Verlust	• Verlust unmittelbarer Sachherrschaft (§ 856 Abs. 1 Fall 2) • nach außen erkennbar ------------------ • Besitzaufgabe durch Beendigung des Besitzwillens (§ 856 Abs. 1 Fall 1) ------------------ • Verlust des unmittelbaren Besitzes wegen Beendigung des Besitzdienerverhältnisses (s. rechte Spalte) ------------------ **Nicht:** vorübergehende Verhinderung der Gewaltausübung (§ 856 Abs. 2)	• Änderung des Besitzmittlungswillens des Besitzmittlers (Kenntnis davon bei mittelbarem Besitzer unerheblich) • Erkennbarkeit nach außen ------------------ • Verlust des unmittelbaren Besitzes beim Besitzmittler ------------------ • Verlust des mittelbaren Besitzes wegen Beendigung des Besitzdienerverhältnisses (s. rechte Spalte)	• Verlust der tatsächlichen Sachherrschaft des Dieners ------------------ • Wille des Besitzdieners, Sache nicht mehr für Besitzherrn besitzen zu wollen • Erkennbarkeit nach außen

IV. Besitzschutz

1. Systematik des Besitzschutzes

Das Gesetz unterscheidet verschiedene Arten von Rechten, die dem Besit- **92** zer zustehen. Er kann zunächst die Wegnahme seines Besitzes durch Selbsthilfe verhindern oder gar rückgängig machen. Diese Befugnisse geben ihm die Vorschriften über die **Besitzwehr** (§ 859 Abs. 1) und **Besitzkehr** (§ 859 Abs. 2), die bei Grundstücken in der Form der „Entsetzung" (§ 859 Abs. 3) stattfindet.

Neben diesen Rechten hat der Besitzer verschiedene Ansprüche, die nicht **93** nur nach ihrem Ziel, sondern danach unterschieden werden, ob sich der Anspruch unmittelbar aus dem Besitz ableitet (sog. possessorischer Anspruch, s. schon o. Rn. 49), oder es sich um einen Anspruch handelt, der auf Einräumung des Besitzes lautet, ohne dass hierfür die tatsächliche Sachherrschaft die Grundlage darstellt (sog. petitorischer Anspruch). Dies gilt etwa, wenn ein Besitzer gegenüber einem anderen Besitzer ein besseres Recht behauptet und keiner von beiden das Eigentum für sich beansprucht (vgl. § 1007).

Darüber hinaus kann Besitz auch im Rahmen anderer gesetzlicher An- **94** sprüche, vor allem jener aus § 823 und § 812 geschützt werden. Die Ansprüche lauten dann auf Schadensersatz oder Wiedereinräumung des Besitzes (§§ 249 ff.). Dem Besitzer steht nach allgemeinen Grundsätzen auch ein Anspruch auf Unterlassung gem. § 1004 Abs. 1 analog zu.

Schließlich ist Besitz im Rahmen des Vollstreckungsrechts geschützt (zum **95** Verhältnis Gewahrsam und Besitz s. o. Rn. 51). Dem Gewahrsamsinhaber steht bei Missachtung seines Gewahrsams durch den Gerichtsvollzieher die Möglichkeit der Vollstreckungserinnerung zu (§ 766 ZPO). Inwieweit bei beweglichen Sachen der Besitz ein die Veräußerung hinderndes Recht i.S. von § 771 ZPO ist, wird in Literatur und Rechtsprechung unterschiedlich beurteilt (für unbewegliche Sachen wird dies einheitlich abgelehnt, RGZ 127, 8, 9; Stein/Jonas/*Münzberg*, § 771 Rn. 34; Zöller/*Herget*, § 771 Rn. 14). Die wohl überwiegende Auffassung bejaht dies für den rechtmäßigen Besitz (RGZ 116, 363, 366; Stein/Jonas/*Münzberg*, § 771 Rn. 35; **a. A.** Münch-Komm-ZPO/*K. Schmidt*, § 771 Rn. 38; *Rosenberg/Gaul/Schilken*, § 41 VI 6 b).

Beim mittelbaren Besitz scheidet allerdings eine Vollstreckungserinnerung **96** (§ 766 ZPO) aus, da der mittelbare Besitzer nicht Gewahrsam i. S. d. Vollstreckungsrechts hat. Jedoch steht dem mittelbaren Besitzer aufgrund seines Herausgabeanspruchs ein die Veräußerung hinderndes Recht zu, so dass er nach allgemeiner Auffassung die Klage nach § 771 ZPO geltend machen kann (Stein/Jonas/*Münzberg*, § 771 Rn. 36; BGHZ 2, 164, 168).

2. Unmittelbarer Besitzschutz

a) Verbotene Eigenmacht als den Besitzschutz auslösender Tatbestand

97   Für die Selbsthilferechte sowie die possessorischen Ansprüche ist Voraussetzung, dass dem Besitzer durch **verbotene Eigenmacht** der Besitz **entzogen** oder er auf diese Weise im Besitz **gestört** wird. Jede dieser Besitzbeeinträchtigungen muss ohne den Willen des Besitzers oder gesetzliche Gestattung durch menschliche Handlung geschehen. Entziehung stellt die völlige Beendigung des Besitzes dar, indem danach dauerhaft die tatsächliche Sachherrschaft genommen ist. Störung ist die Behinderung bei Ausübung der Sachherrschaft, solange sie keinen Entzug darstellt.

98   Die verbotene Eigenmacht ist nicht abhängig von einem Verschulden des Entziehers oder Störers. Lediglich Widerrechtlichkeit muss bestehen. An ihr fehlt es, wenn gesetzliche Vorschriften das Handeln rechtfertigen. Hierzu gehören neben den §§ 227–229 und §§ 904–906 etwa Beschlagnahmevorschriften nach der StPO (z. B. §§ 94, 98 StPO) oder Eingriffsbefugnisse nach öffentlichem Recht wie der Zugriff der Zwangsvollstreckungsorgane nach den §§ 808 ff. ZPO und anderen Vorschriften der ZPO und des ZVG.

99   Der durch verbotene Eigenmacht begründete Besitz ist fehlerhaft (§ 858 Abs. 2 S. 1). Die Fehlerhaftigkeit wirkt auch gegenüber dem Erbenbesitzer sowie gegenüber dem Besitznachfolger, wenn der die Fehlerhaftigkeit des Besitzes beim Erwerb kennt (§ 858 Abs. 2 S. 2).

100   Unabhängig davon ist dem erwerbenden Besitzer ein Jahr lang die Geltendmachung der Besitzschutzansprüche gegen den durch die verbotene Eigenmacht verdrängten Besitzer verwehrt (§§ 861 Abs. 2, 862 Abs. 2).

b) Selbsthilferechte des Besitzers

101   Das Gesetz gibt dem Besitzer die Möglichkeit zur **Besitzwehr** (§ 859 Abs. 1). Sie steht nicht unter dem Vorbehalt, dass obrigkeitliche Hilfe nicht erlangt werden kann. Die Mittel der Besitzwehr müssen zur Abwehr der verbotenen Eigenmacht erforderlich sein.

102   Für den Fall, dass ein beweglicher Gegenstand durch verbotene Eigenmacht bereits entzogen ist, hat der Besitzer die Möglichkeit zur **Besitzkehr** (§ 859 Abs. 2). Voraussetzung hierfür ist allerdings, dass der Besitzer den Täter auf **frischer Tat** ertappt oder alsbald nach Verübung entdeckt und die Verfolgung beginnt. Damit wird dem ehemaligen Besitzer die Möglichkeit zur Wiederherstellung des früheren Rechtszustandes gegeben. Um das Selbsthilferecht nicht zu weit zu fassen, verlangt die h.M., dass die Verfolgung der entdeckten Tat unverzüglich aufgenommen werden muss (Bamberger/Roth/ *Fritzsche*, § 859 Rn. 13; Soergel/*Stadler*, § 859 Rn. 7). Eventuell erforderliche Vorbereitungshandlungen dürfen vorgenommen werden.

Für Grundstücke sieht das Gesetz die sog. **Entsetzung** vor (§ 859 Abs. 3). **103**
Im Unterschied zu beweglichen Sachen muss hier der Besitzer bereits *„sofort"*
nach der Entziehung sich des Besitzes wieder bemächtigen. Der Betroffene
muss somit nach einem objektiven Maßstab ohne Rücksicht auf den Zeitpunkt der Kenntniserlangung von der Entziehung so schnell wie möglich tätig werden (*OLG Düsseldorf* ZMR 2001, 220). Die Vorschrift des § 859
Abs. 3 setzt also engere zeitliche Grenzen als bei der Besitzkehr, zumal die
Rechtsprechung das dortige Merkmal „auf frischer Tat" recht großzügig aus-
legt (s. etwa *LG Frankfurt/M.* NJW 1984, 183).

3. Possessorischer Besitzschutz

Das Gesetz gibt dem Besitzer unmittelbar auf dem Besitz beruhende An- **104**
sprüche auf Wiedereinräumung des Besitzes (§ 861 Abs. 1), Beseitigung oder
Unterlassung der Besitzstörung (§ 862 Abs. 1).

a) Anspruch auf Wiedereinräumung des Besitzes (§ 861 Abs. 1)

Berechtigter dieses Anspruchs ist der unmittelbare oder mittelbare Besitzer
(§ 869 S. 1), der den Besitz durch die verbotene Eigenmacht verloren hat.
Anspruchsgegner ist der fehlerhaft Besitzende. Der mittelbare Besitzer kann
nur in Anspruch genommen werden, wenn er verbotene Eigenmacht begangen oder nach einer solchen Handlung den Besitz auf einen anderen im Rahmen eines Besitzmittlungsverhältnisses übertragen hat (RGZ 69, 197; Soer-
gel/*Stadler*, § 861 Rn. 5). Der Anspruch besteht nicht, wenn der entzogene
Besitz dem gegenwärtigen Besitzer oder seinem Rechtsvorgänger gegenüber
fehlerhaft war und in dem letzten Jahr vor Entziehung erlangt worden ist
(§ 861 Abs. 2, s. schon o. Rn. 100). Der fehlerhafte Besitz ist somit innerhalb
dieses Zeitraums besitzrechtlich nicht geschützt. Umgekehrt ist der Anspruch
nach § 861 innerhalb eines Jahres nach der Vornahme der verbotenen Eigenmacht klageweise (sog. **Besitzklage**) geltend zu machen (§ 864 Abs. 1).
Anderenfalls erlischt der Anspruch. Es handelt sich hierbei um eine **Aus-
schluss-** und nicht etwa um eine Verjährungs**frist** (hierzu schon Rn. 100).
Auf die Kenntnis des Anspruchsgläubigers von der verbotenen Eigenmacht
kommt es nicht an.

b) Beseitigung oder Unterlassung der Störung

Im Falle einer Besitzstörung hat der Besitzer Anspruch auf deren Beseitigung **105**
oder die Unterlassung künftiger Störungen (§ 862 Abs. 1). Anspruchsgegner ist
der unmittelbare Handlungsstörer oder jede Person, aufgrund deren Willensbetätigung ein Dritter die Störung vorgenommen hat. Gleiches gilt, wenn die
Störung durch eine Sache hervorgerufen wird und diese Störung wenigstens
mittelbar auf seinen Willen zurückgeht (hier gelten dieselben Grundsätze wie
bei § 1004, *BGH* NJW 2003, 2377; zu § 1004 s. u. Rn. 531 ff.).

106   Der Unterlassungsanspruch setzt allerdings weiterhin voraus, dass die konkrete Gefahr künftiger Störungen besteht. Dabei wird schon eine vorbeugende Unterlassung als zulässig angesehen, da es kaum sinnvoll sein kann, dass der Besitzer zunächst eine erste Besitzstörung abwarten muss, um seinen Anspruch geltend zu machen. Das Ziel des Anspruchs besteht in der Beseitigung der Störung, somit also entweder im Unterlassen weiterer störender Handlungen oder der Vornahme erforderlicher Beseitigungshandlungen. Er ist nie auf Geld gerichtet (MünchKomm-BGB/*Joost*, § 862 Rn. 5).

107   Auch der Anspruch nach § 862 Abs. 1 steht unter dem Vorbehalt eines Ausschlussgrundes, der § 861 Abs. 2 mit der Maßgabe entspricht, dass hier statt der Besitzentziehung die Störung in den Jahreszeitraum der Besitzerlangung fällt und dieser Besitz gegenüber dem Störer oder seinem Rechtsvorgänger fehlerhaft ist (§ 862 Abs. 2). Der Ausschlussgrund nach § 862 Abs. 2 ist wie jener nach § 861 Abs. 2 eine **Einwendung** und daher vom Gericht im Prozess von Amts wegen zu beachten (Palandt/*Bassenge*, § 861 Rn. 9). Der Anspruch auf Unterlassung oder Beseitigung der Störung unterfällt der Regelung des § 864 und erlischt damit ein Jahr nach Ausübung der verbotenen Eigenmacht.

108   Für beide Ansprüche gilt im Übrigen die Regel des § 863. Danach können hiergegen nur Einwendungen geltend gemacht werden, die sich gegen die Qualifizierung der Entziehung oder Störung des Besitzes als verbotene Eigenmacht wenden. Petitorische Einwendungen, die ein Recht zum Besitz verleihen, sind dagegen grundsätzlich ausgenommen (Ausnahme: § 864 Abs. 2). Über § 863 hinaus lässt die h.M. (*BGH NJW 1978, 2157, 2158; MünchKomm-BGB/Joost*, § 863 Rn. 7) Einwände aus § 242 zu, solange es sich nicht um die dolo-agit-Einwendung (keine Leistung verlangen zu können, die sogleich zurückgegeben werden müsste, weil ein entsprechender Gegenanspruch besteht) handelt.

109   In dem Ausschluss nach § 863 liegt ein wesentliches Mittel, um unerlaubte Selbsthilfe jenseits der §§ 859 f. zu verhindern, da dem berechtigten Besitzer materiell-rechtliche Einwände abgeschnitten werden, wenn er sich durch verbotene Eigenmacht wieder in den Besitz der Sache bringt.

Fall 1 – Besitzschutz und Widerklage: K hatte von B eine Gartenbank gekauft, die ihm von B auch übereignet wurde. Später stellte sich heraus, dass sowohl Kaufvertrag als auch Übereignung nichtig waren. Deshalb verlangte B von K die Gartenbank zurück. K machte jedoch keinerlei Anstalten in diese Richtung. Deshalb holte B die Bank eines Nachts ohne Wissen des K aus dessen Vorgarten. K begehrt klageweise deren Herausgabe. B hat Widerklage auf Feststellung seines Eigentums an der Gartenbank erhoben. Wie wird das Gericht entscheiden?

Lösung:

1. Von der Zulässigkeit der Klage des K ist mangels gegenteiliger Sachverhaltsangaben auszugehen. Diese könnte gem. § 861 auch begründet sein (Anspruch auf Wiedereinräumung des Besitzes; possessorischer Anspruch). Dazu müsste B dem K dessen Besitz an der Gartenbank durch verbotene Eigenmacht (§ 858) entzogen haben. K übte nach der Ver-

kehrsanschauung den unmittelbaren Besitz über die Bank aus, als diese in seinem Vorgarten stand. Dort konnte er jederzeit auf sie einwirken. Den nötigen Besitzwillen hatte K ebenfalls. Damit war er unmittelbarer Besitzer (zu den Voraussetzungen s. o. Rn. 54 ff.). Diesen Besitz müsste B durch verbotene Eigenmacht entzogen haben (§ 861 Abs. 1). Das setzt den Besitzentzug ohne den Willen des Besitzers voraus (§ 858 Abs. 1). K wollte nicht, dass er den Besitz an der Gartenbank verliert, er wusste nicht einmal, dass B ihm diese nachts aus dem Vorgarten holte. B hat daher verbotene Eigenmacht gem. § 858 Abs. 1 begangen. Da der Besitz des K gegenüber B nicht fehlerhaft war (s. § 858 Abs. 2), ist der Anspruch des K gem. § 861 Abs. 1 auch nicht nach § 861 Abs. 2 ausgeschlossen.

2. Der Anspruch auf Wiedereinräumung des Besitzes könnte aber gem. § 864 Abs. 2 erloschen sein. Insofern ist streitig, ob B dem K seinen Anspruch auf Herausgabe der Bank nach § 985 (B war Eigentümer, das Verfügungsgeschäft nichtig; zu § 985 s. ausführlich u. Rn. 261 ff.) entgegenhalten kann. § 863 will petitorische Einwendungen wie das Eigentum gegenüber dem possessorischen Besitzschutzanspruch aus § 861 grundsätzlich ausschließen. Vorliegend besteht jedoch die Besonderheit, dass B Widerklage auf Feststellung seiner Eigentümerstellung erhoben hat. Ein diesbezügliches rechtskräftiges Urteil würde den Anspruch des K aus § 861 Abs. 1 gem. § 864 Abs. 2 zum Erlöschen bringen. Da im Fall die Voraussetzungen von § 985 vorliegen, weil B aufgrund der nichtigen Übereignung Eigentümer der Gartenbank geblieben ist und K ihm gegenüber kein Recht zum Besitz i. S. v. § 986 hat (der Kaufvertrag ist ebenfalls nichtig), könnte B erfolgreich auf Herausgabe nach § 985 klagen. Allerdings bringt gem. § 864 Abs. 2 erst ein rechtskräftiges Urteil den Anspruch des K aus § 861 zum Erlöschen. Hier wurde die Widerklage (s. § 33 ZPO) gegen den Anspruch des K zunächst erho- ←K ben. Zwischen den Parteien der Widerklage ist bereits ein anderer Rechtsstreit rechtshängig (die Klage des K). Weiter liegen die Voraussetzungen für den Gerichtsstand der Widerklage gem. § 33 ZPO vor, da ein Zusammenhang der Ansprüche sowohl tatsächlich als auch rechtlich gegeben ist (im Sinne einer besonderen Zulässigkeitsvoraussetzung; s. Zöller/*Vollkommer*, § 33 ZPO Rn. 15, str.). Der Antrag der Widerklage geht auch über den Klageantrag hinaus: Bei Abweisung der Klage stünde fest, dass K die Wiedereinräumung nicht verlangen kann, nicht aber das Eigentum und das Besitzrecht des B. Auch ist ein Feststellungsinteresse des B gem. § 256 Abs. 1 ZPO gegeben, weil dessen Besitzrecht durch die Klage des K im Streit steht. Damit ist die Widerklage zwar grundsätzlich zulässig, aber es fehlt an der für § 864 Abs. 2 erforderlichen Rechtskraft.

3. Die prozessuale Auflösung der Situation, dass das petitorische Recht nicht rechtskräftig festgestellt ist, sondern im Wege der Widerklage gegen den possessorischen Anspruch aus § 861 geltend gemacht wird, ist umstritten. Wegen der von § 863 angestrebten Verhinderung der Selbsthilfe (s. o. Rn. 109) wird die Statthaftigkeit einer solchen petitorischen Widerklage zum Teil generell abgelehnt (Staudinger/*Bund* (2007), § 863 Rn. 8). Da die Widerklage aber unabhängig ihres Inhaltes grds. möglich sein muss und diese § 863 auch nicht ausschließt (MünchKomm-BGB/*Joost*, § 863 Rn. 9), würde deren generelle Unzulässigkeit zu wenig überzeugenden Lösungen führen. Auch der Bundesgerichtshof (BGHZ 73, 355) hält die petitorische Widerklage für statthaft: Das Gericht dürfe die Entscheidung über die Besitzschutzklage ohnehin nicht durch eine Beweisaufnahme über die Widerklage verzögern. Vielmehr sei eine Verfahrenstrennung (§ 145 Abs. 2 ZPO) oder ein Teilurteil (§ 301 ZPO) möglich.

4. Im (vorliegenden) Fall, in dem gleichzeitig über die Besitzschutz- und die Widerklage entschieden werden kann, kommt es dann aber auf die (analoge) Anwendung des § 864 Abs. 2 an, dessen Wortlaut diese Situation nicht erfasst. Da jedoch nicht beiden Klagen stattgegeben werden kann (beide sind aber zulässig und begründet), ist

nach Ansicht des Bundesgerichtshofes bei gleichzeitiger Entscheidungsreife § 864 Abs. 2 entsprechend anzuwenden (BGHZ 73, 355, 359). Die Überzeugung des Gerichts von der Begründetheit der Widerklage ist der Rechtskraft i.S. der Vorschrift gleichzusetzen. Danach erlischt der Besitzschutzanspruch des K analog § 864 Abs. 2. Damit soll verhindert werden, dass die Prozessparteien den Eintritt der Rechtskraft verzögern, indem sie die Entscheidungsreife hinauszögern oder Rechtsmittel einlegen. Die Lösung des Bundesgerichtshofes wird wegen Aushöhlung des Besitzschutzes teilweise abgelehnt (s. z. B. MünchKomm-BGB/*Joost*, § 863 Rn. 10). So sei § 864 Abs. 2 nicht analogiefähig und im Ergebnis würde die verbotene Eigenmacht des B belohnt. Allerdings setzt sich abstrakt betrachtet „nur" das Eigentum durch, was gerade keine Aussagen bzgl. der verbotenen Eigenmacht trifft. Auch hätte sich dieses letztlich ohnehin durchgesetzt, lediglich aber zu einem späteren Zeitpunkt. Zwar kann im Einzelfall aus prozessökonomischen Gründen eine Analogie von § 864 Abs. 2 durchaus zu gerechten Ergebnissen führen. Im Allgemeinen wird man den Besitzschutzvorschriften aber einen Vorrang zuerkennen müssen, damit nicht die verbotene Eigenmacht als zulässiges Rechtsdurchsetzungsmittel kommuniziert wird.

5. Das Gericht wird der Rechtsprechung des Bundesgerichtshofs folgend aber der Widerklage des B stattgeben und die Klage des K abweisen.

c) Verfolgungsrecht des Besitzers

110   Das in § 867 weiterhin vorgesehene Verfolgungsrecht gibt dem Besitzer gegen den Grundstückseigentümer lediglich einen Anspruch darauf, die auf dessen Grundstück verbrachte bewegliche Sache aufzusuchen und wegzuschaffen. Der Anspruch ist mittels Klage oder einstweiliger Verfügung durchzusetzen und damit nicht besonders wirkungsvoll. Es kommt hinzu, dass der Nachsuchende dem Grundstückseigentümer gem. § 867 S. 2 Schadensersatz schuldet, wenn durch das Aufsuchen und Wegschaffen ein Schaden entsteht. Zudem ist dieser Schadensersatzanspruch noch durch das Zurückbehaltungsrecht gem. § 867 S. 3 gesichert.

4. Petitorischer Besitzschutz

111   Petitorischen Besitzschutz (zum Begriff s. o. Rn. 93) gewährt § 1007. Der frühere Besitzer hat gegenüber dem gegenwärtigen Besitzer einen Anspruch auf Herausgabe der Sache, wenn der jetzige Besitzer bei dem Erwerb der Sache nicht in gutem Glauben war (§ 1007 Abs. 1). Gleiches gilt grundsätzlich auch bei Abhandenkommen der Sache, selbst wenn der Besitzer gutgläubig war (§ 1007 Abs. 2 S. 1). Die Vorschrift gilt nur für bewegliche Sachen (h. L.) und verlangt Gutgläubigkeit im Zeitpunkt des Besitzerwerbs. Die Bösgläubigkeit des Erwerbers muss in diesem Zeitpunkt vorliegen, eine spätere Kenntnis schadet dagegen nicht (§ 1007 Abs. 1). Die Ansprüche aus § 1007 Abs. 1 und § 1007 Abs. 2 sind ausgeschlossen, wenn der Besitz aufgegeben worden ist (§ 1007 Abs. 3 S. 1).

112   Soweit es abhanden gekommene Sachen betrifft (§ 1007 Abs. 2), kann der Anspruchsgegner einwenden, er sei Eigentümer der Sache oder auch ihm sei die Sache vor der Besitzzeit des früheren Besitzers abhanden gekommen (§ 1007 Abs. 2 S. 1).

§ 1007 Abs. 3 S. 2 gewährt dem Anspruchsgegner in entsprechender An- **113** wendung der §§ 986 ff. die Einwendung eines Rechts zum Besitz oder des Zurückbehaltungsrechts gem. § 1000.

Die Ansprüche nach § 1007 Abs. 1 und Abs. 2 richten sich jeweils auf He- **114** rausgabe der Sache gegen den bösgläubigen bzw. gegenwärtigen Besitzer.

5. Deliktischer Besitzschutz

Hinsichtlich des deliktischen Schutzes nach § 823 Abs. 1 ist umstritten, ob **115** der Besitz ein sonstiges Recht i.S. der Vorschrift ist. Dies wird teilweise mit der Begründung abgelehnt, dass der Besitz gerade keine vermögensmäßige Zuordnung herstelle, sondern „neutral" und lediglich tatsächliches Herrschaftsverhältnis sei (s. Erman/*A. Lorenz*, § 823 Rn. 43). Auch könne der deliktische Schutz des Besitzes die differenzierte Regelung des Besitzschutzes in Frage stellen. Die h.M. stellt jedoch auf den berechtigten Besitz ab, der ein solches sonstiges Recht darstelle (MünchKomm-BGB/*Wagner*, § 823 Rn. 157 ff. m.w.N.). Meist wird hier auf ein bestehendes praktisches Schutzbedürfnis verwiesen. Teilweise wird verlangt, dass zu der Besitzposition eine sog. „Interessenschutzposition" kommen muss, damit aus dem relativen Besitzrecht ein absolut geschütztes Recht wird (*Medicus*, BR, Rn. 607). Dies geschehe etwa durch die Bestimmung des § 992 (so z.B. *Wilhelm*, Rn. 541).

Soweit es die Haftung nach § 823 Abs. 2 angeht, wird von der h.M. in **116** § 858 ein Schutzgesetz i.S. der Vorschrift gesehen (BGHZ 79, 232). Auch hiergegen lässt sich der Einwand vorbringen, dass § 858 nicht die Vermögensposition sondern den reinen Besitz schützen will, der Ausdruck der Persönlichkeit und seines Willens sei (s. *Medicus*, BR, Rn. 621). Dann aber ist ein Anspruch ausgeschlossen.

6. Bereicherungsrechtlicher Besitzschutz

Überwiegend wird es abgelehnt, dass der Besitz als solcher Gegenstand ei- **117** ner Eingriffskondiktion sein kann. Die Wiederherstellung des Besitzes ist in § 861, § 1007 und § 985 geregelt (*Wilhelm*, Rn. 538). Für den Fall einer Leistung des Besitzes findet § 812 Abs. 1 S. 1 Alt. 1 Anwendung.

7. Besitzschutzansprüche in der Falllösung

Als dingliche Ansprüche sind die Besitzschutzansprüche nach eventuell zu **118** prüfenden vertraglichen und quasivertraglichen Ansprüchen zu erörtern. Zielt die Fallfrage auf „*Herausgabe*" ab, ist neben einer Prüfung von § 985 insbesondere an Ansprüche aus § 861 oder § 1007 Abs. 1 und 2 zu denken.

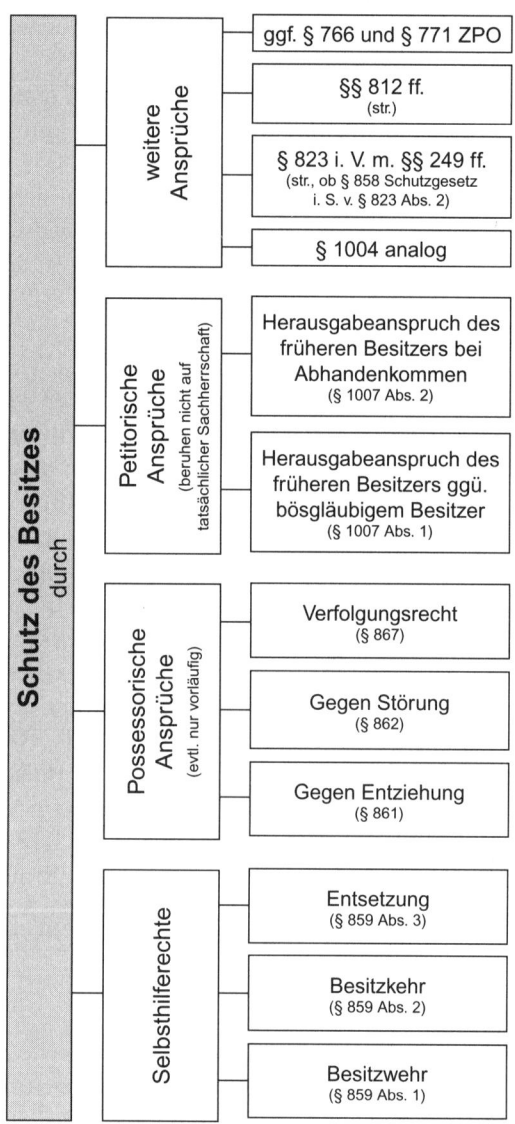

Fall 2 – Besitzschutz des mittelbaren Besitzers: G will seiner neunjährigen Enkelin E einen Kinogutschein schenken. Diesen versendet er in einem an sie adressierten Umschlag, den er A übergibt. A, Angestellter beim privaten Zustelldienst des M, überbringt den Brief und wirft ihn in den Briefkasten von E's Eltern. Nur diese haben hierfür einen Schlüssel. D beobachtet den Vorgang und entwendet den Umschlag aus dem Briefkasten. Können die Eltern bzw. E von D Herausgabe des Briefes nach § 861 verlangen?

Lösung:

I. Die Eltern könnten Herausgabe des Briefes von D nach § 861 verlangen, wenn sie unmittelbare Besitzer des Briefes waren und ihnen der Besitz durch verbotene Eigenmacht (§ 858) entzogen wurde (da § 861 auf den tatsächlichen Besitz abstellt, ist für den Anspruch der Charakter des Kinogutscheines als Namens- oder Inhaberpapier hier nicht von Bedeutung).

1. Unmittelbarer Besitz ist die tatsächliche Sachherrschaft (§ 854 Abs. 1). Diese hatte über den Brief zunächst der G. Er übte die Gewalt über den Gutschein und Brief für sich aus und war unmittelbarer Eigenbesitzer. Mit Aushändigung des Briefes an A könnte der unmittelbare Besitz jedoch auf M übergegangen sein. Dann müsste A als Besitzdiener (§ 855) des M gehandelt haben. Als Angestellter des M erfüllt A die Voraussetzungen von § 855, insbesondere liegt das erforderliche Abhängigkeitsverhältnis (s. Rn. 71) vor. G wird dadurch mittelbarer Besitzer, da M infolge des Zustellvertrages mit G (Besitzmittlungsverhältnis i.S.v. § 868) seinem Auftraggeber verpflichtet ist. Indem A den Brief weisungsgemäß in den Briefkasten eingeworfen hat, verlor M den unmittelbaren Besitz aber wieder, weil er dabei (über seinen Besitzdiener A) mit Besitzübertragungswillen in Richtung des Briefkasteninhabers gehandelt hat. Damit endete auch das Besitzmittlungsverhältnis M – B und der mittelbare Besitz des G.

Zu prüfen bleibt, wer mit dem Einwurf Besitzer des Briefes geworden ist. Der Briefkasten stellt einen Teil des Herrschaftsbereiches der Eltern der E dar, in den der Brief gelangt ist. Sie haben mittels Schlüssel Zugang zu dem Briefkasten und damit nach Verkehrsanschauung auch die tatsächliche Sachherrschaft über dessen Inhalt. Fraglich ist, ob hierfür die Kenntnis des konkreten Briefeinwurfs nötig ist, von dem die Eltern nichts wussten. Es würde dann der erforderliche Besitzwille fehlen. Nach allgemeiner Verkehrsauffassung genügt für den Besitz bzw. dessen Erlangung jedoch ein genereller Besitzwille, wenn dafür hinreichende Anhaltspunkte bestehen. Für Briefkästen ist dabei davon auszugehen, dass ein genereller Besitzbegründungswille des Inhabers hinsichtlich eingeworfener Briefe, Werbung, usw. besteht. Diesen haben auch die Eltern der E. Er erstreckt sich gleichfalls auf die an ihre Tochter gerichteten Briefe (die Eltern sind grds. Empfangszuständige, § 131 Abs. 2). Damit haben die Eltern der E mit dem Einwurf in ihren Briefkasten gem. § 854 Abs. 1 unmittelbaren Besitz in Form des einfachen Mitbesitzes (§ 866; s. Rn. 64) erlangt. Eine Übertragung des unmittelbaren Besitzes an ihre Tochter ist noch nicht erfolgt. Damit kann jeder Elternteil allein den Anspruch aus § 861 geltend machen, die Einschränkung des § 866 steht dem nicht entgegen.

2. Weiter müsste D den Besitz an dem Brief den Eltern durch verbotene Eigenmacht entzogen haben. Voraussetzung dafür ist der Entzug des unmittelbaren Besitzes gegen den Willen des unmittelbaren Besitzers. Das ist bei der Entwendung aus dem Briefkasten der Fall. D beging dadurch verbotene Eigenmacht (§ 858). Er besitzt mithin fehlerhaft und ist dem Anspruch der Eltern aus § 861 Abs. 1 ausgesetzt.

3. Die Eltern können Herausgabe des Briefes von D nach § 861 verlangen.

II. E könnte ebenfalls gem. § 861 die Herausgabe verlangen, wenn sie im Zeitpunkt der verbotenen Eigenmacht des D mittelbare Besitzerin des Briefes war (s. § 869).

1. Fraglich ist, ob die Voraussetzungen des mittelbaren Besitzes in ihrer Person vorlagen (unmittelbaren Besitz hatte sie zu keinem Zeitpunkt, da sie keinen Briefkastenschlüssel besaß und so auf den Briefkasteninhalt auch nicht einwirken konnte). Das würde zunächst ein Besitzmittlungsverhältnis zum unmittelbaren Besitzer voraussetzen (§ 868). Ein solches wurde mit den Eltern zumindest nicht vereinbart. Es könnte aber ein gesetzliches Besitzmittlungsverhältnis vorgelegen haben. Gemäß § 1626 Abs. 1 haben die Eltern das Recht und die Pflicht, für ihr Kind zu sorgen (Vermögens- und Personensorge). Dies führt zwischen Eltern und ihrem Kind zu einem Besitzmittlungsverhältnis (s. Rn. 58) bzgl. aller Sachen, die die Eltern im Rahmen der Vermögenssorge für ihr Kind in Besitz nehmen. Die Vermögenssorge umfasst alle tatsächlichen und rechtlichen Maßnahmen zu Erhaltung, Vermehrung und Verwertung des Kindesvermögens. Zu prüfen ist daher, ob der Brief schon zum Vermögen der E gehörte. Die Eltern wollten als Empfangszuständige (§ 131 Abs. 2) den Brief jedoch zunächst selbst in Empfang nehmen und nicht ohne weiteres dessen Besitz ihrer Tochter mitteln bzw. ihn in das Vermögen der Tochter übertragen. Zum Zeitpunkt des Briefeinwurfes hatten die Eltern daher auch keinen Fremdbesitzerwillen. Die Voraussetzungen eines Besitzmittlungsverhältnisses waren somit nicht gegeben und E war keine mittelbare Besitzerin.

2. Den Anspruch aus § 861 Abs. 1 kann E daher nicht gemäß § 869 geltend machen.

V. Kontrollfragen

1. Erläutern Sie den Begriff „offener Besitz"!
2. M mietet von V eine Wohnung und hält sich an die vertraglichen Verpflichtungen. Der Mietvertrag ist jedoch nichtig, ohne dass beide dies wissen. Hat V Besitz an der Wohnung?
3. Wann endet der mittelbare Besitz?
4. Worin unterscheiden sich die Ansprüche aus § 861 Abs. 1 und § 1007 Abs. 1?

Empfehlungen zur vertiefenden Lektüre:

Petersen, Grundfragen zum Recht des Besitzes, Jura 2002, 160; *Röthel/Sparmann*, Besitz und Besitzschutz, Jura 2005, 456; *Schreiber*, Mittelbarer Besitz, Jura 2003, 682; *ders.*, Possessorischer und petitorischer Besitzschutz, Jura 1993, 440; *ders.*, Die Eigentumsvermutung für den Besitzer, Jura 2003, 392.

§ 3. Das Eigentum

I. Begriff, Bedeutung und verfassungsrechtlicher Schutz

1. Begriff des Eigentums

Mit dem Eigentum wird eine Sache – sei sie beweglich oder unbeweglich – **119** im umfassenden Sinne einem Rechtssubjekt zugeordnet. Folge dieser Zuordnung ist, dass das Gesetz dieser Person – dem Eigentümer – die Befugnis einräumt, mit der Sache nach Belieben zu verfahren und andere von jedweder Einwirkung auszuschließen, sofern dem nicht gesetzliche Vorschriften oder Rechte Dritter entgegenstehen (§ 903 S. 1). Das Eigentum ist **umfassendes dingliches Recht** und von **beschränkt dinglichen Rechten** und der **rein tatsächlichen Sachbeziehung** des Besitzes (s. o. Rn. 46) abzugrenzen. Als beschränkt dingliche Rechte sieht das Gesetz Verwertungs-, Nutzungs- und dingliche Erwerbsrechte vor (s. hierzu bereits die Übersicht o. Rn. 13).

2. Bedeutung des Eigentums

Auch wenn immaterielle Güter und damit ihre Zuordnung im Wirt- **120** schaftsleben ständig an Bedeutung gewinnen, bleibt doch das Eigentum an körperlichen Gegenständen ein zentrales Institut. Die Möglichkeit des Privateigentums stellt einen wesentlichen Bestandteil der Wirtschaftsordnung dar. Sie ist zudem Anreiz für jeden Einzelnen zu wirtschaftlicher Tätigkeit. Sein Bezug zu körperlichen Sachen führt dazu, dass es regelmäßig leichter als immaterielle Güterrechte zu schützen ist. Das Eigentum hat Bedeutung auch für den Einzelnen und wird verfassungsrechtlich in engem Zusammenhang mit der persönlichen Freiheit gesehen. Eigentum gestattet dem Einzelnen die eigenverantwortliche Gestaltung seines Lebens (BVerfGE 24, 367; 97, 350, 371). In der Verfassung ist das Eigentum vor allem durch Art. 14 Abs. 1 GG gesichert. Dabei sind verschiedene Aspekte zu unterscheiden: Zum einen garantiert die Bestimmung das Privateigentum als solches **(Institutsgarantie).** Zum anderen wird durch Art. 14 GG das individuelle Eigentum eines jeden vor Übergriffen des Staates geschützt **(Schutzfunktion).**

Art. 14 GG fasst den Begriff des Eigentums einerseits weiter als das Sa- **121** chenrecht des BGB: Geschützt werden **privatrechtliche vermögenswerte Rechtspositionen,** unabhängig davon, ob es sich um dingliche Rechte i.S. des Sachenrechts des BGB oder andere Rechte, etwa schuldrechtlicher Natur oder des Immaterialgüterrechts, handelt. Andererseits schützt Art. 14 GG im

Gegensatz zum BGB aber nur das **Eigentum eines Privatrechtssubjektes.**
Durch die Verfassung grundsätzlich nicht geschützt ist das Eigentum öffentlich-rechtlicher Körperschaften, Anstalten oder Stiftungen, da sie kein privates Nutzungsinteresse am Eigentum haben. Aus diesem Blickwinkel ist der
Anwendungsbereich von Art. 14 GG enger als jener der Vorschriften des
BGB, welches nicht danach unterscheidet, ob das Subjekt, dem das Eigentum
zugeordnet ist, privatrechtlicher oder öffentlichrechtlicher Natur ist und
welche Nutzungsinteressen es hat. Das Nutzungsinteresse ist insofern von
Bedeutung, als dass es auch private Personen geben kann, die öffentlich-
rechtliche Nutzungsinteressen verfolgen und damit nicht demselben verfassungsrechtlichen Schutz wie private Personen unterliegen (vgl. *BVerfG* NJW
1996, 584).

Eigentumsschutz nach GG und BGB

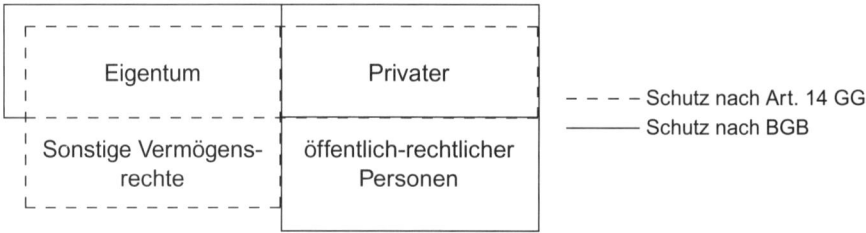

> **Merksatz:** Der verfassungsrechtliche Eigentumsschutz ist gegenständlich weiter als
> der privatrechtliche, indem er sich auf jegliche vermögenswerte Rechtspositionen er-
> streckt. Der Kreis der geschützten Personen ist aber enger, da er öffentlich-rechtliche
> Personen nicht mit umfasst.

II. Gegenstand des Eigentums, Befugnisse des Eigentümers

1. Bezugsobjekt des Eigentums

122   Den voranstehenden Darlegungen ist zu entnehmen, dass das Eigentum
nur an Sachen i.S. des § 90 bestehen kann. Gegenstand des Eigentums ist immer eine einzelne Sache, nicht eine Sachgesamtheit (**Spezialitätsgrundsatz,**
s. schon o. Rn. 33 f.). Auch an **Tieren** kann Eigentum wie an Gütern bestehen (§ 903 S. 2, § 90a; s. o. Rn. 14).

123   Das BGB unterscheidet zwischen Eigentum an beweglichen und unbeweglichen Sachen. Bei Immobilien sah der Gesetzgeber ein besonderes Bedürfnis für einen Verkehrsschutz (s. o. Rn. 35). Zu diesem Zwecke schuf er
vor allem ein öffentliches Register, das **Grundbuch,** in dem alle an einer

Immobilie bestehenden dinglichen Rechte eingetragen werden (für Einzelheiten s. u. Rn. 341 ff.). Dadurch ergeben sich Besonderheiten nicht nur für Erwerb und Verlust des Eigentums, sondern auch für die Nutzung einer Immobilie als Sicherheit im Rahmen sog. Grundpfandrechte (Hypothek und Grundschuld; s. u. Rn. 674 ff., beides Verwertungsrechte).

2. Umfassende Eigentümerbefugnisse und Schranken

Grundsätzlich verschafft das Eigentum dem Eigentümer – und nur ihm – **124** die Befugnisse nach § 903 S. 1. Diese stehen freilich unter dem Vorbehalt der Rechte Dritter und entgegenstehender Vorschriften. Das Herrschaftsrecht des Eigentümers lässt sich in zwei Teile gliedern:
(1) Der **positive Eigentumskern** gibt die Möglichkeit, mit der Sache nach Belieben zu verfahren und auf sie frei einzuwirken.
(2) Der **negative Eigentumskern** bezeichnet das Recht, andere von der Nutzung oder Einwirkung auf die Sache auszuschließen.

Soweit es den positiven Eigentumskern betrifft, braucht der Eigentümer **125** die Grundsätze wirtschaftlicher Vernunft nicht zu berücksichtigen. Seinem Tun sind allerdings die in § 903 genannten Grenzen gesetzt. In deren Rahmen darf er die Sache benutzen, ge- und verbrauchen, sie vernichten oder sein Eigentum daran aufgeben (§ 959).

Das BGB gibt dem Eigentümer bei Beeinträchtigungen seines Eigentums **126** einen eigenen Unterlassungs- und Störungsbeseitigungsanspruch (§ 1004, s. u. Rn. 531 ff.), der auch vor einer ersten Störung geltend gemacht werden kann, wenn diese konkret droht (s. u. Rn. 533). Nicht abgewehrt werden können sog. negative Einwirkungen, die etwa in Beschattung, Aussichtsbehinderung und Ähnlichem bestehen (s. u. Rn. 532).

III. Schranken des Eigentums

1. Privatrechtliche Schranken

Schon die Verfassung gewährleistet kein schrankenloses Eigentum, son- **127** dern unterwirft privates Eigentum der **Sozialbindung** (Art. 14 Abs. 2 GG, s. u. Rn. 132). Dies gilt auch für jegliche Form privatrechtlichen Eigentums und die sich aus ihm ableitenden Befugnisse. Weitere Grenzen ergeben sich aus dem BGB, wie z. B. der Blick auf § 904 (Notstand), § 906 (Immissionen), § 912 (Überbau), § 917 (Notwegerecht) und § 962 (Verfolgungsrecht des Eigentümers) zeigt. Diese Vorschriften begrenzen Eigentümerbefugnisse. So ist eine Einwirkung auf Eigentum zur Abwendung einer drohenden Gefahr hinzunehmen (Notstand, § 904); Gleiches gilt für unwesentliche beeinträchtigende Immissionen (§ 906 Abs. 1 S. 1) oder solche, die wesentlich, aber durch wirtschaftlich zumutbare Maßnahmen nicht zu verhindern sind und auf einer ortsüblichen Nutzung des Grundstücks beruhen (s. u. Rn. 493 ff.). Ein Überbau ist unter bestimmten Voraussetzungen zu dulden (s. u. Rn. 507 ff.), ebenso die Nutzung des Grundstücks als Zugang zu einem anderen Grundstück (Notwegerecht, § 917, s. u. Rn. 521 ff.).

128   Zwar erstreckt sich das Grundeigentum auch auf den über dem Grundstück befindlichen Luftraum und das tiefere Erdreich, doch setzt dem § 905 Grenzen. Der Eigentümer ist zur Duldung von Störungen verpflichtet, wenn er aufgrund der großen Höhe oder Tiefe keine schützenswerten eigenen Interessen an einer Ausschließung hat (§ 905). In der Regel – nicht so etwa bei Duldungspflichten nach § 905 und nach § 906 Abs. 1 S. 1 – sieht das BGB als Ausgleich für die Nutzung fremden Eigentums einen Anspruch auf Schadensersatz oder eine finanzielle Kompensation vor.

129   Ein weiterer wichtiger Bereich, der die Befugnisse eines Grundstückseigentümers einschränkt, ist das gesamte Nachbarrecht (s. u. Rn. 487 ff.). Beispielhaft sei auf § 909 hingewiesen, der schon nach dem BGB die Befugnis des Eigentümers zur Vertiefung seines Grundstücks einschränkt (s. u. Rn. 517 ff.). Weitere Grenzen ergeben sich aus den (zivilrechtlichen, vgl. Art. 124 EGBGB) Nachbarrechtsgesetzen der Länder. Infolge dieser landesrechtlichen Ermächtigungsnorm gibt es in den Bundesländern weitgehend ähnliche landesrechtliche Nachbargesetze (s. hierzu *Grziwotz/Lüke/Saller*, 2. Teil Rn. 338 ff., 421 ff.). Diese betreffen sowohl die Bebauung (Fenster- und Lichtrecht) als auch die Bepflanzung des Grundstücks und haben einen Ausgleich der gegenläufigen nachbarlichen Interessen zum Ziel.

130   Ausgleichsansprüche werden im Übrigen auch außerhalb des BGB gewährt, wenn Beeinträchtigungen zu dulden sind. Typisches Beispiel hierfür ist die nachhaltige Beeinträchtigung der Kontaktmöglichkeiten nach außen (BGHZ 62, 361, 366; 70, 212, 220), die mangels Immission nicht unter § 906 fällt (s. u. Rn. 494). Soweit es den öffentlich-rechtlichen Straßenbau betrifft, geht inzwischen auch der Bundesgerichtshof davon aus, dass dieser Folge der Planfeststellung und Widmung und daher nicht privatrechtlich, sondern öffentlich-rechtlich aufgrund eines enteignungsgleichen Eingriffs auszugleichen ist (*BGH* WM 1975, 985; NJW 1977, 894; anders noch BGHZ 54, 384, 388).

2. Schranken aufgrund rechtsgeschäftlicher Verfügung („Rechtsabspaltung")

131   Eine weitere Schranke ergibt sich aus rechtsgeschäftlichen Verfügungen oder gar nur Verpflichtungen. Beispielhaft sei das Mietverhältnis genannt. Der Eigentümer, der einen Gegenstand vermietet, verliert das Recht zum Besitz und kann diesen auch nicht vom Mieter verlangen, solange das Mietverhältnis wirksam besteht (vgl. § 986). Der Eigentümer verliert gegenüber dem In-

haber eines beschränkt dinglichen Rechts, etwa eines Verwertungsrechtes wie die Grundschuld, die Verwertungsbefugnis, da dieser Teil des Eigentums zugunsten des Sicherungsnehmers „abgespalten" ist. Wenn im Sicherungsfall der Sicherungsnehmer das Grundstück verwertet, kann das der Eigentümer grundsätzlich nicht verhindern. Der Sicherungsnehmer hat einen Anspruch auf Duldung der Zwangsvollstreckung (§§ 1192, 1147). Veräußert dagegen der Eigentümer das Grundstück, so bleibt die Sicherheit so lange bestehen, wie der Sicherungszweck das erfordert. Das Grundstück wird also ohne dieses – abgespaltene – Verwertungsrecht erworben (bzw. mit dieser grundpfandrechtlichen Belastung). In der Regel wird der Veräußerer aber den Inhaber der Grundschuld mit den durch den Kaufvertrag eingenommenen Geldern befriedigen. Dann freilich hat der Sicherungsnehmer kein Sicherungsbedürfnis mehr, und es entsteht in der Regel eine Eigentümergrundschuld (s. u. Rn. 786).

3. Verfassungsrechtliche Schranken des Eigentums

Das Verfassungsrecht selber zieht für das Eigentum im verfassungsrechtlichen Sinne zweierlei Grenzen. Zum einen ergeben sich solche aus der Sozialbindung (Art. 14 Abs. 1 S. 2, Abs. 2 S. 2 GG) und zum anderen aus dem Enteignungsrecht. **132**

Art. 14 Abs. 1 S. 2 GG sieht die Möglichkeit von Inhalts- und Schrankenbestimmungen vor, die nicht zum Entzug von Eigentum führen, sondern ganz allgemein und abstrakt Nutzungsmöglichkeiten des Eigentums einschränken. Typische Beispiele sind etwa die Aufnahme von Grundstücken in ein Grünflächenverzeichnis und das damit verbundene Bauverbot (BGHZ 23, 30, 33) oder Gesetze, die eine die Umwelt belastende Nutzung von Grundstücken verbieten oder beschränken. **Schrankenbestimmungen** i. d. S. stellen niemals einen enteignenden Eingriff dar. Sie können aber gleichwohl zu Ausgleichspflichten führen, wenn eine Regelung unverhältnismäßig oder ungleich in das Eigentum des Einzelnen eingreift und ihn belastet (sog. ausgleichspflichtige Inhaltsbestimmung, *BGH* NJW 1997, 388, 391; BayObLGE 2000, 152; s. auch *Roller*, NJW 2001, 1003). Die Abgrenzung der rechtswidrigen Inhaltsbestimmung von der Enteignung sowie dem enteignenden und dem enteignungsgleichen Eingriff ist im Einzelnen sehr schwierig. Die Enteignung selber setzt nach einer sehr formalen, aber dadurch einfach anwendbaren Definition des Bundesverfassungsgerichts voraus, dass eine staatliche Maßnahme zweckgerichtet das Eigentum vollständig oder teilweise entzieht. Nur in dieser Situation unterliege eine Maßnahme der Bestimmung des Art. 14 Abs. 3 GG. **133**

Eine **Enteignung** ist auf zweierlei Weise denkbar: durch Gesetz oder aufgrund eines Gesetzes (Legal- und Administrativenteignung). Letzteres kann mittels Verwaltungsaktes oder anderer Maßnahmen geschehen. **134**

135 Neben der Enteignung unterscheidet man allgemein zwischen enteignendem und enteignungsgleichem Eingriff. Im erstgenannten Fall hat eine rechtmäßige hoheitliche Maßnahme als ungewollte Nebenfolge im Einzelfall eine nachteilige Wirkung, die das Maß des **Zumutbaren überschreitet.** Im zweiten Fall greift der Staat durch rechtswidrige hoheitliche Maßnahmen in geschützte Rechtspositionen ein und verlangt dem Berechtigten ein **Sonderopfer** ab.

136 Die Voraussetzungen der einzelnen Tatbestände sind in Rechtsprechung und Literatur streitig. Der Bundesgerichtshof ging lange Zeit von einem weiten Begriff der Enteignung aus, der mit dem dargestellten Verständnis des Bundesverfassungsgerichts nicht im Einklang steht (BGHZ 54, 293, 295). Die Auffassung ist insoweit noch von großer Bedeutung, als mit Billigung des Bundesverfassungsgerichts Entschädigungsmaßnahmen der weite Enteignungsbegriff zugrunde gelegt werden darf. Das Gericht sieht die Grundlage für die Entschädigung mittlerweile nicht mehr in einer verfassungsrechtlichen Enteignung und ihren Ausgleichsbestimmungen, sondern im einfachen Gesetzesrecht. Es handelt sich nach Ansicht des Bundesgerichtshofs bei dem Anspruch um ein richterrechtlich gebildetes Institut, das auf dem **Aufopferungsgedanken** beruhe und gewohnheitsrechtlich anerkannt sei (BGHZ 90, 17, 29 ff.). Als solches ist der Anspruch inzwischen auch vom Bundesverfassungsgericht anerkannt (s. z. B. *BVerfG* NJW 2000, 1401).

Schranken des Eigentums

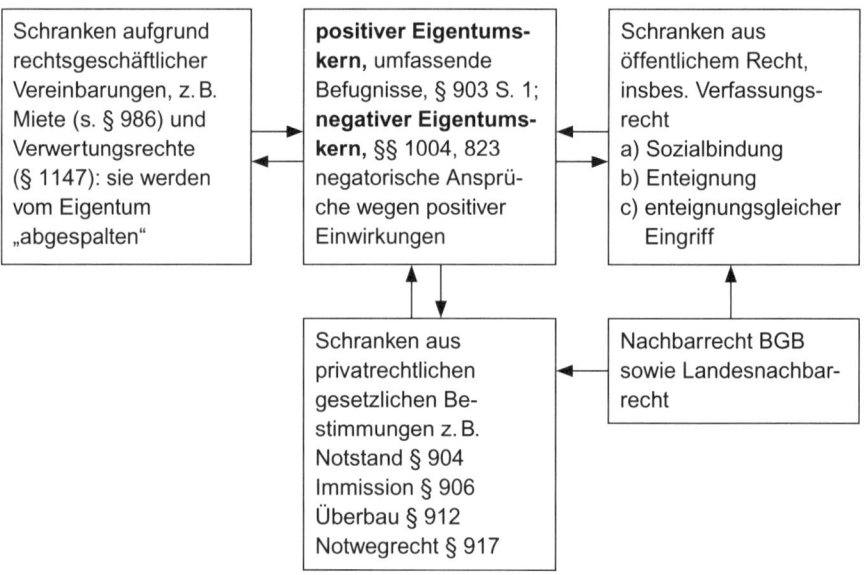

IV. Besondere Formen des Eigentums

Das Eigentum an einer Sache kann einer einzigen Person zustehen. Man **137** bezeichnet das als **Alleineigentum**. Stattdessen kann das Eigentum auch mehreren Personen zustehen. Hierfür gibt es verschiedene Formen, das Bruchteilseigentum oder das Eigentum zur gesamten Hand. Daneben gibt es weitere Formen des Eigentums, die entweder im BGB und seinen Nebengesetzen näher bestimmt sind oder von der Rechtsprechung geprägt wurden.

1. Berechtigung mehrerer Personen

Das BGB unterscheidet bei der Berechtigung mehrerer Personen an einem **138** Gegenstand das **Bruchteilseigentum** (§§ 1008 ff., 741 ff.) und das **Gesamthandseigentum**.

a) Beim **Bruchteils-** oder **schlichten Miteigentum** hat jeder Eigentü- **139** mer Eigentum an der Sache zu einem **ideellen** Anteil. Auf diesen sind grundsätzlich die Bestimmungen zum Alleineigentum anzuwenden (BGHZ 36, 368). Für die zwischen den Miteigentümern bestehende Gemeinschaft gelten gem. § 741 vorbehaltlich von Sonderregeln (§§ 1009–1011) die allgemeinen Bestimmungen des Gemeinschaftsrechts (§§ 742 ff.). Als eine besondere Form des Bruchteilseigentums galt bislang das Wohnungseigentum. Hierauf wird noch zurückzukommen sein (u. Rn. 142 ff).

Aus der zwischen den Miteigentümern bestehenden Bruchteilsgemeinschaft ergibt sich auch die Größe des jeweiligen Anteils. Fehlt es an einer Bestimmung, so sind nach § 742 die Anteile aller gleich groß. Der Miteigentümer der Gemeinschaft kann über seinen (ideellen) Miteigentumsanteil frei verfügen (§ 747 S. 1). Dies geschieht in derselben Weise, die für das Alleineigentum vorgesehen ist. Über die Sache insgesamt können aber die Miteigentümer nur gemeinsam verfügen (§ 747 S. 2).

Jeder Miteigentümer kann nicht nur in Bezug auf seinen Eigentumsanteil Ansprüche geltend machen, sondern auch auf das Eigentum an der gesamten Sache (§ 1011 HS 1). Dies geschieht prozessual im Rahmen einer gesetzlichen Prozessstandschaft. Dadurch wird verhindert, dass der Einzelne die übrigen Miteigentümer erst zur Mitwirkung am gerichtlichen Verfahren verpflichten muss. Die Geltendmachung des Anspruchs erfolgt allerdings zugunsten aller. Ein Herausgabeanspruch kann gem. §§ 1011 HS 2, 432 Abs. 1 nur auf Herausgabe an alle geltend gemacht werden.

b) **Gesamthandseigentum** entsteht nur in den gesetzlich geregelten Fäl- **140** len. Hierzu gehören neben der BGB-Gesellschaft (gem. §§ 718 f.), OHG und KG (§§ 105 Abs. 1, 3, 161, Abs. 2 HGB i.V. m. §§ 718 f.) sowie die Erbengemeinschaft (§§ 2032 Abs. 1, 2033) und die Gütergemeinschaft im Ehegüterrecht, soweit es das Gesamtgut der Ehegatten angeht (§§ 1416, 1419). Einen Sonderfall stellt die fortgesetzte Gütergemeinschaft mit den Abkömmlingen dar (§§ 1483, 1485).

141   In all diesen Fällen gibt es Sondervorschriften i.S. von § 741. Im Übrigen gelten auch hier die Bestimmungen über die Bruchteilsgemeinschaft. Die Gesellschafter haben gemeinschaftliches Vermögen, der Einzelne hat daran zwar ebenfalls einen Anteil, kann über diesen aber nicht frei verfügen. Eine Ausnahme hierzu bildet der Miterbe, der über seinen Anteil am Nachlass verfügen kann (§ 2033). Über den Eigentumsgegenstand können ebenfalls nur die Gesamthandseigentümer gemeinsam verfügen (§ 719 Abs. 1).

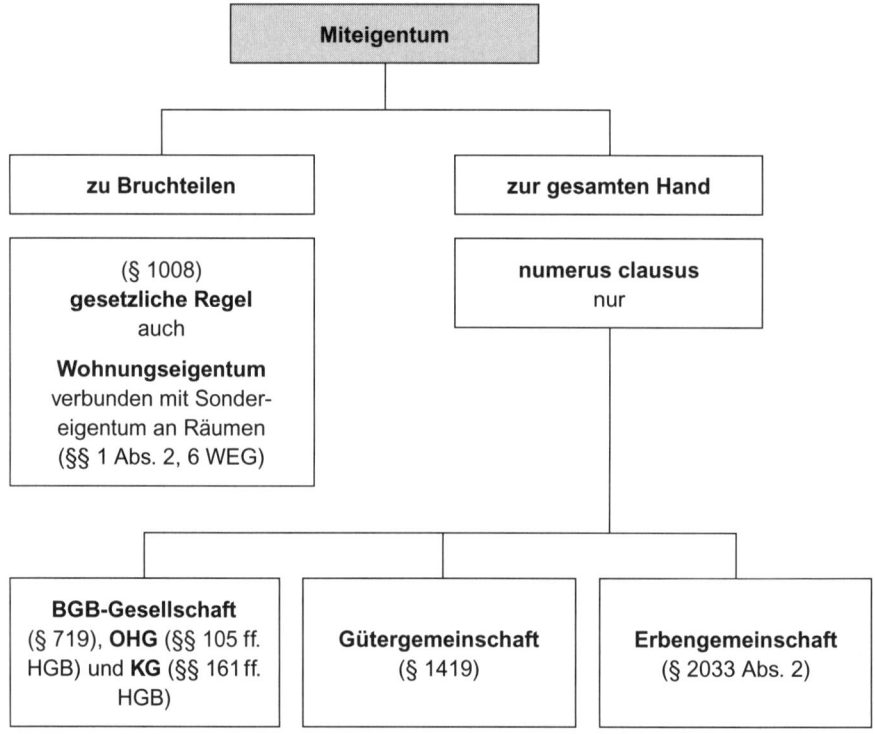

2. Wohnungseigentum

142   Eine weitere Besonderheit stellt das Wohnungseigentum dar. Hier ist es in gewissem Umfang im Gegensatz zur allgemeinen Regel (s. o. Rn. 18) möglich, Eigentum am Grundstück und an den darauf befindlichen Baulichkeiten zu trennen. Der Wohnungseigentümer ist Eigentümer des **Sondereigentums,** d.h. der Wohnung **(Wohnungseigentum)** oder des nicht Wohnzwecken dienenden **Teileigentums,** und hat zugleich einen Anteil am gemeinschaftlichen Grundeigentum. Zu Letzterem gehören neben dem Grundstück die Teile der Anlagen und Einrichtungen des Gebäudes, die nicht im Son-

dereigentum oder im Eigentum eines Dritten stehen. Für die Wohnungen
werden jeweils getrennte Wohnungsgrundbuchblätter angelegt. Alle Wohnungseigentümer bilden die sog. Wohnungseigentümergemeinschaft. Diese
ist unauflöslich (§ 11 WEG). Über ihre Qualifizierung besteht schon lange
Streit. Der Bundesgerichtshof (*BGH* NJW 2005, 2061 = JuS 2005, 946, m.
Anm. *K. Schmidt*) geht inzwischen von einer **Teilrechtsfähigkeit der Gemeinschaft** aus. Sie ist inzwischen in das Gesetz aufgenommen worden (§ 10
Abs. 6 WEG). Die Gemeinschaft wird von einem Verwalter vertreten, dessen
Befugnisse und Aufgaben sich entscheidend nach den Beschlüssen der Woh-
nungseigentümer richten (§ 27 WEG).

Das Wohnungseigentum ist als solches beleihbar und kann frei veräußert **143**
werden (vgl. aber § 12 WEG). Der Grundgedanke dieses erst 1951 geschaffe-
nen Eigentums war es, den Bau von Wohnungen zu fördern, den ein Einzel-
ner eher finanzieren kann, als den Bau eines ganzen Hauses. In der Praxis hat
diese Form des Grundeigentums eine ganz erhebliche Bedeutung. Im Jahre
2003 gab es laut Statistischem Bundesamt 4.860.000 Eigentumswohnungen.
Die mit dem Wohnungseigentum zusammenhängenden Fragen sind oft sehr
kompliziert, da sie die Rechtsgebiete des Gemeinschaftsrechts (§ 741), nunmehr auch des Gesellschaftsrechts und des Sachenrechts sowie Fragen des
Prozessrechts (es gibt für Streitigkeiten zwischen Wohnungseigentümern besondere Verfahrensvorschriften des WEG, s. schon Rn. 24) miteinander verbinden.

3. Treuhandeigentum

Eine weitere besondere Form des Eigentums, die sich in der Praxis heraus- **144**
gebildet hat, ist das Treuhandeigentum. Die Treuhand kann verschiedene Aus-
prägungen haben. Es wird zwischen **eigennütziger Sicherungstreuhand**
und **fremdnütziger Verwaltungstreuhand** unterschieden. Bei Ersterer
wird das Treuhandverhältnis im Interesse des Treunehmers begründet. So etwa
lässt sich die Bank (als Treunehmerin) zur Sicherheit einen Gegenstand vom
Treugeber (Sicherungsgeber) übereignen. Die Verwaltungstreuhand wird im
Interesse des Treugebers vereinbart, der – etwa aus steuerlichen Gründen –
nicht Eigentümer einer Sache sein will. Die doppelseitige Treuhand kann
beide Arten miteinander verbinden (z. B. BGHZ 118, 70).

Allen Formen des Treuhandeigentums ist gemeinsam, dass dem Treuneh- **145**
mer mit dem Eigentum mehr übertragen wird, als ihm eigentlich zukommen
soll. Der Grund hierfür liegt darin, dass das BGB eine Sonderform des Eigentums i. S. eines begrenzten Treuhandeigentums nicht kennt. Das (überschießende Voll-)Eigentum wird nur schuldrechtlich beschränkt. Diese Grenzen
sind dinglich ohne Wirkung (§ 137, vgl. bereits Rn. 32). Auch der Treunehmer ist „vollständig" Eigentümer und kann – wenn auch teilweise unter Verstoß gegen den Treuhandvertrag und die sich aus ihm ergebenden Pflichten –

über den Gegenstand verfügen wie jeder andere Eigentümer. Er kann somit das Treugut wirksam an einen Dritten übereignen, ohne dass die entgegenstehenden Vereinbarungen aus dem Treuhandvertrag die Wirksamkeit einer solchen Übereignung berühren würden. Etwas anderes gilt nur, wenn Treunehmer und Dritter kollusiv zusammenwirken (Nichtigkeit gem. § 138 Abs. 1 und § 134 i.V. m § 266 StGB).

146 Trotz dieser Gleichstellung mit dem herkömmlichen Eigentum gibt es einige dingliche Besonderheiten, die hier kurz angesprochen werden sollen. So gelten bei der Verbindung mit eigenen Sachen etwa die §§ 946 ff. nicht (*BGH* WM 2003, 1641). Ein gutgläubiger Erwerb des Eigentums durch den Treunehmer ist bei der Sicherungstreuhand möglich, bei der Verwaltungstreuhand scheitert er an der Voraussetzung eines Verkehrsgeschäftes (s. u. Rn. 207; vgl. auch *Gernhuber*, JuS 1988, 355). Das Treuhandeigentum kann auflösend bedingt (§ 158 Abs. 2) durch den Wegfall des Zwecks des Treuhandgeschäftes vereinbart werden. Für den Treugeber ist damit die günstige Folge verbunden, nach § 161 Abs. 2 geschützt zu sein. Durch eine Übereignung des Treuguts nach §§ 929 S. 1, 930 kann der Erwerber gemäß §§ 161 Abs. 3, 936 Abs. 3 das Eigentum nur belastet mit dem Anwartschaftsrecht auf Rückübereignung erwerben. Ein gutgläubiger lastenfreier Erwerb nach § 931 ist nur bei Besitzerlangung möglich (s. Rn. 226).

4. Erbbaurecht

147 Kein Eigentum am Grundstück, aber eine dem Eigentum ähnliche Rechtsposition verschafft das Erbbaurecht. Es ermöglicht die (getrennte) Bebauung eines Grundstückes ohne das Eigentum an dem Grundstück. Dies hat zur Folge, dass das errichtete Bauwerk abweichend von § 94 (o. Rn. 18) nicht das rechtliche Schicksal des Grundstückes teilt, sondern wesentlicher Bestandteil des Erbbaurechts ist (§ 12 ErbbauRG). Allerdings kann ein Erbbaurecht auch zugunsten des Grundstückseigentümers bestellt werden (*BGH* NJW 1982, 2381). Das Erbbaurecht ist – häufig auf 99 Jahre – befristet. Mit dem Ende des Erbbaurechts gelangt das errichtete Bauwerk in das Eigentum des Grundstückseigentümers. Dieser muss dafür eine Entschädigung zahlen (§ 27 ErbbauRG). Weitergehend kann vereinbart werden, dass der Erbbauberechtigte sein Recht unter bestimmten Voraussetzungen auf den Grundstückseigentümer übertragen muss (Heimfallanspruch, §§ 2 Nr. 4, 3, 4, 32 ErbbauRG).

148 Der Sinn des Erbbaurechts liegt darin, finanzielle Erleichterungen für die Errichtung von Eigenheimen zu schaffen. Der Erbbaurechtsinhaber muss eben nicht die Erstehungskosten für das Grundstück aufbringen. Stattdessen schuldet der Erbbauberechtigte dem Grundstückseigentümer lediglich den sog. Erbbauzins (§ 9 ErbbauRG). Vor dem Risiko einer übermäßigen Erhöhung dieses Zinses schützt § 9a ErbbauRG (BGHZ 68, 162). Die Vertragsparteien können schuldrechtliche Anpassungsklauseln vereinbaren. Fehlt es an einer solchen, kann unter engen Voraussetzungen eine Anpassung gestützt auf § 242 verlangt werden (*BGH* NJW 1986, 1333).

Das Erbbaurecht wird weitgehend entsprechend den Regeln zum Grund- **149** stückseigentum behandelt (§ 11 ErbbauRG). Über das Erbbaurecht wird ein getrenntes Grundbuchblatt angelegt, das sog. Erbbaugrundbuch, das dann in Bezug auf das Erbbaurecht wie ein Grundbuch geführt wird. Das Erbbau- recht ist selbständig übertragbar. Der Erwerber kann dabei auch in den schuld- rechtlichen Bestellvertrag eintreten. Schließlich kann das Erbbaurecht mit einem Grundpfandrecht belastet werden. Allerdings sind für Hypotheken be- stimmte gesetzliche Besonderheiten zu beachten (s. §§ 18 ff. ErbbauRG). So- gar die Bestellung eines Untererbbaurechts ist zulässig (*BGH* NJW 1982, 2381). Endet das Erbbaurecht, so haftet das Bauwerk nicht für die Belastun- gen, vielmehr tritt an seine Stelle die vom Eigentümer gezahlte Entschädi- gung (§ 29 ErbbauRG).

5. Bergwerkseigentum

Das Eigentum am Grundstück umfasst nach § 3 Abs. 2 S. 1 BBergG nur **150** grundeigene Bodenschätze, die in § 3 Abs. 4 BBergG benannt sind (z.B. Sand, Kies). Die in § 3 Abs. 3 BBergG aufgezählten bergfreien Bodenschätze sind davon nicht umfasst. Hintergrund ist u.a. die Sicherung der Rohstoffver- sorgung, § 1 Nr. 1 BBergG. Anderenfalls wäre nur der Grundstückseigentü- mer zum Abbau berechtigt, wozu er regelmäßig weder finanziell noch tech- nisch in der Lage sein wird. Das Aufsuchen von bergfreien Bodenschätzen ist erlaubnispflichtig, ihre Gewinnung bedarf der Bewilligung oder des Berg- werkseigentums, § 6 BBergG. Das Bergwerkseigentum ist eine Art Nut- zungs- und Aneignungsrecht (vgl. *Baur/Stürner*, § 30 Rn. 1; s. auch u. Rn. 258) und wird auf Antrag verliehen, § 10 BBergG. Es gewährt das ausschließliche Recht, die gem. § 8 BBergG der Bewilligung unterliegenden Tätigkeiten und Rechte auszuüben. Im Wesentlichen umfasst es, bestimmte Bodenschätze aufzusuchen, zu gewinnen, das Eigentum an ihnen zu erwerben sowie not- wendige Einrichtungen zu betreiben und Grundabtretung zu verlangen (Ent- eignung nach §§ 77 ff. BBergG). Die für Grundstücke geltenden Vorschrif- ten des BGB sind auf das Bergwerkseigentum entsprechend anzuwenden, soweit das BBergG keine Spezialregelung enthält, § 9 Abs. 1 BBergG.

6. Schiffseigentum

Ähnlich wie bei Grundstücken wird das Eigentum an Schiffen und Rechte **151** an ihnen (z.B. Schiffshypothek, §§ 24 ff. SchiffsRG) in ein Register (See- schiffs-, Binnenschiffs-, Schiffsbauwerkregister) eingetragen. Das Eintragungs- verfahren ist in der Schiffsregisterordnung geregelt. Seeschiffe sind nach § 3 Abs. 2 SchiffsRegO im Seeschiffregister einzutragen, soweit sie die Bundesflagge führen müssen oder dürfen. Für Binnenschiffe richtet sich die Eintragung nach ihrer Größe, § 3 Abs. 3 SchiffsRegO.

Die Übereignung eines eingetragenen Binnenschiffes erfolgt gem. § 3 Abs. 1 SchiffsRG durch Einigung und Eintragung ins Binnenschiffsregister, im Falle der Nichteintragung durch Einigung und Übergabe nach §§ 929 ff. Für die Eigentumsübertragung von Seeschiffen genügt die bloße Einigung, das ergibt sich für eingetragene Seeschiffe aus § 2 Abs. 1 SchiffsRG, anderenfalls aus § 929a. Für das Schiffsregister besteht nach §§ 15 ff. SchiffsRG eine ähnliche Publizitätsfunktion wie nach §§ 891 ff. für das Grundbuch (hierzu s. u. Rn. 408 ff.), womit ein gutgläubiger Erwerb erfolgen kann.

V. Kontrollfragen

1. Entspricht der Eigentumsbegriff des BGB dem sachlichen Schutzbereich von Art. 14 GG?
2. Wie unterscheidet sich Bruchteils- von Gesamthandseigentum?
3. Für welche Fälle gibt es vom Grundmodell des BGB abweichende gesetzliche Eigentumsbestimmungen?

Empfehlungen zur vertiefenden Lektüre:

Fehling/Faust/Rönnau, Durchblick: Grund und Grenzen des Eigentums- und Vermögensschutzes, JuS 2006, 18.

§ 4. Rechtsgeschäftlicher Eigentumserwerb beweglicher Sachen vom Berechtigten

I. Einleitung

Eigentum kann auf unterschiedliche Weise erworben werden: Von Geset- **152** zes wegen (s. u. Rn. 227 ff.) – die Steine des Baustofflieferanten werden eingebaut – oder rechtsgeschäftlich. Bei rechtsgeschäftlichem Erwerb unterscheidet das Gesetz wiederum zwischen dem von beweglichen Sachen (Mobilien) und einem solchen von unbeweglichen Sachen (Immobilien). Dabei liegt der Unterschied des stets zweiaktigen Rechtsgeschäfts „Übereignung" (Vertrag und Traditionsakt) vor allem im Traditionsakt, da der Erwerb von Immobilien ausnahmslos eine Eintragung im Grundbuch, dem Register für Grundstücke, voraussetzt. Im Weiteren soll der Erwerb von Mobilien dargestellt werden. Zuvor ist auf einige Grundsätze einzugehen, die für beiderlei Übereignungen gelten.

1. Trennungs- und Abstraktionsprinzip

Diese beiden Prinzipien betreffen das Verhältnis von schuldrechtlichem **153** **Verpflichtungsgeschäft** und sachenrechtlichem Erfüllungsgeschäft, dem sog. **Verfügungsgeschäft** (zum Verfügungsbegriff schon Rn. 2).

> **Merksatz:** Der Begriff Verfügung bezeichnet ein Rechtsgeschäft, das durch Begründung, Aufgabe, Übertragung oder sonstige unmittelbare Einwirkung ein dingliches Recht verändert.

Zur Erinnerung sei hier kurz wiederholt (zum Trennungs- und Abstraktionsgrundsatz s. schon o. Rn. 43 ff.): Das Verfügungsgeschäft ist von dem schuldrechtlichen Kausalgeschäft getrennt und unterliegt eigenen Regeln (sog. **Trennungsgrundsatz**). Die Verfügung setzt ein Kausalgeschäft nicht voraus und ist in ihrer Wirksamkeit davon unabhängig (d. h. abstrakt, daher: **Abstraktionsgrundsatz**). Sie bedarf auch keines immanenten Zwecks (sog. inhaltliche und äußerliche Abstraktion, s. o. Rn. 43).

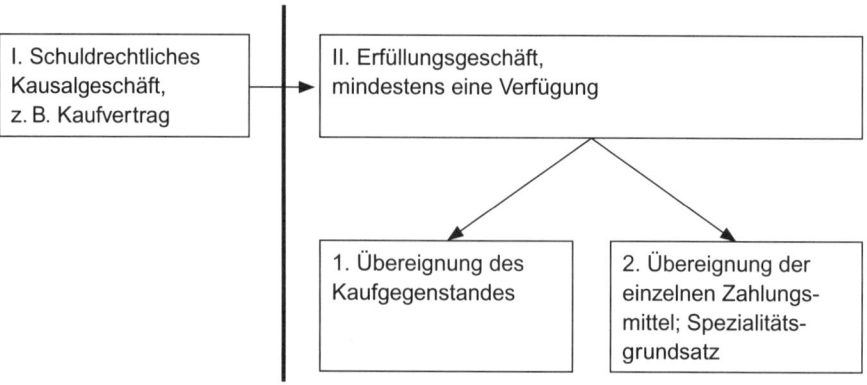

Trennungs- und Abstraktionsgrundsatz

Merksatz: (1) Es ist stets zwischen Kausal- und Erfüllungsgeschäft zu **trennen!** Letzteres besteht häufig aus einer Verfügung. (2) Erfüllungsgeschäfte setzen kein wirksames Kausalgeschäft voraus. Ihre Wirksamkeit beurteilt sich **unabhängig** davon. Zu den Ausnahmen s. u. Rdnr. 155 ff.!

2. Traditionsprinzip

154   Ein weiteres Prinzip, das allerdings aufgrund seiner zahlreichen Durchbrechungen jedenfalls im Mobiliarsachenrecht kaum noch als Regel erkannt werden kann, ist das Traditionsprinzip (s. schon o. Rn. 35 f.): Die Übereignung beweglichen Eigentums setzt grundsätzlich seine **Übergabe** als tatsächliche Vollzugshandlung voraus. Letzteres soll die Übereignung nach außen erkennbar machen und es erleichtern, den Zeitpunkt der Übereignung festzustellen. Teilweise wird eine weitere Funktion der Übergabe darin gesehen, die Ernsthaftigkeit des Übereignungswillens auszudrücken (z. B. Staudinger/ *Wiegand* (2004), Vor §§ 929 ff. Rn. 21 f.).

Schon das Gesetz selbst schafft hierzu Ausnahmen, indem es Tatbestände mit sog. **Übergabesurrogaten** normiert (z. B. in §§ 930 f.). In strenger Form gilt das Traditionsprinzip vor allem bei der Verpfändung (der Begründung des Pfandrechts als Verwertungsrecht) von beweglichem Eigentum, da diese grundsätzlich Besitz verlangt (§ 1205 Abs. 1; s. auch u. Rn. 650). Gerade das hat die praktische Bedeutung des Pfandrechts an Mobilien enorm beschränkt und dazu geführt, dass sich mit der Sicherungsübereignung als eigennützige Treuhand (s. o. Rn. 144) eine weitere von der Rechtsprechung trotz des *numerus clausus* der Sachenrechte (hierzu o. Rn. 28 ff.) anerkannte Ausnahme vom Traditionsgrundsatz herausbildete.

3. Ausnahmen vom Trennungs- und Abstraktionsgrundsatz

a) Durchbrechungen des Trennungs- und Abstraktionsgrundsatzes

Wie bereits angedeutet kennen Trennungs- und Abstraktionsgrundsatz **155** Ausnahmen bei der sog. **Fehleridentität** (s. schon o. Rn. 43). Der Mangel der Geschäftsunfähigkeit (§§ 104 ff.) wirkt sich auf beide Rechtsgeschäfte aus. Dies ergibt sich schon aus den allgemeinen Grundsätzen der Rechtsgeschäftslehre. Schwieriger ist es aber in anderen Fällen. Gewährt jemand ein dingliches Recht als Sicherheit im Rahmen eines wucherischen Geschäftes, so ist nach h.M. nicht nur das schuldrechtliche, sondern auch die Übertragung als dingliches Geschäft, obgleich neutral, gem. § 138 Abs. 2 nichtig. Maßgeblich hierfür ist die Erwägung, dass die Rechtsordnung gerade die „dingliche Verfestigung" des nichtigen schuldrechtlichen Anspruches auf Übertragung verhindern will (Westermann/*H. P. Westermann*, § 4 IV 1).

Auf demselben Grundgedanken beruht die regelmäßig gleichzeitige Anfechtbarkeit von schuldrechtlichem und dinglichem Vertrag (der Einigung, s. u. Rn. 166) bei einer Anfechtung gem. § 123 (*Rüthers/Stadler*, § 25 Rn. 57).

> **Beispielsfall:** K kauft von B am 20.1.2007 einen gebrauchten Pkw. Drei Monate darauf stellt K fest, dass das Fahrzeug einen außergewöhnlich hohen Ölverbrauch aufweist, der den zulässigen Wert laut Werksangaben deutlich übersteigt. B kannte diesen Fehler, der schon zum Zeitpunkt der Übergabe vorlag. K hätte bei Kenntnis des Fehlers den Wagen nicht gekauft und ficht den Kaufvertrag an.
>
> K kann nicht nur die Mängelrechte nach Kaufrecht geltend machen (§§ 434 ff.), sondern den Kaufvertrag wegen arglistiger Täuschung gem. § 123 Abs. 1 anfechten, der vom kaufrechtlichen Gewährleistungsrecht nicht verdrängt wird. Die Täuschung schlägt auch auf die dingliche Einigung durch, denn K hätte bei Kenntnis des Fehlers die Erfüllung des Kaufvertrages (die Übereignung des Geldes und des Pkw) nicht gewollt. K kann daher auch die jeweiligen dinglichen Rechtsgeschäfte (genauer: die Einigungen) gem. § 123 Abs. 1 anfechten, da bei diesen ebenfalls ein Willensmangel vorlag.

Wie hier wird die arglistige Täuschung meist ursächlich für das Erfüllungsgeschäft gewesen sein, während sich etwa ein Irrtum gem. § 119 Abs. 1 bei Vornahme des schuldrechtlichen Geschäftes grundsätzlich nicht im Erfüllungsgeschäft abbildet.

b) Rechtsgeschäftlich hergestellte Abhängigkeit des Verfügungsgeschäftes von der Wirksamkeit des Verpflichtungsgeschäftes

Ob darüber hinaus Schuldverhältnis und Erfüllungsgeschäft rechtsgeschäft- **156** lich in ihrer Wirksamkeit verbunden werden können, ist streitig (s. *Jauernig*, JuS 1994, 721, 723 f. m.w.N.). Da Verfügungsgeschäfte nur in gesetzlichen

Ausnahmefällen (§ 925 Abs. 2) bedingungsfeindlich sind, kann die Gültigkeit des schuldrechtlichen Geschäftes wirksam zur aufschiebenden (oder die Unwirksamkeit zur auflösenden) Bedingung eines dinglichen Rechtsgeschäftes gemacht werden (§ 158). Inwieweit durch grundsätzlich mögliches schlüssiges Handeln ein solcher Bedingungszusammenhang hergestellt wird, ist von den Umständen des Einzelfalles abhängig. Dabei sollte es – will man Abstraktions- und Trennungsgrundsatz nicht völlig leer laufen lassen – zumindest eindeutige Anhaltspunkte für den Willen geben, eine solche Bedingung zu vereinbaren.

157   Nach teilweise vertretener Auffassung können Grund- und Erfüllungsgeschäft auch zu einem einheitlichen Rechtsgeschäft nach § 139 zusammengefasst werden, da das Gesetz dem Abstraktionsgrundsatz gegenüber dem Parteiwillen keinen Vorrang einräume (*Eisenhardt*, JZ 1991, 271, 277). Auch hier wird man allerdings klare Anhaltspunkte für den Willen einer Geschäftseinheit verlangen müssen. Das setzt wie bei der Bedingung voraus, dass die Parteien über die Wirksamkeit des Grundgeschäftes im Ungewissen sind.

4. Berechtigung des Veräußerers

158   Rechtsgeschäftlicher Erwerb verlangt grundsätzlich die **Verfügungsberechtigung** des Veräußerers. Dieser muss aber nicht notwendig Eigentümer sein, sondern kann die Verfügungsbefugnis von Gesetzes wegen oder auch durch Ermächtigung des Sacheigentümers haben. Hierbei handelt es sich um die Rechtsmacht, im eigenen Namen über ein dem Sacheigentümer zustehendes Recht zu verfügen (§ 185 Abs. 1).

159   Verfügt ein Nichtberechtigter, so kann der Berechtigte nachträglich hierzu seine Zustimmung erteilen (§ 185 Abs. 2 S. 1 Var. 1), d.h. die Verfügung genehmigen (vgl. § 184 Abs. 1). Das ist auch schlüssig möglich, etwa durch Geltendmachung des Anspruches nach § 816 Abs. 1.

160   Nicht immer ist der Sacheigentümer auch verfügungsberechtigt. So ist es dem Ehegatten gem. §§ 1365, 1369 verwehrt, ohne Einwilligung des anderen Ehegatten über sein Vermögen im Ganzen oder ihm gehörende Haushaltsgegenstände zu verfügen. Damit sollen die wirtschaftliche Existenzgrundlage und die sachliche Ausstattung des Familienzusammenlebens geschützt werden. Weitere gesetzliche Verfügungsbeschränkungen bestehen im Zusammenhang mit einer Vor- und Nacherbschaft (§ 2113 Abs. 1, 2) sowie bei Vermögen, das der Verwaltung etwa eines Testamentsvollstreckers (§ 2211) oder Insolvenzverwalters (§ 80 InsO) unterstellt ist. Die letztgenannten Fälle sind auch Beispiele für die **gesetzliche Verfügungsbefugnis** des jeweiligen Verwalters.

161   Die Verfügung eines Nichtberechtigten ist zwar grundsätzlich unwirksam, muss allerdings nicht notwendigerweise folgenlos sein. Vielmehr hängen ihre

Wirkungen davon ab, ob der Erwerber hinsichtlich der Verfügungsbefugnis des Veräußerers gutgläubig war und das Gesetz (wie z.B. in den §§ 932 ff. für Mobilien näher geregelt) diesen guten Glauben honoriert und ihm einen Vorrang vor dem Schutz der Interessen des Eigentümers einräumt (s. u. Rn. 194 ff.).

Dem Erwerber kommt im Übrigen auch die **Vermutung des § 1006** zu- **162** gute. Mittels dieser wird aus dem Besitz (widerleglich) das Eigentum vermutet (s. schon o. Rn. 51). Das gilt auch bezüglich der Person des Veräußerers. Der Erwerber darf aufgrund des Besitzes von dessen Eigentum ausgehen (*BGH* NJW 2005, 359, 363). Erst wenn diese Vermutung widerlegt ist, bedarf es des Nachweises der Voraussetzungen eines gutgläubigen Erwerbs.

II. Eigentumserwerb nach § 929 S. 1

Das Gesetz unterscheidet für den rechtsgeschäftlichen Erwerb von Mobi- **163** lien vier Tatbestände. Grundtatbestand ist § 929 S. 1. Danach ist für den Eigentumserwerb Einigung (rechtsgeschäftlicher Akt) und Übergabe (Traditions-/Publizitätsakt) erforderlich. Der Eigentumsübergang setzt voraus, dass beide Akte des Übertragungsvorganges vorgenommen wurden und die Einigung auch noch bei dessen Vollendung Bestand hat.

1. Einigung

Mit der Einigung erklärt der Veräußerer, das Eigentum zu übertragen, und **164** der Erwerber, das Eigentum zu erwerben. Die Erklärungen müssen sich auf denselben (konkreten) Gegenstand beziehen. Sachgesamtheiten können als solche nicht übereignet werden (**Spezialitäts- oder Bestimmtheitsgrundsatz,** s. schon o. Rn. 33 f.). Das bereitet bei der Übereignung von Warenlagern u.a. Schwierigkeiten. Die Rechtsprechung hat die in der Praxis verwendeten „Raumsicherungs-" und „Markierungsverträge" als dem Bestimmtheitsgrundsatz genügend angesehen (RGZ 132, 183; *BGH* NJW 1991, 2144, 2146; NJW 1992, 1161, 1162). Danach genügt es, wenn alle sich zu einem festgelegten Zeitpunkt in einem Raum befindlichen oder in einer vereinbarten Weise markierten Gegenstände übereignet werden.

Einigung und Übergabe müssen **nicht gleichzeitig** vorgenommen wer- **165** den. Die Reihenfolge beider Teilakte ist beliebig. Auch eine der Übergabe vorausgehende, sog. antizipierte Einigung ist wirksam und ausreichend, solange die Einigung noch im Zeitpunkt der Übergabe besteht.

Die Einigung wird als **dinglicher Vertrag** angesehen, für den im Wesent- **166** lichen die allgemeinen Regeln des Vertragsschlusses (§§ 145 ff.) gelten. Sie ist grundsätzlich formfrei und kommt durch zwei sich deckende Willenserklärungen zustande. Diese können auch konkludent abgegeben werden. Das wird in der Regel bei Bargeschäften über Gegenstände des täglichen Bedarfs (Handkauf) der Fall sein. Hier wird neben dem schuldrechtlichen Kausalgeschäft schlüssig die dingliche Einigung miterklärt.

167   Ein anderes Beispiel für eine schlüssige Erklärung ist der Kauf an Warenautomaten. Wie bei anderen Verträgen gelten hier die Auslegungsgrundsätze der §§ 133, 157. Das Angebot zum Vertragsschluss und zur Übereignung erfolgt regelmäßig durch Aufstellen des Automaten vorbehaltlich korrekter Bedienung sowie vorhandener Ware. Auf den Zugang der Annahme(n) wird nach § 151 verzichtet, wie auch in den Fällen, in denen bei Zusendung unbestellter Waren abweichend von § 241a Abs. 1 ein Vertragschluss erfolgt.

168   Die Einigung kann befristet oder bedingt erklärt werden. Gerade Letzteres ermöglicht den Kauf von Gegenständen **unter Eigentumsvorbehalt (§ 449),** bei dem die Einigung unter der aufschiebenden Bedingung (§ 158 Abs. 1) erklärt wird, dass der Kaufpreis vollständig gezahlt wird. Erst dann soll das Eigentum ohne weiteres Zutun der Beteiligten übergehen (ausführlich hierzu u. Rn. 543 ff.).

169   Da die dingliche Einigung ein Vertrag ist, der durch zwei sich deckende Willenserklärungen (§§ 116 ff.) geschlossen wird, finden die weiteren Vorschriften für Willenserklärungen ebenfalls Anwendung. So können sich beide Seiten unter den Voraussetzungen der §§ 164 ff. vertreten lassen. Bei fehlendem Interesse an der Kenntnis der Person des Gegenübers finden die Grundsätze des Geschäftes für den, den es angeht, Anwendung (*Mühl*, JZ 1982, 777).

170   Sehr umstritten ist die **Bindung der Einigung** bei Mobilien vor Vollendung des Übereignungsaktes. Die h.M. lehnt eine solche Bindung bis zur Übergabe ab (MünchKomm-BGB/*Quack*, § 929 Rn. 99 ff. m.w.N.). Die Einigung sei durch eine formlose empfangsbedürftige Willenserklärung **frei widerruflich.** Der Fortbestand einer einmal getroffenen Vereinbarung sei aber zu vermuten. Zur Widerlegung dieser Vermutung müsse dem Gegner der Widerruf zugegangen sein.

171   Die h.M. stützt sich vor allem auf § 873 Abs. 2, der als Ausnahme für eine Bindung der Einigung angesehen wird (MünchKomm-BGB/*Quack*, § 929 Rn. 99). Bindung sei eine Eigenschaft schuldrechtlicher Verträge, die verpflichteten, während dingliche Rechtsgeschäfte wirkten. Im Übrigen verlange der Wortlaut des § 929 S. 1 ein **Einigsein beider Vertragsparteien.** Demgegenüber ließe sich argumentieren, dass nach § 873 Abs. 2 eine Bindung bei Grundstücksgeschäften eine notarielle Beurkundung voraussetze und die Bindung an Verträge ein Grundsatz des Vertragsrechts sei. Grundlage für den Gegenschluss kann aber auch § 956 Abs. 1 S. 2 sein, der bei bestehender Verpflichtung von einem fehlenden Recht des Widerrufs der Gestattung zur Aneignung ausgeht. Die praktischen Unterschiede zwischen beiden Auffassungen erscheinen gering, da auch jene Stimmen, die eine vertragliche Bindung annehmen, die Einigung i.S. eines Einigseins auch noch im Zeit-

punkt der Übergabe verlangen und aus der bindenden Einigung als solcher keine Ansprüche abgeleitet wissen wollen (vgl. *Westermann/H.P. Westermann*, § 38 4.; *Wieling*, § 1 III 1b; *Wank/Kamanabrou*, Jura 2000, 154; *Schödemeier/Woopen*, JA 1985, 622 zeigen den Unterschied für die prozessuale Geltendmachung).

Die Frage hat zwar keine große praktische Bedeutung, allerdings geht dem **172** Veräußerer bei Annahme einer bindenden Einigung das Eigentum mit allen Folgen verloren, wenn der Widerruf unwirksam ist. Der Veräußerer ist dann auf den Anspruch nach § 812 Abs. 1 S. 1 Fall 1 statt jenem aus § 985 angewiesen. Die Gegner einer Bindung sehen hierin die Gefahr einer Entwertung der Übergabe, die unter diesen Voraussetzungen für die Wirksamkeit des Rechtsgeschäftes ohne Belang sei. Für die eine Bindung der Einigung ablehnende h.M. spricht weiterhin, dass die Annahme der Bindung an eine formlose Einigung bei Mobilien angesichts der fehlenden Bindung eines solchen Vertrages bei Immobilien schwer zu rechtfertigen wäre.

Klassische Entscheidung 1: „Bonifatiusfall" (RGZ 83, 223)
Lesen Sie RGZ 83, 223 ff. und beantworten Sie folgende Fragen!
1. Welche Rechtsprobleme enthält der „Bonifatiusfall"?
2. Welches Verständnis legt das Reichsgericht dem Begriff des Einigseins in § 929 S. 1 zugrunde?
3. Welche Bedenken ergeben sich in Bezug auf die Ansicht des Reichsgerichts?
4. Wie wird das Problem nach heutigem Verständnis gelöst?
Die Antworten finden Sie am Ende des Buches.

---

2. Übergabe

a) Verschaffung der tatsächlichen Sachherrschaft

Die Übergabe ist **Realakt** und erfordert nach § 929 S. 1 die Verschaffung **173** des unmittelbaren (s. o. Rn. 53 ff.) oder mittelbaren (s. o. Rn. 57 ff.) Besitzes durch den Veräußerer an den Erwerber. Sofern nur mittelbarer Besitz verschafft wird, genügt das den Anforderungen dieses Übereignungstatbestandes, wenn der Veräußerer nicht Besitzmittler ist (anderenfalls handelt es sich um eine Übereignung nach § 930 oder – wenn der Besitz nach § 870 erlangt wird – nach § 931; s. u. Rn. 184, 190). Die Übergabe muss in Vollziehung der Übereignung erfolgen (*BGH* MDR 1959, 1006). Die bloße Einräumung von **Mitbesitz** (o. Rn. 64) genügt nicht, da bei Übereignung nach § 929 S. 1 der Veräußerer keine Herrschaftsgewalt über die Sache behalten darf (BGHZ 56, 123; 67, 207). Der Verbleib einer Sachbeziehung als Besitzdiener ist für den Eigentumserwerb unschädlich (RGZ 99, 208), da dieser keinen Besitz hat (§ 855, s. o. Rn. 70 ff.). Für den Besitzerwerb gelten die allgemeinen Regeln des § 854. Der Erwerber muss seinerseits nach § 854 S. 1 die tatsächliche Gewalt mit Willen des Veräußerers ergreifen. Die Veränderung der Besitzverhältnisse setzt äußerlich voraus, dass der Erwerber auf den Gegenstand physisch einwirken und andere von ihm – wenn auch nicht vollständig – ausschließen kann. Der Besitzerwerb muss zugleich von einem entsprechenden Besitzgründungswillen (s. o. Rn. 77) getragen sein.

174 Der Erwerber muss bei der Übereignung nach § 929 S. 1 den unmittelbaren Besitz nicht notwendigerweise vom Veräußerer selbst erlangen. So kann ihm der unmittelbare Besitz etwa auch von einem Dritten als Besitzmittler des Veräußerers (s. o. Rn. 57) eingeräumt werden. Eine solche Einschaltung eines Dritten als Besitzmittler ist auch auf Erwerberseite möglich. Handelt es sich dabei um dieselbe Person, so wird nach § 929 S. 1 nur übereignet, wenn ein neues Besitzmittlungsverhältnis zwischen dem Erwerber und dem Dritten vereinbart wird. Überträgt der Veräußerer stattdessen den Anspruch aus dem Besitzmittlungsverhältnis auf den Erwerber im Wege der Abtretung (§ 398), so handelt es sich um eine Übereignung nach §§ 929 S. 1, 931 (s. u. Rn. 190 ff.). Da hier der Besitzerwerb durch Vertrag stattfindet, können die Parteien im Gegensatz zum Realakt sich dabei gem. §§ 164 ff. vertreten lassen.

Übergabe nach §§ 929 S. 1, 854

> 1. Der Erwerber muss auf Veranlassung des Veräußerers den Besitz erlangen.
> 2. Der Veräußerer darf keinen Besitz behalten.

b) Besitzerwerb nach § 854 Abs. 2 – Umwandlung von Besitzverhältnissen

175 Die entsprechende Einschaltung eines Dritten ist auch möglich, indem Erwerber und/oder Veräußerer diesen als *Besitzdiener* (§ 855) tätig werden lassen. Allerdings muss es eindeutige Anhaltspunkte für eine solche Besitzdienerschaft geben (zu den Kriterien s. o. Rn. 70 ff.). Dies ist notwendig, um eine Umgehung der Übergabe als zweites Übereignungserfordernis nach § 929 S. 1 zu verhindern. Ebenso kann auch ein bisheriger Besitzdiener zum Besitzer gemacht werden, da er als solcher keinen Besitz hatte.

176 Als Realakt ist eine Stellvertretung bei diesem Rechtsakt nicht möglich (BGHZ 16, 259). Eine Ausnahme gilt für den Besitzerwerb nach § 854 Abs. 2 (s. o. Rn. 80 f.; Palandt/*Bassenge*, § 929 Rn. 23). Darüber hinaus ist es denkbar, dass **Dritte** als Besitzdiener oder Besitzmittler eingeschaltet werden, die bei Abschluss des dinglichen Vertrages als Stellvertreter handeln können.

177 Besitzerwerb findet auch statt, wenn ein mittelbarer Besitzer seinen bisherigen Besitzmittler anweist, zukünftig für den Erwerber zu besitzen. Freilich ist ein Befolgen der Anweisung hierfür erforderlich.

c) Besitzerwerb durch Geheißperson

178 Schließlich wurde der Traditionsakt noch durch Zulassung sog. **Geheißerwerbs** erweitert. Danach ist ausreichend, dass der unmittelbare Besitzer (Dritter) einer Sache auf Geheiß des Eigentümers, ohne dass der Dritte Besitzmittler oder Besitzdiener wäre, die Sache dem Erwerber übergibt. Es sei für diese Form der Übereignung nicht erforderlich, dass der Veräußerer selber Besitzer sei. Vielmehr genüge, wenn der Erwerber den Besitz **auf Veranlassung des Veräußerers** erlange (*BGH* NJW 1959, 1536; *OLG München* JZ 1957, 440). Die tatsächliche Macht, Besitz zu verschaffen, wird in diesem Fall dem Besitz des Veräußerers gleichgestellt (MünchKomm-BGB/*Quack*, § 929 Rn. 145; sehr weitgehend *BGH* NJW 1999, 425). Geheißerwerb kann unter Einschaltung einer Geheißperson auf Veräußerer- und Erwerberseite oder gleichzeitig auf beiden Seiten stattfinden. Der letztgenannte Fall ist nicht unproblematisch, führt er doch dazu, dass ein Eigentumswechsel stattfindet, obgleich beide Seiten nie Besitz hatten.

Für den Geheißerwerb ist grundsätzlich erforderlich, dass der Dritte sich **179** tatsächlich den Anweisungen des Veräußerers unterordnet (*Medicus*, BR, Rn. 564). Nur das rechtfertigt es, den Veräußerer oder Erwerber als Besitzer der Sache anzusehen. Erfolgt die Übergabe nicht auf Geheiß des Veräußerers und entsteht aber der Anschein einer Unterordnung unter das Geheiß, ist ein gutgläubiger Geheißerwerb gem. § 932 möglich (s. die klassische Entscheidung 2 u. Rn. 208).

Der Geheißerwerb ist für das **Strecken- und Durchlieferungsgeschäft** typisch und dort auch wirtschaftlich sinnvoll, ermöglicht er doch eine sog. **Durchlieferung.** Der Erstverkäufer (V) wird von seinem Käufer (K) aufgefordert, gleich an dessen Abnehmer (A) zu liefern.

Hier ist V Geheißperson des K, auf dessen Veranlassung er dem A übereignet. A ist Geheißperson auf Erwerberseite für K, denn K hat die Sache zwar nie in Besitz, soll aber gleichwohl für eine juristische Sekunde deren Eigentümer sein. Vorteil dieser Lösung ist, dass in den jeweiligen Kaufbeziehungen Sicherungen vereinbart werden können.

Geheißerwerb

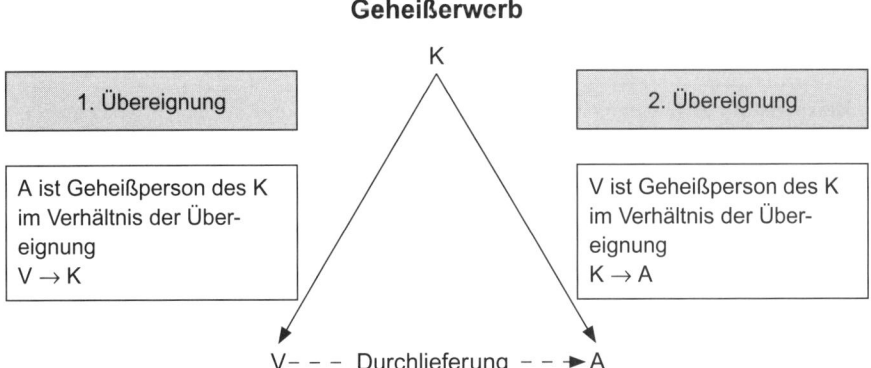

Voraussetzungen der Übereignung nach § 929 S. 1

---

1. Veräußerer = Berechtigter
  – Sacheigentümer mit Verfügungsbefugnis
    • haben diese in der Regel
    • Ausnahmen z. B. §§ 1365, 1369, 2113 ff., 2211; InsO § 80
  – Ermächtigter (§ 185 Abs. 1)
  – Nichtberechtigter, dessen Verfügung vom Berechtigten genehmigt wird (§ 185 Abs. 2 S. 1 Fall 1)
  – von Gesetzes wegen Verfügungsbefugter (z. B. § 80 InsO)
2. Einigung = dinglicher Vertrag
  – ausdrücklich
  – schlüssig
3. Besitzerwerb des Erwerbers vom Berechtigten
  – bei fehlendem Besitz Erwerb nach Grundsätzen des Geheißerwerbs möglich
4. Endgültiger Besitzverlust des Veräußerers

III. Übergabe nach § 929 S. 2

180   § 929 S. 2 enthält einen zweiten Übereignungstatbestand, die Übereignung durch **Übergabe kurzer Hand** (*brevi mani traditio*), bei dem auf das **Traditionsprinzip** (s. Rn. 154) **völlig verzichtet** wird. Hier genügt die bloße dingliche Einigung, da der Erwerber sich bereits im Besitz der Sache befindet. Erforderlich ist freilich, dass der Erwerber wirklich Besitz an ihr hat, die Stellung eines Besitzdieners (§ 855) seitens des Erwerbers ermöglicht daher keine Übereignung nach § 929 S. 2 (Soergel/*Henssler*, § 929 Rn. 75; Staudinger/*Wiegand* (2004), § 929 Rn. 125; anders dagegen MünchKomm-BGB/*Quack*, § 929 Rn. 158). Im Gegensatz zu § 929 S. 1 und der dort unerheblichen zeitlichen Abfolge von Übergabe und Einigung (s. o. Rn. 165) ist § 929 S. 2 immanent, dass die Übergabe hier nicht schon mit Blick auf die Übereignung erfolgt ist.

> **Beispielsfall:** A mietet sich ein Werkzeug bei B. Aufgrund der guten Erfahrungen mit dem Werkzeug kauft er es schließlich dem B ab.
>   Für den Eigentumserwerb reicht es gem. § 929 S. 2, wenn sich A und B über die Übereignung der schon im „Mietbesitz" des A befindlichen Sache einigen. Die nochmalige Übergabe wäre eine bloße Formalität. Mit der Beendigung des Mietverhältnisses (durch Aufhebung oder Kündigung) wird aus dem Fremd- ein Eigenbesitz des A (zu den Begriffen s. o. Rn. 75 f.).

Auch für § 929 S. 2 genügt es, wenn der Erwerber mittelbaren Besitz erlangt.

Voraussetzungen der Übereignung nach § 929 S. 2:

1. Berechtigung
2. Einigung
3. endgültiger Besitzverlust des Veräußerers
4. Besitzerwerb des Erwerbers
   – nicht notwendigerweise unmittelbarer Besitz

IV. Übergabe nach § 930

1. Allgemeines

Statt einer Übergabe gestattet § 930 die Vereinbarung eines sog. Besitz- **181** konstituts als **Übergabesurrogat**. Der Veräußerer will in dieser Situation den Besitz an der Sache behalten, etwa um sie für sich nutzen zu können, das Eigentum aber gleichwohl übertragen. Für Außenstehende wird dieser Fall des Wechsels des Eigentums wie bei § 929 S. 2 kaum erkennbar. Vorausset- zung für den Erwerbstatbestand ist der Besitz des Veräußerers, jedenfalls im Zeitpunkt der Übereignung. Dabei ist es ohne Bedeutung, ob es sich um un- mittelbaren oder mittelbaren Besitz handelt (s. u. die Übersicht Rn. 184).

2. Vereinbarung eines Besitzkonstituts

§ 930 verlangt neben der dinglichen Einigung, dass die Parteien ein Be- **182** sitzkonstitut verabreden. Die Vorschrift ist Grundlage für die Vereinbarung von Sicherungseigentum (hierzu u. Rn. 615 ff. und sogleich u. Rn. 188). Ver- äußerer und Erwerber müssen ein **konkretes Besitzmittlungsverhältnis** vereinbaren (RGZ 49, 170, 173; *BGH* NJW 1953, 217, 218; *Baur/Stürner*, § 51 Rn. 22; *Palandt/Bassenge*, § 868 Rn. 6). Zwar kommt es auf die Wirk- samkeit dieser Vereinbarung nicht an, jedoch genügt die allgemeine Abspra- che nicht, der Veräußerer solle künftig für den Erwerber besitzen (so die h. M. *Palandt/Bassenge*, § 930 Rn. 8).

Die Aufzählung der Besitzmittlungsverhältnisse in § 868 ist nur beispiel- **183** haft und nicht abschließend. Erforderlich ist eine Vereinbarung, die ein Rechtsverhältnis zwischen den Vertragsparteien begründet, kraft dessen der Erwerber mittelbaren Besitz erlangt. Hierzu gehört auch die **Sicherungsab- rede** bei der Sicherungsübereignung oder **gesetzliche Besitzmittlungs- verhältnisse,** wie die eheliche Lebensgemeinschaft (§ 1353) oder die elter- liche Vermögenssorge (§ 1626) (s. o. Rn. 58).

Ist der Veräußerer nur mittelbarer Besitzer, so wird er mit der Vereinba- **184** rung mittelbarer Fremdbesitzer erster Stufe, der Erwerber dagegen mittelba- rer Eigenbesitzer zweiter Stufe. Stattdessen kann der Veräußerer seinen Besitz

Übereignung gem. § 930 und § 931

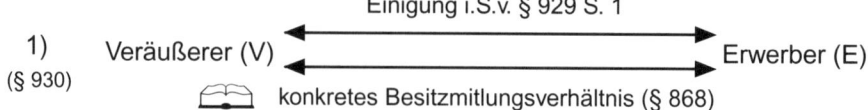

1)
(§ 930)

Einigung i.S.v. § 929 S. 1

Veräußerer (V)   Erwerber (E)

konkretes Besitzmittlungsverhältnis (§ 868)

- V war unmittelbarer Eigenbesitzer
- V wird zum unmittelbaren Fremd- und E zum mittelbaren Eigenbesitzer

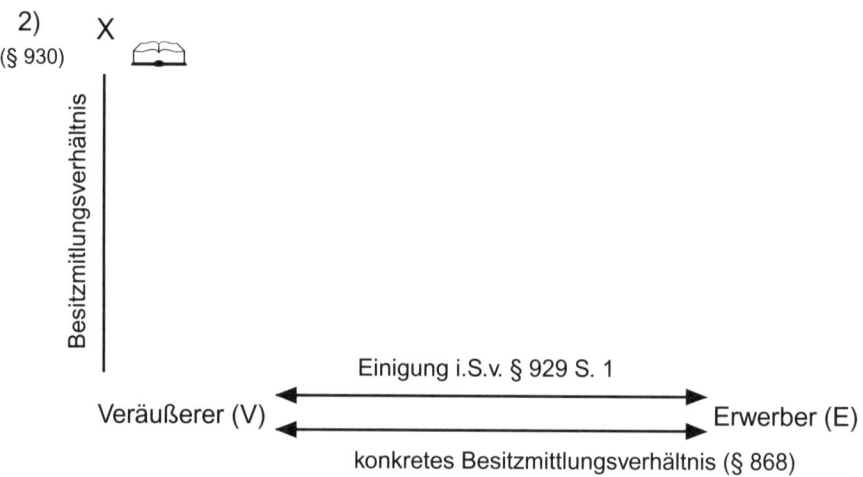

2)
(§ 930)

X

Besitzmittlungsverhältnis

Einigung i.S.v. § 929 S. 1

Veräußerer (V)   Erwerber (E)

konkretes Besitzmittlungsverhältnis (§ 868)

- V war mittelbarer Eigenbesitzer
- V wird mittelbarer Fremdbesitzer (erster Stufe)
- E wird mittelbarer Eigenbesitzer (zweiter Stufe)
- X bleibt unmittelbarer Fremdbesitzer

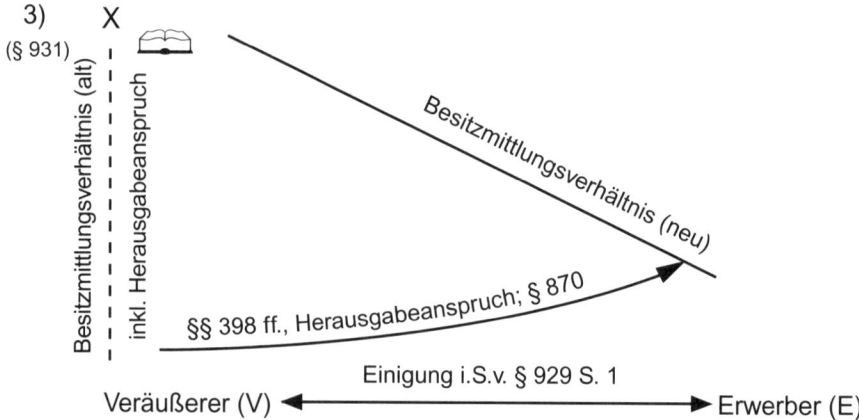

3)
(§ 931)

X

Besitzmittlungsverhältnis (alt)
inkl. Herausgabeanspruch

Besitzmittlungsverhältnis (neu)

§§ 398 ff., Herausgabeanspruch; § 870

Einigung i.S.v. § 929 S. 1

Veräußerer (V)   Erwerber (E)

- V war mittelbarer Eigenbesitzer
- V verliert jeglichen Besitz
- E wird mittelbarer Eigenbesitzer
- X bleibt unmittelbarer Fremdbesitzer, jetzt aber für E

dem Erwerber auch durch Abtretung des Herausgabeanspruchs aus dem Besitzmittlungsverhältnis übertragen und damit den Tatbestand des § 931 verwirklichen.

Die Begründung eines Besitzmittlungsverhältnisses setzt weiterhin voraus, **185** dass der bisherige Eigenbesitzer der Sache diese künftig mit Fremdbesitzerwillen besitzt und der Veräußerer einen durchsetzbaren Herausgabeanspruch hat (s. schon o. Rn. 57 ff.).

Im Falle des § 930 kann der Gegenstand unter Bezugnahme auf das Be- **186** sitzmittlungsverhältnis übereignet werden. In diesen Fällen kommt es somit letztlich zu einer Übereignung durch bloße Einigung. Dies gilt etwa, wenn Eltern einem minderjährigen Kind Eigentum an einem ihnen gehörenden Gegenstand verschaffen.

Anerkannt ist sogar die Möglichkeit des sog. **Insichkonstituts,** bei dem **187** der Veräußerer für sich und zugleich für den Erwerber auftritt, wozu es freilich einer Ausführungshandlung bedarf (RGZ 139, 115, 117); § 181 steht dem nicht entgegen. Vielmehr handelt es sich um ein erlaubtes Insichgeschäft, da der Vertreter, in Erfüllung einer Verbindlichkeit oder durch entsprechenden Auftrag gestattet, handelt.

Fall 3 – Übereignung gem. § 930 (Insichkonstitut) (nach BGH NJW 1989, 2542): Die Eltern haben einen hochbegabten, vierzehnjährigen Sohn (S), der sich schon frühzeitig für die Tiefen des Weltalls und die Sterne interessiert. Der Vater (V), der seinen Sohn (S) an dieses Interesse herangeführt hat, will ihn weiter fördern. Die Eltern beschließen, ihm das schon lange im Familieneigentum befindliche wertvolle Fernrohr zu überlassen. Dies legen sie in einer schriftlichen Erklärung nieder.
    Hat S Eigentum an dem Fernrohr erworben?

Lösung:
S könnte Eigentümer des Fernrohres durch Übereignung nach §§ 929 S. 1, 930 geworden sein.
    1. Das setzt zunächst eine wirksame Einigung zwischen S und dessen Eltern als Veräußerer gem. § 929 S. 1 voraus. Eine solche könnte wirksam zustande gekommen sein, wenn die Eltern als gesetzliche Vertreter des minderjährigen S (§ 1629 Abs. 1) handelten und kein verbotenes Insichgeschäft vorlag (§§ 1629 Abs. 2 S. 1, 1795 Abs. 2, 181). Geschäfte, die die Erfüllung einer Verbindlichkeit darstellen, unterliegen nicht dem Selbstkontrahierungsverbot (§ 181 a.E.). Die Übereignung des Fernrohres könnte eine solche Ausnahme darstellen, wenn sie die Verpflichtung aus einem wirksamen Schenkungsvertrag erfüllte. Da die Eltern auch im Rahmen der Schenkung für S handelten, ist diese ebenfalls an § 181 zu messen. Anhand des Wortlautes von § 181 käme man dabei zu dem Ergebnis, dass die Schenkung unwirksam ist. Jedoch verschafft die Schenkung dem Vertretenen (S) lediglich einen rechtlichen Vorteil. Insofern ist in Wechselwirkung zu § 107 der Anwendungsbereich von § 181 zu reduzieren, da der Vertretene nur vor *eigen*nützigem Verhalten der Vertreter geschützt werden braucht (Palandt/*Heinrichs*, § 181 Rn. 9). Ein solches liegt nicht vor. § 181 findet deshalb keine Anwendung. Die Schenkung könnte daher grundsätzlich eine wirksame Verbindlichkeit begründet haben. Dann würde im Rahmen der Übereignung (Einigung nach

§ 929 S. 1) § 181 a.E. anzuwenden sein (Erfüllung einer Verbindlichkeit). Die Schenkung könnte aber formunwirksam sein (§ 125). Insofern erfüllt die schriftliche Erklärung der Eltern nicht die Anforderungen des § 518 Abs. 1 S. 1 (notarielle Beurkundung, s. auch § 128). Für die Ausnahme in § 181 a.E. wäre auch nicht ausreichend, dass die Verbindlichkeit (hier die schuldrechtliche Schenkung) erst mit deren Erfüllung gem. § 518 Abs. 2 formwirksam wird (Palandt/*Heinrichs*, § 181 Rn. 22). Allerdings gilt § 518 Abs. 1 nicht für Handschenkungen nach § 516 Abs. 1, sondern nur für Schenkungsverträge, die zwar sämtliche Voraussetzungen von § 516 Abs. 1 erfüllen, aber noch nicht vollzogen sind (MünchKomm-BGB/*J. Koch*, § 518 Rn. 2). Hier könnte eine Handschenkung vorliegen. Sie setzt voraus, dass dem Beschenkten der geschenkte Gegenstand ohne vorheriges Schenkungsversprechen sofort verschafft wird (Palandt/*Weidenkaff*, § 518 Rn. 4). Für den Vollzug reicht dabei insbesondere eine Übereignung, auch gem. § 930 (BGH NJW 1979, 714, 715), die hier zeitgleich mit der Schenkung (schriftliche Niederlegung) geschehen soll. Daher liegt eine Handschenkung und kein Schenkungsversprechen vor. Die Form des § 518 Abs. 1 S. 1 musste nicht eingehalten werden. Die Schenkung ist wirksam. Damit verstößt die Einigung zwischen S (wobei dessen Eltern für ihn als gesetzliche Vertreter handelten) und seinen Eltern nicht gegen § 181, da sie die wirksame Schenkung (Verbindlichkeit i.S.v. § 181 a.E.) erfüllen sollte.

Darüber hinaus ist die Einigung über den Eigentumsübergang nach § 929 S. 1 auch lediglich rechtlich vorteilhaft und schon aus diesem Grunde kein Fall von § 181. Auf den Streit, ob dies für Verpflichtungs- und Erfüllungsgeschäft getrennt oder im Wege einer Gesamtbetrachtung zu beurteilen ist (s. hierzu Jauernig/*Jauernig*, § 107 Rn. 2 m.w.N.), braucht hier nicht eingegangen werden, da jedenfalls der Erwerb unbelasteten Eigentums lediglich rechtlich vorteilhaft ist (vgl. Jauernig/*Jauernig*, § 107 Rn. 5). Auf den Verlust des Erfüllungsanspruches aus der Schenkung alleine kommt es dabei nicht an. Dies hat lediglich Auswirkungen auf die Beurteilung der schuldrechtlichen Seite, wobei der Anspruch grds. nicht erlischt (*Bork*, AT, Rn. 1006). Eine wirksame Einigung ist daher zustande gekommen.

2. Weiterhin müsste eine Übergabe des Fernrohres an S stattgefunden haben. Eine solche lag nicht vor. Die Übergabe könnte aber durch Vereinbarung eines Besitzmittlungsverhältnisses gem. § 868 zwischen den Eltern und S nach § 930 ersetzt worden sein. Hierfür ist bei einem Insichgeschäft erforderlich, dass eine derartige Vereinbarung hinreichend erkennbar ist (*BGH* NJW 1989, 2542), sie müsste der schriftlichen Erklärung klar zu entnehmen sein. Eine Regelung der Besitzverhältnisse enthält die Erklärung aber nicht.

Dennoch könnte eine Übergabe für die Übertragung des Eigentums entbehrlich sein, wenn ein gesetzliches Besitzmittlungsverhältnis bestünde. Die elterliche Vermögenssorge (§ 1626 Abs. 1) ist ein gesetzliches Besitzmittlungsverhältnis (s. o. Fall 2, Rn. 118 und Rn. 58). Diese berechtigt und verpflichtet die Eltern, die dem minderjährigen Kind gehörenden Sachen zu besitzen und zu verwalten. Somit könnte sich die Vermögenssorge der E auf das Fernrohr erstrecken. Hierfür ist allerdings erforderlich, dass die Eltern den Besitz auch mitteln wollen (*BGH* NJW 1989, 2542, a.A. MünchKomm-BGB/*Quack*, § 930 Rn. 40). Dieser Wille ist erkennbar, denn die Eltern wollten das Fernrohr verschenken und weiter für S besitzen. § 930 ist daher erfüllt.

3. Ergebnis: S hat gem. §§ 929 S. 1, 930 Eigentum an dem Fernrohr erworben.

3. Sicherungsübereignung

Der wichtigste Fall einer Übereignung nach § 930 ist die Übereignung zur **188** Sicherung schuldrechtlicher Verbindlichkeiten (sog. Sicherungsübereignung). Hier wird dem Sicherungsnehmer zu Zwecken der Sicherung das (Voll-)Eigentum an einem oder mehreren Gegenständen mit der schuldrechtlichen Beschränkung verschafft, sich nur im näher bezeichneten Sicherungsfall aus dem Gegenstand befriedigen zu dürfen (s. ausführlich u. Rn. 615 ff.). Der Sicherungsgeber verliert zwar das Eigentum, behält aber den Besitz an der Sache, meist um diese nutzen zu können. Vielfach ist das auch im Interesse des Sicherungsnehmers, wenn der Sicherungsgegenstand etwa im Rahmen der wirtschaftlichen Tätigkeit des Sicherungsgebers eingesetzt wird, der damit die Möglichkeit bekommt, aus den erzielten Einkünften die bestehende Schuld zu tilgen. Das Eigentum muss mit Erfüllung der besicherten Forderung dann an den Sicherungsgeber (je nach Ausgestaltung des Sicherungsvertrages) entweder zurück übereignet werden oder es geht ohne weiteres Zutun mit Eintritt der als aufschiebende Bedingung vereinbarten Rückzahlung (vgl. § 158 Abs. 2) an den Sicherungsgeber zurück. Die dingliche Einigung zwischen Sicherungsnehmer und Sicherungsgeber wirft bei der Sicherungsübereignung Probleme auf, wenn das Sicherungsgut aus Sachgesamtheiten besteht, wie z. B. einem Warenlager. Hier helfen die Erweiterungen des Bestimmtheitsgrundsatzes durch sog. Raumsicherungs- und Markierungsverträge (s. o. Rn. 164). Soweit es das Übergabesurrogat angeht, stellt der (schuldrechtliche) Sicherungsvertrag das für § 930 erforderliche Besitzmittlungsverhältnis i. S. v. § 868 dar (s. u. Rn. 622).

4. Antizipiertes Besitzkonstitut

Die Parteien können ein Besitzkonstitut auch schon vereinbaren, wenn der **189** Veräußerer sich noch nicht im Besitz der Sache befindet, weil er sie entweder selber noch erwerben oder produzieren muss. Wird eine solche Vereinbarung mit einer **antizipierten Einigung** verbunden, so findet der Eigentumserwerb im Zeitpunkt des Ankaufs oder der Herstellung der Sache durch den Veräußerer statt. Das Eigentum wird aber erst über den Veräußerer erworben, der für eine „juristische Sekunde" Eigentum erlangt. Man spricht bei derartigen Konstellationen von **„Durchgangserwerb"**. Nach h. M. bedarf es in diesen Fällen keiner – die Übereignung erkennbar machenden – Ausführungshandlung (BGHZ 73, 253). Das antizipierte Besitzkonstitut ermöglicht etwa bei der Sicherungsübereignung von Warenlagern, dass diese auch bei wechselndem Bestand zur Sicherheit übereignet werden können. Neuwaren, die der Sicherungsgeber erwirbt, werden durch antizipiertes Besitzkonstitut von der Sicherungsübereignung erfasst.

Voraussetzungen für die Übereignung nach §§ 929 S. 1, 930:

1. Veräußerer = Berechtigter
2. Einigung
   Besonderheiten:
   – Erweiterungen des Spezialitätsgrundsatzes
   – auch als Insichgeschäft zulässig
   – häufig bei Sicherungsübereignung als antizipierte Einigung
3. Vereinbarung eines konkreten Besitzmittlungsverhältnisses i.S. von § 868 als Übergabesurrogat
   – Veräußerer = mittelbarer oder unmittelbarer Besitzer der Sache
   – Veräußerer und Erwerber müssen ein Besitzmittlungsverhältnis vereinbaren
   – z.B. Miete, Leihe, anderes „ähnliches Verhältnis"
     • muss den Veräußerer zumindest vorübergehend zum Besitz berechtigen
     • dem Erwerber einen – auch nur bedingten – Herausgabeanspruch vermitteln
   – Eigenbesitz muss zu Fremdbesitz werden
(s. noch einmal die Übersicht Rn. 184, Konstellationen 1) und 2))

V. Übereignung durch Abtretung des Herausgabeanspruchs §§ 929 S. 1, 931

190   § 931 verlangt zunächst eine dingliche Einigung nach § 929 S. 1 zwischen Veräußerer und Erwerber, ermöglicht aber, die Übergabe durch die Abtretung des Herausgabeanspruchs zu ersetzen, wenn ein Dritter im Besitz der Sache ist. Dieser kann sich etwa aus einem schuldrechtlichen Vertrag zwischen Veräußerer und Drittem (der unmittelbarer Besitzer ist) ergeben. In Betracht kommen Ansprüche des Vermieters (§ 546), Verpächters (§§ 581 Abs. 2, 546) und des Entleihers (§ 604). Grundlage für einen Herausgabeanspruch können auch das Bereicherungsrecht (§§ 812 ff.), die GoA (§§ 677 ff.) oder das Recht der unerlaubten Handlung (§§ 823 ff. i.V. m §§ 249 ff., z. B. gem. § 823 Abs. 2, StGB § 242 bei gestohlenen Sachen) sein. In Fällen eines Herausgabeanspruchs aus den genannten gesetzlichen Schuldverhältnissen fehlt es zwar an einem mittelbaren Besitz des Veräußerers, so dass ein solcher dem Erwerber auch nicht eingeräumt werden kann. Nach h.M. ist dies aber unschädlich; vielmehr genüge die Abtretung des Herausgabeanspruchs (MünchKomm-BGB/*Quack*, § 931 Rn. 9; a. A. *Baur/Stürner*, § 51 Rn. 37, wonach eine bloße Einigung zur Eigentumsübertragung ausreicht).

191   Da der Anspruch nach § 985 nicht abgetreten werden kann (hierzu u. Rn. 270), scheidet er als Gegenstand einer Abtretung auch im Rahmen des § 931 zur Übertragung des Eigentums aus (Jauernig/*Jauernig*, § 931 Rn. 10). § 985 setzt Eigentum voraus. Im Falle eines gestohlenen Gegenstandes lässt die h.M. (MünchKomm-BGB/*Quack*, § 931 Rn. 11 m.w.N.; Staudinger/ *Wiegand* (2004), § 931 Rn. 14 ff.; AnwK/*Schilken*, § 931 Rn. 6; *Baur/Stürner*,

§ 51 Rn. 36) nach §§ 929 S. 1, 931 analog eine Übereignung mittels **bloßer Einigung** zu. Zwar bleibt dem bestohlenen Veräußerer (sofern sich die Sache noch beim Dieb befindet) die Möglichkeit, mittels Abtretung des Anspruches aus § 823 Abs. 2 i. V. m § 242 StGB Eigentum zu übertragen. Hat der Dieb die Sache aber an einen gutgläubigen Dritten, der nicht Eigentümer werden kann (§ 935 Abs. 1; s. u. Rn. 220 ff.), weiterveräußert, so fehlt es an einem abtretbaren Herausgabeanspruch gegen den Dieb. Dennoch besteht z. B. in Versicherungsfällen ein berechtigtes Interesse des Versicherers, das Eigentum an der gestohlenen Sache spätestens bei Erbringung der Versicherungsleistung zu erwerben.

Entsprechend befürwortet die h. M. eine Eigentumsübertragung durch bloße Einigung analog §§ 929 S. 1, 931 in Fällen, in denen niemand im Besitz der Sache ist (der Dieb wirft sie weg oder verliert sie) und ein Herausgabeanspruch nicht besteht (MünchKomm-BGB/*Quack*, § 931 Rn. 11). Gegenüber einer ebenfalls möglichen Übereignung nach § 929 S. 2 bietet dieser Weg den Vorteil, dass der Eigentumserwerb nicht erst dann eintritt, wenn der Erwerber die Sache aufgefunden und in Besitz genommen hat.

Der im Rahmen des § 931 abgetretene Anspruch muss auf Erlangung des **192** unmittelbaren Besitzes, also der Sachherrschaft über den Gegenstand gerichtet sein. Sein konkreter Inhalt (Abtretung eines Herausgabeanspruchs, Duldung der Wegnahme oder Übergabe der Sache) ist ohne Bedeutung (MünchKomm-BGB/*Quack*, § 931 Rn. 7).

Der abgetretene Anspruch muss nicht fällig sein, es kann sich auch um **193** einen künftigen Anspruch handeln. Freilich ist dann wiederum erforderlich, dass die Einigung noch fortbesteht (s. o. Rn. 163). Die Abtretung selber erfolgt nach den allgemeinen Bestimmungen (§§ 398 ff.). Sie ist formlos möglich und kann auch durch schlüssiges Handeln – etwa mit der dinglichen Einigung – vorgenommen werden.

Voraussetzung nach §§ 929 S. 1, 931:

1. Veräußerer = Berechtigter
2. Einigung
3. Abtretung des Herausgabeanspruchs
   – vertragliche Schuldverhältnisse
   – gesetzliche Schuldverhältnisse
   – nicht Herausgabeanspruch aus § 985
     Ausnahmen mgl. bei abhanden gekommener oder verlorener Sache (dann bloße Einigung gem. §§ 929 S. 1, 931)
4. Besitz eines Dritten
   Ausnahme: Niemand ist im Besitz einer Sache
5. Verlust des (mittelbaren) Besitzes beim Veräußerer
   (s. noch einmal die Übersicht Rn. 184, Konstellation 3))

VI. Kontrollfragen

1. Lesen Sie die Entscheidung *BGH* NJW-RR 2000, 1431!
   a) Ergreift die Sittenwidrigkeit eines Darlehensvertrages nach § 138 Abs. 1 die Grund-schuldbestellung?
   b) Wie verhält es sich, wenn der Vertrag aufgrund Wuchers nach § 138 Abs. 2 nichtig wäre?
2. Ist Stellvertretung bei dinglichen Verfügungen möglich?
3. Im Auftrag ihres Arbeitgebers (A) kauft die Angestellte V für A ein Kfz vom Autohänd-ler B, der ihr das Auto und den Kfz-Brief übergibt. Hat A Eigentum am Kfz erwor-ben?
4. M mietet von V dessen Fahrrad. M hält sich an die vertraglichen Verpflichtungen. Der Mietvertrag ist jedoch nichtig, was M nicht weiß. Welche Möglichkeiten hat V, das Rad nach §§ 929–931 an D zu veräußern, ohne dem M den unmittelbaren Besitz zu ent-ziehen?

Zusatzfrage (für Fortgeschrittene): M und F sind verheiratet und führen einen gemeinsa-men Haushalt. Eines Tages erwirbt M einen neuen Herd. Dieser wird anschließend rege von beiden genutzt. Wird F Miteigentümerin des Herdes?

Empfehlungen zur vertiefenden Lektüre:

Masloff, Eigentumserwerb durch Geheißpersonen, JA 2000, 503; *Schmitz*, Grundfälle zum Eigentumserwerb an beweglichen Sachen, JuS 1975, 447, 572, 717; 1976, 169; *Weber*, Der rechtsgeschäftliche Erwerb des Eigentums an beweglichen Sachen gemäß §§ 929 ff. BGB, JuS 1998, 577.

§ 5. Rechtsgeschäftlicher Eigentumserwerb beweglicher Sachen vom Nichtberechtigten

I. Einleitung

1. Grundgedanke des gutgläubigen Erwerbs

Auch wenn grundsätzlich niemand mehr Rechte verschaffen kann als er **194** selber innehat, macht das Gesetz aus Gründen des Verkehrsschutzes hiervon Ausnahmen. So ist es möglich, auch vom Nichtberechtigten Eigentum zu erwerben, wenn man ihn aufgrund des Besitzes für den Eigentümer hält. Geschützt wird also das Vertrauen des Gegenübers darin, dass der veräußernde Besitzer auch Eigentümer ist. Dieser Vertrauensschutz geht offensichtlich zu Lasten des Eigentümers und erhöht die Rechtssicherheit für den Erwerber. Dadurch wird die Übereignung attraktiver. Die Anknüpfung an den Besitz muss angesichts der dargestellten zahlreichen Durchbrechungen des Traditionsprinzips bei der Veräußerung überraschen, sie entspricht aber anderen Regeln, die an den Besitz die Eigentumsvermutung knüpfen (z. B. §§ 1006 f.; vgl. Rn. 162).

Gleichwohl wird nicht jeglicher Besitz geschützt. Das Gesetz stellt darauf **195** ab, ob der Nichtberechtigte seinen Besitz durch einen „freiwilligen Akt" des Berechtigten erlangt hat (sog. **Veranlasserprinzip**). Sofern dies nicht der Fall ist, gibt es dem früheren Besitzer und dessen **Eigentumserhaltungsinteresse Vorrang** vor dem Verkehrsschutz. Anders ist es bei Geld und Inhaberpapieren, deren Umlauffähigkeit dadurch weiter gesteigert werden soll (§ 935 Abs. 2). § 935 Abs. 1 schränkt m.a.W. den Vertrauensschutz wieder ein, indem er auf die Veranlassung des Besitzverlustes als Kriterium dafür abstellt, ob der Besitzer einem Gutgläubigen Eigentum verschaffen kann.

2. Aufbau des Gesetzes

Entsprechend den vier Übereignungstatbeständen für den berechtigt Ver- **196** fügenden gibt es auch vier Gutglaubenstatbestände für Übereignungen Nichtberechtigter. Sie alle setzen einheitlich den guten Glauben an das Eigentum des Veräußernden, allerdings aufgrund unterschiedlicher Besitzlagen, voraus. Eingeschränkt werden sie durch § 935, der einen gutgläubigen Erwerb bei Abhandenkommen der Sache ausschließt. § 936 behandelt den gutgläubigen lastenfreien Erwerb. Im Übrigen sei auf die Ausführungen oben (Rn. 152–162) verwiesen, die auch für den Erwerb vom Nichtberechtigten gelten.

Systematik der §§ 932 ff.

Erwerbstat-bestand	Gutglaubens-vorschrift	Erforderliche Besitzlage für gutgläubigen Erwerb	Zeitpunkt des guten Glaubens
§ 929 S. 1	§ 932 Abs. 1 S. 1	Vollständige Besitzaufgabe des Veräußerers und Besitzerlangung des Erwerbers	Besitzerwerb
§ 929 S. 2	§ 932 Abs. 1 S. 2	Vorherige Besitzerlangung vom Veräußernden	Einigung
§ 930	§ 933	Vereinbarung eines Besitz-konstituts und Übergabe (Besitzverlust des und Besitzerlangung vom Veräußernden)	Übergabe
§ 931	§ 934 Fall 1	Abtretung des Herausgabe-anspruchs aus dem Besitzmittlungsverhältnis des Veräußerers zum Dritten	Abtretung
§ 931	§ 934 Fall 2	Besitzerlangung vom Dritten (Besitzer) in Anerkennung der Veräußerung	Besitzerlangung

II. Gutgläubigkeit des Erwerbs als Grundvoraussetzung

1. Gegenstand des guten Glaubens

197   Geschützt wird nach den §§ 932 ff. der gute Glaube **an das Eigentum** des Veräußernden, nicht etwa an andere in der Person des Veräußerers notwendige Voraussetzungen, wie etwa die Geschäftsfähigkeit (hierzu *Braun*, Jura 1993, 459). Bei Vertretung auf Veräußererseite kommt es auf das Eigentum des vertretenen Veräußerers an. Weder kann der gute Glaube an das Eigentum die fehlende Verfügungsmacht des Eigentümers ersetzen, noch wird grundsätzlich der **gute Glaube an die Verfügungsbefugnis** als solche geschützt. Das Gesetz gewährt einen derartigen Gutglaubensschutz in bestimmten Fällen (§§ 1244; 2368 Abs. 3; HGB § 366). Nach § 366 HGB wird bei Veräußerung durch einen Kaufmann im Betrieb seines Handelsgewerbes **auch** der gute Glaube daran geschützt, dass der Veräußernde die Verfügungsbefugnis vom Veräußerer erlangt habe. Andere Vorschriften erweitern die Anwendung des § 932 auf Fälle, in denen ein relatives Veräußerungsverbot besteht (§§ 135 Abs. 2, 161 Abs. 3; 2113 Abs. 3) oder dem Rechtsinhaber zur Vornahme einer wirksamen Verfügung die **erforderliche Rechtsmacht**

fehlt (§§ 2211 Abs. 2, InsO §§ 24, 81 Abs. 1 S. 2). Dort schützt der gute Glaube an das Fehlen solcher Verfügungs- und Veräußerungsbeschränkungen. Im Gegensatz dazu sind Geschäfte, die gegen ein absolutes Verfügungsverbot verstoßen, unwirksam (kein Fall der §§ 134, 135; Jauernig/*Jauernig*, § 135 Rn. 3). Dies gilt zum Beispiel für Verstöße gegen die §§ 1365, 1369 sowie InsO § 81. Ohne Bedeutung ist ebenfalls der gute Glaube an die Vertretungsmacht, die Geschäftsführungsbefugnis oder die Identität des Veräußerers.

2. Voraussetzungen der Gutgläubigkeit

Das Gesetz definiert den guten Glauben negativ, indem es bestimmt, wann **198** er fehlt (§ 932 Abs. 2). Damit regelt es zugleich die Beweislast (vgl. Rn. 3) zugunsten des Erwerbers, da der Bestreitende des guten Glaubens dessen Fehlen nachweisen muss. § 932 Abs. 2 stellt einen für das gesamte BGB geltenden Grundsatz auf. Maßgeblich für die Ablehnung des guten Glaubens ist, dass der Erwerber vom fehlenden Eigentum des Veräußerers wusste oder infolge grober Fahrlässigkeit nicht wusste. Da es sich beim Eigentum um eine Rechtstatsache handelt, kann zwar im Einzelfall Rechtsunkenntnis vor Bösgläubigkeit schützen (z. B. der Erwerber glaubt an Eigentumserwerb des Veräußernden von einem Nichtberechtigten, *BGH* NJW 1961, 777), regelmäßig wird jedoch grob fahrlässige Unkenntnis vorliegen, wenn dem Erwerber die für die Rechtslage bestimmenden Umstände bekannt sind.

Ausschlaggebend ist die Kenntnis oder grob fahrlässige Unkenntnis in der **199** Person des Erwerbers. Werden – etwa bei einer Gesellschaft – mehrere Personen im Rahmen einer Gesamtvertretungsbefugnis tätig, so müssen alle gutgläubig sein. Dies wird aus dem in § 28 Abs. 2 HGB und § 125 Abs. 2 S. 3 HGB enthaltenen allgemeinen Rechtsgedanken abgeleitet. Nach letztgenannter Bestimmung genügt es bei Gesamtvertretung, wenn eine Willenserklärung gegenüber der Gesellschaft abzugeben ist und diese einem zur Mitwirkung bei der Vertretung Befugten zugeht. Ihr Zugang wird den Übrigen zugerechnet. Ähnlich ordnet § 28 Abs. 2 HGB an, dass von Abs. 1 abweichende Vereinbarungen auch ohne Eintragung im Handelsregister einem Dritten gegenüber wirken, wenn sie von **einem** Gesellschafter dem Dritten mitgeteilt worden sind. Für den Erwerb unter Beteiligung eines Vertreters gilt § 166 analog.

Das Gesetz verlangt in der ersten Variante von § 932 Abs. 2 die Kenntnis **200** der fehlenden Eigentümerstellung und nicht bloß jener Umstände, die das Eigentum des Veräußerers ausschließen. Ein solches Wissen wird aber selten vorliegen.

Schwierigkeiten bereitet dagegen die grob fahrlässige Unkenntnis als Vor- **201** aussetzung der Bösgläubigkeit (§ 932 Abs. 2 Var. 2). Das Gesetz selber gibt keine Definition des Begriffs „grob fahrlässige Unkenntnis". Allgemein wird hierunter ein Verhalten verstanden, das in **ungewöhnlich grobem Maße** die für die Personengruppe, zu der der Erwerber gehört, geltende erforderliche Sorgfalt verletzt (vgl. *BGH* NJW 1994, 2093, 2094). Der Erwerber muss auch in Hinblick auf die rechtliche Beurteilung das unbeachtet gelassen haben, was jedem einleuchten muss (vgl. etwa *RGZ* 141, 131; BGHZ 10, 14, 16; *BGH* WM 1978, 1209). Das Maß anzuwendender Sorgfalt richtet sich nach einem objektiven Maßstab und wird durch die persönlichen Umstände des einzelnen Erwerbers verschärft, nicht jedoch vermindert. Für anfechtbaren Eigentumserwerb (zur Fehleridentität s. o. Rn. 155) ist § 142 Abs. 2 zu beachten. Danach schadet schon die Kenntnis oder grob fahrlässige Unkenntnis der Anfechtbarkeit, d. h. schon das Wissen um die Umstände, aus denen sich die Anfechtbarkeit ergibt (*BGH* NJW-RR 1987, 1457). Ein solcher Fall kann vorliegen, wenn der Veräußerer nicht mehr Eigentümer ist, weil er seinen eigenen Eigentumserwerb angefochten hat, der damit ex tunc nichtig ist (§ 142 Abs. 1). Der Erwerber wäre dann bei Kenntnis bzw. grob fahrlässiger Unkenntnis der Anfechtbarkeit des ersten Rechtsgeschäftes bösgläubig.

202   Problematisch ist, ob und inwieweit für den Erwerber eine **Nachforschungspflicht** besteht, um sich nicht dem Einwand grob fahrlässiger Unkenntnis auszusetzen. Grundsätzlich wird eine Nachforschungspflicht des Erwerbers abgelehnt (*BGH* NJW 1975, 735). Besondere Umstände des Erwerbes können sie jedoch begründen. Diese können auf der Art des Gegenstandes, den wirtschaftlichen Verhältnissen des Veräußerers oder den Umständen des Geschäftsabschlusses beruhen.

Während beim Kauf von Neu- oder Vorführwagen ein Vertrauen in die Verfügungsberechtigung des Händlers angenommen wird (§ 366 HGB, s. *OLG Düsseldorf* NJW-RR 1992, 381), ist für den Kauf eines gebrauchten Kfz anerkannt, dass der Käufer, der nur auf die Besitzlage vertraut, bei fehlendem Eigentum des Veräußerers sich grob fahrlässige Unkenntnis vorhalten lassen muss. Ein Erwerber hat sich den Fahrzeugbrief (Zulassungsbescheinigung Teil II) vorlegen zu lassen (*BGH* NJW 1996, 2226), da ansonsten begründete Zweifel an der Eigentümerstellung des Veräußerers bestehen. Sollte dieser nicht als Eigentümer eingetragen sein, bestehen weitergehende Nachforschungspflichten. Ist der Veräußerer des gebrauchten Kfz aber ein Händler, so gelten diese Grundsätze nicht, da der Erwerber in der Regel von Kommissionsware ausgehen kann (§ 366 HGB).

Weiterhin nimmt die Rechtsprechung Nachforschungspflichten von Händlern oder gar Endabnehmern (*BGH* WM 1980, 1349; NJW 1999, 425) an, wenn es sich um hochwertige Konsum- oder Investitionsgüter handelt und üblicherweise mit einem Eigentumsvorbehalt (hierzu u. Rn. 541 ff.) oder der Vereinbarung von Sicherungseigentum (s. u. Rn. 615 ff.) zu rechnen ist. Der Erwerber muss sich dann bei dem „Vorhändler" oder Lieferanten erkundigen. Beides gilt für mögliche Leasinggegenstände in gleicher Weise. Die Rechtsprechung zu diesem Fragenbereich orientiert sich am Einzelfall, ohne dass immer eine klare Linie erkennbar wäre. Weitere Umstände, die eine Erkundigungspflicht begründen können, sind etwa besondere Konstellationen des Geschäftes oder der Inhalt des Vertrages (z. B. ein im Verhältnis zum Kaufgegenstand niedriger Kaufpreis). Man wird sich freilich vor einer zu weitgehenden Formulierung von Nachforschungspflichten hüten müssen. Grundsätzlich honoriert das Gesetz das **Vertrauen in die Besitzlage.** Eine weitgehende Annahme von Nachforschungspflichten würde die Bedeutung dieses Rechtsscheins zurückdrängen. Dann bestünde die Gefahr, dass aus der negativen Voraussetzung des Fehlens eines guten Glaubens der positive Nachweis der Gutgläubigkeit würde, den das Gesetz gerade nicht vorsieht (s. zum Ganzen auch Fall 4 u. Rn. 208).

3. Zeitpunkt der Gutgläubigkeit

Der gute Glaube muss im Zeitpunkt der Vollendung des Rechtserwerbs **204** vorliegen. Wann genau das ist, hängt von der Art der Übereignung ab (s. o. die Übersicht Rn. 196): Bei § 932 Abs. 1 S. 1 ist dies der Zeitpunkt der Übergabe, bei § 933 der des Erwerbes des unmittelbaren Besitzes. § 934 stellt auf die Abtretung ab, wenn der Veräußerer mittelbarer Besitzer ist (§ 934 Fall 1). Ansonsten ist auch hier der Zeitpunkt der Besitzerlangung entscheidend (§ 934 Fall 2). Nach h. M. soll freilich bei aufschiebend bedingtem Rechtserwerb die Gutgläubigkeit zur Übergabe ausreichen und eine spätere Bösgläubigkeit nicht mehr schaden (BGHZ 10, 73; s. auch u. Rn. 573). Die dagegen sprechende Formulierung des § 932 erkläre sich daraus, dass die Vorschrift beide Übereignungen des § 929 erfassen sollte (Westermann/*Gursky*, § 46 4.). Maßgeblich sei, um auch keine strengeren Anforderungen als in den §§ 930, 933 zu stellen, dass bis zum Abschluss der Übereignungshandlung der Erwerber gutgläubig sei (Westermann/*Gursky*, a. a. O. m. w. N.).

Gutgläubiger Erwerb bei Mobilien

1. Gutgläubigkeit nach § 932 Abs. 2 wird vermutet.
2. Sie liegt nicht vor:
   a) bei Kenntnis vom fehlenden Eigentum des Veräußerers;
   b) bei grob fahrlässiger Unkenntnis des fehlenden Eigentums des Veräußerers, wenn der Erwerber Umstände außer Acht lässt, die offensichtlich auf ein fehlendes Eigentum des Veräußerers schließen lassen.
   Es besteht aber
   – keine allg. Nachforschungspflicht,
   – nur bei begründeten Zweifeln am Eigentum des Veräußerers ist nachzuforschen.
3. Guter Glaube muss im Zeitpunkt des Abschlusses der Übereignungshandlung vorliegen, der je nach Übereignungstatbestand variiert.

4. Weitere gemeinsame Voraussetzungen der Gutglaubens- vorschrift

a) Rechtsgeschäftlicher Erwerb

205   Geschützt wird durch die §§ 932 ff. nur der **rechtsgeschäftliche Erwerb**. Einen gutgläubigen Erwerb bei gesetzlicher Veräußerung oder Veräußerung aufgrund von Zwangsvollstreckung (BGHZ 9, 253) gibt es nicht. Das erklärt sich schon aus dem Umstand, dass der Rechtsgrund für den Erwerb in diesen Fällen nicht in einem auf Willenserklärungen beruhenden Rechtsgeschäft liegt. Daher ist der gute oder böse Glaube des Einzelnen und ein diesbezüglich zu berücksichtigender Verkehrsschutz hier ohne Bedeutung.

Auch im Wege der Gesamtrechtsnachfolge gem. § 1922 kommt ein gutgläubiger Erwerb nicht in Betracht. Zwar fehlt es – wenn es sich etwa um eine testamentarische Einsetzung handelt – nicht an einem Rechtsgeschäft, doch führt die letztwillige Verfügung als solche nicht schon zum Rechtserwerb. Vielmehr hat der mögliche Erbe nur eine tatsächliche Aussicht, die vom künftigen Erblasser jederzeit wieder geändert werden kann, indem er ein anders lautendes Testament verfasst. Der Rechtserwerb findet gem. § 1922 Abs. 1 erst im Erbfall statt und ist daher ein solcher kraft gesetzlicher Anordnung. Er erfasst das Vermögen des Erblassers in dem zu diesem Zeitpunkt vorhandenen Bestand. Im Übrigen handelt es sich bei dem Testament um ein einseitiges Rechtsgeschäft, das schon aus diesem Grund keinen Verkehrsschutz verlangt.

b) Verkehrsgeschäft

206   Die Art des schuldrechtlichen Grundgeschäfts ist für die Anwendung der §§ 932 ff. unerheblich. Auch ein unentgeltlicher Erwerber kann Eigentum erlangen. Dieses ist gegenüber Rückübereignungsansprüchen allerdings weniger sicher, wie sich etwa aus § 816 Abs. 1 S. 2 ergibt.

207   Die Voraussetzung des Verkehrsgeschäfts, die **dem Wortlaut** der Gutglaubensvorschriften **nicht zu entnehmen** ist, wird als Folge ihres Zwecks angesehen (MünchKomm-BGB/*Quack*, § 932 Rn. 18 f.; Westermann/ *Gursky*, § 45 III; Palandt/*Bassenge*, § 932 Rn. 1). Sie sollen eben den Rechts- *verkehr* schützen. Ihre Anwendung scheidet daher aus, wo ein solcher Verkehrsschutz nicht erforderlich oder sogar unerwünscht ist (teilweise wird der Dritte als Repräsentant der Allgemeinheit gesehen, Staudinger/*Wiegand* (2004), Vorbem. zu §§ 932 ff. Rn. 43). Daher fallen alle Übereignungen, die ein Insichgeschäft darstellen, oder allgemeiner, in denen Veräußerer und Erwerber rechtlich, oder sogar nur wirtschaftlich identisch sind, nicht unter die §§ 932 ff.

Veräußert N also an die I-GmbH, deren alleiniger Gesellschafter er ist, so scheidet eine Anwendung ebenso aus wie bei Übereignung von der Verwaltungstreuhand an den Treuhänder. Gleiches gilt bei Veräußerungen im Wege vorweggenommener Erbfolge. Selbst eine „Teilidentität" auf Veräußererseite mit dem Erwerber hindert einen Gutglaubenserwerb, nicht aber der umgekehrte Fall, wenn auf Erwerberseite, zu der auch ein Veräußerer gehört, weitere (nicht mit dem Veräußerer identische) Personen hinzukommen (RGZ 117, 257, 265 ff.). Der Verkehrsschutz stellt nämlich auf die Erwerberseite ab. Erforderlich ist danach, dass dort zumindest eine Person beteiligt ist, die dem Veräußerer als Dritten gegenübersteht (*RG* JW 1930, 1340).

5. Zu den weiteren Voraussetzungen des gutgläubigen Erwerbs in Abhängigkeit vom Übereignungstatbestand

a) Einigung und Übergabe nach §§ 929 S. 1, 932 Abs. 1 S. 1

Bei dem Grundtatbestand bedarf es einer Übergabe, **zu deren Zeitpunkt 208** der gute Glaube bestehen muss. Für sie gelten alle Lockerungen, die auch beim Erwerb vom Berechtigten anerkannt sind (s. o. Rn. 173 ff.). Das trifft ebenso für den Geheißerwerb zu, wobei dort teilweise eine Unterwerfung der Geheißperson unter den Willen des Veräußerers verlangt wird, die zu der Übertragung des Besitzes geführt hat. Damit werden Fälle der Übertragung auf eigene Rechnung der Geheißperson ausgeschlossen (MünchKomm-BGB/*Quack*, § 929 Rn. 143; Palandt/*Bassenge*, § 932 Rn. 4). Nach der Rechtsprechung genügt für den gutgläubigen Geheißerwerb der Anschein, dass der übergebende Dritte sich dem Geheiß des Veräußerers unterordnen wolle (BGHZ 36, 56; a. A. *Medicus*, BR, Rn. 564).

Klassische Entscheidung 2: „Koksfall" (BGHZ 36, 56)

Lesen Sie BGHZ 36, 56 ff. und beantworten Sie folgende Fragen!
1. Hat die Klägerin einen vertraglichen Anspruch gegen die Beklagte auf Zahlung?
2. Warum genügt für die Übergabe nach § 929 S. 1 die Übergabe auf Geheiß des Veräußerers? Welche Voraussetzungen hat eine Geheißlage?
3. Hat die Klägerin wirksam an die Beklagte übereignet?
4. Hat die Beklagte Eigentum am Koks erworben?
5. Wie hätte die Klägerin den Erwerb verhindern können?
6. Welche Ansprüche hat die Klägerin gegen H, falls die Beklagte Eigentum erworben hat?

Die Antworten finden Sie am Ende des Buches.

Fall 4 – Geheißerwerb und § 366 HGB (nach *BGH* NJW 1999, 425): L, kaufmännischer Einzelunternehmer, vermietet an die B-GmbH (B) Arbeitsbühnen. Da das Vermietungsgeschäft schlecht läuft, bietet er eines Tages zehn solcher fabrikneuen Bühnen der B-GmbH für einen Gesamtpreis von 1.200.000 € zum Kauf an. Wegen des günstigen Preises nimmt B das Angebot an. Die Arbeitsbühnen hatte L zuvor bei Hersteller S unter Eigentumsvorbehalt gekauft. Da L den Kaufpreis nicht aufbringen konnte, übernahm die K-Leasinggesellschaft (K) mit Zustimmung des S diesen Vertrag.

Weiter schlossen die L-GmbH, deren Geschäftsführer L ist, mit der K-Leasinggesellschaft einen Mietvertrag über die zehn noch zu liefernden Arbeitsbühnen. Dabei behauptete L (als Geschäftsführer der L-GmbH) wahrheitswidrig, die L-GmbH habe die Bühnen bereits an die B-GmbH untervermietet. Zugleich trat er die angeblichen Mietansprüche der L-GmbH gegen die B an die K ab. Die daraufhin erfolgte Abtretungsanzeige der L-GmbH an die B-GmbH wurde von einem Mitarbeiter der B bestätigt.

Hersteller S liefert nun auf Weisung der K-Leasinggesellschaft die Arbeitsbühnen direkt an L aus. Dieser organisiert die Anlieferung auf dem Betriebsgelände der B, wo er die Bühnen in Empfang nimmt. Anschließend übergibt er sie sogleich an die B-GmbH in Erfüllung des zwischen ihm und der B-GmbH geschlossenen Kaufvertrages.

Nun zahlt die K-Leasinggesellschaft den vereinbarten Kaufpreis an Hersteller S. Die B-GmbH zahlt ebenfalls an L. Da die L-GmbH nach einiger Zeit ihren mietvertraglichen Verpflichtungen gegenüber der K nicht mehr nachkommt, kündigt diese den Vertrag wirksam fristlos. Sie verlangt von der B-GmbH die Herausgabe der Arbeitsbühnen. Diese meint, sie sei Eigentümerin der Bühnen geworden. Kann K die Bühnen nach § 985 von der B-GmbH herausverlangen?

Lösung:

Die K könnte gegen B einen Anspruch auf Herausgabe der Arbeitsbühnen aus § 985 haben.

1. Dafür müsste sie Eigentümerin der Arbeitsbühnen sein.

a) Zunächst war Hersteller S deren Eigentümer. Er könnte sein Eigentum aber gem. § 929 S. 1 an die K-Leasinggesellschaft verloren haben, indem er die Arbeitsbühnen an L ausgeliefert hat. Dies setzt voraus, dass sich S und K über den Eigentumsübergang geeinigt haben und S die Arbeitsbühnen an K übergeben hat.

aa) S handelte in Erfüllung seines ursprünglich mit L geschlossenen und von der K übernommenen Vertrages. S und K waren sich daher im Rahmen der Übereignung dahin gehend einig, dass das Eigentum an die K-Leasinggesellschaft übergehen sollte. Das Übereignungsangebot ist dabei die Weisung der K an S, die Arbeitsbühnen direkt an L auszuliefern. Konkludent angenommen wurde dieses durch S, indem er anweisungsgemäß an L die Bühnen auslieferte. Auf den Zugang dieser Annahme hat K verzichtet (§ 151). Eine Einigung zwischen S und K liegt daher vor. Sie stand jedoch unter der aufschiebenden Bedingung (§ 158 Abs. 1) der vollständigen Kaufpreiszahlung (s. § 449 Abs. 1). Durch die spätere Kaufpreiszahlung von K an S ist diese aber eingetreten. Eine wirksame Einigung zwischen der K-Leasinggesellschaft und S ist daher gegeben.

bb) Weiterhin muss eine Übergabe der Arbeitsbühnen von S an die K stattgefunden haben (§ 929 S. 1). Hierfür ist erforderlich, dass der Veräußerer (S) in Vollziehung der Übereignung seinen Besitz vollständig aufgibt und der Erwerber (die K-Leasinggesellschaft) auf Veranlassung des Veräußerers den Besitz an der Sache erlangt (s. o. Rn. 173).

(1) Zwar hat S seinen Besitz aufgegeben, die K hat aber zumindest keinen unmittelbaren Besitz an den Arbeitsbühnen erlangt, da diese an die L-GmbH (bzw. deren Geschäftsführer L) übergeben wurden. Die K könnte dadurch jedoch mittelbaren Besitz an den Bühnen erlangt haben (was ausreichend für § 929 S. 1 ist; s. o. Rn. 173), wenn die L-GmbH Besitzmittlerin für K ist.

Dafür ist erforderlich, dass die L-GmbH die K-Leasinggesellschaft als Oberbesitze-

rin anerkennt, also Fremdbesitzerwillen hat und ein konkretes Besitzmittlungsverhältnis i.S.v. § 868 besteht, das die unmittelbare Besitzerin (L-GmbH) auf Zeit berechtigt
und der mittelbaren Besitzerin (K) eine gewisse Einflussnahmemöglichkeit auf die Sache gestattet. Zwar besteht zwischen der K-Leasinggesellschaft und der L-GmbH ein
Besitzmittlungsverhältnis in Form des abgeschlossenen Mietvertrages. Zweifelhaft ist
aber, ob die L-GmbH jemals unmittelbaren Besitz hatte. Aufgrund der eigenen Rechtspersönlichkeit übt die L-GmbH die tatsächliche Sachherrschaft über Sachen durch
ihre Organe im Wege des sog. Organbesitzes aus (s. o. Rn. 48). Vertretungsberechtigtes
Organ der L-GmbH war deren Geschäftsführer L (§ 35 Abs. 1 GmbHG), der durch
die Anlieferung des S auch die tatsächliche Sachherrschaft (§ 854 Abs. 1) über die Arbeitsbühnen erlangt hat. Er müsste dabei aber für die GmbH als unmittelbare Besitzerin einen Besitzbegründungswillen als Fremdbesitzer für die K gehabt haben. Es ist
unwahrscheinlich, dass L für die L-GmbH einen solchen Besitz begründen wollte, da
er unmittelbar nach Anlieferung die Arbeitsbühnen an die B-GmbH übergab, auf deren Betriebsgelände die Anlieferung des S stattfand. Die Übergabe des L an die B erfolgte auch in Erfüllung des mit der B-GmbH geschlossenen Kaufvertrages. Dieses
Verhalten zeigt einen Besitzbegründungswillen des L für sich selbst. Folglich hat L die
Arbeitsbühnen nicht für die L-GmbH in Besitz genommen, so dass diese mangels unmittelbaren Besitzes auch nicht der K den Besitz mitteln konnte. K hat daher keinen
mittelbaren Besitz erlangt.

   (2) Möglicherweise erfolgte die Übergabe i.S.v. § 929 S. 1 an die K-Leasinggesellschaft aber durch die Auslieferung der Arbeitsbühnen von S an L auf Weisung der K.
Dies wäre ein Fall des sog. Geheißerwerbes, wobei vorliegend die Geheißperson (L)
auf Erwerberseite (für K) tätig sein würde. Für die Besitzerlangung des Erwerbers im
Rahmen der Übergabe nach § 929 S. 1 ist ausreichend, dass die Sache auf Anweisung
des Erwerbers an einen von ihm zur Entgegennahme angewiesenen Dritten übergeben wird (sog. Geheißerwerb; s. o. Rn. 178 ff.). Darin liegt eine Durchbrechung des
Traditionsprinzips, da der Erwerber keinen Besitz erlangt. Der Geheißerwerb ist jedoch aufgrund der Verkehrsbedürfnisse anerkannt, da eine Übergabe an alle Personen
eines Streckengeschäfts (hierzu o. Rn. 179) ineffektiv ist und einen einfachen Warenverkehr verhindert.

   Die Arbeitsbühnen wurden durch den Veräußerer S auf Anweisung der Erwerberin
K an L (gedacht eigentlich als Geschäftsführer der L-GmbH) ausgehändigt. Indem L
sofort nach Erhalt die Arbeitsbühnen an B übergibt, übt L jedoch erkennbar die tatsächliche Sachherrschaft für sich als natürliche Person und nicht für die L-GmbH aus
(s. o.). Für eine Geheißlage ist allerdings grds. erforderlich, dass sich die Geheißperson
den Anweisungen unterwirft (s. o. Rn. 179). Erst diese Unterwerfung verschafft eine
„Besitzverschaffungsmacht", welche die Gleichstellung des gewissen Einflusses auf die
Sache mit dem Besitz des Veräußerers oder Erwerbers rechtfertigt. Der Umstand, dass
L keinen Besitzbegründungswillen für die L-GmbH hat, könnte daher einer Geheißlage entgegenstehen. Für die Geheißperson auf Erwerberseite wird man allerdings
nicht ganz so strenge Anforderungen stellen dürfen (vgl. *Medicus*, BR Rn. 565). Für
die Besitzerlangung im Rahmen der Übergabe nach § 929 S. 1 ist lediglich der Wechsel der Sachherrschaft entscheidend. Ein subjektives Element wie in § 930 ist nicht erforderlich. Diese Grundsätze müssen dann aber auch im Rahmen des Geheißerwerbes
gelten. Daher ist für die Übergabe im Rahmen des Geheißerwerbs auf Erwerberseite
nach § 929 S. 1 die weisungsgemäße Auslieferung der Arbeitsbühnen durch den Veräußerer S an den von der Erwerberin K benannten Dritten (L) ausreichend. Denn dadurch wechselt die tatsächliche Sachherrschaft. Nicht erforderlich ist, dass der Dritte

(L) bzw. durch ihn die L-GmbH den Besitz auch für die Erwerberin mittelt (vgl. *BGH* NJW 1999, 425 m.w.N.). Diesen „Besitz" bzw. diese „Besitzverschaffungsmacht" hat die K auch auf Veranlassung des Veräußerers S erlangt, der die Weisungen der K erfüllte. Die Voraussetzungen einer Übergabe nach § 929 S. 1 liegen daher vor.

cc) Da S als Eigentümerin berechtigt verfügte, ist die K-Leasinggesellschaft, indem S auf deren Weisung die Arbeitsbühnen an L auslieferte, gem. § 929 S. 1 Eigentümerin der Arbeitsbühnen geworden.

b) K könnte ihr Eigentum jedoch wieder verloren haben, als L die Arbeitsbühnen an die B-GmbH in Erfüllung seines Kaufvertrages übertrug.

Einigung und Übergabe zwischen L und B i.S.v. § 929 S. 1 liegen vor, jedoch war L nicht zur Verfügung berechtigt (Eigentümerin wurde die K). Insoweit kommt nur ein gutgläubiger Erwerb nach § 932 in Betracht.

aa) Voraussetzung für einen Erwerb nach §§ 929 S. 1, 932 Abs. 1 S. 1 ist, dass B (durch ihren Geschäftsführer, § 35 Abs. 1 GmbHG) aufgrund des unmittelbaren Besitzes des L wegen der Eigentumsvermutung nach § 1006 Abs. 1 an dessen Eigentum glauben durfte. Dies ist nicht der Fall, wenn Umstände vorlagen, die einen objektiven Dritten an der Eigentümerstellung hätten zweifeln lassen, und somit eine Erkundigungspflicht bestanden hätte (s. o. Rn. 202 ff.). Wegen des erheblichen finanziellen Aufwands für den Ankauf von zehn Arbeitsbühnen für 1.200.000 € und des Umstandes, dass die Veräußerung von neuen Arbeitsbühnen nicht zum gewöhnlichen Geschäftsbetrieb des L gehörten (er vermietete diese gewöhnlich nur), konnte die B nicht davon ausgehen, dass L die Arbeitsbühnen nicht vorfinanziert hat und deren Eigentümer ist. Vielmehr musste sie mit einem branchenüblichen verlängerten Eigentumsvorbehalt (hierzu u. Rn. 587 ff.) seitens des Veräußerers gegenüber L rechnen. Dies nicht zu tun, war grob fahrlässig (§ 932 Abs. 2 Fall 2). Da es sich bei dem Verkauf der Arbeitsbühnen nicht um ein gewöhnliches Geschäft des L handelte, sind an die Gutgläubigkeit erhöhte Anforderungen zu stellen (*BGH* NJW 425, 426). Die B-GmbH war daher nicht in gutem Glauben bzgl. des Eigentums des L.

bb) Die B könnte jedoch an die Verfügungsbefugnis des L als Vorbehaltskäufer im Rahmen einer ordnungsgemäßen Geschäftsführung (s. hiezu näher u. Rn. 592) nach § 366 Abs. 1 HGB geglaubt haben. Die Anwendung des § 366 HGB setzt voraus, dass L Kaufmann ist. Laut Sachverhalt liegt das vor. Insofern würde nach der Vermutungsregel des § 344 Abs. 1 HGB gelten, dass entgegen § 343 HGB die Veräußerung von neuen, hochwertigen Arbeitsbühnen zum Handelsgeschäft des L gehörte. Allerdings müsste die B gemäß § 366 Abs. 1 HGB bezüglich der Verfügungsbefugnis des L auch gutgläubig sein; denn eine solche lag in Wirklichkeit nicht vor. Diese Gutgläubigkeit im Rahmen des § 366 HGB scheitert jedoch an der erfolgten Abtretungsanzeige der L-GmbH. Der B-GmbH ist hierbei die Kenntnis ihres Mitarbeiters, der aufgrund der Arbeitsorganisation für die B die Abtretungsanzeige bestätigte, als ihr Wissensvertreter analog § 166 (*BGH* NJW 1999, 425, 426) zuzurechnen. Folglich ist die B so zu behandeln, als hätte sie von den abgetretenen Ansprüchen aus dem angeblichen Untermietvertrag zwischen der L-GmbH und ihr selbst (B-GmbH) gewusst. Dieses Wissen musste aber erhebliche Zweifel nicht nur an der Eigentümerstellung des L, sondern vor allem auch an dessen Verfügungsbefugnis wecken. Diese Zweifel begründen eine Nachforschungspflicht. Aufgrund dieser Umstände hätte B sich daher über die Verfügungsbefugnis des L vergewissern müssen. Indem sie dies nicht tat, handelte sie grob fahrlässig, sodass auch die Voraussetzungen von § 366 Abs. 1 HGB nicht vorlagen. Die B-GmbH war daher nicht gutgläubig, ein Erwerb nach § 366 Abs. 1 HGB schied aus.

c) Die K-Leasinggesellschaft ist somit Eigentümerin der Arbeitsbühnen geblieben.

2. Für den Anspruch aus § 985 müsste B auch Besitzerin der Bühnen sein. Das ist zu bejahen.

3. Sie dürfte auch kein Recht zum Besitz i.S.v. § 986 Abs. 1 S. 1 gegenüber der K haben. Ein sich dabei aus dem Kaufvertrag zwischen L und B ergebendes Besitzrecht wirkt lediglich zwischen den Vertragsparteien und begründet kein Besitzrecht gegenüber K. Ihr gegenüber hat die B-GmbH kein Recht zum Besitz.

4. Die K-Leasinggesellschaft hat deshalb gegen die B einen Anspruch auf Herausgabe der Bühnen aus § 985.

b) Gutgläubiger Erwerb bei Übertragung gem. §§ 929 S. 2, 932 Abs. 1 S. 2

Bei der Übereignung nach § 929 S. 2 fehlt es an einem den Rechtsschein **209** begründenden Tatbestand. Das Gesetz verlangt daher für den gutgläubigen Erwerb, dass der Erwerber auf Veranlassung des Dritten Besitz erlangt. Es gelten im Übrigen dieselben Grundsätze wie bei § 929 S. 1.

c) Gutgläubiger Erwerb bei Übereignung nach § 930

§ 933 stellt für die Übereignung nach § 930 **auf den Zeitpunkt der Be- 210 sitzerlangung** für den gutgläubigen Erwerb ab, da der Rechtsschein an die Verschaffung des Besitzes anknüpft. Dabei kann der Besitz unmittelbar oder mittelbar sein; jedenfalls darf dem Veräußerer kein Besitz mehr verbleiben. Der Eigentumserwerb ist in diesen Fällen in gewisser Weise erschwert, da er erst im Zeitpunkt der Besitzübergabe eintritt, die von den Parteien der Übereignung zunächst nicht gewollt ist.

Beispiel: Vereinbaren K und V die Übereignung unter Eigentumsvorbehalt (näher hierzu u. Rn. 541 ff.) und hat noch vor Übergang des Eigentums K die ihm noch nicht gehörende Sache an den Dritten D zur Sicherheit übereignet, so erwirbt D zunächst nicht gutgläubig. Die Vorschrift wirkt sich hier zugunsten des Eigentumsvorbehaltsverkäufers aus. Für einen gutgläubigen Erwerb müsste K oder sein Besitzdiener/ mittler die Sache an D oder dessen Besitzdiener/-mittler übergeben. Überwiegend wird es jedoch für möglich gehalten, dass die auf die Übertragung des Eigentums lautende Einigung in eine solche auf Übertragung der dem K bereits zustehenden Erwerbsposition (sog. Anwartschaft, s. u. Rn. 544) analog § 140 umgedeutet wird (s. schon BGHZ 50, 45, 48; s. auch u. Rn. 575 und Fall 5 Rn. 215).

d) Gutgläubiger Erwerb bei Übereignung nach § 931

Das Gesetz unterscheidet beim Erwerb vom Nichtberechtigten nach § 931 **211** in § 934 zwei Situationen: Der Erwerb durch Abtretung eines rechtsgeschäftlichen Herausgabeanspruchs (§ 934 Fall 1) und der Erwerb durch Abtretung anderer Herausgabeansprüche (§ 934 Fall 2). Die Abgrenzung beider Situationen ist wichtig, da der gutgläubige Erwerb **zu unterschiedlichen Zeiten** stattfindet.

§ 934 Fall 1 setzt die Situation eines bestehenden Besitzmittlungsverhält- **212** nisses voraus. Das Eigentum wird im Zeitpunkt erworben, in dem der Besitz

durch Abtretung des bestehenden Anspruchs aus dem Besitzmittlungsverhältnis übertragen wird (§ 870) und der Erwerber dadurch mittelbaren Besitz
erlangt. Das Gesetz verzichtet hier auf die Publizität des Erwerbs. Es knüpft
an die Erlangung des mittelbaren Besitzes den gutgläubigen Eigentumserwerb. Damit ist es weit weniger streng in den Voraussetzungen als § 933, der
das Übergabesurrogat von § 930 nicht genügen lässt, um das Eigentum gutgläubig zu erlangen. Hierin kann man durchaus eine gewisse Inkonsistenz des
Gesetzes sehen (vgl. BGHZ 50, 45; krit. hierzu *Picker*, AcP 188 (1988), 511,
520), die aber nicht beseitigt werden kann.

213   Der zweite Übereignungstatbestand von § 934 betrifft die Fälle, in denen
dem Eigentümer ein angeblicher oder gesetzlicher Herausgabeanspruch zusteht, etwa nach den Vorschriften des Bereicherungsrechts (§§ 812 ff.), der
Geschäftsführung ohne Auftrag (§§ 677 ff.) oder aus unerlaubter Handlung
(§§ 823 ff.).

214   Anders als in § 934 Fall 1 reicht die Abtretung eines behaupteten Anspruches aus, da der Gutglaubenstatbestand lediglich an die Abtretung, nicht aber
an den Forderungserwerb anknüpft (vgl. RGZ 138, 267; *BGH* NJW 1959,
1536; MünchKomm-BGB/*Quack*, § 934 Rn. 9). Zusätzlich zu den Voraussetzungen von § 934 Fall 1 bedarf es hier aber der **Übergabe an den Erwerber,** zu deren Zeitpunkt der gute Glaube noch bestehen muss.

e) Problem des Nebenbesitzes

215   Besondere Probleme ergeben sich, wenn der Besitzmittler nach dem Über-
eignungsgeschäft gem. §§ 931, 934 nicht ausschließlich für den neuen mittelbaren Besitzer den Besitz ausübt. So zum Beispiel, wenn der Käufer einer
unter Eigentumsvorbehalt stehenden Sache noch vor vollständiger Kaufpreiszahlung an einen Dritten zur Sicherheit übereignet (siehe hierzu auch den
Fall bei Kontrollfrage Nr. 7 zu § 15, Rn. 614). Hier ist denkbar, dass der Besitzmittler nicht nur für den Sicherungseigentümer, sondern nach wie vor
auch für den Vorbehaltsverkäufer besitzen will (was sich bspw. in der weiteren Zahlung der Kaufpreisraten zeigen kann), also den Besitz gleichzeitig verschiedenen Personen mittelt. Man spricht in diesen Fällen vom sog. Nebenbesitz, von dem schon streitig ist, ob es ihn juristisch überhaupt gibt (abl.:
BGH NJW 1979, 2037 sowie große Teile der Literatur: *Picker*, AcP 188 (1988),
511, 533; *Tiedtke*, Jura 1983, 460, 465 m.w.N.). Immerhin besteht bei fehlendem Mitbesitz die Schwierigkeit, zu entscheiden, für wen der Besitzmittler
besitzt und wie er dies gleichzeitig für mehrere Personen unabhängig voneinander tun kann. Dem wird entgegengehalten, dass ein solcher doppelter
Fremdbesitzerwille unter bestimmten Voraussetzungen rein tatsächlich vorliege und es nur darum gehen könne, die entsprechenden juristischen Folge-
rungen hieraus zu ziehen (s. *Baur/Stürner*, § 52 Rn. 24). Daher könne es einen **mittelbaren Nebenbesitz** geben. Für den gutgläubigen Erwerb reiche
aber ein solcher gleichstufiger Nebenbesitz nicht aus, da sowohl der Berech-

tigte als auch der Erwerber sich in gleicher Nähe zum Gegenstand befänden (*Baur/Stürner*, a.a.O.). Dabei wird diese Auffassung durch die schon angesprochenen (s. o. Rn. 212) strengen Voraussetzungen der §§ 930, 933 gestützt, die zumindest in diesem Fall die Ablehnung eines gutgläubigen Erwerbs nahelegen, da der Nichtberechtigte seinen Besitz nicht vollständig verliert. Als Besitzmittler stehe ihm vielmehr weiterhin sein Recht zum Besitz zu. Dieses Recht zum Besitz könne er gem. § 986 Abs. 2 auch dem neuen „Erwerber" gegenüber geltend machen. Sofern es dingliche Natur hat, ist es gem. § 936 Abs. 3 auch vor gutgläubigem Erwerb geschützt.

Fall 5 – Nebenbesitz, Einigung und Einigsein bei Übergabe (nach *BGH* NJW 1978, 696): V war Eigentümerin einer Winterbauhalle (bewegliche Sache i.S.v. § 90). Diese veräußerte sie unter Eigentumsvorbehalt an K. Ö (die öffentliche Hand) gewährte K für den Kaufpreis einen Zuschuss, verlangte hierfür aber die Übereignung an sich. Diese kam zunächst nicht zustande. Den von K zu zahlenden Kaufpreis erhielt V von K. Anschließend übereignete K die Halle an die X zur Sicherung eines Kredites. Auf Anfrage von K schrieb V, dass der von ihr geschuldete Betrag vollständig gezahlt sei und damit das alleinige lastenfreie Eigentum an K übergehe; insofern verzichte sie auf den Eigentumsvorbehalt. Später unterschrieben K und V eine Übereignungserklärung, in der V ihren Herausgabeanspruch gegen K an die Ö abtrat und ein Leihvertrag zwischen Ö und K vereinbart wurde. Auf Anfrage der X bestätigte V jedoch, dass nach Zahlung des auf K entfallenden Kaufpreises durch K das Eigentum auf diese übergegangen sei. Nun gab K die Halle an X heraus und stellte ihren Betrieb ein. Ö verlangt Herausgabe der Halle von X. Zu Recht?

Lösung:
Ö könnte Anspruch auf Herausgabe der Halle nach § 985 haben.
    1. Dafür müsste sie Eigentümerin der Halle geworden sein.
    a) Ursprünglich stand die Halle im Eigentum von V.
    b) Durch die Übereignung an K könnte das Eigentum aber auf K übergegangen sein. Allerdings ist bei einer Übereignung unter Eigentumsvorbehalt die Einigung bis zur vollständigen Kaufpreiszahlung aufschiebend bedingt (§§ 929, 158 Abs. 1, 449). Der Eigentumsübergang findet dann erst mit Bedingungseintritt statt. Daher hat V durch die bedingte Übereignung das Eigentum noch nicht verloren.
    c) Die X könnte aber durch die Übereignung von K gem. §§ 929 S. 1, 930, 933 Eigentum erlangt haben. Eine entsprechende Einigung lag vor. Auch wurde mit dem Sicherungsvertrag ein Besitzmittlungsverhältnis begründet. Allerdings war K im Zeitpunkt der Verfügung nicht Eigentümerin und somit nichtberechtigt Verfügende. Für einen gutgläubigen Erwerb wäre daher die Übergabe der Sache nötig (§§ 933, 931), die im Zeitpunkt der Vereinbarung der Sicherungsübereignung aber noch nicht stattfand.
    Insofern konnte K lediglich ihre Anwartschaft auf das Eigentum aus dem Eigentumsvorbehalt auf X übertragen. Das geschieht nach den Vorschriften über das Vollrecht (hier Eigentum), also den §§ 929, 930. Eine ausdrückliche Einigung darüber fehlte zwar, sie ist nach h.M. aber in der Erklärung einer fehlgeschlagenen Sicherungsübereignung enthalten (BGHZ 50, 45; s. o. Rn. 210). Insofern kann die fehlgeschlagene Sicherungsübereignung in das Weniger einer Anwartschaftsrechtsübertragung umgedeutet (§ 140 analog) werden. Als Übergabesurrogat wurde gem. § 930 ein Be-

sitzmittlungsverhältnis durch den Leihvertrag vereinbart. K war zur Übertragung des Anwartschaftsrechts auch berechtigt, denn als Vorbehaltskäufer wurde sie Inhaberin eines solchen.

d) Die auf X übertragene Anwartschaft könnte aber im Zeitpunkt des Verzichts auf den Eigentumsvorbehalt seitens der V zum Eigentum erstarkt und X dadurch Eigentümerin der Halle geworden sein. Das würde den Eintritt der Bedingung aus der Übereignung zwischen V und K voraussetzen (§ 158 Abs. 1). Bei Eintritt der Bedingung wird unmittelbar der Inhaber des Anwartschaftsrechts Eigentümer. Von einer vollständigen Kaufpreiszahlung ist laut Sachverhalt aber nicht auszugehen. Lediglich der nach dem Zuschuss durch Ö verbleibende Kaufpreis wurde von K vollständig gezahlt. Allerdings hat V danach ausdrücklich auf den Eigentumsvorbehalt verzichtet. Dadurch ist die aufschiebende Bedingung (§ 158 Abs. 1) vollständiger Kaufpreiszahlung für die Einigung zwischen V und K weggefallen. Der Verzicht wirkt damit wie ein Bedingungseintritt, womit das Anwartschaftsrecht aus dem ursprünglich vereinbarten Eigentumsvorbehalt zum Eigentum erstarkt. Da das Anwartschaftsrecht bereits auf die X übertragen war, wurde vorliegend also mit Verzicht des V die X zur Eigentümerin an der Halle. (Zum selben Ergebnis käme man, wenn unter 1c keine Umdeutung der fehlgeschlagenen Übereignung in eine Anwartschaftsrechtsübertragung vorgenommen worden wäre: mit Verzicht der V würde die von K an X vorgenommene Verfügung nach §§ 929, 930 nachträglich gem. § 185 Abs. 2 S. 1 Fall 2 wirksam werden; s. auch u. Fall 12 Rn. 730.) Das Eigentum an der Winterbauhalle ist daher auf die X übergegangen.

e) Jedoch könnte Ö durch die Übereignung von V gem. §§ 929, 931, 934 Eigentum vom Nichtberechtigten erworben haben. Da neben der Einigung aufgrund der Übereignungserklärung zwischen V und Ö keine Übergabe stattfand, kommt das Übergabesurrogat des § 931 in Betracht. Hierfür müsste V einen Herausgabeanspruch gegen K an Ö abgetreten haben. Ohnehin käme dafür der Anspruch aus § 985 nicht in Betracht, da er sich unmittelbar aus dem Eigentum ergibt und nicht abtretbar ist (s. o. Rn. 191 und Rn. 270). Außerdem war bei V bereits der Eigentumsverlust durch den Verzicht auf den Eigentumsvorbehalt eingetreten (s.o.), sodass auch ein Eigentumsübergang durch bloße Einigung ausscheidet. Möglich wäre aber die Abtretung des künftigen Anspruchs von V gegen K auf Rückgewähr der Halle im Falle eines Rücktritts vom Kaufvertrag. Rücktrittsgründe im Kaufvertragsverhältnis V–K sind aber nicht ersichtlich. Letztlich ist V daher nicht mehr mittelbarer Besitzer und ein abtretbarer Herausgabeanspruch besteht nicht.

V verfügte an Ö daher nicht mehr als Berechtigte: Sie hatte nicht mehr Eigentum an der Halle und keine Verfügungsbefugnis über sie. Zudem war auch K nicht mehr Berechtigte (s.o.), sodass eine Einwilligung (§§ 185 Abs. 1) ihrerseits über die Verfügung der V ebenfalls ausscheidet. Ö kann daher nur nach §§ 929 S. 1, 931, 934 Alt. 2 gutgläubig Eigentum erworben haben. Für einen Erwerb nach § 934 Alt. 1 müsste V mittelbare Besitzerin sein und ihr tatsächlich ein Herausgabeanspruch zustehen. Dies ist aufgrund der Verzichtserklärung der V gegenüber K aber nicht der Fall (s. o.).

Zu prüfen bleibt daher § 934 Alt. 2: Für den gutgläubigen Erwerb nach § 934 Alt. 2 genügt die Erlangung des mittelbaren Besitzes. Hier hatte K mit Ö einen Leihvertrag geschlossen und so ein Besitzmittlungsverhältnis nach § 868 begründet. Fraglich ist allerdings, ob Ö alleinigen mittelbaren Besitz hatte. Insofern könnte X ihren ebenfalls mittelbaren Besitz an der Halle (durch Sicherungsübereignung) behalten haben. Dann würden mit der X und Ö bezüglich einer Sache (Winterbauhalle) zwei mittelbare Besitzer existieren. Umstritten ist, ob ein solcher gleichstufiger mittelbarer

Nebenbesitz überhaupt anzuerkennen ist. Nach Ansicht des Bundesgerichtshofs ist dies nicht möglich (a. A. *Medicus*, BR, Rn. 559 ff.), sodass der mittelbare Besitz von K beendet wurde. Dies lässt sich damit begründen, dass die Begründung einer Herausgabepflicht gegenüber einem mittelbaren Besitzer die Ablehnung des Herausgabeanspruches des anderen mittelbaren Nebenbesitzers bedeutet.

Die weiteren Voraussetzungen des gutgläubigen Erwerbs, die Gutgläubigkeit der Klägerin sowie kein Abhandenkommen nach § 935 (vgl. Rn. 225), sind erfüllt. Ö hat damit Eigentum an der Halle erworben.

f) Fraglich ist jedoch, ob sich hieran wieder etwas durch die Herausgabe der Halle an die X geändert hat. Insofern könnte X Eigentum nach den §§ 929, 930, 933 erworben haben (vgl. oben unter c). Die Übergabe der Halle von K an X wurde aber nicht mehr aufgrund der ursprünglichen Einigung zwischen diesen vorgenommen. Die Vereinbarung der Sicherungsübereignung ist durch die Übertragung des Anwartschaftsrechts bereits „vollzogen" worden. Mittlerweile hatte X sogar Eigentum an der Halle erworben. Daher lag keine Einigung vor, in deren Zusammenhang die Übergabe an die X stattgefunden hätte. Im Rahmen der §§ 929 ff. müssen zum Zeitpunkt der Übergabe die Parteien außerdem einig sein (s. Rn. 163). Ö ist daher trotz Herausgabe der Halle an X Eigentümerin der Halle geblieben.

2. X ist Besitzerin und ihr steht gegenüber Ö kein Recht zum Besitz i. S. v. § 986 zu.

Ö verlangt daher die Herausgabe der Halle nach § 985 zu Recht.

6. Rechtsfolgen

a) Erwerb „normalen Eigentums"

Da das gutgläubig erworbene Eigentum sich durch nichts von normalem 216 Eigentum unterscheidet, kann es vom Erwerber weiter übertragen werden. Der gutgläubige Erwerb erfüllt daher auch nicht den Tatbestand eines Rechtsmangels. Ebenfalls ohne Bedeutung ist die Bösgläubigkeit eines späteren Zweiterwerbers. Da der gutgläubig Erwerbende Eigentum hat, kommt es auf den guten oder fehlenden guten Glauben des Zweiterwerbers nicht an.

b) Beschränkung des Gutglaubensschutzes bei Rückabwicklung

Der gute Glaube führt unter den vorgenannten und weiteren Vorausset- 217 zungen zum Erwerb des Eigentums an der Sache. Es ist vorstellbar, dass sich der nichtberechtigt Verfügende diese Regelungen nun zu nutze macht, um durch Rückerwerb der Sache vom Erwerber seinerseits Eigentum zu erhalten. Diese Folge wird überwiegend als unbillig empfunden und vielfach angenommen, dass bei Rückabwicklung die alten Eigentumsverhältnisse wieder entstünden und der ehemalige Eigentümer sein Recht mit der „Rückübereignung" an den Nichtberechtigten erhielte. Das soll jedenfalls dann gelten, wenn die Rückübereignung aufgrund der Nichtigkeit oder Aufhebung des Kausalgeschäftes stattfindet. Vielfach wird dies mit einer teleologischen Reduktion der Gutglaubensvorschriften begründet (*Nüßgens*, Der Rückerwerb des Nichtberechtigten, 1939, S. 138 ff.; *Wilhelm*, Rn. 1018 ff.; andere sprechen

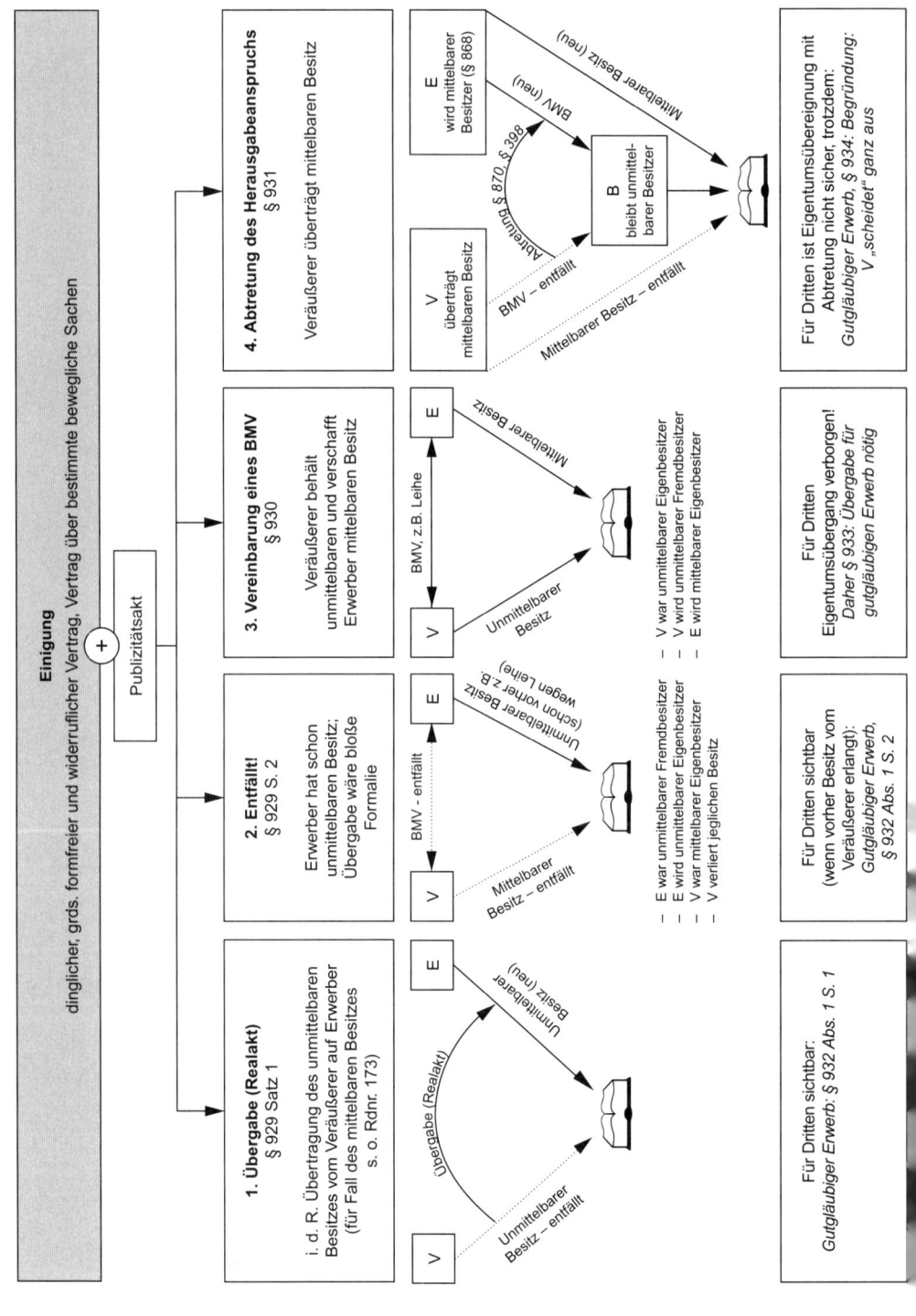

davon, dass dies das Rechtsgefühl erfordert, *Baur/Stürner*, § 52 Rn. 34), da ansonsten die Vorschrift nicht den Rechtsverkehr, sondern den nichtberechtigt Verfügenden schütze.

Demgegenüber wird dieses Ergebnis von einer neueren Auffassung abge- **218** lehnt (Staudinger/*Wiegand* (2004), § 932 Rn. 119 ff. m.w.N.). Der „Alteigentümer" wird von ihr auf schuldrechtliche Ansprüche, seien sie deliktischer oder bereicherungsrechtlicher Art, verwiesen. Der Erwerb des Eigentums auch bei Rückerwerb ergebe sich aus dem Gesetz und könne nicht unter Durchbrechung des Abstraktionsgrundsatzes verhindert werden. Im Übrigen ermögliche der „Umweg" über schuldrechtliche Ansprüche, dass auch die sonstigen Umstände, etwa die Veräußerung unter Eigentumsvorbehalt, besser berücksichtigt werden könnten (Staudinger/*Wiegand* [2004], § 932 Rn. 124). Insgesamt erscheint diese Lösung vorzugswürdig, da sie keiner fragwürdigen Konstruktionen bedarf. Im Übrigen ermöglichen schuldrechtliche Ausgleichsansprüche durchaus sachgerechte Ergebnisse.

c) Keine Schadensersatzhaftung bei leicht fahrlässiger Unkenntnis

Soweit der gutgläubige Erwerb stattfindet, begeht der Erwerber auch nicht **219** etwa eine deliktische Handlung, selbst wenn hierdurch der Eigentumsverlust eintritt. Der gutgläubige Erwerb trägt den Rechtsgrund in sich und stellt daher eine Rechtfertigung dar (*BGH* JZ 1956, 490; BB 1960, 1183). Gegen den Erwerber können sich unter den Voraussetzungen der §§ 816 Abs. 1 S. 2, 819 bereicherungsrechtliche Ansprüche ergeben. In den übrigen Fällen der Eingriffskondiktion ist der Erwerber durch die Subsidiarität des Anspruchs gegenüber der Leistungskondiktion geschützt, denn der gutgläubige Erwerb erfolgte durch Leistung des Nichtberechtigten.

III. Abhandenkommen des Gegenstandes

Ein gutgläubiger Erwerb ist entsprechend dem „Veranlasserprinzip" (s. o. **220** Rn. 195) ausgeschlossen, wenn der Eigentümer oder sein Besitzmittler den unmittelbaren Besitz **unfreiwillig,** d.h. **gegen** oder ohne den Willen des Eigentümers, verloren hat. Die im Gesetz genannten Fälle sind Beispielssituationen, die sich unter diesen Begriff ordnen lassen. Geschützt wird dabei jeglicher unfreiwillige Verlust des unmittelbaren Besitzes, auch der des (unmittelbaren) Erbenbesitzes (MünchKomm-BGB/*Quack*, § 935 Rn. 10).

Neben den in § 935 Abs. 1 S. 1 genannten Fällen gehören hierzu etwa der **221** Verlust durch Drohung (sehr streng BGHZ 4, 10, 33, der nur bei „unwiderstehlicher psychischer Gewalt" und ihr vergleichbarer Zwangslagen ein Abhandenkommen annehmen will) oder durch einen Geschäftsunfähigen, da dieser keinen zivilrechtlich relevanten Willen bilden kann (*OLG München* NJW 1991, 2571). Bei Besitzeinräumung durch eine in der Geschäftsfähigkeit beschränkte Person ist nur bei einer im Einzelfall fehlenden Urteilsfähigkeit der handelnden Person der Besitzverlust unfreiwillig. Keine Unfreiwilligkeit liegt dagegen bei nichtigen Rechtsgeschäften vor; so lässt bspw. die Anfechtung (§ 142) die Freiwilligkeit des Besitzverlustes unberührt.

222   Der **Verlust des unmittelbaren Besitzes durch den Besitzmittler** führt zum Abhandenkommen, wenn dieser **gegen oder ohne Willen des Eigentümers** erfolgte. Anders ist es dagegen, wenn der Besitzmittler ohne den Willen des Eigentümers den Besitz **überträgt.** In restriktiver Auslegung des § 935 Abs. 1 S. 2 wird ein Abhandenkommen aber auch dann abgelehnt, wenn der unmittelbare Besitz ohne Wissen und Wollen des Besitzmittlers, aber mit dem Willen des mittelbaren Besitzers und Eigentümers stattfindet (Soergel/*Henssler*, § 935 Rn. 1). Die **Aufgabe des mittelbaren Besitzes** ist dagegen kein Abhandenkommen. Sofern der **Besitzdiener** sich die Sache **aneignet** oder sie **weggibt,** liegt nach h. M. grundsätzlich ein Abhandenkommen vor. Anders soll es allerdings sein, wenn der Besitzdiener nach außen den **Eindruck eines Besitzers** vermittle (RGZ 71, 248, 253; 106, 4; Münch-Komm-BGB/*Quack*, § 935 Rn. 11; Palandt/*Bassenge*, § 935 Rn. 8). Mit dieser Ausnahme, die den Besitzdiener dem Besitzmittler gleichstellt, soll den Belangen des Rechtsverkehrs Rechnung getragen werden.

223   Schon der unfreiwillige Verlust eines **Mitbesitzers** hindert den gutgläubigen Erwerb. Eine unbefugte Weggabe durch das **vertretungsberechtigte Organ** einer Gesellschaft steht einem gutgläubigen Erwerb aber nicht entgegen.

224   Für die öffentliche Versteigerung (§ 383 Abs. 3) schafft § 935 Abs. 2 eine Ausnahme vom Grundsatz, dass an abhanden gekommenen Sachen kein Eigentum erworben werden kann. In diesen Fällen kann der Erwerber sich in der Regel nicht nach der Herkunft des Gegenstandes erkundigen. Das Gesetz ermöglicht daher einen gutgläubigen Erwerb ohne die Einschränkung des § 935 Abs. 1, der ebenfalls nicht für den Erwerb durch Zwangsversteigerung im Rahmen der ZPO und des ZVG gilt, da es hier an einem rechtsgeschäftlichen Erwerb fehlt. Vielmehr findet hier der Erwerb kraft Hoheitsaktes statt (s. auch u. Rn. 228).

225   Weitere Ausnahmen macht § 935 Abs. 2 für **Geld und Inhaberpapiere,** um deren Umlauffähigkeit zu erhöhen. Auch bei ihnen schließt ein Abhandenkommen den gutgläubigen Erwerb nicht aus. Die Vorschrift betrifft Geldstücke, Banknoten und Inhaberpapiere (s. z. B. §§ 793 ff. und § 807, aber auch § 10 Abs. 1 AktG, Inhaberaktien). Bezüglich Geld gilt die Ausnahme nur, soweit es als Zahlungsmittel verwendet wird, nicht jedoch für Münzen oder Banknoten, die Sammlerstücke darstellen.

IV. Gutgläubiger lastenfreier Erwerb

Ist ein Gegenstand mit dem dinglichen Recht eines Dritten belastet, so er- **226** möglicht § 936, dass der Gegenstand lastenfrei erworben wird. Zu den hier in Betracht kommenden Rechten gehören etwa der Nießbrauch (§ 1030; s. u. Rn. 814 ff.), vertragliche und gesetzliche Pfandrechte (§§ 1204 ff., 562, 647; s. u. Rn. 640 ff.) oder das Pfändungspfandrecht. Praktisch besonders bedeutsame Fälle sind die Anwartschaften aufgrund eines vereinbarten Eigentumsvorbehalts (s. u. Rn. 565 ff.), bei dem der Eigentumserwerb unter aufschiebender Bedingung (§ 158 Abs. 1) steht, und aufgrund des Sicherungseigentums, wenn es dem Sicherungsnehmer nur auflösend bedingt (§ 158 Abs. 2) zusteht (s. u. Rn. 628 ff.). Ohne Bedeutung ist es, ob der Erwerb des mit dem Recht des Dritten belasteten Gegenstandes vom Nichtberechtigten oder vom Berechtigten erfolgt. Im erstgenannten Fall sind die Voraussetzungen für den gutgläubigen Erwerb sowohl hinsichtlich des Eigentumserwerbs als auch hinsichtlich der Lastenfreiheit zu prüfen.

Der gutgläubige lastenfreie Erwerb findet nur statt, wenn der Erwerber eine Besitzposition wie beim Erwerb vom Nichtberechtigten erlangt (§ 936 Abs. 1 S. 2, 3 i.V. m. §§ 932 bis 934). Die Vorschrift ist letztlich eine Nachbildung dieser Gutglaubensvorschriften.

Im Übrigen scheidet ein lastenfreier Erwerb aus, wenn bei der Veräußerung durch Abtretung des Herausgabeanspruchs (§ 931) der Inhaber des dinglichen Rechts die Sache im unmittelbaren oder mittelbaren Besitz hat und ihr damit näher steht als der nichtberechtigt Verfügende (§ 936 Abs. 3). Ist der Vorbehaltskäufer also im Besitz der noch nicht vollständig bezahlten Sache, so kann sie nicht von einem Dritten im Wege der Zwischenverfügung des Eigentümers gutgläubig lastenfrei erworben werden.

V. Kontrollfragen

1. Zu welchem Zeitpunkt muss beim rechtsgeschäftlichen Eigentumserwerb der gute Glaube i. S. v. § 932 Abs. 2 vorliegen?
2. Welche Art von Erwerb sollen die §§ 932 ff. schützen?
3. Was muss in der Fallbearbeitung nach Erörterung der Voraussetzungen der §§ 932–934 noch geprüft werden?
4. Mit der Eheschließung hat F ihre Espressomaschine in den gemeinsamen Haushalt eingebracht. Ihr Mann (M) veräußert die Maschine ohne ihr Wissen an K. Ist die Übereignung wirksam?

Zusatzfrage (für Fortgeschrittene): Wie erfolgt der Eigentumserwerb an der ersteigerten, beweglichen Sache bei einer öffentlichen Versteigerung i.S. von § 383 Abs. 3 und im Wege der Zwangsvollstreckung in bewegliches Vermögen? Ist jewels ein gutgläubiger Erwerb möglich?

Empfehlungen zur vertiefenden Lektüre:

Musielak, Eigentumserwerb an beweglichen Sachen nach §§ 932 ff. BGB, JuS 1992, 713; *Neuner*, Der Redlichkeitsschutz bei abhanden gekommenen Sachen, JuS 2007, 401; *Schreiber*, Eigentumserwerb an abhanden gekommenen Sachen, Jura 2004, 238; *Schreiber/Burbulla*, Der gutgläubige Erwerb von beweglichen Sachen, Jura 1999, 150; *Weber*, Gutgläubiger Erwerb des Eigentums an beweglichen Sachen gem. §§ 932 ff. BGB, JuS 1999, 1; *Zeranski*, Prinzipien und Systematik des gutgläubigen Erwerbs beweglicher Sachen, JuS 2002, 340.

§ 6. Gesetzlicher Eigentumserwerb

I. Allgemeines

Neben dem rechtsgeschäftlichen Eigentumserwerb gibt es, wie bereits an- **227** gesprochen, einen gesetzlichen Erwerb und einen kraft Hoheitsaktes. Im Weiteren sollen die verschiedenen gesetzlichen Eigentumserwerbsformen dargestellt und erörtert werden. Insgesamt lassen sich vier Regelungsbereiche unterscheiden: (1) die Verarbeitung, Verbindung, Vermengung und Vermischung, (2) die Ersitzung, (3) der Fund und die Aneignung sowie (4) der Fruchterwerb. Den praktisch wichtigsten Fall stellt der Eigentumserwerb kraft Verarbeitung, Verbindung, Vermischung und Vermengung dar (§§ 946 ff.). Auf ihm wird der Schwerpunkt der Darstellung liegen.

Erwerb kraft Hoheitsaktes stellt jener im Rahmen der Zwangsvollstre- **228** ckung dar. Für ihn gelten Sonderregeln (§§ 814 ff. ZPO und §§ 90 ff. ZVG). Ihre Erörterung gehört nicht in den vorliegenden Zusammenhang. Wichtig ist nur zu wissen, dass die auf die öffentliche Versteigerung bezugnehmende Vorschrift des § 935 Abs. 2 nicht den Fall des Erwerbs im Rahmen der Zwangsversteigerung nach Zwangsvollstreckungsrecht regelt. Der entscheidende Grund hierfür liegt darin, dass es sich um einen originären Erwerb kraft Hoheitsaktes handelt (s. auch die Zusatzfrage der Kontrollfragen zu § 5, o. Rn. 226).

II. Verbindung, Vermischung, Vermengung, Verarbeitung (§§ 946 ff.)

1. Regelungszweck

Sobald eine Sache wesentlicher Bestandteil einer anderen wird, können an **229** ihr keine getrennten Rechte mehr bestehen (s. o. Rn. 16). Sie teilt vielmehr das Schicksal der anderen Sache. Damit aber gehen auch bestehende Eigentumsrechte an derartigen Sachen unter. Das erfordert, dass die dingliche Zuordnung dieser Gegenstände geregelt werden muss. Hierin liegt der Zweck der §§ 946 ff. Zugleich soll als weiteres Ziel der Vorschriften verhindert werden, dass die dadurch entstandenen Werte erhalten bleiben und nicht durch erneute Trennung ein wirtschaftlich sinnloses Ergebnis erzielt wird.

2. Verbindung

a) Verbindung einer beweglichen Sache mit einem Grundstück (§ 946)

230   Nach § 946 erstreckt sich das Eigentum am Grundstück auch auf die mit
ihm verbundenen **wesentlichen Bestandteile.** Die Voraussetzungen, unter
denen eine Sache wesentlicher Bestandteil wird, ergeben sich aus den §§ 93
bis 95. Die unbewegliche Sache ist dabei stets Hauptsache, ohne dass es auf
das Wertverhältnis zwischen dem Grundstück und der verbundenen Sache
ankäme. Auch wenn die verbundene Sache wesentlich höherwertiger als das
Grundstück ist, tritt die Rechtsfolge des § 946 ein und die Sache steht im Eigentum des Grundstückseigentümers. Die an der Sache bestehenden Rechte
Dritter erlöschen (§ 949 S. 1). Es handelt sich dabei um eine **zwingende
Regel,** die dazu führt, dass eventuelle Sicherungsrechte (z. B. ein bestehender Eigentumsvorbehalt) an der beweglichen Sache erlöschen. Die Rechte
Dritter am Grundstück dagegen erstrecken sich auch auf den neuen wesentlichen Bestandteil (§ 949 S. 3). An Scheinbestandteilen (§ 95) oder Zubehör
(§ 97) kommt es zu keinem Eigentumsverlust.

231   Eine Aufhebung der Verbindung ändert nichts an der Eigentumszuordnung. Die Vorschrift ist zudem **nicht abdingbar.** Das gilt selbst bei einem
ausdrücklichen Eigentumsvorbehalt an der mit dem Grundstück verbundenen Sache. Es handelt sich bei der Verbindung nicht um einen Rechtsakt,
sondern um einen **tatsächlichen Vorgang,** an den rechtliche Folgen geknüpft werden. Daher kommt es für die Verbindung auch auf Bestimmungen
zur Vornahme von Rechtsgeschäften nicht an.

b) Verbindung mehrerer beweglicher Sachen zu einer neuen Sache (§ 947 Abs. 1)

232   Durch die Verbindung mehrerer beweglicher Sachen zu einer neuen
Hauptsache werden die Eigentümer der Einzelsachen Miteigentümer (§ 1008)
der neuen Sache. Die Vorschrift setzt voraus, dass die beweglichen Teile durch
die Verbindung wesentliche Bestandteile einer einheitlichen Sache werden.
Das richtet sich nach § 93. Es kann auf die Ausführungen zu § 946 (s. o.
Rn. 230 f.) verwiesen werden. Die Anteile am Eigentum bestimmen sich
nach dem Verhältnis des Wertes, den die Sachen zur Zeit der Verbindung haben (§ 947 Abs. 1 HS 2). Die an der einzelnen verbundenen Sache bestehenden Rechte Dritter setzen sich am Miteigentumsanteil fort (§ 949 S. 2). Auf
das Miteigentum finden die §§ 1008 ff. und §§ 741 ff. Anwendung.

c) Verbindung einer beweglichen Sache mit einer Hauptsache (§ 947 Abs. 2)

233   Für den Sonderfall, dass eine bewegliche Sache, die mit einer anderen verbunden wird, als Hauptsache anzusehen ist, wird der **Eigentümer der**

Hauptsache Alleineigentümer der verbundenen beweglichen Sache (§ 947 Abs. 2). Ob es sich um die Verbindung nach Abs. 1 oder Abs. 2 handelt, hängt entscheidend davon ab, ob man sie als Haupt- und Nebensache oder als gleichberechtigt verbundene Sachen ansieht. Maßgeblich ist – so die h.M. (BGHZ 20, 163; *Baur/Stürner*, § 53 Rn. 9) – die **Verkehrsanschauung**. Weder das Wertverhältnis der beiden Sachen, noch ihr räumlicher Umfang sind ausschlaggebend. Zumeist wird darauf abgestellt, ob die einheitliche Sache auch ohne die verbundenen weiteren Bestandteile im Wesentlichen ihre Funktion erfüllen kann (RGZ 152, 98; BGHZ 120, 159, 163; *Baur/Stürner*, § 53 Rn. 9). Die Regelung des § 947 Abs. 2 wird in der Rechtsprechung sehr restriktiv angewandt, um einen Eigentumsverlust möglichst zu verhindern und stattdessen zu Miteigentum zu gelangen (kritisch *Baur/Stürner*, § 53 Rn. 9).

234 Die praktische Bedeutung liegt vor allem im Bereich der Sammelverwahrung von Wertpapieren (§§ 5 ff. DepotG) und des Sammellagergeschäftes (§ 469 HGB); ansonsten wird meist eine Verarbeitung (§ 950) vorliegen. Eine Vereinbarung über die Eigenschaft als Hauptsache i.S. der Vorschrift ist nichtig (*Prütting*, Rn. 455). Sollte es nach Verbindung von Hauptsache und beweglicher Sache wieder zu einer Trennung kommen, ändert sich auch hier (s. schon o. Rn. 231) am Alleineigentum des Eigentümers der Hauptsache nichts.

Eigentumserwerb gem. §§ 946 f.

I. Verbindung mit unbeweglicher Sache:

1. Rechtsverlust gem. § 946 und gesetzlicher Eigentumserwerb durch Grundstückseigentümer,
    – wenn Sache wesentlicher Bestandteil des Grundstücks wird (§ 94),
    – Sache mit Grund und Boden fest verbunden wird (§ 94 Abs. 1) oder
    – zur Herstellung eines Gebäudes (§ 94 Abs. 2) eingefügt wird. (Erweiterung von § 93!)
2. Kein Rechtsverlust tritt ein, wenn
    – Sache einfacher Bestandteil – oder –
    – Scheinbestandteil (§ 95) bzw.
    – Zubehör (§ 97) ist.

II. Bei Verbindung mehrerer beweglicher Sachen:

1. Gem. § 947 Abs. 1 entsteht Miteigentum, wenn mehrere bewegliche Sachen wesentliche Bestandteile einer neuen einheitlichen Sache werden.
2. Alleineigentum des Eigentümers der Hauptsache, wenn die Nebensache zum wesentlichen Bestandteil der Hauptsache wird (§ 947 Abs. 2).

---

3. Vermischung und Vermengung (§ 948)

235 Auch Sachen, die untrennbar miteinander vermischt wurden, können nicht Gegenstand gesonderter Rechte sein. § 948 verweist daher auf § 947. Der

Unterschied zwischen Vermischung und Vermengung besteht darin, dass eine **Vermischung bei Flüssigkeiten und Gasen** stattfindet, während **feste Stoffe** miteinander **vermengt** werden. Beiden ist gemeinsam, dass die durch Vermengung oder Vermischung geschaffene räumliche Nähe entweder tatsächlich nicht wieder rückgängig gemacht werden oder eine Trennung zumindest nur mit unverhältnismäßigen Kosten erfolgen könnte (§ 948 Abs. 2).

Die Rechtsfolgen ergeben sich aus der entsprechenden Anwendung des § 947, auf den § 948 Abs. 1 verweist. Das Miteigentum richtet sich nach dem Verhältnis des Wertes der einzelnen Sachen im Zeitpunkt ihrer Vermischung oder Vermengung. Sofern eine Feststellung der Wertrelationen nicht möglich ist, gilt die gesetzliche Regelung des § 742. Danach sind alle Eigentümer zu gleichen Teilen. Die Miteigentümergemeinschaft kann gem. §§ 749, 752 durch Teilung in Natur auseinandergesetzt werden.

Der Verweis auf § 947 erfasst die gesamte Vorschrift. Daher ist es auch möglich, dass eine der vermischten Sachen als Hauptsache angesehen wird. Die Folge dessen ist das Alleineigentum des Eigentümers der Hauptsache an der Gesamtmenge (§ 947 Abs. 2). Ausschlaggebend hierfür ist die Verkehrsauffassung (vgl. o. Rn. 233). Abweichend hiervon will ein Teil der Literatur (Westermann/*Gursky*, § 52 III) die Vorschrift des § 947 Abs. 2 im vorliegenden Zusammenhang nur bei ungleichartigen Sachen anwenden. Nur dann sei es möglich, von einer Haupt- und Nebensache zu sprechen.

236   Nach überwiegender Auffassung (MünchKomm-BGB/*Füller*, § 948 Rn. 7) findet § 948 auch auf die **Vermengung von Geld** Anwendung. Daher besteht bei der Vermengung verschiedener Gelder grundsätzlich Miteigentum, da auch Geld wie bewegliches Eigentum zu behandeln ist. Im Einzelfall ist es sogar denkbar, dass eine Teilmenge als Hauptsache angesehen werden kann (Erman/*Ebbing*, § 948 Rn. 9). Eine Mindermeinung (z. B. *Harder*, JuS 1978, 80, 86 m.w.N.) will dagegen Geld insofern eine Sonderstellung einräumen, als es dort um den mit dem Zahlungsmittel verkörperten Wert gehe. Der Eigentümer des vermengten Geldes könne von dem Besitzer nach § 985 den Betrag herausverlangen (sog. Geldwertvindikation). Für eine derartige Sonderstellung von Geld – seien es Münzen, seien es Banknoten – fehlt es im Gesetz allerdings an hinreichenden Anhaltspunkten.

4. Verarbeitung (§ 950)

a) Regelung

237   Bei Verarbeitung oder Umbildung mehrerer Stoffe zu einer neuen beweglichen Sache erwirbt grundsätzlich der Verarbeitende das Eigentum an der neuen Sache. Etwas anderes gilt nur, wenn der Wert der Verarbeitung oder Umbildung erheblich geringer ist als der Wert der verarbeiteten Stoffe.

238   Ein erheblich geringerer Wert der Verarbeitung gegenüber dem verarbeiteten Stoff wird angenommen, wenn der Verarbeitungswert etwa nur bis zu

60 Prozent des Wertes des verarbeiteten Stoffes erreicht (*BGH* NJW 1995, 2633; MünchKomm-BGB/*Füller*, § 950 Rn. 11). Der Wert der Verarbeitung wird nicht nach dem tatsächlichen Aufwand, sondern nach der bewirkten Erhöhung des Sachwertes ermittelt. Praktisch erfolgt das dadurch, dass der Wert der verarbeiteten Stoffe vom Wert der neuen Sache abgezogen wird (BGHZ 226, 228; 56, 88, 90). Der Stoffwert wiederum ist nach dem Verkehrswert der verwendeten Stoffe zu bemessen.

Die Vorschrift regelt ausschließlich die Herstellung beweglicher Sachen. **239** Sie entscheidet über den Konflikt **zwischen dem Lieferanten** (als Stoffeigentümer) **und dem Verarbeiter** zugunsten des Letzteren. Die Unterscheidung in § 950 Abs. 1 zwischen Umbildung und Verarbeitung hat keine weitere rechtliche Bedeutung. Soweit mit der Verarbeitung zugleich einer der Tatbestände der §§ 947, 948 verwirklicht wird, geht § 950 als lex specialis vor. Allerdings kann es sein, dass für das Verhältnis mehrerer Stofflieferanten die Grundsätze zur Vermengung und Vermischung anzuwenden sind, wenn diese überhaupt Eigentum an der neuen Sache erworben haben.

Beispiel: A bemalt Straußeneier mit alten sorbischen Mustern. Die Straußeneier kauft er für 10 € das Stück ein, sonstige Materialien machen 3 € aus. Die Eier verkauft A für 21 €. Der Stoffwert beträgt damit 13 €, der Verarbeitungswert 8 €. Er liegt damit unter dem Stoffwert, ist aber mehr als 60 Prozent des Stoffwertes, so dass A gem. § 950 Eigentümer wird.

Ob die Verarbeitung durch Arbeitsleistung oder auf andere Weise zustande **240** kommt, ist nicht entscheidend. Maßgeblich ist lediglich eine Veränderung des bearbeiteten Stoffes und damit das Entstehen **einer neuen Sache.** Im Zweifel ist hier nach der Verkehrsauffassung zu entscheiden (BGHZ 56, 88; *OLG Köln* NJW 1991, 2570). Von einer neuen Sache ist auszugehen, wenn die neue Sache eine andere Bezeichnung erhält oder einem anderen wirtschaftlichen Zweck dient. Ein hoher Wertzuwachs kann ebenfalls Anhaltspunkt für eine „neue" Sache sein.

Auch hier gilt für die Verarbeitung das zur Verbindung Gesagte (s. o. **241** Rn. 231, 234): Es handelt sich um einen Realakt, dessen Wirksamkeit nicht vom Vorliegen der Voraussetzungen für ein rechtsgeschäftliches Handeln abhängt. Da es sich um einen gesetzlichen Eigentumserwerb handelt, kommt es nicht auf das Eigentum des Lieferanten an. Ebenso wenig spielt der gute Glaube des Erwerbers oder ein Abhandenkommen der Stoffe eine Rolle (krit. hierzu *Prütting*, Rn. 462). Rechte Dritter an den Stoffen erlöschen mit dem Erwerb des Eigentums an der neuen Sache (§ 950 Abs. 2).

Der Begriff des Herstellers ist ebenfalls nach der Verkehrsanschauung aus- **242** zulegen. Maßgeblich ist nicht das eigenhändige Anfertigen, sondern die maßgebliche Beeinflussung und Steuerung des Herstellungsvorgangs und der Umstand, dass eine Person das Verwendungsrisiko der hergestellten Sache trägt (BGHZ 14, 117; 20, 163).

b) Abdingbarkeit von § 950

243   Angesichts der einseitigen Entscheidung des Interessenkonfliktes zwischen Lieferant und Hersteller zugunsten des Letzteren hat es in der Praxis Versuche gegeben, § 950 abzubedingen. Inwieweit diese Vorschrift überhaupt disponibel ist, wird in Literatur und Rechtsprechung unterschiedlich beantwortet. Gegen die Abdingbarkeit des § 950 wird vor allem angeführt, dass die Vorschrift eine Eigentumszuordnung herstellen wolle und sich daher der privatautonomen Veränderung entziehe (*Medicus*, BR, Rn. 519). Im Übrigen gehe es nicht nur um den Interessenkonflikt zwischen Lieferant und Verarbeiter, sondern auch um den Schutz von Gläubigern der Beteiligten (*Westermann/Gursky*, § 53 III 1). Schließlich trage der Hersteller das Verarbeitungsrisiko und daher sei es nur sachgerecht, wenn er auch Eigentümer werde. Demgegenüber sieht eine in der Literatur vertretene Auffassung § 950 als disponibel an, da eine gesetzliche Zuordnung des Eigentums einer einvernehmlich abweichenden Regelung nicht entgegenstehe. Sie solle nur für die Fälle gelten, in denen ein Interessenkonflikt zwischen Eigentümer und Hersteller bestehe (*Flume*, NJW 1950, 841, 843 f.; *Baur/Stürner*, § 53 Rn. 15).

244   Die überwiegende Auffassung freilich hält an dem zwingenden Charakter der Vorschrift fest (MünchKomm-BGB/*Füller*, § 950 Rn. 14 f., m.w.N.). Zum Teil schwächt sie die Folgen allerdings dadurch ab, dass der **Begriff des Herstellers konkretisierungsbedürftig** sei und eine solche Konkretisierung durch eine Vereinbarung zwischen den Parteien erfolgen könne. Im Ergebnis gelangt sie somit zu einer Abdingbarkeit der Rechtsfolgen des § 950. Die Praxis hat hieran ein erhebliches Interesse, da ansonsten der Stofflieferant mittels Eigentumsvorbehalts kaum eine wirksame Sicherheit erlangen kann. Eine vorweggenommene rechtsgeschäftliche Übertragung des Eigentums vom unmittelbaren Verarbeiter auf den Stofflieferanten (sog. vorweggenommene Sicherungsübereignung; s. o. Rn. 165, 189) ist zwar zulässig, hätte aber den entscheidenden Nachteil, dass zunächst der Verarbeiter im Wege des sog. **Durchgangserwerbs** Eigentum erlangt und damit den Gläubigern des Verarbeiters der Zugriff ermöglicht wird (so Westermann/*Gursky*, § 53 III 2e; s. auch o. Rn. 189 und Fall 9 unter Rn. 609). Das mindert den Kreditsicherungszweck entscheidend.

245   Die Rechtsprechung hat es auch zugelassen, dass im Rahmen einer sog. **Verarbeitungsklausel** (auch Herstellerklausel genannt) mit einem Dritten festgelegt wird, für wen hergestellt wird (BGHZ 14, 114; 20, 159, 163 f.; 46, 117). In der Regel wird vereinbart, dass der Erwerber und Verarbeitende für den Lieferanten die neue Sache herstellt. Letztlich wird dieser dann Hersteller kraft Parteiwillens. Diese Auffassung stößt in der Literatur (*Medicus*, BR, Rn. 519) auf vielfältige Kritik. So wird eingewandt, auch der Begriff des Herstellers verlange eine objektive Betrachtungsweise der Verarbeitung. Hersteller sei derjenige, der den Verarbeitungsvorgang lenke und das wirtschaftliche

Risiko der werteschaffenden Arbeit trage (Westermann/*Gursky*, § 53 III 2e). Dies überzeugt auch deswegen, weil der Herstellungsvorgang, wie bereits ausgeführt, nicht eine rechtsgeschäftliche Handlung, sondern ein Realakt ist. Folgt man dem, so bleibt es letztlich nur bei der aus der Sicht des Kreditgebers unbefriedigenden Möglichkeit einer vorweggenommenen Sicherungsübereignung, sofern man nicht § 950 überhaupt für abdingbar hält (s. zum Ganzen auch Fall 9, u. Rn. 609).

Zur Verarbeitung gem. § 950

I. Verarbeitung

1. Verarbeitung oder Umbildung eines oder mehrerer Stoffe
2. Herstellung einer neuen beweglichen Sache, die sich nach der Verkehrsauffassung beurteilt
   Indiz: Formveränderung, höhere Verarbeitungsstufe
3. Wertverhältnis
   Wert der Verarbeitung darf nicht erheblich geringer sein als der Wert aller verarbeiteten Stoffe; ein wesentlicher Minderwert wird bei einem Verhältnis Verarbeitungswert/Stoffwert von 60/100 und weniger angenommen

II. Rechtsfolge

1. Eigentumserwerb des Herstellers
2. könnte durch Verarbeitungsklausel ausgeschlossen sein (str.)
   – dann wäre antizipierte Sicherungsübereignung mgl.

Beachte: evtl. Durchgangserwerb des Herstellers

---

5. Ausgleich bei Rechtsverlust infolge gesetzlichen Eigentumserwerbs

In allen vorgenannten Fällen des gesetzlichen Eigentumserwerbs hat derjenige, dessen Recht infolge der veränderten Eigentumszuordnung verloren gegangen ist, einen **Entschädigungsanspruch** gem. § 951. Der Vermögenswert soll, anders als das dingliche Recht, nämlich nicht dem neuen Eigentümer zugewiesen sein. § 951 wird unter diesem Aspekt auch als Rechtsfortwirkungsanspruch bezeichnet. Von besonderer Bedeutung ist § 951 Abs. 1 S. 1, der demjenigen, der das Recht verloren hat, einen Anspruch aus ungerechtfertigter Bereicherung einräumt. Dieser ist auf **Wertausgleich** in Geld gerichtet (§§ 951 Abs. 1 S. 1 i.V.m §§ 818 Abs. 2, 3, 819). Die Höhe des Ausgleichs richtet sich nach dem **objektiven Wert** der Sache im Zeitpunkt des Eigentumsverlustes. Dem Anspruchsgegner steht – vorbehaltlich seiner Bösgläubigkeit – die Einrede des Wegfalles der Bereicherung zu (§ 818 Abs. 3). Auch aufgedrängte Bereicherung kann vom Eigentümer eingewandt werden, indem er seinerseits Ansprüche aus §§ 823 ff. oder § 1004 auf Beseitigung geltend macht (s. hierzu auch u. Rn. 525 ff.). Die Vorschrift wird all-

246

gemein als **Rechtsgrundverweisung** angesehen (BGHZ 40, 272, 276; 55, 176, 177; 108, 256). Das bedeutet, dass die Voraussetzungen für die ungerechtfertigte Bereicherung ebenfalls zu prüfen sind. Ob im Rahmen des § 951 Abs. 1 S. 1 neben der Eingriffs- auch auf die Leistungskondiktion verwiesen wird, ist in der Rechtsprechung und Literatur umstritten. Die Rechtsprechung geht ebenso wie ein Teil der Literatur hiervon aus (BGHZ 40, 272, 276; 55, 176; 108, 256; *Prütting*, Rn. 467; a. A. Palandt/*Bassenge*, § 951 Rn. 2; MünchKomm-BGB/*Füller*, § 951 Rn. 3). Erfolge stattdessen die Verarbeitung, Vermischung oder Verbindung als Leistung an den Eigentümer oder einen Dritten, so habe der Ausgleich unmittelbar nach Bereicherungsrecht zu erfolgen. § 951 sei dann angesichts der Subsidiarität der Eingriffskondiktion nicht anzuwenden. Auch hier ist der Vorrang der Leistungskondiktion zur Erhaltung der jeweiligen Einreden im entsprechenden unmittelbaren Leistungsverhältnis von großer Bedeutung, was entscheidend für die Mindermeinung spricht.

247   Wie § 951 Abs. 2 S. 1 ausdrücklich regelt, bleiben die Vorschriften über den Ersatz von Verwendungen von § 951 unberührt. Umgekehrt haben die Regeln des EBV abschließenden Charakter, so dass sie ihrerseits einem Verwendungsersatz gem. §§ 951 Abs. 1, 812 entgegenstehen. Nach der Rechtsprechung wird § 951 daher von den §§ 994 ff. ausgeschlossen. Man wird aber hier entgegen der vom Bundesgerichtshof vertretenen Ansicht einen Ausschluss des § 951 nur dann annehmen können, wenn im konkreten Fall Verwendungen i. S. des § 994 vorliegen (s. hierzu Rn. 323 f.). Auch Ansprüche aus §§ 823 ff. bleiben von § 951 unberührt.

> **Klassische Entscheidung 3: „Jungbullenfall" (BGHZ 55, 176)**
> Lesen Sie BGHZ 55, 176 ff. und beantworten Sie folgende Fragen!
> 1. Welche Ansprüche prüft der Bundesgerichtshof im Jungbullenfall?
> 2. Welche Probleme stellen sich bei der Prüfung von § 951?
> 3. Kann der Fabrikant dem ehemaligen Eigentümer den Wegfall der Bereicherung entgegenhalten?
> Die Antworten finden Sie am Ende des Buches.

248   Weiterhin gewährt § 951 Abs. 2 S. 2 ein **Wegnahmerecht,** wobei umstritten ist, ob sich dieses unmittelbar aus der Vorschrift oder aber durch Erweiterung von § 997 ergibt, indem er auch auf Fälle Anwendung findet, in denen die Verbindung nicht vom Besitzer der Hauptsache durchgeführt wurde (BGHZ 40, 272, 275). Hierfür spricht die umfassende Regelung des § 997, die vor allem die Möglichkeit bietet, die Wegnahme durch das Angebot des Wertersatzes zu verhindern (s. § 997 Abs. 2 a. E.).

III. Eigentumserwerb durch Ersitzung (§§ 937 bis 945)

Sowohl bewegliche als auch unbewegliche Sachen können im Wege der **249** sog. **Ersitzung** erworben werden. Für die beweglichen Sachen sind die Voraussetzungen in den §§ 937 bis 945 geregelt. Erforderlich ist danach ein **10-jähriger Eigenbesitz** sowie fehlende Bösgläubigkeit (§ 937). Der Sinn der Ersitzung besteht darin, Rechtssicherheit bei einer dinglich unsicheren Rechtslage nach Ablauf dieser Frist herzustellen. In der Praxis hat die Ersitzung geringe Bedeutung. Regelmäßig werden zugleich die Voraussetzungen für einen gutgläubigen Erwerb vorliegen. Im Gegensatz zu den Gutgläubensregeln (s. dort § 935) ist aber eine Ersitzung an beweglichen Sachen auch möglich, wenn diese abhanden gekommen sind.

1. Zu den Voraussetzungen

Die §§ 937 ff. setzen eine bewegliche Sache voraus. Grundstückszubehör **250** (§ 97) und Scheinbestandteile (§ 95) unterliegen der Ersitzung unbeweglichen Eigentums gem. § 900 (s. u. Rn. 382). Auch an Inhaber- und Orderpapieren kann Eigentum ersessen werden, nicht jedoch an Rektapapieren, da sie die Inhaberschaft der Forderung voraussetzen. Eine Ersitzung ist sogar am Nießbrauch möglich (§ 1033).

Die Erfordernisse des Eigenbesitzes richten sich nach § 872 (s. o. Rn. 75 f.). Für die Ersitzung kommt es nicht darauf an, ob der Erwerbende mittelbaren oder unmittelbaren Besitz hat. Bei einem bestehenden Mitbesitz wird dieser ersessen.

Der Besitzerwerb setzt guten Glauben voraus, der sich auf das Recht des Ersitzenden bezieht (§ 937 Abs. 2). Maßgeblich ist, ob bei Erwerb des Eigenbesitzes der Erwerber wusste oder grob fahrlässig nicht wusste (s. § 932 Abs. 2), dass er kein Eigentum erworben hat. Für die Dauer des Eigenbesitzes verhindert nur eine positive Kenntnis und nicht etwa auch die grob fahrlässige Unkenntnis einen gutgläubigen Erwerb (§ 937 Abs. 2 a. E.).

2. Rechtsfolgen der Ersitzung

Nach Ablauf von zehn Jahren seit dem Erwerb des Eigenbesitzes hat der **251** Eigenbesitzer **originäres Eigentum** (§ 937 Abs. 1). Dieses ist auch frei von Lasten (§ 945). Die Ersitzung ist somit nicht etwa eine Art Einrede gegen den Herausgabeanspruch, sondern ein eigener gesetzlicher **Eigentumserwerbstatbestand**. Besteht Mitbesitz und liegen die Voraussetzungen der Ersitzung bei allen Mitbesitzern vor, so erwerben diese Miteigentum. Ohne Bedeutung ist es, ob der Erwerbende geschäftsfähig ist, da für den Eigenbesitz lediglich der natürliche Besitzwille erforderlich ist.

3. Gesetzliche Ersitzung als rechtsgrundloser Eigentumserwerb

252   Sehr streitig ist die Frage, ob die Ersitzung zugleich den Rechtsgrund für den Erwerb in sich trägt. Die praktische Bedeutung lag bis zur Änderung des Verjährungsrechts durch das Gesetz zur Modernisierung des Schuldrechts vom 26. November 2001 (BGBl. I S. 3138) vor allem darin, dass ein bereicherungsrechtlicher Rückübereignungsanspruch des ursprünglichen Eigentümers einer Verjährung von 30 Jahren unterlag und damit die zehnjährige Ersitzungsfrist überstieg. Das führte dazu, dass der gesetzliche Eigentumserwerb bereicherungsrechtlich wieder rückabzuwickeln war. Die Frage hat erheblich an Bedeutung verloren, da durch die Änderungen des Verjährungsrechts mittlerweile auch die Verjährungsfrist für Bereicherungsansprüche der regelmäßigen Frist von drei Jahren unterliegt (§ 195), wobei diese mit dem Schluss des Jahres beginnt, in dem der Anspruch entstanden ist und der Gläubiger von den anspruchsbegründenden Tatsachen Kenntnis erlangt (§ 199 Abs. 1). Der Bereicherungsanspruch verjährt ohne Rücksicht auf die Kenntnis in zehn Jahren von dessen Entstehung an (§ 199 Abs. 4), bei gleichzeitigem Schadensersatzanspruch aus unerlaubter Handlung gem. § 852 S. 2 nach dessen Verjährungsfrist (zehn Jahre ab Entstehung des Anspruchs, ohne Rücksicht auf die Entstehung in 30 Jahren ab der Verletzungshandlung). Damit kann auch dieser Anspruch – jedenfalls bei Erhebung der Einrede der Verjährung – nach Ablauf der Frist nicht mehr durchgesetzt werden. Die praktischen Auswirkungen der Streitfrage beschränken sich daher darauf, ob es überhaupt der Einrede bedarf und ob im Übrigen die Parteien möglicherweise die Verjährungsfrist durch Vertrag verlängert haben (vgl. § 202).

253   Für einen Ausschluss bereicherungsrechtlicher Ansprüche spricht die Zielsetzung des § 937, den Rechtsfrieden herzustellen. Die h.M. will dagegen wie folgt unterscheiden (*Baur/Stürner*, § 53 Rn. 91; *Westermann/Gursky*, § 51 III 2b): Der rechtsgrundlose oder unentgeltliche Erwerb durch Leistung des Veräußerers soll der Leistungskondiktion (i.d.R. § 812 Abs. 1 S. 1 Var. 1) oder der Kondiktion nach § 816 Abs. 1 S. 2 ausgesetzt sein. Damit werden Wertungswidersprüche vermieden, die entstehen können, wenn bei Nichtigkeit von Kausal- *und* Verfügungsgeschäft Letzteres kondiktionsfest ist, während bei bloßer Nichtigkeit des Kausalgeschäftes der wirksame Erwerb ausgeschlossen sein soll, da eine bereicherungsrechtliche Abwicklung möglich bleibt.

Eine Eingriffskondiktion scheidet aber nach h.M. aus. Damit wird dem Zweck der Vorschrift des § 937 Rechnung getragen. Unberührt von § 937 bleiben dagegen vertragliche Rückgabeansprüche. Hier wird ein sachenrechtlicher Verkehrsschutz überwiegend nicht als vorrangig angesehen. Der Inhalt des Anspruchs verändert sich nach der Ersitzung dahin gehend, dass für die Zukunft Rückübereignung verlangt werden kann.

4. Analoge Anwendung auf unbestellt zugesandte Sachen

Gem. § 241a Abs. 1 wird durch die unbestellte Zusendung von Sachen **254** kein Anspruch begründet (ausführlich hierzu *Berger*, JuS 2001, 649). Die Auslegung dieser Vorschrift gibt erhebliche Probleme auf. Teilweise wird angenommen, dass sie auch gesetzliche Ansprüche aus Eigentum ausschließt (MünchKomm-BGB/*Kramer*, § 241a Rn. 15). Es kommt danach zu der eigenartigen Situation, dass der Eigentümer zwar sein Eigentum behalten soll, den Herausgabeanspruch dagegen aber nicht durchsetzen kann. Um dies zu bereinigen, wird teilweise eine analoge Anwendung des § 937 Abs. 1 befürwortet (Erman/*Ebbing*, § 937 Rn. 13). Ohne dass es auf die Voraussetzungen des Eigenbesitzes ankäme, sollen die Empfänger von Sachen i.S.v. § 241a Abs. 1 nach Ablauf von zehn Jahren deren Eigentümer werden. Damit soll ein **dauerhaftes Auseinanderfallen** von Besitz und Eigentum verhindert werden. Dem lässt sich freilich entgegenhalten, dass § 937 gerade Rechtsunklarheit beseitigen sollte, die – bei der von dieser Auffassung vertretenen Auslegung des § 241a Abs. 1 – nicht besteht. Der Empfänger kann mit der gelieferten Sache nach seinem Belieben verfahren, er kann sich auch keiner Sachbeschädigung strafbar machen (Palandt/*Heinrichs*, § 241a Rn. 7). Es fragt sich daher, welchen Sinn etwa eine zehnjährige Wartefrist haben soll, wenn der Zusender seinen Eigentumherausgabeanspruch von Beginn an nicht geltend machen kann. Demgegenüber wird teilweise ein Übergang des Eigentums auf den Verbraucher gefordert (*Riehm,* Jura 2000, 505, 512).

Ersitzung (§§ 937–945)

> 1. Eigenbesitz gem. § 872
> 2. Ablauf der zehnjährigen Frist (§ 937 Abs. 1)
> 3. Gutgläubigkeit (§ 937 Abs. 2), auch nachträgliche Gutgläubigkeit ist möglich, Fristbeginn mit dem Zeitpunkt der Gutgläubigkeit
> 4. Rechtsfolge: originärer (§ 937 Abs. 1), lastenfreier (§ 945) Erwerb

IV. Eigentumserwerb bei Fund

Das Auffinden von verlorenen Gegenständen führt grundsätzlich nicht **255** zum Eigentum des Finders, sondern begründet zwischen Finder und Eigentümer ein gesetzliches Schuldverhältnis (§§ 965 ff.). Dieses gewährt dem Verlierer einen Herausgabeanspruch und dem Finder Ersatzansprüche für Aufwendungen sowie den Anspruch auf den sog. Finderlohn (s. §§ 969 ff.).

Unter bestimmten Voraussetzungen sieht das Gesetz freilich einen Eigen- **256** tumserwerb vor. Mit Ablauf von sechs Monaten nach Anzeige des Fundes bei der zuständigen Behörde erwirbt der Finder Eigentum an der Fundsache gem. § 973, wenn nicht zuvor der Empfangsberechtigte dem Finder bekannt geworden ist und sich auch ein solcher bei der Behörde nicht gemeldet hat. Die Anzeigepflicht ergibt sich aus § 965 Abs. 1. Sie gilt nach § 965 Abs. 2 S. 2 nicht, wenn die Sache nicht mehr als 10 € wert ist. In diesem Fall beginnt die Frist des § 973 mit Entdecken und Ansichnehmen der Sache (§ 973 Abs. 2 S. 1). Der Finder erwirbt nach § 973 Abs. 1 S. 2 lastenfreies Eigentum.

Weitere Eigentumserwerbstatbestände betreffen die Situation, dass der Eigentümer sich auf die dem Finder zustehenden, geltend gemachten und konkret bezifferten Ansprüche auf Finderlohn (§ 971) sowie Aufwendungsersatz (§ 970) in angemessener Frist nicht äußert (sog. **Verschweigung**). Dies trifft freilich nicht für den Fall zu, dass die Rechte bestritten werden.

Als **Rechtsgrundverweisung** auf das Bereicherungsrecht sieht § 977 einen Ausgleich für den Rechtsverlust zwischen dem früher dinglich Berechtigten und dem Erwerber nach §§ 973, 974, 976 vor. Der Anspruch erlischt mit Ablauf von drei Jahren nach Eigentumsübergang.

257 Sonderregeln gelten für den Fund in öffentlichen Behörden oder Verkehrsanstalten (§ 978), die die Rechte des Finders beschränken und einen Eigentumserwerb nach § 973 ausschließen. Ebenfalls gesondert geregelt ist der sog. **Schatzfund**. Hier besteht die Besonderheit darin, dass die Sache, anders als beim Verlust, nicht besitzlos gewesen sein muss. Der entdeckte Schatz (Legaldefinition in § 984) gehört zur Hälfte dem Entdecker (s. *BGH* JuS 1989, 569 m. Anm. *K. Schmidt*) und zur Hälfte demjenigen, in dessen Sache der Schatz gefunden worden ist (Abweichungen hiervon im Denkmalschutzrecht, z. B. nach § 25 SächsDSchG: mit Entdeckung werden bewegliche Kulturdenkmale Eigentum des Freistaates).

Fund (§ 973)

1. Anzeige des Fundes, es sei denn, Wert bis 10 € (§ 965)
2. Ablauf von sechs Monaten
3. kein Bekanntwerden des Empfangsberechtigten oder Anmeldung seines Rechtes durch ihn (§ 973 Abs. 1)
4. Rechtsfolge: originärer, lastenfreier Erwerb (§ 973)

V. Eigentumserwerb kraft Aneignung

258 Nicht zum rechtsgeschäftlichen, sondern zum gesetzlichen Eigentumserwerb gehört auch die Aneignung herrenloser beweglicher Sachen, da sie lediglich einen **natürlichen Aneignungswillen** ohne Rechtsgeschäft verlangt. Darin unterscheidet sie sich von dem umgekehrten Vorgang, der

Dereliktion (§ 959). Im Gegensatz zu den vorgenannten Eigentumserwerbstatbeständen der Ersitzung und des Fundes bleiben Rechte Dritter hier allerdings bestehen.

Erforderlich ist, dass es sich um **herrenlose** Sachen (ursprünglich oder nachträglich) handelt, die in mittelbaren oder unmittelbaren Eigenbesitz genommen werden. Im Zeitpunkt der Aneignung darf die Sache in niemandes Eigentum stehen. Ausgeschlossen ist die Aneignung nach § 958 Abs. 2, wenn sie gesetzlich verboten ist oder das Aneignungsrecht eines anderen verletzt.

Ein gesetzliches Verbot liegt etwa in den Aneignungsverboten nach dem BNatSchG und den Artenschutzverordnungen der Länder. Aneignungsrechte Dritter werden bspw. bei unberechtigtem Abbau und Schürfen unter Verstoß gegen Bergrecht (§§ 8, 9 BBergG) begründet (s. hierzu auch o. Rn. 150).

Weitere Voraussetzung für die Aneignung ist, dass es sich um eine **bewegliche** Sache handelt (zur Aneignung von Grundstücken s. § 928 Abs. 2).

VI. Weitere gesetzliche Eigentumserwerbstatbestände

Im Einzelfall kann ein Eigentumserwerb auch im Wege dinglicher Surro- **259** gation stattfinden, so bspw. gem. § 1370 für den Ersatz von Haushaltsgegenständen (allg. hierzu *Wolf*, JuS 1975, 717 ff.). Einen weiteren Eigentumserwerbstatbestand sieht § 952 vor, der anordnet, dass das Recht am Papier dem Recht aus dem Papier folgt. Die Vorschrift gilt für Schuldurkunden und verlangt für das Eigentum die Entstehung der Forderung. Nicht von § 952 erfasst sind dagegen die Wertpapiere im engeren Sinne. Die Vorschrift findet nach h.M. (s. Jauernig/*Jauernig*, § 952 Rn. 2) auf den Kfz-Brief analoge Anwendung.

VII. Erwerb von Erzeugnissen und Bestandteilen einer Sache (§§ 953 bis 957)

In den §§ 953 bis 957 ist die Rechtslage nach der Trennung von wesent- **260** lichen Bestandteilen geregelt. Die dort vorgesehene Eigentumszuordnung gilt zunächst vorläufig. § 953 wählt hierfür die nächstliegende Rechtsfolge, nämlich dass auch nach der Trennung sich das Eigentum an der getrennten Sache fortsetzt. Die §§ 954 bis 957 sehen dann (immer spezieller werdende) Ausnahmen zu dieser Grundregel vor. So erwirbt etwa der obligatorische Aneignungsberechtigte, wenn die Aneignungsgestattung von einem Berechtigten ausgeht, Eigentum (§ 956), um nur eine der hier nicht weiter darzustellenden Ausnahmevorschriften zu nennen. Sehr umstritten ist die Frage, wann in diesem Fall ein Eigentumserwerb eintritt. Dies hängt entscheidend von der Qualifizierung der Gestattung ab. Teilweise wird in der Gestattung eine einseitige empfangsbedürftige Willenserklärung gesehen (Westermann/ *Gursky*, § 57 III 2b), während die Gegenauffassung § 956 als gesetzlich geregelten Fall der Übereignung künftiger Sachen ansieht (RGZ 78, 35; Palandt/ *Bassenge*, § 956 Rn. 2).

Eigentumserwerbstatbestände gem. §§ 952–957

I. Eigentumserwerb an Schuldurkunden, Rektapapieren (§ 952)

Eigentümer des über die Forderung ausgestellten Papiers ist der Forderungsgläubiger, auch wenn er nicht in dessen Besitz ist

II. Eigentumserwerb an Erzeugnissen und sonstigen Bestandteilen (§§ 953–957)

1. Erwerb bei Gestattung durch Nichtberechtigten (§ 957)
2. Erwerb durch persönlich Berechtigten bei Gestattung (§ 956)
3. Erwerb durch gutgläubigen Eigenbesitzer (§ 955)
4. Erwerb durch dinglichen Nutzungsberechtigten (§ 954)
5. Grundfall: getrennte Erzeugnisse und Bestandteile sind Eigentum des Sacheigentümers (§ 953)

Rechtsfolge: Eigentum; je nach Tatbestand können sich Belastungen fortsetzen.

VIII. Kontrollfragen

1. Gilt § 946 auch, wenn der Wert der verbundenen Sache um ein Vielfaches höher ist als der des Grundstücks?
2. Erläutern Sie das Verhältnis der §§ 946 ff. zu den §§ 104 ff.?
3. Wer ist Eigentümer einer nach § 947 Abs. 2 verbundenen Nebensache, wenn der Eigentümer der Hauptsache (A) und der Eigentümer der Nebensache (B) vereinbart hatten, dass sich die Eigentumslage durch die Verbindung nicht ändern soll und zwei Tage nach der Verbindung die Sachen wieder getrennt werden?
4. Wann spricht man von einem erheblich geringeren Wert i. S. v. § 950 Abs. 1 S. 1?
5. H errichtet für E auf dessen Grundstück ein Haus. Bis zum Rohbau läuft alles reibungslos. Beim Fliesenlegen kommt es aber zu einem Zwischenfall: H verlegt in E's Küche drei Kacheln aus Meißner Porzellan, die ihm der Eigentümer A nur vorübergehend zur Ansicht geliehen hatte. Da E sich mit Fliesen und Kacheln auskennt, wusste er das. Wer ist Eigentümer der Kacheln? Welche Ansprüche hat A gegen E (H ist unauffindbar im Ausland untergetaucht)?
6. Ist die Ersitzung abhanden gekommener Sachen möglich?
7. Finden nach einer Ersitzung Ansprüche aus den §§ 812 ff. Anwendung?

Empfehlungen zur vertiefenden Lektüre:

Otte, Wesen, Verkehrsanschauung, wirtschaftliche Betrachtungsweise – ein Problem der §§ 93, 119 II, 459 und insbesondere 950 BGB, JuS 1970, 154; *Scheyhing*, Zum Bereicherungsanspruch nach § 951 BGB, JZ 1956, 14; *Schreiber*, Eigentumserwerb durch Fund, Jura 1990, 446.

§ 7. Der Herausgabeanspruch des Eigentümers nach § 985

I. Ansprüche bei bestehender Vindikationslage

Die §§ 985 ff. regeln die dinglichen Ansprüche zwischen Eigentümer und **261** Besitzer. An erster Stelle steht der Herausgabeanspruch des Eigentümers gegen den Besitzer, wenn dieser kein Recht zum Besitz hat (§§ 985 f.). Der Herausgabeanspruch geht auf die römische rei vindicatio zurück, daher spricht man im Zusammenhang von § 985 auch von dem **Vindikationsanspruch.**

Des Weiteren werden in den Vorschriften Fragen geregelt, die mit dem **262** zwischen Eigentümer und Besitzer bestehenden Verhältnis zusammenhängen. Konkret geht es darum,
- ob der Eigentümer bei Verschlechterung der herauszugebenden Sache oder Unmöglichkeit Schadensersatz verlangen kann,
- ob er die zwischenzeitlich gezogenen Nutzungen heraus- oder gar für sie Ersatz verlangen kann und umgekehrt, wie es bei nicht gezogenen Nutzungen ist,
- ob der Besitzer seinerseits Ersatz für getätigte Verwendungen auf die Sache begehren kann und, sollte ein solcher Anspruch bestehen, welche Möglichkeiten der Durchsetzung dem Besitzer zustehen.

Alle diese Ansprüche beruhen auf dem zwischen den Beteiligten bestehenden **Eigentümer-Besitzer-Verhältnis (EBV),** das ein gesetzliches Schuldverhältnis darstellt.

Grundsätzlich sind die §§ 985 ff. **abschließend,** so dass daneben An- **263** sprüche aus anderen (gesetzlichen) Schuldverhältnissen, insbesondere GoA (§§ 677 ff.), Bereicherungs- (§§ 812 ff.) oder Deliktsrecht (§§ 823 ff.) nicht angewandt werden können. Für diese Ausschließlichkeit spricht schon § 993 Abs. 1 HS 2. Im Detail sind diese Regeln und ihre Ausnahmen allerdings sehr streitig. Hierauf wird im jeweiligen Sachzusammenhang noch einzugehen sein.

Neben den komplizierten Konkurrenzfragen ist es vor allem die Differen- **264** zierung der Ansprüche danach, ob es sich um einen gut- oder bösgläubigen, verklagten, unverklagten oder deliktischen Besitzer handelt, die die Bestimmungen gerade für den juristischen Anfänger sehr unübersichtlich macht.

II. Anspruch aus § 985

265   Der Anspruch aus § 985 steht dem Eigentümer der Sache zu. Er richtet sich gegen ihren Besitzer, der gem. § 986 ein bestehendes Recht zum Besitz entgegenhalten darf. Der Anspruch gilt sowohl für die Herausgabe von beweglichem, wie auch unbeweglichem Eigentum. Im letztgenannten Fall ist parallel dazu der Anspruch auf Grundbuchberichtigung (§ 894) möglich (s. dazu u. Rn. 466 ff.). Es können entsprechend dem Spezialitätsgrundsatz (s. o. Rn. 33 f.) stets nur einzelne Sachen, nicht jedoch Sachgesamtheiten herausverlangt werden.

1. Eigentümer als Anspruchsinhaber

266   Jeder nicht unmittelbar besitzende Eigentümer ist Inhaber des Anspruches. Das gilt auch für Treuhandeigentum (hierzu o. Rn. 144 ff.) Für Miteigentümer (hierzu o. Rn. 138 ff.) sind die §§ 1011, 432 zu beachten, die nur einen Anspruch auf Einräumung des Mitbesitzes oder Herausgabe an alle Miteigentümer geben. Gesamthandseigentümer (zum Begriff o. Rn. 140 f.) können, vorbehaltlich einer Bevollmächtigung der übrigen Gesamthänder, den Herausgabeanspruch nur gemeinschaftlich geltend machen.

267   Dem Eigentümer kommt für den Nachweis die **Eigentumsvermutung des § 1006** zugute. Danach wird bei beweglichen Sachen widerleglich vermutet, dass der gegenwärtige Besitzer einer Sache auch ihr Eigentümer ist (§ 1006 Abs. 1). Für den Fall, dass die Vermutung widerlegt wird, stellt das Gesetz eine entsprechende Vermutung für den Vorgänger im Besitz auf (§ 1006 Abs. 2). Besteht ein Besitzmittlungsverhältnis, so gelten die Vermutungen nach Abs. 1 und 2 für den mittelbaren Besitzer (§ 1006 Abs. 3). Grundlage für die Vermutung ist der Umstand, dass der Besitz beweglicher Sachen gem. dem Traditions- oder Publizitätsprinzip (s. o. Rn. 35 f.) beim Erwerb grundsätzlich übertragen wird. § 1006 stellt also die Vermutung auf, dass der Erwerber des Besitzes auch Eigentum erlangt hat und dieses Eigentum fortbesteht (*BGH* NJW 1993, 935, 936; teilweise wird eine solche weitere Vermutung für entbehrlich gehalten, da in diesem Fall ohnehin den Besitzer die Beweislast träfe, Erman/*Ebbing*, § 1006 Rn. 18 m.w.N.). Notwendig ist daher in jedem Fall, dass der Besitzer von Beginn an **Eigenbesitz** (§ 872, s. o. Rn. 75 f.) hatte (*Brehm/Berger*, § 7 Rn. 83). Bei einem zunächst bestehenden Fremdbesitz und späteren Wechsel zum Eigenbesitz kommt dem Besitzer die Eigentumsvermutung nicht zugute. In diesem Fall muss der Eigentümer sein Recht dartun und bei Bestreiten beweisen.

     Eine Verpfändung des Herausgabeanspruchs aus Eigentum ist nicht möglich (MünchKomm-BGB/*Damrau*, § 1273 Rn. 2). Für ihn gilt die 30-jährige Verjährungsfrist (§ 197 Abs. 1 Nr. 1), sofern nicht die Voraussetzungen des § 902 Abs. 1 S. 1 vorliegen.

2. Anspruchsgegner: Besitzer

Der Anspruch richtet sich gegen den Besitzer der Sache, sei der Besitz **268** unmittelbar oder mittelbar (s. hierzu auch u. Rn. 275). Ohne Bedeutung ist es, ob Fremd- oder Eigenbesitz (hierzu o. Rn. 75 f.) ausgeübt wird. Selbst Inhaber von Teil- oder Mitbesitz (s. o. Rn. 64 ff.) können in Anspruch genommen werden; Letztere freilich nur auf Herausgabe des Mitbesitzes. Ist eine Herausgabe nur einheitlich möglich, so schulden die Mitbesitzer die Herausgabe gemeinschaftlich.

Geschuldet wird der Besitz nur, solange er besteht. Mit Verlust des Besitzes **269** fehlt es an einer entscheidenden Voraussetzung von § 985. Bei Besitzverlust nach Rechtshängigkeit gilt § 265 ZPO und ein Prozess kann gegen den ehemaligen Besitzer als Prozessstandschafter des neuen Besitzers fortgeführt werden (wegen der Rechtskrafterstreckung s. § 325 Abs. 1, 2 ZPO; wegen der Vollstreckung § 727 ZPO).

3. Besonderheiten des Anspruches nach § 985

Die Anwendbarkeit allgemeiner schuldrechtlicher Regeln auf den An- **270** spruch ist im Einzelnen sehr umstritten (s. schon o. Rn. 37).

a) Abtretungsregeln

Die gesonderte Abtretung des Herausgabeanspruchs ohne gleichzeitige **271** Übertragung des Eigentums wird von der h.M. abgelehnt. Dem Eigentümer verbliebe ansonsten nur noch ein um ein wesentliches Element des Eigentums verkürztes Recht. Der Herausgabeanspruch sei letztlich untrennbar mit dem Recht verbunden (*BGH* NJW 1993, 112; *OLG München* NJW-RR 1996, 907; MünchKomm-BGB/*Medicus*, Vor § 985 Rn. 5; *Baur/Stürner*, § 11 Rn. 44; Palandt/*Bassenge*, § 985 Rn. 1; Staudinger/*Gursky* (2006), § 985 Rn. 3; *Prütting*, Rn. 522). Wie § 985 es eindeutig ausdrückt, setzt der Anspruch auf Seiten des Anspruchsinhabers Eigentum voraus. Nur der Eigentümer hat diesen Anspruch. Daraus folgt im Übrigen auch, dass der Herausgabeanspruch nicht ein abzutretendes Recht i.S.d. Erwerbstatbestandes der §§ 929 S. 1, 931 ist (ausführlich o. Rn. 191).

b) Ermächtigung

Nicht ausgeschlossen ist es allerdings, einen anderen zur Geltendmachung **272** des Anspruches zu ermächtigen. Dies zeigt letztlich schon die Regelung des § 265 ZPO, die eine gesetzliche Prozessstandschaft vorsieht. Auch ist eine gewillkürte Prozessstandschaft zulässig, die materiellrechtlich die Ermächtigung voraussetzt, den Anspruch im eigenen Namen geltend zu machen (sog. Ausübungsermächtigung gem. § 185 Abs. 1, *BGH* NJW 1983, 112, 113; NJW-

RR 1986, 158). Daher kann in der Zwangsvollstreckung die Pfändung und Überweisung des Herausgabeanspruchs durchaus sinnvoll sein.

c) Allgemeine Regeln über Leistungsstörungen

272 Die Regeln des Schuldnerverzuges (§§ 286 ff.) finden zwar grundsätzlich Anwendung, es sind allerdings die Besonderheiten des EBV zu berücksichtigen. Danach kommt eine Haftung i. V. m § 990 Abs. 2 nur bei Bösgläubigkeit in Betracht (vgl. § 990 Abs. 1). Anspruchsgrundlage für den Verzögerungsschaden bleibt aber § 280 Abs. 2. Die Anwendung des § 285 ist in Übereinstimmung mit der h. M. (Staudinger/*Gursky* (2006), § 985 Rn. 7, 166; MünchKomm-BGB/*Medicus*, § 985 Rn. 36 jeweils m. w. N.) abzulehnen. Der Eigentümer kann vom veräußernden Besitzer nach § 985 **nicht** etwa den Veräußerungserlös als **stellvertretendes commodum** herausverlangen. Das passt schon tatbestandlich nicht, da der an den Besitzer gezahlte Kaufpreis nicht das Surrogat für das (kraft guten Glaubens) übergegangene Eigentum darstellt. Der Besitzer hat nur den Besitz verloren und dafür den Kaufpreis erhalten (*Vieweg/Werner*, § 7 Rn. 35; *Wilhelm*, Rn. 1187). Erfüllt der Schuldner den Herausgabeanspruch nicht, so kann der Eigentümer nach fruchtlosem Ablauf der Nachfrist Schadensersatz wegen Nichterfüllung verlangen (vgl. den Gedanken des § 281 Abs. 4, MünchKomm-BGB/*Medicus*, § 985 Rn. 40). Im Übrigen ist die Anwendbarkeit des § 281 sehr streitig (dagegen: Staudinger/*Gursky* (2006), § 985 Rn. 81 f.; *ders.*, Jura 2004, 433; befürwortend wohl: *Wolf/Wellenhofer*, § 21 Rn. 22; nur für eine Anwendung gegenüber dem verschärft haftenden Eigenbesitzer: Palandt/*Bassenge*, § 985 Rn. 14).

Befürwortet man einen Schadensersatzanspruch, so kann im Gegenzug der Besitzer die Abtretung etwaiger Ersatzansprüche begehren. Der Herausgabeanspruch ist mit dem Schadensersatzbegehren ausgeschlossen (§ 281 Abs. 4), eine Folge, die letztlich nicht immer zu einem sachgerechten Ausgleich der Interessen von Besitzer und Eigentümer führt. Im Einzelfall wird man hier wohl die Bestimmung des § 281 Abs. 1 S. 1 mittels des § 242 einschränken oder eine Anwendbarkeit wegen der Eigenart des EBV gänzlich ablehnen müssen.

d) Sonstige Besonderheiten

273 Erfüllungsort ist nicht jener des § 269, sondern der Ort, an dem sich die Sache befindet. Teilweise wird für den bösgläubigen Besitzer eine Ortsverlagerung als eine seine Schadensersatzpflicht begründende Handlung gem. §§ 989 f. angesehen (MünchKomm-BGB/*Medicus*, § 985 Rn. 24). Die Kosten der Herausgabe trägt der Besitzer, soweit sie durch Bereitstellung an diesem Ort entstehen.

4. Inhalt des Anspruchs

Der Anspruch richtet sich auf Herausgabe einer konkreten Sache in dem **274** Zustand, in dem sie sich befindet (MünchKomm-BGB/*Medicus*, § 985 Rn. 20). Das gilt auch für Geld mit der Folge, dass bei einer Änderung seiner Erscheinungsform, etwa durch einen Wechsel der Stückelung in Banknoten oder Münzen, der Anspruch nicht mehr besteht. Hier müssen die §§ 989 ff. weiterhelfen. § 985 gewährt m.a.W. keinen Anspruch auf den Wert, sondern nur auf die Sache als solche (**keine Wertvindikation**; str., aber h.M., hierzu bereits o. Rdnr 236).

Ist die in Anspruch genommene Person mittelbare Besitzerin, so kann der **275** Eigentümer nur die Übertragung des mittelbaren Besitzes (gem. § 870) verlangen (Erman/*Ebbing*, § 985 Rn. 22; *Baur/Stürner*, § 11 Rn. 41; **a. A.** die h.M. mit Blick auf § 283 a.F. MünchKomm-BGB/*Medicus*, § 985 Rn. 11; BGHZ 53, 29, 31; diese Auffassung dürfte sich zumindest durch die gesetzliche Neuregelung erledigt haben; vielmehr stellt sich dann die Frage nach der Anwendbarkeit des § 281, vgl. o. Rn. 272).

Zur verbesserten Durchsetzung des Anspruchs steht dem Eigentümer ein **276** **Verfolgungsrecht** gem. § 1005 zu. Wenn sich die Sache auf einem nicht dem Eigentümer der Sache gehörenden Grundstück befindet, darf dieser (wie auch im Besitzrecht nach § 867; hierzu o. Rn. 110) ein Verfolgungsrecht gegen den Besitzer des Grundstückes ausüben. Der Grundstücksbesitzer muss die Aufsuchung und Wegschaffung des Gegenstandes dulden.

Sehr umstritten ist, ob bei Sittenwidrigkeit und Nichtigkeit der Eigen- **277** tumsverschaffung der Herausgabeanspruch des § 985 nach § 817 S. 2 ausgeschlossen ist. Die Lehre bejaht dies überwiegend (Staudinger/*Gursky* (2006), § 985 Rn. 108 ff.; s. auch *Medicus*, BR, Rn. 697 ff.); der Bundesgerichtshof hat den gegenteiligen Standpunkt bezogen. § 817 stelle eine Ausnahmevorschrift dar, die nicht zuletzt wegen ihres Strafcharakters eng auszulegen sei (BGHZ 63, 365, 369). Die Übereignung sei als dingliches Verfügungsgeschäft neutral und könne daher grundsätzlich nicht sittenwidrig sein. Alles andere verstoße gegen die Trennung von Verfügungs- und Verpflichtungsgeschäft. Nur wenn die Wirksamkeit des Verfügungsgeschäftes zur Fortsetzung eines mit § 138 unvereinbaren Zustandes führen würde, könne dies zu einer Nichtigkeit führen (BGHZ 41, 341, 343 f.); auf den dann bestehenden Anspruch aus § 985 sei aber § 817 S. 2 nicht anzuwenden. So einleuchtend die Begründung des Gerichts zunächst erscheint, so wenig überzeugend ist das erzielte Ergebnis: Im Falle nur eines nichtigen obligatorischen Geschäftes ist ein Kondiktionsanspruch ausgeschlossen, während bei Verstößen, die auch zur Nichtigkeit des Verfügungsgeschäftes führen (z. B. bei sog. Fehleridentität, s. o. Rn. 155, 43), der Eigentümer statt dessen einen Herausgabeanspruch haben soll. Dies spricht für den Standpunkt der herrschenden Lehre.

278   Der Anspruch aus § 985 kann mit auf dasselbe Ziel gerichteten Ansprüchen aus §§ 861 und 1007 konkurrieren. Eine solche Konkurrenz ist auch mit Bereicherungsansprüchen (§§ 812 ff.) und deliktischen Schadensersatzansprüchen (§§ 823 ff.) möglich. Letztere können wegen des Grundsatzes der Naturalrestitution (§ 249 Abs. 1) auch auf Herausgabe gerichtet sein. Die Unterscheidung spielt vor allem im Rahmen des Insolvenzrechts eine Rolle, wo nur der dingliche Anspruch nach § 985 ein Aussonderungsrecht nach § 47 InsO begründet. Zu vertraglichen Herausgabeansprüchen besteht nach h. M. ebenfalls Anspruchskonkurrenz (BGHZ 34, 122, 123 f.; **a. A.** die Lehre vom Vorrang des Vertragsverhältnisses, *Raiser*, JZ 1958, 681, 684; *Baur/Stürner*, § 11 Rn. 30).

5. Besitzrecht als Ausschlussgrund für die Vindikation

279   Der in Anspruch genommene Besitzer kann dem Vindikationsanspruch entgegenhalten, dass ihm ein Recht zum Besitz zustehe. Das Gesetz unterscheidet in § 986 zwischen **unmittelbarem** und **abgeleitetem Besitzrecht.** Von Ersterem spricht man, wenn dem Besitzer gegenüber dem Eigentümer unmittelbar ein Recht zur tatsächlichen Sachherrschaft zusteht. Dieses kann sich aus verschiedenen Gründen ergeben: Der Besitzer kann zum einen Inhaber eines **dinglichen Rechts** sein, das ihm ein Besitzrecht verschafft. Letzteres gilt etwa für das Pfandrecht an beweglichen Sachen (sog. Besitzpfandrecht, vgl. § 1205). Gleiches gilt für den Nießbrauch (§ 1036), das Erbbaurecht (§ 11 ErbbauRG), das dingliche Wohnrecht (§ 1093) und das Dauerwohnrecht (§ 31 WEG).

280   Häufig wird sich dagegen ein Besitzrecht aus einem zwischen dem Eigentümer und Besitzer bestehenden **schuldrechtlichen Vertrag** ergeben. Dies gilt zum Beispiel bei einem Kauf unter Eigentumsvorbehalt. Der Käufer hat hier ein Recht zum Besitz auch schon bevor der Kaufpreis in voller Höhe entrichtet ist. Dies gilt jedenfalls, solange er die Verpflichtungen aus dem Kaufvertrag erfüllt. Ein Recht zum Besitz lässt sich zudem aus der **Anwartschaft** (zum Begriff s. u. Rn. 562 ff.) des Käufers ableiten (str., hierzu u. Rn. 564). Die Verjährung des Erfüllungsanspruchs führt nicht zum Erlöschen des Besitzrechts (BGHZ 90, 269). Ein Recht zum Besitz begründet ebenso der Mietvertrag für den Mieter (§ 535), der Pachtvertrag für den Pächter (§ 598) oder gar das Befriedigungsrecht nach § 1003 Abs. 1 S. 2 für seinen Inhaber.

281   Sehr umstritten ist die Frage, ob auch **Zurückbehaltungsrechte** ein Recht zum Besitz begründen. In der Literatur wird dies insgesamt abgelehnt, während der Bundesgerichtshof (BGHZ 64, 122, 124; *BGH* NJW-RR 1986, 282; NJW 1995, 2627, 2628) ein Recht zum Besitz aus dem Zurückbehaltungsrecht gem. § 273 befürwortet (ausführlich *Seidel*, JZ 1993, 180). Die Auffassung des Gerichts lässt sich kaum damit in Einklang bringen, dass Zurückbehaltungsrechte und Einreden keine von Amts wegen zu berücksichti-

genden Einwendungen – wie sie § 986 darstellt – gewähren. Das Gericht hält
hier die Einrede nach § 273 im Rahmen des § 986 entgegen der allgemeinen Terminologie auch nur auf entsprechendes Vorbringen für beachtlich.
Schon dies scheint wenig überzeugend. Es kommt hinzu, dass die Auffassung
des Bundesgerichtshofs sich nicht mit dem Zweck der Vorschrift vereinbaren
lässt. Das Zurückbehaltungsrecht soll nämlich die Durchsetzung von Rechten
verhindern, wenn man unter den Voraussetzungen der Einrede ein Gegenrecht hat. Das Recht zum Besitz dagegen steht schon der Entstehung des Anspruchs aus § 985 entgegen und geht damit über die Wirkung einer Einrede
hinaus (MünchKomm-BGB/*Medicus*, § 986 Rn. 17; Jauernig/*Jauernig*, § 986
Rn. 8; Palandt/*Bassenge*, § 986 Rn. 5 m.w.N.; Soergel/*Mühl*, § 986 Rn. 2, 7;
Staudinger/*Gursky* (2006), § 986 Rn. 28). Das zeigt sich auch im Prozess:
Eine Klage, der ein Recht zum Besitz entgegengehalten wird, ist abzuweisen.
Die Erhebung eines Zurückbehaltungsrechts führt dagegen zur Verurteilung
Zug um Zug. Hinzu kommt, dass das Gericht nicht die mit seiner Ansicht
verbundene Konsequenz ziehen will, auch Ansprüche aus dem EBV bei Bestehen eines Zurückbehaltungsrechtes abzulehnen. Es begründet die von ihm
gemachte Ausnahme damit, dass das Zurückbehaltungsrecht nur vorübergehend die Geltendmachung des Herausgabeanspruchs verhindere (BGHZ 149,
326, 333).

Diese Ausnahme macht deutlich, wie wenig das Verständnis des Bundesgerichtshofs dem Zurückbehaltungsrecht und seinen Eigenheiten gerecht wird
(vgl. auch *Seidel*, JZ 1993, 180, 181 f.).

Auch aus gesetzlichen Rechtsverhältnissen, wie der ehelichen Lebensge- **282**
meinschaft (§ 1353) (BGHZ 71, 216; *OLG Düsseldorf* NJW-RR 1999, 441)
sowie aus „Verwaltungsverhältnissen" (z. B. §§ 80, 148 InsO, Insolvenzverwalter; § 1985, Nachlassverwalter; § 2205, Testamentsvollstrecker; § 1422,
verwaltender Ehegatte am Gesamtgut in der Gütergemeinschaft; § 1626
Abs. 1 S. 2, Vermögenssorge der Eltern über Kindesvermögen) kann sich ein
Besitzrecht ergeben.

§ 986 gewährt dem Besitzer die Möglichkeit, das Recht zum Besitz einzu- **283**
wenden. Es handelt sich nach der gesetzlichen Konstruktion aber nicht etwa
um eine negative (und daher vom Eigentümer) zu beweisende Anspruchs-
voraussetzung, sondern um ein Gegenrecht des Besitzers, das eine von Amts
wegen zu berücksichtigende **Einwendung** und nicht bloß eine auf entsprechendes Vorbringen zu beachtende Einrede darstellt. Die Voraussetzungen
dieser Einwendung sind vom Besitzer darzutun und im Bestreitensfalle zu
beweisen.

6. Abgeleitetes Besitzrecht

Mit dem abgeleiteten Besitzrecht wird die Situation bezeichnet, in der der **284**
Besitzer sein Besitzrecht von einem Dritten herleitet. In diesem Fall ist der

unmittelbare Besitzer dem Eigentümer nicht zur Herausgabe verpflichtet, solange der Dritte, von dem er seinen Besitz ableitet, gegenüber dem Eigentümer ein Recht zum Besitz hat und dieser im Zeitpunkt der Überlassung den
Besitz einem anderen einräumen durfte. Auf das Bestehen eines Besitzmittlungsverhältnisses zwischen Drittem und unmittelbarem Besitzer kommt es
dagegen nicht an. War der Dritte nicht zur Überlassung des Besitzes berechtigt, so kann der unmittelbare Besitzer sein Recht zum Besitz gegenüber dem
Dritten dem Eigentümer nicht entgegenhalten. Lediglich der Inhalt dieses
Anspruchs ist beschränkt, indem der Eigentümer nur Herausgabe an den mittelbaren Besitzer verlangen kann. An sich darf der Eigentümer die Herausgabe der Sache nur begehren, wenn der Dritte den Besitz nicht wieder übernehmen kann oder will (§ 986 Abs. 1 S. 2). Über den Rahmen des Wortlautes
hinaus ist Gleiches auch zu befürworten, wenn der Dritte nie Besitzer war
oder das Besitzrecht gegenüber dem Eigentümer nicht mehr besteht (Palandt/
Bassenge, § 986 Rn. 7; Staudinger/*Gursky* (2006), § 986 Rn. 42).

285   Findet die Übereignung der beweglichen Sache nach § 931 durch Abtretung des Herausgabeanspruchs statt (s. o. Rn. 190), so ist der unmittelbare Besitzer hieran nicht beteiligt. Er muss nicht einmal davon wissen. Gem. § 986
Abs. 2 kann er daher sein Recht zum Besitz auch gegenüber dem Erwerber
geltend machen. Diese Vorschrift ist in Parallele zu § 404 zu sehen und beruht auf demselben Rechtsgedanken. Daher wird entsprechend den §§ 404,
407 dem Besitzer auch die Möglichkeit gegeben, gegenüber dem neuen Eigentümer alle Einwendungen geltend zu machen, die dem unmittelbaren Besitzer dem Veräußerer gegenüber zustanden. Voraussetzung ist nur, dass der
Grund für die Einwendung bereits im Zeitpunkt der Veräußerung bestand.
§ 986 Abs. 2 stellt den notwendigen Ausgleich dafür her, dass der unmittelbare Besitzer an der Veräußerung nicht beteiligt ist.

286   Die Vorschrift findet nach überwiegender Auffassung auch auf die Übereignung an den Besitzmittler des zum Besitz berechtigten mittelbaren Besitzers nach § 929 S. 2 (s. o. Rn. 180) Anwendung, um dem mittelbaren Besitzer die Rechte im Verhältnis zum erwerbenden unmittelbaren Besitzer zu
erhalten, die er im Verhältnis zum Veräußerer hatte (MünchKomm-BGB/
Medicus, § 986 Rn. 22; a. A. Staudinger/*Gursky* (2006), § 986 Rn. 56).

287   Gleiches gilt für die Veräußerung nach § 930 (s. o. Rn. 182 ff.), wenn sich
die Sache in unmittelbarem Besitz eines anderen befindet und an einen Dritten unter Vereinbarung eines weiteren Besitzmittlungsverhältnisses zwischen
(mittelbar besitzenden) Veräußerer und Erwerber übereignet wird (s. die
Übersicht o. Rn. 184 Konstellation 2)). Der unmittelbare Besitzer kann dann
das ihm gegenüber dem Veräußerer zustehende Recht zum Besitz auch gegenüber dem Erwerber geltend machen (BGHZ 111, 142, 146; Münch-
Komm-BGB/*Medicus*, § 986 Rn. 22; Jauernig/*Jauernig*, § 986 Rn. 9; Staudin-
ger/*Gursky* (2006), § 986 Rn. 55; *Prütting*, Rn. 515; *Vieweg/Werner*, § 7
Rn. 26).

**Voraussetzungen des Herausgabeanspruchs nach § 985
(Bestehen einer Vindikationslage)**

---

1. Eigentum des Anspruchstellers an der Sache (§ 985)
2. (Mittelbarer oder unmittelbarer) Besitz des Anspruchgegners (§ 985)
3. Fehlendes Recht zum Besitz des Anspruchgegners (§ 986)
   - unmittelbares Besitzrecht nach § 986 Abs. 1 S. 1 1. HS
   - abgeleitetes Besitzrecht nach § 986 Abs. 1 S. 1 2. HS
   - abgeleitetes Besitzrecht nach § 986 Abs. 2

III. Kontrollfragen

Kontrollfragen zum Stoff dieses Kapitels finden Sie im Zusammenhang mit den Kontrollfragen des nächsten Kapitels unter Rn. 340.

Empfehlungen zur vertiefenden Lektüre:

Gursky, Der Vindikationsanspruch und § 281 BGB, Jura 2004, 433; *Jochem*, Eigentumsherausgabeanspruch (§ 985 BGB) und Ersatzherausgabe (§ 281 BGB): Abschied von einem Wiedergänger, MDR 1975, 177; *Kindl*, Das Eigentümer-Besitzer-Verhältnis: Vindikationslage und Herausgabeanspruch, JA 1996, 23; *Schreiber*, Der Herausgabeanspruch des § 985 BGB, Jura 2005, 30; *Seidel*, Das Zurückbehaltungsrecht als Recht zum Besitz im Sinne des § 986 BGB?, JZ 1993, 180.

§ 8. Die weiteren Ansprüche des Eigentümer-Besitzer-Verhältnisses

I. Einleitung

288   Im Folgenden sollen die weiteren Ansprüche im Eigentümer-Besitzer-Verhältnis (EBV) dargestellt und erörtert werden. Ein grober Überblick wurde bereits an früherer Stelle gegeben (o. Rn. 262). Hier ist zunächst auf einige Fragen einzugehen, die sich im Zusammenhang mit sämtlichen Ansprüchen aus dem EBV stellen.

289   Grundvoraussetzung dieser Ansprüche ist, wie bei § 985, das Bestehen einer **Vindikationslage** (s. hierzu den Merkkasten o. Rn. 287). Sie setzt ein fehlendes Besitzrecht voraus (s. o. Rn. 279 ff.). Das Besitzrecht kann auch nachträglich mit Rückwirkung entfallen sein (z. B. bei Anfechtung eines Vertrages, s. § 142 Abs. 1), so dass dann von Beginn an ein EBV vorleigt.

1. „Nicht-so-berechtigter" Besitzer

290   Teilweise wird eine Vindikationslage darüber hinaus angenommen, wenn der Berechtigte sein wirksam bestehendes Besitzrecht überschreitet (auch sog. Exzess des rechtmäßigen Fremdbesitzers).

> **Beispiel:** Ein Hauptmieter (berechtigter Fremdbesitzer) vermietet das Mietobjekt unerlaubt unter.

In diesem Umfang fehle es an einem Recht zum Besitz. Dem wird überzeugend entgegengehalten, dass damit die Grenzen zwischen dem schuldrechtlichen Besitzmittlungsverhältnis und dem EBV verwischt werden. Überschreitet z. B. der Mieter seine Nutzungsbefugnisse nach dem Mietvertrag, indem er etwa die Mietsache unzulässig zu gewerblichen Zwecken nutzt, so regelt sich der Ausgleich zwischen Mieter und Vermieter sowie die Beendigung des Mietverhältnisses nach dem zwischen beiden bestehenden Mietvertrag (s. zum Streit MünchKomm-BGB/*Medicus*, Vor §§ 987–1003 Rn. 12). Zum Fall der Überschreitung eines vermeintlichen Besitzrechtes bei nichtigem Kausalvertrag sogleich u. Rn. 306 f.

> **Beispiel:** Der vermeintliche Hauptmieter vermietet das Mietobjekt unter, obwohl dies in dem nichtigen Mietvertrag ausgeschlossen wurde.

2. Zeitpunkt des EBV

Ebenfalls problematisch ist die Figur des **„nicht mehr berechtigten"** 291
Besitzers. Nach ihr soll es für Ansprüche aus dem EBV – in der Sache geht es
um Verwendungsersatzansprüche des Besitzers – ausreichen, dass **im Zeitpunkt des Ersatzbegehrens** ein solches EBV besteht, während bei Vornahme der Verwendung durchaus noch ein Recht zum Besitz bestanden haben kann (sog. **nachträgliche Vindikationslage,** hierzu *Brehm/Berger,* § 8
Rn. 12).

Beispiel: Nach Beendigung eines Mietvertrages macht der Mieter Ansprüche auf Ersatz von Kosten für den Einbau einer Heizungsanlage geltend.

Auch der nicht mehr Berechtigte müsse die Möglichkeit haben, Verwendungsersatz zu verlangen, und dürfe nicht schlechter stehen als der von Anfang an nicht berechtigte Besitzer (BGHZ 34, 122, 131; 100, 195, 202 f.;
Palandt/*Bassenge,* Vor § 994 Rn. 13; *Prütting,* Rn. 557). Dem ist allerdings zu
entgegnen, dass der Schutz des Besitzers, der eine Verwendung vornimmt, sich
nach dem zwischen ihm und dem Eigentümer im Zeitpunkt der Vornahme
der Verwendung bestehenden Besitzverhältnis richten muss. Mit dessen Beendigung musste der Besitzer rechnen, ebenso damit, dass er dann möglicherweise keinen Ersatz für die Verwendungen erhält. Nahm er gleichwohl die
Verwendung vor, so geht er dieses Risiko bewusst ein. Im Übrigen sprechen
Wortlaut und Systematik der EBV-Vorschriften dagegen, lediglich auf den
Zeitpunkt der Geltendmachung des Anspruchs für die Annahme eines EBV
und damit verbundene Ansprüche abzustellen. Es fragt sich, wie sonst eine
Bösgläubigkeit möglich sein sollte, wenn nicht schon bei Vornahme einer
Verwendung der rechtliche Grund fehlte (MünchKomm-BGB/*Medicus,* § 994
Rn. 24; Staudinger/*Gursky* (2006), Vorb. zu §§ 994–1003 Rn. 31).

3. Kein EBV bei angemaßtem Eigenbesitzwillen

Von der h.L. werden das Vorliegen eines EBV und damit zusammenhän- 292
gende Ausgleichsansprüche – vor allem Schadensersatz nach § 990 – auch
abgelehnt, wenn der ursprünglich berechtigte Fremdbesitzer sich einen Ei-
genbesitzerwillen anmaßt (Palandt/*Bassenge,* Vor § 987 Rn. 11; *Baur/Stürner,*
§ 11 Rn. 27; *Prütting,* Rn. 540; krit. Staudinger/*Gursky* (2006), § 990
Rn. 29 f.). Der Bundesgerichtshof sieht hierin dagegen einen dem Besitzerwerb i.S. der Erlangung einer tatsächlichen Sachherrschaft wesensgleichen
Vorgang. Eigen- und Fremdbesitz seien gleichzustellen (BGHZ 31, 129,
134 f.). Es ist aber zu bedenken, dass der Eigentümer in diesen Fällen schon
hinreichend durch deliktische und vertragliche Haftungsnormen geschützt
ist, sodass er keines Schutzes durch die Regeln des EBV bedarf.

4. Keine Ansprüche aus EBV nach Beendigung der Zwangsvollstreckung

293   Wird in einen Gegenstand eines nicht schuldenden Dritten vollstreckt, so steht diesem für die Dauer der Zwangsvollstreckung die Drittwiderspruchsklage (§ 771 ZPO) zu, mit der er geltend machen kann, dass er Inhaber eines die Vollstreckung rechtswidrig machenden Rechts am Gegenstand – eben das Eigentum – ist. Diese prozessuale Gestaltungsklage schließt es aus, stattdessen einen Anspruch aus § 985 geltend zu machen. Entsprechend lehnt es die h. M. auch für die Zeit nach Beendigung der Zwangsvollstreckung ab, dem Besitzer Ansprüche aus EBV, etwa auf Schadensersatz gem. § 990, zuzugestehen. Ein solcher Anspruch setze nämlich voraus, dass eine Vindikationslage bestanden habe. In diesem Fall bleibt es dem Dritten damit überlassen, stattdessen Ansprüche wegen ungerechtfertigter Bereicherung und ggf. Delikt geltend zu machen. Daneben kommt ein Anspruch aus § 280 in Betracht. Durch die Zwangsvollstreckung entsteht ein gesetzliches Schuldverhältnis zwischen Vollstreckungsgläubiger und Eigentümer der gepfändeten Sache (*BGH* NJW 1972, 1048).

II. Schadensersatzansprüche des Eigentümers gegen den unrechtmäßigen Besitzer

294   Wie bereits an früherer Stelle ausgeführt (o. Rn. 264), ist bei den Ansprüchen zwischen dem redlichen/unverklagten und dem unredlichen/verklagten Besitzer zu unterscheiden. Schließlich kommt als dritter Fall der deliktische Besitzer hinzu.

1. Haftung des unredlichen Besitzers

[handwritten: bösgläubiger bzw. RzB]

a) Ein Besitzer ist unredlich oder bösgläubig, wenn er von dem fehlenden Besitzrecht bei Besitzerwerb weiß oder fahrlässig nicht weiß. Tritt die Bösgläubigkeit erst zu einem späteren Zeitpunkt ein, so wird sie nur durch die Kenntnis vom Fehlen des Besitzrechts begründet (§§ 990 Abs. 1 S. 2, 989). Das gilt auch, wenn das Besitzverhältnis erst nach Besitzerlangung, z. B. durch Kündigung des Mietvertrages, endet. Selbst dann kommt es auf die positive Kenntnis vom Wegfall des Besitzgrundes an.

295   b) Für den Fall, dass der Besitzer einen Besitzdiener eingeschaltet hat, ist nach h. M. auf dessen Kenntnis abzustellen. Seine Bösgläubigkeit wird dem Besitzherrn gem. § 166 analog zugerechnet (BGHZ 32, 53; 55, 307, 311; a. A. *Medicus*, BR, Rn. 581). Voraussetzung sei freilich, dass der Besitzdiener eine dem rechtsgeschäftlichen Stellvertreter vergleichbare freie Stellung habe. In

[handwritten left margin: Besitzdiener als Wissens-vertreter] jedem Fall soll aber die Kenntnis des Besitzherrn ausreichen (Palandt/*Bassenge*, § 990 Rn. 6). Im Übrigen solle § 831 anzuwenden sein (alle diese Grundsätze finden für den Besitzmittler entsprechende Anwendung; Palandt/*Bassenge*, a.a.O.). Dies allerdings erscheint zweifelhaft, da es nicht um Haftung, sondern um Wissenszurechnung geht. Hier ist § 166 Abs. 2 sachgerechte Norm, die dann ausschließlich auf die subjektive Seite des Besitzherrn abstellt.

c) Im gesetzlichen Vertretungsverhältnis ist die Bösgläubigkeit des Vertre-   **296** ters maßgeblich. Aus Gründen des Minderjährigenschutzes soll dies bei Minderjährigen ebenso sein, obgleich hier der Rechtsgedanke der §§ 827 f. geeigneter erscheint (vgl. BGHZ 55, 128, 135). Dieser Vorschrift ist daher der Vorzug zu geben.

d) Beim Erbenbesitz ändert auch eine Gutgläubigkeit des Erben nichts   **297** daran, dass der Erblasser bösgläubig war. Anders ist es nur bei einem Erben, der auch den tatsächlichen Besitz ausübt. In diesem Fall ist entscheidend, ob er bösgläubig ist.

2. Haftung des Prozessbesitzers

Der gutgläubige Prozessbesitzer ist im Hinblick auf die Haftung dem bös-   **298** gläubigen Besitzer gleichgestellt (s. § 989). Dabei kommt es nicht darauf an, ob er Fremd- oder Eigenbesitz hat. Zwar ist in diesem Fall, anders als bei § 990, die Frage des Besitzrechts noch in der Schwebe, doch der Besitzer ist gewarnt. Er muss damit rechnen, dass er die Sache herauszugeben hat. An der Regelung dieses Falles lässt sich auch erkennen, dass allein die Anhängigkeit einer auf das Eigentum gestützten Herausgabeklage keine Bösgläubigkeit begründet. Entscheidend für die Haftung des Prozessbesitzers ist die wirksame Klageerhebung, also Rechtshängigkeit (§§ 253, 261 ZPO), die etwa durch Rücknahme der Klage entfallen kann. Damit entfällt auch die für den EBV-Anspruch maßgebliche Voraussetzung.

3. Rechtsfolgen

Sowohl der bösgläubige als auch der verklagte gutgläubige Besitzer haften   **299** dem Eigentümer für eine Verschlechterung der Sache sowie die Unmöglichkeit der Herausgabe wegen Untergangs der Sache oder aus anderen Gründen auf Schadensersatz (§§ 989, 990). Unter den letztgenannten Tatbestand fällt vor allem auch die gegenüber dem Eigentümer wirksame Veräußerung an einen Dritten, die die Herausgabe unmöglich macht.

Der Schadensersatz setzt grundsätzlich Verschulden voraus. Dabei gilt der   **300** Verschuldensmaßstab des § 276. Ein Verschulden ist zu bejahen, wenn der Besitzer es an der Sorgfalt eines ordentlichen und verständigen Menschen im Umgang mit der Sache vermissen lässt (RGZ 100, 42, 44; Staudinger/*Gursky* (2006), § 989 Rn. 14). Dazu gehören bereits die gewöhnliche Abnutzung der

Sache sowie die Realisierung von Risiken, die sich aus ihrer Weiternutzung ergeben.

301 Verschulden von Hilfspersonen muss der Besitzer sich im Rahmen des EBV als gesetzliches Schuldverhältnis gem. § 278 zurechnen lassen. Die Verschuldensfähigkeit bestimmt sich nach §§ 276 Abs. 1 S. 2, 827 f.

302 § 990 Abs. 2 lässt für den bösgläubigen Besitz wegen Verzuges eine weitergehende Haftung zu. Hier kann also unter den Voraussetzungen des § 286 wegen § 287 S. 2 auch für zufällige Schäden während des Verzugs Schadensersatz verlangt werden. Dieser Anspruch umfasst auch den Verzögerungsschaden (*BGH* NJW 2003, 3621), der im Übrigen im EBV nicht ersatzfähig ist. Die Bestimmungen des Verzuges finden auf den verklagten Besitzer gem. § 989 keine Anwendung. Der Umfang des Schadensersatzes bestimmt sich nach den §§ 249 ff.

Schadensersatzanspruch des Eigentümers gegen den unredlichen/ verklagten Besitzer (§§ 989 f.)

---

1. Anwendbarkeit der §§ 987 ff.
2. Vindikationslage z. Zt. des schädigenden Ereignisses
3. Verschlechterung, Untergang oder Unmöglichkeit der Herausgabe der Sache (§ 989)
4. Eintritt der Rechtshängigkeit bei verklagtem Besitzer (§ 989) oder Bösgläubigkeit (§ 990 Abs. 1)
5. Verschulden (§ 276)

---

4. Haftung des deliktischen Besitzers

303 Der Besitzer, der sich durch eine deliktische Handlung in den Besitz gebracht hat, kann, entgegen dem ansonsten grundsätzlich abschließenden Charakter des EBV (§ 993 Abs. 1 HS 2, s. o. Rn. 263), nach Deliktsrecht in Anspruch genommen werden (§ 992 Alt. 2).

Beispiel: Der Dieb entwendet das Fahrrad des E.

Gleiches gilt für die Besitzerlangung durch verbotene Eigenmacht (§ 992 Alt. 1). Dabei besteht Einigkeit darüber, dass nicht jede Eigenmacht, sondern nur eine gegenüber dem Eigentümer oder dessen Besitzmittler begangene Eigenmacht eine deliktische Haftung auslöst. Auf diese Weise werden Wertungswidersprüche zu anderen redlichen Besitzern vermieden, die ansonsten zwischen dem Besitzer aufgrund (schuldloser) verbotener Eigenmacht und anderen redlichen Besitzern entstehen könnten (Palandt/*Bassenge*, § 992 Rn. 2; Westermann/*Gursky*, § 32 IV 2). Überwiegend wird generell gefordert, dass die verbotene Eigenmacht schuldhaft begangen sein muss (Palandt/ *Bassenge*, § 992 Rn. 2).

Die Gegenauffassung will eine deliktische Haftung nicht erst mit der auch **304**
schuldlosen verbotenen Eigenmacht, sondern der Erfüllung der Deliktstatbestände eintreten lassen (MünchKomm-BGB/*Medicus*, § 992 Rn. 5).

Die Vorschrift ist – hierüber besteht Einigkeit – eine Rechtsgrundverwei **305**
sung (Jauernig/*Jauernig,* § 992, Rn. 4). Schadensersatz ist damit unter den
Voraussetzungen der §§ 823 ff. zu leisten. Die erstgenannte Auffassung erfordert daher ein doppeltes Verschulden, nämlich hinsichtlich der verbotenen
Eigenmacht und der Eigentumsverletzung (s. hierzu auch Kontrollfrage 6 d
unter Rn. 340).

5. Haftung des redlichen Besitzers

Grundsätzlich haftet der redliche Besitzer nicht (§ 993 Abs. 1 HS 1). Eine **306**
Ausnahme gilt unter den Voraussetzungen des § 991 Abs. 2 für den Besitzmittler. Der unmittelbare Besitzer schuldet einem mittelbaren Besitzer möglicherweise für die entstandenen Schäden aus dem zwischen ihm und dem
mittelbaren Besitzer bestehenden Schuldverhältnis Schadensersatz. In diesem
Umfang haftet der rechtmäßige unmittelbare Besitzer dann auch auf Schadensersatz gegenüber dem Eigentümer, da er nicht darauf vertrauen durfte,
solche Schäden ohne eine Ersatzpflicht verursachen zu dürfen.

Beispiel: Der Dieb D vermietet das Fahrrad des E für vier Wochen an den redlichen
P. Das Fahrrad wird durch eine Unachtsamkeit des P beschädigt. Dieser hat gegenüber E
kein Recht zum Besitz (§ 986 Abs. 1 Satz 1 Alt. 2). Infolgedessen besteht zwischen beiden
ein EBV. Den entstandenen Schaden an dem Fahrrad hat P dem E zu ersetzen, soweit er
aus dem Mietvertrag für den Schaden haftet.

Das Gesetz will hier eine zufällige und ungerechtfertigte Besserstellung des
unmittelbaren Besitzers verhindern. Dieser Anspruch schließt allerdings einen
Ersatzanspruch des mittelbaren Besitzers für einen weiteren Schaden gegenüber dem unmittelbaren Besitzer nicht aus (MünchKomm-BGB/*Medicus*,
§ 991 Rn. 12; Staudinger/*Gursky* (2006), § 991 Rn. 18).

Eine entsprechende Regelung für das Zweipersonenverhältnis fehlt dage **307**
gen im Gesetz. Überschreitet der redliche Besitzer die Grenzen seines vermeintlichen Besitzrechtes zum Eigentümer, so stellt sich aber wiederum die
Frage, ob der Eigentümer Ersatz der Schäden verlangen kann (**Fremdbesitzerexzess;** zu dem hiervon zu unterscheidenden Fall eines wirksamen Besitzrechtes s. o. Rn. 290). Auch hier muss ein Ersatz möglich sein, denn es
stellt inhaltlich keinen Unterschied dar, ob das vermeintliche Besitzrecht gemittelt oder direkt vom Eigentümer abgeleitet sein soll. Teilweise wird dies
mit einer analogen Anwendung des § 991 Abs. 2 begründet (MünchKomm-
BGB/*Medicus*, § 993 Rn. 13). Andere dagegen legen § 993 Abs. 1 HS 2
restriktiv aus: § 823 müsse (unmittelbar) anwendbar sein, wenn ein Fremdbesitzer die Grenzen seines Besitzrechts überschreite (RGZ 101, 307, 310;

BGHZ 24, 188, 196; Westermann/*Gursky*, § 31 III 2). Dieser Ansicht ist der Vorzug zu geben, da sie konsequent den Widerspruch zu § 991 Abs. 2 aufhebt.

III. Anspruch auf Nutzungsersatz

1. Überblick

308 Ein weiterer Anspruch des Eigentümers kann auf Herausgabe und Ersatz von gezogenen Nutzungen gerichtet sein. Das Gesetz definiert den Begriff der Nutzungen in § 100 als Früchte einer Sache oder eines Rechts (vgl. hierzu § 99), sowie Gebrauchsvorteile, die sich aus einer Sache oder einem Recht ergeben (s. o. Rn. 21 f.). Da § 985 sich auf die Herausgabe von Sachen beschränkt, ist eine solche Begrenzung auch hier vorzunehmen. Es geht also nur um Früchte und Gebrauchsvorteile aus einer Sache, nicht aus Rechten.

309 Nach h. M. (z. B. MünchKomm-BGB/*Medicus*, § 987 Rn. 15) konkurrieren die Nutzungsherausgabeansprüche aus dem EBV mit dem Anspruch aus § 985 auf Herausgabe. Auch hier ist wieder zwischen den verschiedenen Besitzertypen zu unterscheiden. Neben den schon aus dem Zusammenhang mit dem Schadensersatzanspruch des Eigentümers bekannten Fällen der verklagten, bösgläubigen, deliktischen und gutgläubigen sowie unverklagten Besitzer sind vorliegend der unentgeltliche, der rechtsgrundlos erworbene und der Fremdbesitz als solcher zu unterscheiden.

> **Beispiel:** Der Dieb D veräußert das Fahrrad des E an den P. Dieser nutzt das Fahrrad bereits seit mehreren Wochen. E hat gegen P einen Anspruch auf Herausgabe des Fahrrades gem. § 985 (gutgläubiger Erwerb scheitert in jedem Fall an § 935). Ob E auch Anspruch auf Nutzungsersatz hat, hängt davon ab, wie P besitzt.

2. Haftung des verklagten bzw. bösgläubigen Besitzers (§§ 990, 987)

310 Verklagter und bösgläubiger Besitzer haften nur auf Herausgabe derjenigen Nutzungen, die sie **nach Rechtshängigkeit** oder **Eintritt der Bösgläubigkeit** tatsächlich gezogen haben. Ersatz zu leisten haben sie für jene Nutzungen, die nach den Regeln einer ordnungsgemäßen Bewirtschaftung ab Rechtshängigkeit hätten gezogen werden müssen. Auch hier gilt gem. § 991 im Zusammenhang mit dem mittelbaren Besitz eine Besonderheit: Die Voraussetzung der Bösgläubigkeit muss auch in der Person des mittelbaren Besitzers vorliegen. Entsprechend muss gegenüber ihm die Rechtshängigkeit eingetreten sein (§ 991 Abs. 1). Damit soll der rechtmäßige mittelbare Besitzer vor möglichen Regressansprüchen des Besitzmittlers geschützt werden.

Herausgabe der Nutzungen nach § 987 Abs. 1

1. Anwendbarkeit der §§ 987 ff.
2. Vindikationslage zum Zeitpunkt der Nutzungsziehung
3. Nutzungen (§ 99 f.)
4. Eintritt der Rechtshängigkeit bei verklagtem Besitzer (§ 989) oder Bösgläubigkeit (§ 990 Abs. 1)

3. Haftung des deliktischen Besitzers (§§ 992, 823 ff.)

Der deliktische Besitzer haftet wiederum gem. §§ 992, 823 ff. Der Inhalt **311** seines Anspruchs auf Schadensersatz bestimmt sich nach den §§ 249 ff. Soweit er die Nutzungen noch hat, muss er sie gem. § 249 Abs. 1 herausgeben. Im Übrigen schuldet er Wertersatz (§ 251 Abs. 1). Der Anspruch besteht unabhängig davon, ob der Eigentümer die Nutzungen hätte ziehen können (*BGH* WM 1960, 1148). Unterlässt der Besitzer die Ziehung von Nutzungen, so hat er dem Eigentümer diese zu ersetzen, wenn Letzterer derartige Nutzungen hätte ziehen können.

4. Haftung des redlichen, unverklagten Besitzers (§ 993 Abs. 1 HS 2)

Der gutgläubige Besitzer haftet auch nicht auf Ersatz der Nutzungen. Et- **312** was anderes gilt nur für sog. **Übermaßfrüchte.** Das sind solche Früchte, die nach den Regeln einer ordnungsmäßigen Wirtschaft nicht als Ertrag der Sache angesehen werden können. Insoweit schuldet auch der redliche/unverklagte Besitzer die Herausgabe nach den Regeln der ungerechtfertigten Bereicherung. Zu derartigen Übermaßfrüchten gehören selbst Erträge, die aufgrund höherer Gewalt über das normale Maß hinausgehen mussten (z. B. Holzschlag wegen Sturmschäden).

Nach h. M. hat § 993 Abs. 1 HS 1 im Gegensatz zu § 992 den Charakter **313** einer Rechtsfolgenverweisung (Palandt/*Bassenge*, § 993 Rn. 2). Die tatbestandlichen Anspruchsvoraussetzungen einer ungerechtfertigten Bereicherung müssen daher nicht vorliegen. Sofern die Früchte sich nicht mehr im Vermögen des Besitzers befinden, schuldet er grundsätzlich Wertersatz (§ 818 Abs. 2), es sei denn, die Gegenstände sind auch wertmäßig nicht mehr in seinem Vermögen vorhanden (§ 818 Abs. 3).

5. Der unentgeltlich erwerbende Besitzer (§ 988)

Der unentgeltlich erlangte Besitz ist nach dem Gesetz geringer geschützt, **314** denn der unentgeltliche Besitzer ist zur Herausgabe der gezogenen Nutzungen verpflichtet (§ 988). Der redliche Besitzer muss an der Sache entweder

Eigenbesitz haben oder als Fremdbesitzer von dem Bestehen eines dinglichen Nutzungsrechts ausgehen; in Erweiterung des Wortlauts der Vorschrift geht die h. M. davon aus, dass auch ein obligatorisches Nutzungsrecht ausreicht (RGZ 163, 348, 353; BGHZ 71, 216, 225; *Baur/Stürner*, § 11 Rn. 53).

315   Wie auch bei den Übermaßfrüchten des redlichen Besitzers schuldet der unentgeltliche Besitzer Herausgabe nach Maßgabe der §§ 812 ff.; auch § 988 ist eine Rechtsfolgenverweisung. Es gelten insoweit die Ausführungen zu § 993 entsprechend (s. o. Rn. 313). Sofern der Besitzer seinerseits Ersatzansprüche wegen vorgenommener Verwendungen auf die Sache gegen den Eigentümer gem. §§ 994 ff. geltend macht, können diese gegeneinander verrechnet werden.

6. Haftung des Besitzers bei <u>rechtsgrundlosem Erwerb</u>

316   § 988 wird von der Rechtsprechung **über den Wortlaut** der Vorschrift auf den rechtsgrundlos erlangten Erwerb analog angewandt (RGZ 163, 348, 352, 357; BGHZ 10, 350, 357; 109, 179, 191). Auch hier fehle es an einer den Erwerb der Nutzung rechtfertigenden Leistung des Besitzers. Der abschließende Charakter der §§ 987 ff. schließe eine Anwendung des Bereicherungsrechts aus. Diese wird allerdings gleichwohl von der Auffassung in der Literatur befürwortet (Palandt/*Bassenge*, § 988 Rn. 6 ff.; Staudinger/*Gursky* (2006), Vorb. §§ 987–993 Rn. 45 ff.; *Baur/Stürner*, § 11 Rn. 38; Westermann/*Gursky*, § 31 II 2). Danach seien die §§ 812 Abs. 1 S. 1 Fall 1, 818 Abs. 1 unmittelbar neben den §§ 987 ff. anwendbar. Unabhängig vom Lösungsweg sind sich im Ergebnis beide Auffassungen jedenfalls darin einig, dass eine Besserstellung des rechtsgrundlosen Besitzers bei Nichtigkeit von Verpflichtungs- *und* Verfügungsgeschäft gegenüber dem Besitzer mit Rechtsgrund aber aufgrund eines nichtigen Verpflichtungsgeschäftes nicht gerechtfertigt ist. Diese würde aber eintreten, wenn Ersterer lediglich nach EBV haftet und damit die Nutzungen (jenseits der Übermaßfrüchte) grundsätzlich nicht herauszugeben hat (§ 993 Abs. 1, s. o. Rn. 312), während der Besitzer bei bloßer Nichtigkeit des schuldrechtlichen Verhältnisses aufgrund der Anwendbarkeit des Bereicherungsrechts gem. § 818 Abs. 1 sogar bei Redlichkeit zur Herausgabe der gezogenen Nutzungen verpflichtet ist.

317   Der praktische Unterschied beider Auffassungen zeigt sich in erster Linie im Dreipersonenverhältnis (von der Rspr. noch nicht entschieden), wenn der Besitzer die Sache rechtsgrundlos von einem Dritten erworben hat.

> **Beispiel:** D veräußert das gestohlene Fahrrad des E an den redlichen P. P zahlt D den Kaufpreis; später stellt sich heraus, dass der Vertrag von Anfang an nichtig war.

Nach der Rechtsprechung hat E gegen P einen Anspruch analog § 988, ohne dass es darauf ankäme, dass der Besitz nicht vom Eigentümer erlangt wurde. Die Literatur hingegen kommt in direkter Anwendung des Bereicherungsrechts zu keinem Ersatzanspruch, da P den Besitz nicht durch Leistung des Eigentümers (E) erlangt habe und es daher an den Voraussetzungen einer Leistungskondiktion (§ 812 Abs. 1 S. 1 Fall 1) fehle. Angesichts des Vorrangs der Leistungskondiktion kommt eine Eingriffskondiktion nicht in Betracht. Der Ausgleich kann daher nur über den Dritten (D) stattfinden, wenn dieser deliktischer oder bösgläubiger Besitzer ist. Gegenüber dem Besitzer (P) hat der Dritte (D) wegen des nichtigen Vertrages möglicherweise einen Bereicherungsanspruch aus Leistungskondiktion, den er dem Eigentümer abtreten kann. Für den Besitzer (P) bleibt die Möglichkeit, Einwendungen, die ihm gegenüber dem Dritten zustanden, auch dem Eigentümer gegenüber geltend zu machen (§ 404). Die Abwicklung im Dreiecksverhältnis führt also hier – wie stets im Bereicherungsrecht – zu einem Schutz des Leistungsempfängers. Eine solche Möglichkeit besteht bei einer analogen Anwendung des § 988 nicht, da der unmittelbare Besitzer diesem Anspruch nicht die an den Dritten erbrachte Gegenleistung entgegenhalten kann.

Die Schwäche der von der Rechtsprechung vertretenen Ansicht liegt also **318** vor allem darin, dass der rechtsgrundlos Besitzende an seine erbrachte Gegenleistung höchstens im Wege eines Bereicherungsanspruchs gegen den Dritten gelangt (dieser wird regelmäßig aber nicht auffindbar sein) und das Entreicherungsrisiko sich nicht verwirklicht.

Folgt man aus diesen Gründen der herrschenden Literaturauffassung, so ist **319** eine Gleichstellung des rechtsgrundlosen mit dem unentgeltlichen Besitzer abzulehnen und stattdessen von einer unmittelbaren Anwendung des Bereicherungsrechts auszugehen. Dabei kommt angesichts des Vorrangs der Leistungskondiktion eine Eingriffskondiktion nicht in Betracht.

Herausgabe der Nutzungen nach § 988

> 1. Anwendbarkeit der §§ 987 ff.
> 2. Vindikationslage zum Zeitpunkt der Nutzungsziehung
> 3. Eigenbesitz oder Fremdbesitz aufgrund eines vermeintlichen Besitzrechts
> 4. Unentgeltliche Besitzerlangung (analoge Anwendung auf rechtsgrundlosen Besitz, str.)
> 5. Nutzungen (§ 99 f.) vor Rechtshängigkeit
> 6. Gutgläubigkeit (vgl. § 990 Abs. 1)

EBV-Konstellationen und Problemfelder

Grundsatz: §§ 987 ff. regeln abschließend das Verhältnis des unberechtigten Besitzers zum Eigentümer (arg. ex §§ 992, 993 Abs. 1 a. E.)
→ §§ 812 ff., 823 ff. sind daher grds. durch das Vorliegen einer Vindikationslage gesperrt

A. Fälle des abgeleiteten Besitzerwerbs
→ Besitzübertragung durch Vorbesitzer ohne Willensmangel

Problemlagen entstehen, weil die §§ 987 ff. in erster Linie auf den Eigenbesitzer zugeschnitten sind

B. Fälle der angemaßten Besitzerlangung
→ kein willentlicher Übergang des Besitzes bzw. Übergang unter Willensmangel

---

Eigenbesitzer (§ 872)
Rechtsgrundloser Eigenbesitz
(s. Rn. 316 ff.)

Fremdbesitzer
Besitz vom **Nichtberechtigten** oder **Berechtigten** erlangt
Bsp.: Veräußerung einer Sache

— EBV – §§ 812 ff. —

- nur Übereignung gem. § 932 Abs. 2 oder § 935 unwirksam:
→ §§ 987 ff. (+); Vertrag mit Nichtberechtigten gibt ggü. Eigentümer kein Recht zum Besitz i. S. d. § 986
- Mangel im Kausalgeschäft; Übereignung wirksam:
→ §§ 987 ff. (–); aber Herausgabepflicht nach §§ 812 ff.
- Doppelmangel (causa *und* Verfügung nichtig (Fehleridentität, z. B. §§ 138, 134, 123, 104; s. Rn. 155 f.)
→ Eigentlich EBV, aber: Wenn Mangel nur in causa, Herausgabepflicht gem. §§ 812 ff.
→ *Gleichstellung* nötig
– *BGH:* § 988 analog
– *h.L.:* §§ 812 ff. neben §§ 987 ff.

Nicht-so-berechtigter Besitzer (Exzess rechtmäßiger Fremdbesitzer; s. Rn. 290)

— EBV – vertragliche Regelungen —

- Besitzer überschreitet das ihm wirksam eingeräumte Besitzrecht
Bsp.: unerlaubte Untervermietung
– *MM:* Anwendung der §§ 987 ff. bzgl. der Überschreitung der Grenzen des Besitzrechts
– *h.M:* Vorrang d. vertragl. Regeln (arg.: Unteilbarkeit des Besitzrechts); §§ 987 ff. (–)

Nicht-mehr-berechtigter Besitzer (Anknüpfungszeitpunkt; s. Rn. 291)

- Geltendmachung eines Anspruchs nach Ablauf des BesR
Bsp.: Verwendung während der Mietzeit, Geltendmachung nach der Mietzeit
– *BGH:* Zeitpunkt des Anspruchsbegehrens entscheidend; §§ 987 ff. (+)
– *h.L.:* Zeitpunkt des Ereigniseintritts entscheidend (arg. ex §§ 990, 854, 571); §§ 987 ff. (–)

Änderung des Besitzwillens (Fremd- zu Eigenbesitz; s. Rn. 292)

- berechtigter Fremdbesitzer schwingt sich zum Eigenbesitzer auf
– *BGH:* Begründung von Eigenbesitz ist Besitzerwerb i.S.v. § 990 gleichzustellen; §§ 987 ff. gelten *neben* Vertrag
– *h.L.:* Änderung d. Besitzwillens lässt Rechtmäßigkeit des Besitzes unberührt (arg. ex §§ 991 Abs. 2); §§ 987 ff.

Fremdbesitzerexzess (causa nicht vorhanden/unwirksam; s. Rn. 307)

— EBV – §§ 823 ff. —

- unberechtigter Fremdbesitzer überschreitet Grenzen seines vermeintlichen BesR
Bsp.: unerlaubte Untervermietung; Vertrag nichtig
– teleologische *Reduktion* von § 993 (a. M. § 991 Abs. 2 analog): da Fremdbesitzer die Besitzgrenzen kennt, wird er rechtmäßigem Fremdbesitzer gleichgestellt, der haften muss (vgl. § 991 Abs. 2); Anwendung d. §§ 823 ff. ist möglich

---

durch Delikt/verbotene Eigenmacht
Bsp.: § 242 StGB/§ 858 Abs. 1
– § 992: §§ 823 ff. neben §§ 987 ff. anwendbar (Rechtsgrundverweisung)

durch GoA
– ist Inbesitznahme eine berechtigte GoA, Recht zum Besitz i.S.d. § 986 → §§ 987 ff. (–)
– unberechtigte GoA str.; s. MünchKomm-BGB/*Seiler*, Vor § 677 Rn. 18
– Fälle des § 687 neben EBV

durch Fund
– §§ 965 ff. gehen den §§ 987 ff. vor (Spezialität; s. o. Rn. 255 f.)
– z. T. EBV (+), wenn sich Finder Eigenbesitz anmaßt (str.; s. beim Aufschwungexzess)

IV. Ansprüche des Besitzers gegen den Eigentümer wegen vorgenommener Verwendungen

1. Übersicht

Die §§ 994 ff. geben dem nach § 985 zur Herausgabe der Sache verpflich- **320** teten Besitzer einen Anspruch für die von ihm auf die Sache gemachten Verwendungen. Auch hier kommt es wieder darauf an, ob er redlich oder unredlich, verklagt oder unverklagt ist. Im Übrigen werden einzelne Arten von Verwendungen im Gesetz unterschieden. So gibt es notwendige und nicht notwendige Verwendungen. Erstere untergliedern sich in Erhaltungsaufwendungen und sonstige notwendige Aufwendungen. Die nicht notwendigen Verwendungen können ihrerseits nützliche Verwendungen oder sog. Luxusverwendungen sein, d.h. solche, die für den Eigentümer keinen Nutzen haben. Mit diesen Unterscheidungen ist freilich noch nichts über den Inhalt des Verwendungsbegriffs als solchen gesagt. Hierauf wird zurückzukommen sein (u. Rn. 325).

Der Besitzer hat neben dem nur beschränkt durchsetzbaren (s. §§ 1000– **321** 1003) Verwendungsersatzanspruch unter den Voraussetzungen des § 997 ein Wegnahmerecht.

Die §§ 994 ff. stellen grundsätzlich eine abschließende Sonderregelung der **322** Verwendungsersatzansprüche des Besitzers einer Sache gegen den Eigentümer dar (BGHZ 41, 157; 39, 186, 189; 87, 296, 301). Sie sollen einen Ausgleich der Interessen des die Verwendung vornehmenden Besitzers einerseits und des Eigentümers andererseits erreichen, der davor zu schützen ist, dass ihm Leistungen des Besitzers aufgedrängt werden. Von dieser Regel gibt es aber Ausnahmen: Bei einem **bestehenden vertraglichen Schuldverhältnis** kann es zu einer Konkurrenz mit den §§ 994 ff. kommen, wenn das Schuldverhältnis beendet ist. Anderenfalls fehlt es an den Voraussetzungen der §§ 994 ff. Soweit das vertragliche Schuldverhältnis Regelungen über die Frage des Verwendungsausgleichs vorsieht, gelten diese auch bei einem vermeintlichen Besitzrecht infolge eines nicht bestehenden Schuldverhältnisses. Der nicht berechtigte Besitzer soll nicht besser stehen als der berechtigte. Umgekehrt soll es nach Auffassung des Bundesgerichtshofs zudem denkbar sein, dass bei fehlender Regelung in einem vertraglichen Schuldverhältnis über den Verwendungsersatz sich der Anspruch nach dem EBV richtet, da der rechtmäßige Fremdbesitzer nicht schlechter stehen soll als der unrechtmäßige (BGHZ 131, 220, 222).

Beispiel: A kaufte von B ein bebautes Grundstück. Der Kaufvertrag wurde nicht notariell beurkundet. Eine Auflassung erfolgte nicht. B gestattete A, das Haus auf dem Grundstück zu beziehen und zu nutzen. Nachdem den Parteien bekannt wurde, dass der Kaufvertrag formnichtig ist (§§ 311b Abs. 1 S. 1, 125), verlangt A Verwendungsersatz für die bereits vorgenommenen Renovierungsarbeiten im Haus. Da die Gestattung durch B keine vertraglichen Regelungen bzgl. vorgenommener Verwendungen enthält, hat A, trotz eines bestehenden Rechts zum Besitz (Gestattung) einen Anspruch nach §§ 994 ff. auf Verwendungsersatz.

Bei Überschreiten des bestehenden Besitzrechts gilt, wie bereits ausgeführt (s. o. Rn. 290), das vertragliche Schuldverhältnis.

323 Bereicherungsansprüche (§§ 812 ff.) werden von den besonderen Regeln der §§ 994 ff. verdrängt. Dies kann allerdings nur soweit gelten, als die tatbestandlichen Voraussetzungen der §§ 994 ff. vorliegen. Der Umfang des Ausschlusses der §§ 812 ff. richtet sich daher entscheidend danach, wie weit man den **Verwendungsbegriff** fasst (hierzu sogleich u. Rn. 325). Der Bundesgerichtshof hingegen lehnt einen Anspruch auf Ausgleich der Verwendungen nach Bereicherungsrecht selbst dann ab, wenn er eine Verwendung i. S. d. § 994 verneint (BGHZ 41, 157, 158; 41, 341, 346). In Härtefällen versucht das Gericht eine Billigkeitsentschädigung nach § 242 zu begründen. Demgegenüber sieht die h. L. überzeugend eine Konkurrenzsituation als nicht gegeben an, wenn die Voraussetzungen der §§ 994 ff. fehlen (MünchKomm-BGB/*Medicus*, § 996 Rn. 9 ff.). In dieser Lage seien etwa die §§ 951, 812 ff. durchaus anwendbar (s. o. Rn. 247 und die dazugehörige klassische Entscheidung 3).

324 Eine Leistungskondiktion wird regelmäßig ausscheiden, da der **Eigenbesitzer** – sei er redlich oder unredlich – grundsätzlich nicht an den Eigentümer leisten will. Allerdings sind Fälle des Fremdbesitzes denkbar, in denen der Mieter statt der Miete etwa die Vornahme von Reparaturen leistet. In diesen Fällen handelt der Fremdbesitzer gerade mit der Absicht, durch die Verwendung das fremde Vermögen des Eigentümers zu mehren. Fehlt es hier an einem Vertragsverhältnis, so wird man eine Leistungskondiktion neben den §§ 994 ff. zulassen müssen (*Medicus*, BR, Rn. 894). Im Übrigen gilt für die Eingriffskondiktion grundsätzlich Folgendes: Nach einer Ansicht schließen die Regelungen der §§ 994 ff. die Anwendung der Verwendungskondiktion (§§ 951, 812 ff. und allgemeine Verwendungskondiktion aus § 812 Abs. 1 S. 1 2. Alt.) aus; dies gelte auch für Aufwendungen des unrechtmäßigen Besitzers, die die Sache in ihrem Bestand ändern (Staudinger/*Gursky* (2006), Vorbem. §§ 994–1003 Rn. 43 f.). Nach anderer Ansicht treten die Verwendungskondiktionen neben den Verwendungsersatzanspruch nach §§ 994 ff. in Anspruchskonkurrenz (MünchKomm-BGB/*Medicus*, § 996 Rn. 9 ff.).

Beispiel: A kaufte von B ein bebautes Grundstück. Der Kaufvertrag wurde nicht notariell beurkundet. A nimmt bereits Verschönerungsumbauten am Hause vor, obwohl er weiß, dass der Vertrag formnichtig ist. Nach Scheitern des Verkaufs verlangt A Ersatz für die bereits vorgenommenen Arbeiten im Haus. Er hat eigenes Material verwandt, welches zum wesentlichen Bestandteil des fremden Hauses (und damit des Grundstückes, § 94 Abs. 1, 2) wurde.

Die Umbauarbeiten wären nützliche Verwendungen, auf deren Ersatz A nach § 996 wegen Bösgläubigkeit keinen Anspruch hätte. Es bliebe ihm daher nur ein Anspruch aus Verwendungskondiktion nach §§ 951, 812 Abs. 1 S. 1 Alt. 2 sowie für die Arbeitsleistung nach § 812 Abs. 1 S. 1 Alt. 2 (Stichwort aufgedrängte Bereicherung, s. u. Rn. 326 f.), wenn man eine Anspruchskonkurrenz zulassen mag.

2. Begriff der Verwendung

Grundsätzlich werden unter Verwendungen **freiwillige Aufwendungen** 325 des Besitzers verstanden, die nach seinem Willen der Sache zumindest auch unmittelbar zugute kommen sollen (BGHZ 131, 220; 34, 124). Sie dienen damit dem Zweck, **den Bestand der Sache zu erhalten,** wieder herzustellen oder den Zustand der Sache zu **verbessern,** ohne ihr Wesen zu verändern. Dieser vom Bundesgerichtshof vertretene **enge Verwendungsbegriff** unterscheidet sich von jenem des Reichsgerichts. Nach diesem sind Verwendungen jegliche Vermögensaufwendungen, „die einer Sache zugute kommen sollen" (RGZ 152, 100, 101). Der **weite Verwendungsbegriff** wird heute in der Literatur (MünchKomm-BGB/*Medicus*, § 994 Rn. 6, 10; *Baur/Stürner*, § 11 Rn. 55; Soergel/*Stadler*, § 994 Rn. 2; Staudinger/*Gursky* (2006), Vorbem. §§ 994–1003, Rn. 5, 8) unverändert befürwortet und führt zu einem weiten Anwendungsbereich der §§ 994 ff. Übereinstimmend verlangen beide Definitionen neben **objektiven** Anforderungen als **subjektive** Voraussetzung, dass die gemachten Aufwendungen mit der Absicht vorgenommen wurden, sie der Sache zugute kommen zu lassen. Fehlt es hieran, so scheidet eine Anwendung der §§ 994 ff. aus. Allerdings dürfen jedenfalls auch andere Zwecke verfolgt werden. Ebenfalls sind fehlgeschlagene Verwendungen ersatzfähig, solange sie objektiv geeignet waren, der Sache zugute zu kommen (Erman/*Ebbing*, § 994 Rn. 8; MünchKomm-BGB/*Medicus*, § 994 Rn. 6) Keine Verwendungen i. S. des § 994 sind die Kosten für den Erwerb der Sache, der Kaufpreis oder Transportkosten (*BGH* NJW 1980, 2245, 2247; 1983, 1479, 1480).

Sehr umstritten ist die Behandlung von Verwendungen, die die Sache 326 grundlegend verändern (sog. sachändernde Verwendungen), so etwa, wenn ein bislang unbebautes Grundstück bebaut (BGHZ 10, 171, 177 f.; 41, 157, 166), ein abschüssiges Grundstück durch den Bau einer Stützmauer geschützt oder ein Haus wieder errichtet wird, um die Nutzung des Grundstücks für den alten Zweck wiederherzustellen (BGHZ 41, 341, 346), sowie der bekannte Fall der Verarbeitung einer Kuh zu Wurst und Fleisch (sog. „Jungbullenfall", s. o. klassische Entscheidung 3, Rn. 247). Die Definition des Reichsgerichts und der Literatur (weiter Verwendungsbegriff) gelangt auch hier zu Verwendungen, wenn sie der Sache zugute kommen. Nach dem Begriffsverständnis des Bundesgerichtshofs (enger Verwendungsbegriff) scheidet in diesen Fällen eine Verwendung aus. Danach soll offenbar der Verwender keinen Ersatz verlangen können und stattdessen der Eigentümer einen weitgehenden Schutz gegenüber aufgedrängter Bereicherung genießen. Statt jeglichen Ersatz auszuschließen, wird man daher die Regeln des Bereicherungsrechts für anwendbar erachten müssen, die gerade in der Frage der aufgedrängten Bereicherung einen sachgerechten Interessenausgleich zwischen Besitzer und Eigentümer ermöglichen (so grds. aber nicht der Bundesgerichtshof, s. o. Rn. 323 f.).

327   Schließlich ist die Einsetzung eigener Arbeitskraft eine denkbare Verwendung, wenn der Besitzer hierdurch eine andere Arbeitskraft ersetzt, die zu bezahlen wäre. Unerheblich ist es, ob der Besitzer im Rahmen eines von ihm ausgeübten Gewerbes oder Berufs tätig wird oder ihm durch die Erbringung der Arbeitskraft ein anderweitiger Verdienst entgeht (*BGH* NJW 1996, 921, 922; **a. A.** MünchKomm-BGB/*Medicus*, § 994 Rn. 12, § 1835 Abs. 3 analog).

3. Ersatz von Verwendungen des <u>redlichen und unverklagten</u> Besitzers

328   a) Soweit der redliche unverklagte Besitzer Verwendungen vornimmt, die bei vernünftiger wirtschaftlicher Betrachtungsweise objektiv erforderlich sind, um die Sache in ihrem wirtschaftlichen Bestand und ihrer Nutzungsfähigkeit zu erhalten oder wiederherzustellen (BGHZ 64, 333, **notwendige Verwendungen**), kann er diese vom Eigentümer ersetzt verlangen. Dies gilt bei Verpflichtung zur Herausgabe der Nutzungen uneingeschränkt, auch wenn er keine Nutzungen gezogen hat (§ 994 Abs. 1 S. 1). Verbleiben dem Besitzer die Nutzungen gegen entgeltlichen Besitzerwerb, so kann er notwendige Verwendungen nur insoweit verlangen, als sie das Maß gewöhnlicher Erhaltungskosten überschreiten (§ 994 Abs. 1 S. 2). Zu den notwendigen Verwendungen gehören ferner die Aufwendungen, die der Besitzer zur Bestreitung der in § 995 genannten Lasten macht.

329   Problematisch ist wiederum die Behandlung einer **Dreieckssituation,** nämlich des abgeleiteten Besitzrechts, wenn der unmittelbare Besitzer Verwendungen auf die Sache macht. Stellt sich das Besitzmittlungsverhältnis zwischen Eigentümer und mittelbarem Fremdbesitzer als nichtig heraus, so steht dem unmittelbaren Besitzer gegenüber dem Eigentümer kein abgeleitetes Besitzrecht nach § 986 Abs. 1 S. 1 Fall 2 zu. Damit kann der Eigentümer die Herausgabe nach § 985 verlangen, der unmittelbare Besitzer wird seinerseits aber die Verwendungen gegenüber dem Eigentümer geltend machen wollen.

> **Beispiel:** Zwischen E und M besteht ein nichtiger Mietvertrag. M hatte die Wohnung an U untervermietet. U hat Umbauarbeiten in der Wohnung vorgenommen, wofür er nunmehr vom Eigentümer Verwendungsersatz begehrt.

Dieser wird von der h.M. zugebilligt, da das zwischen dem unmittelbaren Besitzer und dem mittelbaren Fremdbesitzer bestehende Besitzmittlungsverhältnis nicht das Verhältnis des Eigentümers zum unrechtmäßigen Besitzer beeinflussen könne. Damit liege die für die EBV-Situation erforderliche Vindikationslage vor (BGHZ 34, 122 f.).

b) Redlicher und unverklagter Besitzer können auch **nützliche Verwen-** **330** **dungen** vom Eigentümer ersetzt verlangen (§ 996). Dabei handelt es sich um Verwendungen, die zwar nicht zum Erhalt oder zum ordnungsgemäßen Nutzen der Sache erforderlich sind, aber deren Wert oder Gebrauchsfähigkeit steigern. Notwendig ist allerdings, dass der Wert der Sache zum Zeitpunkt der Rückgabe an den Eigentümer noch erhöht ist (§ 996). Die Werterhöhung als solche ist nach objektiven Kriterien zu bestimmen. Im Einzelfall kann ein Wertersatz ausgeschlossen sein, wenn die Nutzung der Werterhöhung dem Eigentümer nicht zumutbar ist (*Haas*, AcP 176 (1976), 1, 23 ff.).

c) Nicht notwendige Verwendungen, die den Wert der Sache nicht erhö- **331** hen, kann der Besitzer nicht ersetzt verlangen, selbst wenn er redlich oder unverklagt ist. Er ist insoweit auf das Wegnahmerecht nach § 997 beschränkt (s. hierzu Rn. 340).

4. <u>Unredlicher</u> und <u>verklagter</u> sowie <u>deliktischer</u> Besitzer

a) Gem. § 994 Abs. 2 kann der verklagte oder unredliche Besitzer Ersatz **332** für notwendige Verwendungen nur unter den Voraussetzungen der berechtigten GoA verlangen. § 994 Abs. 2 verweist damit auf die §§ 683, 670 sowie §§ 684 S. 1, 818.

Beispiel: A kauft von B ein bebautes Grundstück. Der Kaufvertrag wird nicht notariell beurkundet. A nimmt Ausbesserungsarbeiten am Dach vor, ohne die es durchgeregnet hätte. A weiß aber, dass der Vertrag formnichtig ist. Nach Scheitern des Verkaufs verlangt A Ersatz für die vorgenommenen Arbeiten. Er hat eigenes Material verwandt, welches zum wesentlichen Bestandteil des fremden Hauses (und damit des Grundstückes, § 94 Abs. 1, 2) wurde.

Nach überwiegender Auffassung handelt es sich in § 994 Abs. 2 um eine „teilweise Rechtsgrundverweisung", da es nicht auf den Fremdgeschäftsführungswillen der GoA ankommt, im Übrigen aber deren Voraussetzungen vorliegen müssen (Staudinger/*Gursky* (2006), § 994 Rn. 23). Von Bedeutung ist vor allem die nach § 683 S. 1 erforderliche Voraussetzung, dass die Geschäftsführung dem Interesse und dem wirklichen oder mutmaßlichen Willen des Geschäftsherrn entsprechen muss. Dies wird man freilich bei notwendigen Verwendungen als Regelfall ansehen müssen.

Im **Beispiel** kann A Ersatz der Verwendungen gem. § 994 Abs. 2 verlangen, denn die Vornahme der notwendigen Verwendungen entsprach dem Interesse und zumindest dem mutmaßlichen Willen des B gem. § 683 S. 1.

Im Einzelfall könnten auch die Voraussetzungen der §§ 683 S. 2, 679 vorliegen. Jenseits dieser Situationen ist Ersatz nach § 684 S. 1 entsprechend den Regeln des Bereicherungsrechts zu gewähren.

333   b) Nützliche Verwendungen und Luxusverwendungen können vom un-
redlichen und verklagten Besitzer nicht ersetzt verlangt werden. Hier ist er
auf das Wegnahmerecht nach § 997 beschränkt (s. Rn. 340).

334   c) Für den **deliktischen** Besitzer gelten im Übrigen dieselben Grundsätze
wie für den bösgläubigen Besitzer. Er kann vom Eigentümer notwendige
Verwendungen ersetzt verlangen, allerdings nur, wenn die Voraussetzungen
einer GoA zugunsten des Eigentümers vorlagen (§ 850 i. V. m §§ 994 Abs. 2,
683 f.).

Verwendungsersatz gem. §§ 994 ff.

---

1. Anwendbarkeit der §§ 987 ff.
2. Vindikationslage z. Zt. der Vornahme der Verwendung
3. Verwendungen (ob weit oder eng, str.)
   a) notwendige (§§ 994, 995)
   b) nützliche (§ 996)
   c) Luxusverwendungen (§ 997)
3. Gutgläubigkeit bei Vornahme der Verwendung (anderenfalls gilt Beschränkung von
   § 994 Abs. 2)

---

5. Besonderheiten bei der Rechtsdurchsetzung

335   a) Der Anspruch des Besitzers richtet sich gegen den Eigentümer. Sofern
das Eigentum auf einen Dritten übertragen wurde, haftet dieser auch
für die Verwendungen, die vor seinem Eigentumserwerb vorgenommen wurden (§ 999 Abs. 2). Bei **Nachfolge im Besitz** steht dem neuen Besitzer der
Ersatz in demselben Umfang gegen den Eigentümer zu, wie er vom Vorbesitzer geltend gemacht werden konnte (§ 999 Abs. 1). Der Verwendungsersatzanspruch geht also in Art und Umfang auf den neuen Besitzer über. Dies
gilt auch für einen bösgläubigen Nachbesitzer. Die Parteien können eine abweichende Regelung vereinbaren (die dann aber ein Zurückbehaltungsrecht
nach § 1000 ausschließt).

336   b) Dieses **Zurückbehaltungsrecht** hat der Besitzer gegenüber dem Eigentümer, um einen mit dem Anspruch auf Verwendungsersatz verbundenen
Nachteil auszugleichen. Er besteht darin, dass der Anspruch erst fällig und
klageweise durchsetzbar ist, wenn der Eigentümer die Verwendung genehmigt oder die Sache wiedererlangt hat (§ 1001).

337   Nach § 1001 S. 2 kann der Eigentümer sich der Zahlungspflicht dadurch
entziehen, dass er dem ehemaligen Besitzer die Sache **zurückgibt.** Ausreichend hierfür ist schon, dass der Eigentümer dem Ersatzberechtigten die Sache anbietet, dieser sie aber nicht annimmt und dadurch in Annahmeverzug
gerät (MünchKomm-BGB/*Medicus*, § 1001 Rn. 8; **a. A.** Staudinger/*Gursky*
(2006), § 1001 Rn. 20). Eine solche Möglichkeit hat der Eigentümer nicht

mehr, wenn er die Verwendung bereits genehmigt hat. Die **Genehmigung** erfolgt durch einseitige empfangsbedürftige Willenserklärung gegenüber dem Besitzer. Von ihr ist auch auszugehen, wenn der Eigentümer die Sache vom Berechtigten zurücknimmt und dieser die Sache dem Eigentümer unter Vorbehalt seiner Ansprüche anbietet (§ 1001 S. 3). Die Erklärung des Eigentümers, die Sache nur ohne Anerkennung der vom Berechtigten geltend gemachten Ansprüche zurückzunehmen, wäre unzumutbar. Bei Rechtsnachfolge bindet die vom Rechtsvorgänger ausgesprochene Genehmigung den neuen Eigentümer nicht (h. M., s. MünchKomm-BGB/*Medicus*, § 999 Rn. 14 m. w. N.). Dieser hat daher nach wie vor die Möglichkeit, die Sache nicht anzunehmen oder zurückzugeben und sich so von seiner Verpflichtung zum Verwendungsersatz zu befreien.

c) Der **Anspruch** auf Verwendungsersatz **erlischt** gem. § 1002, wenn er **338** weder innerhalb eines Monats (oder sechs Monate bei einem Grundstück) nach Herausgabe gerichtlich geltend gemacht wird, noch der Eigentümer die Verwendungen genehmigt. Das Gesetz will damit zur Beschleunigung der Abwicklung des EBV anhalten.

d) Der Besitzer hat gem. § 1003 die Möglichkeit, die Sache **selbst zu ver- 339 werten** und aus dem Erlös den für die Befriedigung seines Verwendungsersatzanspruchs notwendigen Betrag zu entnehmen, wenn der Eigentümer zur Genehmigung der Verwendung aufgefordert wurde und darauf nicht in angemessener Frist reagiert. Die Verwertung erfolgt gem. § 1003 Abs. 1 nach den Vorschriften über den Pfandverkauf (§§ 1233 ff.) bzw. bei Grundstücken nach den Vorschriften der Zwangsvollstreckung in das unbewegliche Vermögen (genauer: durch Zwangsversteigerung, §§ 15 ff. ZVG, oder Zwangsverwaltung, §§ 146 ff. ZVG). Für den Fall, dass der Eigentümer den Anspruch vor Ablauf der Frist bestreitet, kann der Besitzer sich aus der Sache erst befriedigen, wenn der Betrag der Verwendungen rechtskräftig festgestellt ist und eine dem Eigentümer eingeräumte, angemessene Frist zur Erklärung fruchtlos abgelaufen ist (§ 1003 Abs. 2). Mit rechtzeitiger Genehmigung ist das Befriedigungsrecht des Besitzers ausgeschlossen (§ 1003 Abs. 2 a. E.).

e) Schließlich unterstützt auch das **Wegnahmerecht nach § 997** die Be- **340** friedigungsmöglichkeit des Besitzers. Unabhängig von seiner Gut- oder Bösgläubigkeit kann er danach eine Sache, die mit der unberechtigt besessenen Sache verbunden wurde, wieder abtrennen und sich aneignen. Allerdings steht dieses Wegnahmerecht unter dem Vorbehalt, dass kein Fall von § 994 Abs. 1 S. 2 vorliegt (s. hierzu auch o. Rn. 328). Des Weiteren scheidet eine Wegnahme aus, wenn die Abtrennung für den Besitzer keinen Nutzen hat oder dem Besitzer der Wert ersetzt wird, den die Sache nach der Wegnahme für ihn haben würde (§ 997 Abs. 2 Fall 2 und 3). Da der Besitzer gem. § 258 zur Wiederherstellung der Hauptsache verpflichtet ist, scheidet eine Wegnahme auch dann aus, wenn mit ihr ein irreparabler Schaden verbunden wäre.

V. Kontrollfragen

1. A veräußert an B ein altes Motorrad. Es ist in einem desolaten und fahruntüchtigen Zustand, gilt in Fachkreisen jedoch als seltenes Liebhaberstück. B hält A für den Eigentümer, vergewissert sich jedoch nicht weitergehend. In Wirklichkeit hat A das Motorrad dem C gestohlen. In der Folgezeit restauriert B das Motorrad grundlegend (Motor, Bremsanlage, Auspuff, Fahrwerk, Chromteile etc.), sodass es völlig wiederhergestellt ist und am Straßenverkehr teilnehmen kann. Die Kosten der Instandsetzung übersteigen den Wert des Motorrads im ursprünglichen Zustand um mehr als das Doppelte. Als C von den Vorgängen erfährt, verlangt er von B Herausgabe des Motorrads. Zu Recht? (Nach *OLG Celle* NJW-RR 1995, 1527.)

2. Bastler A hat sich im Baumarkt des B eine Kettensäge für eine Woche gemietet. Auf der Rückfahrt zu seinem Eigenheim verursacht er schuldhaft einen Verkehrsunfall, bei dem die Säge zerstört wird. Inzwischen hat B bemerkt, dass er sich auf dem Mietvertragsformular verschrieben und statt des Listenpreises von 91 € nur 19 € eingetragen hat. Er sendet deshalb dem A ein Telefax, in dem er seinen Fehler erklärt und A auffordert, die Säge umgehend zurückbringen, anderenfalls müsse A bei Rückgabe in einer Woche den Listenpreis von 91 € zahlen. B möchte wissen, welche Ansprüche er gegenüber A hat.

3. K war Eigentümer von Lokomotiven, die durch die Transportfirma T versendet werden sollten. Hierüber schlossen K und T einen entsprechenden Vertrag. Daraufhin beauftragte T die Bahn (B) mit dem Transport und fertigte eine Versandanzeige, in der K als Eigentümer der Lokomotiven bezeichnet war. Die Lokomotiven erreichten ihren Zielort, wo sie B wirksam (§§ 929 S. 1, 932; kein Fall von § 935 Abs. 1, da der unmittelbare Besitz durch B übertragen wurde, s. o. Rn. 222) an Dritte veräußerte, obwohl sie die Versandanzeige kannte. Hat K gegen B einen Anspruch aus §§ 989, 990 auf Ersatz seines durch die Veräußerung entstandenen Schadens? (Nach BGHZ 31, 129.)

4. Ende November 2005 hatte T ihre Eigentumswohnung durch notariell beurkundeten Vertrag und Auflassung an K veräußert. Am 1.12.2005 übergab T die Wohnung an K, die den Kaufpreis zahlte, sofort einzog und einen Antrag auf Eintragung als Eigentümerin im Grundbuch stellte. Danach ließ T über ihren Anwalt der K schriftlich mitteilen, dass der Kaufvertrag wegen eines Beurkundungsfehlers unwirksam sei (was zutrifft) und K ausziehen solle. Ihrem der K am 1.5.2006 zugegangenen Brief fügte sie das Anwaltsschreiben bei und erklärte, dass sie nach wie vor Eigentümerin der Wohnung sei. Auf Antrag der T wurde per einstweiliger Verfügung ein Erwerbsverbot im Grundbuch eingetragen. Schließlich erklärte sich K gegen Rückzahlung des Kaufpreises bereit, die Wohnung zum 31.7.2006 zu räumen. T fordert von K nun rückwirkend ein Entgelt für die Nutzung der Wohnung für acht Monate. K weigert sich, da sie nicht für die fehlerhafte Beurkundung verantwortlich sei. Außerdem seien die monatlichen Mietzahlungen i.H. von 600 € für ihre neue Wohnung in vergleichbarer Lage und Größe eine erhebliche finanzielle Belastung für sie. Als T erfährt, dass K Einnahmen aus Vermietung des zur Wohnung gehörenden Parkplatzes von monatlich 50 € seit Dezember 2005 erhalten hat, verlangt sie diese ebenfalls heraus. K lehnt das ab, zudem habe sie ihrem Enkel von dem Geld ein Fahrrad gekauft. Kann T gegen K wegen der geltend gemachten Ansprüche vorgehen?

5. Sachverhalt wie bei Frage 4. K hat die Wohnung jedoch nicht selbst bezogen, sondern an die P-GmbH (P) vermietet. Im Januar zerbricht dem Geschäftsführer der P (G) infolge leichter Fahrlässigkeit ein in seinem Büro befindliches Aquarium. Der Inhalt er-

gießt sich auf das Parkett, wodurch ein erheblicher Wasserschaden entsteht. Das Parkett muss abgeschliffen und neu versiegelt werden. Hierfür verlangt T von G Schadenersatz. Zu Recht?

6. X entwendet E dessen Fahrrad. Eine Woche später verursacht X damit einen Verkehrsunfall, bei dem das Fahrrad zerstört wird.

a) Eigentümer E verlangt Ersatz. Zu Recht?

b) Wie ist die Rechtslage, wenn X am Unfall kein Verschulden trifft?

c) Wie ist die Rechtslage, wenn Z mit dem von X geliehenen Rad den Unfall verschuldet und Kenntnis von dem Diebstahl hat?

d) X verwechselt fahrlässig das Fahrrad des E mit seinem eigenen, da beide Räder ähnlich aussehen. Er nimmt das fremde Fahrrad, ohne seinen Irrtum zu bemerken, und verschuldet den Verkehrsunfall. Kann E Ersatz für sein Fahrrad verlangen?

Zusatzfrage (für Fortgeschrittene): G bringt das von beiden Eheleuten verwendete Fahrzeug, dessen Alleineigentümerin seine Ehefrau F ist, zur Reparatur der Bremsbeläge in die Werkstatt des W, der die erforderlichen Reparaturen durchführt. F ist der Ansicht, dass die Reparatur nicht nötig war, da (was zutreffend ist) die Bremsbeläge noch 10.000 km gehalten hätten. Sie verlangt von W Herausgabe ihres Wagens. Mit Erfolg?

Empfehlungen zur vertiefenden Lektüre:

Kempny, Zum Verständnis und zur Prüfung des § 992 BGB, JuS 2008, 858; *Kindl*, Das Eigentümer-Besitzer-Verhältnis: Schadensersatz und Nutzungen, JA 1996, 115; *ders.*, Das Eigentümer-Besitzer-Verhältnis: Verwendungsersatzansprüche, JA 1996, 201; *Roth*, Grundfälle zum Eigentümer-Besitzer-Verhältnis, JuS 1997, 518, 710, 897, 1087; *ders.*, Das Eigentümer-Besitzer-Verhältnis, JuS 2003, 937; *Schmolke*, Das Eigentümer-Besitzer-Verhältnis (§§ 987–1003 BGB); *Schreiber*, Das Eigentümer-Besitzer-Verhältnis, Jura 1992, 356, 533.

§ 9. Das Grundbuch

I. Funktionen und Wirkung des Grundbuchs

1. Funktion des Grundbuchs

341 Immobilien befriedigen Grundbedürfnisse der Menschen, indem sie ihnen Wohnung bieten sowie Grundlage für die Landwirtschaft und Ort menschlicher Begegnung sind. Die soziale Bedeutung von Grundstücken hat der Gesetzgeber schon bei Schaffung des Bürgerlichen Gesetzbuchs gesehen und die Rechtsverhältnisse, die Immobilien betreffen, abweichend von jenen über bewegliche Gegenstände geregelt. Er erachtete diese Rechtsvorgänge als besonders wichtig und hat daher ein Grundbuchsystem errichtet. Eine rechtsgeschäftliche Rechtsänderung bedarf zur Wirksamkeit der Eintragung im Grundbuch. Das Grundbuch enthält verschiedene Angaben über das Grundstück, deren Zweck es ist, der Einsicht nehmenden Person ein Bild über die Rechtslage zu ermöglichen.

342 Die Bestimmungen, die die Einrichtung der Grundbuchbehörden, der Grundbücher und das Verfahren beim Grundbuchamt, in dem über einen Antrag entschieden wird, regeln (sog. **formelles Grundbuchrecht**), finden sich in der Grundbuchordnung (GBO). Im BGB ist dagegen geregelt, unter welchen Voraussetzungen eine dingliche Rechtsänderung eintritt (sog. **materielles Grundbuchrecht**).

343 Beide Bereiche sind miteinander verwoben. Dies zeigt sich schon, wenn zum Rechtserwerb neben der materiellen dinglichen Einigung eine Rechtsänderung der Eintragung im Grundbuch bedarf (§ 873 Abs. 1). Anders als in manchen ausländischen Rechtsordnungen (z.B. dem französischen Recht) ist die Eintragung im Grundbuch nicht nur deklaratorischer, sondern **konstitutiver Natur.** Ohne eine Eintragung ist der Rechtserwerbstatbestand nicht erfüllt.

344 Das Grundbuch erfüllt weiterhin die Funktion, Übertragungen äußerlich sichtbar zu machen. Es verwirklicht damit den Publizitätsgrundsatz, dem bei Mobilien der Besitz dient (s. o. Rn. 35). Gemein mit der Vermutungswirkung (s. u. Rn. 347 ff.) und der Gutglaubenswirkung (s. u. Rn. 408 ff.) spricht man auch von der **materiellen Publizität.** Die **formelle Publizität** bezeichnet dagegen das Einsichtsrecht nach § 12 GBO (s. u. Rn. 357 ff.).

345 Durch das Registerverfahrensbeschleunigungsgesetz (v. 20.12.1993, BGBl. I, 2182) wurde den Ländern die Möglichkeit eingeräumt, das Grundbuch auch in elektronischer Form als Datenbank zu führen. Alle Bundesländer machen von dieser Möglichkeit Gebrauch, viele von ihnen haben ihre Grundbücher inzwischen komplett auf das elektronische Grundbuch umgestellt. Diese Umstellung führt zu einer erheblichen Beschleunigung der Eintragungsvorgänge und Erleichterung der Einsichtsmöglichkeiten (zur Grundbucheinsicht bei elektronischem Grundbuch, s. u. Rn. 359).

Daneben darf das Grundbuchamt weitere Verzeichnisse erstellen, die zur **346** Führung des Grundbuchs erforderlich sind (§ 12a GBO). Hierzu gehört etwa das Eigentümerverzeichnis, das in alphabetischer Reihenfolge alle Grundstückseigentümer und Wohnungseigentümer unter Angabe des zugehörigen Grundbuchblattes nennt. Mit einem solchen Verzeichnis, das in elektronischer wie nicht elektronischer Form geführt werden kann, wird die Grundbucheinsicht erleichtert, wenn nur der Name des Eigentümers, nicht aber die Nummer des Grundbuchblattes bekannt ist. Für die Vollständigkeit dieser Verzeichnisse hat das Grundbuchamt nicht einzustehen, auch nehmen sie nicht an den gesetzlichen Wirkungen des Grundbuchs teil.

2. Vermutungswirkung

Das Gesetz knüpft an die Eintragung im Grundbuch eine widerlegliche **Ver-** **347** **mutung** für deren Richtigkeit (§ 891). Als Beweislastregel erleichtert die Vorschrift die Situation für jene Personen, zu deren Gunsten sich die Grundbuchlage auswirkt. Zu ihrer Widerlegung genügt allerdings nicht allein der Gegenbeweis, mit dem die Richtigkeit der Vermutung erschüttert wird, sondern es muss der Beweis des Gegenteils (s. § 292 S. 1 ZPO) erbracht werden (*BGH NJW* 1980, 1047).

Die Vermutung erstreckt sich nur auf **eintragungsfähige Rechte,** d. h. das Eigentum, beschränkt dingliche Rechte und die Vormerkung. Gerade bei den Sicherungsrechten ist die Vermutung grundsätzlich auf das Sicherungsrecht als solches begrenzt. Bei der Hypothek gilt freilich die Besonderheit, dass hier zugunsten des Akzessorietätsgrundsatzes diese Regel eine gewisse Durchbrechung erfährt (§ 1138, s. u. Rn. 675).

Das Gesetz unterscheidet die positive und negative Vermutung: Die **posi-** **348** **tive Vermutung** wirkt zugunsten desjenigen, für den ein Recht eingetragen ist (§ 891 Abs. 1). Sie erstreckt sich sogar auf die Richtigkeit des im Liegenschaftskataster eingetragenen Grenzverlaufs. § 891 Abs. 2 regelt die **negative Vermutung des Grundbuchs,** nach der ein gelöschtes Recht nicht besteht. Zudem geht von der eingetragenen Löschung auch die Vermutung aus, dass das zur Aufhebung (und nicht zur Berichtigung) gelöschte Recht bis zu seiner Löschung bestanden hat. Eine weitergehende Vermutung **(negative Vollständigkeitsvermutung),** dass nur die eingetragenen Rechte am Grundstück bestehen, trägt § 891 nicht, da dafür eine Vermutungsgrundlage (Eintragung oder Löschung) fehlt.

Die widerlegliche Vermutung wirkt für und gegen jedermann (anders als **349** § 1006, der nur **zugunsten des Besitzers wirkt**). Sie hebt sich allerdings bei widersprechenden Doppelbuchungen in demselben oder verschiedenen Grundbüchern auf (RGZ 56, 60). Die Vermutung gilt ebenso nicht, wenn die gegenteilige Rechtslage offenkundig ist (s. § 291 ZPO).

Vermutungswirkung des Grundbuchs, § 891

> **1. positive Vermutung, § 891 Abs. 1**
> – Bestehen eines Rechts für den es eingetragen ist
> **2. negative Vermutung, § 891 Abs. 2**
> – Nichtbestehen eines gelöschten Rechts und dessen Bestehen bis zur Löschung
> **3. keine negative Vollständigkeitsvermutung**
> – keine Vermutungswirkung dahingehend, dass nur die eingetragenen Rechte bestehen

3. Öffentlicher Glaube des Grundbuchs

350 Neben der Vermutungswirkung des Grundbuchs begründet dieses **öffentlichen Glauben.** Zwar setzt eine wirksame Verfügung voraus, dass der Verfügende hierzu berechtigt ist. Zum Schutze des Rechtsverkehrs sieht das Gesetz aber auch bei Grundstücksgeschäften einen gutgläubigen Erwerb vor. Hier wirkt sich der öffentliche Glaube des Grundbuchs aus, welcher den Rechtsverkehr fördert. § 892 erweitert diesen Gutglaubensschutz auf den Inhalt des Grundbuchs, indem die Vorschrift **drei Fiktionen** anordnet
– der eingetragene Berechtigte gilt als wahrer Berechtigter, diese Wirkung erstreckt sich auf den eingetragenen Gegenstand, den Inhalt des Rechts und seinen Rang; das eingetragene Recht gilt als unbeschränkt durch nie eingetragene oder gelöschte Rechte, die der Eintragung bedürfen;
– der gelöschte Berechtigte gilt als Nicht-mehr-Berechtigter, sein Recht gilt als nicht mehr bestehend;
– zu Unrecht nicht/oder wegen Löschung nicht mehr eingetragene, aber eintragungsfähige Verfügungsbeschränkungen bestehen nicht.

Keine Gutglaubenswirkung gibt es dagegen für das Bestehen zu Unrecht eingetragener Verfügungsbeschränkungen (s. auch u. Rn. 421).

> **Merksatz:** Anders als bei § 932 geht vom Grundbuch auch eine negative Publizität aus, indem der Erwerber sich darauf verlassen kann, dass nicht Eingetragenes auch nicht besteht. Allerdings hat das Grundbuch bei Verfügungsbeschränkungen anders als bei eingetragenen Rechten keine positive Publizität in dem Sinne, dass sich der Erwerber auf die eingetragene Verfügungsbeschränkung als bestehend verlassen kann.

Der gute Glaube des Grundbuchs erstreckt sich ebenfalls nicht auf rein tatsächliche Angaben, wie etwa die Größe und Wirtschaftsart des Grundstücks (zu Wohn- oder Gewerbezwecken genutztes Grundstück oder dgl.). Auch nicht eintragbare Rechte, Belastungen und Beschränkungen werden von der Wirkung nicht erfasst. Gleiches gilt für die persönlichen Verhältnisse, wie etwa die Rechtsfähigkeit des Vereins, wenn dieser als Eigentümer eingetragen ist (zum aktuellen Problem bei der GbR vgl. *Reymann*, ZfIR 2009, 81 ff.).

In Fällen notwendiger Eintragung im Grundbuch ist die Kenntnis bei Stel- **351** lung des Eintragungsantrags maßgeblich, sofern die Einigung vorausgeht; bei nachfolgender Einigung ist auf den Zeitpunkt des Vertragsschlusses abzustellen (§ 892 Abs. 2).

Gutglaubensträger ist mit anderen Worten der Grundbucheintrag, der nur **352** bei Bösgläubigkeit (anders als in § 932 Abs. 2 verlangt dies stets positive Kenntnis) des Rechtserwerbers oder einem eingetragenen Widerspruch nicht wirkt. Der Grundbuchrichtigkeit kommt somit auch im Interesse des wahren Rechtsinhabers eine enorme Bedeutung zu. Das Gesetz ermöglicht daher die sog. Grundbuchberichtigung (§ 894, s. u. Rn. 466 ff.). Allerdings hängt der gutgläubige Erwerb nicht davon ab, ob der Erwerber sich Kenntnis vom Grundbuchinhalt verschafft hat (s. hierzu *Brehm/Berger*, § 10 Rn. 8 a. E.; sog. abstrakter guter Glaube).

Am öffentlichen Glauben nehmen nur **eintragungsfähige Rechte** teil. **353** Dies sind alle dinglichen Rechte an Grundstücken und grundstücksgleichen Rechte (§ 892 Abs. 1 S. 1). Weiterhin fallen hierunter alle dinglichen Rechte an Grundstücksrechten (z. B. Nießbrauch an einer Hypothek) sowie Verfügungsbeschränkungen (§ 892 Abs. 1 S. 2).

Merksatz: Der öffentliche Glaube des Grundbuchs (§ 892) führt zu drei Fiktionen:
(1) Zu Unrecht eingetragene eintragungsfähige Rechte bestehen.
(2) Zu Unrecht nicht eingetragene oder zu Unrecht gelöschte, nicht mehr eingetragene, eintragungsfähige Rechte bestehen nicht.
(3) Zu Unrecht nicht oder nicht mehr eingetragene eintragungsfähige Verfügungsbeschränkungen bestehen ebenfalls nicht.

Eintragungsfähig sind daneben der **Widerspruch** (hierzu s. u. Rn. 475 ff.) **354** sowie die **Vormerkung** (s. u. Rn. 423 ff.). Andere Rechte an Grundstücken, insbesondere obligatorische Rechte – wie etwa Miete und Pacht – sind nicht eintragungsfähig. Auch absolute Verfügungsbeschränkungen, die schon kraft Gesetzes gegenüber jedermann wirken (z. B. § 1365; s. o. Rn. 197), sind nicht eintragungsfähig. Anders ist es aber bei § 80 InsO: zur Verhinderung eines gutgläubigen Erwerbs wird mit Eröffnung des Insolvenzverfahrens ein Insolvenzvermerk eingetragen, § 32 InsO. Ebenso nicht eintragungsfähig sind rechtsgeschäftliche Verfügungsbeschränkungen (sie haben keine dingliche Wirkung, § 137) sowie öffentlich-rechtliche Rechtsverhältnisse und Belastungen (hierzu wird von den Verwaltungsbehörden ein sog. Baulastenverzeichnis geführt). Baulasten sind öffentlich-rechtliche Beschränkungen zugunsten der Behörde. Die Einzelheiten zum Baulastenverzeichnis regelt das

Bauordnungsrecht des jeweiligen Landes (z.B. § 65 BbgBO, § 75 HBO, § 93 NBauO, § 83 SächsBO).

II. Äußere Form des Grundbuchs

1. Gliederung des Grundbuchs

355   Das Grundbuch gliedert sich in ein **Bestandsverzeichnis** und **drei Abteilungen.** Im Bestandsverzeichnis wird dem Grundstück eine laufende Nummer gegeben. Weiterhin sind bestimmte aus dem Kataster zu entnehmende Angaben über die Gemarkung und neben weiteren Angaben auch die Größe des Grundstücks, die Wirtschaftsart sowie die Lage und die mit dem Eigentum am Grundstück verbundenen Rechte aufgenommen. Die Angaben ermöglichen, sich ein Bild von Größe und räumlicher Lage des Grundstücks zu machen.

356   **Abteilung I** nennt den Eigentümer und den Erwerbsgrund für das Eigentum. **Abteilung III** die Hypotheken-, Grund- und Rentenschuld und **Abteilung II** alle übrigen Lasten und Beschränkungen, wie etwa Nießbrauch, Grunddienstbarkeit, Nacherbfolge und Insolvenzeröffnung.

2. Einsichtsrecht

357   Damit das Grundbuch seine Publizitätsfunktion (s. o. Rn. 344) erfüllen kann, bedarf es eines **Einsichtsrechts.** Nach § 12 Abs. 1 GBO kann jeder das Grundbuch einsehen, der ein verständliches berechtigtes Interesse darlegt. Dieses Einsichtsrecht wird auch als formelle Publizität im Gegensatz zu der beschriebenen materiellen Publizität, die die Übertragungs-, Vermutungs- und Gutglaubenswirkung umfasst, bezeichnet (vgl. Rn. 350). Das Einsichtsrecht besteht schon bei jedem **begründeten sachlichen Interesse,** das nicht notwendigerweise ein rechtliches Interesse sein muss. Das Gericht (hierzu u. Rn. 360) wird nur dann eine Einsicht nicht zulassen, wenn die Verfolgung unbefugter Zwecke oder eine Einsichtnahme aus bloßer Neugier zu besorgen ist.

358   Einsicht in die übrigen vom Grundbuchamt geführten Verzeichnisse kann nicht verlangt werden; insoweit besteht unter den in § 12a Abs. 1 S. 3 GBO genannten Voraussetzungen grundsätzlich nur ein Anspruch auf Auskunft.

359   Bei einem **elektronischen Grundbuch** ist Teilnehmern die Einsichtnahme über das Internet möglich. So steht Behörden, Gerichten, Notaren und öffentlich bestellten Vermessungsingenieuren der Zugang zum uneingeschränkten Grundbuchabrufverfahren offen. Das beschränkte Grundbuchabrufverfahren gem. § 133 Abs. 4 GBO i.V. m. § 82 GBV steht dagegen Personen offen, deren Einsicht der Eigentümer des Grundstücks oder der Wohnung oder der Inhaber des Erbbaurechts auf diesem Wege zugestimmt haben. Das-

selbe gilt, wenn die Zwangsvollstreckung in Grundstücks-, Gebäude- oder Erbbaueigentum betrieben werden soll und der Antragsteller dies in entsprechender elektronischer Form versichert.

3. Das Grundbuchamt – Zuständigkeiten

Das Grundbuch wird in **ausschließlicher Zuständigkeit** von den **Amts-** 360 **gerichten** als Grundbuchämtern geführt (§ 1 GBO) und stellt daher gerichtliche Tätigkeit und nicht Verwaltung dar. Die Grundbuchämter bilden eine Abteilung bei den Amtsgerichten. Die örtliche Zuständigkeit richtet sich nach der Belegenheit des Grundstücks. Das Amtsgericht ist für alle in seinem Bezirk befindlichen Grundstücke zuständig. Grundbuchbeamter ist zwar der Richter, die funktionelle Zuständigkeit liegt regelmäßig jedoch beim Rechtspfleger, dem die Grundbuchsachen gem. § 3 Nr. 1 lit. h RPflG übertragen sind.

III. Grundsätze des Eintragungsverfahrens

Um ein Grundverständnis für die Eintragung von dinglichen Rechten zu 361 gewinnen, sollen im Folgenden die Grundprinzipien des Eintragungsverfahrens dargestellt werden. Die Eintragung erfolgt im Rahmen eines gerichtlichen Verfahrens, das als Teil des sog. **klassischen Bereichs** den Regeln der **freiwilligen Gerichtsbarkeit** unterliegt. Soweit die Grundbuchordnung keine speziellen Regelungen enthält, greifen die allgemeinen Bestimmungen des FGG. Im Einzelnen gelten folgende wichtige Grundsätze.

1. Antragsprinzip

Das Grundbuchamt wird in der Regel nur auf Antrag tätig (§ 13 Abs. 1 362 S. 1 GBO). Mit dem Antrag wird der Umfang der Tätigkeit des Grundbuchamtes bestimmt. Antragsberechtigt sind sowohl Personen, deren dingliche Rechte von der Verfügung betroffen sind, wie auch diejenigen, die ein Recht an dem Grundstück erwerben (§ 13 Abs. 1 S. 2 GBO). Der Antrag ist mit Eingang beim Grundbuchamt wirksam. Dieser Zeitpunkt ist vor allem für die Bearbeitung mehrerer Anträge von Bedeutung. Hier hat die Eintragung in der Reihenfolge der Antragstellung zu erfolgen (§ 17 GBO).

2. Bewilligungsgrundsatz

Jede Eintragung in das Grundbuch setzt eine Bewilligung desjenigen vor- 363 aus, dessen Recht von ihr betroffen ist (§ 19 GBO). Man spricht insoweit vom **formellen Konsensprinzip.** Die Bewilligung erfolgt als rein verfahrensrechtliche Erklärung (h. M., vgl. *Prütting* Rn. 277). Sie wird erst wirksam, wenn sie entweder dem Grundbuchamt oder demjenigen, zu dessen Gunsten die Eintragung erfolgen soll, mit der Bestimmung zugeht, dass sie dem Grundbuchamt vorzulegen ist. Das Grundbuchamt prüft also grundsätzlich nicht, ob zwischen den Parteien eine dingliche Einigung stattfand. Von diesem Grundsatz werden in verschiedenen Situationen Ausnahmen gemacht. Wichtigster Fall ist der Grundstückserwerb. § 20 GBO verlangt für die Eintragung als Eigentümer, dass die Auflassung (§ 925; s. u. Rn. 389 ff.) zwischen den Parteien erfolgt ist (hierbei spricht man vom **materiellen Konsensprinzip**).

364   Die Bewilligung ist von der Einigung nach § 873 streng zu trennen. Hieran ändert der Umstand nichts, dass eine Erklärung beide Rechtsakte enthalten kann. Der Inhalt der Erklärung ist jeweils durch Auslegung (§§ 133, 157) zu ermitteln. Die praktische Bedeutung der Unterscheidung liegt vor allem in den anzuwendenden Vorschriften, um ihre Wirksamkeit beurteilen zu können. Soweit es sich um eine Einigung nach § 873 handelt, gelten die allgemeinen Regeln zur rechtsgeschäftlichen Vertragslehre. Demgegenüber wird die Eintragungsbewilligung überwiegend als eine verfahrensrechtliche Willenserklärung gedeutet (s. o. Rn. 363). Voraussetzungen und Wirkungen der Eintragungsbewilligung richten sich damit grundsätzlich nach Grundbuch- oder Verfahrensrecht. Das schließt eine analoge Anwendung bürgerlich-rechtlicher Prinzipien nicht aus.

365   Eine weitere Einschränkung des Bewilligungsgrundsatzes neben § 20 GBO besteht für subjektiv dingliche Rechte, die nicht auf dem Blatt des Grundstücks vermerkt sind (§ 21 GBO). Zur Vereinfachung des Grundstücksverkehrs haben die von einer Eintragung mittelbar betroffenen Rechtsinhaber, die auf dem Blatt des herrschenden Grundstücks **nicht vermerkt** sind, der Eintragung zwar sachlichrechtlich zuzustimmen, diese aber nicht grundbuchrechtlich zu bewilligen. Keiner Bewilligung bedarf es im Übrigen, wenn die Unrichtigkeit in der Form des § 29 GBO nachgewiesen wird. Weitere Ausnahmen vom Bewilligungsgrundsatz enthalten die §§ 23 bis 26 GBO.

3. Voreintragung des Betroffenen

366   Gem. § 39 Abs. 1 GBO setzt die Eintragung des Rechtserwerbers eine Beantragung des Bewilligenden voraus. Damit soll dem Grundbuchamt die Nachprüfung der materiellen Rechtsinhaberschaft abgenommen werden. Die Vermutungswirkung des § 891 (s. o. Rn. 347 ff.) setzt sich hier fort. Das Grundbuch lässt zugleich die „rechtliche Geschichte des Grundstücks", d. h. alle die an ihm bisher bestandenen und gegenwärtig noch bestehenden Rechte erkennen. Vom Grundsatz der Voreintragung werden verschiedene Ausnahmen gemacht. Vor allem ist hier § 40 GBO zu nennen, der auf eine Zwischeneintragung der Erben bei Veräußerung durch sie verzichtet. Darüber hinaus spielt die Übertragung von Briefpfandrechten als weitere Ausnahme eine praktisch erhebliche Rolle. Hier ersetzen die Übergabe des Briefes und die öffentlich beglaubigte Abtretungserklärung die Eintragung im Grundbuch (§ 1155, s. u. Rn. 704).

IV. Verfahren und Eintragung

Das Gericht prüft grundsätzlich nur die Eintragungserfordernisse der **367** §§ 19, 20, 39 GBO. Materielle Voraussetzungen werden von ihm regelmäßig nicht festgestellt. Allerdings darf das Grundbuchamt eine Eintragung nicht vornehmen, wenn der Mangel eines Rechtsgeschäftes offensichtlich ist. Dies ergibt sich aus dem allgemeinen Ziel, eine Unrichtigkeit des Grundbuches zu vermeiden.

Die Eintragungsbewilligung und die sonstigen zur Eintragung erforderli- **368** chen Erklärungen sind durch **öffentliche** oder **öffentlich beglaubigte** Urkunden nachzuweisen (§ 29 Abs. 1 S. 1 GBO). Das führt im Ergebnis dazu, dass selbst bei fehlendem materiellrechtlichen Formbedürfnis (z. B. gilt § 313b Abs. 1 nur für das Verpflichtungsgeschäft) die dingliche Einigung nach § 873 Abs. 1 notariell beurkundet wird, damit auf diese Weise dem nach Verfahrensrecht bestehenden Erfordernis genügt wird. Andere Voraussetzungen der Eintragung sind – soweit sie nicht dem Grundbuchamt offenkundig sind – durch öffentliche Urkunden nachzuweisen (§ 29 Abs. 1 S. 2 GBO).

Das Gericht nimmt die Eintragung vor, wenn alle Eintragungsvorausset- **369** zungen vorliegen. Intern geschieht dies durch eine entsprechende Verfügung. Ein Rechtsbehelf ist hiergegen nur gem. § 71 Abs. 2 S. 2 GBO mit dem Inhalt statthaft, dass das Grundbuchamt angewiesen wird, nach § 53 GBO einen Widerspruch einzutragen (s. hierzu u. Rn. 482 ff.) oder eine Löschung vorzunehmen. Auf diese Weise soll der Rechtssicherheit gedient werden, ohne dabei den in seinem Recht Betroffenen den Risiken des gutgläubigen Erwerbs auszusetzen. Es bleibt dem Betroffenen überlassen, eine Grundbuchberichtigung nach § 894 durchzusetzen (s. u. Rn. 466). Damit wird dem öffentlichen Glauben des Grundbuchs Rechnung getragen.

Bei heilbaren Eintragungshindernissen erlässt das Grundbuchamt eine **Zwischenverfügung** (§ 18 Abs. 1 S. 1 Fall 2 GBO). Mit der Zwischenverfügung wird sichergestellt, dass die Eintragung im Rang der Antragstellung erfolgt (s. § 18 Abs. 2 GBO). Eine Zurückweisung des Antrags hätte dagegen einen Verlust der Rangstelle zur Folge (s. auch u. Rn. 484).

Ansonsten lehnt es einen Antrag ab, wenn die Eintragungsvoraussetzungen **370** nicht vorliegen (§ 18 Abs. 1 S. 1 Fall 1 GBO). Hiergegen steht dem Antragsteller die Beschwerde gem. § 71 GBO zu.

Grundsätzlich ist eine Eintragung für das Grundbuchamt unabänderlich. **371** Hiervon gibt es aber Ausnahmen. Kommt es zu einer unrichtigen Eintragung, so darf das Gericht in zwei Fällen von Amts wegen tätig werden:

(1) Die Eintragung wurde unter Verletzung gesetzlicher Vorschriften vorgenommen **und** durch die Eintragung ist das Grundbuch unrichtig geworden (§ 53 Abs. 1 S. 1 GBO). In diesem Fall ist ein Widerspruch einzutragen (s. auch u. Rn. 482 ff.).

(2) Eine Eintragung ist ihrem Inhalt nach unzulässig. Hier ist sie von Amts wegen zu löschen. Im Übrigen ist es den Parteien überlassen, für die Richtigkeit des Grundbuchs zu sorgen.

V. Rang der Grundstücksrechte

1. Bedeutung und Wirkung des Rangs

372   An einem Grundstück können mehrere Nutzungs- oder Verwertungsrechte bestehen. Reicht bei Verwertung des Grundstücks der Erlös nicht zur Befriedigung aller aus, so stellt sich die Frage, wie der Erlös zu verteilen ist. Im deutschen Recht bestimmt sich die Befriedigung nach dem Rang des Rechts. Der **Prioritätsgrundsatz,** nach dem sich der **Rang des Rechts** nach der Reihenfolge der Eintragung bestimmt (§ 879), setzt sich in der Zwangsversteigerung im **Deckungsprinzip** (§ 44 Abs. 1 ZVG) konsequent fort. Danach darf der Zuschlag nur bei Deckung aller Rechte erfolgen, die dem Recht des die Zwangsvollstreckung betreibenden Gläubigers vorausgehen. Betreibt etwa bei zwei an einem Grundstück bestehenden Grundpfandrechten der an zweiter Rangstelle Eingetragene die Zwangsvollstreckung, erbringt aber der Erlös nicht den Betrag für beide Grundpfandrechte, so wird zunächst der erstrangige Grundpfandrechtsinhaber voll befriedigt. Der Restbetrag steht dem Zweitrangigen zu, dessen Grundpfandrecht bei Zwangsversteigerung erlischt (§§ 52 Abs. 1 S. 2, 91 Abs. 1 ZVG; ebenfalls erlöschen alle gleichstehenden und nachrangigen Rechte, die nicht in das geringste Gebot fallen und auf den Barerlös verwiesen sind). Nur dieser Teil des Versteigerungserlöses muss tatsächlich gezahlt werden, da das Pfandrecht des vorrangigen Gläubigers bestehen bleibt und vom Ersteigerer übernommen wird (**Übernahmeprinzip,** § 52 Abs. 1 S. 1 ZVG). Dadurch ermäßigt sich der vom Ersteigerer zu zahlende Betrag (sog. „**Bargebot**", §§ 49 Abs. 1, 10, 12 ZVG) um den Wert der bestehen bleibenden Rechte (hier das erstrangige Grundpfandrecht). Für den Ersteigernden hat das den großen Vorteil, dass er zwar eine dingliche Haftung übernimmt, die zum Erwerb des Grundstücks erforderlichen liquiden Mittel aber geringer sind. In der Sache führt diese Übernahme zu einer Erleichterung, sofern man davon ausgeht, dass auch der Grundstückserwerber die Bezahlung des Grundstücks hätte finanzieren müssen.

373   Das Risiko für den im Beispiel an zweiter Rangstelle stehenden Grundpfandrechtsgläubiger ist damit offensichtlich. Die Bedeutung des Rangs besteht darin, dass er ein gegenüber dem erstrangig gesicherten Grundpfand-

rechtsgläubiger höheres Ausfallrisiko trägt. Dieses wird durch die Möglichkeit, dass der erstrangig gesicherte Grundpfandrechtsgläubiger die Zwangsvollstreckung betreibt, gesteigert. In diesem Fall ist nämlich sein Grundpfandrecht nicht vom sog. Deckungsprinzip (s. o. Rn. 372, **Löschungsprinzip**) erfasst, da es gegenüber dem des die Zwangsvollstreckung Betreibenden nachrangig ist.

Angesichts des höheren Risikos akzeptieren manche Banken von vornherein keine zweitrangige Sicherheit. Im Übrigen lassen sich die Kreditinstitute die schlechtere Rangstelle einer Sicherheit durch höheren Zins entgelten.

Das Rangverhältnis besteht auch zwischen Eintragungen in verschiedenen **374** Abteilungen (hierzu o. Rn. 356). Es drückt sich etwa darin aus, dass ein Nutzungsrecht bei Betreiben der Vollstreckung durch den Pfandrechtsinhaber nur dann bestehen bleibt (§§ 54, 52 ZVG), wenn es dem Pfandrecht vorgeht. Neben Nutzungs- und Verwertungsrechten nimmt auch die Vormerkung nach h. M. an der Rangordnung teil (BGHZ 46, 124; str., dagegen *Stadler*, AcP 189 (1989), 425, 436).

2. Bestimmung des Rangs

Das Grundprinzip des BGB besteht darin, dass dem zeitlich früher entstan- **375** denen Recht der Vorrang gebührt (§ 879). Bei Rechten in derselben Abteilung ergibt sich die Rangordnung angesichts des hierfür bestehenden Verfahrensrechts (§§ 17, 45 GBO) aus der Reihenfolge des Antragseingangs und damit aus der Reihenfolge, in der die Rechte im Grundbuch eingetragen werden. Dieser auch **„Locusprinzip"** genannte Grundsatz versagt freilich bei Eintragung in verschiedenen Abteilungen. Hier entscheidet das Eintragungsdatum (§ 879 Abs. 1 S. 2, **„Tempusprinzip"**).

Die Grundbuchordnung schreibt zwingend vor, in welcher Reihenfolge **376** Rechte einzutragen ist. Das BGB dagegen geht von der vorgenommenen Eintragung aus, selbst wenn das Grundbuchamt diesen Vorschriften zuwidergehandelt hat. Die tatsächliche Reihenfolge der Eintragung ist auch dann ausschlaggebend, wenn der Rechtsentstehungstatbestand (etwa weil die Einigung später erfolgte) erst zu einem danach liegenden Zeitpunkt vollendet wird.

3. Rangvereinbarungen

Abweichende Rangverhältnisse können von den Parteien vereinbart wer- **377** den und bedürfen der Eintragung im Grundbuch (§ 879 Abs. 3). Derartige Rangvereinbarungen können sowohl von vornherein geschlossen werden (sog. Rangvermerk), aber auch nachträglich erfolgen (sog. Rangänderung). Weiterhin kann sich der Eigentümer eine Rangstelle zur späteren Besetzung vorbehalten. Dies bezeichnet man als Rangvorbehalt (§ 881).

Die Rangvereinbarung muss zwischen den Inhabern des vortretenden und **378** zurücktretenden Rechts getroffen und im Grundbuch eingetragen werden.

Sollte das zurücktretende Recht mit dem Recht eines Dritten belastet sein, so hat der Dritte zuzustimmen (§ 880 Abs. 3). Bei Grundpfandrechten bedarf es auch der Zustimmung des Eigentümers (§ 880 Abs. 2 S. 2), da dieser möglicherweise zu einem späteren Zeitpunkt mit Befriedigung des Gläubigers eine Eigentümergrundschuld erwirbt (s. u. Rn. 719, 724, 741). Der Rang des Rechts kann daher auch für ihn von großer Bedeutung sein. Die zwischen beiden zu ändernden Rängen liegenden Rechte werden durch die Rangänderung nicht berührt (§ 880 Abs. 5).

4. Flexibler Rang

379 Die einmal gegebene Rangstelle ist freilich nicht starr. Vielmehr erlangt durch Wegfall eines vorangehenden Rechtes das ursprünglich nachrangige Recht eine höhere Rangstelle. Dieses Prinzip kennt zwei wichtige Durchbrechungen: Bei Vereinigung von Eigentum und beschränkt dinglichem Recht bleibt Letzteres gleichwohl bestehen (§ 889). Der Rang der nachrangigen Rechte verändert sich somit nicht. Gleiches gilt bei einer Hypothek, die mangels Forderung nicht wirksam entstanden ist. Hier hat der Eigentümer ein Eigentümerpfandrecht (§§ 1163 Abs. 1, 1177; s. u. Rn. 682, 689).

5. Irrtümliche Rangeintragung

380 Hält sich das Grundbuchamt nicht an die verfahrensmäßigen Vorschriften über die Eintragung (§ 17 GBO), so wird hierdurch das Grundbuch nicht unrichtig, da die Eintragung als solche den Rang erst begründet. Der fehlerhaft an besserer Rangstelle eingetragene Rechtsinhaber erlangt einen Vermögensvorteil; für die Nichtleistungskondiktion fehlt es aber an der Rechtsgrundlosigkeit. Zwar handelt es sich bei den §§ 17, 45 GBO um Ordnungs- und Verfahrensvorschriften, sie nehmen aber keine Güterzuweisung vor, eine solche schafft § 879.

Klassische Entscheidung 4: „Rangkondiktion" (BGHZ 21, 98)

Lesen Sie BGHZ 21, 98 ff. (= NJW 1956, 1314) und beantworten Sie folgende Fragen (ausführlich besprochen bei *Hoche*, JuS 1962, 60)!

1. Machen Verstöße gegen Vorschriften der GBO bei der Eintragung das Grundbuch unrichtig?
2. Wonach richtet sich der Rang eines im Grundbuch eingetragenen Rechtes?
3. Welche Ansprüche hat der unter Verletzung der §§ 17, 45 GBO in seinem Rang beeinträchtigte Eingetragene gegenüber dem Bevorzugten?
4. Von wem kann der Benachteiligte seinen Schaden ersetzt verlangen?
5. Gibt es Fälle, in denen eine Kondiktion greifen kann?

Die Antworten finden Sie am Ende des Buches.

VI. Kontrollfragen

1. Der Grundsatz der Voreintragung verlangt, dass der Verfügende als Berechtigter im Grundbuch eingetragen ist. Welchen Sinn hat diese Formalie und was setzt dieser Grundsatz voraus?
2. A, B und C betreiben in Pulsnitz ein Lebkuchengeschäft unter der Firma „Küchler GbR". Als das Geschäft floriert, entschließen sich die Gesellschafter, das von ihnen bisher gemietete Grundstück mit dem kleinen Laden zu erwerben. Das Grundstück wird bei einem Notar aufgelassen, der beim zuständigen Grundbuchamt Antrag auf Eintragung der „Küchler GbR" stellt. Wird das Grundbuchamt die Eintragung vornehmen, und wenn ja, wie?
3. E ist Eigentümerin eines Grundstücks in der Dresdner Innenstadt. Hierauf betreibt sie eine kleine Bekleidungsboutique. Da sie in der näheren Umgebung keine Konkurrenz möchte, schließt sie mit dem Eigentümer des Nachbargrundstücks (N) einen Vertrag, in dem er sich verpflichtet, das Grundstück nicht an einen anderen Bekleidungshändler zu veräußern. N bewilligt die Eintragung einer Verpflichtung dieses Inhalts zugunsten der E. Wird das Grundbuchamt die Eintragung vornehmen?
4. A verhandelt mit der H-Bank und der C-Bank über Kredite. Zur Sicherung sollen Grundschulden am bislang unbelasteten Betriebsgrundstück der A dienen. Diese bestellt für beide Banken formgerecht jeweils eine Grundschuld und bewilligt die Eintragung im Grundbuch. Die Banken valutieren daraufhin ihre Kredite. Der Antrag der C-Bank wird zeitlich vor dem der H-Bank beim Grundbuchamt eingereicht. Durch ein Versehen des Grundbuchbeamten wird die Grundschuld der H-Bank zuerst eingetragen. Welchen Rang haben die Grundpfandrechte und welche Ansprüche hat die C-Bank?

Empfehlungen zur vertiefenden Lektüre:

Kollhosser, Das Grundbuch – Funktion, Aufbau, Inhalt, JA 1984, 558; *ders.,* Grundprobleme des Grundbuchverfahrens, JA 1984, 714; *Schmitz*, Wegweiser durch das Grundbuchverfahren, JuS 1994, 962, 1054; 1995, 53, 245, 333, 438.

§ 10. Übertragung von Eigentum an unbeweglichen Sachen

I. Formen der Übertragung

381   Das Eigentum an unbeweglichem Vermögen kann nicht nur durch Rechtsgeschäft, sondern auch aufgrund Gesetzes oder kraft Hoheitsakts übertragen werden. Bevor die Übereignung im Wege rechtsgeschäftlichen Erwerbs im Einzelnen dargestellt wird, seien dem einige Anmerkungen zu den anderen beiden Erwerbsformen vorangestellt.

1. Übertragung des Eigentums an einem Grundstück kraft Gesetzes

382   Ohne jegliche rechtsgeschäftliche Handlung kann das Eigentum auf einen anderen übergehen, wenn ein Besitzer das Grundstück in **Eigenbesitz** hat und er als solcher im Grundbuch seit 30 Jahren eingetragen ist. Erforderlich ist, dass der Eigenbesitz während dieser Zeit bestanden hat. Man spricht bei dieser Art der Ersitzung auch von **Buch-** oder **Tabularersitzung** (§ 900). Die Redlichkeit des Besitzenden ist nicht Voraussetzung für einen solchen Erwerb.

383   Weitere Fälle gesetzlichen Eigentumserwerbs stellen die erbrechtlichen Erwerbsvorgänge (Universalsukzession im Erbfall, § 1922 Abs. 1) oder die Übertragung eines Erbanteils (§§ 2033 ff.) dar. In beiden Fällen findet ein Erwerb des Grundstücks, das Bestandteil des Nachlasses ist – bei Übertragung des Erbanteils immer als Gesamthandsberechtigter – statt.

384   Schließlich gehört zu den Fällen des gesetzlichen Erwerbs auch der der Bildung einer Gütergemeinschaft gem. § 1416 Abs. 1 S. 1, die mit Abschluss des Ehevertrages gemeinschaftliches Vermögen beider Ehegatten bildet. Gehört zum Vermögen ein Grundstück, so erlangt der andere Ehepartner daran Gesamthandseigentum (s. o. Rn. 140 f.) ohne einen Übertragungsakt.

2. Übertragung kraft Hoheitsakts

385   Neben verschiedenen öffentlich-rechtlichen Erwerbsmöglichkeiten (etwa infolge eines Enteignungsverfahrens) ist der Erwerb von Grundstücken im Wege der Zwangsversteigerung der praktisch bedeutsamste Fall hoheitlichen Eigentumserwerbs. Mit **Verkündung des Zuschlags** geht das Eigentum an dem Grundstück gem. § 90 ZVG von Gesetzes wegen auf den Ersteigerer über. Die Einzelheiten hierfür sind im Zwangsversteigerungsgesetz geregelt.

II. Schuldrechtliches Kausalgeschäft und dingliches Erfüllungsgeschäft

Auch beim rechtsgeschäftlichen Erwerb von Liegenschaften gelten die all- **386** gemeinen Grundsätze des Verhältnisses von schuldrechtlichem Kausalgeschäft und dinglichem Erfüllungsgeschäft (vgl. o. Rn. 153). Besonderheit des schuldrechtlichen Kausalgeschäftes ist es, dass gem. § 311b Abs. 1 S. 1 dieses notariell zu beurkunden ist (§ 128). Die notarielle Beurkundung, die nach den Vorschriften des Beurkundungsgesetzes von einem Notar durchgeführt werden muss, hat neben **Aufklärung, Warnung und Beratung** den Zweck, Streitigkeiten vorzubeugen, die auf missverständlichen oder fehlerhaft abgefassten Grundstücksverträgen beruhen **(Beweis- und Gewährfunktion).** Ein Verstoß gegen dieses Formerfordernis, das für jeden schuldrechtlichen Verpflichtungsvertrag gilt und sowohl Haupt- als auch Nebenabreden erfasst, führt nach allgemeinen Grundsätzen zur Nichtigkeit (§ 125). Dies ist allerdings dann anders, wenn die dingliche Einigung (Auflassung, § 925) und die Eintragung im Grundbuch erfolgt sind (§ 311b Abs. 1 S. 2). Da die verschiedenen Formzwecke aufgrund der vollzogenen Übertragung des Eigentums dann nicht mehr erreichbar sind, ordnet das Gesetz für diesen Fall eine Wirksamkeit des gesamten Vertrages an. Man spricht von der **Heilung** des Formmangels.

Klassische Entscheidung 5: „Edelmannfall" (RGZ 117, 112)
Lesen Sie RGZ 117, 112 ff. und beantworten Sie folgende Fragen!
1. Wurde der Kaufvertrag über das Grundstück formwirksam geschlossen? Gilt gleiches für die Auflassung?
2. Warum handelte der Beklagte nicht arglistig?
3. Bestand eine Pflicht des Beklagten, sein „Wort eines Edelmannes" zu halten?
Die Antworten finden Sie am Ende des Buches.

III. Voraussetzungen des rechtsgeschäftlichen Erwerbs

1. Überblick

Für den rechtsgeschäftlichen Erwerb von Grundstücken bedarf es der **387** **dinglichen Einigung** gem. § 873, die allerdings nach § 925 dem besonderen Formerfordernis der **gleichzeitigen Anwesenheit beider Teile** vor einer **zuständigen Stelle** unterliegt. Die Anforderungen an eine Einigung zum Zwecke der Eigentumsübertragung bei Grundstücken (d.i. die **Auflassung**) sind somit erheblich strenger als bei sonstigen Verfügungen im Immobiliarsachenrecht. Die Einigung muss noch im Zeitpunkt der Vollendung des Rechtserwerbs vorliegen.

388   Weiterhin bedarf der rechtsgeschäftliche Erwerb im Immobiliarsachenrecht wie im Mobiliarsachenrecht der **Verfügungsbefugnis** des Veräußerers (zum gutgläubigen Erwerb im Immobiliarsachenrecht s. u. Rn. 409 ff.). Schließlich ist – und hierin besteht eine wichtige Abweichung gegenüber dem Mobiliarsachenrecht – als Publizitätsakt im Immobiliarsachenrecht die Eintragung des Erwerbers in das Grundbuch erforderlich.

Voraussetzungen des rechtsgeschäftlichen Grundstückserwerbs

---

1. Auflassung (§§ 873, 925)
2. Einigsein bei Vollendung des Rechtserwerbs
3. Verfügungsbefugnis des Veräußerers
4. Eintragung des Erwerbers im Grundbuch

---

2. Die dingliche Einigung (Auflassung)

a) Allgemeine Grundsätze

389   Die Auflassung muss den allgemeinen Anforderungen des Sachenrechts genügen. Es gelten daher der Bestimmtheits- und Spezialitätsgrundsatz (s. o. Rn. 33 f.). Im Einzelfall kann es bei unklaren Grundstücksbezeichnungen erforderlich sein, den Gegenstand der rechtsgeschäftlichen Verfügung im Wege der Auslegung zu ermitteln (s. hierzu o. Rn. 42).

390   Die Grundstücke werden nach Gemarkung, Flur- und Flurstücknummer bezeichnet. Hierbei kann es leicht zu **Falschbezeichnungen** kommen, selbst wenn die Form des § 925 gewahrt wurde. In diesem Fall stellt sich die Frage, ob dann eine (form-)wirksame Auflassung über das von den Parteien für das Rechtsgeschäft vorgesehene (aber nicht korrekt bezeichnete) Grundstück stattgefunden hat.

391   Dieser Fall ist ein schon fast klassisches Beispiel des Grundsatzes *falsa demonstratio non nocet* (s. z. B. *BGH* NJW 2002, 1038). Er gilt auch für die Auflassung, so dass das tatsächlich von beiden Parteien gemeinte Grundstück Gegenstand der Vereinbarung ist. Damit haben sich die Parteien dinglich über das richtige Grundstück geeinigt. Auch ist die Auflassung formwirksam. Im Grundbuch allerdings muss die Eigentumsübertragung im richtigen Grundbuchblatt eingetragen werden. Der Grundsatz ist also nicht auf die Grundbucheintragung zu erstrecken. Alles andere würde den Publizitätswert des Grundbuchs erheblich mindern.

392   Weitere Probleme mit der Bestimmtheit des Leistungsgegenstandes können sich im Zusammenhang mit dem Erwerb von nicht vermessenen Grundstücken ergeben (s. hierzu *BGH* NJW 1986, 1868).

393   Die Auflassung ist **bedingungs- und befristungsfeindlich** (§ 925 Abs. 2). Auch insoweit unterliegt sie strengeren Vorschriften als die bloße Einigung bei sonstigen Immobiliarverfügungen nach § 873. Der Sinn der

Bestimmung liegt darin, Schwebezustände im Zusammenhang mit dem rechtsgeschäftlichen Eigentumserwerb möglichst zu vermeiden. Aus dieser Bedingungsfeindlichkeit folgt auch, dass ein Grundstückskauf unter Eigentumsvorbehalt (§ 449) **nicht** möglich ist (s. u. Rn. 546).

Gleichwohl kann es auch bei Auflassungen zu gewissen Schwebezuständen **394** kommen, da der Eigentumserwerb vielfach öffentlich-rechtlicher Zustimmungserklärungen – etwa nach § 2 GrdstVG oder §§ 19, 51 und 144 Abs. 2 BauGB – bedarf.

Die Auflassung eines Nichteigentümers ist wirksam, wenn der Eigentümer **395** der Auflassung zustimmt (s. § 185).

b) Unwiderruflichkeit der Einigung

Die Einigung nach § 873 Abs. 1 kann vor Eintragung grundsätzlich frei **396** widerrufen werden. Eine Bindung tritt jedoch ein, wenn die Einigung **notariell** beurkundet ist (§§ 873 Abs. 2, 128). Da § 925 Abs. 1 S. 1 nicht notwendigerweise eine notarielle Beurkundung, sondern die gleichzeitige Anwesenheit beider Teile vor einer **zuständigen Stelle** verlangt, ist die bindende Wirkung der Auflassung umstritten. Teilweise wird sie unter Hinweis auf § 873 Abs. 2 abgelehnt und nur dann befürwortet, wenn dessen Voraussetzungen erfüllt sind (Palandt/*Bassenge*, § 925 Rn. 29; *Medicus*, DNotZ 1990, 275, 279). Die Gegenauffassung hält § 873 Abs. 2 für nicht anwendbar und nimmt eine Bindung auch bei formgerechter Auflassung an (z. B. Jauernig/*Jauernig*, § 925 Rn. 16). Letztlich wird man die Bindung wohl nur unter den Voraussetzungen des § 873 Abs. 2 verlangen können, fehlt es doch für eine Bindung allein aufgrund der Wahrung der Form nach § 925 Abs. 1 an einer gesetzlichen Vorschrift. Praktisch werden in der Regel ohnehin die Voraussetzungen von §§ 873 Abs. 2, 128 vorliegen, so dass sich das Problem nicht häufig stellen wird.

c) Voraussetzungen des Formbedürfnisses

Das Gesetz verlangt die gleichzeitige Anwesenheit vor einer zuständigen **397** Stelle (§ 925 Abs. 1 S. 1). Neben dem Notar, der auch außerhalb seines Zuständigkeitsbezirks tätig werden kann (§ 925 Abs. 1 S. 2), kommen gerichtliche Vergleiche (§ 794 Abs. 1 Nr. 1 ZPO) und ein Insolvenzplan (§ 217 InsO) als möglicher Ort für rechtsgeschäftliche Auflassungen in Betracht. Bei der Auflassung kann sich jede Seite vertreten lassen (§§ 164 ff.), da die Vorschrift **nicht** die **persönliche** Anwesenheit verlangt. Weiter ist bei Befreiung vom Verbot des § 181 auch ein Selbstkontrahieren zulässig.

Die Auflassung stellt eine Vorstufe zum Erwerb des Grundstücks dar, ver- **398** schafft aber noch **keine Anwartschaft** (so BGHZ 106, 108, 111; zum Begriff vgl. u. Rn. 544, 562 ff.), da der Veräußerer nach der Vereinbarung durchaus noch den Rechtserwerb einseitig verhindern kann. Er ist in seiner Verfügungsbefugnis nicht etwa beschränkt. Auch fehlt es an einer dem § 161 vergleichbaren Vorschrift, die den Erwerber vor Zwischenverfügungen schützt. Gestärkt wird dessen Position erst, wenn der Erwerber zusätzlich einen Antrag auf Eintragung beim Grundbuchamt stellt und die Auflassung notariell beurkundet wurde (s. § 873 Abs. 2). Der Eintragungsantrag kann dann nur von ihm als Antragsteller wieder zurückgenommen werden. Die Auflassung ist jedenfalls als notarielle Beurkundung gem. § 873 Abs. 2 bindend. Unter diesen Voraussetzungen besteht eine Anwartschaft. Die spezifische Schwäche dieser Anwartschaft liegt allerdings darin, dass sie nicht immer den Eigentumserwerb sicherstellen kann, weil das Grundbuchamt zwar mehrere Eintragungsanträge in der zeitlichen Reihenfolge ihres Eingangs zu behandeln hat (§ 17 GBO), ein Verstoß hiergegen jedoch die Grundbucheintragung **nicht unrichtig** macht (s. o. Rn. 380). Es ist daher denkbar, dass das Grundbuchamt letztlich den Rechtserwerb verhindert, ohne dass damit das Grundbuch unrichtig würde.

399   Eine Absicherung gegenüber einer anderweitigen Verfügung des Veräußerers ist durch die Eintragung einer **Vormerkung** zu erreichen (s. hierzu u. Rn. 423 ff.), mittels der etwa ein Anspruch auf Einräumung eines Eigentumsrechts an einem Grundstück gesichert werden kann, indem die den Rechtserwerb vereitelnde Zwischenverfügung unwirksam ist.

400   Eine weitere Sicherung stellt § 878 dar, nach dem mit Stellung des Eintragungsantrags und bindenden Verfügungserklärungen der Parteien eine spätere Beschränkung der Verfügungsbefugnis des Veräußerers nicht mehr schaden kann (hiezu sogleich Rn. 404).

401   Die entstandene Rechtsposition der Anwartschaft des Erwerbers ist übertragbar, verpfändbar und pfändbar (h. M. Jauernig/*Jauernig*, § 925 Rn. 18). Teilweise wird sogar weitergehend eine Übertragbarkeit und Verpfändbarkeit oder Pfändbarkeit der Rechtsposition befürwortet, wenn es noch nicht einmal zu einer Antragstellung durch den Erwerber gekommen ist, obwohl erst durch die Antragstellung diese zu einer Anwartschaft erstarkt (MünchKomm-BGB/*Kanzleiter*, § 925 Rn. 35 ff.).

402   Statt ein Anwartschaftsrecht schon vor Antrag auf Eigentumsumschreibung durch den Erwerber anzunehmen (s. hierzu Rn. 398), lässt die Rechtsprechung sog. **Kettenauflassungen** zu (RGZ 129, 150, 153; *BGH* NJW 1989, 1093, 1094). Danach ist es zulässig, dass der Erwerber, obgleich noch nicht als solcher im Grundbuch eingetragen, als Nichtberechtigter über das Grundstück verfügt. In der Auflassung zugunsten des Erwerbers liege die Einwilligung des Veräußerer zu einem solchen Rechtsgeschäft (§ 185 Abs. 1). Der Letzterwerber erlangt das Eigentum dann ohne Zwischeneintrag des Erwerbers. Mittels Kettenauflassung lassen sich etliche der Ziele erreichen, die auch durch Anerkennung einer Anwartschaft erlangt werden.

3. Verfügungsberechtigung

Der Veräußerer muss verfügungsberechtigt sein. Eine Ausnahme gilt für **403** Verfügungen eines Nichtberechtigten mit Zustimmung des Grundstückseigentümers (s. § 185).

§ 878 schützt im Übrigen vor **nachträglichen Verfügungsbeschrän- 404 kungen** des Berechtigten. Hierdurch sollen Nachteile des Eintragungsgrundsatzes ausgeglichen werden. Der Erwerber kann, nachdem er alle Erwerbsvoraussetzungen geschaffen und den Eintragungsantrag gestellt hat, den Eintragungszeitpunkt nicht mehr beeinflussen. Dieser hängt von vielen Zufälligkeiten ab. Eine später eintretende Beschränkung der Verfügungsbefugnis würde den Rechtserwerb ausschließen, obgleich sämtliche Eintragungsvoraussetzungen im Zeitpunkt der Antragstellung vorlagen. Bei einem langsam arbeitenden oder überlasteten Grundbuchamt wäre der Zeitraum, in dem dies passieren könnte und damit das Risiko für den Erwerber größer als bei einem schnell eintragenden Grundbuchamt. Das wäre für den Rechtsverkehr eine kaum zumutbare Situation. Das gesetzliche Eintragungserfordernis würde sich letztlich gegen den Erwerber kehren. Um diese Folge zu vermeiden, ordnet die Vorschrift an, dass bei Vorliegen aller Eintragungsvoraussetzungen eine nach Antragstellung eintretende Verfügungsbeschränkung den Rechtserwerb nicht hindert. Liegen sämtliche Erwerbsvoraussetzungen bis auf die Eintragung im Grundbuch vor und ist die Einigung bindend geworden (gem. §§ 873 Abs. 2, 875 Abs. 2 oder § 877), so schadet eine danach eingetretene Verfügungsbeschränkung nicht und ein rechtsgeschäftlicher Erwerb findet gleichwohl statt. Die Vorschrift stellt nicht etwa auf den guten Glauben ab. Sie schützt nur den rechtsgeschäftlichen Erwerb und nicht etwa auch Erwerbe im Rahmen der Zwangsversteigerung oder kraft Gesetzes (s. o. Rn. 382 ff.). Keine Beschränkung der Verfügungsbefugnis stellt das gerichtliche Erwerbsverbot durch einstweilige Verfügung dar, denn dieses soll die Vollendung des Eigentumserwerbs verhindern (s. MünchKomm-BGB/*Wacke*, § 878 Rn. 27).

> **Merksatz:** § 878 schützt vor zwischenzeitlich eintretenden Verfügungsbeschränkungen z. B. infolge Insolvenzeröffnung, wenn:
> (1) alle Eintragungsvoraussetzungen vorliegen
> (2) die dingliche Einigung bindend ist
> (3) ein Eintragungsantrag gestellt wurde.
> § 878 gilt entsprechend für den Vormerkungserwerb (Rn. 436 ff.).

§ 892 regelt hingegen den Fall, dass vor oder bei Stellung des Eintragungs- **405** antrags eine bereits bestehende Verfügungsbeschränkung (noch) nicht eingetragen und dem Erwerber unbekannt ist. Beide Vorschriften ergänzen sich daher in ihrem Anwendungsbereich.

4. Eintragung im Grundbuch

406   Weiterhin bedarf der Eigentumserwerb der Eintragung im Grundbuch. Es kann insoweit auf die zum Grundbuch gemachten Ausführungen verwiesen werden (s. o. Rn. 341 ff.). Hervorzuheben ist, dass abweichend von sonstigen Rechten das Eigentumsrecht und seine Eintragung dem **materiellen Konsensprinzip** (§ 20 GBO) folgt (s. Rn. 363) und das Grundbuchamt daher die Einigung zwischen Veräußerer und Erwerber feststellen muss. Für den Nachweis der Eintragungsvoraussetzungen ist § 29 GBO zu beachten. Dieser ist jeweils durch öffentliche oder öffentlich beglaubigte Urkunden zu führen. Im Übrigen sei auch hier nochmals auf das Erfordernis des § 17 GBO bei der Behandlung mehrerer Anträge (§ 13 GBO, sog. Antragsgrundsatz; s. Rn. 362) verwiesen. Diese Vorschrift ist allerdings eine **reine Ordnungsvorschrift**. Sie hat damit keinerlei Bedeutung für die Richtigkeit des Grundbuchs (s. o. Rn. 380). Der Erwerb des Grundstücks richtet sich allein nach dem – möglicherweise unter Verstoß gegen § 17 GBO erfolgten – Eintrag im Grundbuch. Bei Missachtung von § 17 GBO zugunsten einer dritten Person wird diese Eigentümer und der frühere Auflassungspartner des Veräußerers kann mangels Voreintragung (§ 39 GBO, s. o. Rn. 366) nicht erwerben. Von diesem Grundsatz wird bei Kettenauflassungen (s. o. Rn. 402) eine Ausnahme gemacht (zu gesetzlichen Ausnahmen s. § 40 GBO).

5. Folgen der Eigentumsübertragung

407   Mit der Eigentumsübertragung ist der Erwerber Eigentümer am Grundstück mit all seinen Bestandteilen. Sein Eigentumsrecht umfasst entsprechend der Auslegungsregel des § 926 auch das **Zubehör.** In der Sache bedeutet dies, dass ohne getrennte Übereignung nach Mobiliarsachenrecht auch das Eigentum an beweglichen Sachen – wenn es sich um Zubehör handelt und die Kausalerklärung entsprechend auszulegen ist – übergeht (s. hierzu schon o. Rn. 20). Hierin besteht eine offensichtliche **Ausnahme auch zum Spezialitätsprinzip** (s. Rn. 33). Die Vorschrift erfasst aber nur solche Zubehörstücke, die im **Eigentum des Veräußerers** stehen. Das sonstige Zubehör ist nach den Vorschriften über den Erwerb beweglicher Sachen bei Besitzerlangung und gutem Glauben zu erwerben (§§ 926 Abs. 2, 932 ff.).

IV. Verfügung eines Nichtberechtigten

1. Wirkung des (fehlenden) Grundbucheintrags

Auch im Immobiliarsachenrecht kann es dazu kommen, dass ein Nichtbe- **408** rechtigter verfügt. Das Gesetz lässt wie im Mobiliarsachenrecht unter bestimmten Voraussetzungen einen Erwerb vom Nichtberechtigten zu. Hierbei spielt das Grundbuch als Rechtsscheinsträger eine entscheidende Rolle.

a) Vermutungswirkung des § 891

Gem. § 891 Abs. 1 gilt die **Vermutung der Rechtsinhaberschaft,** wenn eine Person entsprechend im Grundbuch eingetragen ist. Gleiches gilt für gelöschte Rechte (§ 891 Abs. 2, s. o. Rn. 347 ff.).

b) Fiktionen des § 892

Wegen des an formelle Voraussetzungen anknüpfenden Grundbuchverfahrens kann die sich aus dem Grundbuch ergebende Rechtslage von den bestehenden Rechtsverhältnissen abweichen. Für diesen Fall ermöglicht das Gesetz unter bestimmten Voraussetzungen einen gutgläubigen Erwerb. § 892 erweitert diesen Gutglaubensschutz, indem es drei Fiktionen anordnet (s. o. Rn. 350).

2. Rechtsgeschäftlicher Erwerb vom Nichtberechtigten oder nicht Befugten

a) Erwerb vom Nichtberechtigten

Grundvoraussetzung für die Anwendung des § 892 ist, dass der Erwerber **409** vom Nichtberechtigten die Immobilie erworben hat. Darunter fällt nicht nur der Erwerb vom Bucheigentümer, der unzutreffenderweise im Grundbuch als solcher eingetragen ist. Vielmehr kann es auch sein, dass der Verfügende zwar Eigentümer ist, zur Verfügung aber nicht befugt war. Als Beispiel lässt sich der Insolvenzschuldner anführen, der nach Eröffnung des Insolvenzverfahrens nicht mehr verfügungsbefugt ist (§ 80 Abs. 1 InsO). Auch sind etwaige gerichtliche oder behördliche Veräußerungsverbote (§§ 135 f.) denkbar.

Wie bei den Mobilien muss es sich um einen Erwerb im Rahmen eines Rechtsgeschäfts handeln. Nicht erfasst wird damit jeglicher gesetzlicher Eigentumserwerb und der Erwerb in der Zwangsversteigerung.

Auf den Begriff des **Verkehrsgeschäfts,** auf das § 892 in der Anwendung **410** beschränkt ist, sind dieselben Grundsätze wie bei den Mobilien anzuwenden (s. o. Rn. 206 f.). Nicht hierunter fallen daher etwa Geschäfte mit persönlich oder wirtschaftlich identischen Vertragspartnern. Das Gleiche gilt für den Erwerb unter Bruchteilsberechtigten.

b) Unrichtigkeit des Grundbuchs

411   Der gutgläubige Erwerb setzt weiter ein Auseinanderfallen von Grundbuchlage und materieller Rechtslage voraus (sog. **Unrichtigkeit**). Dabei kann die Unrichtigkeit hinsichtlich eines dinglichen Rechts am Grundstück, eines Rechts an einem solchen Recht oder eine relative Verfügungsbeschränkung bestehen. Auch der Rang nimmt am guten Glauben teil.

412   Soweit es Verfügungsbeschränkungen betrifft, ergibt sich aus § 892 Abs. 1 S. 2, dass relative Verfügungsbeschränkungen mittels gutgläubigen Erwerbs überwunden werden können. Demgegenüber führt ein Verstoß gegen § 1365 zur Unwirksamkeit der Verfügungen, die auch nicht bei Redlichkeit wirksam werden (absolutes Verfügungsverbot, s. o. Rn. 197).

413   Der Verfügende muss seinerseits im Grundbuch als berechtigt eingetragen oder durch Erbschein legitimiert sein.

c) Redlichkeit des Erwerbers

414   Gutgläubiger Erwerb setzt Redlichkeit des Erwerbers voraus. Hieran fehlt es, wenn der Erwerber die Unrichtigkeit des Grundbuchs kennt. Bloß grob fahrlässige Unkenntnis schließt einen gutgläubigen Erwerb nicht aus. Auch hierin besteht ein Unterschied zu § 932 Abs. 2. Damit hat der Erwerber auch im Immobiliarsachenrecht keinerlei Erkundigungspflicht (zur parallelen Problematik bei Mobilien, s. o. Rn. 202 f.). Für die Redlichkeit kommt es auch nicht darauf an, ob der Erwerber vor Erwerb Einblick in das Grundbuch genommen hat (sog. abstrakter öffentlicher Glaube). Nur bei positiver Kenntnis der Unrichtigkeit des Grundbuchs und einem zutreffenden Schluss über die fehlende Verfügungsbefugnis des Veräußerers liegt keine Redlichkeit vor (*KG* NJW 1973, 56, 58 f.). Der Gesetzgeber trägt insoweit der gegenüber dem Besitz stärkeren Vertrauensbasis des Grundbuchs Rechnung.

415   Wie sich aus der Formulierung der Vorschrift ergibt, vermutet das Gesetz gem. § 892 Abs. 1 die Redlichkeit des Erwerbs. Damit trifft denjenigen, der den Erwerb bestreitet, die Beweislast für die Kenntnis des Erwerbers von der Unrichtigkeit des Grundbuchs. Wie im Mobiliarsachenrecht (*BGH* NJW 1961, 777, für den Fall, dass Tatsachen rechtsirrig beurteilt werden) genügt für die Bösgläubigkeit nicht schon die Kenntnis der Tatsachen, aus sich die Unrichtigkeit des Grundbuchs ergibt (*OLG Hamm* NJW-RR 1993, 1298).

416   Für die Kenntnis der Grundbuchunrichtigkeit kommt es grundsätzlich auf den Zeitpunk der Vollendung des Rechtserwerbs an. Gem. § 892 Abs. 2 ist aber der **Zeitpunkt der Antragstellung** maßgeblich, wenn **nur die Eintragung** zum Rechtserwerb fehlt. Voraussetzung dafür ist die Unrichtigkeit des Grundbuches bereits im Zeitpunkt der Antragstellung. Bei später eintretender Unrichtigkeit kommt es auf diesen Zeitpunkt an (Staudinger/*Gursky* (2008), § 892 Rn. 196; a. A. noch RGZ 140, 35). Das Gleiche gilt bei einer eingetragenen Vormerkung. Die nach Eintragung der Vormerkung eintretende Bösgläubigkeit kann einen Rechtserwerb nicht mehr verhindern (BGHZ 57, 341).

§ 892 Abs. 2 gilt nicht für das Bestehen anderer Eintragungshindernisse. **417** Wie im Falle von § 878 will die Vorschrift Nachteile des Eintragungsgrundsatzes für den Erwerb ausgleichen (s. o. Rn. 404). Fehlt es aber an weiteren Eintragungsvoraussetzungen – wie etwa der vormundschaftlichen Genehmigung –, so handelt es sich um keinen mit dem Eintragungsgrundsatz verbundenen Nachteil. Eine spätere Kenntnis der Unrichtigkeit des Grundbuchs verhindert in einem solchen Fall den Erwerb.

Gem. § 166 Abs. 2 kommt es bei Vertretung im Rahmen der Verfügung auf die Kenntnis des Vertreters an. Bei juristischen Personen ist die Kenntnis eines Organmitgliedes notwendig, ohne dass es sich dabei um das mitwirkende Organmitglied handeln müsste (Palandt/*Bassenge*, § 892 Rn. 24).

d) Fehlende Eintragung eines Widerspruchs gegen die Richtigkeit des Grundbuchs

Der Inhaber eines Grundbuchberichtigungsanspruchs nach § 894 kann **418** im Wege der einstweiligen Verfügung oder aufgrund einer Bewilligung desjenigen, dessen Recht durch die Berichtigung des Grundbuchs betroffen wird, die Eintragung eines **Widerspruchs** gegen die Richtigkeit des Grundbuchs beantragen (s. u. Rn. 475 ff.). Der eingetragene Widerspruch ist – ebenso wie die Vormerkung (vgl. Rn. 426) – ein Sicherungsmittel, führt aber nicht zu einer Grundbuchsperre oder Beschränkung der Verfügungsbefugnis. Hierin unterscheidet er sich von der Vormerkung. Sofern das gesicherte Recht besteht, zerstört der Widerspruch den öffentlichen Glauben des Grundbuchs bezüglich des gesicherten Rechts (§ 892 Abs. 1 S. 1; vgl. Rn. 479). Voraussetzung ist weiterhin, dass der Widerspruch zugunsten des Inhabers des Anspruchs eingetragen ist. Die Verfügungen des Widerspruchsgegners sind dann unwirksam. Der eingetragene Widerspruch verhindert den gutgläubigen Erwerb. Diese Wirkung entfaltet er sofort mit Eintragung.

Der von einem Berechtigten erwirkte Widerspruch ist vom sog. **Amts- 419 widerspruch** gem. § 53 GBO abzugrenzen (hierzu u. Rn. 482 ff.). Zwar haben beide Widersprüche dieselbe Wirkung, Voraussetzung für den Amtswiderspruch ist aber, dass das Grundbuchamt die Eintragung unter Verletzung gesetzlicher Vorschriften vorgenommen hat und durch diese Eintragung das Grundbuch unrichtig geworden und noch unrichtig ist. In diesem Fall muss das Grundbuchamt von Amts wegen einen Widerspruch eintragen (s. auch o. Rn. 371).

Grundstückserwerb vom Nichtberechtigten (§§ 873, 892)

> 1. Auflassung (§§ 873, 925)
> 2. Verkehrsgeschäft
> 3. Eintragung des Veräußerers als Berechtigter
> 4. Unrichtigkeit des Grundbuchs
> 5. kein Widerspruch im Grundbuch (§ 899)
> 6. keine Bösgläubigkeit des Erwerbers

3. Die Wirkung des gutgläubigen Erwerbs

420   Gemäß § 892 Abs. 1 S. 1 gilt der Inhalt des Grundbuchs als richtig. Es besteht hinsichtlich des dinglichen Rechts ein positiver und ein negativer Vertrauensschutz, indem nicht eingetragene oder gelöschte Rechte als nicht (mehr) bestehend angesehen werden. Die Vorschrift stellt den Erwerber so, als würde das Grundbuch die wahre Rechtslage wiedergeben.

421   Bei Verfügungsbeschränkungen ist der Vertrauensschutz nur einseitig, d.h. negativ. Nicht im Grundbuch aufgenommene Verfügungsbefugnisse bestehen nicht. Dagegen erstreckt sich die Fiktion des § 892 Abs. 1 S. 1 nicht auf fälschlicherweise im Grundbuch eingetragene Verfügungsbeschränkungen. Die Eintragung hat nicht die Aufgabe, das Rechtsverhältnis zu fingieren, aufgrund dessen das Gesetz eine Verfügungsbefugnis gewährt. Ist also ein Insolvenzvermerk eingetragen (§ 32 InsO), die Insolvenz aber nicht eröffnet, so kann der Erwerber, der durch Rechtsgeschäft mit dem Insolvenzverwalter ein Grundstück aus der Masse erwerben wollte, dieses nicht kraft Redlichkeit erlangen.

422   § 893 erstreckt den Schutz des Redlichen sogar auf Verfügungen, die nicht einen Rechtserwerb zum Gegenstand haben, wie etwa die Änderung des Ranges (§ 880; s. o. Rn. 377 f.). Auch hier muss es sich aber um Verfügungen handeln. Darüber hinaus ordnet die Vorschrift an, dass bei Leistungen an den eingetragenen Nichtberechtigten zur Tilgung eines Anspruchs aus dem eingetragenen existierenden Recht ebenfalls § 892 gilt. Damit wird der zur Leistung Verpflichtete durch Leistung an den im Grundbuch Eingetragenen befreit.

Unterschiede beim gutgläubigen Erwerb von Mobilien und Immobilien

	Gutgläubiger Erwerb von Mobilien, §§ 932 ff.	Gutgläubiger Erwerb von Immobilien oder Rechten daran, § 892 Abs. 1 S. 1
Bezugsobjekt des guten Glaubens	Eigentum des Veräußerers	Richtigkeit des Grundbuchs
Ausschluss des guten Glaubens	1. Kenntnis oder grob fahrlässige Unkenntnis vom fehlenden Eigentum des Veräußerers, § 932 Abs. 2 – oder – 2. Abhandenkommen der Sache, § 935	1. Kenntnis der Unrichtigkeit des Grundbuchs und Schluss auf Nichtberechtigung des Veräußerers, § 892 Abs. 1 S. 1 – oder – 2. Widerspruch gegen die Richtigkeit der Eintragung, § 892 Abs. 1 a. E.

V. Kontrollfragen

1. Welche Möglichkeiten des Eigentumserwerbs kraft Gesetzes gibt es bei Immobilien?
2. Wann erfolgt bei der Zwangsversteigerung eines Grundstückes der Eigentumsübergang?
3. Ist die Einigung nach § 873 bedingungs- oder befristungsfeindlich?
4. Warum ist die bedingte Übereignung eines Grundstückes nicht möglich?
5. Wann entsteht eine dingliche Anwartschaft auf das Eigentum an einem Grundstück?
6. Ist der gute Glaube an eine fehlende Verfügungsbefugnis des Eingetragenen, z.B. bei Insolvenzvermerk geschützt?
7. B verkauft der A im Jahre 2007 das Grundstück X mit Gartenanlage, das sie 1991 von der Stadt E erworben und mit einem Bürokomplex bebaut hatte. Bei der Ausgestaltung des Komplexes wurde ein Garten angelegt, der ca. 1000 qm in das Nachbargrundstück der Stadt E ragte. Bei den Verkaufsgesprächen wurden A Fotos des Komplexes mitsamt der Gartenanlage gezeigt und A nahm das Grundstück von dem Dach des Bürokomplexes in Augenschein. Die Gartenanlage (einschließlich des Teiles auf dem Nachbargrundstück) hob sich dabei sichtbar von der angrenzenden, unbebauten Wiesenfläche ab. Die Parteien waren sich darüber einig, dass der gesamte Bürokomplex mit Gartenanlage verkauft werden sollte. In dem notariellen Kaufvertrag wird allerdings nur das Grundstück X benannt. Hat B der A das Eigentum an den 1000 qm des Nachbargrundstückes zu verschaffen?

Empfehlungen zur vertiefenden Lektüre:

Medicus, Besitz, Grundbuch und Erbschein als Rechtsscheinträger, Jura 2001, 294; *Schreiber*, Die Auflassung, Jura 2000, 603; *Schreiber/Burbulla*, Der gutgläubige Erwerb von unbeweglichen Sachen, Jura 1999, 491.

§ 11. Vormerkung und dingliches Vorkaufsrecht

I. Zweck und Bedeutung der Vormerkung

423   Das Trennungsprinzip, das im deutschen bürgerlichen Recht gilt (s. o. Rn. 43), führt bei dem Erwerb von Immobilien oder Rechten an ihnen zu einem besonderen Problem: Der Rechtserwerb im Mobiliarsachenrecht setzt die Eintragung im Grundbuch voraus (§ 873 Abs. 1). Diese kann sich auch bei elektronisch geführtem Grundbuch verzögern, da etwa Genehmigungen erforderlich oder Grunderwerbssteuer zu zahlen sind. Angesichts dessen kann im Gegensatz zum Mobiliarsachenrecht ein gewisser zeitlicher Abstand zwischen dem Kaufvertrag und der Vollendung des Rechtserwerbs nicht verhindert werden. Für den Erwerber besteht in dieser Zeit ein Sicherungsbedürfnis, besonders wenn er die seinerseits geschuldete Leistung bereits erbracht hat. Das gilt für jegliche Art von dinglichem Rechtserwerb an Grundstücken, ganz besonders aber für den Eigentumserwerb. Das Gesetz erkennt dieses Sicherungsbedürfnis des obligatorisch Berechtigten vor einer den Rechtserwerb beeinträchtigenden „Zwischenverfügung" des Veräußerers oder des das Recht Einräumenden an. Ein nur schuldrechtlicher Schutz durch Unterlassungs- und Schadensersatzansprüche würde die Vereitelung des dinglichen Rechtserwerbs vielfach nicht wirksam verhindern können. Deshalb stellt das Gesetz mit der **Vormerkung** eine vorläufige Sicherung zur Verfügung, die die Erfüllung des schuldrechtlichen Anspruchs gewährleisten soll. Im Gegensatz zum **Widerspruch,** der gegen die Richtigkeit des Grundbuchs **protestiert, kündigt** die **Vormerkung** eine Rechtsänderung **an (prophehzeit).**

424   Von besonderer Bedeutung ist die bereits angesprochene Auflassungsvormerkung. In der Praxis wird an die Eintragung einer Vormerkung zugunsten des Erwerbers in der Regel die Fälligkeit des Kaufpreises geknüpft, da der Erwerber mit ihr angesichts der verschiedenen Wirkungen der Vormerkung eine sichere Rechtsposition erlangt.

II. Wirkung der Vormerkung

425   Die Vormerkung ist ein im Grundbuch einzutragendes Sicherungsmittel. Sie wirkt in dreierlei Weise: So hat sie **Sicherungswirkung** (1.), in bestimmten Situationen sogar **Vollwirkung** (2.) und in jedem Fall **Rangwirkung** (3.).

1. Sicherungswirkung

Die Vormerkung beschränkt die Befugnis des Veräußerers oder des das **426** Recht Einräumenden, über sein Grundstück/Recht zu verfügen nicht. Sie bewirkt insbesondere keine Grundbuchsperre. Auch nach Eintragung der Vormerkung kann verfügt werden. **Verfügungen,** die die Erfüllung des vorgemerkten Anspruchs jedoch vereiteln oder beeinträchtigen, sind gegenüber dem Vormerkungsgeschützten unwirksam (Sicherungswirkung durch **relative Unwirksamkeit,** § 883 Abs. 2). Gegenüber allen anderen ist die Verfügung wirksam, da der vormerkungsbelastete Rechtsinhaber nach wie vor als Berechtigter verfügen kann.

Wird bspw. eine Vormerkung für die Bestellung einer Grundschuld in das **427** Grundbuch eingetragen (Anspruch aus der Sicherungsabrede), so hindert das den Besteller nicht, das Grundstück zu veräußern, denn diese Veräußerung würde einer Grundschuldbestellung nicht entgegenstehen. Der Erwerber müsste nur der Eintragung der Grundschuld zustimmen. Der Anspruch des Vormerkungsberechtigten auf Bewilligung (s. u. Rn. 440) gegen den Erwerber richtet sich dann auf Bewilligung der Grundschuldeintragung. Das Gesetz beschränkt die Wirkung auf vormerkungswidrige Verfügungen, so dass etwa der zwischenzeitliche Abschluss eines Miet- oder Pachtvertrages nicht hierunter fällt (str., so BGHZ 13, 1).

Die Vormerkung wirkt mit ihrer Eintragung, wenn auch die Forderung **428** zumindest als künftiges oder aufschiebend bedingtes Recht besteht. Sie endet mit Erfüllung des Anspruchs nach § 888 und Eintragung des Vollrechts im Grundbuch. Der Inhaber des durch die Vormerkung gesicherten Anspruchs kann die vormerkungswidrige und daher ihm gegenüber unwirksame Verfügung genehmigen. Schließlich kann die Vormerkung auch durch anderweitiges Erlöschen des Anspruchs seinerseits erlöschen (z. B. bei einem auflösend bedingten Forderungsrecht mit Eintritt der Bedingung). Letzteres ist Folge der Akzessorietät zwischen Forderung und Vormerkung (s. u. Rn. 439).

Die grundsätzliche Wirksamkeit der vormerkungswidrigen Verfügung **429** führt dazu, dass das Grundbuch durch eine vormerkungswidrige Zwischenverfügung nicht etwa unrichtig wird. Ein Berichtigungsanspruch wird durch eine solche Vormerkungswidrigkeit daher nicht begründet. Für den Vormerkungsberechtigten besteht damit aber das Problem, wie er eine Eintragung seinerseits erreichen kann, wenn der Zwischenberechtigte bereits im Grundbuch steht und er dessen Bewilligung als Voreingetragenem bedarf (§ 39 GBO). Hier hilft § 888. Die Vorschrift verschafft dem Vormerkungsberechtigten gegen den zwischenzeitlich vormerkungswidrig Eingetragenen einen Anspruch auf Bewilligung der Eintragung oder Löschung des vom Zwischenerwerber erlangten Rechts nach § 19 GBO. Letzteres gilt etwa bei einer Auflassungsvormerkung für die zwischenzeitlich eingetragene Grundschuld.

Der Anspruch richtet sich dann auf Zustimmung zur Löschung dieser Grund-schuld.

430   Der Anspruchsgegner kann gegen seine Inanspruchnahme auch die Ein-wendungen und Einreden geltend machen, die dem Schuldner des durch die Vormerkung gesicherten Anspruchs zustehen (analog §§ 768, 1137). Das er-gibt sich aus der Forderungsabhängigkeit der Sicherung (Akzessorietät, s. u. Rn. 439). Für die Durchsetzung des Anspruchs nach § 888 fehlt es auch dann nicht an einem Rechtsschutzbedürfnis, wenn der Anspruch gegen den Schuldner nicht zumindest gleichzeitig durchgesetzt wird. Die daraus fol-gende Schwierigkeit, dass der nach § 888 in Anspruch Genommene häufig die Einreden und Einwendungen des Schuldners nicht kennt, sei hinzuneh-men, da dies bei Sicherungsgebern nicht anders sei (s. z. B. §§ 768, 1211; *BGH* NJW-RR 1988, 1357).

431   Der Anspruch nach § 888 ist dinglicher Natur. Das wirft die grundsätz-liche Frage nach der Anwendung schuldrechtlicher Vorschriften auf diesen Anspruch auf. Umstritten ist vor allem die Anwendung der Verzugsvorschrif-ten. Die Rechtsprechung lehnt sie ab (BGHZ 49, 263). Der Anspruch nach § 888 sei ein unselbständiger Hilfsanspruch, dem nur verfahrensrechtliche Bedeutung zukomme. § 216 ist auf die Vormerkung nicht analog anzuwen-den (PWW/*Kesseler*, § 216 Rn. 2).

2. Vollwirkung

432   Weitergehende Wirkungen hat die Vormerkung in bestimmten, vom Ge-setz geregelten Fällen. Da diese Wirkung denen des („vollen") Rechtser-werbs gleichkommt, wird sie als **Vollwirkung** bezeichnet. So ist die Vormer-kung gem. § 106 InsO „insolvenzfest". Danach kann der Gläubiger auch nach Eröffnung des Insolvenzverfahrens vom Insolvenzverwalter Erfüllung des gesicherten Anspruchs aus der Insolvenzmasse verlangen. Die Eröffnung des Verfahrens hat auf seine Rechtsposition somit keine Auswirkungen. Diese gegenüber § 103 InsO spezielle Regelung schließt das Wahlrecht des Insol-venzverwalters in der Insolvenz des Veräußerers aus. Das gilt entgegen § 139 sogar, wenn – wie etwa bei Bauträgerverträgen – die Erfüllung der übrigen Pflichten vom Verwalter abgelehnt wird. Ähnlich ist es bei der Erbenhaftung. Soweit der Anspruch durch Vormerkung gesichert ist, kann sich der Erbe ge-genüber dem Verpflichteten nicht auf die beschränkte Erbenhaftung berufen (§ 884). Man spricht hier von Vollwirkung, da sich die Vormerkung insoweit nicht von dem künftigen dinglichen Recht des durch die Vormerkung gesi-cherten Gläubigers unterscheidet. So ordnet § 48 ZVG an, dass durch Vor-merkung gesicherte Rechte wie eingetragene Rechte zu behandeln sind. Eine Auflassungsvormerkung ist daher in das geringste Gebot (§ 44 Abs. 1 ZVG) aufzunehmen. Der Grundstückserwerb durch Zuschlag (§ 90 ZVG) ist vormerkungswidrig und der Ersteher hat der Eintragung des Vormerkungs-

inhabers in das Grundbuch nach § 888 zuzustimmen. Da dem Inhaber der Vormerkung aber nur dieser Weg über § 888 offensteht und die Vormerkung nicht gegenüber Dritten wirkt (das Grundbuch wird weder unrichtig noch hindert die Vormerkung das Zwangsvollstreckungs- oder Zwangsversteigerungsverfahren), ist die Vormerkung folglich kein die Veräußerung hinderndes Recht i.S. von § 771 ZPO.

Wegen der teilweisen Vollwirkung wird bei der Auflassungsvormerkung **433** auch die Anwendung anderer für das Eigentum geltenden Vorschriften befürwortet. Das gilt für den Anspruch auf Nutzungsherausgabe gegen den Dritterwerber (§§ 987, 990; s. o. Rn. 308 ff.), soweit der gesicherte Anspruch keine Besonderheiten vorsieht (*BGH* NJW 2000, 2899, str.; a. A. z. B. *Gursky*, JR 1984, 3), oder auf Verwendungsersatz (hierzu o. Rn. 320 ff.) gem. §§ 994 ff. (BGHZ 75, 288, 291), der dem Vormerkungsberechtigten nach § 1000 entgegengehalten werden kann (vgl. o. Rn. 335 ff.).

3. Rangwirkung

Schließlich hat die Vormerkung Rangwirkung, indem sie den Rang des **434** späteren Rechts sichert (§ 883 Abs. 3). Die Eintragung wirkt hinsichtlich des Rangs auf diesen Zeitpunkt zurück und das Recht erhält den Rang, den es erhalten hätte, wenn statt der Vormerkung das Recht selbst eingetragen worden wäre (zur Rangbestimmung s. Rn. 475 ff.).

III. Systematische Einordnung der Vormerkung

Schon aus dem bisher Gesagten lässt sich entnehmen, dass die Vormerkung **435** ein im System des BGB kaum einzuordnendes Institut ist. Sie sichert zwar einen schuldrechtlichen Anspruch auf Rechtsänderung, ist aber kein Sicherungsrecht im eigentlichen Sinne. Eine Verwertungsbefugnis wird mit ihr nicht eingeräumt. Überwiegend wird deshalb auch die Vormerkung **nicht** als **dingliches Recht** angesehen (s. z. B. PWW/*Huhn*, § 883 Rn. 1). Mitunter ist von einer Zwitterstellung der Vormerkung zwischen obligatorischem und dinglichem Recht die Rede (Erman/*A. Lorenz*, § 883 Rn. 2). Sie habe gewisse dingliche Wirkungen, ohne dass damit die Regeln über dingliche Rechte unbesehen anerkannt werden könnten (s. Palandt/*Bassenge*, § 883 Rn. 2). Für die Lösung der gesetzlich nicht geregelten praktischen Fragen hat diese Charakterisierung nur beschränkten Wert. Soweit die Vormerkung wie ein dingliches Recht wirkt, ist es sachgerecht, die entsprechenden Vorschriften für dingliche Rechte anzuwenden (z. B. § 894).

IV. Vormerkungserwerb

1. Sicherungsgegenstand

436 Die Vormerkung sichert einen schuldrechtlichen Anspruch, der vielfältigen Inhalt haben kann. Neben der Einräumung eines Grundstücksrechts kommen die Aufhebung eines solchen Rechts, die Änderung seines Inhalts und die Rangänderung in Betracht.

437 Anspruchsgrundlage für die Forderung kann ein Vertrag – etwa ein Kaufvertrag (§§ 433 ff.) – aber auch das Gesetz (ungerechtfertigte Bereicherung, §§ 812 ff.) oder ein einseitiges Rechtsgeschäft, etwa das Vermächtnis in einem Testament (§§ 2174, 1939), sein. Nur schuldrechtliche Ansprüche sind mit der Vormerkung zu sichern. Der Anspruch muss im Zeitpunkt der Bestellung der Vormerkung grundsätzlich bestehen. Er muss auf eine zulässige Eintragung gerichtet sein.

438 Das Gesetz lässt ausdrücklich auch die Sicherung bedingter und künftiger Ansprüche zu (§ 883 Abs. 1 S. 2). Um eine zu starke Beschränkung des Eigentümers zu verhindern, sind die Anforderungen bei künftigen Ansprüchen aber sehr streng. Häufig findet sich die Formulierung, die Entstehung dürfe nur noch vom Willen des künftigen Berechtigten abhängen (z. B. BGHZ 12, 115, 118; *BGH* NJW 1997, 861, 863; *BayObLG* NJW 1978, 700). Damit soll Rechtsunsicherheit vermieden und eine Überlastung des Grundbuchs verhindert werden. Der Bundesgerichtshof vertritt in dieser Frage einen etwas großzügigeren Standpunkt (*BGH* WM 1981, 1357, 1358) und verlangt, dass der Anspruch nach Inhalt und Gegenstand zumindest bestimmbar ist (BGHZ 61, 209, 211). Im Einzelnen ist hier manches streitig. Dies gilt etwa auch für die Abgrenzung zwischen aufschiebend bedingtem Anspruch und künftiger Forderung (problematisch *BGH* NJW 2002, 2461, 2462). Selbst eine Potestativbedingung ist für einen aufschiebend bedingten Anspruch ausreichend (BGHZ 151, 116, 122, Rückübereignungsanspruch im Fall groben Undanks). Dieser Fall ist allerdings abzugrenzen von jenem der sog. Wollensbedingung, indem die Geltung des Rechtsgeschäfts vom bloßen erklärten Willen einer Partei und nicht von deren willkürlichem Verhalten abhängt (zur Unterscheidung s. Jauernig/*Jauernig*, § 158 Rn. 3 f.). Fehlt es an einem wirksamen Kaufvertrag, da etwa ein Scheingeschäft vorliegt, so scheidet die Vormerkung des Auflassungsanspruchs als künftige Forderung aus (vgl. *G. Lüke*, JuS 1971, 341, 342). Der künftige Anspruch besteht nicht unabhängig vom Willen des Verkäufers.

439 Die Vormerkung ist akzessorisch. Ihre Entstehung setzt einen Anspruch voraus. Fehlt es an ihm, so ist die Vormerkung nicht entstanden. Mit Erlöschen des Anspruchs erlischt auch die Vormerkung. In beiden Fällen kann eine eingetragene Vormerkung im Wege der Grundbuchberichtigung (s.

Rn. 462 ff.) mit Bewilligung des „Vormerkungsberechtigten" gelöscht werden. Der in seiner Verfügungsmacht beschränkte Eigentümer (s. o. Rn. 426 f.) hat insoweit einen Berichtigungsanspruch (§ 894). Bei zu Unrecht erfolgter Löschung steht dieser Anspruch dem Vormerkungsberechtigten zu. Nur in diesem Fall besteht auch die Möglichkeit zum Widerspruch, da in der erstgenannten Situation der Grundstückseigentümer nicht der Gefahr eines gutgläubigen (Forderungs-)Erwerbs ausgesetzt ist (hierzu ausführlich u. Rn. 475 ff.).

2. Bewilligung oder einstweilige Verfügung

Wie bei einem dinglichen Recht setzt die Vormerkung die Bewilligung **440** des in seinem dinglichen Recht von der Vormerkung betroffenen Rechtsinhabers voraus. Anders als bei dinglichen Rechten verlangt die Vormerkung keine Einigung i.S. des § 873. Hierin liegt ein weiterer Unterschied (s. o. Rn. 389 ff.) zu den sonstigen Sicherungsrechten. Die Bewilligung wird durch einseitige empfangsbedürftige Willenserklärung gegenüber dem Erwerber oder dem Grundbuchamt erklärt (§§ 875 Abs. 1 S. 2, 876 S. 2 analog!). Sie bedarf der Form des § 29 GBO, um als Nachweis im Grundbuchverfahren auszureichen.

Sofern eine Bewilligung durch den betroffenen Rechtsinhaber nicht zu **441** erlangen ist, steht dem Gläubiger die Möglichkeit offen, gegen ihn eine einstweilige Verfügung zu erwirken (§ 885 Abs. 1 S. 1 Fall 1). Sie kann die Bewilligung ersetzen. Für den Erlass der Verfügung bedarf es abweichend von den allgemeinen Regeln nicht der Glaubhaftmachung (§ 294 ZPO) eines Verfügungsgrundes (§ 885 Abs. 1 S. 2, als Ausnahme zu den §§ 935 f., 917 ZPO). Wie bei dem Berichtigungsanspruch trägt diese Beschränkung dem Umstand Rechnung, dass die Gefährdung des schuldrechtlichen Anspruchs der Situation immanent ist (s. schon o. Rn. 423). Auch ein vorläufig vollstreckbares Urteil gegen den Schuldner kann Grundlage für die Eintragung der Vormerkung sein (§ 895 ZPO).

3. Eintragung im Grundbuch

Schließlich bedarf die Vormerkung der Eintragung im Grundbuch. Ohne **442** eine solche existiert die Vormerkung nicht. Die Eintragung ist somit **konstitutiv** (vgl. o. Rn. 343). Es gelten für das Eintragungsverfahren die allgemeinen Grundsätze. Erlischt eine durch Vormerkung gesicherte Forderung, so kann die bereits eingetragene Vormerkung ohne zwischenzeitliche Löschung nach Untergang des Anspruchs zur Sicherung eines neuen Anspruchs verwendet werden (*BGH* NJW 2000, 805).

Fall 6 – Vormerkung: A schließt mit B am 3.1. einen notariell beurkundeten Grundstückskaufvertrag. Der Kaufpreis beträgt 600.000 €. Die zugunsten des B bewilligte Auflassungsvormerkung wurde am 6.2. in das Grundbuch eingetragen. Am 17.2. schließen A und B einen weiteren, ebenfalls notariell beurkundeten Kaufvertrag. Darin ist ausdrücklich bestimmt, dass dieser Vertrag vollständig an die Stelle des Vertrages vom 3.1. treten soll. Der Kaufpreis beträgt nunmehr 500.000 €. A bewilligt sogleich eine (inhaltsgleiche) Auflassungsvormerkung. Die am 3.1. bewilligte Vormerkung soll im Falle ihrer bereits erfolgten Eintragung fortgelten. Am 22.2. trifft A mit C eine Vereinbarung zur Bestellung einer Grundschuld an demselben Grundstück i.H.v. 200.000 €. Die Grundschuld wird zugunsten des C wenige Tage später ins Grundbuch eingetragen. B verlangt nun von C die Zustimmung zur Löschung der Grundschuld. Zu Recht?

Lösung:

B könnte gegen C einen Anspruch auf Zustimmung zur Löschung der Grundschuld aus den §§ 888 Abs. 1, 883 Abs. 2 haben. Voraussetzung dafür ist, dass zugunsten des B eine Vormerkung besteht und die Grundschuld nach Eintragung der Vormerkung begründet wurde, so dass ihre Bestellung eine vormerkungswidrige Verfügung darstellt. Zwar ist B Inhaber einer Auflassungsvormerkung, die am 6.2. vor Bestellung der Grundschuld im Grundbuch eingetragen wurde. Der zeitlich spätere Grundstückskaufvertrag führt jedoch – durch den ihm immanenten Aufhebungsvertrag – zum Erlöschen des mit der eingetragenen Vormerkung gesicherten Auflassungsanspruchs vom 3.1. Aufgrund der Akzessorietät (s. o. Rn. 439) erlischt damit auch die Vormerkung und macht das Grundbuch unrichtig.

Da die Löschung der Vormerkung nicht beantragt wurde, könnte sie aber durch die spätere Bewilligung für den inhaltsgleichen Anspruch aus dem Vertrag vom 17.2. wirksam geworden sein. Ein **Forderungsaustausch** ist im Gesetz zwar nicht vorgesehen. Hier besteht aber die Besonderheit, dass die zu sichernden Ansprüche dieselbe Rechtsänderung betreffen, also dieselbe Vormerkung aufgrund der zweiten Bewilligung nochmals im Grundbuch einzutragen wäre. In Betracht kommt deshalb, dass B allein durch die am 17.2. erfolgte Bewilligung die bereits im Grundbuch eingetragene Vormerkung für den zu sichernden neuen Auflassungsanspruch (vom 17.2.) erworben hat, ohne dass hierfür eine erneute Grundbucheintragung notwendig war.

Zwar ist nach § 879 Abs. 2 die Reihenfolge von Einigung und Eintragung für den Rechtserwerb unbeachtlich, dennoch bleibt die erneute Eintragung erforderlich. Dies gilt wegen ihrer dinglichen Wirkung auch für die Vormerkung. Eine Neueintragung wird aber für entbehrlich gehalten, wenn die Bewilligung zur Sicherung eines Anspruchs erfolgt, der zwar auf einer anderen schuldrechtlichen Grundlage beruht, inhaltlich aber auf dieselbe Rechtsänderung gerichtet ist wie der vorangegangene die Eintragung betreffende Anspruch (MünchKomm-BGB/*Wacke*, § 883 Rn. 11; s. auch o. Rn. 442). Mit anderen Worten ist maßgeblich, dass Eintragung und spätere Bewilligung der Vormerkung hinsichtlich der zu beanspruchenden Rechtsänderung einen inhaltsgleichen Anspruch betreffen. Dadurch wird auch dem Grundsatz der Akzessorietät bei der Vormerkung genügt (*BGH* NJW 2000, 805; hierzu *K. Schmidt*, JuS 2000, 605). Die zweite Vormerkung entsteht dann mit der zweiten Bewilligung. Diese kann nach Vormerkungseintragung erfolgen (Palandt/*Bassenge*, § 885 Rn. 8). Bewilligung und Eintragung müssen sich nur inhaltlich decken (MünchKomm-BGB/*Wacke*, § 873 Rn. 51). Damit ist der Vormerkungsberechtigte ab diesem Zeitpunkt aufgrund der zuvor eingetragenen ersten Vormerkung wieder gegen Zwischenverfügungen geschützt.

Im vorliegenden Fall betreffen beide aus den Kaufverträgen resultierenden Ansprüche die Eigentumsverschaffung an ein und demselben Grundstück, von ein und derselben Person. Damit liegt ein inhaltsgleicher Anspruch vor, so dass B durch die zweite Bewilligung eine Vormerkung zur Sicherung des neuen Auflassungsanspruchs erworben hat, wobei die Eintragung bereits erfolgt war. B hat daher gegen C einen Anspruch auf Zustimmung der Löschung der danach eingetragenen vormerkungswidrigen Grundschuld.

4. Gutgläubiger Erwerb durch Bewilligung des Nichtberechtigten

Eine vom Buchberechtigten rechtsgeschäftlich bewilligte Vormerkung **443** kann nach überwiegender Auffassung gutgläubig erworben werden (s. MünchKomm-BGB/*Wacke*, § 883 Rn. 65 m.w.N.). Lediglich über die rechtliche Begründung besteht Streit, da die systematische Einordnung der Vormerkung schwerfällt (vgl. Rn. 435). Die teilweise vertretene Anwendung von § 892 Abs. 1 (*Kempf*, JuS 1961, 22, 24) wird überwiegend abgelehnt, da die Vormerkung kein dingliches Recht im eigentlichen Sinne ist (s. o. Rn. 435), der gutgläubige Erwerb nach dieser Vorschrift jedoch ein dingliches Recht oder ein Recht an einem solchen Recht voraussetzt. So fehlt der Vormerkung etwa die absolute Wirkung eines dinglichen Rechts. Die Vormerkung hat aber auch dingliche Wirkungen und bewirkt u.a. nach § 883 Abs. 2 eine dingliche Gebundenheit des Grundstücks. Sie stellt deshalb nach der h.M. in der Literatur (Palandt/*Bassenge*, § 885 Rn. 12) und der Auffassung des Bundesgerichtshofs (BGHZ 57, 341, 343) eine Verfügung i.S. von § 893 dar und kann nach §§ 893, 892 gutgläubig erworben werden.

V. Folgeerwerb der Vormerkung

1. Erwerb der Vormerkung vom Berechtigten

Die Vormerkung ist eine Sicherung für einen schuldrechtlichen Anspruch **444** und mit diesem eng verbunden. Sie kann als solche nicht von der Forderung getrennt auf einen Dritten übertragen werden. Als **unselbständiges Nebenrecht** geht sie gem. § 401 analog auf den Forderungserwerber über (BGHZ 25, 16, 23).

Die Abtretung ist als solche nicht formbedürftig. Hieran ändert sich auch **445** nichts, wenn eine Auflassungsvormerkung übertragen wird. Da es sich nicht um die Begründung einer Forderung auf Übertragung oder Erwerb des Eigentums an einem Grundstück handelt, scheidet eine Anwendung des § 311b Abs. 1 aus. Auch eine Eintragung im Grundbuch ist zum Erwerb der durch Vormerkung gesicherten Forderung nicht erforderlich.

446 Folge der Übertragung etwa eines durch Vormerkung gesicherten Auflassungsanspruchs ist, dass der Anspruch nach § 888 Abs. 1 nach Abtretung vom Zessionar gegen den Erwerber eines vormerkungswidrig eingetragenen Rechts geltend gemacht werden kann. Der Auflassungsanspruch als solcher steht dagegen dem Zessionar gegen den Veräußerer zu, selbst wenn dieser das Eigentum durch Zwischenverfügung auf einen Dritten übertragen hatte. Eine derartige vormerkungswidrige Verfügung ist gegenüber dem Zessionar des durch Vormerkung gesicherten Auflassungsanspruchs unwirksam (§ 883 Abs. 2).

2. Erwerb der Vormerkung vom Nichtberechtigten

447 Bei der Frage, ob eine Vormerkung von einem Nichtberechtigten erworben werden kann, sind zwei Fälle zu unterscheiden. Im Ersten besteht zwar die durch Vormerkung gesicherte Forderung, die Vormerkung selber aber wurde – da etwa vom Nichtberechtigten gegenüber einem Bösgläubigen bestellt – nicht wirksam begründet. Davon abzugrenzen ist die Situation, in der eine Forderung fehlt, die durch die Vormerkung gesichert ist (Buchposition).

a) Gutgläubiger Erwerb bei fehlender Forderung

448 Unstreitig ist, dass ein gutgläubiger Erwerb einer Vormerkung ohne Forderung **nicht** möglich ist. Dies ergibt sich schon aus der **Akzessorietät** der Vormerkung (s. o. Rn. 439). Die Vorschrift des § 1138 kann insoweit auch nicht überzeugend zur Begründung des gegenteiligen Standpunkts herangezogen werden, da es sich hierbei um eine Ausnahmevorschrift handelt. Im Übrigen würde ein gutgläubiger Erwerb nur dann in Betracht kommen, wenn die Vormerkung von einem eingetragenen Vormerkungsberechtigten erworben würde. Anders als die Hypothek vermittelt die Vormerkung aber kein eigenständiges dingliches Recht. Angesichts dessen scheitert der Vormerkungserwerb bei fehlender Forderung an der im BGB fehlenden Möglichkeit eines gutgläubigen Forderungserwerbs.

b) Gutgläubiger Erwerb bei nicht bestehender Vormerkung

449 Sehr umstritten ist dagegen die Frage, inwieweit eine Vormerkung gutgläubig erworben werden kann, die zwar im Grundbuch aufgenommen ist, aber nicht wirksam bestellt wurde (z. B. fehlende Bewilligung). Hier wird ein gutgläubiger Erwerb in Analogie zu § 892 vielfach bejaht (MünchKomm-BGB/*Wacke*, § 883 Rn. 66 m.w.N.). Nach der Rechtsprechung gehe zwar die Vormerkung analog § 401 mit der Forderung über und es fehle daher an einem rechtsgeschäftlichen Erwerb, doch könne insoweit eine Parallele zur Hypothek gezogen werden (BGHZ 25, 16, 23 f.). Auch dort sei ein gutgläubiger Erwerb der Hypothek möglich, obgleich § 401 den Übergang der Hypothek vorsehe.

Dem lässt sich allerdings entgegenhalten, dass dort zwingend ein Rechts- **450** scheinträger vorhanden ist (§ 1154, Brief und Abtretungserklärung). Bei der Vormerkung ist dies nicht notwendig. Im Übrigen sehen die §§ 1138, 1155 ausdrücklich den gutgläubigen Erwerb bei der Hypothek vor. Nach § 401 gehen die akzessorischen Sicherungsrechte aber nur über, soweit sie bestehen (Palandt/*Bassenge*, § 885 Rn. 19). Schließlich fragt sich, ob bei der Vormerkung ein vergleichbares Bedürfnis an einer Verkehrsfähigkeit der Position bestehe, wie es bei der Hypothek der Fall ist. Letzteres ist wohl zu verneinen (*Medicus*, BR, Rn. 557). Angesichts dessen wird man entgegen der Rechtsprechung einen gutgläubigen Vormerkungserwerb ablehnen müssen.

Sofern man den Gegenstandpunkt der Rechtsprechung für zutreffend hält, **451** ist zu beachten, dass mit der gutgläubig erworbenen Vormerkung auch ein Anspruch nach § 888 besteht, wenn der berechtigte Grundstückseigentümer zwischenzeitlich im Wege der Grundbuchberichtigung seine Eintragung (die Löschung der Vormerkung) erreicht hat. Hier tritt an die Stelle der Zwischenverfügung die Eintragung als Eigentümer. Nur so kann die Vormerkung ihre Sicherungswirkung gem. § 883 Abs. 2 erlangen.

> **Merksatz:**
> **1. Zweck der Vormerkung**
> Die Vormerkung sichert die Erfüllung des obligatorischen Anspruchs. Als Auflassungsvormerkung schützt sie den Erwerber des Grundstücks vor vertragswidrigen Verfügungen im Zeitraum zwischen Kaufvertragsabschluss und Eintragung im Grundbuch.
> **2. Entstehungsvoraussetzungen**
> a) Sicherungsfähiger Anspruch gem. § 883 Abs. 1 S. 1; auch künftige und aufschiebend sowie auflösend bedingte Ansprüche sind sicherbar; Inhalt des Anspruchs kann auf Einräumung, Aufhebung, Inhaltsänderung oder Rangänderung eines Grundstücksrechtes gerichtet sein;
> b) Bewilligung (§ 885 Abs. 1); wegen § 29 GBO als Eintragungsvoraussetzung formbedürftig;
> bei Weigerung: Einstweilige Verfügung zulässig (§§ 935 ff. ZPO); kein Verfügungsgrund glaubhaft zu machen (§ 885 Abs. 1 S. 2); vorläufig vollstreckbare Urteile auf dingliche Rechtsänderung, § 895 ZPO;
> c) Eintragung im Grundbuch (§ 883 Abs. 1, 885); nicht erforderlich: dingliche Einigung gem. § 873.

VI. Das dingliche Vorkaufsrecht

1. Bedeutung und Zweck

Ein Vorkaufsrecht ermöglicht dem Berechtigten anstelle des Dritten, der **452** mit dem Eigentümer einen Kaufvertrag abgeschlossen hat, den Kaufgegenstand zu erwerben. Mit Ausübung des Vorkaufsrechts kommt zwischen dem

Vorkaufsberechtigten und dem Verpflichteten ein Kaufvertrag mit dem Inhalt zustande, der für das Geschäft mit dem Dritten vorgesehen war. Ist der Kaufgegenstand ein Grundstück, so kann das Vorkaufsrecht einerseits vertraglich vereinbart (**schuldrechtliches Vorkaufsrecht, §§** 463 ff.) oder zu Lasten des Grundstücks bestellt und im Grundbuch eingetragen werden (**dingliches Vorkaufsrecht, §§** 1094 ff.). Im Gegensatz zur lediglich schuldrechtlichen Vereinbarung schützt das dingliche Vorkaufsrecht den infolge seiner Ausübung entstehenden kaufvertraglichen Übereignungsanspruch vor Zwischenverfügungen des Eigentümers. Es wirkt gegenüber Dritten wie eine Vormerkung, so dass alle Verfügungen, die nach der Ausübung bzw. Entstehung des Vorkaufsrechts erfolgen und den Eigentumserwerb des Berechtigten beeinträchtigen, diesem gegenüber relativ unwirksam sind (§§ 1098 Abs. 2, 883 Abs. 2). Dies gilt beispielsweise für das zwischen Eigentümer und Drittem vorgenommene Erfüllungsgeschäft.

453   Das Vorkaufsrecht führt also zu einer Beschränkung der Verfügungsmöglichkeiten des Eigentümers, der bei der späteren Veräußerung die Person des Erwerbers nicht mehr frei wählen kann. Danach können mit dem Vorkaufsrecht zwei verschiedene Zwecke verfolgt werden. Durch das Vorkaufsrecht kann einerseits das **Erwerbsinteresse des Berechtigten** zu einem Zeitpunkt **gesichert** werden, in dem noch kein Veräußerungswille des Eigentümers besteht. Andererseits ist es möglich, den **Erwerb durch einen Dritten** zu verhindern, z.B. um das Grundstück im Familienbesitz zu halten.

Das dingliche Vorkaufsrecht ist trotz der Verweisung in § 1098 Abs. 2 von dem mittels Vormerkung gesicherten Übereignungsanspruch aus einem schuldrechtlichen Vorkaufsrecht zu unterscheiden. Aufgrund seiner Ausgestaltung handelt es sich nach überwiegender Auffassung um ein dingliches Recht, wobei die Deutungen variieren (Erman/*Grziwotz*, § 1094 Rn. 1; MünchKomm-BGB/*Westermann*, § 1094 Rn. 4 ff.). Die Vorschriften über dingliche Rechte an einem Grundstück sind deshalb anwendbar. Es ist zu den Erwerbsrechten zu zählen.

454   In der Praxis kommt den vertraglichen Vorkaufsrechten (§§ 463 ff. und §§ 1094 ff.) im Gegensatz zu den gesetzlichen Vorkaufsrechten, bspw. nach §§ 24, 25 BauGB, nur geringe Bedeutung zu. Das bauplanungsrechtliche Vorkaufsrecht der Gemeinde ermöglicht ihr, aus Gründen des Gemeinwohls in den Kaufvertrag zwischen Eigentümer und Dritten durch Verwaltungsakt einzutreten. Den Verkäufer trifft insoweit nach § 28 Abs. 1 S. 1 BauGB eine Mitteilungspflicht. Eine Eintragung des neuen Eigentümers erfolgt im Grundbuch erst nach Vorlage einer Verzichtserklärung der Gemeinde über die unterbliebene Ausübung ihres Vorkaufsrechts (§ 28 Abs. 1 BauGB). Weitere gesetzliche Vorkaufsrechte bestehen bspw. nach § 577 für den Mieter hinsichtlich des Erwerbs von Wohnungseigentum und nach § 2034 für die Miterben. Öffentlich-rechtliche Vorkaufsrechte bestehen nach Bundesrecht (z.B. bei Planfeststellungsverfahren nach § 9a Abs. 6 FStrG oder für landwirtschaftliche Grundstücke nach § 4 RSiedlG i.V. mit § 12 GrdstVG) und nach Landesrecht (z.B. § 17 SächsDSchG, § 36 SächsNatSchG oder § 27 Sächs-WaldG). Sie dienen dem Zweck, die Veräußerung von Boden im öffentlichen Interesse zu beeinflussen.

2. Bestellung und Inhalt

Das dingliche Vorkaufsrecht wird nach § 873 Abs. 1 durch Einigung und **455** Eintragung im Grundbuch in Abt. II (hierzu o. Rn. 356) auf dem Blatt des belasteten Grundstücks begründet. Dabei kann es zugunsten einer Person (subjektiv persönliches Vorkaufsrecht, §§ 1094 Abs. 1, 1103 Abs. 2) oder zugunsten des jeweiligen Eigentümers eines anderen Grundstücks (subjektiv dingliches Vorkaufsrecht, §§ 1094 Abs. 2, 1103 Abs. 1) bestellt werden. Das Verfügungsgeschäft ist von dem zugrunde liegenden Kausalgeschäft zu unterscheiden (s. o. Rn. 43 ff.). Letzteres ist aufgrund der Verpflichtung zur Bestellung des Vorkaufsrechts nach § 311b Abs. 1 formbedürftig (*BGH* NJW-RR 1991, 205, 206) und kann ein Vermächtnis, ein Miet- oder sonstiger schuldrechtlicher Vertrag sein. Das dingliche Vorkaufsrecht ist von dem im Grundbuch eingetragenen schuldrechtlichen Vorkaufsrecht abzugrenzen, beide Formen schließen sich aber nicht aus.

Das dingliche Vorkaufsrecht besteht nur an Grundstücken einschließlich **456** des Zubehörs (§ 1096) oder an grundstücksgleichen Rechten (z.B. Erbbaurecht, Wohnungseigentum oder Miteigentumsanteilen, § 1095). Grundsätzlich beschränkt sich das dingliche Vorkaufsrecht auf den einen Verkaufsfall durch den Eigentümer, es kann aber auch im Unterschied zum schuldrechtlichen Vorkaufsrecht für mehrere Verkaufsfälle bestellt werden (§ 1097), so dass es den jeweiligen Grundstückseigentümer verpflichtet (§ 1094 Abs. 1) und nicht infolge unterbliebener Ausübung bei der nächsten Weiterveräußerung erlischt. Weiterhin kann die Übertragbarkeit und Vererblichkeit des subjektiv persönlichen Vorkaufsrechtes vereinbart werden (§§ 1098 Abs. 1, 473). Dann ist auch ein gutgläubiger Erwerb nach § 892 Abs. 1 möglich. Dagegen kann das subjektiv dingliche Vorkaufsrecht nicht vom Grundstückseigentum getrennt werden und teilt dessen rechtliches Schicksal (§ 1103 Abs. 1).

3. Ausübung und Wirkung

Das Vorkaufsrecht kann nur ausgeübt werden, wenn der Eigentümer mit **457** einem Dritten einen wirksamen Grundstückskaufvertrag abschließt. Dies betrifft auch Rechtsgeschäfte, die bei wirtschaftlicher Betrachtung einer entgeltlichen Veräußerung gleichstehen (nicht aber Tausch oder Schenkung). Für den Vorkaufsfall verweist § 1098 Abs. 1 auf die Vorschriften zum schuldrechtlichen Vorkaufsrecht (§§ 463 ff.). Abweichend zu § 471 gilt das dingliche Vorkaufsrecht auch für den freihändigen Verkauf durch den Insolvenzverwalter (§ 1098 Abs. 1 S. 2).

458 Die Erfüllung der Mitteilungspflicht des Verpflichteten nach § 469 Abs. 1 versetzt den Vorkaufsberechtigten in die Lage, über die Ausübung seines Rechtes zu entscheiden, ohne dass es sich dabei um eine notwendige Voraussetzung handelt. Ist der Dritte bereits Eigentümer, so kann auch er durch Mitteilung gem. § 1099 Abs. 1 die Frist nach § 469 Abs. 2 in Gang setzen. Mit Ausübung des Vorkaufsrechts innerhalb der Frist von zwei Monaten ab Mitteilung durch einseitige empfangsbedürftige Erklärung gegenüber dem Verpflichteten kommt zwischen Berechtigtem und Verpflichtetem ein Kaufvertrag zustande, dessen Inhalt dem Vertrag mit dem Dritten entspricht (§ 464 Abs. 2). Der Kaufvertrag mit dem Dritten bleibt grundsätzlich bestehen, so dass eine Rechtsmängelhaftung in Betracht kommt (§§ 435, 437 Nr. 3, 280 Abs. 1, 3, 281 Abs. 1), soweit sie nicht – vertraglich oder gesetzlich – ausgeschlossen ist (vgl. aber § 442 Abs. 2).

459 Der Vorkaufsberechtigte hat aus dem (zweiten) Kaufvertrag gegen den **Grundstückseigentümer** einen Übereignungsanspruch. Sollte der Dritte bereits im Grundbuch als Eigentümer eingetragen sein, ist der Eigentümer weiterhin zur Übereignung des Grundstückes verpflichtet, nicht der Dritte. Vielmehr kann der Berechtigte von dem Dritten Zustimmung zu seiner Eintragung als Eigentümer im Grundbuch nach §§ 888 Abs. 1, 883 Abs. 2, 1098 Abs. 2 verlangen, da dessen Eigentumsübertragung dem Vorkaufsberechtigten gegenüber unwirksam ist. Die vormerkungsgleiche Wirkung besteht aber erst ab Entstehung des „gesicherten" Übereignungsanspruchs, also mit Vorkaufsrechtausübung. In dem Fall, dass der Käufer seine Leistung ganz oder teilweise noch nicht erbracht hat und er infolge der Ausübung des Vorkaufsrechtes sein Eigentum verliert, erlischt der noch offene Kaufpreisanspruch des Verkäufers nach § 1102. Jener muss sich nunmehr an den Vorkaufsberechtigten halten. Hat der Dritte jedoch bereits an den Eigentümer (teilweise) geleistet, so kann er seine Zustimmung zur Eintragung im Grundbuch sowie die Herausgabe des Grundstücks verweigern, bis ihm der gezahlte Kaufpreis vom Berechtigten erstattet wird (§ 1100). Mit Zahlung des Berechtigten an den Käufer wird jener in gleicher Höhe von der Kaufpreiszahlungspflicht gegenüber dem Eigentümer befreit (§ 1101). Ziel der beschriebenen Regelungen ist, die Leistung im Dreieck möglichst zu vermeiden.

460 Das Verhältnis zwischen Käufer und Vorkaufsberechtigtem bestimmt sich analog den §§ 987 ff. (hierzu o. Rn. 288 ff.), so dass der Käufer bei Kenntnis des Vorkaufsrechts als bösgläubiger Besitzer grundsätzlich nur Ersatz der notwendigen Verwendungen verlangen kann (§§ 994 Abs. 2, 996, s. hierzu o. Rn. 332).

461 Mit seiner Ausübung erlischt das Vorkaufsrecht. Gleiches gilt, falls der Inhaber die Frist nach § 469 Abs. 2 ungenutzt verstreichen lässt oder das Grundstück anderweitig als durch Verkauf an einen Dritten übertragen wird,

es sei denn, es wurde für mehrere Verkaufsfälle bestellt (§ 1097). Das Recht kann auch aufgehoben werden (§§ 875, 876) und infolge Zwangsversteigerung erlöschen (§ 91 Abs. 1 ZVG).

Das dingliche Vorkaufsrecht

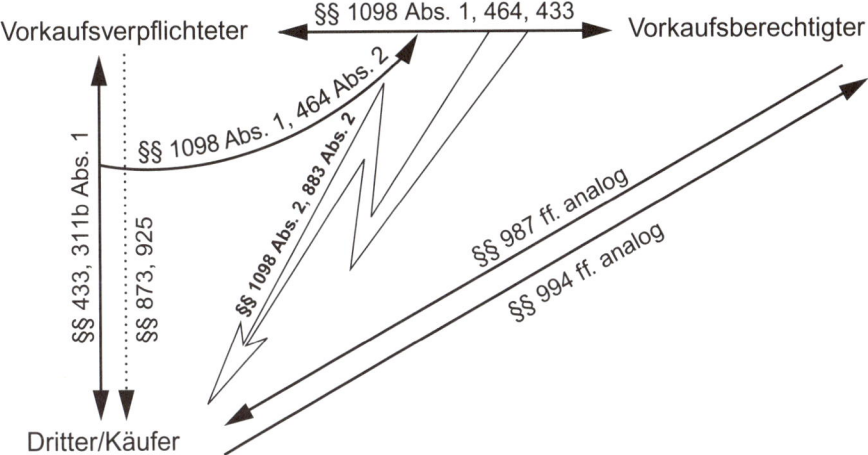

VII. Kontrollfragen

1. In einem notariellen Erbvertrag setzt E ihren Ehemann M als Alleinerben ein. Zugleich verpflichtet sie ihn, im Erbfall ihrem Sohn S ein bestimmtes Grundstück des Nachlasses zu übereignen. Kann sich S für diesen Anspruch eine Vormerkung eintragen lassen?

2. A möchte sein Grundstück an seine Tochter T durch notariellen Vertrag verschenken. Kann er sich den Rückübertragungsanspruch für den Fall groben Undanks (§ 530 Abs. 1) durch Vormerkung sichern lassen?

3. A hat B zur Sicherung des von diesem gewährten Darlehens eine Buchgrundschuld an seinem Grundstück bestellt. Die Sicherungsabrede enthält u.a. die Regelung, dass die Grundschuld der Sicherung der Forderung aus dem Darlehensvertrag dient und Forderung und Sicherungsgrundschuld nur zusammen, nicht aber getrennt voneinander abgetreten werden dürfen.

   a) Nachdem B im Grundbuch eingetragen wurde, ficht A seine Willenserklärung zum Abschluss des Darlehensvertrages erfolgreich nach § 119 Abs. 1 Alt. 1 an. B weigert sich, die Grundschuld herauszugeben. Wie kann sich A dagegen absichern, dass B die Grundschuld weiterveräußert, bevor A gegen ihn ein rechtskräftiges Urteil erstritten hat?

   b) Einige Zeit später stellt sich heraus, dass sowohl der Darlehensvertrag, als auch die Bestellung der Grundschuld wegen Verstoßes gegen das RDG unwirksam sind. Mittlerweile war für A aber bereits eine Vormerkung für seinen Anspruch auf Rückübertragung der Grundschuld im Grundbuch eingetragen. Was ist A hinsichtlich seines Sicherungsinteresses zu empfehlen, wenn zu befürchten steht, dass B die Grundschuld an einen Dritten übertragen will?

4. A schließt mit B einen notariellen Kaufvertrag über ein unbebautes Grundstück. Zur Sicherung des Auflassungsanspruchs aus diesem Vertrag bestellt A zugunsten des B eine Vormerkung. A ist nicht Eigentümer des Grundstückes, aber als solcher im Grundbuch eingetragen. Hat B die Auflassungsvormerkung wirksam erworben?
5. Bucheigentümer B schließt mit C einen notariell beurkundeten Kaufvertrag und bewilligt diesem eine Auflassungsvormerkung. Diese wird wenig später in das Grundbuch eingetragen. C weiß jedoch, dass E der wahre Eigentümer ist. Anschließend tritt C dem gutgläubigen D seinen Auflassungsanspruch ab. Zwischenzeitlich wird E durch das Grundbuchamt als (rechtmäßiger) Eigentümer eingetragen. Daraufhin verlangt D von E die Zustimmung, selbst als Eigentümer eingetragen zu werden. Mit Recht?
6. Kann der durch die Vormerkung gesicherte Auflassungsanspruch auch dann noch durchgesetzt werden, wenn der Erwerber zwar die Auflassungsvormerkung gutgläubig erworben hat, nach deren Eintragung jedoch vor Antragstellung auf Eintragung als Eigentümer im Grundbuch bösgläubig geworden (bzw. ein Widerspruch oder der wahre Eigentümer eingetragen worden) ist?

Empfehlungen zur vertiefenden Lektüre:

Hager, Die Vormerkung, JuS 1990, 429; *Knöpfle*, Die Vormerkung, JuS 1981, 157; *Löhnig/Gietl*, Grundfälle zur Vormerkung: Die Handlungsmöglichkeiten des Auflassungsvormerkungsinhabers, JuS 2008, 102; *W. Lüke*, Die Ausübung und Wirkung des Vorkaufsrechts, ZfIR 1997, 245; *Schreiber*, Gutgläubiger Vormerkungserwerb, Jura 1994, 493; *ders.*, Die Auflassungsvormerkung, Jura 2004, 676; *ders.*, Vorkaufsrechte, Jura 2001, 196; *Tiedtke*, Die Auflassungsvormerkung, Jura 1981, 354.

§ 12. Schutz vor fehlerhaften Grundbucheintragungen

I. Problem

Das Grundbuchamt prüft die Eintragungsvoraussetzungen anhand der vom 462
Antragsteller in öffentlicher oder öffentlich beglaubigter Form vorgelegten
Unterlagen. Da für die Eintragung eines dinglichen Rechts gem. dem for-
mellen Konsensprinzip (s. o. Rn. 363) grundsätzlich – mit Ausnahme des
Eigentumserwerbs (§ 20 GBO) – die Bewilligung des von der Eintragung
Betroffenen erforderlich ist (§ 19 GBO), wird die Einigung (§ 873) zwischen
den Beteiligten nicht geprüft. Die Eintragung erfolgt allein **aufgrund der
Bewilligung** (s. zum Verfahren auch o. Rn. 367 ff.), es sei denn der Grund-
buchbeamte erkennt, dass das dingliche Rechtsgeschäft unwirksam ist (BGHZ
35, 135, 140).

Die Eintragung ist zwar eine notwendige Voraussetzung für den Rechtser- 463
werb, kann ihn aber nicht begründen. Fehlt es etwa an einer dinglichen Einigung, so fallen wahre Rechtslage und Grundbuchlage auseinander. Es kommt
zur sogenannten **Unrichtigkeit** des Grundbuchs. Auch die zu Unrecht erfolgte Löschung eines Rechts kann das Grundbuch unrichtig machen. Zudem kann ein zwar bestehendes Recht mit einem falschen Rang eingetragen
werden oder die Eintragung selbst durch ein Versehen des Grundbuchamts
fehlerhaft sein. Schließlich ist bei einem gesetzlichen Erwerb (s. o. Rn. 382 ff.)
auch ein unvollständiges Grundbuch denkbar, das die bestehende materielle
Rechtslage nicht wiedergibt.

Das Auseinanderfallen von Rechts- und Grundbuchlage birgt für den 464
Rechtsinhaber ein erhebliches Risiko. Vom Grundbuch geht die Vermutung
der Richtigkeit aus (§ 891; s. o. Rn. 347 ff.). Es droht ein gutgläubiger Er-
werb gem. § 892, der möglicherweise zum Verlust des nicht eingetragenen
Rechts führt. Diese Publizitätswirkung des Grundbuchs (s. o. Rn. 344) ver-
langt nach einem Schutz des Betroffenen, da der Bucheigentümer über seine
„Buchposition" verfügen kann. Das formale Prinzip der Voreintragung (s.
Rn. 366) hindert dies nicht.

II. Berichtigung gem. § 22 GBO

465   Der einfachste Weg, den Einklang zwischen Grundbuch und bestehender Rechtslage wieder herzustellen, ist die Berichtigung nach § 22 GBO. In der Praxis scheitert eine solche Möglichkeit in der Regel aber an dem Erfordernis, dass ohne eine Bewilligung des Inhabers der Buchposition die Vermutung des § 891 nur mittels öffentlicher oder öffentlich beglaubigter Urkunden widerlegt werden kann. Hierzu ist der Betroffene aber nur selten in der Lage.

III. Grundbuchberichtigungsanspruch

466   Das BGB gewährt dem Berechtigten gegen den zu Unrecht Eingetragenen (das ist z. B. der Bucheigentümer) einen sogenannten Berichtigungsanspruch (§ 894). Danach kann der Berechtigte von dem Buchrechtsinhaber oder dem durch die unrichtige Eintragung (insbesondere infolge Löschung) Begünstigten die nach dem formellen Konsensprinzip notwendige Bewilligung zur Berichtigung des Grundbuchs verlangen. Der Anspruch hilft somit über die fehlende Möglichkeit einer Berichtigung nach §§ 22, 29 GBO hinweg. Besteht jedoch nach diesen Vorschriften oder gem. § 53 GBO eine Berichtigungsmöglichkeit, so scheitert die klageweise Durchsetzung eines Anspruchs nach § 894 am fehlenden Rechtsschutzbedürfnis.

1. Voraussetzungen des Anspruchs

a) Anspruchsinhaber

467   Der Anspruch aus § 894 steht dem (wahren) Berechtigten zu, dessen Recht nicht oder nicht richtig eingetragen ist. Ist der durch Auflassungsvormerkung gesicherte Gläubiger noch nicht im Grundbuch als Eigentümer eingetragen und wird stattdessen – z. B. aufgrund einer Zwischenverfügung – ein Dritter im Grundbuch als neuer Eigentümer vormerkungswidrig eingetragen, so hat der Käufer gegen den eingetragenen Dritten keinen Berichtigungsanspruch, sondern einen Anspruch gem. § 888. Anders ist es jedoch, wenn in Vollzug des durch Vormerkung gesicherten Anspruchs die falsche Person als Eigentümer im Grundbuch eingetragen wird. Bei unrichtiger Eintragung einer Belastung kann der Anspruch von demjenigen geltend gemacht werden, dessen Recht von der Belastung beeinträchtigt wird.

Fall 7 – Grundbuchberichtigungsanspruch (nach *BGH* NJW 2005, 2983):
B errichtet Reihenhäuser und vertreibt die bebauten Grundstücke anschließend über
S, die B von den Beschränkungen des § 181 befreit hat. K entschloss sich, ein Grundstück der B zu erwerben. Dazu vereinbarte er mit der S einen entgeltlichen Geschäftsbesorgungsvertrag in notarieller Form über den Erwerb des gewünschten Grundstücks. Außerdem bevollmächtigte K die S notariell unter Befreiung von § 181 zur
Vornahme aller für den Eigentumserwerb und die Finanzierung notwendigen Rechtsgeschäfte und zur Führung etwa erforderlicher Rechtsstreitigkeiten. S ist nicht gemäß
den §§ 10 ff. RDG registriert. Einen Monat später schlossen K, vertreten durch die S,
und B, ebenfalls vertreten durch die S, vor einem Notar einen notariellen „Kaufvertrag" nebst Auflassung über das betreffende Grundstück. Die notariell beurkundete
Vollmacht des K lag dem beurkundenden Notar in Ausfertigung vor. Nach Zahlung
des Kaufpreises auf das Notaranderkonto wurde K als Eigentümer im Grundbuch eingetragen. B ist der Ansicht, dass sie noch Eigentümerin des Grundstücks ist, da die Bevollmächtigung und damit die Übereignung unwirksam seien. Sie verlangt von K die
Bewilligung zur Grundbuchberichtigung. Zu Recht?

Lösung:
B könnte von K gem. § 894 die Bewilligung ihrer Eintragung als Eigentümerin im
Grundbuch verlangen, wenn sie Eigentümerin des Grundstückes, K jedoch als Berechtigter im Grundbuch eingetragen ist. Dann wäre das Grundbuch unrichtig (Abweichung der formellen Grundbuchlage von der materiellen Rechtslage; s. Rn. 463 und
469).

1. Ursprünglich war B Eigentümerin des Grundstücks. Sie könnte ihr Eigentum
aber durch Auflassung an K und dessen Eintragung im Grundbuch verloren haben
(§§ 925, 873).

a) Beide müssten eine wirksame Auflassung (§§ 925, 873) vereinbart haben. Die
hierfür erforderliche Einigung i.S.v. § 873 ist dinglicher Vertrag, auf den die allgemeinen Vorschriften der §§ 104 bis 185 Anwendung finden. Es müssten zwei aufeinander
bezogene, sich deckende Willenserklärungen abgegeben worden sein. B und K haben
jedoch keine eigene Willenserklärung abgegeben, sie könnten aber durch die S vertreten worden sein. Die jeweiligen Erklärungen würden für B und K als Vertretene wirken (§ 164 Abs. 1 S. 1).

aa) Fraglich ist, ob eine Stellvertretung im Rahmen von § 925 Abs. 1 überhaupt
möglich ist. Zweifel hieran könnte der Gesetzeswortlaut der Vorschrift begründen, der
von gleichzeitiger Anwesenheit beider Parteien spricht. Diese Formulierung schließt
eine Vertretung aber nicht aus, da sie gerade keine persönliche Anwesenheit fordert
(s. o. Rn. 397). Daher finden auf § 925 Abs. 1 S. 1 die allgemeinen Stellvertretungsre-
geln (§§ 164 ff.) Anwendung. Das betrifft auch § 181 (vgl. o. Rn. 397), der u.a. grds.
das Handeln eines Vertreters für mehrere Vertretene ausschließt. Die S handelt als Ver-
treterin sowohl für B als auch für K (Mehrfachvertretung; § 181 Fall 2), das wurde ihr
aber von beiden gestattet, sodass die Stellvertretung nicht an § 181 scheitert. Die
Mehrfachvertretung der S vor der zuständigen Stelle i.S.v. § 925 Abs. 1 (hier ein Notar) war möglich.

bb) Anhaltspunkte dafür, dass S die B nicht wirksam vertreten haben könnte, liegen
nicht vor (eigene Willenserklärung, in fremdem Namen, im Rahmen der Vertretungsmacht).

cc) S müsste aber auch K wirksam bei der Auflassung vertreten haben. Vom Handeln der S in fremdem Namen unter Abgabe einer eigenen Willenserklärung ist aus-

zugehen. Auch hielt sich S im Rahmen der Bevollmächtigung des K. Diese könnte aber gem. § 134 nichtig sein, was sich aus der Nichtigkeit des Geschäftsbesorgungsvertrages (§§ 675 f.) ergeben könnte. Zu prüfen ist daher, ob dieser gegen ein gesetzliches Verbot i.S.v. § 134 verstoßen hat. Hierfür kommt § 3 RDG in Betracht. Danach sind außergerichtliche Rechtsdienstleistungen nur in dem gesetzlich erlaubten Umfang zulässig. Es müsste sich bei dem Geschäft der S für K daher um eine Rechtsdienstleistung handeln. Gem. § 2 Abs. 1 RDG sind das grds. Tätigkeiten in konkreten fremden Angelegenheiten, die eine rechtliche Prüfung des Einzelfalles erfordern. Hier sollte S für K alle für den Eigentumserwerb des Grundstückes und dessen Finanzierung notwendigen Rechtsgeschäfte und ggf. nötige Rechtsstreitigkeiten besorgen. Eine solche umfassende Abwicklung eines Immobilienerwerbs für einen Dritten kommt ohne eine rechtliche Einzelfallprüfung nicht aus und erfüllt deshalb § 2 Abs. 1 RDG. S war daher nach den §§ 10 ff. RDG registrierungspflichtig. Da sie sich aber nicht hat registrieren lassen und auch sonst keine Ausnahmetatbestände vorliegen (z. B. war die Geschäftsbesorgung nicht unentgeltlich, § 6 RDG), verstößt der Geschäftsbesorgungsvertrag zwischen K und S gegen § 3 RDG und ist gem. § 134 nichtig. Diese Nichtigkeit erfasst auch eine dem Geschäftsbesorger erteilte Vollmacht (*BGH* NJW 2005, 2983). Die Vollmacht, die K der S erteilte, ist deshalb ebenfalls nichtig. Um die Wertung des § 134 nicht zu umgehen, können die §§ 177 ff. dann keine Anwendung mehr finden, da es andernfalls die Vertretenen in der Hand hätten, durch Genehmigung ein lediglich schwebend unwirksames Geschäft doch noch wirksam werden zu lassen. Das widerspräche aber der Rechtsfolgenanordnung von § 134. Aufgrund der nichtigen Vollmacht konnte S den K daher nicht wirksam vertreten.

dd) Etwas anderes könnte sich aber aus Rechtsscheinsgesichtspunkten ergeben. Durch die vorgelegte Vollmachtsurkunde wurde aus Sicht der B (da diese ebenfalls vertreten wurde, kommt es auf S – diesmal für B – an, § 166 Abs. 1) insofern der Rechtsschein einer wirksamen Vollmacht begründet (s. §§ 171, 172). Hierauf vertraute die B (bzw. S). Von der Nichtigkeit der Vollmacht hatte sie keine Kenntnis. Auch ergab sich die Nichtigkeit nicht aus der Vollmachtsurkunde selbst. Nach Rechtsscheinsgesichtspunkten ist K daher wie bei der Wirksamkeit der Stellvertretung zu behandeln (Erklärungswirkung für K). Die Nichtigkeit der Vollmacht spielt keine Rolle, da diese nur das Innenverhältnis zwischen Geschäftsbesorger (S) und deren Auftraggeber (K) betrifft. Sie steht der Anwendung von Vertrauensregeln bei zurechenbarer Rechtsscheinssetzung nicht entgegen (s. *BGH* NJW 2005, 2983, 2984 m.w.N.). Letztlich wurde somit auch K durch die S bei der Auflassung wirksam vertreten.

b) Die Einigung zwischen K und B war wirksam. Die Nichtigkeit von Grundgeschäft und Vollmacht erfasst nicht das durch den Geschäftsbesorger vorgenommene Geschäft selbst (Jauernig/*Jauernig*, § 134 Rn. 11).

c) Auch wurde K im Grundbuch als Eigentümer eingetragen (s. § 873). Folglich hat K wirksam von B das Eigentum an dem Grundstück erworben.

2. Das Grundbuch ist daher nicht unrichtig und B kann keine Berichtigung nach § 894 verlangen.

b) Anspruchsgegner

468   Anspruchsgegner ist derjenige, dessen Recht (bei unberechtigter Löschung) oder „Buchrecht" durch die Berichtigung betroffen ist und deshalb der Änderung des Grundbuchs zustimmen muss. Fehlt dem Buchrechtsinhaber –

wie z. B. in der Insolvenz (§ 80 InsO) – die Verwaltungs- und Verfügungsbefugnis, so richtet sich der Anspruch gegen den stattdessen Berechtigten.

2. Unrichtigkeit des Grundbuchs

Wichtigste Voraussetzung des § 894 ist die Unrichtigkeit des Grundbuchs. **469** Der Inhalt des Grundbuchs darf nicht mit der bestehenden Rechtslage übereinstimmen. Dies kann durch unrichtige Eintragungen oder Löschungen geschehen (s. schon o. Rn. 463). Wegen des Zwecks des Anspruchs kann eine Bewilligung zur Änderung nur von solchen Eintragungen verlangt werden, die auch am guten Glauben teilnehmen und damit sich aus der Unrichtigkeit des Grundbuchs ein Risiko für den Anspruchsinhaber ergibt (s. o. Rn. 350 ff.).

3. Inhalt und Durchsetzung des Anspruchs

Der Anspruch aus § 894 ist auf **Abgabe der Bewilligung zur Berich-** **470** **tigung** in der Form des § 29 GBO gerichtet, damit die Grundbuchlage in Einklang mit der bestehenden Rechtslage gebracht werden kann. Im Fall eines dem Begehren nach § 894 stattgebenden Urteils ersetzt dieses mit Eintritt der formellen Rechtskraft die Abgabe der Willenserklärung (§ 894 ZPO).

Der Anspruch ist eine **besondere Ausformung des Störungsbeseiti-** **471** **gungsanspruchs** nach § 1004 (hierzu u. Rn. 525 ff.). Mit seiner Hilfe kann der von der Grundbuchunrichtigkeit Betroffene den richtigen Grundbucheintrag verlangen. Unter diesem Aspekt ist der Anspruch auch mit jenem aus § 985 vergleichbar. Statt des Besitzes geht es um den richtigen Grundbucheintrag. Die Ähnlichkeit mit § 985 rechtfertigt auch die Anwendung der §§ 987 ff., 994 ff. (zu diesen s. Rn. 288 ff.).

Verwendungen können gem. § 1000 einredeweise entgegengehalten wer- **472** den (hierzu o. Rn. 336 ff.). Das Zurückbehaltungsrecht nach § 273 Abs. 2 würde bis zum Zeitpunkt der Fälligkeit der Verwendungen (s. § 1001) insofern nicht ausreichen (s. o. Rn. 336). Gegenrechte können im Einzelfall auch aus § 242 abgeleitet werden (*BGH* NJW 1988, 3261).

Gem. ausdrücklicher gesetzlicher Anordnung unterliegt der Anspruch **473** nicht der Verjährung (§ 898). Wie § 985 (s. o. Rn. 270) kann auch der Anspruch aus § 894 nicht als solcher abgetreten werden. Dementsprechend ist das Forderungsrecht weder verpfändbar (§ 1274 Abs. 2) noch pfändbar (§ 851 Abs. 1 ZPO).

IV. Weitere Ansprüche auf Berichtigung des Grundbuchs

474   Neben dem Anspruch aus § 894 können sich Berichtigungsansprüche aus Vertrag, Bereicherung (§§ 812 ff.) oder unerlaubter Handlung (§§ 823 ff.) ergeben. Inhalt dieser Ansprüche kann etwa die Wiederherstellung eines ohne Rechtsgrund gelöschten oder die Löschung eines zu Unrecht eingetragenen Rechts sein.

V. Der Widerspruch

1. Zweck des Widerspruchs

475   Da die Durchsetzung des Anspruchs auf Grundbuchberichtigung im Prozesswege einige Zeit in Anspruch nehmen kann, besteht für den Berechtigten die Gefahr, dass sein Recht durch gutgläubigen Erwerb eines Dritten untergeht oder beeinträchtigt wird. Der Widerspruch nach § 899 soll hier einen Schutz ermöglichen. Er wird aufgrund Bewilligung oder einstweiliger Verfügung eingetragen.

476   Der Widerspruch führt nicht zu einer Grundbuchsperre, sondern stellt einen Protest gegen die Grundbucheintragung dar und beseitigt damit den Rechtschein als Grundlage des gutgläubigen Erwerbs (s. schon o. Rn. 418). Zugleich schützt der Widerspruch vor Verlust des Rechts durch Ersitzung (§ 900; hierzu o. Rn. 382) und Ausschlussurteil (§ 927 Abs. 3) sowie der Verjährung (§ 902).

2. Entstehung

477   Der Widerspruch muss im Grundbuch (§ 899 Abs. 1) eingetragen sein. Wie stets bedarf diese der Bewilligung des vom Widerspruch Betroffenen (s. o. Rn. 363 ff.). Dies kann der Berechtigte oder Buchberechtigte sein. Wird ein Scheineigentümer in das Grundbuch eingetragen, so muss dieser zustimmen, bei versehentlicher Löschung der Hypothek bedarf es der Zustimmung des wahren Eigentümers. In der Regel wird freilich diese Person zur Bewilligung nicht bereit sein.

Damit der Widerspruch kurzfristig auch gegen den Willen des „Buchberechtigten" in das Grundbuch eingetragen werden kann, ermöglicht § 899 Abs. 2 die Eintragung aufgrund einer einstweiligen Verfügung. Angesichts des Risikos, das mit der Unrichtigkeit des Grundbuchs verbunden ist, lässt § 899 Abs. 2 S. 2 eine einstweilige Verfügung auch ohne Darlegung und Glaubhaftmachung (§ 294 ZPO) eines Verfügungsgrundes zu (§§ 935 f., 917 ZPO).

Bei einem vorläufig vollstreckbaren Urteil auf Abgabe der Bewilligungser- **478** klärung nach § 894 kann ebenfalls ein Widerspruch eingetragen werden (§ 895 S. 1 ZPO). Sowohl Urteil als auch einstweilige Verfügung müssen sich gegen den Inhaber des Rechts richten, dem „widersprochen" wird.

3. Wirkung des Widerspruchs

Der Widerspruch beseitigt gem. § 892 Abs. 1 S. 1 den öffentlichen Glau- **479** ben des Grundbuchs hinsichtlich der Eintragung, auf die sich der Widerspruch bezieht (s. o. Rn. 418). Er führt also nicht zu einer generellen Grundbuchsperre. Vielmehr hat er für den Erwerber Warnfunktion. Er beseitigt allerdings nicht die Vermutungswirkung des § 891 (hierzu o. Rn. 347 ff.). Der Widerspruch hindert einen gutgläubigen Erwerb auch dann, wenn er nach dem in § 892 Abs. 2 bestimmten Zeitpunkt aber vor Eintragung des Rechtserwerbs im Grundbuch eingetragen wird. § 892 Abs. 2 gilt in diesem Fall nicht, da der Widerspruch unabhängig von der Kenntnis des Erwerbers den guten Glauben zerstört (s. auch o. Rn. 352).

Eintragungen entgegen dem Widerspruch können zwar erfolgen und sind zunächst auch wirksam. Der Erwerb des eingetragenen Rechts ist jedoch unwirksam, wenn das durch den Widerspruch gesicherte Recht besteht. Der durch den Widerspruch Begünstigte hat dann einen Anspruch auf Grundbuchberichtigung.

4. Erlöschen und Löschung im Grundbuch

Der Widerspruch erlischt durch Vollzug der Berichtigung, die er vorberei- **480** ten sollte. Weitere Aufhebungsgründe sind die Aufhebung der einstweiligen Verfügung oder die Aufhebung mittels Löschungsbewilligung. Auch der Untergang des zu sichernden Rechts führt zum Erlöschen des Widerspruchs.

Der Widerspruch wird gelöscht mit Bewilligung des durch ihn Begünstig **481** ten oder ohne diese mit Aufhebung der einstweiligen Verfügung bzw. des vorläufig vollstreckbaren Urteils (§ 25 GBO).

VI. Amtswiderspruch

Gem. § 53 GBO kann ein Amtswiderspruch eingetragen werden, wenn **482** bei einer Eintragung formelles Grundbuchrecht verletzt und dadurch das Grundbuch unrichtig wurde. Im Zeitpunkt der Eintragung des Amtswiderspruchs muss die Unrichtigkeit noch bestehen. Ein zwischenzeitlicher gutgläubiger Erwerb darf somit nicht stattgefunden haben.

Der Amtswiderspruch soll vor allem Schadensersatz nach Amtshaftungsge- **483** sichtspunkten (§ 839 i. V. m. Art. 34 GG) verhindern und dient daher vorrangig fiskalischem Interesse. Auch er schließt den gutgläubigen Erwerb und damit eine Schädigung des Berechtigten aus (s. o. Rn. 475 f.).

484   Steht der beantragten Eintragung im Grundbuch ein Hindernis entgegen, so kann das Grundbuchamt – statt den Antrag zurückzuweisen – dem Antragsteller im Wege einer **Zwischenverfügung** aufgeben, das Hindernis innerhalb einer bestimmten Frist zu beheben (§ 18 Abs. 1 S. 1 Alt. 2 GBO; vgl. bereits Rn. 369). Einen später gestellten Eintragungsantrag, der dasselbe Recht betrifft, dürfte das Grundbuchamt erst nach Erledigung der Zwischenverfügung bearbeiten (§ 17 GBO). Zur Vermeidung dieser Verzögerung regelt § 18 Abs. 2 GBO, dass zugunsten des früher gestellten Antrags von Amts wegen eine Vormerkung oder ein Widerspruch einzutragen ist. Wird das Hindernis behoben, so setzt sich das zuerst beantragte Recht gegenüber dem späteren vollständig oder im Rangverhältnis mit der Folge einer notwendigen Grundbuchberichtigung (§ 22 GBO; s. o. Rn. 465) durch.

> **Merksatz:** Bei Unrichtigkeit des Grundbuchs, d.h. Auseinanderfallen von Grundbuchlage und materieller Rechtslage, kann das Grundbuch berichtigt werden:
> 1. Durch das Grundbuchamt gem. § 22 GBO, wenn die Unrichtigkeit durch öffentliche oder öffentlich beglaubigte Urkunde nachgewiesen werden kann.
> 2. Durch Bewilligung des in seinem Recht „Betroffenen".
>   Diese Bewilligung kann gem. § 894 eingefordert werden. Die Voraussetzungen dieses Anspruchs sind:
>   – Anspruchsinhaber muss der wahre Inhaber des nicht oder nicht richtig eingetragenen Rechts sein.
>   – Anspruchsgegner muss jene Person sein, die durch den unrichtigen Grundbuchstand formell begünstigt ist.
>   – Das Grundbuch muss unrichtig sein, d.h. materiell dingliche Rechtslage und Grundbuchinhalt müssen sich widersprechen.
> 3. Unter den Voraussetzungen des § 53 GBO kann ein Widerspruch von Amts wegen eingetragen werden. Das setzt einen Verstoß gegen Grundbuchverfahrensrecht bei Eintragung und fortdauernde Unrichtigkeit des Grundbuchs voraus.
> 4. Um einen gutgläubigen Erwerb zu verhindern, kann in das Grundbuch ein Widerspruch gem. § 899 eingetragen werden. Auch er bedarf:
>   – der Bewilligung des Betroffenen oder
>   – einer einstweiligen Verfügung.
> Der Widerspruch beseitigt den Rechtsschein als Grundlage des gutgläubigen Erwerbs (§ 892 Abs. 1 S. 1).

VII. Kontrollfragen

1. Kann § 894 angewendet werden, wenn eine Vormerkung nicht oder unrichtig im Grundbuch eingetragen ist?
2. V hat dem K sein Eigentum an einem Baugrundstück durch Auflassung und Eintragung übertragen, §§ 873 Abs. 1, 925 Abs. 1. Kurze Zeit später bemerkt V einen Irrtum und ficht den Kaufvertrag wirksam an, §§ 142 Abs. 1, 119 Abs. 1. V verlangt von

K die Abgabe der für die Rückgängigmachung im Grundbuch erforderlichen Bewilligung (§ 19 GBO). Zu Recht?
3. Lesen Sie § 894! Welche Art Fehler von Grundbucheintragungen werden erfasst? Bilden Sie Fallgruppen mit Beispielen!

Empfehlungen zur vertiefenden Lektüre:

Köbler, Der Grundbuchberichtigungsanspruch, JuS 1982, 181; *Schreiber*, Der Widerspruch gegen die Richtigkeit des Grundbuchs, Jura 2005, 241.

§ 13. Schutz des Eigentums vor Störungen

I. Nachbarschutz

1. Allgemeines

485   Wie bereits ausgeführt (Rn. 127 ff.), können die Eigentumsrechte nicht schrankenlos bestehen. Eigentum steht in einem sozialen Kontext. Die Ausübung der Befugnisse nach § 903 muss dem Rechnung tragen. Eigentumsrecht ist – vor allem bei Immobilien – daher durch öffentlich-rechtliche Vorschriften beschränkt. Das geschieht etwa durch die Bestimmungen des Bauplanungs- und des Bauordnungsrechts, des Verkehrsrechts, öffentlichen Sachenrechts, des Umweltschutz- und Immissionsschutzrechts sowie des Naturschutzrechts. Daneben gibt es Leitungsrechte der öffentlichen Hand für Versorgungs- und Telekommunikationsleitungen sowie Baulasten – etwa zur Sicherung von Abstandsflächen zu Nachbargrundstücken – oder Stellplatzverpflichtungen.

486   Der Bezug zu den anderen Eigentümern, auf die Rücksicht zu nehmen gilt, ist bei Immobilien Gegenstand des so genannten **Nachbarrechts.** Soweit es sich im Öffentlichen Recht findet, handelt es sich um ein dreiseitiges Rechtsverhältnis zwischen den beiden Nachbarn und der zuständigen Behörde, im Rahmen dessen ein Nachbar sich etwa gegen eine bauliche Maßnahme auf dem Nachbargrundstück wenden kann. Das privatrechtliche Nachbarrecht regelt dagegen das zweiseitige Verhältnis zwischen den Nachbarn. Beide Regelungsbereiche sind gleichrangig, so dass für die Betroffenen vielfach eine Wahl besteht, welchen Weg sie zum Schutz ihrer Belange einschlagen.

487   Das privatrechtliche Nachbarrecht ergibt sich aus den Bestimmungen des BGB (§§ 906 bis 924) und den Landesnachbargesetzen, die gemäß Art. 124 EGBGB Einschränkungen des Eigentums vorsehen können. In ihnen werden Fragen wie Fenster- und Leiterrechte sowie die Grenzbepflanzungen geregelt. Im Folgenden soll auf die wesentlichen Aspekte des Nachbarrechts nach dem BGB eingegangen werden:

488   Nachbarrecht schränkt die Eigentümerbefugnisse aus § 903 ein, indem es für den Eigentümer eine **Duldungspflicht** festlegt (§§ 906 ff.). Hat bei einer Störung der Grundstückseigentümer einen Störungsbeseitigungs- oder Unterlassungsanspruch (§ 1004 Abs. 1), so ist dieser bei bestehender Duldungspflicht ausgeschlossen (§ 1004 Abs. 2, umstritten ist, ob die Duldungspflicht die Rechtswidrigkeit entfallen lässt, so die h.M., BGHZ 142, 227, 235; siehe auch BGHZ 155, 99, 102; ablehnend Jauernig/*Jauernig*, § 1004 Rn. 21, der eine Parallele zwischen § 986 im Verhältnis zu § 985 und der Duldungspflicht im Verhältnis zu § 1004 zieht).

Die bestehenden nachbarrechtlichen Duldungspflichten nach dem BGB **489** ergeben sich aus der folgenden Übersicht:

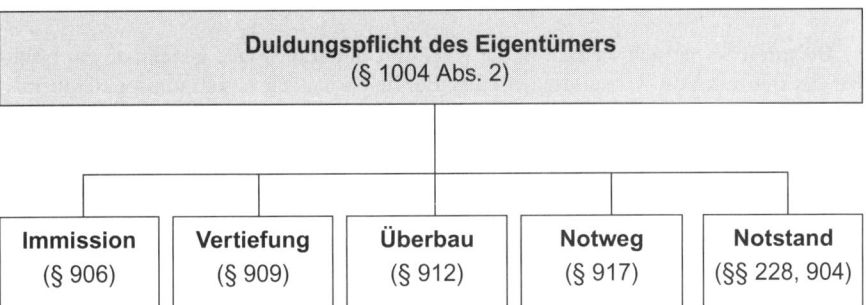

Beschränkung des Grundeigentums durch das Nachbarrecht
=

Duldungspflicht des Eigentümers (§ 1004 Abs. 2)

Immission (§ 906)	Vertiefung (§ 909)	Überbau (§ 912)	Notweg (§ 917)	Notstand (§§ 228, 904)

2. Geschützter Personenkreis

Ein Nachbarschutz setzt Nachbarschaft voraus. Damit wird der Kreis der **490** Anspruchsberechtigten sowohl räumlich als auch persönlich begrenzt. Räumlich ist er nicht auf Personen beschränkt, die einander angrenzende Grundstücke ihr Eigen nennen. Vielmehr kann der Kreis geschützter Personen weiter gezogen werden. So sind von einem Flughafen alle Eigentümer von Grundstücken betroffen, die in der Einflugschneise des Flughafens liegen, während angepflanzte Bäume in der Regel nur den unmittelbar angrenzenden Nachbarn betreffen.

Nachbarschutz geschieht vor allem durch Abwehr von Störungen gemäß **491** § 1004. Der Anspruch steht im Nachbarrecht nicht nur Grundstückseigentümern zu, sondern auch anderen Personen, die zur Nutzung dinglich berechtigt sind, wie etwa Erbbauberechtigte oder Nießbraucher oder aber auch schuldrechtlich Berechtigte, wie Mieter und Pächter als Besitzer des Grundstücks.

3. Das nachbarliche Gemeinschaftsverhältnis

Zwischen Nachbarn besteht ein **nachbarliches Gemeinschaftsverhält-** **492** **nis.** Es handelt sich dabei aber nicht etwa um eine schuldrechtliche Beziehung, aus der sich irgendwelche Pflichten ergeben würden. Deshalb finden auf das nachbarschaftliche Gemeinschaftsverhältnis auch nicht die §§ 280 ff. oder § 278 als Zurechnungsnorm Anwendung. Das nachbarliche Gemeinschaftsverhältnis ist vielmehr ein besonderer Ausdruck von Treu und Glauben und kann anspruchsbegrenzend wirken. Es wird entscheidend durch die verschiedenen nachbarrechtlichen Vorschriften des BGB geprägt. Letzlich handelt es sich um eine rein tatsächliche Nähebeziehung, die aufgrund der verschiedenen Vorschriften gewissen Beschränkungen unterliegt. Zwar wurde das nachbarliche Gemeinschaftsverhältnis – aus ideologischen Gründen – in der Zeit des Dritten Reichs stark betont, doch spielt es auch heute noch eine Rolle, etwa bei gesetzlich nicht geregelten Grobemissionen und der Frage einer diesbezüglichen Duldungspflicht.

> **Beispiel:** So hat sich vielfach in der Rechtsprechung die Frage gestellt, ob ein Nachbar das Betreten von Katzen dulden muss. Bei ihnen handelt es sich um sog. Grobemissionen. Die Rechtsprechung neigt überwiegend dazu, je nach konkreten Verhältnissen, zumindest das Betreten durch eine Katze in einem Wohnvorort als zu dulden anzuerkennen (siehe z. B. *OLG Celle* NJW-RR 1986, 821).

4. Das zivilrechtliche Immissionsrecht

493   Gesetzlich geregelt ist das Immissionsrecht, das erhebliche praktische Bedeutung hat. § 906 regelt nur die Immissionen von **unwägbaren Stoffen.** Dem Gesetz geht es dabei in der Sache weniger um die Unwägbarkeit – eine Voraussetzung, die schon für die im Gesetz genannten Ruß und Rauch nicht zutrifft – als um die Einwirkung von Stoffen, deren Ausbreitung nicht kontrolliert und beherrscht werden kann. Unerheblich ist, auf welchem Weg die Einwirkungen stattfinden. Beispielhaft werden im Gesetz verschiedene dieser Stoffe genannt.

494   Nicht zu den Immissionen im Sinne von § 906 gehören sog. **Grobimmissionen,** z. B. Geröll oder auch Haustiere (s. o. das Beispiel unter Rn. 492, anders aber bei Kleinsttieren, wie etwa Bienen, die weder kontrollierbar noch beherrschbar sind, z. B. RGZ 141, 406, 409). Ebenfalls unterfällt Wasser weder als Oberflächen- noch als Grundwasser § 906 (s. aber BGHZ 90, 255, 258 – Unkrautvernichtungsmittel, hierzu ausführlich Fall 8, Rn. 540).

495   Immissionen im Sinne des § 906 müssen stets auf **menschliches Verhalten** zurückzuführen und als Stoffe zumindest in ihrer Wirkung **sinnlich** wahrnehmbar sein. **Negative Immissionen,** wie etwa der Entzug von Licht und Luft, unterfallen nicht § 906. Dasselbe gilt für ideelle Immissionen ästhetischer oder optischer Art.

> **Beispiel:** Die Beseitigung eines Schrottplatzes vor dem Schlosshotel lässt sich daher nicht unter Heranziehung von § 906 erreichen, selbst wenn durch die Art der Nutzung des Nachbargrundstücks eine offensichtliche Wertminderung des Grundstücks herbeigeführt wird (BGHZ 54, 56; siehe auch *BGH* NJW 1975, 170, hierzu kritisch ein Teil der Literatur: *Jauernig*, JZ 1986, 605, 609).

a) Unterscheidungen wesentlicher und unwesentlicher Einwirkungen

Der Grundstückseigentümer hat Einwirkungen durch Immissionen auf **496** sein Grundstück zu dulden, wenn sie nur eine **unwesentliche Beeinträchtigung** der Grundstücksbenutzung darstellen (§ 906 Abs. 1 S. 1). Unter Grundstücksbenutzung fällt nicht nur die Nutzung als solche – etwa als Wohngrundstück oder Grundstück zur Aufzucht von Tieren – sondern auch die Einbuße an Wohnqualität. Bei dem Beurteilungsmaßstab hat sich mittlerweile ein „differenziert objektiver Wesentlichkeitsbegriff" durchgesetzt. Danach kommt es auf das Empfinden eines **verständigen Durchschnittsmenschen** als Maßstab an (*BGH* NJW 2004, 1037, 1040; BGHZ 120, 239, 255).

Maßgebend ist die Benutzung des Grundstücks in seiner konkreten Beschaffenheit. Damit ist auf die örtliche Situation des Grundstücks abzustellen. **497** So ist bei Nutzung von Grundstücken in Ballungszentren mehr Lärm zuzumuten als bei solchen in ländlichen Gegenden. Umgekehrt sind dem einzelnen Eigentümer eines in ländlicher Gegend befindlichen Grundstücks hinsichtlich olfaktorischer Beeinträchtigungen umfangreichere Einwirkungen zuzumuten als dem Bewohner einer Villengegend. Eine absolute Grenze stellt immer die Gesundheitsschädigung oder ein erheblicher Sachschaden dar. Ohne Bedeutung für die Abgrenzung ist die Zielsetzung einer Tätigkeit. Die Rechtsprechung erkennt im Übrigen auch keine Nutzungspriorität an (*BGH* NJW 2001, 3119, 3120 m.w.N.; ausführlich zu diesem Problem *Klöhn*, AcP 208 (2008), 777).

Soweit es sich um wesentliche Einwirkungen auf die Benutzung des **498** Grundstücks handelt, unterscheidet das Gesetz wiederum danach, ob es eine ortsübliche Benutzung darstellt (Rn. 499) und ob die wesentliche Beeinträchtigung durch Maßnahmen verhindert werden könnte, die dem Benutzer wirtschaftlich zumutbar wären (Rn. 500).

aa) Ortsüblichkeit der Benutzung

Die Nutzung des beeinträchtigten Grundstücks muss ortsüblich sein (s. **499** § 906 Abs. 2 S. 1). Grundsätzlich ist dafür erforderlich, dass eine Mehrheit von Grundstücken im Vergleichsbezirk bei im Wesentlichen gleicher Nutzung nach Art und Umfang im gleichen Maße beeinträchtigt wird (BGHZ 111, 63, 72; 117, 110, 113; 120, 239, 260). Es ist regelmäßig von den Verhältnissen im Gebiet der gesamten Gemeinde auszugehen. Das Merkmal der Ortsüblichkeit beruht auf dem Gedanken, dass sich in einem entsprechenden Gebiet die Vor- und Nachteile in etwa die Waage halten werden. Ob dies den tatsächlichen Entwicklungen in heutiger Zeit gerecht wird, erscheint angesichts schneller nachteiliger Entwicklungen sehr fraglich. Die Rechtsprechung versucht dem durch eine starke Differenzierung der Deutung dieses Merkmals Rechnung zu tragen (zur umfangreichen Einzelfall-rechtsprechung siehe MünchKomm-BGB/*Säcker*, § 906 Rn. 99 ff.). Eine Ortsüblichkeit der Nutzung des Grundstücks kann zu einer Duldungspflicht führen, die auch einem Unterlassungsanspruch entgegenstünde (s. o. Rn. 488). Eine Besonderheit besteht allerdings darin, dass anders als bei unwesentlichen Beeinträchtigungen der Eigentümer von dem Benutzer des anderen Grund-stücks einen angemessenen **Ausgleich in Geld** verlangen kann (§ 906 Abs. 2 S. 2; s. u. Rn. 501 ff.).

bb) Wirtschaftliche Unzumutbarkeit von Schutzmaßnahmen

500   Das gilt allerdings erst, wenn die ortsübliche Immission auch nicht durch wirtschaftlich zumutbare Maßnahmen verhindert werden kann (§ 906 Abs. 2 S. 1). Maßgeblich ist die **wirtschaftliche** Zumutbarkeit für den Benutzer dieser Art. Es kommt also nicht auf den konkreten, sondern einen durch-schnittlichen Benutzer des emittierenden Grundstücks an (BGHZ 121, 248, 255). Hierbei sind Aspekte wie das nachbarliche Verhältnis, die Vor- und Nachteile einer solchen Abhilfe, die technisch-organisatorischen Möglich-keiten und die wirtschaftliche Leistungsfähigkeit eines durchschnittlichen Be-nutzers zu berücksichtigen. An einer wirtschaftlichen Zumutbarkeit fehlt es bei gewerblicher Nutzung des Grundstücks, wenn die erforderlichen Maß-nahmen derart hohe Kosten verursachen, dass ein Unternehmen auch mittel-fristig nicht mit Gewinn betrieben werden kann (*OVG Münster* NJW 1973, 1626).

b) Ausgleichsansprüche

501   Bei bestehender Duldungspflicht kann der Nachbar vom Emittenten we-der Unterlassung der Einwirkung gemäß § 1004 noch Schadensersatz nach § 823 Abs. 1 begehren. Das Gesetz gibt ihm bei einer gem. § 906 Abs. 2 S. 1 bestehenden Duldungspflicht einen **Anspruch auf angemessenen Aus-gleich in Geld** (§ 906 Abs. 2 S. 2).

502   Der Anspruch steht dem Duldungspflichtigen zu, das heißt dem Eigen-tümer oder betroffenen Besitzer des Grundstücks. Anspruchsgegner ist der Besitzer des störenden Grundstücks, zu dessen Gunsten sich die Versagung des Abwehranspruchs wirtschaftlich auswirkt. Er ist wirtschaftlich verant-wortlicher „Halter des Grundstücks". Der Anspruch richtet sich daher nicht notwendigerweise gegen den unmittelbar Handelnden. Dies zeigt sich etwa bei einer baulichen Maßnahme. Hier ist Anspruchsgegner nicht etwa der Bauunternehmer oder der Architekt, sondern der Bauherr selbst.

503   Weiterhin ist Voraussetzung, dass die Beeinträchtigung das zumutbare Maß der ortsüblichen Benutzung oder des Ertrages übersteigt. Sehr umstritten ist in Literatur und Rechtsprechung, ob der Ausgleich unter Anwendung der Grundsätze der öffentlich-rechtlichen Enteignungsentschädigung zu erfolgen hat. Dies wird von der Rechtsprechung (BGHZ 85, 375, 386 m. w. N.) so gesehen, während in der Literatur teilweise eine volle Schadloshaltung befürwortet wird (*Jauernig*, JZ 1986, 605, 612). Dem allerdings widersprechen Wortlaut, Zweck und Entstehungsgeschichte der Vorschrift. Maßstab für die Höhe des Ausgleichs ist die Vermögenseinbuße, die nach einem differenziert-objektiven Maßstab zu ermitteln ist. Zu erstatten sind darüber hinaus Aufwendungen zur Beseitigung der Beeinträchtigung. Maßgeblich ist der Unterschied zwischen dem infolge der Beeinträchtigung geminderten Verkehrswert und dem fiktiven Verkehrswert bei noch zumutbarer Beeinträchtigung. Die Entschädigung kann sowohl als Kapitalabfindung als auch in Form einer Rente erfolgen.

c) Entsprechende Anwendung von § 906 Abs. 2 S. 2

Die Bestimmung des § 906 Abs. 2 S. 2 wird in zahlreichen Fällen analog **504** angewandt. Dies gilt vor allem bei Einwirkungen, die nicht durch § 906 geregelt sind (etwa Grobimmission, s. o. Rn. 494). Übersteigen sie das zumutbare Maß, können sie aber aus besonderen rechtlichen (etwa öffentlich-rechtlichen, BGHZ 160, 232, 238) oder tatsächlichen Gründen nicht oder nicht rechtzeitig (BGHZ 155, 99, 103) gemäß § 1004 oder § 862 abgewehrt werden, so sind sie vom Störer in analoger Anwendung dieser Vorschrift zu entschädigen (BGHZ 157, 33, 44). Man spricht insoweit von dem **verschuldensunabhängigen nachbarrechtlichen Ausgleichsanspruch.** Bei Immissionen, die auf hoheitliche Betätigung zurückgehen, ergibt sich eine Ersatzpflicht aus enteignendem oder enteignungsgleichem Eingriff (BGHZ 91, 20; s. auch oben Rn. 130). Auch hier orientiert sich die Rechtsprechung bei der Bestimmung der Grenze des entschädigungslos Hinzunehmenden an Kriterien des § 906. Geschieht die Beeinträchtigung, indem mehrere Benutzer zusammenrücken (sog. progressive Schadenssteigerung), so sind sie gesamtschuldnerisch in Anspruch zu nehmen (BGHZ 66, 70, 71).

d) Vorbeugende Ansprüche

Das BGB sieht daneben verschiedene vorbeugende Ansprüche vor. So ge **505** währt § 907 einen auf Unterlassen einer Einrichtung gerichteten Anspruch bei Anlagen, von denen eine unzulässige Einwirkung mit Sicherheit zu erwarten ist. Sofern die Einrichtung bereits besteht, ist der Anspruch auf Beseitigung gerichtet. Vorbeugenden Charakter hat auch der Anspruch nach § 909 bei Vertiefung oder § 908 bei drohendem Gebäudeeinsturz.

e) Übersicht

Die Systematik des § 906 lässt sich vereinfacht mit nachfolgendem Schau- **506** bild darstellen.

Duldungspflicht gem. § 906
als mögliche Einwendung gem. § 1004 Abs. 2 gegen
Beseitigungs-/Unterlassungsanspruch gem. § 1004 Abs. 1

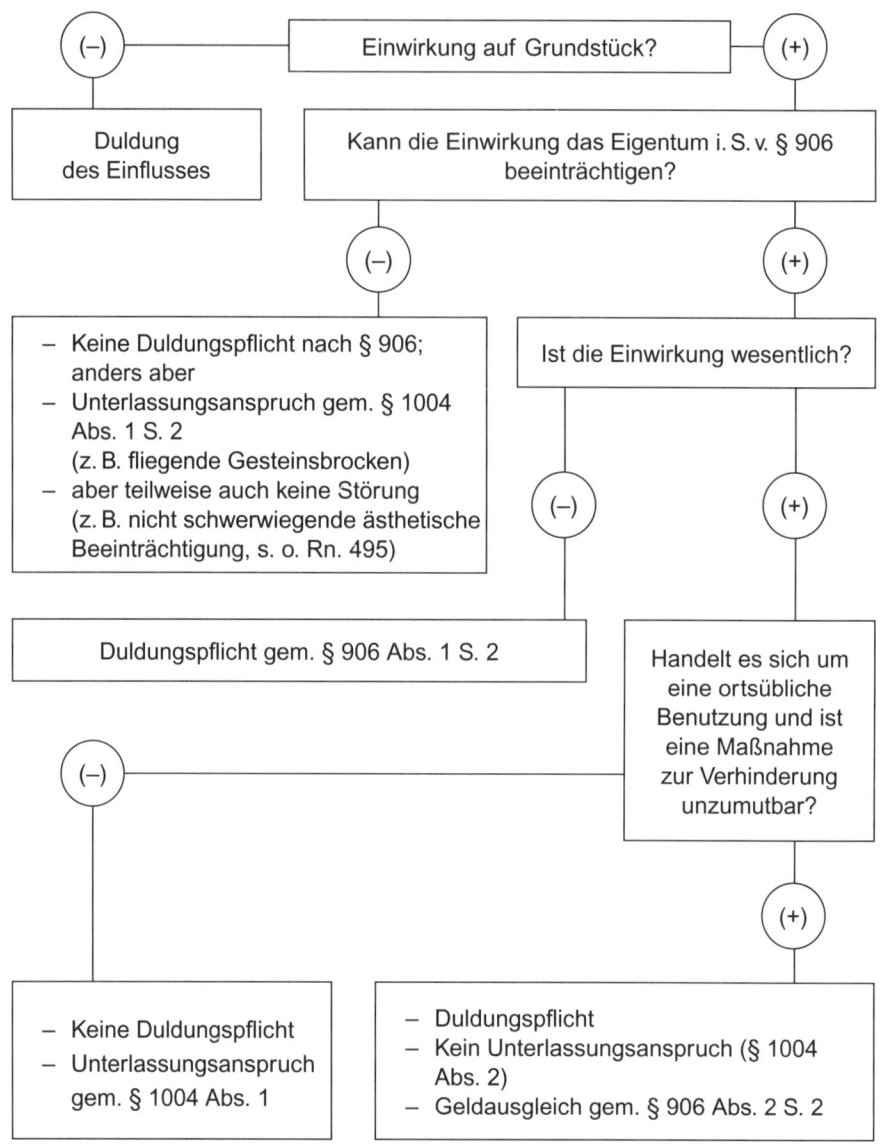

5. Überbau

a) Arten des Überbaus

Wenn der Nachbar bei der Errichtung eines Gebäudes über die Grenze des 507 Grundstücks baut, spricht das Gesetz vom sog. Überbau. Es sind verschiedene Arten des Überbaus zu unterscheiden. Ein **rechtmäßiger Überbau** geschieht mit Zustimmung des Betroffenen. Hier gelten die Rechtsfolgen der §§ 912 ff. nicht. Die Zustimmung überwindet sogar den sog. **Akzessionsgrundsatz,** d.h. das Prinzip, wonach ein Gebäude, sofern es nicht nur zu einem vorübergehenden Zweck mit dem Grundstück verbunden wird (§ 95), zu den wesentlichen Bestandteilen (§ 93) des Grundstücks gehört, auf dem es errichtet ist (§ 94), und das rechtliche Schicksal des Grundstücks teilt (s. o. Rn. 18). Die Zustimmung führt dazu, dass dem rechtsgeschäftlichen Willen gegenüber diesem Prinzip der Vorrang eingeräumt wird. Die Rechtsprechung wendet insoweit **§ 95 Abs. 1 S. 2 analog** an (BGHZ 157, 301, 304). Die Gebäudeeinheit erweise sich unter diesen Voraussetzungen gegenüber der Einheit von Boden und Gebäude als das stärkere Band (BGHZ 62, 142, 144; 110, 298, 300 f.).

Entsprechendes nimmt die h. M. beim sog. **entschuldigten Überbau** an. 508 Dieser ist zwar rechtswidrig, der Überbauende handelt aber allenfalls leicht fahrlässig und der Betroffene widerspricht nicht sofort. Hier gelten die §§ 912 ff. Die subjektiven Voraussetzungen des entschuldigten Überbaus führen aber dazu, dass auch hier die Zuordnung des einheitlichen Gebäudes zu dem Stammgrundstück erfolgt. Neben der Berücksichtigung fehlenden Vorsatzes oder grober Fahrlässigkeit und dem unterbliebenen Widerspruch vor oder nach Grenzüberschreitung ist der tragende Gedanke der Regelung, Wertvernichtungen zu vermeiden und ein einheitliches Gebäude zu erhalten (BGHZ 53, 5, 11; 102, 311, 314).

Schließlich kennt das Gesetz den **rechtswidrigen unentschuldigten Über-** 509 **bau,** bei dem die bauliche Maßnahme entweder vorsätzlich oder grob fahrlässig vorgenommen wurde oder der Betroffene ihr sofort widersprochen hat. Auch hier gelten die §§ 912 ff. nicht. Stattdessen kann der Nachbar Beseitigung verlangen. Der grenzüberschreitende Gebäudeteil wird vertikal geteilt (*BGH NJW* 1985, 789, 790 f.). Der Beseitigungsanspruch nach § 1004 unterliegt allerdings den Grenzen des Rechtsmissbrauchs (*BGH NJW* 2003, 3621, 3622).

b) Voraussetzungen der Duldungspflicht

aa) Die Duldungspflicht setzt zunächst die Errichtung eines einheitlichen 510 Gebäudes voraus (*BGH NJW-RR* 1988, 458). Vor allem Grenzanlagen (Zäune, Tore und freistehende Mauern etc.) unterfallen damit nicht der Regelung. Der Überbau kann oberirdisch (Balkon) oder auch unterirdisch (Keller) vorgenommen werden. Ein Überbau kann sogar bei zwei Grundstücken stattfinden, die beide demselben Eigentümer gehören. Man spricht insoweit vom **Eigengrenzüberbau.** Dieser spielt vor allem dann eine Rolle, wenn das Eigentum nachträglich in den Händen verschiedener Personen liegt.

511 § 912 findet keine unmittelbare, sondern nur analoge Anwendung, wenn der Überbau nicht schon **bei Errichtung des Gebäudes** entsteht, sondern erst nachträglich vorgenommen wird (etwa im Rahmen von Renovierungs- oder Umbaumaßnahmen).

512 bb) Anspruchsgegner ist der Eigentümer des Nachbargrundstücks als Überbauender. Bei einem Bau durch bloße Nutzer des Grundstücks (Pächter, Nießbraucher) unterliegt dieser Sachverhalt nur dem § 912, wenn der Überbauende zustimmt.

513 cc) Der Überbauende muss ohne Vorsatz oder grobe Fahrlässigkeit die widerrechtliche Grenzüberschreitung begangen haben. Für die Beurteilung dieser subjektiven Voraussetzungen kommt es auf den Zeitpunkt der Grenzüberschreitung an. Die Beweislast fehlenden Verschuldens liegt beim Überbauenden. Sehr umstritten ist die Frage des Verschuldens von Hilfspersonen. Das Verschulden des Architekten wird dem Bauherrn analog § 166 zugerechnet (PWW/*Lemke*, § 912 Rn. 14), da er Sachwalter sei. Überwiegend wird eine Anwendung von § 278 abgelehnt (*BGH* NJW 1977, 375). Dem ist mangels schuldrechtlicher Qualität des nachbarlichen Gemeinschaftsverhältnisses (s. o. Rn. 492) zuzustimmen. Keine Sachwalter sind dagegen der Bauunternehmer oder andere bloße Hilfspersonen (*BGH* NJW 1977, 375).

514 dd) Der Nachbar darf darüber hinaus weder vor noch sofort nach Grenzüberschreitung einen **Widerspruch** erhoben haben. Dieses Unterlassen des Widerspruchs ist allerdings keine Zustimmung und macht aus dem rechtswidrigen keinen rechtmäßigen Überbau. Der Widerspruch erfolgt durch **einseitige empfangsbedürftige Willenserklärung.** Er ist formlos und auch stillschweigend möglich. Der Widerspruch ist nur dann **sofort** erklärt, wenn die bereits übergebauten Gebäudeteile ohne erhebliche Zerstörung wieder beseitigt werden können (BGHZ 59, 191, 196). Auf schuldhaftes Zögern kommt es hier nicht an, daher kann der Widerspruch auch verspätet sein, wenn der Eigentümer den Überbau weder kannte noch fahrlässig nicht kannte.

c) Duldungspflicht und Geldrente

515 Die sachenrechtlichen Folgen des Überbaus wurden bereits dargestellt (o. Rn. 508). Beim rechtswidrigen entschuldigten Überbau besteht eine Duldungspflicht des benachbarten Eigentümers (§ 912 Abs. 1). Das Recht auf Duldung ist **wesentlicher Bestandteil** des Stammgrundstücks und nicht eintragungsfähig.

516 Daneben schuldet der Überbauende dem benachbarten Eigentümer eine Geldrente (§ 912 Abs. 2). Diese entsteht im Zeitpunkt der Grenzüberschreitung. Der Anspruch bildet einen Ausgleich dafür, dass der Nachbar den Überbau dulden muss und ihm hinsichtlich eines Teils seines Grundstücks Gebrauch und Nutzungen verwehrt sind. Die Höhe der Geldrente orientiert

sich am Verkehrswert der überbauten Fläche (BGHZ 97, 292, 296). Zeitpunkt für die Bemessung des Rentenanspruchs ist jener der Grenzüberschreitung (§ 912 Abs. 2 S. 2). Damit werden Streitigkeiten über Rentenanpassun-
gen ausgeschlossen. Daneben können gegen den Überbauenden keine
Schadensersatzansprüche aus §§ 823 ff. bestehen. Anders verhält es sich allerdings, soweit es um Ansprüche gegen Dritte geht. Sie sind durch die §§ 912 ff.
nicht ausgeschlossen.

6. Vertiefung

Grundsätzlich ist eine Vertiefung des Nachbargrundstücks unzulässig, wenn   **517**
dessen Boden infolge der Vertiefung „die erforderliche Stütze" verliert
(§ 909). Eine Duldungspflicht der Vertiefung besteht nur dann, wenn für eine
anderweitige Befestigung gesorgt ist. Diese muss ohne Eingriff in das
Nachbargrundstück erfolgen (BGH NJW 1997, 2595) und der künftigen be-
stimmungsgemäßen Benutzung des Nachbargrundstücks Rechnung tragen.

Bei unzulässiger Vertiefung besteht ein Anspruch auf Beseitigung gemäß   **518**
§ 1004, bei drohender Vertiefung ein solcher auf Unterlassung. Anspruchsgegner ist der Eigentümer oder Besitzer des Grundstücks. Hier ist, wie auch
im Übrigen in § 1004 (s. o. Rn. 491), der bloße Besitzer des Nachbargrundstücks anspruchsberechtigt.

Daneben kann es zu einer deliktischen Haftung nach § 823 kommen. Hat   **519**
im Rahmen von Bauvorhaben der Bauherr einen sorgfältig ausgewählten,
fachkundigen und zuverlässigen Architekten, Ingenieur und Bauunternehmer beauftragt, so scheitert diese jedoch zumeist an der wirksam übertrage-
nen Verkehrssicherungspflicht. Hier scheidet mangels Weisungsgebundenheit
in der Regel auch eine Haftung nach § 831 aus (BGHZ 147, 45, 49).

In Fällen, in denen der beeinträchtigte Nachbar sich aus besonderen Grün-   **520**
den ausnahmsweise nicht gegen die von dem Nachbargrundstück ausgehende
Störung wehren kann, wird eine verschuldensunabhängige nachbarrechtliche
Haftung analog § 906 Abs. 2 S. 2 befürwortet (*BGH* NJW 2001, 1865).

7. Notweg

Der Eigentümer eines Grundstücks, dem die zur ordnungsgemäßen Nut-   **521**
zung notwendige Verbindung mit einem öffentlichen Weg fehlt, kann von
dem Nachbarn verlangen, dass dieser bis zur Beseitigung des Mangels die Benutzung seines Grundstücks duldet, damit die erforderliche Verbindung hergestellt wird (§ 917 Abs. 1). Entgegen dem Wortlaut der Vorschrift kann ein
Notwegrecht auch etwa für Versorgungsleitungen, Abwasserkanäle, Wasser-
und Gasrohre etc. bestehen. Der Begriff der ordnungsmäßigen Benutzung
bestimmt sich nach den im Einzelfall gegebenen objektiven Bedürfnissen unter Berücksichtigung der Benutzungsart, Größe und Umgebung des Grund-

stücks. So gibt es grundsätzlich kein Notwegrecht, um eine Parkplatzzufahrt zu einem Wohngrundstück zu erreichen (str., mit diesem Ergebnis BGHZ 75, 315, 317 ff. m.w.N. zum Streitstand).

522   Der Anspruch auf Duldung rechtfertigt allerdings keine eigenmächtige Benutzung. Das Duldungsrecht entsteht erst mit **Verlangen** der Duldung. Erforderlichenfalls muss es gerichtlich durchgesetzt werden. Durch das Urteil werden auch Festlegungen zum Umfang des Benutzungsrechts getroffen.

523   Duldungspflichtig sind die Eigentümer aller Grundstücke, die zwischen dem abgeschnittenen Grundstück und dem öffentlichen Weg liegen. Die Duldungspflicht endet, wenn das Grundstück auf andere Weise Verbindung mit dem öffentlichen Weg hat.

524   Auch der zur Duldung des Notwegs Verpflichtete ist mittels Geldrente zu entschädigen (§ 917 Abs. 2). Die Höhe der Rente bestimmt sich nach der Minderung des Verkehrswertes, die das gesamte Grundstück durch den Notweg erfährt. Schuldner der Geldrente ist nicht der Nutzungsberechtigte des verbindungslosen Grundstücks, sondern dessen Eigentümer. Gläubiger der Geldrente ist der Eigentümer des notwegbelasteten Grundstücks (§§ 917 Abs. 2 S. 2, 913). Das Notwegrecht unterliegt den Schranken des § 918.

8. Anspruch auf Störungsbeseitigung und Unterlassung

a) Systematik und Ziel der Abwehransprüche

525   Der wichtigste Anspruch des Eigentümers bei Entzug der Sache ist der Vindikationsanspruch gemäß § 985 (hierzu o. Rn. 261 ff.). Für den Fall von Störungen in der Ausübung der Eigentümerbefugnisse steht dem Eigentümer als weiterer wichtiger Rechtsbehelf die sog. **actio negatoria** des § 1004 zur Verfügung. Mit diesem Anspruch kann der Eigentümer sich gegen jegliche Beeinträchtigungen wehren, die keine Entziehung oder Vorenthaltung des Besitzes darstellen. Der Anspruch steht zunächst einmal jedem Eigentümer von beweglichen und unbeweglichen Sachen zu. Allerdings erweitert schon das Gesetz den Anwendungsbereich durch Verweise (etwa bei der Grunddienstbarkeit, § 1027, dem Nießbrauch, § 1065, dem Pfandrecht, § 1227, dem Erbbaurecht, § 11 ErbbauRG). Die Vorschrift findet darüber hinaus bei Störung aller absolut geschützten Rechte im Sinne des § 823 Abs. 1 Anwendung. Das Gleiche gilt bei anderen Rechtsschutzpositionen, die etwa in den §§ 823 Abs. 2, 824 geschützt werden. Auch hier ist ein allgemeiner Anspruch auf Störungsabwehr analog der §§ 1004, 12, 862 anerkannt (Palandt/*Bassenge*, § 1004 Rn. 4).

526   Eine besondere Ausformung des Beseitigungsanspruchs ist der Grundbuchberichtigungsanspruch gemäß § 894 (s. schon o. Rn. 471). Im Rahmen seines Anwendungsbereichs scheidet ein Anspruch gemäß § 1004 aus. Gleiches gilt bei Verschlechterungen des Eigentums durch den Nichtberechtigten. Hier geht der Anspruch gemäß §§ 989, 990 vor. Bei Belastung durch den Nichtberechtigten scheidet ein Anspruch auf Beseitigung der Belastung aus, wenn der Nichtberechtigte redlich und unverklagt war. Hier kommt lediglich ein Anspruch auf den Verfügungserlös gemäß § 816 Abs. 1 in Betracht.

Der Anspruch aus § 1004 kann zweierlei Ziele verfolgen. Zum einen ist er **527** auf die Beseitigung einer Störung gerichtet. Dies verlangt allerdings, dass die Störung noch fortdauert. Zu der Störungsbeseitigung gehört auch die Wiederherstellung des ursprünglichen Zustands.

Daneben kann der Anspruch auf Unterlassung gerichtet sein, wenn eine **528** Wiederholungsgefahr besteht. Der Eigentümer ist allerdings nicht darauf angewiesen, einen ersten Eingriff abzuwarten. Vielmehr hat er auch einen Unterlassungsanspruch, wenn ein erster Eingriff droht.

Trotz der unterschiedlichen Zielrichtungen von Schadensersatzanspruch **529** nach § 823 und Abwehranspruch nach § 1004 kann es zu einer Konkurrenz zwischen diesen Begehren kommen. Da der Schadensersatz gemäß § 249 S. 1 auf die Wiederherstellung des ursprünglichen Zustandes gerichtet ist, wird über ihn ebenfalls – wenn auch an andere Voraussetzung knüpfend – eine Beseitigung der Störung im Ergebnis erreicht. Diese insoweit bestehende Deckungsgleichheit darf aber nicht zu dem Umkehrschluss verleiten, dass auch § 1004 einen Schadensersatzanspruch darstellt. Der maßgebliche Unterschied zu dieser Vorschrift besteht in dem Umstand, dass § 1004 **nicht an ein Verschulden** anknüpft. Im Ergebnis besteht somit ein Beseitigungsanspruch nach § 1004 unter gegenüber den Schadensersatzvorschriften erleichterten Voraussetzungen. Um diese Systematik beider Vorschriften, der eine gesetzgeberische Wertung zugrunde liegt, nicht zu zerstören, muss bei den Anspruchszielen stets zwischen der Beseitigung der Störung als solcher und jener der Störungsfolgen unterschieden werden. Die Beseitigung Letzterer kann nicht nach § 1004 verlangt werden.

Neben dem Anspruch aus § 1004 können bestimmte Selbsthilferechte bestehen. Dies gilt etwa bei Überhang gemäß § 910 Abs. 1 S. 1. Eine Spezialität **530** dieser Vorschrift gegenüber § 1004 scheidet schon deshalb aus, weil eine derartige Beschränkung des Nachbarn gegenüber anderen Fällen der Eigentumsstörung nicht zu begründen ist. Es kommt hinzu, dass in vielen Fällen die Störung nicht bereits mit Vornahme der Selbsthilfe beendet ist, da die Wurzeln (s. § 910 Abs. 1 S. 1) nach wie vor eine drohende Störung des Grundstücks begründen (*BGH* NJW 2004, 603, 604; **a. A.** z. B. *Armbrüster*, NJW 2003, 3087, 3089).

b) Voraussetzungen des Anspruchs nach § 1004

Der Anspruch auf Störungsbeseitigung ist an folgende Voraussetzungen **531** geknüpft.

aa) Eigentum oder anderes nach § 1004 (analog) geschütztes Recht

Wie bereits dargestellt, kann nicht nur der Eigentümer von beweglichen oder unbeweglichen Sachen den Anspruch nach § 1004 Abs. 1 geltend machen. Vielmehr kommen auch andere Inhaber von dinglichen Rechtspositionen oder absolut geschützten Rechten und rechtlich geschützten Positionen als Anspruchsinhaber in Betracht (s. o. Rn. 525).

bb) Beeinträchtigung

532   Der Anspruch setzt eine Beeinträchtigung des Eigentums oder der (geschützten) Rechtsposition voraus. Diese kann zum einen in einer gegenständlichen Einwirkung auf die Sache liegen. Insoweit ist die bereits angesprochene (o. Rn. 529) Abgrenzung zum Schadensersatzanspruch nach § 823 zu berücksichtigen. Zum anderen kann es auch zu nichtkörperlichen Einwirkungen auf die Sache kommen (Immissionen). Eine Beeinträchtigung liegt auch in der unberechtigten Benutzung der Sache. Auf das Problem der Beeinträchtigung durch sog. **ideelle Einwirkungen** wurde bereits im Zusammenhang mit dem Nachbarrecht (s. o. Rn. 495) eingegangen. Bei sog. negativen Störungen ist grundsätzlich die Annahme einer Beeinträchtigung abzulehnen (ebd.). Im Bereich vor allem des Persönlichkeitsrechts besteht eine Vielfalt von Möglichkeiten einer Störung (Nachweise zur Rechtsprechung bei PWW/*Englert*, § 1004 Rn. 10).

cc) Fortdauer der Beeinträchtigung (§ 1004 Abs. 1 S. 1)

533   Soweit der Anspruch auf **Beseitigung** gerichtet ist, muss die Störung nach wie vor bestehen. Andernfalls kann der Eigentümer allenfalls noch Schadensersatzansprüche geltend machen. Bei dem Begehren auf **Unterlassung** tritt an die Stelle dieser Voraussetzung eine Wiederholungsgefahr oder zumindest eine drohende Beeinträchtigung. Sie setzt Tatsachen voraus, aus denen sich die ernstliche Gefahr einer alsbaldigen (weiteren) Störung ergibt.

dd) Fehlende Duldungspflicht

534   Gemäß § 1004 Abs. 2 scheidet ein Anspruch nach § 1004 Abs. 1 aus, wenn eine Duldungspflicht besteht. Mögliche gesetzliche Grundlagen einer solchen Duldungspflicht sind bereits eingangs dargestellt worden (s. die Übersicht o. Rn. 489). Darüber hinaus kann sich eine Duldungspflicht aus Vertrag oder Einwilligung des Berechtigten ergeben. Bei rechtsgeschäftlicher Gestattung sollte Begünstigte sich am Nachbargrundstück ein dingliches Nutzungsrecht einräumen lassen (z. B. Wegerecht nach § 1018).

c) Störer

535   Der Anspruch richtet sich gegen den Störer. Dies kann jeder sein, der durch eine Handlung das fremde Eigentumsrecht unmittelbar oder auch mittelbar verletzt (Handlungsstörer) oder der für eine Sache verantwortlich ist, die das Eigentum beeinträchtigt (Zustandsstörer). Insoweit knüpft der Störerbegriff an die entsprechende Unterscheidung im Öffentlichen Recht. Im Einzelnen ist hier vieles strittig. Zum Teil wird der Zweiteilung der Störer entsprechend dem Öffentlichen Recht entgegnet, dass Störer jeder sei, der eine fremde Eigentumsposition „usurpiere" (*Picker*, Festschrift für Gernhuber, 1993, S. 315 ff.). Diese Auffassung gelangt mitunter zu wenig überzeugenden Ergebnissen, da sie eine Inanspruchnahme des Handlungsstörers bereits dann ablehnt, wenn der Handelnde seine Störertätigkeit einstellt. Damit würde von vornherein ein erheblicher Teil der Störungshandlungen vom Anwendungsbereich des § 1004 ausgenommen.

Folgt man dagegen dem eingangs dargestellten Konzept, so ist Handlungsstörer jeder, der durch sein eigenes Tun oder pflichtwidriges Unterlassen das Eigentum (oder sonstige geschützte Rechte nach § 1004) adäquat kausal beeinträchtigt (*BGH* NJW 2005, 1366, 1368). Zustandstörer ist dagegen derjenige, der durch seine Willensbetätigung mittelbar adäquat einen beeinträchtigenden Zustand herbeigeführt hat, sofern er den Zustand beseitigen oder verhindern kann (*BGH* NJW 2005, 1366, 1368 f.). Dies ist etwa der Verpächter einer Gaststätte, von der Störungen für die Nachbarschaft ausgehen, während der Pächter des störenden Gewerbes Handlungsstörer ist. **536**

Allerdings genügt für die Zustandsstörerhaftung nicht allein das Eigentum an der Sache. Vielmehr müssen weitere Umstände hinzutreten, um eine Haftung zu begründen. Diese können etwa in einer baulichen Maßnahme bestehen, die ursächlich für die Folgen eines Naturereignisses sind. Gleiches gilt für das Unterlassen entsprechender Sicherungsmaßnahmen. **537**

Beispiel: Schon klassisch zu nennen ist der sog. Froschteichfall, den der Bundesgerichtshof (BGHZ 120, 239) zu entscheiden hatte. In Anspruch genommen wurde der Eigentümer eines Grundstücks, auf dem sich ein künstlich angelegter Teich befand, in dem Frösche während der Laichzeit erhebliche Geräusche verursachten. Hier kam es entscheidend darauf an, ob der Teich natürlicher oder künstlicher Art war. Nur bei einem künstlich angelegten Teich ist der Grundstückseigentümer Störer. Dem Anspruch stand hier allerdings konkret entgegen, dass eine Beseitigung der Störung die Verletzung von naturschutzrechtlichen Vorschriften bedingt hätte und daher ohne eine entsprechende Genehmigung der Naturschutzbehörde ein Beseitigungsanspruch nicht bestand (BGHZ 120, 239, 246).

Wie auch im Öffentlichen Recht kann der Zustandsstörer sich einer Beseitigungshaftung nicht dadurch entziehen, dass er den Gegenstand dereliquiert (vgl. § 959). Der Erwerber einer störenden Sache haftet als Zustandsstörer ebenso wie der Veräußerer. Durch die bloße Veräußerung endet somit auch dessen Haftung nicht, solange er noch zur Beseitigung der Störung in der Lage ist.

d) Rechtsfolgen

Der Anspruch nach § 1004 Abs. 1 S. 1 ist auf Beseitigung der Störungsquellen gerichtet. Inwieweit daneben ein Anspruch auf Wiederherstellung des ursprünglichen Zustands besteht, ist streitig. Der Bundesgerichtshof befürwortet dies in vielen Fällen. Dem wird man aber wegen der notwendigen Abgrenzung zu Schadensersatzansprüchen enge Grenzen ziehen müssen (s. auch o. Rn. 529). **538**

Der Anspruch nach § 1004 Abs. 1 S. 2 richtet sich auf Unterlassung einer drohenden Beeinträchtigung.

539   Die Kosten der Beseitigung verbleiben beim Störer. Sofern der Eigentümer Selbsthilfe vornimmt, steht ihm unter den Voraussetzungen der §§ 677, 683, 670 ein Anspruch aus GoA zu. Fehlt es hieran, so ist ein Kondiktionsanspruch aus den §§ 812 ff. zu erwägen. Der Anspruch richtet sich auf Zahlung des vom Störer ersparten Geldbetrages. Die tatsächlichen Aufwendungen begrenzen diesen Anspruch. Bei Mitverantwortlichkeit desjenigen, dessen Grundstück von der Störung betroffen ist, kommt eine Anwendung des Rechtsgedankens von § 254 in Betracht (*BGH* NJW 1995, 395, 396).

540   Der Anspruch verjährt nach den allgemeinen Vorschriften (§ 195, 198 f.). Soweit er auf Unterlassung gerichtet ist, gilt für den Beginn der Verjährung § 199 Abs. 5.

Anspruch gem. § 1004 Abs. 1 S. 1 auf Beseitigung

I. Voraussetzungen:

1. Eigentum (oder anderes analog geschütztes Recht; Rn. 525) des Anspruchstellers
2. Störung durch Anspruchsgegner
   – aber **keine** Entziehung und Vorenthaltung des Besitzes (s. Rn. 525)
   Handlungsstörer: durch Tun (Mitverursachung genügt)
   Unterlassungsstörer: durch pflichtwidriges Unterlassen

↑
↓

*Abgrenzung **ohne** praktische Folgen*

Zustandsstörer: durch Willensbetätigung mittelbar adäquat beeinträchtigenden Zustand herbeigeführt, sofern Zustand durch ihn beseitigbar

↑
↓

*Abgrenzung **wichtig** (s. Rn. 537)*

Nicht Naturgewalten: wenn nur Kräfte der Natur, niemand verantwortlich (s. z. B. BGHZ 122, 283)

3. Fortdauer der Störung

II. Einwendung: Duldungspflicht d. Eigentümers (§ 1004 Abs. 2)
   mögliche Gründe: Einwilligung (z. B. Dienstbarkeit, Miete, Pacht)
                    Nachbarrecht (§§ 906 ff.; s. Rn. 488)
                    Notstand (§§ 228, 904)
                    Öffentliches Recht
                    (s. die Übersicht Rn. 489)

III. Rechtsfolge: Anspruch auf Beseitigung der Störungsquelle

---

II. Fall zur schriftlichen Bearbeitung

Fall 8 – Duldungspflicht und Ausgleichsanspruch (nach *BGH* NJW-RR 2001, 1208): K und B sind Weinerzeuger und bewirtschaften in Dresden-Pillnitz unmittelbar aneinandergrenzende Rebhänge. In diesem Gebiet wird der Weinbau seit jeher als Monokultur betrieben. Diese Art der landwirtschaftlichen Nutzung begünstigt die Verbreitung von Pflanzenschädlingen wie Mehltau. Die Winzer ergreifen dagegen regelmäßig Schutzmaßnahmen. Auch sind Weinbauern nach der „Sächsischen Landesverordnung zum Schutze bestockter Rebflächen vor Schadorganismen" verpflichtet, benachbarte Rebflächen vor Schädlingsausbreitung zu schützen, wenn in zwei aufeinander folgenden Jahren keine Bewirtschaftung der Fläche vorgenommen wird. Im Jahre 2007 wurden die Weinstöcke der Rebhänge von K und B in besonders starkem Maße von Mehltau befallen. Da B seinen Rebhang in diesem Jahr nicht bewirtschaftete, konnte sich der Pilz auf seinem Grundstück ungehindert ausbreiten. Ein Vorgehen gegen die Schädlinge hätte B 10.000 € gekostet. Das Jahreseinkommen des B betrug 2007 20.000 €. Die Ausbreitung der Schädlinge führte zu einem verstärkten Übergreifen des Pilzbefalls auf das Nachbargrundstück des K, den dieser trotz massiven Einsatzes von Pflanzenschutzmitteln nicht verhindern konnte. Dadurch musste K Ertrags- und Qualitätseinbußen in Höhe von 50.000 € hinnehmen. Er verlangt deshalb Schadensersatz. Wie ist die Rechtslage?

Lösung:

I. In Betracht kommt ein Schadensersatzanspruch des K gegen B aus § 823 Abs. 1 (Eigentumsverletzung)

Mangels aktiven Tuns des B kommt im Rahmen von § 823 Abs. 1 dessen Unterlassungshaftung wegen Verletzung einer Verkehrssicherungspflicht in Betracht. Eine solche Pflicht kann sich durch Schaffung einer Gefahrenquelle für die Rechtsgüter Dritter ergeben. Eine Grundstücksbeeinträchtigung, die ausschließlich von Naturkräften ausgeht und deshalb weder einen Abwehranspruch nach § 1004 noch eine Verkehrssicherungspflicht begründet, liegt nicht vor. Der Pilzbefall ist kein zufälliges Naturereignis, da die Schädlingsverbreitung durch den in Monokultur betriebenen Weinbau begünstigt wird. B hat als Betreiber seines Weinbergs aber keine einseitige Gefahr geschaffen, von der schädigende Auswirkungen auf die Grundstücke anderer Weinbauern ausgehen. Vielmehr entstand die Gefahr erst durch die allgemeine Nutzung der benachbarten Grundstücke ebenfalls ausschließlich zum Weinbau. Das Betreiben des Rebhanges alleine begründete daher noch keine Verkehrssicherungspflicht des B.

Infolge der unterlassenen Bewirtschaftung seines Rebhangs nahm B die sonst üblichen Schädlingsbekämpfungsmaßnahmen nicht vor und ermöglichte so, dass sich der Mehltau ungehindert vermehren konnte. Dieses Verhalten führt zu einer besonderen Gefährdung der Nachbargrundstücke und begründet eine Verkehrssicherungspflicht, wie sie sich auch aus der Landesverordnung zum Schutz bestockter Rebflächen ergibt. Der Verordnungsgeber hat darin eine Verpflichtung zur Vornahme von Schutzmaßnahmen gegen Schädlingsbefall nach zwei Jahren unterlassener Bewirtschaftung vorgesehen. Ob daher schon im ersten Jahr eine Verkehrssicherungspflicht besteht, erscheint zweifelhaft. Dagegen spricht – wenn auch nicht zwingend – die Rechtslage nach öffentlichem Recht, die auch hier von Bedeutung sein könnte (Einheit der Rechtsordnung). Zumindest liegt hierin ein Anhaltspunkt, um von einer Verkehrssicherungspflicht erst im zweiten Jahr auszugehen. Sofern man hierauf abstellt, folgt daraus, dass eine weitergehende Verkehrssicherungspflicht nicht besteht. Mangels Verletzung einer Verkehrssicherungspflicht besteht daher kein Anspruch des K auf Schadensersatz nach § 823 Abs. 1. Folgt man dem nicht (*Roth*, JuS 2001, 1161 f.), so müssen in der weiteren Prüfung anhand des Merkmals der Rechtswidrigkeit ausführlich die Voraussetzungen des § 906 geprüft werden (*Roth*, a. a. O.): Bei zwar wesentlichen, aber ortsüblichen Beeinträchtigungen kann insofern der Anspruch aus § 823 Abs. 1 dennoch scheitern, wenn diese durch zumutbare wirtschaftliche Maßnahmen nicht zu verhindern sind (§ 906 Abs. 2 S. 1). Unter solcher Voraussetzung wären die Beeinträchtigungen rechtmäßig i. S. von § 823 Abs. 1.

II. Anspruch aus § 823 Abs. 2 i. V. m § 1004 Abs. 1

Die h. M. (Palandt/*Bassenge*, § 1004 Rn. 1) sieht § 1004 als Schutzgesetz i. S. v. § 823 Abs. 2. Dieses müsste B verletzt haben. Ähnlich wie bei § 823 Abs. 1 setzt in nachbarrechtlichen Fällen wie diesen hierfür § 906 die Grenze, da gemäß § 1004 Abs. 2 die Ansprüche aus § 1004 Abs. 1 nicht geltend gemacht werden können, wenn eine Duldungspflicht besteht (a. Rn. 488). Eine solche könnte sich aus § 906 Abs. 2 S. 1 ergeben. Voraussetzung ist, dass K wesentliche Einwirkungen i. S. von § 906 Abs. 1 S. 1 auf seinem Grundstück dulden muss, die auf einer ortsüblichen Nutzung des Nachbargrundstücks beruhen und nicht durch dem Benutzer wirtschaftlich zumutbare Maßnahmen verhindert werden können.

§ 906 Abs. 1 S. 1 umfasst auch die Einwirkung durch Imponderabilien, also Stoffe, die in ihrer Ausbreitung unkontrollierbar und unbeherrschbar sind (s. o. Rn. 493). Das trifft auf Pilzbefall wie Mehltau zu, deren Verbreitung (durch Wind) unkontrollierbar ist. Ob die Benutzung des Grundstücks durch diese Einwirkung wesentlich beeinträchtigt ist, richtet sich nach dem Empfinden eines verständigen Durchschnittsmenschen (s. o. Rn. 496). Dabei sind die örtlichen Verhältnisse zu berücksichtigen. Zwar ist der Mehltaubefall durch die Monokultur bedingt und eine grundsätzlich übliche Beeinträchtigung, die sich regelmäßig durch Schutzmaßnahmen begrenzen lässt. Aufgrund der unterlassenen Schädlingsbekämpfung auf dem Grundstück des B konnte K die Verbreitung des Pilzes jedoch trotz massiven Einsatzes von Pflanzenschutzmitteln nicht verhindern. Folglich geht die Beeinträchtigung durch den Mehltau über das übliche Maß weit hinaus. Es liegt daher eine wesentliche Beeinträchtigung vor. Diese beruht auf einer Nutzung, die für eine Vielzahl von Grundstücken im Weinanbaugebiet Dresden-Pillnitz zutrifft, von denen ähnliche Auswirkungen ausgehen. Sie ist damit ortsüblich.

Für die Unvermeidbarkeit der Beeinträchtigung kommt es auf die Leistungsfähigkeit eines durchschnittlichen Benutzers und nicht auf die konkrete Situation des B an (s. o. Rn. 500). Auch für jeden anderen Winzer sind die Kosten der Schädlingsbekämpfung i. H. v. 10.000 € nur zumutbar, wenn der Weinberg bewirtschaftet wird.

Die Voraussetzungen von § 906 Abs. 2 S. 1 liegen daher vor, so dass eine Duldungspflicht i. S. v. § 1004 Abs. 2 besteht, § 1004 Abs. 1 nicht verletzt ist und der Anspruch auf Schadensersatz aus § 823 Abs. 2 i. V. m § 1004 ausscheidet.

III. Weiterhin kommt ein Ausgleichsanspruch nach § 906 Abs. 2 S. 2 in Betracht

Wie soeben geprüft muss K wesentliche Einwirkungen i. S. v. § 906 Abs. 1 S. 1 auf seinem Grundstück dulden, die auf einer ortsüblichen Nutzung von B's Grundstück beruhen und nicht durch Maßnahmen verhindert werden können, die dem B wirtschaftlich zumutbar sind. Zusätzlich muss die durch K zu duldende Beeinträchtigung seines Grundstücks aber dessen ortsübliche Benutzung oder dessen Ertrag unzumutbar beeinträchtigen (§ 906 Abs. 2 S. 2). Letzteres ist bei den eingetretenen Ertrags- und Qualitätseinbußen i. H. v. 50.000 € zu befürworten.

Folglich kann K einen angemessenen Ausgleich in Geld für den Mehltaubefall aus § 906 Abs. 2 S. 2 verlangen. Die Höhe des Ausgleichsbetrags bemisst sich nach Enteignungsgrundsätzen (str., s. o. Rn. 503). Es wird dabei nur der Teil der Vermögenseinbuße ausgeglichen, der die Zumutbarkeitsgrenze überschreitet. Der von B zu zahlende Ausgleichsbetrag wird daher deutlich unter 50.000 € liegen.

III. Kontrollfragen

1. Worin besteht der Unterschied zwischen öffentlichem und privatem Nachbarrecht?
2. Nach welchen Bestimmungen richtet sich das privatrechtliche nachbarliche Verhältnis?
3. E ist stolzer Eigentümer eines Schlosshotels, A ebenso stolzer Eigentümer eines Schrottplatzes. Beide Grundstücke befinden sich in direkter Nachbarschaft, was E als äußerst störend empfindet. Ein solch trostloser Anblick beeinträchtige sein Hotelgewerbe und stoße dem ästhetischen Empfinden seiner Gäste auf. Kann E von A Beseitigung des Schrottplatzes verlangen (nach BGHZ 54, 56)?
4. Auf der Grundstücksgrenze zwischen den Grundstücken von Frau K und Herr B stand eine alte Eiche. Der Baum wies seit mehreren Jahren eine verringerte Belaubung sowie totes Holz in der Krone auf. Außerdem hatte sich um den Stamm ein Pilz gebildet. Im Jahre 2003 hatte B in dem Teil der Baumkrone, der sich über seinem Grundstück befand, das tote Holz durch ein Fachunternehmen entfernen lassen. Weitere Baumpflegemaßnahmen oder Untersuchungen der Eiche erfolgten von keiner Seite, obwohl für K und B die Erkrankung des Baumes aufgrund des Pilzes, der verringerten Belaubung und des Todholzes in der Krone deutlich sichtbar war. Eine fachmännische Untersuchung hätte dem Baum mangelnde Standfestigkeit bescheinigt. Im Dezember 2007 stürzte die Eiche dann ohne Sturmeinwirkung auf das Wohnhaus der K und beschädigte dieses erheblich. Für die Fallrichtung des Baumes war die von B im Jahre 2003 ausgeführte Auslichtung bestimmend.
Kann die K von B Schadensersatz verlangen, da dieser für den Baum zumindest mitverantwortlich gewesen sei? (nach *BGH* NJW 2004, 3328, s. auch *K. Schmidt*, JuS 2005, 73)

Empfehlungen zur vertiefenden Lektüre:

Lettl, Die Beeinträchtigung des Eigentums nach § 1004 I 1 BGB, JuS 2005, 871; *Neuner*, Das nachbarliche Haftungssystem, JuS 2005, 385, 487; *Röthel*, Grundfragen des privaten Nachbarrechts, Jura 2005, 539.

§ 14. Der einfache Eigentumsvorbehalt

I. Grundlagen

1. Funktionen des Eigentumsvorbehaltes – Sicherungsbedürfnis des Verkäufers

541   Gem. § 433 schulden Verkäufer und Käufer einander ihre Leistungen – Übergabe und Übereignung des Kaufgegenstandes einerseits und Zahlung des Kaufpreises andererseits – sofort (§ 271 Abs. 1). Die beiden Ansprüche sind, sofern die Parteien nichts anderes vereinbart haben, Zug um Zug, d. h. gleichzeitig zu erfüllen. Daher darf unter diesen Voraussetzungen die eine Seite die Leistung verweigern, wenn die andere Seite ihrerseits nicht die von ihr geschuldete Leistung anbietet (§ 320 Abs. 1 S. 1). Die Gleichzeitigkeit des Leistungsaustauschs bietet beiden Seiten den besten Schutz davor, trotz Erbringens der geschuldeten Leistung nicht die geschuldete Gegenleistung zu erlangen.

542   Vielfach wird aber aus unterschiedlichen Gründen eine gleichzeitige Erfüllung von den Parteien nicht gewollt oder ihnen jedenfalls nicht möglich sein. So ist beim Kauf beweglicher Sachen etwa denkbar, dass der Verkäufer dem Käufer die Möglichkeit einräumt, den Kaufpreis zu einem späteren Zeitpunkt zu zahlen, ihm den Kaufpreis also kreditiert. Dies trifft sogar schon bei der Zahlung durch nachfolgende Überweisung zu. Hier erbringt der Verkäufer Vorleistung, wenn er die Sache dem Käufer bereits übergibt und vielleicht sogar schon übereignet. Häufig werden Verkäufer und Käufer die Zahlung des Kaufpreises auch in Raten vereinbaren. Das Risiko einer solchen Vorleistung besteht für den Verkäufer darin, dass er möglicherweise die gesamte seinerseits geschuldete Leistung erbringt, vom Käufer aber letztlich nichts erlangt und lediglich Inhaber einer ungesicherten Forderung gem. § 433 Abs. 2 ist.

Dem Verkäufer wäre es zwar möglich, sich ein Pfandrecht an der beweglichen Sache bestellen zu lassen. Dies hat aber einen entscheidenden Nachteil: Es setzt den Besitz der Sache voraus. Das aber entspricht nicht dem Interesse beider Vertragsparteien. Der Verkäufer will die Sache oft nicht mehr besitzen und nutzen. Der Käufer dagegen möchte aus ihr schon Nutzen ziehen, sie möglicherweise einsetzen oder weiter veräußern, um die Mittel zu erwirtschaften, die ihm eine Zahlung des Kaufpreises erst ermöglichen. An dem Übergang des Besitzes ist daher beiden Seiten gelegen. Das Pfandrecht an der beweglichen Sache in seiner Ausgestaltung als **Besitzpfandrecht** (s. hierzu u.

Rn. 647 ff.) ist daher kein Sicherungsmittel, das diesem Umstand gerecht wird.

Um diese Nachteile zu vermeiden, zugleich aber eine ausreichende Siche- **543** rung für den Verkäufer zu erreichen, vereinbaren die Vertragsparteien in der Regel einen **Kauf unter Eigentumsvorbehalt.** Bei ihm verschafft der Verkäufer dem Käufer zwar den Besitz, der Verkäufer behält sich aber das Eigentum an der Sache bis zur vollständigen Zahlung des Kaufpreises vor. Gem. § 449 Abs. 1 ist eine solche Vereinbarung als Eigentumsvorbehalt in dem Sinne auszulegen, dass der Verkäufer dem Käufer das Eigentum **unter der aufschiebenden Bedingung** (s. § 158 Abs. 1) vollständiger Zahlung des Kaufpreises überträgt. Erfolgt die Zahlung, so geht das Eigentum ohne weiteren Übertragungsakt auf den Käufer über. Bis zu diesem Zeitpunkt bleibt der Verkäufer Eigentümer des Kaufgegenstandes. Gleichwohl ist die Rechtsposition des Erwerbers nicht jene einer bloß schuldrechtlichen Berechtigung, wie schon ein Blick auf § 161 offenbart. Danach sind Verfügungen über den Gegenstand durch den „Noch-Eigentümer" in der Schwebezeit bis zum Bedingungseintritt (sog. **Zwischenverfügungen**) unwirksam, wenn die Bedingung eintritt und die Verfügungen den Eigentumserwerb durch den Käufer verhindern würden.

Entsprechendes gilt für Verfügungen im Wege der Zwangsvollstreckung – **544** sei es im Wege der Einzelzwangsvollstreckung oder der Gesamtvollstreckung – oder der Arrestvollziehung. Die Rechtsposition des Käufers bis zum Eintritt der Bedingung wird als **Anwartschaft**(srecht) bezeichnet. Sie ist auch deliktisch als sonstiges Recht i.S.v. § 823 Abs. 1 geschützt (s. u. Rn. 569 f.). Das Eigentum des Verkäufers sichert m.a.W. die Kaufpreisforderung des Verkäufers, ohne jedoch akzessorische Sicherheit zu sein (BGHZ 42, 53, 56).

2. Rechtsgeschäftliche Vorgänge bei Übereignung unter Eigentumsvorbehalt

Die rechtsgeschäftlichen Vorgänge lassen sich vereinfacht wie folgt darstel- **545** len:

Rechtsgeschäfte beim Eigentumsvorbehalt

1. Kaufvertrag:

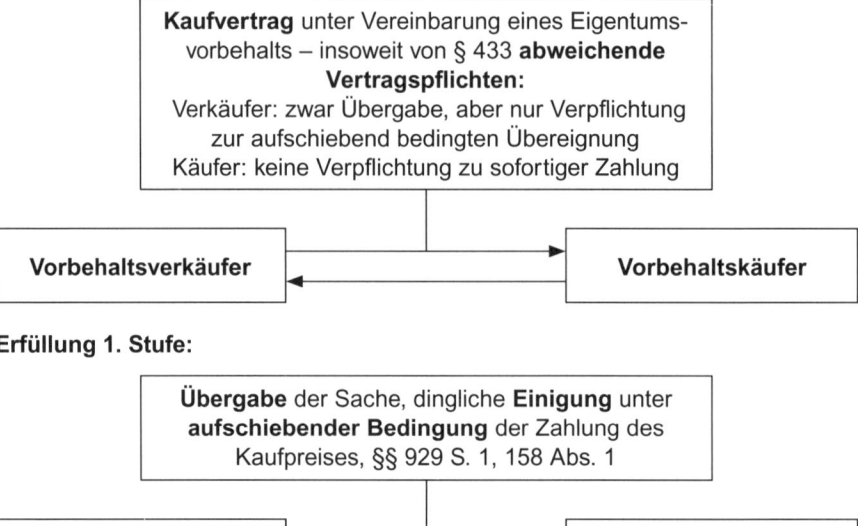

Erfüllung 1. Stufe:

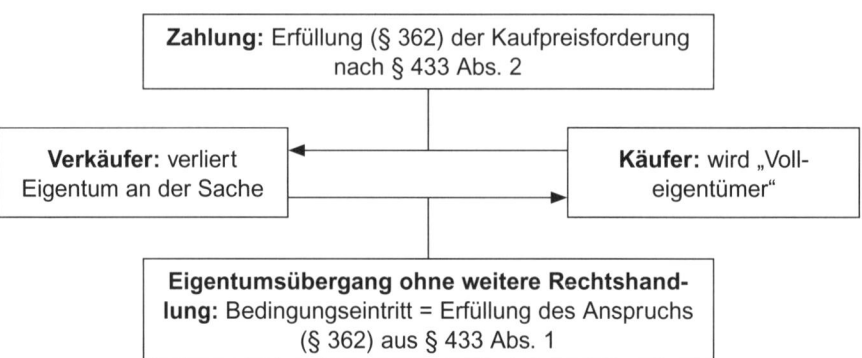

Erfüllung 2. Stufe:

3. Vergleichbare Sicherung beim Erwerb von Immobilien

546   Wie sich schon § 449 entnehmen lässt, ist ein Eigentumsvorbehalt nur
beim Kauf **beweglicher Sachen** möglich. Die Auflassung, d.h. die dingliche
Einigung beim Grundstückserwerb (§§ 873, 925), ist bedingungsfeindlich
(s. o. Rn. 393), womit dort ein derartiges Sicherungsgeschäft ausscheidet.
Gleichwohl besteht gerade dort ein erhebliches Sicherungsbedürfnis des Er-

werbers bis zur Eintragung im Grundbuch. Dem wird durch die Vormerkung Rechnung getragen (§§ 883 ff., s. o. Rn. 423 ff.). Gem. § 883 Abs. 2 sind vormerkungswidrige Verfügungen, die den Anspruch auf Eigentumserwerb vereiteln oder beeinträchtigen würden, bei erfolgter Eintragung einer Auflassungsvormerkung „insoweit unwirksam". Der Kauf unter Eigentumsvorbehalt scheidet ebenfalls bei Sachen aus, die **wesentliche Bestandteile** einer anderen Sache (§ 93) oder eines Grundstücks (§ 94) bilden.

4. Arten des Eigentumsvorbehalts

Man unterscheidet zwischen dem bislang geschilderten **einfachen Eigen-** **547** **tumsvorbehalt** und **Sonderformen** des Eigentumsvorbehalts, die sich vom einfachen Eigentumsvorbehalt jeweils durch zusätzliche Eigenheiten unterscheiden.

So kann es z. B. erforderlich sein, dass der Händler (H), der vom Produ- **548** zenten (P) Gegenstände erwirbt, diese weiter veräußern kann. Hierzu kann er sich durch den „Noch-Eigentümer" P ermächtigen lassen, der sich dann aber im Wege der Vorausabtretung den Kaufpreisanspruch von H gegen den in der Regel noch unbekannten Endabnehmer E übertragen lässt. Meist wird eine derartige Vereinbarung damit verbunden, dass H sich zugleich zur Forderungseinziehung für P von diesem ermächtigen lässt. Dadurch erspart sich P diese Tätigkeit und den Kunden des H bleibt die Kreditierung des Kaufpreises durch P verborgen. Ein solcher Eigentumsvorbehalt wird als **verlängerter Eigentumsvorbehalt** bezeichnet und stellt eine im Wirtschaftsleben sehr wichtige Form des Eigentumsvorbehaltes dar (s. hierzu Rn. 587 ff.).

Eine andere Abwandlung des Eigentumsvorbehalts ist der **erweiterte Ei-** **549** **gentumsvorbehalt** (Rn. 610 ff.). Statt den Eigentumserwerb von der vollständigen Zahlung des Kaufpreises für den Kaufgegenstand als aufschiebende Bedingung abhängig zu machen, kann als Bedingung die Erfüllung weiterer Forderungen vereinbart werden. Diese Erweiterung kann im Zusammenhang mit einem „uneigentlichen Kontokorrent" im Rahmen einer bestehenden Geschäftsverbindung (sog. **Kontokorrentvorbehalt;** s. u. Rn. 611 f.) oder auf Erfüllung von Forderungen von anderen Unternehmen erstreckt werden (sog. **Konzernvorbehalt;** s. u. Rn. 613 f.). Auf diese und andere besondere Formen des Eigentumsvorbehaltes soll im nachfolgenden Kapitel (§ 15) eingegangen werden (Rn. 586 ff.).

II. Vereinbarung des Eigentumsvorbehalts

1. Schuldrechtliche Vereinbarung und deren Erfüllung

550 Auch beim Kauf unter Eigentumsvorbehalt ist streng zwischen der schuldrechtlichen Vereinbarung des Eigentumsvorbehaltes im Kaufvertrag und dem
dinglichen Rechtsgeschäft, der aufschiebend bedingten Übereignung, zu unterscheiden (s. o. Rn. 153, 43 ff.). Der Kauf unter Eigentumsvorbehalt begründet für den Verkäufer eine Pflicht zur Übergabe und Übereignung des
Kaufgegenstandes (s. die Übersicht o. Rn. 545). Allerdings besteht die Besonderheit darin, dass die Leistungshandlung des Verkäufers sofort oder zu einem
vereinbarten Zeitpunkt geschuldet wird, während der Leistungserfolg erst mit
Zahlung des Kaufpreises eintritt (vgl. MünchKomm-BGB/*H.P. Westermann*,
§ 449 Rn. 27, der von Schwebezustand spricht). Mit der (aufschiebend bedingten) dinglichen Einigung über den Eigentumsübergang und der Übergabe der Kaufsache hat der Verkäufer also noch nicht erfüllt, da er die Eigentumsverschaffung schuldet. Der Kaufvertrag sieht eine solche Form der
Erfüllung aber vor (s. o. die Übersicht Rn. 545: „Erfüllung 1. Stufe"). Die Erfüllung findet erst mit Eintritt der Bedingung ohne weitere Verfügungshand-
lungen der Parteien statt (s. o. die Übersicht Rn. 545: „Erfüllung 2. Stufe").

2. Form der Vereinbarung des Eigentumsvorbehalts

a) Grundsätzliche Formfreiheit

551 Die Vereinbarung des Eigentumsvorbehaltes bedarf grundsätzlich keiner
besonderen Form. Sie kann individualvertraglich oder im Rahmen von Allgemeinen Geschäftsbedingungen, ausdrücklich oder konkludent erfolgen.
Zwar ist der Eigentumsvorbehalt sehr verbreitet, doch kann gleichwohl nicht
von einer allgemeinen Verkehrssitte ausgegangen werden, nach der bei fehlender gleichzeitiger Zahlung durch den Käufer stets Eigentumsvorbehalt
vereinbart wird. Allerdings kann für bestimmte Branchen ein entsprechender
Handelsbrauch angenommen werden (*BGH* NJW 2006, 3488, 3489). Unter
Kaufleuten kann der Eigentumsvorbehalt sogar stillschweigend vereinbart
werden. Gem. § 502 Abs. 3 S. 1 bedarf allerdings eine **Teilzahlungsvereinbarung** (in der oft auch ein Eigentumsvorbehalt geregelt wird (s. § 502
Abs. 1 S. 1 Nr. 6) zwischen einem Unternehmer (§ 14) und einem Verbraucher (§ 13) der Schriftform. Wird diese nicht beachtet, so ist jedoch nicht der
gesamte Vertrag formnichtig (vgl. den fehlenden Bezug in § 502 Abs. 3 S. 1
auf Abs. 1 S. 1 Nr. 6). Der Unternehmer kann sich vielmehr auf den Eigentumsvorbehalt nicht berufen. Er gilt insofern nicht.

Merksatz: Die Vereinbarung eines Eigentumsvorbehaltes ist grundsätzlich formfrei möglich. Ausnahme: wenn er im Rahmen einer Teilzahlungsvereinbarung zwischen Unternehmer und Verbraucher vereinbart ist; dafür ist Schriftform gem. §§ 502 Abs. 3 S. 1, 492 Abs. 1 S. 1 bis 4 erforderlich.

b) Nachträglicher Eigentumsvorbehalt

Ein Eigentumsvorbehalt wird üblicherweise vorab, also mit Abschluss des **552** Kaufvertrages und vor Übereignung vereinbart, ohne dass dies so sein müsste. Die Vertragsparteien können eine solche Vereinbarung auch nachträglich, d.h. also entweder zwischen Kaufvertragsabschluss und Übereignung (aa), Rn. 553 ff.) oder gar nach der Übereignung vereinbaren (bb), Rn. 558).

aa) Im erstgenannten Fall wird vielfach die Schwierigkeit darin bestehen, **553** eine solche Änderung des Vertrages festzustellen.

Ein **Beispiel** möge diese Schwierigkeiten verdeutlichen: K und V schließen einen Kaufvertrag über eine Industriewaschmaschine. Versehentlich verwendet der S, Mitarbeiter des V, bei Abschluss des Kaufvertrages ein Vertragsformular, das bei Kunden mit langjähriger Geschäftsbeziehung zu V verwandt wird und eine Eigentumsvorbehaltsklausel nicht enthält. Dies wird von S noch rechtzeitig vor Auslieferung der Maschine entdeckt, der daraufhin in die Lieferpapiere die Klausel aufnimmt, dass die Maschine auch nach Auslieferung bis zur vollständigen Bezahlung im Eigentum des V bleibe. Der Gehilfe G, der bei K die Maschine entgegennimmt, unterschreibt den Lieferschein. Als K nicht pünktlich zahlt, verlangt V unter Berufung auf den Eigentumsvorbehalt die Maschine heraus. K bestreitet das Eigentum des V, da der Kaufvertrag einen Eigentumsvorbehalt nicht vorsehe.

Es stellt sich die Frage, ob die Parteien überhaupt wirksam nachträglich **554** den Eigentumsvorbehalt vereinbart haben. Hierfür scheint zu sprechen, dass im Rahmen der Einigung nach § 929 S. 1 seitens des V (vermittelt durch S als Stellvertreter) nur ein aufschiebend bedingtes Angebot gemacht wurde. Allerdings ist zweifelhaft, ob dem K ein solches Angebot i.S.v. § 130 zugeht. Das ist erforderlich, damit das Angebot wirksam ist. Es sind zwei Besonderheiten zu beachten: Zum einen befindet sich die nachträgliche kaufvertragswidrige oder -ändernde Eigentumsvorbehaltsklausel auf dem Lieferschein. Hier nimmt die h.M. an, dass der Erwerber mit einer solchen Klausel (wegen ihrer Vertragswidrigkeit) zwar grds. nicht zu rechnen braucht, im Einzelfall aber die Voraussetzungen eines Zugangs (zumutbare Kenntnisnahmemöglichkeit) vorliegen können (BGHZ 64, 395, 397 f., einen strengen Maßstab und deutliche Erklärungen fordernd). Das Angebot zur aufschiebend bedingten Übereignung ist dabei in der Regel zusätzlich als Angebot zur nachträglichen Vertragsänderung auszulegen. Ist das einmal nicht möglich, so folgt daraus aber, dass der ursprüngliche Kaufvertrag nicht wirksam geändert wurde. Man wird weiterhin im vorliegenden Fall schon unter diesem Aspekt eine nur bedingt getroffene Einigung ablehnen müssen und je nach den insoweit nicht mitgeteilten Umständen, das Angebot zur unbedingten Einigung in anderen Erklärungen oder Handlungen als konkludente Erklärungen sehen können (zum Problem der Auslegung der dinglichen Erklärung anhand der schuldrechtlichen Vereinbarungen: *OLG Stuttgart* ZIP 1981, 176, 178; *Bonin*, JuS 2002, 438, 441). Im Falle von Vorbehaltsklauseln in allgemeinen Verkaufsbedingungen geht die h.M. von einer zumutbaren Kenntnisnahmemöglichkeit und damit einem Zugang aus. Das gilt sogar, wenn der Käufer in seinen Kaufbedingungen den Eigentumsvorbehalt des Verkäufers ausschließt (sog. **Abwehrklausel,** *BGH* NJW 1982, 1749, 1750).

555   Das zweite Problem liegt in dem Umstand begründet, dass die Erklärung im obigen Beispiel (Rn. 553) gegenüber dem Gehilfen G und nicht K abgegeben wird. Dem K ist die Willenserklärung zugegangen, wenn G – sei es als Empfangsbote oder als Stellvertreter – zur Entgegennahme derartiger Erklärungen befugt war. Hierbei spielen wiederum die Umstände des Einzelfalles oder etwaige Handelsbräuche und Verkehrssitten eine Rolle.

556   Erfüllt G die Voraussetzungen eines Stellvertreters des K und nimmt man wegen des Kaufvertrages an, dass er die Annahme eines unbedingten Übereignungsangebots konkludent erklärt (ohne sich den Lieferschein des V anzuschauen), so fehlt es bei einer in den Allgemeinen Lieferbedingungen des V aufgenommenen Vorbehaltsklausel, die nach den Grundsätzen der Rechtsprechung zugegangen ist, an einer dinglichen Einigung. Die Übereignung scheiterte auf Grund Dissenses (§ 154 Abs. 1 S. 1). Allerdings wäre K ohne jegliche Rechtsposition noch weniger gedient. Man wird daher davon ausgehen müssen, dass K zumindest aufschiebend bedingter Eigentümer werden will und G auch eine entsprechende Erklärung abgibt, so dass K jedenfalls das Anwartschaftsrecht erlangt (sog. **Prinzip der Kongruenzgeltung**). Es versteht sich, dass V mit dieser nur aufschiebend bedingten Übereignung der Industriewaschmaschine nicht seine Pflichten aus dem unverändert gebliebenen Kaufvertrag erfüllt hat, da dieser eine Verpflichtung des V zu nur aufschiebend bedingter Übereignung nicht vorsah (und der Vertrag eben auch nicht abgeändert wurde) und K den V – auch klageweise – auf unbedingte Übereignung in Anspruch nehmen kann.

557   Die lange Zeit herrschende Ansicht, wonach der Verkäufer das schuldrechtliche Angebot des Käufers verändere und damit dem Käufer ein neues Angebot mache, das dieser mit der Annahme der Leistung konkludent annehme, wird demgegenüber überwiegend nicht mehr vertreten. Diese Lösung führt zu der nicht sachgerechten Folge, dass es darauf ankommt, welche von beiden Vertragsparteien das letzte Wort hatte. Man bezeichnete sie daher mitunter auch als **„Theorie des letzten Wortes"** (hierzu *Leible/Sosnitza*, JuS 2001, 244, 246; *Bonin*, JuS 2002, 438, 439).

Probleme nachträglicher Eigentumsvorbehaltsvereinbarung

- Vertragsänderungsangebot meist im Angebot zur (nur) bedingten Übereignung
- Zugang dieses Angebots (bei Hilfspersonen sorgfältig Einzelfall prüfen) fehlt oft
- dennoch i.d.R. dingliche Einigung zumindest über aufschiebend bedingte Übereignung (Auslegung)
- dadurch aber keine Vertragserfüllung, soweit Vertrag unverändert bleibt

bb) Ein anderes Problem stellt sich, wenn die Parteien zunächst den Kauf- **588** gegenstand wirksam übereignen, später aber dann doch einen Eigentumsvorbehalt vereinbaren wollen. Hier kommen zwei Wege in Betracht. Zum einen kann der Erwerber durch Einigung und Vereinbarung eines Besitzmittlungsverhältnisses das Eigentum an den Veräußerer zurückübertragen (§§ 929 S. 1, 930), der seinerseits dem Erwerber das Eigentum durch bloße Einigung aufschiebend bedingt wieder überträgt (§§ 929 S. 2, § 158 Abs. 1; s. *BGH* NJW 1953, 217). Teilweise wird auch für möglich erachtet, dass der Erwerber an den Veräußerer nur das Eigentumsrecht ohne das Anwartschaftsrecht überträgt (so *L. Raiser* in Anmerkung zu BGH a.a.O.; *Serick*, Eigentumsvorbehalt und Sicherungsübertragung Bd. I, 1963, S. 93 f.). Wiederum andere sehen hierin eine als Sicherungsübereignung auszulegende Rückübereignung (vgl. hierzu *Lambsdorff*, Hdb. des ETVB im deutschen und ausländischen Recht, 1974, Rn. 76 ff.). Dies freilich wird angesichts der schwächeren Stellung des Verkäufers als Sicherungsnehmer in der Insolvenz des Sicherungsgebers kaum in dessen Interesse liegen. Als Sicherungsnehmer steht dem Verkäufer nur ein Recht auf abgesonderte Befriedigung zu (§ 51 Nr. 1 InsO; s. u. Rn. 638), während der Verkäufer als Nocheigentümer mit der Nichterfüllung des Kaufvertrages durch die Käuferseite den Gegenstand vom Erwerber im Wege der Aussonderung (§ 47 InsO) herausverlangen kann (s. u. Rn. 585).

III. Besonderheiten des schuldrechtlichen Vertrags

1. Vereinbarung des Eigentumsvorbehalts im Rahmen von Allgemeinen Geschäftsbedingungen

Grundsätzlich kann der **Eigentumsvorbehalt** – wie bereits gesehen – in **559** Allgemeinen Geschäftsbedingungen vereinbart werden (s. o. Rn. 551). Das entspricht sogar dem Regelfall. Gegen die Wirksamkeit solcher Klauseln sprechen keine grundsätzlichen Bedenken. Vielmehr stellt eine solche Klausel gerade die Gleichzeitigkeit des Leistungsaustauschs sicher. Ein Verstoß gegen die Generalklausel des § 307 Abs. 1 liegt hierin daher nicht (schon aufgrund § 307 Abs. 3). Auf das Problem kollidierender allgemeiner Geschäftsbedingungen wurde bereits hingewiesen (s. o. zum **Prinzip der Kongruenzgeltung** Rn. 556).

560   Problematisch ist dagegen die Vereinbarung von **Abwehrklauseln** im Wege Allgemeiner Geschäftsbedingungen, da derartige Klauseln gerade die gesetzlich vorgesehene Gleichzeitigkeit des Leistungsaustauschs verhindern sollen. Man wird in einer derartigen Klausel daher eine **unangemessene Benachteiligung** sehen müssen, wenn nicht besondere Umstände und schützenswerte Interessen des Käufers – wie etwa ein besonderes Bedürfnis des Käufers vor einem zu hohen Aufwand in der Separierung und Verwaltung der einzelnen Eigentumsrechte von zahlreichen Lieferanten – eine solche Klausel rechtfertigen und ein geringes Schutzbedürfnis des Verkäufers dem gegenübersteht (BGHZ 78, 305).

2. Rücktrittsrecht – Herausgabeverlangen des Verkäufers

561   Wie bereits dargelegt, ist der Verkäufer nur bei vollständiger Zahlung durch den Käufer zur Übereignung verpflichtet (§ 449 Abs. 1). Bleiben die Zahlungen des Käufers aus, so kann der Verkäufer nach allgemeinen Bestimmungen – d. h. grundsätzlich (für die Ausnahmen s. § 323 Abs. 2) unter Setzung einer Nachfrist – vom Vertrag zurücktreten. Der Rücktritt **beendet das Recht zum Besitz** (§ 986, s. u. Rn. 564), das der Käufer bis zu diesem Zeitpunkt auch gegenüber dem Verkäufer hat. Das ermöglicht dem Verkäufer, die Sache vom Käufer herauszuverlangen (§ 449 Abs. 2). Die Möglichkeit zum Rücktritt bleibt **bei Verjährung** des Kaufpreisanspruchs bestehen (§§ 216 Abs. 2 S. 2, 218 Abs. 1 S. 3), um dem Verkäufer als Sicherungsnehmer auf diese Weise zu ermöglichen, seine Sicherheit zu verwerten. Ob für den Rücktritt der Verzug (§ 286) erforderlich ist, beantwortet sich unterschiedlich: Grundsätzlich ist Verzug nicht Voraussetzung für den Rücktritt nach § 323. Anders ist es aber bei einem Teilzahlungsverkauf an einen Verbraucher. Gem. § 503 Abs. 2 S. 1 ist hier ein Verzug in der besonderen Form des § 498 Abs. 1 für den Rücktritt erforderlich. Eine weitere Ausnahme ergibt sich beim **Verbrauchsgüterkauf.** Hier gilt es als Ausübung des Rücktrittrechts, wenn der Verkäufer die Kaufsache wieder an sich nimmt (§ 503 Abs. 2 S. 4).

IV. Anwartschaft des Käufers

562   Die Anwartschaft (oder das Anwartschaftsrecht) ist die Rechtsposition in Bezug auf den Erwerbsgegenstand, die der Erwerber bis zum Eintritt der Bedingung innehat. Sie entsteht m. a. W. durch die wirksame dingliche Einigung, die unter der aufschiebenden Bedingung der vollständigen Zahlung des Kaufpreises steht (§§ 929, 158 Abs. 1). Vielfach wird sie als **gegenüber dem Eigentum wesengleiches Minus** (BGHZ 28, 16, 21) bezeichnet. Dies er-

leichtert zwar die Vorstellung und das Auffinden von Lösungen, kann sie aber **nicht rechtfertigen.** Um dieses Missverständnis zu vermeiden wird hier auch nur von Anwartschaft gesprochen, selbst wenn diese in vielerlei Hinsicht wie ein dingliches Recht behandelt wird. Dazu bedarf es vielmehr einer Betrachtung der konkreten Interessenlage. Die meisten Streitfragen zur Anwartschaft können allerdings mittlerweile als von Rechtsprechung und Lehre gelöst oder gesetzlich geregelt angesehen werden.

1. Inhalt und Wirkungen der Anwartschaft

a) Abhängigkeit vom Schuldverhältnis

Die wirtschaftliche Position des Erwerbers unter Eigentumsvorbehalt ist **563** unterschiedlich stark ausgeprägt, je nachdem, wie viel des Kaufpreises bereits geleistet wurde. Rechtlich bleibt die Position bis zur vollständigen Zahlung des Kaufpreises dagegen unverändert. Selbst wenn nur noch ein geringer Betrag des Kaufpreises aussteht, bleibt es bei der Anwartschaft, deren Inhaber der Erwerber ist. Charakeristisch für die Anwartschaft ist deren Abhängigkeit vom Kaufvertrag. Hierin liegt ihre Schwäche. Die Anwartschaft entspricht gerade nicht den Grundsätzen des Trennungs- und Abstraktionsgrundsatzes (hierzu o. Rn. 43 ff.). Sie hängt vielmehr in ihrem Bestand völlig von der Existenz des Kaufvertrages ab. Wird er angefochten oder aus anderen Gründen nichtig, so erlischt die Anwartschaft.

> **Merksatz:** (1) Die Anwartschaft des Vorbehaltskäufers hängt vom schuldrechtlichen Vertrag ab; (2) darin liegt ein wichtiger Unterschied zu dinglichen Rechten, die dem Trennungs- und Abstraktionsgrundsatz (o. Rn. 43) unterliegen.

b) Recht zum Besitz

Jedenfalls aufgrund des Kaufvertrages hat der Erwerber ein Recht zum Be- **564** sitz i.S. von § 986 Abs. 1 (s. o. Rn. 280; so auch BGHZ 10, 69, 72). Dieses wirkt auch gegenüber Dritten, die von dem Verkäufer das Eigentum an der Sache durch Zwischenverfügung gem. §§ 929 S. 1, 931 erworben haben (§ 986 Abs. 2). Im Übrigen wird von der h.M. überwiegend ein Besitzrecht des Anwartschaftsinhabers abgelehnt (MünchKomm-BGB/*Medicus*, § 986 Rn. 9 m.w.N.; weitergehend: *OLG Karlsruhe* JZ 1966, 273). Aus der Anwartschaft als solcher leiten sich keine Rechte ab (s. schon o. Rn. 562). Vielmehr bleibt der Veräußerer Inhaber des Eigentums und hat gegenüber Dritten und möglicherweise sogar gegenüber dem Erwerber, der vom Nichtberechtigten erworben hat, die Befugnisse des Eigentümers. Der Erwerber kann die Ausübung des Rechts zum Besitz durch den Eigentümer durch Zahlung des Restkaufpreises verhindern. Dort, wo der Restbetrag gering ist, kann eine Anwendung des Grundsatzes „dolo petit, qui petit …" des § 242 unbillige Ergebnisse verhindern.

c) Schutz vor Zwischenverfügungen des Veräußerers

565 aa) Die Anwartschaft bezeichnet vor allem aber die Rechtsposition, die § 161 Abs. 1 S. 1 zugunsten des Erwerbers schafft. Jede Zwischenverfügung, die den Rechtserwerb vereiteln oder behindern würde, ist danach zwar zunächst wirksam. Mit Bedingungseintritt wird sie allerdings unwirksam. Hiervon macht das Gesetz zugunsten desjenigen, der von dem Bestehen der Anwartschaft nichts weiß, eine wichtige Ausnahme. Dessen guter Glaube wird nach dem Gesetz höher bewertet und ein **gutgläubiger Zwischenerwerb** zugelassen (§ 161 Abs. 3).

Erwirbt im obigen Beispiel (Rn. 553) K den Kaufgegenstand unter Eigentumsvorbehalt und vereinbart er mit V, dass das Eigentum erst mit vollständiger Zahlung des Kaufpreises zu einem bestimmten Termin auf ihn übergehen soll, so kann V die Waschmaschine in der Zwischenzeit an einen Dritten D veräußern und diesem gem. §§ 929 S. 1, 931 Eigentum an der Sache verschaffen. Bei gutem Glauben des Dritten kann dieser zwar grundsätzlich gutgläubig erwerben (§§ 161 Abs. 3, 929 S. 1, 931, 934 Fall 1). Die Anwartschaft als Recht eines Dritten i.S.v. § 936 Abs. 3 am erworbenen Gegenstand erlischt aber im Falle der Veräußerung nach § 931 nicht (§ 936 Abs. 3). Sobald K den vollen Kaufpreis gezahlt hat, wird seine Anwartschaft zum Eigentumsrecht und D verliert sein Eigentum wieder.

566 bb) Angesichts des § 936 Abs. 3 und des regelmäßigen Besitzes des Eigentumsvorbehaltskäufers am Kaufgegenstand, der eine Zwischenveräußerung im Wege der §§ 929 S. 1, 931 erfordert, ist das für den Erwerber bestehende Risiko nicht so groß, wie es zunächst den Anschein hat. Im Übrigen ist wegen der Verbreitung des Eigentumsvorbehalts die Gutgläubigkeit etwa bei einem Erwerb vom Händler vielfach nicht gegeben (vgl. MünchKomm-BGB/*Quack*, § 932 Rn. 35; wobei sich der gute Glauben auf die Nichtbelastung mit dem ETVB beziehen müsste, *Zeranski*, AcP 203 (2003), 693, 697 ff.).

567 cc) Bei wirksamer Verfügung bleiben dem geschädigten Anwartschaftsrechtsinhaber Ansprüche gegen den Zwischenverfügenden auf den Erlös (§ 816 Abs. 1) und auf Schadensersatz (§ 160 i.V.m. §§ 280 ff. sowie § 823 Abs. 1).

568 dd) Den Zwischenverfügungen gleichgestellt sind Maßnahmen der Zwangsvollstreckung, seien es solche der Einzelzwangsvollstreckung oder der Gesamtvollstreckung (§ 161 Abs. 1 S. 2).

d) Deliktischer Schutz der Anwartschaft

569 Die Anwartschaft ist ein sonstiges Recht i.S. von § 823 Abs. 1. Daher kann bei einer Beschädigung der unter Eigentumsvorbehalt übereigneten Sache auch der Erwerber Schadensersatz geltend machen. Zweifelhaft ist allerdings, ob er den gesamten Schaden an dem Gegenstand ersetzt verlangen kann. Er ist schließlich noch nicht Eigentümer.

Die hierzu vorgeschlagenen Lösungen sind sehr unterschiedlich. Sie rei- **570** chen von einer Teilgläubigerschaft über eine Gesamtgläubigerschaft bis hin zur Anwartschaft an der Forderung i. S. einer Surrogation (s. zum Meinungsstand *Bülow*, Rn. 811 ff.). Am unkompliziertesten erscheint die Gesamtgläubigerschaft nach § 432 von Vorbehaltsverkäufer und Anwartschaftsberechtigten, da sie ohne weiteres die Berücksichtigung zwischenzeitlicher Veränderungen durch weitere Zahlungen seitens des Erwerbers im Innenverhältnis ermöglicht und gegenüber der letztgenannten Auffassung keine Analogie zu § 1281 erfordert, um wenigstens eine gemeinsame Geltendmachung von Anwartschaftsberechtigten und „Noch-Eigentümer" zu ermöglichen.

e) Sonstiger Schutz der Anwartschaft

Die Anwartschaft gibt nach h. A. (*Brox*, JuS 1984, 657, 660; mit selbem Er- **571** gebnis *Bülow*, Rn. 806, jedoch über § 1007) gegenüber Dritten Herausgabeansprüche und die Ansprüche aus dem Eigentümer-Besitzer-Verhältnis. Darüber hinaus hat der Anwartschaftsinhaber einen Anspruch aus § 1004 auf Störungsbeseitigung.

Schutz der Anwartschaft des Eigentumsvorbehaltskäufers

1. aus Kaufvertrag Recht zum Besitz auch ggü. Dritten (str., ob aus Anwartschaft selbst – was die h.M. ablehnt)
2. Schutz vor Zwischenverfügungen des Veräußerers (§ 161 Abs. 1); Einschränkung gem. § 161 Abs. 3 (Anwendung der Gutglaubensvorschriften), aber: Anwartschaft ist als Recht eines Dritten anzusehen und erlischt bei Übereignungen nach §§ 929 S. 1, 931 auch nicht bei Gutgläubigkeit des Zwischenerwerbers (§ 936 Abs. 3)
3. deliktischer Schutz (Umfang der Schadensgeltendmachung str.)
4. Schutz entsprechend dinglicher Rechte (Herausgabe- und EBV-Ansprüche, § 1004)

2. Anwartschaft als Gegenstand von Verfügungen und Zugriffsobjekt in der Zwangsvollstreckung

Während bislang der Erwerb der Anwartschaft vom berechtigt verfügen- **572** den Eigentümer erörtert wurde, soll im Weiteren zum einen auf die Möglichkeit eines gutgläubigen Ersterwerbs vom Nichteigentümer (sog. **gutgläubiger Ersterwerb**) und zum anderen darauf eingegangen werden, wie die Anwartschaft als solche Gegenstand von Verfügungen (**Zweiterwerb** vom Berechtigten und Nichtberechtigten) und der Zwangsvollstreckung sein kann.

a) Gutgläubiger Ersterwerb

573   Beim gutgläubigen Ersterwerb erwirbt der Käufer die Anwartschaft vom Nichtberechtigten, der also weder Eigentümer noch durch Gesetz oder Verfügung ermächtigt ist. Auch ein solcher Erwerb ist nach h.M. möglich. Diese wendet hierauf die Regeln über den gutgläubigen Eigentumserwerb der §§ 932 ff. an. Da gutgläubig schon die Anwartschaft erworben wird, kommt es für die Gutgläubigkeit auf den **Zeitpunkt des Erwerbs der Anwartschaft** an. Eine spätere Bösgläubigkeit schadet demgegenüber nicht mehr und verhindert den Erwerb des Eigentums nicht. Der Veräußerer steht somit auch bei Übereignung unter Eigentumsvorbehalt nicht besser, als wenn er die Kaufsache unbedingt übereignete.

b) Verfügung über die Anwartschaft

574   Die **Anwartschaft** als solche kann Gegenstand rechtsgeschäftlicher Verfügungen sein. Der Erwerber einer Anwartschaft erlangt die Rechtsposition des Veräußerers mit der Folge, dass seine Anwartschaft mit Zahlung der letzten Kaufpreisrate durch den Veräußerer der Anwartschaft oder durch ihn (§ 267 Abs. 1) zum Vollrecht (Eigentum) erstarkt. Diese geht unmittelbar vom Eigentümer auf ihn über. Die Übertragung der Anwartschaft erfolgt dabei wegen der Ähnlichkeit mit dem Vollrecht nicht nach den §§ 413, 398, sondern nach den Regeln des Vollrechts, also den §§ 929 ff.

575   Den Beteiligten eines solchen Rechtsgeschäfts stehen damit sämtliche Übertragungstatbestände wie beim Erwerb von Mobilien offen (s.o. Rn. 163 ff.). Eine solche Übertragung kann je nach Umständen auch angenommen werden, wenn der „Noch-nicht-Eigentümer" sich als nichtberechtigter Eigentümer geriert und den Gegenstand an einen Dritten veräußert. Fehlt es an den Voraussetzungen für einen gutgläubigen Erwerb, so kann das Rechtsgeschäft entweder im Wege der Auslegung (§§ 133, 157) oder der Umdeutung (§ 140) als Verfügung eines Berechtigten über seine Anwartschaft gedeutet werden (näher Fall 12 u. Rn. 730).

c) Gutgläubiger Zweiterwerb

576   Denkbar ist auch, dass eine Anwartschaft von einem Nichtberechtigten veräußert wird. Dabei ist der Fall der Veräußerung einer dem Verfügenden nicht zustehenden, aber bestehenden **Anwartschaft** von jenem zu unterscheiden, in dem eine **angebliche Anwartschaft** veräußert wird, die tatsächlich nicht existiert.

       aa) Für den letztgenannten Fall wird ein gutgläubiger Erwerb abgelehnt (MünchKomm-BGB/ *H. P. Westermann*, § 449 Rn. 64). Eine solche Anwartschaft könne nie zu einem Vollrecht erstarken, da es an einer aufschiebenden Bedingung fehlt und damit auch eine solche nicht eintreten kann. Gerade hierin zeigt sich eine spezifische Schwäche der Anwartschaft. Ist etwa der

Kaufvertrag wirksam angefochten, so fehlt es an einer Bedingung und die Anwartschaft besteht nicht (s. schon o. Rn. 563). Der Erwerber der angeblichen Anwartschaft erhält nichts, selbst wenn er gutgläubig hinsichtlich des tatsächlich nicht (mehr) bestehenden Kaufvertrages war.

bb) Anders verhält es sich im erstgenannten Fall, in dem der Veräußerer **577** der Anwartschaft Nichtberechtigter ist. Hier wird von der h.M. die Möglichkeit des gutgläubigen Erwerbs gem. den §§ 932 ff. unter Hinweis auf die Möglichkeit eines gutgläubigen Erwerbs des Vollrechts befürwortet (Palandt/ *Bassenge*, § 929 Rn. 38; MünchKomm-BGB/*H.P. Westermann*, § 449 Rn. 63). Dem stehe auch nicht entgegen, dass der Besitzer selber einräume, nicht Eigentümer zu sein, und damit dessen Vermutungswirkung beseitige. Der Besitz sei eben auch ausreichende Vermutungsgrundlage für die Inhaberschaft der Anwartschaft (*Brox*, JuS 1984, 657, 662).

d) Anwartschaft als Gegenstand eines Pfandrechts

aa) Die Anwartschaft kann Gegenstand eines vertraglichen oder eines ge- **578** setzlichen Pfandrechts sein. Ein vertragliches Pfandrecht wird wie bei einer beweglichen Sache bestellt. Als gesetzliches Pfandrecht spielt es insbesondere im Bereich des Vermieterpfandrechts und der hypothekarischen Haftung eine Rolle (s. hierzu Rn. 730).

bb) Als Vermögensgut steht die Anwartschaft dem Zugriff im Wege der **579** Einzelzwangsvollstreckung offen. Der Wert des Gutes richtet sich zum einen nach dem Wert des Kaufgegenstandes, zum anderen nach dem Umfang, in dem der Kaufpreis schon geleistet wurde. Je mehr dies der Fall ist, desto näher ist der Bedingungseintritt und damit der Erwerb des Eigentums gerückt. Zugleich steigt der Wert der Anwartschaft. Im Kern wird es dem Vollstreckenden vielfach um den Zugriff auf die Sache gehen.

Sehr umstritten ist, wie die Pfändung einer Anwartschaft vorzunehmen ist. **580** Die h.M. (*BGH* NJW 1954, 1325; *Rosenberg/Gaul/Schilken*, § 58 III 4; MünchKomm-ZPO/*Smid*, § 857 Rn. 22) verlangt eine sog. **Doppelpfändung,** nämlich sowohl die Sachpfändung gem. §§ 808 ff. ZPO als auch die Rechtspfändung gem. §§ 857 Abs. 1, 828 ZPO. Während die Notwendigkeit einer Rechtspfändung offensichtlich nicht der Idee des wesensgleichen Minus folgt, sondern in der Anwartschaft ein Recht sieht und daher konsequent die hierfür geltenden Regeln anwendet, ergibt sich die Notwendigkeit der Sachpfändung aus folgender Überlegung: Zwar ist unstreitig, dass das Pfandrecht mit Erstarkung der Anwartschaft zum Vollrecht – etwa durch Zahlung der offenstehenden Restsumme seitens des Pfandrechtsgläubigers – sich an der Sache fortsetzt. Mit der Sachpfändung soll aber die Pfändung den Publizitätserfordernissen genügen. Die Rechtspfändung führt zu einer (relativen) Verfügungsbeschränkung des Anwartschaftsinhabers und bestimmt den Rang des Pfandrechts an der Sache. Sie schließt einen Widerspruch gegen die Zahlung des Restpreises durch den Anwartschaftsrechtsinhaber (§ 267 Abs. 2) aus. Der hierfür erforderliche Betrag kann als Kosten der Zwangsvollstreckung geltend gemacht werden. Für den Gläubiger ist ein solches aufwendiges Verfahren allerdings nur sinnvoll, wenn die Verwertung der Sache einen entsprechenden Überschuss erwarten lässt.

V. Eigentumsvorbehalt in der Einzelzwangs- vollstreckung und in der Insolvenz

581 Der Wert und die Bedeutung des Vorbehaltseigentums als Sicherheit aber auch der Anwartschaft sind nur einschätzbar, wenn man sich deren Wirkung und Bestand in der Krise und dem Sicherungsfall klarmacht. Auf diese Fragen soll daher abschließend eingegangen werden.

1. Vollstreckung in den Gegenstand durch Gläubiger des Veräußerers

582 Bei Vollstreckung in den Gegenstand der Anwartschaft durch Gläubiger des Veräußerers wird der Gerichtsvollzieher bereits auf die Schwierigkeit stoßen, dass in aller Regel der Käufer sich im Besitz der Sache befindet und er schon auf diese Weise die Pfändung verhindern kann (§ 809 ZPO). In dem Ausnahmefall, dass die Sache nicht bei dem Erwerber ist, kann der Anwartschaftsrechtsinhaber der Pfändung mittels der Klage nach § 771 ZPO widersprechen (h. M., BGHZ 55, 20, 27; *B/L/A/H*, § 771 Rn. 17). Auf diese Weise setzt sich der Schutz durch § 161 Abs. 1 S. 2 in der Zwangsvollstreckung fort.

2. Vollstreckung in den Gegenstand durch Gläubiger des Erwerbers

583 Wie bereits unter Rn. 579 dargelegt, steht die Anwartschaft den Gläubigern des Inhabers der Anwartschaft als Vollstreckungsobjekt offen. Auf das Eigentum an dem Kaufgegenstand selber, das noch der Veräußerer hat, können die Gläubiger nicht zugreifen. Die im Rahmen der Doppelpfändung vorgenommene Sachpfändung hat nur die Wirkung, dass der Gegenstand verstrickt ist. Sie soll eine Surrogation ermöglichen, wenn die Anwartschaft nach vollständiger Zahlung (ggf. auch durch die Gläubiger des Erwerbers) zum Vollrecht erstarkt (s. o. Rn. 580). Ein Pfändungspfandrecht entsteht dagegen mangels Eigentums nach der herrschenden gemischt öffentlich-privatrechtlichen Pfandrechtstheorie (*Rosenberg/Gaul/Schilken*, § 50 III 3a) nicht. Angesichts dessen fehlt es an einer Vollstreckung in das Eigentum des Veräußerers, und eine Drittwiderspruchsklage (§ 771 ZPO) scheidet grundsätzlich aus. Sie kommt nur dann in Betracht, wenn Gläubiger in Form der Sachpfändung des dem Erwerber noch nicht zustehenden Eigentums auf die Sache im Vollstreckungswege zugreifen. Damit der Unterschied zwischen reiner Sachpfändung zur Sachpfändung im Rahmen der Doppelpfändung erkennbar wird, ist die jeweilige Form vom Gerichtsvollzieher in das Pfändungsprotokoll aufzunehmen.

3. Insolvenz des Vorbehaltsverkäufers

Das Vorbehaltsgut wie auch der Kaufpreisanspruch gehören unverändert **584** zum Vermögen des Veräußerers und sind daher von der Beschlagwirkung der Insolvenzeröffnung erfasst und Bestandteil der Insolvenzmasse (§ 35 InsO). Als solcher unterliegt das Vorbehaltseigentum zwar der Verwaltungs- und Verfügungsmacht des Verwalters (§ 80 InsO). Dies gilt aber nur in den Grenzen, in denen auch der Verkäufer diese Befugnisse hatte. Unverändert hat daher der Erwerber ein Recht zum Besitz, solange der Kaufvertrag besteht und ein Rücktritt seitens des Verkäufers nicht wirksam erklärt wurde (s. o. Rn. 561, 564). Zwar hat in der Insolvenz der Verwalter bei beiderseits noch nicht voll erfüllten Verträgen das Recht, zwischen der Erfüllung des Vertrages und seiner Nichterfüllung zu wählen (§ 103 InsO). Bei Verträgen, die einen Eigentumsvorbehalt vorsehen, steht dem Verwalter ein solches Recht aber nicht zu (§ 107 Abs. 1 InsO), obgleich auch dieser Vertrag beiderseits noch unerfüllt ist, solange der Käufer kein Eigentum erworben hat. Der Erwerber hat also mit der Anwartschaft eine insolvenzfeste Position. Tritt der Verwalter für den Verkäufer allerdings wirksam zurück, so endet die Anwartschaft und damit das Besitzrecht und das Eigentum ist uneingeschränkt Bestandteil der Masse.

4. Insolvenz des Käufers

In der Insolvenz des Käufers fallen die Anwartschaft wie auch der Erfül- **585** lungsanspruch aus dem Kaufvertrag in das Vermögen des Käufers und damit in die Masse (§ 35 InsO). Der Verwalter, der die Verwaltungs- und Verfügungsbefugnis über das Vermögen des Schuldners besitzt (§ 80 InsO), kann seinerseits gem. § 103 InsO zwischen der Erfüllung und der Nichterfüllung wählen. Im erstgenannten Fall muss er die restlichen Kaufpreisraten aus der Masse leisten (§ 55 Abs. 1 Nr. 2 InsO). Tut er das nicht, so kann der Veräußerer nach allgemeinen Bestimmungen zurücktreten (s. o. Rn. 561). Er hat dann ein Aussonderungsrecht an der Kaufsache, da ein Besitzrecht nicht mehr besteht (§ 47 InsO). Weiterhin kann er möglicherweise einen Schadensersatzanspruch als Masseverbindlichkeit geltend machen (§ 55 Abs. 1 Nr. 1 InsO). Im zweiten Falle (der Wahl der Nichterfüllung) hat der Verkäufer die Möglichkeit der Aussonderung des Kaufgegenstandes (§ 47 InsO) und kann einen Schadensersatzanspruch gegen die Masse geltend machen; dieser hat aber nur die Qualität einer einfachen Insolvenzforderung (§ 103 Abs. 2 InsO).

VI. Kontrollfragen

Kontrollfragen zum Stoff dieses Kapitels finden Sie im Zusammenhang mit den Kontrollfragen des nächsten Kapitels (§ 15) unter Rn. 614.

Empfehlungen zur vertiefenden Lektüre:

Bonin, Probleme des vertragswidrigen Eigentumsvorbehalts, JuS 2002, 438; *Haas/Beiner*, Das Anwartschaftsrecht im Vorfeld des Eigentumserwerbs, JA 1998, 23, 115, 846; *Harke*, Anwartschaftsrecht als Pfandrecht, JuS 2006, 385; *Krüger*, Das Anwartschaftsrecht – ein Faszinosum, JuS 1994, 905; *Leible/Sosnitza*, Grundfälle zum Recht des Eigentumsvorbehalts, JuS 2001, 244, 341, 449, 556; *Müller-Laube*, Die Konkurrenz zwischen Eigentümer und Anwartschaftsberechtigtem um die Drittschutzansprüche, JuS 1993, 529; *Schmidt-Recla*, Grundstrukturen und Anfänge des Eigentumsvorbehalts – insbesondere des Anwartschaftsrechts, JuS 2002, 759; *Schreiber*, Anwartschaftsrechte, Jura 2001, 623.

§ 15. Die besonderen Formen des Eigentumsvorbehalts

Wie bereits angesprochen, gibt es verschiedene Abwandlungen des einfachen Eigentumsvorbehalts, die sich aufgrund der Bedürfnisse der Praxis gebildet haben. Hier können nur einige wichtige Formen und die mit ihnen zusammenhängenden Probleme dargestellt werden. Zum besseren Verständnis soll in der nachfolgenden Schilderung eines Beispiels an der Bezeichnung der beteiligten Parteien des vorangehenden Kapitels festgehalten werden, auch wenn sie teilweise nicht mehr passt, da H mitunter auch ein Produzent und nicht nur Händler ist. Danach ist der Eigentumsvorbehaltsverkäufer P, der Vorbehaltskäufer H und der Dritterwerber E.

I. Verlängerter Eigentumsvorbehalt

1. Wirtschaftliche Ausgangssituation und kautelarjuristische Lösung

a) Weiterveräußernder Erwerber

Der Erwerber (H) einer Eigentumsvorbehaltssache will diese häufig an einen Dritten (E) weiterveräußern und ist vielfach erst mit dem Erlös aus der Veräußerung in der Lage, die Verbindlichkeit gegenüber dem Veräußerer (P) zu erfüllen. E seinerseits will das Eigentum an der Kaufsache erwerben und ist bereit zu zahlen, sofern er Eigentümer wird. Er besteht also auf der Bezahlung Zug um Zug gegen Übereignung der Ware. Das Eigentum an der Ware aber kann H – sieht man von der Möglichkeit des gutgläubigen Erwerbs durch E ab – nicht leisten, da er selber nur Inhaber einer Anwartschaft ist und somit auch nur diese auf E übertragen kann. Da P aber von der Veräußerung seiner Waren lebt, ist er regelmäßig daran interessiert, dass E erwirbt, und so wird er H daher kaum darauf verweisen, dass er sich erst liquide Mittel auf andere Weise (also etwa durch einen Geldkredit) beschaffen möge, um die Eigentumsvorbehaltware zu bezahlen.

Nun kann P den H durchaus ermächtigen, über sein Eigentum wirksam zu verfügen. Eine solche Ermächtigung ist nach § 185 Abs. 1 möglich. Die Wirkung der Verfügung des von P ermächtigten H ist der unmittelbare Übergang des Eigentums an E. Dieser würde also das bekommen, was H ihm schuldet. P würde aber mit dem Eigentumsübergang seine Sicherheit verlieren, ohne dass er notwendigerweise auch den von E an H gezahlten Erlös erhielte. Zwar hat P hierauf gegen H einen Anspruch (aus der Vereinbarung zwischen ihm und H über die Weiterveräußerung oder aus § 816 Abs. 1). Denkbar wäre aber, dass H den Erlös anderweitig verwendet oder Gläubiger des H auf den Betrag, etwa im Wege der Vollstreckung oder Verrechnung im Rahmen eines Kontokorrents, Zugriff nehmen.

589   P wird sich daher vor einer solchen Ermächtigung eine Ersatzsicherung von H beschaffen wollen. Da der Kaufpreisanspruch an die Stelle des Kaufgegenstandes tritt, wird er sich zugleich mit der Ermächtigung zur Weiterveräußerung den Anspruch auf den Kaufpreis gegen E, der regelmäßig in diesem Zeitpunkt noch nicht bekannt sein wird, zur Sicherheit abtreten lassen (§ 398). Damit erwirbt P im Moment der Weiterveräußerung an E zur Sicherheit den Anspruch des H gegen E auf den Kaufpreis und kann sich daraus befriedigen, wenn der H die Kaufpreisforderung nicht erfüllt (Sicherungsfall). Diese Verknüpfung wird in einem sog. Sicherungsvertrag vereinbart. Zugleich wird P, der mit der Forderungseinziehung gegenüber E nichts zu tun haben will, da das für ihn Verwaltungsaufwand und daher Kosten bedeutet, den H ermächtigen, die abgetretene Forderung einzuziehen. Er wird ihm eine Einziehungsermächtigung erteilen. Das ist auch im Interesse des H, da auf diese Weise dem E verborgen bleibt, dass P dem H den Kaufpreis kreditiert und die Forderung bereits abgetreten ist.

Die Schilderung der vertraglichen Lösung des Problems, die als verlängerter Eigentumsvorbehalt bezeichnet wird, lässt sich als Schaubild wie folgt zusammenfassen:

Der verlängerte Eigentumsvorbehalt

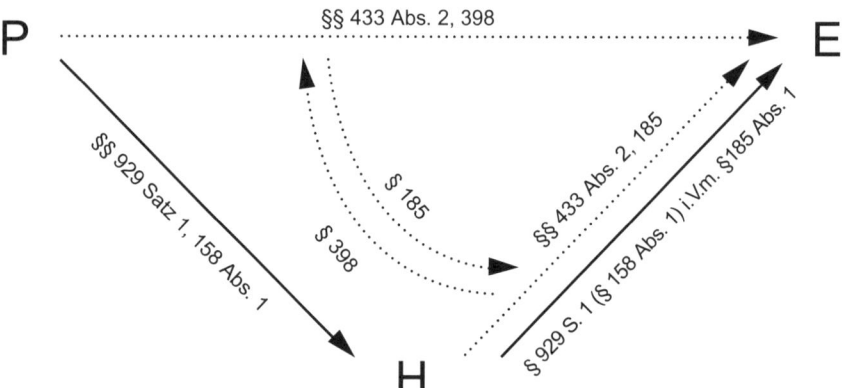

b) Verarbeitender Erwerber

590   Keine Lösung des Sicherungsbedürfnisses seitens P bietet dieser Weg, wenn H vor Verkauf den Kaufgegenstand weiterverarbeitet und die hergestellte Sache veräußert. Unter den Voraussetzungen des § 950 erlangt H als Hersteller das Eigentum an der hergestellten Sache (s. hierzu o. Rn. 237 ff.). P verliert damit das vorbehaltene Eigentum an der verarbeiteten Sache. Der Eigentumsvorbehalt schützt ihn davor nicht. Gegen einen ersatzlosen Verlust des vorbehaltenen Eigentums kann er sich nach wohl überwiegend vertretener Auffassung durch eine sog. **Verarbeitungsklausel** sichern, nach der P und H vereinbaren, dass die Herstellung der neuen Sache für P erfolge. Mit Verarbeitung erwirbt danach P das Eigentum an der Sache und wird dann wie im erstgenannten Fall weiter verfahren, d.h. den H zur Weiterveräußerung ermächtigen, sich im Voraus die Forderung auf Erlös abtreten lassen, den H mit der Einziehung beauftragen und hierzu auch ermächtigen. Umstritten ist allerdings, ob eine solche Wirkung trotz des nach überwiegender Auffassung zwingenden Charakters von § 950 überhaupt durch Vereinbarung erreicht werden kann (dagegen: Palandt/*Bassenge*, § 950 Rn. 9; Westermann/*Gursky*, § 53 III 2 d), e); dafür: MünchKomm-BGB/*Füller*, § 950 Rn. 26; siehe hierzu auch o. Rn. 243). Lehnt man das ab, kann P das Eigentum nur gem. § 930 von H (zurück)übereignet bekommen (i.d.R. unter Vereinbarung eines antizipierten Besitzkonstituts, s. o. Rn. 189). Allerdings führt das möglicherweise zu einem belasteten Eigentumserwerb.

2. Ermächtigung zur Weiterveräußerung

a) Inhalt der Ermächtigung

Die **Ermächtigung,** das ist die Zustimmung des Berechtigten zur Verfü- **591** gung des Nichtberechtigten gem. § 185 Abs. 1, schafft die rechtliche Voraussetzung dafür, dass der Erwerber der Kaufsache unter Eigentumsvorbehalt (also H) – obgleich noch nicht Eigentümer und damit Nichtberechtigter – wirksam über den Gegenstand verfügen kann. Sie kann von unterschiedlichen Voraussetzungen abhängig gemacht werden. So ist als Voraussetzung denkbar, dass die im Wege der Weiterveräußerung erlangte Forderung nicht einem Abtretungsverbot unterliegen darf (*BGH* NJW 1988, 1210, 1213, s. u. Rn. 596) oder/und die Forderung im Zeitpunkt der Verfügung noch bestehen muss.

Grundsätzlich ist davon auszugehen, dass die Ermächtigung nur zur Veräu- **592** ßerung **im ordnungsgemäßen Geschäftsgang** befugt. Daraus folgt, dass die Veräußerung nur zu einem ordentlichen Preis, und nicht etwa zu einem Schleuderpreis erfolgen darf. Weiterhin muss sich eine Veräußerung in einer geschäftlichen Krise im üblichen Rahmen halten (BGHZ 68, 199, 203). Eine Übereignung der Sache zu Sicherungszwecken ist dagegen nicht mehr von der Ermächtigung im ordnungsgemäßen Geschäftsgang gedeckt (BGHZ 104, 129, 133).

b) Ermächtigungswidrige Verfügungen

593   Verfügungen, die die Grenzen der Ermächtigung überschreiten, sind **unwirksam.** Will der Eigentumsvorbehaltskäufer bei verlängertem Eigentumsvorbehalt den Gegenstand zu Sicherungszwecken einsetzen, so ist diese Verfügung ebenso unwirksam, wie wenn er bei Zahlungsunfähigkeit noch über den Gegenstand verfügen will. Etwas anderes gilt, wenn der Erwerber hinsichtlich des Eigentums des Veräußerers gutgläubig ist und daher zu seinen Gunsten die §§ 932 ff. oder § 366 HGB eingreifen. Daneben bleibt der Eigentumserwerb kraft eines der gesetzlichen Erwerbstatbestände des Einbaus etc. (§§ 946 ff.; s. o. Rn. 229 ff.) möglich.

3. Vorausabtretungsklausel

a) Bestimmtheit der Forderungen

594   Als Ersatz für die Sicherheit durch das vorbehaltene Eigentum lässt der Veräußerer P sich die Forderung des H gegen den Erwerber E abtreten, die im Falle der wirksamen Verfügung über die dem Veräußerer gehörende Sache diesem Sicherheit bieten soll. Die Forderung besteht im Zeitpunkt der Vereinbarung des erweiterten Eigentumsvorbehalts noch nicht. Vielfach wird noch nicht einmal die Person des Erwerbers bekannt sein. Es stellt sich daher die Frage, wie bestimmt die künftige Forderung sein muss, um Gegenstand einer solchen Abtretung (eine Verfügung über die Forderung) sein zu können. Hier verlangt die h. M. lediglich die **Bestimmbarkeit der Forderung,** selbst wenn diese Bestimmung einigen Aufwand erfordern sollte (BGHZ 70, 86, 89). Der Schuldner und der Abtretungsgegenstand sind hinreichend bestimmbar, wenn vereinbart wird, dass die künftige Forderung gegen den Erwerber des Vorbehaltsgutes abgetreten werden soll. Dabei muss allerdings zudem vereinbart werden, in welcher Höhe der Forderung das geschehen soll. Gerade hier kann es zu Problemen kommen, wenn die Abtretung nicht in voller Höhe vorgesehen ist (*BGH* NJW 1991, 2629 f.). Eine solche Teilabtretung kann sogar erforderlich sein, um eine anfängliche Übersicherung (s. u. Rn. 600 ff.) zu verhindern.

595   Diese Möglichkeit verstößt nur scheinbar gegen den sachenrechtlichen Spezialitätsgrundsatz (o. Rn. 33 f.), da es sich um eine **Voraus**abtretung, also eine Verfügung über die Forderung im Voraus handelt. Die Verfügung ist erst vollendet und damit wirksam bei Forderungsentstehung. Erst dann tritt die Rechtsänderung durch den Wechsel des Forderungsinhabers ein (so schon *Flume*, NJW 1959, 913, 916). In diesem Zeitpunkt aber ist der Verfügungsgegenstand bestimmt.

b) Bestehen eines Abtretungsverbotes

Die Vorausabtretung schlägt fehl, wenn der Vorbehaltskäufer H bei Wei- **596** terveräußerung an E mit diesem ein Abtretungsverbot vereinbart. Eine solche Vereinbarung ist trotz § 137 nach § 399 Fall 2 wirksam, weil schon von vornherein eine nicht abtretbare Forderung entsteht und damit zwischen H und E kein rechtsgeschäftliches Verfügungsverbot im Sinne des § 137 vereinbart wurde (BGHZ 40, 156, 161; vgl. *W. Lüke*, JuS 1992, 114). Grundsätzlich kann das Abtretungsverbot auch mittels Allgemeiner Geschäftsbedingungen geregelt werden (zu den Grenzen s. *BGH* NJW 2006, 3486). Keine Wirkung hat das Abtretungsverbot für Forderungen aus einem **beiderseitigen Handelsgeschäft** (§ 354a HGB). Die Verfügung trotz eines wirksamen Abtretungsverbotes führt dazu, dass die Abtretung unwirksam ist und beim verlängerten Eigentumsvorbehalt der Eigentumsvorbehaltsverkäufer P nicht die gewollte Sicherheit erlangt.

Das kann P nur verhindern, indem er die Ermächtigung an die weitere **597** Voraussetzung knüpft, dass bei Weiterveräußerung des Vorbehaltsgutes durch den Käufer eine abtretbare Forderung entsteht (s. schon o. Rn. 591). In der Regel wird eine solche Vereinbarung im Wege der Auslegung schon der Ermächtigung zu entnehmen sein. Sieht man einmal von der Gefahr des gutgläubigen (§§ 932 ff.) oder gesetzlichen Erwerbs nach den §§ 946 ff. ab, ist der Verkäufer P dann vor dem Verlust seiner Sicherheit ohne Ersatz geschützt, da dem nichtberechtigten Käufer H bei Weiterveräußerung unter Entstehung einer nicht abtretbaren Forderung an E die Einwilligung zur Verfügung nach § 185 Abs. 1 fehlt. Zudem liegt in der Vereinbarung des Abtretungsverbotes eine Verletzung der vertraglichen Pflichten des Käufers H, da diesem Vertrag jedenfalls im Wege der Auslegung die Verpflichtung zu entnehmen ist, dass der Eigentumsvorbehaltskäufer ein solches Abtretungsverbot nicht vereinbart.

c) Mehrfachabtretungen

Der Käufer H kann versuchen, die Forderung nach der Vorausabtretung an **598** den Veräußerer (P) erneut an eine andere Person (X) abzutreten. Es stellt sich dann die Frage, welche der Abtretungen wirksam ist. Bei bestehender Forderung ist nur die zuerst vorgenommene Abtretung wirksam, da mit ihr die Forderung auf den Veräußerer als Sicherungsnehmer übergeht. Die erneute Abtretung stellt die Verfügung eines Nichtberechtigten dar, die nicht wirksam ist. Es gibt bei Forderungen keinen gutgläubigen Erwerb. In einer Art „Erst-recht-Schluss" gilt nach h.M. dieser **Prioritätsgrundsatz** auch bei Verfügungen über künftige Forderungen (BGHZ 30, 141, 159; *BGH* NJW 2005, 1192, 1193).

Dies ist nicht ganz selbstverständlich, da die Abtretung der Forderung erst **599** mit Entstehung der Forderung wirksam ist (s. o. Rn. 595). So könnte man stattdessen auch eine gleichzeitige Wirksamkeit aller bis dahin vorgenommenen Abtretungen annehmen. Gleichwohl erscheint die Anwendung des Prioritätsgrundsatzes und das Abstellen auf den Zeitpunkt der Vornahme des Rechtsgeschäfts der Abtretung sachgerecht, ist doch dieses Prinzip eines der Grundmerkmale des deutschen Sachenrechts und dient der Reihung kollidierender Verfügungen.

d) Problem der Übersicherung

aa) Allgemeines zur Übersicherung

600   Ein zentrales Problem des Kreditsicherungsrechts ist die Übersicherung. Eine Sicherheit muss, damit sie wirksam und nicht wegen Verstoßes gegen die guten Sitten nichtig ist (§ 138), in einem bestimmten Wertverhältnis zu der gesicherten Forderung stehen. Grundsätzlich sind bei der Ermittlung der Übersicherung der **Wert der gesicherten Forderung** (i.d.R. Nominalbetrag) und der **Deckungswert der Sicherheit** gegenüberzustellen. Mit dem letztgenannten Begriff wird der Betrag bezeichnet, der sich voraussichtlich durch Verwertung der Sicherheit erzielen lässt. Solange dieser Deckungswert unter dem Wert der gesicherten Forderung liegt, besteht das Problem einer Übersicherung nicht. Der Deckungswert darf aber durchaus über dem Betrag der Forderung liegen. Dies ergibt sich schon aus dem Umstand, dass die Verwertung erst künftig stattfinden wird und daher jede Aussage über den Verwertungserlös ein gewisses Prognoserisiko enthält. Der Bundesgerichtshof hält daher in Anlehnung an § 237 S. 1 einen Bewertungsabschlag in Höhe von einem Drittel des aktuellen Wertes für angemessen (BGHZ 137, 212, 235). Es kommen die Kosten hinzu, die in der Regel durch die Verwertung entstehen, zusätzlich die mit der Verwertung anfallenden Umsatzsteuern. All dies sind Umstände, die es rechtfertigen, einen höheren **Deckungsbetrag** zuzulassen, der bis zu 150 Prozent des maßgeblichen Schätzwertes der Sache betragen darf (sog. **Deckungsgrenze**, BGHZ 137, 212, 235). Bei einem Nennwert des Sicherungsgutes ist allerdings nur eine Deckungsgrenze von 110 Prozent der Forderung anzuerkennen (BGHZ 137, 212, 228; vgl. auch § 171 InsO). Diese **Deckungsgrenze** wurde zwar im Zusammenhang mit der nachträglichen Übersicherung bei revolvierenden Sicherheiten entwickelt, sie findet aber generell in allen Fällen nachträglicher Übersicherung und dem dann befürworteten Freigabeanspruch Anwendung. Die Deckungsgrenze kann aber nicht ohne weiteres auf die anfängliche Übersicherung übertragen werden (hierzu im Nachfolgenden).

bb) Anfängliche Übersicherung

601   Besteht bereits bei Vertragsschluss zwischen P und H ein auffälliges Missverhältnis zwischen der gesicherten Forderung und der Sicherung (hier der abgetretenen künftigen Forderungen), so kommt eine Nichtigkeit gem. § 138 oder § 307 – bei Verwendung Allgemeiner Geschäftsbedingungen – in Betracht. Allein das objektive sittenwidrige Missverhältnis genügt zur Befürwortung der Voraussetzungen des § 138 allerdings nicht. Angesichts der einschneidenden Rechtsfolge des § 138 verlangt die h.M. das Überschreiten einer Deckungsgrenze, die deutlich über 150 Prozent liegt, ohne dass sich in Literatur und Rechtsprechung eine allgemein gültige Grenze feststellen ließe. Vielmehr wird auf die Besonderheiten des Einzelfalls abgestellt. Sie liegt zwischen 200 bis 300 Prozent (*OLG Hamm* WM 2002, 451 zu 16-facher Übersicherung; Palandt/*Ellenberger*, § 138 Rn. 97 für 200 Prozent der Deckungsgrenze; so auch *Ahcin/Armbrüster*, JuS 2000, 965, 967). Neben diesem objektiven Erfordernis bedarf es auch bei § 138 des Vorliegens subjektiver Voraussetzungen. Die Übersicherung verlangt seitens des Sicherungsnehmers eine verwerfliche Gesinnung, die anhand der Gesamtumstände des Vertragsschlusses zu ermitteln ist (*BGH* NJW 1998, 2047).

cc) Nachträgliche Übersicherung

Bei der nachträglichen Übersicherung entsteht das auffällige Missverhältnis **602** erst durch Ereignisse nach Vertragsabschluss, etwa durch eine Minderung der zu sichernden Forderung oder dadurch, dass der Eigentumsvorbehaltskäufer einen unerwartet hohen Preis im Wege der Weiterveräußerung erzielen kann. Hier liegt die Deckungsgrenze aus den bereits dargelegten Gründen bei 150 Prozent des maßgeblichen Schätzwertes der Sache. Wird diese Überschritten, so hat der Sicherungsgeber H kraft Gesetzes einen ermessensunabhängigen (vgl. Palandt/*Grüneberg*, § 307 Rn. 149) **Freigabeanspruch** gegen den Sicherungsnehmer P im Umfang des Betrages, um den die Deckungsgrenze überschritten wird, so dass der Käufer H als Sicherungsgeber in diesem Umfang eine Rückabtretung der Kaufpreisforderung aus der Weiterveräußerung verlangen kann. Dieser Anspruch wohnt, ohne dass er ausdrücklich vereinbart zu werden brauchte, dem Sicherungsvertrag inne. Vertragliche Abreden, die diesen Anspruch einschränken oder ausschließen, sind nichtig (§§ 138, 307; s. u. Fall 9, Rn. 614).

4. Kollision von Globalzession und Vorausabtretung

Ein weiteres zentrales Problem stellt die Kollision von verlängertem Eigen- **603** tumsvorbehalt und Sicherungszession dar. Vielfach wird sich ein anderer Geldkreditgeber (Bank B) zur Sicherung seiner Forderungen Kundenforderungen des Eigentumsvorbehaltskäufers abtreten lassen, damit in dem Falle, dass dieser seine Ansprüche nicht erfüllen kann, er die sicherungshalber abgetretenen Forderungen verwerten und sich hieraus befriedigen kann. Diese Abtretung „kollidiert" mit nachfolgenden Abtretungen im Rahmen von verlängerten Eigentumsvorbehalten. Vereinfacht beschrieben stoßen hier die **Interessen von Geldkreditgeber** einerseits und die von **Warenkreditge-**

bern andererseits aufeinander. Auch hier gilt zwar grundsätzlich der bereits beschriebene **Prioritätsgrundsatz** (s. o. Rn. 598). Die uneingeschränkte Anwendung dieses Prinzips führt aber zu der wenig sinnvollen Folge, dass der verlängerte Eigentumsvorbehalt letztlich kaum noch möglich wäre, da üblicherweise Geldkreditgeber sich in langfristigen Kreditengagements die Forderungen global abtreten lassen und für nachfolgende Warenkreditgeber keine Forderungen mehr zur Sicherung übrig blieben. Ein Warenkreditnehmer, der auf die Lieferung unter Eigentumsvorbehalt angewiesen ist und nur so auch in der Lage sein wird, den Kredit des Geldkreditgebers zurückzuzahlen, würde naheliegenderweise die vorgenommene Globalzession gegenüber dem Warenkreditgeber verheimlichen und in vertragswidriger Weise dem Warenkreditgeber keine Forderung zur Sicherheit abtreten können. Damit aber, so lässt sich das zumindest sehen, verleitet die Globalzession und der Globalzessionar zum Vertragsbruch (so schon *Flume*, NJW 1950, 841, 847; *ders.,* NJW 1959, 913, 918 f., dessen Auffassung später als **Vertragsbruchtheorie** bezeichnet wurde).

604   Aus diesem Grund hat der Bundesgerichtshof derartige Globalzessionen schon frühzeitig als sittenwidrig angesehen (BGHZ 30, 149, 152 f.). Die Sittenwidrigkeit der Vereinbarung kann der Geldkreditgeber nur vermeiden, wenn er von vornherein von der Globalzession solche Forderungen mit **dinglicher Wirkung** ausnimmt, die infolge der Weiterveräußerung von Vorbehaltsgut im Rahmen eines verlängerten Eigentumsvorbehalts entstehen (sog. **dingliche Teilverzichts- oder Vorrangklausel,** siehe *BGH* NJW-RR 1988, 1012 f.).

605   Im Ergebnis führt diese Lösung zu einem Vorrang des Warenkreditgebers, der allerdings bei Betrachtung der Interessenlage gerechtfertigt erscheint. Nicht nur ist die weitere Belieferung des Kreditnehmers auch im Interesse des Geldkreditgebers, sondern es ließe sich wohl kaum erklären, weshalb die Lieferung auf Kosten der Lieferanten ausschließlich zu einer Verbesserung der Situation des Geldkreditgebers führen sollte. So profitiert der Geldkreditgeber von dem Rechtsgeschäft mit dem Lieferanten zumindest in zweiter Linie. Es kommt hinzu, dass diese Lösung gegenüber einer gleichrangigen Teilung (z. B. *Paulus*, JuS 1995, 185, 191 m.w.N.) den erheblichen Vorteil hat, einfach handhabbar zu sein.

5. Verlängerter Eigentumsvorbehalt und Factoring

606   Nur scheinbar mit der Globalzession vergleichbar ist die Situation beim **echten Factoring.** Dort übernimmt der Factor die Forderung gegen entsprechende Zahlung und den Einzug auf eigene Rechnung. Auf diese Weise erlangt der Zedent Liquidität und wird auch von den Lasten der Forderungseinziehung befreit. Zwar geschieht dies oft auch in Forderungspaketen und im Voraus, doch trägt im Gegensatz zur Globalzession der Factor die Gefahr der Zahlungsunfähigkeit des Schuldners. Darin liegt – neben anderem – der maßgebliche Unterschied zur Globalzession, der einer Übertragung der dort entwickelten Grundsätze entgegensteht. Letztlich steht der Verkäufer P beim Factoring kaum anders als bei der Einziehung der Forderung durch den Käufer H. Die h.M. folgt hier also dem Prioritätsgrundsatz und gibt damit im Ergebnis dem Factor den Vorrang (BGHZ 69, 254, 257; 72, 15, 19 f.; *Reinicke/Tiedtke*, Rn. 960).

Beim **unechten Factoring** dagegen geschieht der Forderungserwerb **nur 607 erfüllungshalber** und zu Sicherungszwecken. Rechtsprechung und ein Teil der Lehre (BGHZ 82, 50, 61; *Reinicke/Tiedtke*, Rn. 971) übertragen die zur Kollision von verlängertem Eigentumsvorbehalt und Globalzession entwickelten Grundsätze (s. o. Rn. 603 ff.) auf diese Situation (a. A. *Canaris*, NJW 1981, 249, 250 f.; Staudinger/*Beckmann* (2004), § 449 Rn. 154).

Verlängerter Eigentumsvorbehalt und Factoring

I. Echtes Factoring
  1. Begriff
     – Factor übernimmt Forderung gegen Zahlung
     – Factor übernimmt Forderungseinzug auf eigene Rechnung
  2. Behandlung
     – Anwendung des Prioritätsgrundsatzes, Vorrang des Factors

II. Unechtes Factoring
  1. Begriff
     – Factor übernimmt Forderung erfüllungshalber und
     – zu Sicherungszwecken
  2. Behandlung
     – Grundsätze der Kollision von verlängertem Eigentumsvorbehalt und Globalzession anwendbar (s. Rn. 603 ff.)

---

6. Besondere Probleme im Zusammenhang mit der Weiterverarbeitung

Bei verarbeitenden Vorbehaltskäufern droht der Verkäufer seine Sicherheit **608** mit der Weiterverarbeitung durch den Käufer infolge des gesetzlichen Eigentumserwerbstatbestandes zu verlieren, wenn der Wert der Verarbeitung nicht wesentlich unter dem Stoffwert liegt (§ 950 Abs. 1). Dem kann nach teilweise vertretener Ansicht durch die bereits angesprochene Weiterverarbeitungsklausel vorgebeugt werden (s. o. Rn. 590). Danach vereinbaren die Parteien, dass eine etwaige Weiterverarbeitung durch den Käufer H für den Verkäufer P erfolge. Durch eine solche Klausel werde der Verkäufer P zum Hersteller, da er die neue Sache herstellen lasse. Teilweise wird aus den Weiterverarbeitungsklauseln auch nur geschlossen, dass der Verkäufer als Hersteller i. S. des § 950 anzusehen sei (BGHZ 14, 114; 20, 159). Beiden Lösungen ist gemeinsam, dass sie zu einem unmittelbaren Eigentumserwerb gelangen, ohne den zwingenden Charakter des § 950 in Frage zu stellen (s. o. Rn. 590 und 243).

Gerade hierin liegt der erhebliche Vorteil gegenüber jener Meinung, die einen Eigentumserwerb im Wege des vorweggenommenen Besitzkonstituts befürwortet. Nach dieser Auffassung vereinbaren der Verkäufer und Käufer durch dingliche Einigung und vorweggenommenes Besitzmittlungsverhältnis den Eigentumsübergang von dem verarbeitenden Käufer auf den Verkäufer. Ein solches Vorgehen eröffnete aber den Gläubigern des Käufers H die Möglichkeit des Vollstreckungszugriffs auf die Sache (so z. B. Jauernig/*Jauernig* § 950 Rn. 8). Der Verkäufer erlangt also mit einem solchen Vorgehen eine deutlich geringere Sicherheit (s. schon o. Rn. 590).

609 Ähnliche Probleme können im Übrigen bei der Weiterverarbeitung von Vorbehaltsware entstehen, soweit es die Übersicherung betrifft. Hier gelten die Grundsätze der nachträglichen Übersicherung bei dem weiterveräußernden Käufer entsprechend (s. Rn. 602). Ähnlich ist auch die Lösung der Kollision von Weiterverarbeitungsklauseln zu jener der Kollision von Globalzession und verlängertem Eigentumsvorbehalt (mehrere Lieferanten werden abhängig vom Wert des Stoffes zu Miteigentümern, BGHZ 46, 117, 122; *Reinicke/Tiedtke*, Rn. 926).

Fall 9 – Verlängerter Eigentumsvorbehalt: K ist Kleiderfabrikant. Die benötigten Rohmaterialien für die Produktion, insb. die erforderlichen Stoffe, bezieht er von V. Bei Abschluss eines entsprechenden Vertrages verwendet V seine üblichen Vertragsformulare, in denen es u. a. heißt:

„Bis zur endgültigen Zahlung des Kaufpreises bleiben die Waren Eigentum des Verkäufers. Dem Verkäufer steht auch an der verarbeiteten Ware das Eigentum zu. Zu diesem Zweck erfolgt die Verarbeitung für den Verkäufer. Jedoch geht das Eigentum an den neu hergestellten Sachen mit vollständiger Kaufpreiszahlung in das Eigentum des Käufers über. Bis zu diesem Zeitpunkt verwahrt der Käufer die Ware für den Verkäufer.

Der Käufer darf die verarbeitete Ware im ordnungsgemäßen Geschäftsgang weiterveräußern. Die durch die Weiterveräußerung begründeten Forderungen tritt der Käufer an den Verkäufer schon jetzt zur Sicherung seiner Kaufpreisforderung ab. Der Käufer bleibt bis auf Widerruf berechtigt, diese Forderungen einzuziehen. Übersteigt der Wert der an den Verkäufer abgetretenen Forderungen den Wert der Forderung gegen den Käufer um mehr als 15 Prozent, so ist der Verkäufer zur Rückabtretung verpflichtet, sofern dies der Käufer ausdrücklich verlangt."

K lässt die von V gelieferten Stoffe in der Färberei des F einfärben, wodurch der Wert des Materials nur geringfügig erhöht wird. Dabei ist dem F bekannt, dass es sich bei K um einen Kleiderfabrikanten handelt. Auf dem von K unterschriebenen Vertragsformular des F findet sich u. a. folgende Klausel:

„Der Färberei F steht wegen ihrer Forderungen aus den jeweiligen Aufträgen ein Zurückbehaltungsrecht sowie ein vertragliches Pfandrecht an der aufgrund des jeweiligen Auftrags in ihren Besitz gelangten Ware des Auftraggebers zu."

Nach einiger Zeit verschlechtern sich die Geschäfte des K. Dieser teilt dem V daraufhin mit, dass er auf absehbare Zeit nicht in der Lage sei zu zahlen. Angesichts dieser Tatsache tritt V wirksam vom Vertrag mit K zurück und widerruft die Einziehungsermächtigung. Zu diesem Zeitpunkt steht der Kaufpreis für 1000 gelieferte Stoffballen in Höhe von 600.000 € aus: 500 dieser Stoffballen befinden sich noch im Lager des K. 300 waren zum Zeitpunkt des Rücktritts bereits in der Färberei des F eingefärbt worden. F hat sie noch in Besitz, da K ihm nicht dessen Forderung bezahlt hat. 200 der Stoffballen waren bereits zu Kleidern verarbeitet und von K an das Warenhaus S veräußert worden.

V fragt nach seinen Rechten gegenüber F und S.

Lösung:

I. V könnte gegen S einen Anspruch auf Herausgabe der aus den Stoffballen hergestellten Kleider gem. § 985 haben.

Voraussetzung dafür ist, dass V Eigentümer und S Besitzer ohne Recht zum Besitz der Kleider ist.

1. V war zunächst Eigentümer der 200 Stoffballen. Aufgrund des in den Lieferbedingungen vereinbarten Eigentumsvorbehalts könnte V noch Eigentümer dieser 200 Stoffballen geblieben sein. Dann hätte er das Eigentum nicht durch Veräußerung nach §§ 929 S. 1, 158 Abs. 1 an K verloren, da die Bedingung der Kaufpreiszahlung nicht eingetreten ist. Dafür müssten die Lieferbedingungen aber wirksamer Vertragsbestandteil geworden sein.

Bei den Lieferbedingungen handelt es sich um Allgemeine Geschäftsbedingungen (AGB) des V gem. § 305 Abs. 1. Diese müssten wirksam in den Vertrag einbezogen worden sein. Da sie V gegenüber einem Unternehmer (K) verwendet, finden die Regeln über die AGB gemäß § 310 Abs. 1 nur eingeschränkte Anwendung. So müssen die besonderen Einbeziehungsvoraussetzungen nach § 305 Abs. 2 beispielsweise nicht vorliegen. Es reicht vielmehr eine vereinfachte Einbeziehung durch Vereinbarung aus. Hier kann von einer ausdrücklichen Einbeziehung der AGB in den Vertrag ausgegangen werden, denn das Vertragsformular selbst enthielt die einschlägigen Klauseln.

Weiterhin unterliegen die gegenüber einem Unternehmer verwendeten AGB gem. § 310 Abs. 1 nur der Inhaltskontrolle nach § 307. Die Vereinbarung eines sog. einfachen Eigentumsvorbehalts, wie in S. 1 der Lieferbedingungen, stellt nach allgemeiner Auffassung keine unangemessene Benachteiligung i.S. des § 307 dar, da insoweit von der in § 449 gesetzlich vorgesehenen Möglichkeit Gebrauch gemacht wird (vgl. o. Rn. 559). Damit ist V zunächst Eigentümer der Stoffballen geblieben.

2. Er könnte sein Eigentum an den Stoffen aber infolge deren Verarbeitung zu Kleidern verloren haben. Ohne eine besondere ausdrückliche Abrede hätte K gem. § 950 Abs. 1 durch die Verarbeitung Eigentum erworben. Da davon ausgegangen werden muss, dass der Mehrwert der fertigen Kleider dem Stoffwert annähernd entspricht (der Kaufpreis für die 200 Ballen war 120.000 €) oder diesen sogar übersteigt, liegen auch die Voraussetzungen von § 950 Abs. 1 S. 1 a.E. nicht vor.

3. Der Eigentumserwerb des K nach § 950 Abs. 1 könnte jedoch durch die „Verarbeitungsklausel" ausgeschlossen sein. Überwiegend wird § 950 als sachenrechtliche Vorschrift für unabdingbar gehalten, die Verarbeitungsklausel aber in dem Sinne ausgelegt, dass der Rohstofflieferant (V) Hersteller i.S. der Vorschrift sei (s. o. Rn. 608). Dem haben die Parteien auch mit der Formulierung entsprochen, dass die Verarbeitung „für den Verkäufer" erfolgen solle. Dagegen wird § 950 unter Hinweis auf die in § 631 fehlende Übereignungspflicht auch für abdingbar gehalten. Nach beiden Ansichten (s. hierzu Rn. 243 ff., 590) hätte V originär Eigentum an den Kleidern erworben.

Dagegen wendet sich eine dritte Meinung, die unter Verweis auf den zwingenden Charakter der §§ 946 bis 949 von der Unabdingbarkeit des § 950 und dessen Tatbestandsmerkmalen ausgeht (s. Rn. 243 ff.). Nach dieser Ansicht ist die Herstellereigenschaft im Interesse des Geschäftsverkehrs rein objektiv danach zu bestimmen, ob der Betrieb auf „Eigen- oder Fremdbearbeitung" gerichtet ist. Die Tatsache der Verarbeitung im Eigeninteresse, ohne vom Rohstofflieferanten beauftragt zu sein, führe zwingend zur Herstellereigenschaft des Vorbehaltskäufers (hier K). Dies könne durch eine vertragliche Vereinbarung nicht überwunden werden. Eine Sicherung des Rohstofflieferanten käme nur durch eine vorweggenommene Sicherungs-(rück-)übereignung gem. §§ 929 S. 1, 930 in Betracht. Danach wäre die Verarbeitungsklausel als eine antizipierte Übereignung mit Besitzkonstitut bzgl. der von K hergestellten Kleider anzusehen (§ 140), K wäre dann aber Durchgangseigentümer und V würde von ihm Sicherungseigentum erwerben (s. o. Rn. 590). Für diese Ansicht wird zum Teil auch der im Rahmen der Schuldrechtsreform 2001 eingeführte § 651 S. 1 als Argument herangezogen. Nach diesem findet auf Verträge, die die Herstellung neuer beweglicher Sachen zum Gegenstand haben im Wesentlichen Kauf- und nicht Werkvertragsrecht Anwendung. Als Folge hiervon soll den Unternehmer gem. § 433 Abs. 1 S. 1 Alt. 1 auch die Pflicht treffen, dem Besteller das Eigentum an der hergestellten Sache zu verschaffen. Diese Auslegung sei – so die Vertreter dieser Auffassung – europarechtlich vorgegeben. Der Besteller könne somit nicht nach § 950 Eigentümer werden, da die Verweisung in § 651 S. 1 ansonsten bezüglich der Übereignungspflicht leer laufen würde (so insbesondere *Röthel*, NJW 2005, 625 ff.; allg. zum Streitstand Palandt/*Sprau*, § 651 Rn. 2; Erman/*F. Ebbing*, § 950 Rn. 7). Würde man den Besteller gem. § 950 Abs. 1 S. 1 Eigentümer werden lassen, bestünde für den Unternehmer zudem ein Sicherungsproblem. Er könne sich, mangels Eigentums, dieses auch nicht vorbehalten. Zugleich stehe ihm aber auch kein Werkunternehmerpfandrecht zu, da in § 651 S. 3 eine Verweisung auf § 647 fehle.

Die Argumentation hat jedoch einen Schwachpunkt. Für den Ausnahmefall des § 950 Abs. 1 S. 1 HS 2 muss sie § 651 S. 1 – entgegen aller vorgebrachten Bedenken – *teleologisch* reduzieren. Ihr ist deshalb auch vehement entgegengetreten worden (vgl. nur *Klinck*, JR 2006, 1 ff. der im Ergebnis § 647 analog anwenden will).

Diese dritte Ansicht bewirkt aufgrund des Durchgangseigentums bei K den schwächsten Schutz des V. Wenn K bei der Verarbeitung nicht mehr den Willen hat, den Besitz für V zu mitteln, würde dieser nicht mittelbarer Besitzer und damit nicht Eigentümer der Kleider werden. Für eine solche Willensänderung des K bestehen jedoch keine Anhaltspunkte, so dass V auch nach dieser Ansicht Eigentum an den Kleidern erworben hatte.

4. Die Verarbeitungsklausel könnte aber nach § 307 unwirksam sein.

a) Die Einbeziehung eines verlängerten Eigentumsvorbehalts in Allgemeine Geschäftsbedingungen ist im kaufmännischen Verkehr grundsätzlich zulässig.

b) Eine Unwirksamkeit der Verarbeitungsklausel nach § 307 könnte sich aber aus der Unwirksamkeit der Vorausabtretungsklausel ergeben, wenn beide eine unteilbare Klausel bilden. Wegen des sog. Verbots der geltungserhaltenden Reduktion wäre es nicht zulässig, den Inhalt einer formularmäßigen Vereinbarung auf einen gerade noch zulässigen Teil zu reduzieren. Soweit die gesamte Klausel sprachlich und inhaltlich teilbare Bestimmungen enthält, bleiben diese jedoch wirksam, auch wenn sie den gleichen Sachbereich betreffen.

Als sog. verlängerter Eigentumsvorbehalt haben Verarbeitungsklausel und Vorausabtretungsklausel (mit Weiterveräußerungsermächtigung) die gleiche Schutzfunktion, indem sie durch Erwerb der neu hergestellten Sache oder der entstehenden Forderung den Vorbehaltsverkäufer hinsichtlich des durch Verarbeitung/Weiterveräußerung erloschenen Eigentumsvorbehalts absichern sollen. Beide Bestimmungen stehen in einem engen Sachzusammenhang, da keine von beiden allein stehen kann, ohne dass sie ihren

Sinn teilweise verliert. Die Verarbeitungsklausel enthält zwar einen eigenständigen Schutz vor dem Eigentumsverlust nach § 950. Dennoch steht sie im Zusammenhang mit der Vorausabtretungsklausel, da der Fabrikant die aus den Stoffen hergestellten Kleider auch veräußert. Die Vorausabtretungsklausel wäre ohne die Verarbeitungsklausel bedeutungslos. Beide Klauseln sind daher als Einheit zu sehen und teilen damit das gleiche rechtliche Schicksal.

c) Die Abtretungsklausel müsste also ebenfalls wirksam vereinbart worden sein. Bezüglich der Einbeziehung ergeben sich keine Bedenken (s. o.) Hinsichtlich ihrer Anwendung auf die gesamten aus der Weiterveräußerung entstehenden Forderungen ist sie auch hinreichend bestimmt.

d) Problematisch ist aber, ob bei der Vorausabtretungsklausel in genügendem Maße Vorsorge vor einer *nachträglichen* Übersicherung des V und der damit verbundenen Knebelungswirkung gegenüber K getroffen worden ist. Übersteigt der Gesamtwert der zedierten Forderungen aus dem Weiterverkauf den Wert der gesicherten Forderung aus dem Vorbehaltskauf erheblich, so stellt die Übersicherung eine „unangemessene Benachteiligung" des Gläubigers dar oder ist sittenwidrig gem. § 138 Abs. 1. Dabei gelten für § 307 strengere Maßstäbe. Entscheidend ist dafür die Bestimmung der Grenze, jenseits der eine Übersicherung vorliegt, wie weit also der Wert der abgetretenen Forderungen die gesicherte Forderung übersteigen darf (s. o. Rn. 600 ff.). Ursprünglich nahm der Bundesgerichtshof für die Wirksamkeit solcher Klauseln an, dass mit dem Eigentumsvorbehalt eine Deckungsgrenze nebst Bewertungs- und Freigaberegelung zu vereinbaren war, ab der die zur Sicherung abgetretenen Forderungen freigegeben werden musste (sog. Freigabeklausel). Dabei ging die Rechtsprechung davon aus, dass bis zu einer Deckungsgrenze von 120 Prozent des realisierbaren Wertes (BGHZ 94, 105, 115; 120, 300, 303) oder bei Globalzession bis zu einer Deckungsgrenze von 150 Prozent des Nennwertes der gesicherten Forderung (BGHZ 98, 303, 317) keine Übersicherung bestand. Diese von der Rechtsprechung entwickelten Grundsätze sind jedoch seit der Entscheidung des Großen Senats für Zivilsachen vom 27.11.1997 (BGHZ 137, 212) bedeutungslos. Nach dessen Auffassung ist weder eine ausdrückliche Freigabeklausel oder zahlenmäßig bestimmte Deckungsgrenze noch eine Klausel für die Bewertung der Forderungen Wirksamkeitsvoraussetzung für eine formularmäßig vereinbarte Sicherungsabtretung bzw. Sicherungsübereignung, da jedem Sicherungsverhältnis ein ermessensunabhängiger Freigabeanspruch immanent sei. Dies hat zur Folge, dass ein formularmäßig vereinbarter verlängerter Eigentumsvorbehalt nicht mehr unter dem Gesichtspunkt einer nachträglichen Übersicherung vollständig beseitigt werden kann. Folglich ist es für die Wirksamkeit des verlängerten Eigentumsvorbehalts bzw. der Verarbeitungsklausel ohne Bedeutung, ob die vereinbarte Deckungsgrenze nach § 307 unwirksam ist. Die hier verwendete Klausel über den verlängerten Eigentumsvorbehalt ist daher insgesamt hinsichtlich der Verarbeitungsklausel wirksam, so dass V Eigentümer der hergestellten Kleider ist.

5. Soweit K als Berechtigter i.S. von § 185 Abs. 1 verfügte, hat S gem. § 929 S. 1 an den Kleidern Eigentum erworben. K ist aufgrund der Klausel zur Weiterveräußerung berechtigt. Die Veräußerung erfolgte im ordnungsgemäßen Geschäftsgang, indem K bzw. V einen Gegenwert in Form der Kaufpreisforderung erlangte. Folglich hat S das Eigentum an den Kleidern erworben.

6. V ist nicht mehr Eigentümer der Kleider und hat daher keinen Anspruch gegenüber S aus § 985 auf Herausgabe der Kleider. Er kann lediglich aufgrund abgetretenen Rechts von S Zahlung des Kaufpreises verlangen, soweit S nicht bereits mit befreiender Wirkung an K gezahlt hat, § 407 Abs. 1.

II. V könnte gegen F einen Anspruch auf Herausgabe der 300 eingefärbten Stoffballen aus § 985 haben

Voraussetzung dafür ist, dass V Eigentümer der 300 Ballen und F Besitzer ohne Recht zum Besitz ist.

1. V war Eigentümer der Stoffballen. Weder hat er das Eigentum mangels Bedingungseintritt durch aufschiebend bedingte Übereignung (s. o.), noch durch Einfärben der Stoffballen gem. § 950 an F verloren, da der Wert der Einfärbung erheblich geringer war als der Wert der Stoffe selbst (§ 950 Abs. 1 a.E.). F ist unmittelbarer Besitzer der 300 Stoffballen. Er könnte dem Herausgabeanspruch des V entgegenhalten, dass er ihm gegenüber zum Besitz gem. § 986 Abs. 1 berechtigt sei.

2. Ein von K abgeleitetes vertragliches Besitzrecht scheidet infolge Rücktritts des V vom Kaufvertrag aus. V ist gem. §§ 346 ff., 323 wirksam vom Kaufvertrag zurückgetreten.

3. F steht auch kein Werkunternehmerpfandrecht nach § 647 zu, da der Besteller K nicht Eigentümer der Ballen war. Ein gutgläubiger originärer Erwerb des Werkunternehmerpfandrechtes nach § 1207 scheidet aus, da diese Vorschrift gem. § 1257 nur auf bereits entstandene gesetzliche Pfandrechte anwendbar ist (str., s. u. Rn. 656). Für eine analoge Anwendung von § 1207 bleibt kein Raum. Entgegen einer vertretenen Ansicht (*Baur/Stürner*, § 55 Rn. 40) lässt sich weder durch § 366 Abs. 3 HGB noch aufgrund der Besitzübergabe eine Analogie rechtfertigen (*Palandt/Bassenge*, § 1257 Rn. 2). § 366 HGB kann als handelsrechtliche Sondervorschrift nicht der Auslegung von § 1257 dienen. Der Besitz des Verpfänders bildet nicht allein die Rechtsscheinsgrundlage für einen gutgläubigen Pfandrechtserwerb nach § 1207. Zusätzlich müsste sich der Verpfänder im Rahmen der dinglichen Einigung von § 1207 als Eigentümer der Pfandsache aufführen. Eine solche Verfügungserklärung fehlt jedoch beim gesetzlichen Pfandrecht.

4. F könnte ein vertragliches Pfandrecht von K erworben haben (s. zu den Voraussetzungen u. Rn. 650 ff.). K und F haben sich über die Bestellung eines Pfandrechtes an den Stoffballen i.S.v. §§ 1204, 1205 geeinigt. Der formularmäßigen Vereinbarung eines vertraglichen Pfandrechtes für eine aus demselben Rechtsverhältnis entstehende Forderung steht § 307 nicht entgegen.

Die Stoffballen wurden auch gem. § 1205 an F übergeben, dabei könnte jedoch K als Nichtberechtigter verfügt haben. K war nicht Eigentümer der Stoffballen. Entscheidend ist, ob die Ermächtigung in den Lieferbedingungen eine Verpfändung der Stoffballen umfasst. Bereits der Wortlaut der Klausel („veräußern") spricht gegen eine solche Verpfändungsbefugnis. Außerdem sollte K nur zur Veräußerung der bereits verarbeiteten Stoffballen befugt sein, nicht aber des Rohmaterials. Zweck der Weiterveräußerungsermächtigung ist, dass der Vorbehaltsverkäufer V die Sicherung durch den Eigentumsvorbehalt nur gegen die Abtretung einer neuen Sicherheit in Form der Kaufpreisforderung aufgibt. Die Veräußerungsermächtigung gilt somit nur für Verfügungen, durch die ein Gegenwert erlangt wird. Dies ist bei der Bestellung von Sicherheiten jedoch nicht der Fall. Die Bestellung von Pfandrechten ist daher von der Veräußerungsermächtigung nicht erfasst. Damit verfügte K als Nichtberechtigter, so dass nur ein gutgläubiger Pfandrechtserwerb gem. §§ 1207, 932 in Betracht kommt (hierzu u. Rn. 655 ff.).

5. Voraussetzung für einen solchen gutgläubigen Pfandrechtserwerb ist, dass dem F bei Verpfändung weder das fehlende Eigentum des K bekannt, noch dies ihm infolge grober Fahrlässigkeit unbekannt war.

a) F hatte keine Kenntnis von dem fehlenden Eigentum des K. Fraglich ist, ob F bei der Pfandrechtsbestellung grob fahrlässig handelte, indem er die im Verkehr erforderliche Sorgfalt in ungewöhnlich hohem Maße verletzte (s. § 932 Abs. 2). Dies setzt voraus, dass der F geeignete Erkenntnisquellen unbeachtet ließ oder ihm eine Nachforschungspflicht oblag (s. o. Rn. 201 ff.). Mangels geeigneter Erkenntnisquellen stellt sich die Frage nach einer Nachforschungspflicht des F. Dem F war bekannt, dass es sich bei K um einen Kleiderfabrikanten handelte. Maßgeblich ist, ob diese Information im Zusammenhang mit dem Umstand der Häufigkeit der Vereinbarung von Eigentumsvorbehalten zwischen Rohstofflieferanten und Herstellern eine Nachforschungspflicht für den F begründet.

b) Für die Beantwortung der Frage einer bestehenden Nachforschungspflicht ist entscheidend, wer das Risiko eines Eigentumsvorbehaltes tragen soll. Berücksichtigt man die Gepflogenheiten des Rechtsverkehres, so spricht dies für die Annahme, dass F nicht im guten Glauben handelte, da er nach den Handelsgepflogenheiten mit einem Eigentumsvorbehalt rechnen musste. Insoweit ist von Bedeutung, dass die Legitimationskraft des Besitzes, auf der die gesetzliche Regelung des § 932 beruht, im kaufmännischen Verkehr heutzutage nur noch von eingeschränkter Bedeutung ist. Dem ist allerdings entgegenzuhalten, dass gerade der Vorbehaltsverkäufer das Risiko des Eigentumsvorbehalts bewusst eingeht, indem er die Ware ohne Bezahlung bereits an den Vorbehaltskäufer weiterreicht. Im Interesse eines funktionierenden Rechtsverkehrs wären dem Vorbehaltsverkäufer die Folgen zuzuweisen, wenn sich dieses Risiko realisiert. Es besteht auch ein berechtigtes Interesse des Werkunternehmers (F) an der Durchsetzung seiner Werklohnforderung und an deren Sicherung durch (gutgläubigen) Pfandrechtserwerb. Da regelmäßig mit der Werkleistung eine Wertsteigerung stattfindet, ist das Argument einer fehlenden vertraglichen Beziehung zum Eigentümer und dem daraus folgenden Schutzbedürfnis des Eigentümers von geringerem Gewicht.

c) Eine Nachforschungspflicht des F wäre daher zu verneinen, insoweit ein schutzwürdiges Unternehmerinteresse an einem gutgläubigen Pfandrechtserwerb besteht. Voraussetzung dafür ist, dass keine anderen Rechte bestehen, durch die die Werklohnforderung hinreichend gesichert ist. Das vereinbarte Zurückbehaltungsrecht oder jenes aus § 273 Abs. 1 wirkt nur zwischen den Vertragsparteien F und K, so dass F dies dem V nicht entgegenhalten kann. Unabhängig von der Frage, ob das Zurückbehaltungsrecht nach § 1000 auch ein Besitzrecht i.S. von § 986 begründet (vgl. Rn. 281), soll damit nur der geschuldete Ersatz von nutzlichen Verwendungen mit der gem. § 996 bestehenden Einschränkung durchgesetzt werden, dass eine Werterhöhung zur Zeit der Wiedererlangung vorhanden sein muss. Dieser Betrag wird meist geringer sein als der Werklohnanspruch. Außerdem bedarf es für eine Befriedigung nach § 1003 Abs. 2 eines den Verwendungsersatzanspruch feststellenden Titels, der für die Pfandverwertung nach § 1233 Abs. 1 nicht nötig ist. Folglich ist das Unternehmerinteresse durch ein Zurückbehaltungsrecht nach §§ 273, 1000 nicht hinreichend geschützt. Wenn auch ein gutgläubiger Erwerb des Werkunternehmerpfandrechtes abgelehnt wird (s. o.), ist daher ein gutgläubiger Pfandrechtserwerb zu bejahen.

6. F war daher gutgläubig und hat nach §§ 1207, 932 ein Pfandrecht an den Stoffballen erworben, das er dem Herausgabeverlangen des V nach § 986 Abs. 1 S. 1 entgegenhalten kann. V hat gegen F keinen Anspruch auf Herausgabe der 300 Stoffballen aus § 985.

II. Erweiterter Eigentumsvorbehalt

610   Beim erweiterten Eigentumsvorbehalt wird der Eigentumsübergang auf den Käufer nicht nur von der Begleichung der Kaufpreisforderung, sondern weiterer Forderungen abhängig gemacht. Der Eigentumsvorbehalt sichert also nicht nur die Kaufpreisforderung. In der Sache handelt es sich bei dem erweiterten Eigentumsvorbehalt um die Verbindung eines einfachen Eigentumsvorbehalts mit der (im nachfolgenden Kapitel noch darzustellenden) Sicherungsübereignung (s. u. Rn. 615 ff.). Mit Begleichung der Kaufpreisforderung ist das Eigentum wie bei der Sicherungsübereignung Sicherungsgut für die weiteren gesicherten Forderungen (Westermann/*H.-P. Westermann*, § 39 V 1). Grundsätzlich sind derartige Erweiterungen zulässig. Sie unterliegen – je nach Ausgestaltung – allerdings gewissen Grenzen.

1. Kontokorrentvorbehalt

611   Der Kontokorrentvorbehalt bezeichnet die Vereinbarung, dass das Eigentum an dem Gegenstand erst mit vollständiger Begleichung aller Forderungen des Verkäufers P gegen den Käufer H übergehen soll. Für einen geschäftsunerfahrenen Käufer besteht, jedenfalls bei Vereinbarung mittels Allgemeiner Geschäftsbedingungen, das Risiko, nicht zu überblicken, wann er letztlich Eigentum erlangt. Für Verbraucherverträge wird daher eine Vereinbarung durch Allgemeine Geschäftsbedingungen als ein Verstoß gegen § 307 gesehen, wenn die „erweitert gesicherten" Forderungen nicht in einem zeitlichen und sachlichen Zusammenhang zum Kaufvertrag stehen (*Bülow*, Rn. 1529 ff.; MünchKomm-BGB/*H. P. Westermann*, § 449 Rn. 82). Im kaufmännischen Geschäftsverkehr ist dagegen nach Auffassung des Bundesgerichtshofs ein Kontokorrentvorbehalt wirksam (BGHZ 125, 83, 88; s. auch *Bülow*, Rn. 1531, a. A. *Reinicke/Tiedtke*, Rn. 911 ff., 920).

612   Wegen der starken Veränderungen, denen der Umfang der gesicherten Forderungen unterliegt, finden auf den Kontokorrentvorbehalt die Grundsätze zur Übersicherung bei revolvierenden Kreditsicherheiten (s. o. Rn. 600) entsprechende Anwendung. Der Käufer als Sicherungsgeber hat daher bei Überschreitung der betreffenden Sätze von 150 Prozent einen Freigabeanspruch. Ist in Allgemeinen Geschäftsbedingungen keine eindeutige Freigabeklausel geregelt, so ist der erweiterte Eigentumsvorbehalt unwirksam (BGHZ 125, 83, 87).

2. Konzernvorbehalt

Eine früher häufige Praxis war der sog. Konzernvorbehalt. In derartigen **613** Absprachen wird der Eigentumsübergang – anders als beim Kontokorrent- vorbehalt – nicht von der Erfüllung anderer Zahlungsansprüche des Verkäu- fers P, sondern dritter Gläubiger abhängig gemacht. Dabei handelt es sich nicht um beliebige Dritte, sondern um Forderungen von Unternehmen, die mit dem Verkäufer in einem Verhältnis von verbundenen Unternehmen i.S. des § 15 AktG stehen. Man spricht daher auch vom **Konzernvorbehalt.**

Das Gesetz erklärt nunmehr generell drittbegünstigende Eigentumsvorbe- **614** halte in § 449 Abs. 3 für nichtig. Damit können Konzernvorbehalte nicht mehr wirksam vereinbart werden. Inwieweit umgekehrt der Verkäufer den Eigentumsübergang davon abhängig machen kann, dass Dritte gegenüber dem Verkäufer P ihre Forderungen ebenso begleichen, ist zweifelhaft. Ge- setzlich geregelt ist dieser Fall in § 449 Abs. 3 nicht. Auch hier besteht die Gefahr, dass der Eigentumsvorbehaltskäufer H für eine lange Zeit das Eigen- tum nicht erlangt und dadurch erheblich in seiner wirtschaftlichen Bewe- gungsfreiheit eingeengt wird. Im Übrigen schwächt auch der sog. umge- kehrte Eigentumsvorbehalt die weiteren Befriedigungsaussichten einfacher Gläubiger in der Insolvenz, indem das Eigentum an dem Gegenstand nicht Massebestandteil wird (so die amtliche Begründung zu § 449 Abs. 3, RegE, BT-Drs. 12/3803, S. 77 ff.). Im Hinblick darauf mehren sich die Stimmen, die eine analoge Anwendung des § 449 Abs. 3 in diesen Fällen befürworten (*Ha- bersack/Schürnbrand*, JuS 2002, 833, 838 f.). Andere wiederum sehen in der bewusst unterbliebenen Regelung ein Hindernis für eine Analogie (s. *Bülow*, Rn. 1519), befürworten aber ihrerseits unter Heranziehung der in der Be- stimmung zum Ausdruck gekommenen Wertungen eine Unwirksamkeit zu- mindest dann, wenn der umgekehrte Konzernvorbehalt im Rahmen von All- gemeinen Geschäftsbedingungen vereinbart wurde (MünchKomm BGB/*H.P. Westermann*, § 449 Rn. 86).

III. Kontrollfragen

1. Was ist ein Eigentumsvorbehalt und welchem Zweck dient er?
2. Nennen Sie die Voraussetzungen für die Entstehung der Anwartschaft beim ETVB?
3. Wie kann der ETVB und damit die Anwartschaft erlöschen?
4. Kann die Anwartschaft gutgläubig erworben werden, wenn sich der (unberechtigte) Veräußerer nicht als Eigentümer, sondern lediglich als Anwartschaftsberechtigter aus- gibt?
5. Gibt die Anwartschaft dem Inhaber gegenüber dem Eigentümer ein Recht zum Besitz i.S.v. § 986?
6. V übereignet seinen Laptop gemäß §§ 929 S. 1, 930 an E. Anschließend veräußert V

diesen Laptop an B, wobei Ratenzahlung und Eigentumsvorbehalt vereinbart werden. V übergibt den Laptop an B. E verlangt die Herausgabe des Laptops. Mit Erfolg?

7. Im Dezember 2000 verkaufte die Maschinenfabrik V–AG der H–KG eine Fräsmaschine unter Eigentumsvorbehalt. Die H–KG nahm die Maschine in Benutzung. Im September 2001 übereignet die H–KG dem Kaufmann C die Maschine zur Sicherheit für ein der H–KG von C gewährtes Darlehen, ohne den Eigentumsvorbehalt zu erwähnen. Es wurde vereinbart, dass die H–KG im Besitz der Maschine verbleiben sollte und weiter mit ihr arbeiten durfte.

C seinerseits trat im August 2002 seine Darlehensforderung an die L–AG ab. Dabei erklärten C und die L–AG, sich darüber einig zu sein, dass das Eigentum an der Fräsmaschine auf die L übergehen soll. C trat zugleich seine Rechte aus dem zwischen ihm und der H–KG bestehenden Besitzmittlungsverhältnis an die L–AG ab und veranlasste die H–KG, den Besitz an der Maschine nur noch der L–AG zu mitteln.

In der Folgezeit kam die H–KG ihren Zahlungsverpflichtungen gegenüber der V–AG nicht mehr nach und die V–AG erreichte unter Androhung gerichtlicher Schritte, dass die H–KG (H) die Fräsmaschine an sie herausgab.

Kann die L–AG (L) von der V–AG (V) die Herausgabe der Maschine verlangen (nach BGHZ 50, 45)?

8. Lesen Sie **BGHZ 104, 129 ff.** (die dort in Bezug genommenen Vorschriften des AGBG befinden sich heute in den §§ 305 ff.) und beantworten Sie folgende Fragen!

a) Welche Arten von ETVB enthielten die AGB der Beklagten?

b) Wie erfolgte die Veräußerung der Kranteile an die Klägerin?

c) Wie beurteilt der Bundesgerichtshof die Wirksamkeit des erweiterten ETVB?

d) Hätte bei Unwirksamkeit des erweiterten ETVB bereits G Eigentum an den Kranteilen erworben?

e) Sieht der Bundesgerichtshof eine Veräußerung im Sale-and-Lease-Back-Verfahren immer als Verstoß gegen einen ETVB an?

Empfehlungen zur vertiefenden Lektüre:

Hoffmann, Die Formen des Eigentumsvorbehalts, Jura 1995, 457; *Leible/Sosnitza*, Grundfälle zum Recht des Eigentumsvorbehalts, JuS 2001, 449, 556; s. i.Ü. die Literatur zu § 14.

§ 16. Sicherungseigentum

I. Interessenlage und rechtliche Lösung

1. Interessenlage

a) Geldkreditgeber und Warenkreditgeber

Im Zusammenhang mit dem Eigentumsvorbehalt wurden die Fragen erör- **615** tert, die den Verkäufer betreffen, der einen Teil seiner Leistung im Voraus und dafür, wie auch für die noch ausstehenden Leistungen des Erwerbers, eine Sicherheit benötigt. Man spricht bei ihm von einem Warenkreditgeber. Der **Geldkreditgeber** stellt dem Kreditnehmer einen Kredit zur Verfügung, der ihn in die Lage versetzt, Waren zu kaufen. Geldkreditgeber werden regelmäßig nur willens sein, einen Kredit zu gewähren, wenn ihnen vom Kreditnehmer einer Sicherheit gestellt wird. Das kann zum einen eine Personalsicherheit sein, indem eine weitere Person gleich- oder nachgeordnet die Schuld oder Haftung übernimmt. Beispielhaft seien hier Schuldbeitritt und Bürgschaft genannt. Zum anderen kann das ein Vermögensteil des Kreditnehmers oder aber auch ein Bestandteil des Vermögens eines Dritten sein. Häufiges Beleihungsobjekt sind Grundstücke. Vielfach wird der Kreditnehmer nicht Eigentümer eines Grundstücks sein, das er beleihen könnte, oder ein vorhandenes wird bereits werterschöpfend beliehen sein. Regelmäßig wird er auch keine Dritten finden, die er zur Bereitstellung eines Grundstücks zwecks Beleihung bewegen kann.

Damit wird er erwägen, sein sonstiges Vermögen als Sicherheit zur Verfügung zu stellen. In Betracht kommen das Eigentum an beweglichen Sachen sowie Forderungen und Rechte, deren Inhaber er ist.

b) Pfandrecht und Sicherungsübereignung

Der Kreditnehmer könnte sowohl das Eigentum als auch Rechte dem **616** Kreditgeber verpfänden (§§ 1204 ff.; §§ 1273 ff.). Letzterer erlangte dann für den Verwertungsfall ein Verwertungsrecht an dem verpfändeten Gegenstand. Die Verpfändung von beweglichen Sachen ist allerdings mit dem wesentlichen Nachteil verbunden, dass das Pfandrecht zu seiner Entstehung **den Besitz an der Sache** voraussetzt (s. u. Rn. 647 ff.). Der Besitz des Kreditgebers ist aber weder aus Sicht des Sicherungsnehmers noch aus der des Sicherungsgebers erwünscht. Der Sicherungsnehmer hat keine Verwendung für die Sache. Mit dem Besitz wären möglicherweise Kosten verbunden (z. B. Lagerkosten), die ohne Nutzen entstehen würden. Der Sicherungsgeber dagegen

benötigt den Gegenstand in der Regel, um unter Verwendung dieses Gegenstandes die Mittel zu erwirtschaften, die ihm eine Rückzahlung des Kredites
erst ermöglichen. § 1253 schließt auch die Möglichkeit aus, nach Bestellung
des Pfandrechts die verpfändete Sache dem Sicherungsgeber wieder zurückzugeben. Die Verpfändung einer Forderung (und anderer Rechte), ist dagegen mit dem Nachteil verbunden, dass sie dem Schuldner **angezeigt** werden
muss, damit das Pfandrecht entsteht, § 1280. Damit aber wird dem Schuldner
offensichtlich, dass sein Gläubiger Kredite benötigt, ein Umstand, der den Sicherungsgeber in seiner geschäftlichen Bonität herabsetzen könnte. Für den
Sicherungsnehmer könnte sich als weiterer Nachteil herausstellen, dass das
Pfandrecht an beweglichen Sachen oder Rechten stets akzessorisch ist (hierzu
u. Rn. 643 ff.), sein Umfang sich also nach der Höhe der gesicherten Forderung richtet.

2. Kautelarjuristische Lösung

617   Die Praxis hat daher nach Sicherheiten gesucht, die diese Nachteile vermeiden und das sog. **Sicherungseigentum** an körperlichen beweglichen Sachen und die **Sicherungszession** an Forderungen und anderen Rechten
entwickelt. Die Sicherungsübereignung von beweglichen Sachen erfüllt die
Funktion eines **besitzlosen** Pfandrechts. Die Sicherungszession ermöglicht,
eine Forderung als Sicherheit zu leisten, ohne dass dies dem Schuldner dieser
Forderung angezeigt werden müsste (s. ausführlich zur Sicherungsabtretung:
Reinicke/Tiedke, Rn. 771 ff.). Beide Rechtsgeschäfte verschaffen dem Sicherungsnehmer Rechtspositionen, die im Vergleich zu der Verpfändung einfacher als ein Pfandrecht verwertet werden können (s. z. B. §§ 1228 Abs. 1,
1234 ff., 1281) und in ihrem Bestand zur Forderung nicht akzessorisch sind.
Zwar sind beide Rechtsinstitute – worauf noch zurückzukommen sein wird
– nicht ganz unproblematisch, wenn man sie an den geltenden Vorschriften
und Grundsätzen des Sachenrechts misst, doch haben sie sich schon seit lan-
gem durchgesetzt, und so besteht heutzutage an ihrer grundsätzlichen Wirksamkeit weit überwiegend kein Zweifel mehr.

a) Gegenstand der Sicherungsübereignung

618   Gegenstand der Sicherungsübereignung sind – wie bereits ausgeführt – bewegliche Sachen i. S. von körperlichen Gegenständen (§ 90), auch solche die
§ 95 unterfallen (sog. Scheinbestandteile; s. o. Rn. 19). Er wird – wie noch
näher dazustellen ist und auch der Begriff zu erkennen gibt – übereignet. Da
der Eigentümer auch über die unpfändbaren Gegenstände frei verfügen kann,
kommt es auf die Pfändbarkeit der sicherungsübereigneten Gegenstände
nicht an. Auch wenn – wie vielfach – ein ganzes Warenlager übereignet wird,
folgt das Rechtsgeschäft den Grundsätzen der Spezialität (hierzu o. Rn. 33 f.),
d. h. jeder einzelne Gegenstand muss übereignet werden. Auf die damit zu-

sammenhängenden Probleme der Bestimmtheit wird an späterer Stelle einge-gangen (Rn. 626). Sogar künftige noch zu erwerbende Gegenstände können zur Sicherheit übereignet werden, was gerade bei Warenlagern, die einen wechselnden Bestand haben, von besonderer Bedeutung ist.

b) Rechtsgeschäfte im Rahmen einer Sicherungsübereignung

Die Sicherungsübereignung besteht zum einen aus dem **Sicherungsver- 619 trag** und zum anderen aus der Übereignung. Letztere ist für jeden zur Si-cherheit zu übereignenden Gegenstand erforderlich. Davon zu trennen ist das schuldrechtliche Geschäft, das die zu sichernde Forderung begründet. Der Si-cherungsvertrag bildet mit seiner Zweckbestimmung die Klammer zwischen diesem Rechtsgeschäft und der Sicherungsübereignung, die erforderlich ist, da das Sicherungseigentum nicht akzessorisch ist. Der Sicherungsvertrag be-stimmt die Rechte und Pflichten der Vertragsparteien, wie etwa die Ver-pflichtung, eine Sicherheit zu gewähren. Er enthält den Rechtsgrund für die Sicherungsübereignung. Die Sicherungsübereignung erfolgt durch Vereinba-rung eines Besitzkonstituts (§§ 929 S. 1, 930; s. o. Rn. 181 ff.), kraft dessen der bisherige Eigentümer und Sicherungsgeber den unmittelbaren Besitz an der Sache behält, während der Sicherungsnehmer und Erwerber nur mittel-baren Besitz (§ 868) erlangt.

Die Sicherungsübereignung

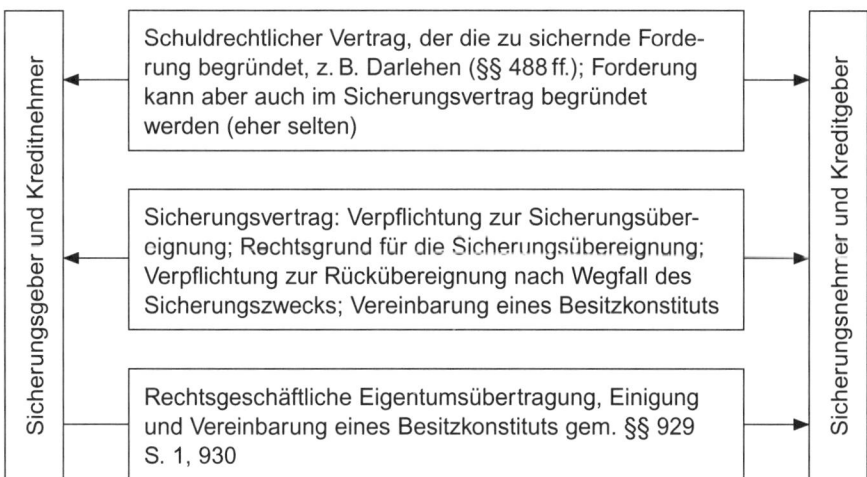

c) Vereinbarkeit mit sachenrechtlichen Grundsätzen

Zwar stellt die Sicherungsübereignung eine Umgehung der Vorschriften **620** über das Besitzpfandrecht dar, gleichwohl ist ihre Zulässigkeit heutzutage weithin unumstritten und gewohnheitsrechtlich anerkannt. Mit ihr wird nicht ein neues dingliches Recht geschaffen, sondern das Eigentum schuldrechtlich so eingeschränkt, dass es den Erfordernissen eines Kreditsicherungsmittels genügt.

II. Sicherungsvertrag

1. Funktion des Sicherungsvertrages

621   Der Sicherungsvertrag ist ein formloser Vertrag eigener Art. Er bildet die schuldrechtliche Grundlage für die Sicherungsübereignung und bestimmt die zu sichernde Forderung. Je nach Ausgestaltung handelt es sich um einen gegenseitigen oder nur zweiseitigen Vertrag. Letzteres liegt stets vor, wenn eine bereits bestehende Forderung besichert werden soll. Er bildet zugleich den Rechtsgrund für den Verbleib der Sicherheit beim Sicherungsnehmer, da dies die besicherte Forderung mangels Akzessorietät nicht sein kann. Der Sicherungsvertrag hat zudem die Funktion, die Verbindung zwischen der Sicherheit und der besicherten Forderung herzustellen. Das geschieht durch die sog. Sicherungszweckabrede. Aus dieser Vereinbarung ergibt sich, welche Forderung(en) die Sicherheit besichern soll. Bei Nichtigkeit der besicherten Forderung folgt daraus nicht etwa die Nichtigkeit der Sicherungsübereignung. Vielmehr besteht dann zugunsten des Sicherungsgebers ein Anspruch auf Rückübertragung des Eigentums gegen den Sicherungsnehmer aus dem Sicherungsvertrag. Je nach Ausgestaltung der Vereinbarung ergibt sich dieser Anspruch auch bei Wegfall des Sicherungszwecks, also wenn die besicherte Forderung erfüllt wird.

622   Im Sicherungsvertrag wird das Besitzmittlungsverhältnis (§ 868) vereinbart, das zwischen Sicherungsgeber und Sicherungsnehmer besteht, da der Sicherungsgeber trotz Sicherungsübereignung im Besitz der Sache bleiben soll. Er ist dann unmittelbarer Fremdbesitzer für den Sicherungsnehmer, der mittelbarer Eigenbesitzer ist.

2. Pflichten des Sicherungsgebers

623   Der Sicherungsvertrag begründet für den Sicherungsgeber die Pflicht, die Sicherungsübereignung vorzunehmen. Er darf nicht über den Sicherungsgegenstand verfügen und muss als Besitzer sorgfältig mit dem Gegenstand umgehen. Mit Eintritt des Sicherungsfalles muss der Sicherungsgeber dem Sicherungsnehmer den unmittelbaren Besitz an der Sache verschaffen, da der Sicherungsnehmer dann die Sache verwerten darf.

3. Pflichten des Sicherungsnehmers

Schuldrechtlich wird die dingliche Rechtsposition des Sicherungsnehmers **624** als „Volleigentümer" eingeschränkt (sog. fiduziarische Bindung), ohne dass dies etwas an der Eigentümerstellung im dinglichen Sinne ändern würde. So ist er zur Verwertung nur im Sicherungsfall berechtigt, dazu enthält der Sicherungsvertrag Regelungen wann der Sicherungsfall eintritt und wie die Verwertung erfolgen darf. Verstöße gegen diese Beschränkungen haben lediglich schuldrechtliche Wirkungen. Veräußert der Sicherungsnehmer vor Eintritt des Sicherungsfalls etwa gem. § 931 das Eigentum, so ist die Verfügung wirksam. Ein solches vertragswidriges Verhalten kann aber Schadensersatzansprüche (z. B. gem. §§ 280 ff.) begründen.

Inhalt Sicherungsvertrag (Aufzählung nicht abschließend)

1. Begründung der zu sichernden Forderung, soweit sie noch nicht besteht
2. Sicherungszweckabrede
   - Verbindung von Übereignung und kausalem Rechtsgeschäft
   - Rechtsgrund der Übereignung
   - Benennung der zu sichernden Forderungen
3. Pflichten des Sicherungsgebers
   - Übereignung des hinreichend bestimmten Sicherungsgegenstandes,
   - Obhut, Verwahrung, Versicherung und Herausgabe (Besitzkonstitut),
   - Führung eines Bestandsverzeichnisses und Auffüllung des Sicherungsgutes bei Unterdeckung
   - Informations-, Hinweispflichten (z.B. Vollstreckung Dritter)
4. Pflichten des Sicherungsnehmers
   - Überprüfung des Sicherungsgutes,
   - Verwertungsbefugnis, Festlegung der Umstände des Sicherungsfalls, Art und Weise der Verwertung
   - Freigabepflicht bei Übersicherung
5. Weiterveräußerungsbefugnis des Sicherungsgebers unter Abtretung der Forderungen (z.B. bei Warenlagern)
6. Abtretung von Ersatzansprüchen
7. Rückübertragung bei Wegfall des Sicherungszwecks

III. Sicherungsübereignung

1. Dingliches Rechtsgeschäft

Die Sicherungsübereignung ist eine Übereignung von beweglichen Sa- **625** chen als Sicherungsgut, die in der Regel gem. §§ 929 S. 1, 930 vorgenommen wird (hierzu o. Rn. 181 ff.). Denkbar ist jedoch auch die Übereignung nach einem der anderen Übereignungstatbestände (§ 929 S. 1; §§ 929 S. 1, 931).

Es gelten zunächst einmal grundsätzlich die dort erforderlichen Voraussetzungen. Neben der dinglichen Einigung bedarf es der Vereinbarung eines Besitzverhältnisses, das hinreichend konkret sein muss. Ein solches enthält, wie bereits ausgeführt, in der Regel der Sicherungsvertrag. Die Sicherungsübereignung verlangt weiterhin die Verfügungsbefugnis des Sicherungsgebers. Bereits an dem Sicherungsrecht bestehende Rechte Dritter werden mit Übereignung auf den Sicherungsnehmer übertragen. Dies spielt vor allem im Zusammenhang mit gesetzlichen Pfandrechten (z. B. Vermieterpfandrecht gem. §§ 562, 578) eine Rolle.

626   Ein besonderes Problem stellt im Zusammenhang mit der Übereignung die Wahrung des **Bestimmtheitsgrundsatzes** dar, wenn mehrere Sachen zur Sicherheit übertragen werden. Dies gilt etwa bei Gegenständen aus einem Warenlager. Hier ist erforderlich, dass die Einigung erkennen lässt, ob sämtliche Waren des Warenlagers zur Sicherheit übereignet werden. Soll nur ein Teil übereignet werden, so sind die Sachen zu markieren. Zudem besteht die Möglichkeit, dass die Waren eines bestimmten Raumes des Lagers zur Sicherheit übereignet werden (sog. Raumsicherungsvertrag, s. auch o. Rn. 618).

627   Die Sicherungsübereignung erfolgt durch eine Einigung, die **in der Regel** nicht bedingt ist. Dies gilt etwa für den Kreditverkehr der Banken. Die Parteien können die Einigung aber auch unter die auflösende Bedingung (§ 158 Abs. 2) stellen, dass die gesicherte Forderung erlischt. Die Einigung endet dann mit Befriedigung oder Wegfall der Forderung. Sehr streitig ist die Frage, ob von einer auflösenden Bedingung auszugehen ist, wenn die Parteien dies nicht ausdrücklich vereinbart haben. Das wird teilweise unter analoger Anwendung des § 449 Abs. 1 angenommen (*Lange*, NJW 1950, 565, 569; *Reinicke/Tiedtke*, Rn. 661). Die Gegenauffassung lehnt dies ab, da es sich bei der Sicherungsübereignung nicht um ein akzessorisches Recht handele (s. zum Streit MünchKomm-BGB/*Oechsler*, Anh. §§ 929–936 Rn. 9 m.w.N.). Ob damit ein überzeugendes Argument gegen eine Analogie zu § 449 Abs. 1 gefunden ist, muss allerdings bezweifelt werden, da auch der Eigentumsvorbehalt nicht im eigentlichen Sinne akzessorisch ist, selbst wenn die Anwartschaft von dem schuldrechtlichen Vertrag völlig abhängt (s. o. Rn. 563). Im Einzelfall wird man allerdings auf die Umstände abstellen müssen, um im Wege der Auslegung den Inhalt der Sicherungsübereignung zu ermitteln (hierzu *BGH* NJW 1991, 353, 354). Jedenfalls bei Vereinbarung einer unbedingten Sicherungsübereignung in Allgemeinen Geschäftsbedingungen verlangt die Rechtsprechung ein berechtigtes Interesse des Sicherungsnehmers, das in der Besicherung weiterer Forderungen und dem Schutz vor Verfügungen durch den Sicherungsgeber liegen kann (*BGH* NJW 1984, 1184, 1185 f.). So spreche für die Annahme einer Bedingung, dass die Sicherungsübereignung nur eine einzige Forderung besichere. Dann nämlich behalte der Sicherungsgeber die Möglichkeit, die ihm verbleibende Anwartschaft zur Sicherung anderer Kredite einzusetzen, da auch die Anwartschaft als solche ein geeignetes Sicherungsgut ist (s. dazu *Reinicke/Tiedtke*, Rn. 657 ff.).

Voraussetzungen der Sicherungsübereignung nach §§ 929 S. 1, 930

1. Veräußerer = Berechtigter
2. Einigung
   Besonderheiten:
   – häufig als antizipierte Einigung
   – Bestimmtheit, z.B. bei Warenlagern (s. Rn. 626)
   – auflösende Bedingung nach § 158 Abs. 2, Interessenlage im Einzelfall maßgeblich
3. Vereinbarung eines konkreten Besitzmittlungsverhältnisses i.S. von § 868 als Übergabesurrogat im Sicherungsvertrag (s. o. die Übersicht Rn. 619)
   Besonderheiten:
   – Bestimmtheit, z.B. bei Warenlagern (s. Rn. 626)
   – auch antizipiert möglich

2. Rechtsposition des Sicherungsgebers

Je nach Ausgestaltung unterscheidet sich daher die Rechtsposition des Sicherungsgebers. Bei einer unbedingten Einigung hat der Sicherungsgeber lediglich einen **schuldrechtlichen Anspruch** auf die Rückübertragung der Sicherheit im Falle des Wegfalls des Sicherungszwecks. Wird die Einigung gem. § 158 Abs. 2 auflösend bedingt, so ist der Sicherungsgeber Inhaber einer **Anwartschaft** auf das ihm ursprünglich gehörende Eigentum wie im Falle des Eigentumsvorbehalts. **628**

Gegenüber Verfügungen des Sicherungsnehmers, die diesem zwar dinglich möglich, schuldrechtlich aber untersagt sind, kann der Sicherungsgeber sich auf verschiedene Weise schützen. Verlangt der Erwerber einer nach §§ 929 S. 1, 931 übereigneten Sache diese bei einem bestehenden Sicherungsvertrag heraus, so kann der besitzende Sicherungsgeber sein Recht zum Besitz gem. § 986 Abs. 2 dem Herausgabeanspruch nach § 985 entgegenhalten. Ein gutgläubiger lastenfreier Erwerb scheitert an § 936 Abs. 3. Für den verfügenden Sicherungsnehmer besteht freilich das Problem, dass bei einer vollständigen Befriedigung der gesicherten Forderung der Sicherungsgeber den Anspruch auf Rückübereignung des Sicherungsgutes geltend macht. Diesen kann der Sicherungsnehmer nicht erfüllen, es sei denn, er erwirbt den Gegenstand vom Dritterwerber wieder zurück. Gelingt ihm dies nicht, so kann der Sicherungsgeber Schadensersatzansprüche gegen den Sicherungsnehmer gem. §§ 280 Abs. 1 und 3, 283 geltend machen. Entfällt auch das Recht zum Besitz gegenüber dem Dritterwerber, so kann dieser wegen anfänglicher Unmöglichkeit der Besitzverschaffung vom Vertrag zurücktreten (§§ 437 Nr. 2, **629**

323, 326 Abs. 5). Er ist verpflichtet, die Sache dem Sicherungsnehmer zurückzuübereignen, der seinerseits dann seine Pflicht gegenüber dem Sicherungsgeber wieder erfüllen kann.

630 Bei einer auflösend bedingten Übereignung ist der Sicherungsgeber als Inhaber einer Anwartschaft gem. § 161 Abs. 2 vor Zwischenverfügungen des Sicherungsnehmers geschützt. Es gelten insoweit dieselben Grundsätze wie beim Eigentumsvorbehalt (s. o. Rn. 565 ff.).

631 Die Sicherungsübereignung kann im Einzelfall aus unterschiedlichen Gründen nichtig sein. Ein Verstoß gegen die guten Sitten i.S. des § 138 Abs. 1 kann sich zum einen daraus ergeben, dass der Sicherungsvertrag den Sicherungsgeber wirtschaftlich knebelt (BGHZ 7, 111). Das Gleiche gilt bei einer zwischen dem Sicherungsgeber und Sicherungsnehmer kollusiv vereinbarten Gläubigergefährdung durch Täuschung (BGHZ 10, 228).

3. Rechtsposition des Sicherungsnehmers

632 Der Sicherungsnehmer will letztlich nur eine Sicherheit. Mit der Übereignung des Gegenstandes erhält er mit dem Eigentum mehr als er benötigt, da ihm schon ein Verwertungsrecht im Sicherungsfall genügt. Diese „überschießende" Rechtsposition wird schuldrechtlich eingegrenzt, indem der Sicherungsnehmer von seinem Eigentum am Sicherungsgut nur im Sicherungsfall Gebrauch machen darf, d.h. wenn die besicherte Forderung nicht erfüllt wird.

IV. Problem der Übersicherung

633 Wie beim verlängerten Eigentumsvorbehalt kann auch die Sicherungsübereignung zu einer Übersicherung führen. Dies ist hier wie dort auf zweierlei Weise möglich: Zum einen kann die Übersicherung von Beginn an bestehen, zum anderen durch später eintretende Umstände – etwa bei Sicherungsübereignung eines Warenlagers mit wechselndem Bestand – nach Vertragsschluss entstehen. Gerade im Zusammenhang mit der Sicherungsübereignung hat der Bundesgerichtshof die Rechtsprechung zur Übersicherung entwickelt. Insoweit kann auf die zum Eigentumsvorbehalt gemachten Ausführungen verwiesen werden (o. Rn. 600 ff.).

V. Die Verwertung des Sicherungsgutes

634 Der Sicherungsnehmer hat erst im Zeitpunkt der Fälligkeit der gesicherten Forderung ein Verwertungsrecht. In welcher Weise die Verwertung zu erfolgen hat, ergibt sich in der Regel aus dem Sicherungsvertrag. Bei fehlenden

Bestimmungen hierzu können die Vorschriften zur Pfandverwertung sinnge-
mäß angewandt werden (u. Rn. 664 ff.).

Mit Eintritt der Fälligkeit der Forderung endet im Zweifel das Besitzrecht **635**
aus der Sicherungsabrede und der Sicherungsnehmer kann die Sache mittels
Vindikationsanspruchs von dem Sicherungsgeber herausverlangen. Für die
Verwertung kommt vor allem der freihändige Verkauf in Betracht. Dabei hat
der Sicherungsnehmer § 1234 zu beachten (vgl. BGHZ 124, 380 zu einer
von § 1234 abweichenden Verwertungsklausel). Zulässig ist auch eine Vereinbarung, nach der das Eigentum an der Sache beim Sicherungsnehmer verbleiben soll (sog. Verfallsklausel), da § 1229 dem nach h. M. nicht entgegensteht (*BGH* NJW 1980, 226, 227).

VI. Sicherungsübereignung in Einzelzwangs- und Gesamtvollstreckung

1. Vollstreckungszugriff durch Gläubiger des Sicherungsgebers

Da sich der Gegenstand im Besitz des Sicherungsgebers befindet, ist es sehr **636**
gut möglich, dass auch andere Gläubiger des Sicherungsgebers auf das Sicherungsgut im Wege der Zwangsvollstreckung zugreifen (s. u. Fall 12, Rn. 730).
Maßgeblich für die Zwangsvollstreckung ist die Gewahrsamslage (§ 808
ZPO). Der Sicherungsnehmer kann sich gegen einen solchen Vollstreckungszugriff im Wege der Drittwiderspruchsklage nach § 771 ZPO wehren. Er
wird also in der Einzelzwangsvollstreckung nicht wie der Inhaber eines besitzlosen Pfandrechts, sondern wie ein „normaler" Eigentümer behandelt.
Der entscheidende Grund hierfür liegt darin, dass es in seiner Macht stehen
soll, darüber zu entscheiden, wann er den Sicherungsgegenstand verwertet.
Dies soll ihm nicht von einem anderen Gläubiger aufgedrängt werden, indem
er statt der Drittwiderspruchsklage lediglich die Klage auf vorzugsweise Befriedigung gem. § 805 ZPO geltend machen kann. Eine solche Befugnis
stünde ihm nämlich nur zu, wenn man auf die wirtschaftliche Funktion seines Sicherungseigentums abstellen würde.

2. Vollstreckungszugriff durch Gläubiger des Sicherungsnehmers

Ein solcher Vollstreckungszugriff wird in der Regel schon deshalb nicht in **637**
Betracht kommen, da es an den entsprechenden Gewahrsamsverhältnissen
fehlt. Allerdings gewährt in dem Ausnahmefall, dass eine Pfändung durch
Gläubiger des Sicherungsnehmers doch einmal erfolgt sein sollte, die h. M.
auch dem Sicherungsgeber die Interventionsklage nach § 771 ZPO, solange
der Gegenstand noch nicht verwertungsreif ist (Zöller/*Herget*, § 771 Rn. 14).

Bis zu diesem Zeitpunkt hat zwar der Sicherungsnehmer Eigentum; dieses ist allerdings durch eine Treuhandvereinbarung gebunden. Mit Verwertungsreife entfällt die schuldrechtliche Beschränkung und die Klage nach § 771 ZPO ist nicht mehr möglich.

3. Insolvenz des Sicherungsgebers

638   In der Insolvenz des Sicherungsgebers führt das Sicherungseigentum lediglich zu einem Recht auf abgesonderte Befriedigung. Dies ist nunmehr in § 51 Nr. 1 InsO ausdrücklich geregelt. Der Grund für die unterschiedliche Behandlung gegenüber dem Einzelzwangsvollstreckungszugriff auf die Vorbehaltssache durch Gläubiger des Sicherungsgebers (s. o. Rn. 636) liegt darin, dass in der Gesamtvollstreckung das Vermögen ohnehin zu verwerten ist und das entscheidende Argument gegen eine Anwendung des § 805 ZPO damit entfällt.

4. Insolvenz des Sicherungsnehmers

639   Anders dagegen ist die Situation in der Insolvenz des Sicherungsnehmers. Der Sicherungsgeber hat ein Aussonderungsrecht nach § 47 InsO, wenn er die gesicherte Forderung erfüllt. Hierzu ist er auch befugt.

VII. Kontrollfragen

1. H betreibt einen Handel mit Fliesen. Die B-Bank ist bereit, ihm das benötigte Gelddarlehen in Höhe von 100.000 € gegen Gewährung einer Sicherheit zu geben. H möchte etwa 30 Prozent der in seinem Lager befindlichen Fliesen als „Pfand" anbieten.
   a) Entwerfen Sie eine vertragliche Regelung nur für die Übereignung des Warenlagerteils!
   b) Was wäre außerdem in einem Vertrag zur Sicherungsübereignung zu regeln?
2. A hat seinen Porsche an die B-Bank (B) zur Sicherung eines Darlehens übereignet, eine aufschiebend bedingte Rückübereignung wurde nicht vereinbart. Wenig später schenkt und übergibt A den Wagen seiner Gattin G zur Hochzeit, die die Sicherungsübereignung kannte. Von der Schenkung informiert A die B. Nach Tilgung des Darlehens sendet die Bank den im Rahmen der Sicherungsübereignung übergebenen Fahrzeugbrief an die G. Kurz darauf wird über das Vermögen des A das Insolvenzverfahren eröffnet. Verwalter V kann die Erfüllung der Schenkung als unentgeltliche Leistung nach § 134 Abs. 1 InsO anfechten, wenn die Erfüllungsleistung innerhalb der Anfechtungszeit erfolgte. Maßgeblich für den Zeitpunkt der Erfüllung des Schenkungsversprechens ist, wann der Vermögensgegenstand aus dem Vermögen des Insolvenzschuldners (A) ausgeschieden ist und nicht aufgrund alleiniger Entscheidung des Schuldners zurückverlangt werden kann. Das Schenkungsversprechen und die Übergabe erfolgten vor, die Zusendung des Fahrzeugscheins nach Beginn der Anfechtungsfrist, jedoch vor Eröffnung des Insolvenzverfahrens. Kann V erfolgreich anfechten?

3. A hat der B-Bank zur Sicherung eines Kontokorrentkredits mit einem Kreditrahmen i.H.v. 100.000 € einen Teil seines Warenlagers im Wege eines Raumsicherungsvertrages übereignet. Der Sicherungsvertrag verpflichtet den A u.a. dazu, für einen zur Absicherung des Darlehensrückzahlungsanspruchs (90.000 €) ausreichenden Warenbestand i.H.v. 130.000 € zu sorgen; maßgeblich soll dabei der Verkehrswert sein. Nachdem A anfänglich den Kredit fast vollständig in Anspruch genommen hatte, konnte er ihn zwischenzeitlich auf 45.000 € zurückführen, musste ihn jedoch später wieder voll in Anspruch nehmen. A befindet sich nunmehr in Zahlungsschwierigkeiten und schuldet dem C für den angemieteten Lagerraum den Mietzins für die letzten fünf Monate (10.000 €). Da infolge Kündigung des Kreditvertrags der Sicherungsfall eingetreten war, hat B die vorhandenen und nicht unter Eigentumsvorbehalt stehenden Waren nach entsprechender Androhung freihändig verkauft, wozu sie berechtigt war. A ist der Meinung, dass die Sicherungsübereignung wegen fehlender Freigabeklausel unwirksam sei, und verlangt von der B den gesamten Verwertungserlös (100.000 €). Dagegen ist C der Ansicht, dass ihm ein Teil des Erlöses zusteht. Muss B an A oder C zahlen? Gehen Sie davon aus, dass sämtliche Waren erst nach Abschluss des Sicherungsvertrages in das Lager gebracht wurden.

Empfehlungen zur vertiefenden Lektüre:

Bülow, Übereignung beweglicher Sachen zur Sicherheit, Jura 1987, 509; *Haas/Beiner*, Das Anwartschaftsrecht im Vorfeld des Eigentumserwerbs, JA 1998, 23, 115, 846; *Hromadka*, Sicherungsübereignung und Publizität, JuS 1980, 89.

§ 17. Pfandrecht

I. Arten der Pfandrechte, Unterscheidung nach Entstehungsform

640 Nicht nur an Immobilien gibt es Pfandrechte, vielmehr können diese auch an Bestandteilen des beweglichen Vermögens, d. h. an Sachen und Rechten bestehen. Wirksam begründet gewähren sie dem Pfandrechtsinhaber in der Regel nur ein **Verwertungsrecht** an dem einzelnen Gegenstand. Eine Ausnahme bildet das sog. **Nutzungspfandrecht,** dessen Inhaber die Sache auch gebrauchen und Nutzungen aus ihr ziehen darf (§ 1213). Die Sache haftet mit all ihren Bestandteilen und ihren Früchten.

641 Nach ihrem **Entstehungsgrund** lassen sich unterschiedliche Pfandrechte unterscheiden. Eine Form ist das sog. **Vertragspfandrecht,** geregelt in den §§ 1204 ff. Es entsteht – wie der Name schon sagt – durch vertragliche Vereinbarung der Parteien. Daneben kann ein Pfandrecht auch in der Zwangsvollstreckung durch Pfändung begründet werden. Es handelt sich um ein **Pfändungspfandrecht,** das überwiegend den Regeln des Vertragspfandrechts folgt, soweit sich aus den Bestimmungen des Achten Buchs der ZPO nichts anderes ergibt (§ 804 Abs. 2 ZPO). Inwieweit auf die Entstehung des **Pfändungspfandrechts** die Bestimmungen der §§ 1205 ff. anzuwenden sind oder allein auf den verfahrensrechtlichen und damit öffentlich-rechtlichen Vollstreckungsakt der Pfändung abzustellen ist, bildet den Streitpunkt im Rahmen der Diskussion um die sog. Pfandrechtstheorien und kann hier nicht weiter dargestellt werden. Insoweit wird auf das verfahrensrechtliche Schrifttum verwiesen (s. *Rosenberg/Gaul/Schilken,* § 50 III 3; *Lüke,* Zivilprozessrecht, 9. Aufl. 2006, Rn. 611 ff.).

642 Schließlich kennt das Zivilrecht schuldrechtliche Verträge, die von Gesetzes wegen Pfandrechte **(gesetzliche Pfandrechte)** entstehen lassen, die Ansprüche aus dem Vertrag sichern. Typische Beispiele sind das **Vermieterpfandrecht** an den vom Mieter eingebrachten Sachen des Mieters zur Sicherung von Forderungen des Vermieters aus dem Mietvertrag (§§ 562 ff.) oder das **Unternehmerpfandrecht** an den vom Unternehmer hergestellten oder ausgebesserten Sachen des Bestellers, das den Werklohn des Unternehmers sichert (§ 647). Weitere Beispiele sind das Pfandrecht des Gastwirts (§ 704), des Kommissionärs (§ 397 HGB), des Frachtführers (§ 441 HGB) und Spediteurs (§ 464 HGB). Auf diese **gesetzlich begründeten** Pfandrechte finden die Vorschriften über das vertragliche Pfandrecht entsprechende Anwendung (§ 1257). Gerade hierdurch gewinnen die §§ 1205 ff. an Bedeutung.

II. Wesentliche Charakteristika

1. Akzessorietät des Pfandrechts

Ein wesentliches Charakteristikum des Pfandrechts ist die völlige Abhän- **643** gigkeit vom Bestehen der Forderung **(Akzessorietät).** Das gilt sowohl für die **Begründung** – ohne Forderung kann ein Pfandrecht nicht bestellt werden (s. §§ 1204 Abs. 2, 1273 Abs. 2) – als auch für den **Fortbestand** (§§ 1252, 1273 Abs. 2). Das Pfandrecht haftet für die gesicherte Forderung in ihrer bestehenden Höhe (§ 1210 Abs. 1 S. 1). Eine Übersicherung ist daher ausgeschlossen. Hierzu gehören aber auch Forderungen auf Verzugszins und Vertragsstrafe (§ 1210 Abs. 1 S. 1).

Aus seiner Abhängigkeit von der Forderung folgt, dass das Pfandrecht nur **644** mit der Forderung übertragen werden kann und mit dieser kraft Gesetzes übergeht (§ 1250 Abs. 1). Forderung und Pfandrecht können also nicht getrennt werden, Gläubiger und Pfandrechtsinhaber sind immer identisch.

Das Pfandrecht

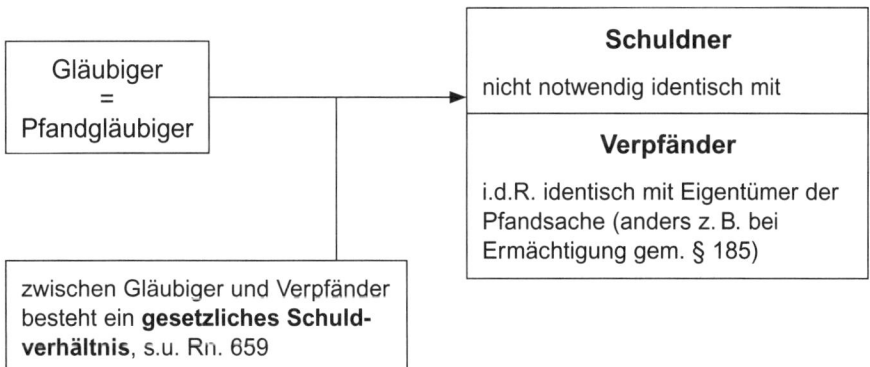

Auch inhaltlich folgt das Pfandrecht der persönlichen Forderung. So ist das **645** Verwertungsrecht erst dann durchsetzbar, wenn auch die persönliche Forderung fällig ist.

Die Einreden und Einwendungen sind im Gesetz nur zum geringen Teil **646** geregelt und werden in § 1211 vorausgesetzt, der Besonderheiten der fehlenden Identität von Schuldner und Verpfänder regelt. Aus dem Grundsatz der Akzessorietät ergibt sich, dass der Verpfänder alle persönlichen Einreden und Einwendungen gegen die Forderung auch gegen das Pfandrecht einwenden kann. Dies gilt – wie in § 1211 für Einreden ausdrücklich geregelt – sogar, wenn Schuldner und Verpfänder nicht identisch sind.

Einreden und Einwendungen des Verpfänders

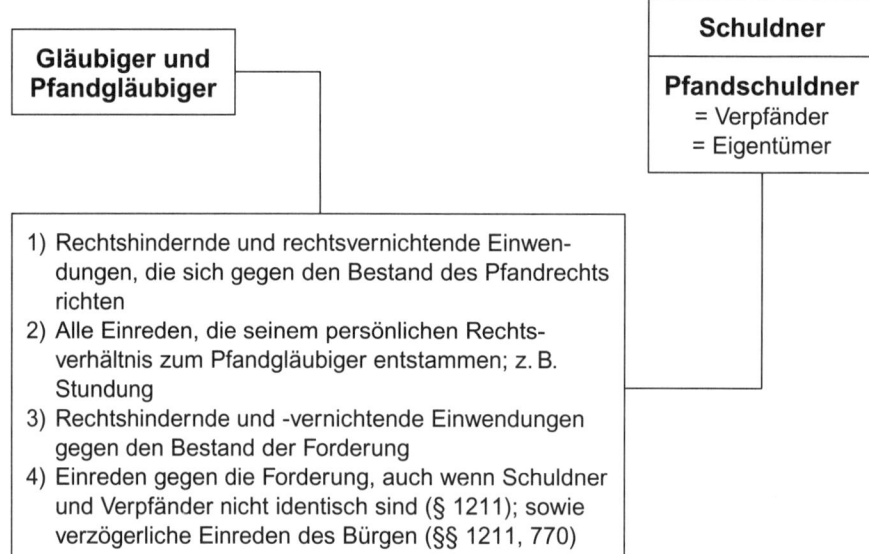

2. Besitzpfandrecht an beweglichen Sachen

647   Eine weitere Besonderheit besteht bei Pfandrechten an beweglichen Sachen. Das Gesetz hat dieses Pfandrecht als **Besitzpfandrecht** ausgestaltet. Es
bedarf also zur Bestellung des Pfandrechts und seines Fortbestands der Übergabe des verpfändeten Gegenstands. Dabei ist die Vereinbarung eines Übergabesurrogats grds. nicht ausreichend (s. aber Rn. 650). Das Gesetz misst also
der Publizitätsfunktion des Besitzes eine besondere Bedeutung bei.

648   Angesichts dieses Erfordernisses spielt das Pfandrecht bei beweglichen Sachen in der Praxis keine große Rolle und wurde funktional von der **Sicherungsübereignung** (s. o. Rn. 615 ff.) ersetzt, die keinen unmittelbaren Besitz voraussetzt. Lediglich im Bereich verbriefter Rechte, die wie bewegliche
Sachen verpfändet werden (zu der Ausnahme bei Orderpapieren s. u.
Rn. 668), ist das anders. Dort wird die Verpfändung trotz Besitzerfordernis
durchaus häufig vorgenommen. Ein solches Sicherungsrecht ist in den AGB
der Banken und Sparkassen auch an den im Depot befindlichen Wertpapieren vorgesehen.

649   Bei den gesetzlichen Pfandrechten ist für die Entstehung des Pfandrechts
vielfach nicht der Besitz, sondern lediglich die Einbringung der Sache erforderlich (so z. B. Vermieter, § 562; Verpächter, § 583; Gastwirt, § 704), während andere ebenfalls den Besitz erfordern (so z. B. Spediteur, § 464 HGB;
Frachtführer, § 441 HGB).

III. Pfandrecht an beweglichen Sachen

1. Begründung eines Pfandrechts

a) Bestellung durch den Berechtigten

Die Begründung des Pfandrechts an einer beweglichen Sache bedarf der **650** **dinglichen Einigung** über die Begründung eines solchen Verwertungsrechts zwischen dem Berechtigten als Verpfänder und dem Gläubiger sowie der **Übergabe der Sache.** Letzteres bedeutet die Überlassung des unmittelbaren Alleinbesitzes. Unter den Voraussetzungen des § 854 Abs. 2 reicht die bloße Einigung (hierzu o. Rn. 80 f.). Der Mitbesitz genügt nur, wenn die Voraussetzungen des § 1206 vorliegen. Die Übergabe kann auch durch Surrogate erfolgen, wie sie in den §§ 929 S. 2 und 931 vorgesehen sind. So genügt entweder bei schon bestehendem Besitz die bloße Einigung (§ 1205 Abs. 1 S. 2) oder die Abtretung des Herausgabeanspruchs, sofern der Eigentümer mittelbarer Besitzer der Sache ist und er diesen dem Gläubiger überträgt und die Verpfändung dem unmittelbaren Besitzer der Sache angezeigt wird (§ 1205 Abs. 2). Letzteres stellt eine Erschwerung der Bestellung des Rechts gegenüber § 931 dar.

Sollte der Verpfänder nicht der Eigentümer sein, bedarf er der Ermächti- **651** gung zur Pfandrechtsbestellung oder der Genehmigung durch den Eigentümer (§ 185). Ansonsten findet ein Erwerb des Pfandrechts nur statt, wenn ein gutgläubiger Erwerb möglich ist und dessen Voraussetzungen vorliegen (s. u. Rn. 655 ff.).

Wie bereits ausgeführt, ist das Pfandrecht akzessorisch und kann daher **652** nicht begründet werden, wenn die Forderung nicht besteht. Allerdings ist eine Besicherung künftiger und bedingter Forderungen möglich (§ 1204 Abs. 2), sofern nur der Entstehungsgrund bestimmbar ist. Entsprechend erlischt das Pfandrecht, wenn die Forderung erfüllt wird oder aus anderen Gründen erlischt.

Gesichert werden kann nur eine **auf einen Geldbetrag** lautende Forde- **653** rung oder eine Forderung, die jedenfalls in eine Geldforderung übergehen kann (§ 1228 Abs. 2 S. 2). Inwieweit bei Nichtigkeit der schuldrechtlichen Vereinbarung, aus der sich die Forderung ergibt, auch eventuelle Ansprüche aus Bereicherungsrecht auf Rückgewähr der empfangenen Leistung von dem Pfandrecht gesichert werden, ist durch Auslegung der Vereinbarung zu ermitteln.

Eine entscheidende Bedeutung kommt dem Rang des Pfandrechts zu, da **654** in der Verwertung der Erlös in der Reihenfolge des Rangs ausgekehrt wird. Der zweitrangige Pfandrechtsgläubiger erhält daher erst eine Zahlung, wenn nach Abzug der Kosten und Befriedigung des erstrangigen Gläubigers noch etwas von dem Erlös verbleibt. Hier wie bei den Grundstücksrechten (s. o.

Rn. 372 ff.) richtet sich der Rang nach der zeitlichen Reihenfolge der Bestellung des Rechts (§ 1209), wenn der Erwerber hinsichtlich des fehlenden Bestehens des Vorrangs nicht in gutem Glauben war und damit die Regeln des gutgläubigen Erwerbs hinsichtlich des Rangs eingreifen (§ 1208).

b) Gutgläubiger Erwerb

655 Gem. § 1207 ist der gutgläubige Erwerb eines Pfandrechts durch einen redlichen Erwerber nach den Vorschriften möglich, die für den Erwerb des Eigentums von beweglichen Sachen gelten (§§ 932 ff.). Gutgläubigkeit muss in Bezug auf das Recht des Verpfänders bestehen. Sie ist zu verneinen bei Kenntnis oder grob fahrlässiger Unkenntnis der fehlenden Berechtigung (§ 932 Abs. 2, s. o. Rn. 198 ff.). Der gutgläubige Erwerb ist unter den Voraussetzungen des § 935 ausgeschlossen (hierzu o. Rn. 220 ff.). Auch insoweit gelten dieselben Grundsätze wie beim Eigentumserwerb.

656 Nach h. M. kann ein gesetzliches Pfandrecht nicht gutgläubig erworben werden: Das Gesetz gehe schon nach seinem Wortlaut in § 1257 von einem bestehenden Pfandrecht aus (BGHZ 34, 153). Neben diesem formalen Argument spricht gegen einen gutgläubigen Erwerb vor allem der Umstand, dass mit dem rechtsgeschäftlichen Erwerb das Bezugsobjekt für den guten Glauben fehlt (s. hierzu auch o. Fall 9, Rn. 609). Entsprechend ist es völlig unstreitig, dass ein Pfändungspfandrecht nicht gutgläubig erworben werden kann.

657 Gegenstand des gutgläubigen Erwerbs kann auch der Vorrang des Pfandrechts gegenüber anderen Pfandrechten sein (§ 1208), der sich dann in der Verwertung günstig auswirkt (§ 1209). Sofern dessen Voraussetzungen vorliegen, rutschen alle an sich vorrangigen Rechte um eine Rangstelle nach unten.

Begründungsvoraussetzungen des Sachpfandrechts

> 1. Einigung zwischen materiell Berechtigtem und Gläubiger
>   – ggf. gutgläubiger (Rang-)Erwerb (str. bei gesetzl. Pfandrecht)
> 2. Übergabe der Sache bzw. Surrogat v. § 1205 Abs. 1 S. 2 oder § 1205 Abs. 2
> 3. Zu sichernde Forderung (mind. bestimmbar bei Bestellung)

c) Rechtsfolgen

658 Der Pfandgläubiger erwirbt mit dem Pfandrecht verschiedene Befugnisse, die danach zu unterscheiden sind, ob Pfandreife besteht. Diese tritt mit Fälligkeit der Forderung ein (§ 1228 Abs. 2 S. 1). Mit Pfandreife hat der Pfandgläubiger ein Verwertungsrecht an dem Pfandgegenstand. Bis zu diesem Zeitpunkt hat der Pfandgläubiger ein Recht auf Besitz, auf Verwendungsersatz (§ 1216) und Notverkauf (§ 1219). Bei beweglichen Sachen kann das Pfandrecht bei entsprechender Einigung auch als Nutzungspfandrecht ausgestaltet sein (§§ 1213 f.). Dann hat der Pfandrechtsgläubiger neben dem Verwertungsrecht die Berechtigung zur Nutzung der Sache i.S. des § 954. Den Pfandgläubiger trifft hier zugleich eine Pflicht zur Gewinnung der Nutzungen.

Mit der Pfandrechtsbestellung entsteht zwischen dem Gläubiger und dem **659** Verpfänder ein **gesetzliches Schuldverhältnis,** aus dem sich verschiedene Rechte und Pflichten ergeben. So ist der Gläubiger zur Verwahrung des Pfandgegenstandes verpflichtet (§ 1215) und muss die Sache pfleglich behandeln (§ 1217). Weitere Pflichten sind etwa die Verpflichtung zur Rückgabe (§ 1223) an den Verpfänder der Sache nach Erlöschen des Pfandes oder die Erfüllung der gesicherten Forderung. Andere Pflichten betreffen die Verwertung und das Verwertungsverfahren. Der Verpfänder der Sache ist nach den Grundsätzen der GoA zum Ersatz der Verwendungen verpflichtet, die der Pfandgläubiger auf die Sache gemacht hat (§ 1216).

Der Verpfänder (§ 1223 Abs. 2), der Eigentümer sowie alle dinglich an der **660** Pfandsache Berechtigten (§ 1249) sind zur Ablösung des Pfandes berechtigt. Diese Befugnis besteht schon vor Pfandreife, sobald der Schuldner zur Leistung berechtigt ist. Mit der Ablösung gehen Forderung und Pfandrecht auf den Ablösenden über (§§ 1225, 1249, 268 Abs. 3).

2. Übertragung

a) Zession der Forderung

Das Pfandrecht ist, wie bereits verschiedentlich ausgeführt, akzessorisch **661** (o. Rn. 643, 652). Daraus folgt, dass es nicht von der Forderung getrennt werden kann. Der Erwerb des Pfandrechts folgt damit dem Erwerb der Forderung (§§ 1250 Abs. 1, 398, 401 Abs. 1). Das Pfandrecht geht bei Abtretung der Forderung auf den Zessionar über (§ 1250 Abs. 1), es sei denn, Zedent und Zessionar vereinbaren, dass die Forderung ohne das Pfandrecht übergehen soll. In diesem Fall erlischt das Pfandrecht (§ 1250 Abs. 2). Anders als bei der Hypothek (s. § 1153 Abs. 2) geht aber die Forderung über. Der Erwerb des Pfandrechts findet unabhängig vom Besitzerwerb statt. Der Erwerber hat daher gegen den bisherigen Pfandrechtgläubiger einen Anspruch auf Herausgabe des Pfandes (§ 1251 Abs. 1). Der Erwerber rückt in die Rechtsstellung des bisherigen Pfandgläubigers auch insoweit ein, als es die mit dem Pfandrecht verbundenen Verpflichtungen gegenüber dem Verpfänder betrifft (§ 1251 Abs. 2 S. 1). Für die Erfüllung der sich aus der Übertragung des Pfandrechts ergebenden Verpflichtungen haftet der Zedent, d.h. der bisherige Pfandrechtsgläubiger neben dem neuen Pfandrechtsgläubiger nach § 1251 Abs. 2 S. 2, wie ein selbstschuldnerischer Bürge. Ein gutgläubig vom veräußernden Pfandrechtsgläubiger erworbenes Pfandrecht geht aber ebenso über wie ein vom Berechtigten bestelltes Pfandrecht. Bei Bestellung des Pfandrechts kann allerdings dessen Übergang mit der Forderung ausgeschlossen sein. In diesem Fall erlischt das Pfandrecht mit der Zession.

b) Kein gutgläubiger Zweiterwerb

662 Aus der Akzessorietät folgt auch, dass es einen gutgläubigen Zweiterwerb des Pfandrechts nicht geben kann, wenn die Forderung nicht besteht. In diesem Fall ist das Pfandrecht nicht entstanden (s. o. Rn. 652). Die Zession der angeblichen Forderung ist folgenlos, da es keinen gutgläubigen Forderungserwerb gibt, damit besteht aber auch kein Pfandrecht. Gesetzlich nicht geregelt ist der gutgläubige Zweiterwerb in Fällen, in denen der Gläubiger zwar eine Forderung hat, aber der Bestellungsakt des Pfandrechts mangelhaft ist. Die h. M. schließt daraus, dass es in dieser Situation keinen Erwerb kraft guten Glaubens gibt. So fehlt bereits der Rechtsscheinstatbestand, da sich der Pfandrechtserwerb unabhängig vom Parteiwillen als Annex zur Forderungsübertragung vollzieht (Staudinger/*Wiegand* (2002), § 1250 Rn. 4).

> **Merksatz:** Das Pfandrecht entsteht nicht ohne die Forderung, geht mit ihr über und erlischt mit ihr (Akzessorietät).

3. Schutz des Pfandrechts

663 Das Pfandrecht ist ein absolut geschütztes Recht. Das Gesetz verweist auf die eigentumsrechtlichen Vorschriften. Es verschafft – soweit es als Besitzpfandrecht ausgestaltet ist – ein Recht zum Besitz, das gem. §§ 1227, 985 durchzusetzen ist. Zugleich gelten die anderen Vorschriften des EBV entsprechend, so dass der Pfandrechtsinhaber etwa Schadensersatz, beim Nutzungspfandrecht auch Nutzungsherausgabe verlangen kann (§§ 987 ff.). Dieser ist allerdings auch zum Verwendungsersatz verpflichtet (§§ 994 ff.). Daneben findet § 823 Abs. 1 für Schadensersatz Anwendung.

4. Verwertung

664 Grundvoraussetzung für die Verwertung ist die **Pfandreife.** Gem. § 1228 wird die Pfandsache durch Verkauf verwertet. Die Einzelheiten des Verkaufs sind in den §§ 1234 ff. geregelt. Dieser erfolgt grundsätzlich durch öffentliche Versteigerung (§ 1235 Abs. 1 i. V. m. § 383 Abs. 3). Der Erwerber des Eigentums an der Pfandsache erlangt diese frei von anderen dinglichen Rechten, die an der Sache bestanden haben (§ 1242 Abs. 2). Auch ein Abhandenkommen steht dem Eigentumserwerb nicht entgegen (§ 935 Abs. 2). Der Ersteher muss den gebotenen Betrag durch Barzahlung erbringen. Der Erlös aus dem Pfand gebührt in Höhe des für seine Befriedigung erforderlichen Betrages dem Pfandgläubiger (§ 1247 S. 1). Ist der Eigentümer auch der persönliche Schuldner, so erlischt die Forderung. Andernfalls erwirbt der Eigentümer die Forderung (teilweise wird dies mit entsprechender Anwendung der §§ 1249 S. 2, 268 Abs. 3 begründet, während andere Stimmen § 1225

oder beide Vorschriften analog anwenden (s. Staudinger/*Wiegand* (2002), § 1247 Rn. 20 m.w.N.). Im Übrigen tritt der Erlös im Wege der dinglichen Surrogation an die Stelle des Pfandes (§ 1247 S. 2). An diesem Teil setzen sich die an dem Pfand bestehenden (nachrangigen) Rechte fort. Besteht ein vorrangiges Recht und deckt der Erlös nur dieses Recht, so erlischt das Pfandrecht ersatzlos und der ehemalige Pfandeigentümer wird Alleineigentümer am Erlös, an dem dann das vorrangige Recht fortbesteht. Bei einem diesen Betrag übersteigenden Erlös erlangt der Pfandgläubiger Miteigentum am Gesamterlös.

Wenn der Veräußerer allerdings kein Pfandrecht an der Sache hatte oder **665** die Veräußerung des Pfandes unter Verstoß gegen § 1243 erfolgte, erwirbt der Ersteher bei Veräußerungen gem. § 1233 Abs. 2, § 1235 oder § 1240 Abs. 2 nur Eigentum an dem Pfand bei Gutgläubigkeit nach Maßgabe des § 1244. Der Ersteher darf weder Kenntnis noch grob fahrlässige Unkenntnis vom fehlenden Bestehen des Pfandrechts zugunsten des Pfandgläubigers sowie der Rechtswidrigkeit des Pfandverkaufs haben (s. § 932 Abs. 2).

Statt des Verkaufs im Wege der öffentlichen Versteigerung ermöglicht das **666** Gesetz bei Pfandsachen, die einen Markt- oder Börsenpreis haben, auch einen freihändigen Verkauf (§§ 1235 Abs. 2, 1221). Des Weiteren kann der Pfandgläubiger, wenn er einen dinglichen Titel hat, der seine Verwertungsbefugnis tituliert, auch die Verwertung nach den Vorschriften der Zwangsvollstreckung wählen (§ 1233 Abs. 2, ZPO §§ 814 ff.).

IV. Pfandrecht an Rechten

Gegenstand eines Pfandrechtes kann auch ein Recht sein (§ 1273 Abs. 1), **667** sofern dieses übertragbar ist (§ 1274 Abs. 2). Die Vorschriften über das Pfandrecht an beweglichen Sachen finden auf das Pfandrecht an Rechten entsprechende Anwendung. Ausgenommen vom Pfandrecht an Rechten sind neben dem Eigentum (da es sich inhaltlich nicht von dem Pfandrecht an Sachen unterscheiden würde) das Erbbaurecht und das Wohnungseigentumsrecht, die den Regeln über die Immobilien folgen. Wie bei beweglichen Sachen lassen sich Pfandrechte nach ihrem Entstehungstatbestand in rechtsgeschäftliche, gesetzliche und das Pfändungspfandrecht einteilen.

Ein Pfandrecht kann auch an **Forderungen** bestehen, die der Verpfänder **668** gegen den Pfandgläubiger hat. Typisches Beispiel dafür ist der Anspruch auf Gutschrift auf dem Konto. Hieran hat nach Nr. 14 Abs. 1 AGB–Banken die Bank ein Pfandrecht. In der Praxis spielen im Übrigen Pfandrechte an Rechten eine Rolle, soweit es um Aktien, Investmentanteile, Inhaberschuldverschreibungen oder Wechsel geht. Allerdings ist in diesem Zusammenhang zu beachten, dass Inhaberpapiere den Bestimmungen über die Verpfändungen beweglicher Sachen folgen (§ 1293). Die Verpfändung von Orderpapieren regelt § 1292. Danach genügen für die Verpfändung die Einigung des Gläubigers und des Pfandgläubigers sowie die Übergabe des **indossierten** Papiers.

1. Bestellung des Pfandrechts

669   Die Verpfändung des Pfandrechts an Rechten verlangt gemäß § 1274 die Übertragung des Rechtes in der hierfür vorgeschriebenen Form. Gemäß § 1280 bedarf es bei Forderungen neben dem formlosen Verpfändungsvertrag der Anzeige der Verpfändung durch den Forderungsgläubiger gegenüber dem Forderungsschuldner. Um diese Besonderheit wird § 398 ergänzt. Sinn der Anzeige ist es, den Verpfändungsakt publik zu machen. Diese Erfordernis hat in der Praxis zu der Entwicklung der Sicherungsabtretung geführt, die dem Schuldner nicht anzuzeigen ist (s. schon o. Rn. 616). Bei einer gegen den Pfandgläubiger bestehenden Forderung erübrigt sich eine Anzeige nach § 1280, da es hier einer Inkenntnissetzung nicht bedarf (*BGH* NJW 1985, 863, 864).

2. Verwertung

670   Die Befriedigung des Pfandgläubigers erfolgt bei Rechten nicht durch Pfandverkauf, sondern im Wege der Zwangsvollstreckung. Trotz bereits bestehendem Pfandrecht ist erneute Pfändung erforderlich (Palandt/*Bassenge*, § 1277 Rn. 2). Es bedarf hierzu eines vollstreckbaren Titels, § 1277 (abdingbar). Dieser richtet sich gegen den Inhaber des gepfändeten Rechts und ist auf Duldung der Befriedigung gerichtet.

671   Vereinfacht ist allerdings das Verwertungsrecht bei Pfandrechten an Forderungen. Vor Eintritt der Pfandreife kann der Schuldner an den Gläubiger und den Pfandgläubiger wegen § 1281 nur gemeinschaftlich leisten. Beide – Verpfänder und Pfandgläubiger – sind zur gegenseitigen Mitwirkung bei der Einziehung verpflichtet (§ 1285). Damit soll die Haftung des eingezogenen Gegenstandes für das Pfandrecht gesichert werden. Der Schuldner erleidet durch die Verpfändung, gegen die er sich nicht wehren kann, keinen Nachteil, da er gemäß §§ 1275, 404 die ihm gegenüber dem Verpfänder zustehenden Einwendungen und Einreden auch gegenüber dem Pfandgläubiger geltend machen kann. Mit Leistung auf die verpfändete Forderung erlischt diese. Das Pfandrecht setzt sich auch hier im Wege der dinglichen Surrogation am geleisteten Gegenstand fort (§ 1287).

672   Sofern es sich um eine Sache handelt, erwirbt der Gläubiger das Eigentum und der Pfandgläubiger kraft Gesetzes ein Pfandrecht an der beweglichen Sache oder eine Sicherungshypothek an der Immobilie. Die Verwertung erfolgt dann wiederum gemäß § 1228 (s. o. Rn. 664 ff.).

673   Bei Geldforderungen erwirbt der Pfandgläubiger, wenn ihm der gesamte eingezogene Betrag gebührt, Eigentum am Geld und die verpfändete Forderung erlischt. Dasselbe gilt für nachrangige Pfandrechte. Sofern der eingezogene Betrag dem Pfandgläubiger nur teilweise gebührt, ist streitig, ob der Pfandgläubiger und der Verpfänder Miteigentümer an dem Geld werden. Die h.M. lehnt dies ab und befürwortet statt dessen ein Alleineigentum des Pfandgläubigers (z. B. MünchKomm–BGB/*Damrau*, § 1288 Rn. 5). Der Schuldner bleibt dem Gläubiger insoweit zur Leistung verpflichtet und kann den überschießenden Betrag vom Pfandgläubiger kondizieren. Auch hier erlöschen aber die verpfändete Forderung und die nachrangigen Belastungen. Das Gleiche gilt in der Regel auch für die gesicherte Forderung. Diese geht nur dann auf den Gläubiger über, wenn er nicht zugleich Schuldner war (§§ 1273 Abs. 2, 1249).

V. Kontrollfragen

1. Was gewährt ein Pfandrecht dessen Inhaber?
2. In welchem Zusammenhang stehen Pfandrecht und die zu sichernde Forderung? Welche Auswirkungen hat das?
3. Welche Rechtsinstitute haben in der Praxis das Pfandrecht verdrängt? Woran liegt das?
4. Ist der gutgläubige Erwerb eines gesetzlichen Pfandrechts möglich?
5. A hat dem B zur Sicherung eines Darlehens seine Münzsammlung verpfändet. Keiner der beiden weiß, dass die Pfandrechtsbestellung unwirksam ist. B will nun zur Sicherung eines Bankkredites an die C-Bank das Pfandrecht übertragen. Kann die (gutgläubige) Bank das Pfandrecht erwerben?

Empfehlungen zur vertiefenden Lektüre:

Schnee-Gronauer, Ansprüche des Werkunternehmers bei Reparaturen bestellerfremder Sachen und deren Durchsetzung, JA 1998, 642; *Schreiber*, Der Erwerb des Werkunternehmerpfandrechts, Jura 1995, 497.

§ 18. Hypothek

I. Arten der Grundpfandrechte

674   Das BGB kennt zwei grundsätzliche Arten von Sicherungsrechten im Immobiliareigentum, die im Sicherungsfall ein **Verwertungsrecht** einräumen: die Hypothek und die Grundschuld. Beide Rechte sind dingliche Verwertungsrechte und führen nur zu einer **dinglichen Haftung,** nicht aber zu einer Schuld. Die Form der Durchsetzung und der Umfang der Haftung von Grundstücken soll erst an späterer Stelle erörtert werden (Rn. 729 ff.). In der Praxis ist die Grundschuld der Regelfall. Die Regelungen des BGB gehen aber von der Hypothek als Grundmodell aus und verweisen in weiten Teilen für die Grundschuld auf die Bestimmungen der Hypothek. Der wesentliche Unterschied zwischen Grundschuld und Hypothek besteht in der Akzessorietät, d.h. in ihrer Abhängigkeit von der gesicherten Forderung. Während die Hypothek akzessorisch ist, also eine Forderung zu ihrem Entstehen grundsätzlich voraussetzt, gibt es eine solche Abhängigkeit bei der Grundschuld nicht. Hier wird eine Verbindung zwischen Forderung und Sicherungsrecht erst durch die Sicherungsabrede hergestellt.

Angesichts des Gesetzesaufbaus soll entgegen der praktischen Bedeutung aus Gründen der Darstellung mit der Hypothek begonnen werden.

II. Arten der Hypothek

675   Es lassen sich nach Ausmaß der Akzessorietät die **Verkehrshypothek** (§§ 1113 ff.) – der gesetzliche Regelfall – und die **Sicherungshypothek** (§ 1184) unterscheiden. Während die Sicherungshypothek stets den Bestand der Forderung voraussetzt und mittels Gutgläubigkeit nur der Mangel der Hypothek als dingliches Recht überwunden werden kann (**strenge Akzessorietät**), ist das bei der Verkehrshypothek anders. Hier kann für die Zwecke des Bestehens der Hypothek auch die Forderung kraft guten Glaubens fingiert werden, ohne jedoch selber dem Forderungsinhaber ein Forderungsrecht zu geben (§ 1138, s. u. Rn. 708). Damit wird die Umlauffähigkeit der Verkehrshypothek erheblich erhöht. Dieser Umstand erklärt auch den Namen, der kein gesetzlicher Begriff ist.

676   Besondere Formen der Sicherungshypothek sind die **Höchstbetragshypothek** (§ 1190) und die **Wertpapierhypothek** (§ 1187). Die Erstere ermöglicht eine Sicherung, wenn eine konkret zu sichernde Forderung in ihrer

tragsmäßigen Höhe noch nicht zu bestimmen, gleichwohl aber ein Be-
fnis nach Sicherung der Forderung besteht. Sie ist eine Sicherungshypo-
k, bei der ein bestimmter Haftungshöchstbetrag vereinbart und im Grund-
h eingetragen wird. Die Höchstbetragshypothek ist das geeignete
herungsmittel für Forderungen mit wechselndem Bestand. Gewisse Einschränkungen führen jedoch dazu, dass sie in der Praxis eine geringe Bedeutung hat. So etwa trägt der Gläubiger die Beweislast für das Bestehen der Forderung und eine Unterwerfung unter die sofortige Zwangsvollstreckung ist
mangels Bestimmtheit der Geldforderung nicht möglich (s. § 794 Abs. 1
Nr. 5 ZPO).

Die Wertpapierhypothek hat ebenfalls kaum praktische Bedeutung. Mit **677**
ihr können Forderungen aus Inhaberschuldverschreibungen (§§ 793 ff.) und
Orderpapieren hypothekarisch gesichert werden. Die Besonderheit der Wertpapierhypothek besteht vor allem darin, dass über sie nach wertpapierrechtli-
chen Grundsätzen zu verfügen ist und kein Anspruch auf Löschung gem.
§§ 1179a, 1179b besteht (§ 1187 S. 4).

Die Sicherungshypothek spielt vor allem im Zusammenhang mit der Im- **678**
mobiliarvollstreckung eine Rolle. Die dort vorgesehene Zwangshypothek ist
als Sicherungshypothek ausgestaltet (§§ 866, 867 ZPO). Gleiches gilt für die
Arresthypothek (§ 932 ZPO).

Nach dem Inhalt der Sicherung lassen sich weiterhin Amortisations-, Ab-
zahlungs- und Fälligkeitshypotheken unterscheiden (s. z. B. PWW/*Waldner*,
§ 1113 Rn. 15; *Prütting*, Rn. 632).

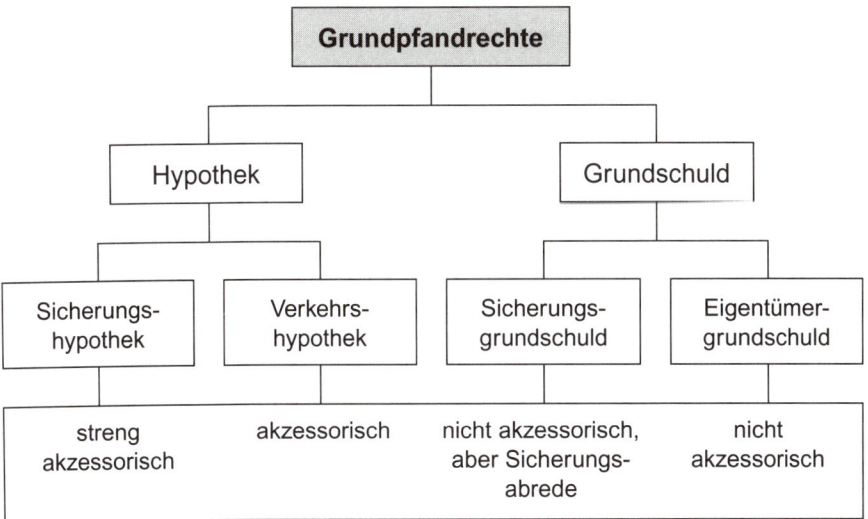

III. Die Begründung einer Hypothek

1. Allgemeines

679   Die Begründung einer Hypothek bedarf der Bestellung als rechtsbegründendes Rechtsgeschäft zwischen dem Sicherungsgeber und dem Sicherungsnehmer (Hypothekar).

2. Einzelheiten zur Bestellung

a) Dingliche Einigung

680   Wie bei allen dinglichen Rechtsgeschäften an einer Immobilie setzt diese eine dingliche Einigung gem. § 873 Abs. 1 zwischen dem Sicherungsgeber und dem Sicherungsnehmer voraus, der immer zugleich Gläubiger der Forderung ist (vgl. auch Rn. 693). Die Einigung muss auf Seiten des Sicherungsgebers vom materiell Berechtigten erklärt werden. Das ist in der Regel der Eigentümer des Grundstücks. Im Einzelfall kann diesem aber die Befugnis zur Belastung fehlen. Das trifft etwa für die Insolvenz zu, wenn statt seiner in der Regel ein Insolvenzverwalter diese Befugnis kraft Gesetzes hat (§ 80 InsO). Der Eigentümer kann im Übrigen auch einen Dritten zur Belastung gem. § 185 Abs. 1 ermächtigen.

b) Eintragung

681   Weiterhin muss die Einigung im Grundbuch eingetragen werden (s. § 1115). Der Inhalt der Einigung umfasst die zu sichernde Forderung, das belastete Grundstück sowie den gesicherten Gläubiger. Belastungsgegenstand kann auch der Bruchteil einer Immobilie oder das Wohnungseigentum sein (vgl. § 1114). Eine Hypothek kann für Bruchteils- und Gesamthandsgemeinschaften (hierzu o. Rn. 138 ff.) oder für Gesamtberechtigte (§ 428) bestellt werden. Die Art des Gemeinschaftsverhältnisses muss sich aus der Eintragung ergeben. Eine alternative Gläubigerschaft ist dagegen nicht mittels Hypothek zu sichern, da bei ihr die Person des Gläubigers nicht feststeht.

682   Jede Forderung kann nur einmal durch eine Hypothek an dem betreffenden Grundstück gesichert werden (RGZ 131, 16, 20). Es gilt das sog. **Verbot der Doppelsicherung.** Wie sich aus § 1113 Abs. 2 ergibt, können Hypotheken für künftige und bedingte Forderungen bestellt werden. In diesen Fällen müssen die Forderungen aber hinreichend bestimmbar sein. Soweit die Forderung nicht besteht, wird zunächst mangels Forderung eine Eigentümergrundschuld begründet (§§ 1163 Abs. 1 S. 1, 1177 Abs. 1), die sich nach Entstehung der Forderung ebenso wie bei aufschiebend bedingten (§ 158 Abs. 1) Forderungen mit Bedingungseintritt in eine Hypothek wandelt. Ohne Bedeutung ist die Rechtsnatur der gesicherten Forderung. Selbst öffentlich-rechtliche Forderungen können durch Hypotheken gesichert werden. Voraussetzung ist aber stets, dass es sich bei der gesicherten Forderung um einen Zahlungsanspruch handelt (vgl. Rn. 691 ff.).

Die Einigung ist zwar grundsätzlich formfrei möglich. Sie bedarf daher **683** keiner notariellen Beurkundung. Im Hinblick auf den notwendigen Nachweis der Eintragungsvoraussetzungen gem. § 29 Abs. 1 GBO wird sie zumeist aber notariell beurkundet (s. o. Rn. 368). Es kommt hinzu, dass nur auf diese Weise die Unwiderruflichkeit der Einigung erlangt werden kann (§ 873 Abs. 2; s. o. Rn. 396).

c) Sicherungsabrede

Die dingliche Einigung ist streng zu trennen von der sog. **Sicherungsab-** **684** **rede** (auch Sicherungsvertrag oder Zweckerklärung genannt), die selbst bei der Hypothek erforderlich ist. Sie hat dort allerdings eine andere Funktion als bei der Grundschuld. Entsprechend enthält sie in der Regel nur eine Bestimmung der gesicherten Forderung und die Verpflichtung, die Hypothek zu verschaffen oder beim Hypothekar zu belassen. Die Sicherungsabrede ist nicht formbedürftig und wird häufig konkludent geschlossen. Sie bildet den **Rechtsgrund** für die Gewährung der Sicherheit. Eine Hypothek, die ohne eine solche Abrede gewährt wird, kann gemäß den bereicherungsrechtlichen Grundsätzen nach §§ 812 ff. zurückverlangt werden.

3. Eintragung

Die nach allgemeinen Regeln notwendige Eintragung ist in ihrem Inhalt **685** in § 1115 geregelt. Sie muss die Einigung zwischen den Parteien, den Umfang der Sicherung und den Forderungsberechtigten enthalten. Es versteht sich, dass die Einigung und Eintragung übereinstimmen müssen, da ansonsten das Grundbuch unrichtig ist und der Berechtigte – sei es der Grundstückseigentümer oder der vermeintliche Rechtsinhaber – einen Berichtigungsanspruch nach § 894 hat (s. o. Rn. 466 ff.).

Die Angaben im Grundbuch müssen die geschuldete Summe enthalten. **686** Weiterhin muss der Grundbuchvermerk die größtmögliche Belastung nach Höhe und Dauer (insbesondere Beginn) erkennen lassen. Der Schuldgrund ist dagegen nicht anzuführen. Der Gläubiger muss zumindest anhand der Angaben festgestellt werden können. Für die Eintragung des Schuldners genügt die Bezugnahme gem. § 874.

4. Brief- und Buchhypothek

Nach der Form der Hypothek sind Brief- und Buchhypothek zu unter- **687** scheiden. Die Briefhypothek bedarf zwar zu ihrer Begründung auch der Eintragung in das Grundbuch, sie kann dann aber ohne weitere Eintragungen auf andere Personen übertragen werden. Dieser Umstand erleichtert die Verfügung über die Hypothek und erhöht ihre Umlauffähigkeit erheblich.

688 Grundsätzlich besteht eine Briefhypothek, es sei denn die Brieferteilung durch Vereinbarung und entsprechende Grundbucheintragung ist ausgeschlossen (§ 1116 Abs. 2)

689 Für den gesetzlichen Regelfall der Briefhypothek bedarf es zur Bestellung als weitere Voraussetzung der Briefübergabe (§ 1117 Abs. 1). Zwar besteht das Recht schon vor **Briefübergabe,** es steht aber als Eigentümergrundschuld gem. §§ 1163 Abs. 2, 1177 Abs. 1 dem Eigentümer zu. Für die Übergabe als Realakt und ihre Surrogate gelten dieselben Grundsätze wie bei der Übereignung nach den §§ 929 ff. (§ 1117 Abs. 1 S. 2). Die Briefübergabe kann darüber hinaus gem. § 1117 Abs. 2 durch eine Vereinbarung ersetzt werden, nach der der Gläubiger berechtigt sein soll, sich den Brief vom Grundbuchamt aushändigen zu lassen **(Aushändigungsvereinbarung).** In diesem Fall ersetzt die Vereinbarung eine Hypothekenbriefübergabe und der Hypothekar erwirbt die Hypothek bereits mit Einigung und Eintragung.

Fall 10 – Hypothekenbestellung (nach KG NJW 1975, 878): Grundstückseigentümerin A und Gläubiger B haben sich über die Bestellung einer Briefhypothek in Höhe von 100.000 € in notariell beurkundeter Form geeinigt, die den Rückzahlungsanspruch des B aus dem an die A bereits ausgezahlten Darlehen in gleicher Höhe absichern soll. Außerdem vereinbarten sie, dass B berechtigt ist, sich den Hypothekenbrief vom Grundbuchamt aushändigen zu lassen. Unter Vorlage der erforderlichen, formgerechten Unterlagen beantragt B die Eintragung der Hypothek beim Grundbuchamt. Fünf Monate später wird das Insolvenzverfahren über das Vermögen der A eröffnet und das Grundbuchamt vom Insolvenzgericht um Eintragung des Insolvenzvermerks (§ 32 InsO) ersucht. Die Hypothek wurde bisher nicht eingetragen. Ist das Grundbuchamt an der Eintragung der Hypothek gehindert? Beantworten Sie zuvor jedoch die Fragen 1 und 2!

1. Wann erwirbt der Gläubiger die Hypothek im Falle der Bestellung einer Buchhypothek? Wann erwirbt er eine Briefhypothek, für die keine Aushändigungsvereinbarung besteht?
2. Welche Auswirkung hat die Eröffnung des Insolvenzverfahrens über das Vermögen des Bestellers nach Stellung des Eintragungsantrags und vor Eintragung im Grundbuch auf den Erwerb der a) Buch- oder b) Briefhypothek (ohne Aushändigungsvereinbarung gem. § 1117 Abs. 2)?
3. Ist das Grundbuchamt in Fall 10 also an der Eintragung der Hypothek gehindert?

Lösung:

1. Die Buchhypothek erwirbt der Gläubiger nach Einigung mit dem Besteller und, wenn dieser im Grundbuch eingetragen ist, Eintragung im Grundbuch (§§ 873, 1115 Abs. 1, 1116 Abs. 2). Die Briefhypothek dagegen erwirbt der Gläubiger erst mit Einigung, Eintragung *und* der Briefübergabe nach § 1117 Abs. 1. Die Vorschrift setzt nach ihrem Wortlaut jedoch voraus, dass das Grundpfandrecht bereits mit Einigung und Eintragung entsteht. In der Zwischenzeit bis zur Übergabe des Hypothekenbriefs steht es als Eigentümerhypothek gem. §§ 1163 Abs. 2, 1177 Abs. 1 dem Eigentümer zu.

2. a) Die Buchhypothek erwirbt der Gläubiger mit Einigung und Eintragung im Grundbuch, wenn der Besteller als Berechtigter verfügt (s. Frage 1). Mit Eröffnung des Insolvenzverfahrens geht die Verwaltungs- und Verfügungsbefugnis über das zur Insolvenzmasse gehörende Vermögen auf den Insolvenzverwalter über, § 80 Abs. 1 InsO. Verfügt der Schuldner nach Insolvenzeröffnung über einen Gegenstand der Insolvenzmasse, so ist die Verfügung nach § 81 Abs. 1 InsO grds. (absolut) unwirksam (es ist aber ein Erwerb kraft öffentlichen Glaubens des Grundbuchs möglich, § 81 Abs. 1 S. 2 InsO). Der Begriff der Verfügung in § 81 Abs. 1 S. 1 InsO ist weit zu verstehen. Damit sind alle für den Rechtserwerb notwendigen Handlungen bezeichnet. Bei einem mehraktigen Rechtserwerb wie der Hypothekenbestellung umfasst das die Einigung und den Antrag auf Eintragung beim Grundbuchamt, nicht aber die Eintragung an sich, da hierzu keine Handlung des Insolvenzschuldners erforderlich ist. Dies entspricht auch der Regelung des § 878 (hierzu o. Rn. 404). Liegen bei der Buchhypothek Einigung und Antrag auf Eintragung im Grundbuch bereits vor Verfahrenseröffnung vor, so ist seitens der Vertragsparteien alles zum Rechtserwerb Erforderliche unternommen worden. Die Eintragung und der Rechtserwerb können dann selbst nach Verfahrenseröffnung erfolgen, ohne dass es einer weiteren Verfügung des Schuldners nach Insolvenzeröffnung bedarf. Es fehlt an den Voraussetzungen des § 81 InsO. Damit der Hypothekengläubiger die Hypothek dann nicht aus der Insolvenzmasse erwirbt, finden in § 91 InsO, der der Sicherung der Aktivmasse dient und ab Verfahrenseröffnung den Rechtserwerb an Gegenständen der Insolvenzmasse verhindern will, gem. § 91 Abs. 2 InsO die Regelungen der §§ 878, 892, 893 Anwendung. Nach § 878 hindert der Wegfall der Verfügungsbefugnis den Erwerb der Buchhypothek nicht, wenn zu diesem Zeitpunkt die Einigungserklärung für den Veräußerer bindend war und der Antrag auf Eintragung im Grundbuch gestellt wurde. Ist wegen notarieller Beurkundung die Einigung nach § 873 Abs. 2 bindend und ein Eintragungsantrag gestellt, so steht § 91 Abs. 1 InsO dem Erwerb der Buchhypothek nicht entgegen (s. hierzu auch u. Rn. 763). Auf den Erwerb der Buchhypothek muss die Eröffnung der Insolvenz nach Einigung und Stellung des Eintragungsantrages daher keine Auswirkungen haben. Da der Insolvenzverwalter einen Eintragungsantrag des Schuldners jedoch zurücknehmen kann, sollte ihn stets der Gläubiger stellen.

b) Im Fall der Briefhypothek bedarf es für den Rechtserwerb neben der Einigung und Eintragung der Übergabe des Hypothekenbriefs (s. Rn. 689). Bis dahin steht die Hypothek nach §§ 1163 Abs. 2, 1177 Abs. 1 dem Eigentümer zu und fällt mit Verfahrenseröffnung in die Insolvenzmasse (§ 35 InsO). Mit Briefübergabe würde der Hypothekengläubiger die Hypothek aus der Insolvenzmasse erwerben. Dem steht grundsätzlich § 91 InsO entgegen. Jedoch finden gem. § 91 Abs. 2 InsO die Regelungen der §§ 878, 892, 893 Anwendung. § 878 ist nicht einschlägig, da der Gläubiger die Hypothek nicht schon mit Eintragung im Grundbuch erwirbt, sondern erst mit Briefübergabe. Es käme nur ein Erwerb kraft öffentlichen Glaubens gem. § 892 in Betracht. Nach der öffentlichen Bekanntgabe der Eröffnung des Insolvenzverfahrens gem. § 9 Abs. 1 InsO trägt aber der Gläubiger die Beweislast dafür, dass er bei Briefübergabe keine Kenntnis von der Verfahrenseröffnung und der fehlenden Verfügungsbefugnis hatte (s. § 9 Abs. 1 S. 3 InsO). Insofern kann sich die Insolvenzeröffnung bei einer Briefhypothek auf deren Bestellung auswirken.

3. Eintragungen, die das Grundbuch unrichtig machen, darf das Grundbuchamt nicht vornehmen (vgl. o. Rn. 373). Entscheidend ist also, ob die von A vorgenommene Verfügung die beabsichtigte Rechtsänderung bewirken kann, d.h. ob B die Hypothek mit Eintragung erwirbt.

Hier liegt eine Aushändigungserklärung vor, so dass es keiner Übergabe des Hypothekenbriefs bedarf (§ 1117 Abs. 2). In diesem Fall erwirbt der Gläubiger (B) die Hypothek schon mit Einigung und Eintragung (s. o. Rn. 689). Da alle Entstehungsvoraussetzungen, insbesondere der Antrag auf Eintragung im Grundbuch, vorliegen, hängt der Rechtserwerb des B nur noch von der Eintragung der Hypothek im Grundbuch ab. Zwar steht § 91 Abs. 1 InsO einem Rechtserwerb nach Eröffnung des Insolvenzverfahrens entgegen. Nach § 91 Abs. 2 InsO i.V. m. § 878 ist die Verfahrenseröffnung jedoch unbeachtlich, da zu diesem Zeitpunkt die notariell beurkundete Einigung für A gem. § 873 Abs. 2 bindend war und B den Eintragungsantrag gestellt hatte (s. zum Ganzen o. Frage 2). Folglich erwirbt B mit Eintragung die Hypothek. Die (nachträgliche) Insolvenzeröffnung hat darauf keine Auswirkungen. Das Grundbuchamt ist daher an einer Eintragung der Hypothek nicht gehindert. Wäre die Eintragung bereits vor Verfahrenseröffnung im Grundbuch erfolgt und legt der Gläubiger nur die Aushändigungserklärung beim Grundbuchamt vor, ist § 91 Abs. 1 InsO ebenfalls nicht anwendbar, da dann der Gläubiger bereits Inhaber der Briefhypothek geworden ist.

690   Der Hypothekenbrief ist ein Legitimationspapier i.S. des § 952 Abs. 2. Der Hypothekar erwirbt das Eigentum an ihm mit Erstellung des Briefes durch das Grundbuchamt, ohne dass es einer Übereignung gem. § 929 S. 1 vom Sicherungsgeber oder dem Grundbuchamt bedarf. Der Brief ist nicht nur erforderlich, um überhaupt eine Hypothek zu bestellen, sondern hat darüber hinaus die Funktion, die Übertragung der Hypothek zu erleichtern. Er legitimiert die Person, die das Recht geltend macht (§§ 1160 f.) und bildet die Grundlage des gutgläubigen Erwerbs.

Funktionen des Hypothekenbriefes

1. Öffentliche Urkunde
2. Erhöhung der Verkehrsfähigkeit (Übertragung der Hypothek durch Übergabe des Briefes bzw. Surrogat) als Namenspapier
3. Legitimationsfunktion
4. Ggf. Zerstörung des öffentlichen Glaubens des Grundbuchs (§ 1140)

5. Bestehen der Forderung

691   Die gesicherte Forderung muss bestehen und auf Zahlung gerichtet sein, ohne dass es auf den Schuldgrund ankäme. Der Gläubiger der Forderung muss mit dem Sicherungsnehmer identisch sein. Mit der Hypothek können auch mehrere Forderungen desselben Gläubigers gesichert werden.

692   Besondere Schwierigkeiten ergeben sich, wenn die Forderung nichtig ist, etwa weil der Darlehensvertrag gegen § 138 verstößt. Problematisch ist hier

streitig, ob die Hypothek auch die auf Rückgewähr des ausgezahlten Geldbetrages gerichtete bereicherungsrechtliche Forderung umfasst. Sofern ein entsprechender Parteiwille vorliegt, wird dies allgemein anerkannt. Umstritten ist, ob ein solcher Wille grundsätzlich unterstellt werden kann (so die wohl h.M., vgl. MünchKomm-BGB/*Eickmann*, § 1113 Rn. 71 m.w.N.).

Der Sicherungsnehmer muss immer auch der Gläubiger der Forderung **693** sein, während die Person von Sicherungsgeber und Schuldner durchaus verschieden sein dürfen, da das BGB auch Dritten die Möglichkeit gibt, Sicherungen zu stellen. Der Sicherungsgeber ist der berechtigte Grundstückseigentümer, der dem Hypothekar das dingliche Verwertungsrecht am Grundstück einräumen darf.

Beteiligte bei der Hypothekenbestellung

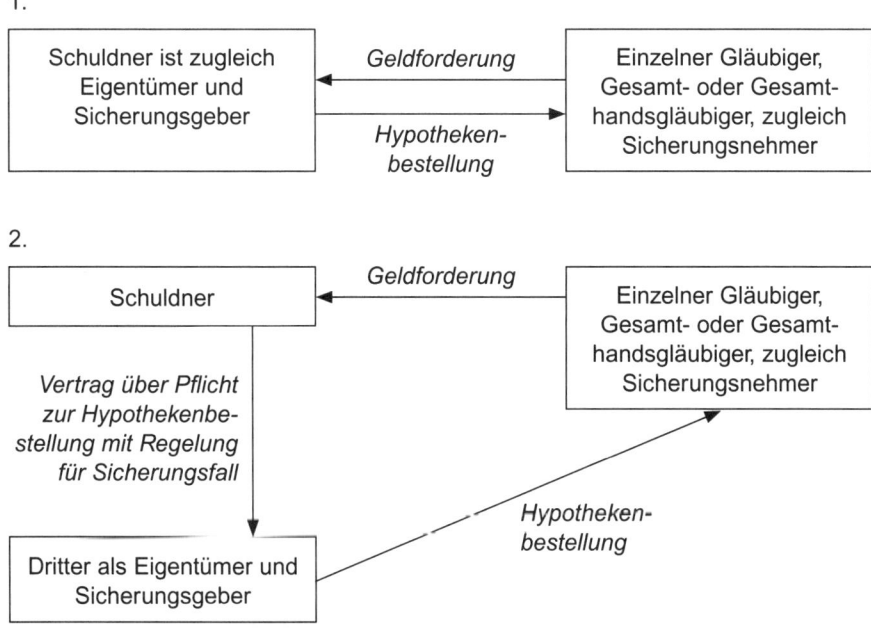

Hypothekenbestellung

1. Einigung mit dem materiell Berechtigten, §§ 873 Abs. 1, 1113
2. Eintragung, §§ 873 Abs. 1, 1115 Abs. 1
   a) Briefübergabe oder Surrogate, §§ 1117 Abs. 1 S. 2, 1117 Abs. 2 – oder –
   b) Vereinbarung über Ausschluss der Brieferteilung und Eintragung dieses Ausschlusses
4. Bestehen der zu sichernden Forderung

IV. Gutgläubiger Erwerb im Rahmen der Hypothekenbestellung

694   Die Bestellung einer Hypothek setzt eine Einigung des Hypothekars mit dem materiell Berechtigten (das ist in der Regel der Eigentümer; s. o. Rn. 680) voraus. Fehlt es hieran, so scheidet eine wirksame Bestellung grundsätzlich aus, es sei denn, es liegen die Voraussetzungen des gutgläubigen Erwerbs vor, die – wie ihre systematische Stellung zeigt – auch hier gelten.

695   Bei einer Einigung des Bucheigentümers mit dem Hypothekar über die Bestellung einer Hypothek sind daher die Voraussetzungen von § 892 zu prüfen. Dies sind in erster Linie die Vornahme eines Verkehrsgeschäfts, die Unrichtigkeit des Grundbuchs sowie die Eintragung des Bestellenden als Bucheigentümer im Grundbuch und die fehlende Kenntnis des Hypothekars von der Unrichtigkeit des Grundbuchs. Insbesondere darf im Grundbuch kein Widerspruch (§ 899) eingetragen sein (s. zum Ganzen o. Rn. 409 ff.). Nicht hinweg helfen kann § 892 aber über den Mangel der Forderung. Ein solcher schließt einen gutgläubigen (Erst-)Erwerb einer Hypothek aus.

696   Ein weiterer Weg, auf dem trotz fehlender materiellrechtlicher Berechtigung eine Hypothek erworben werden kann, ist § 878. Danach hindern nachträgliche Verfügungsbeschränkungen den Rechtserwerb nicht, wenn die dingliche Einigung bindend geworden ist (§ 873 Abs. 2) und beim Grundbuchamt ein Eintragungsantrag gestellt wurde (s. hierzu Rn. 404). Insoweit sei auf Fall 10 unter Rn. 689 verwiesen. Die Vorschrift will – wie bereits gesehen – die Nachteile des Eintragungsgrundsatzes ausgleichen.

V. Übertragung der Hypothek

1. Folgeerwerb einer Hypothek vom Berechtigten

697   Als akzessorisches Recht geht die Hypothek gem. §§ 401 Abs. 1, 1153 Abs. 1 mit Forderungsabtretung auf den Zessionar über. Es handelt sich dabei um einen **gesetzlichen** Erwerb. Als Besonderheit kommt hinzu, dass die hypothekarisch gesicherte Forderung zwar grundsätzlich formlos abgetreten werden kann, aber für den Hypothekenerwerb gleichwohl bestimmte Formanforderungen bestehen, um den Publizitätsanforderungen gerecht zu werden. Gem. § 1154 Abs. 3 bedarf es bei der Buchhypothek der Eintragung im Grundbuch.

698   Die durch Briefhypothek gesicherte Forderung verlangt neben der Abtretungserklärung in Schriftform die Übergabe des Hypothekenbriefes (§ 1154 Abs. 1). Die Bestimmung stellt nur die Erklärung des Zedenten unter das Formerfordernis des § 126, während die für den Abtretungsvertrag notwen-

dige Annahmeerklärung des Zessionars formfrei abgegeben werden kann. Inhalt der Abtretungserklärung ist die bestimmte Bezeichnung des neuen Gläubigers sowie der Forderung. Darüber hinaus muss die Erklärung einen
entsprechenden Abtretungswillen erkennen lassen. Auch Blanketterklärungen
wahren die Schriftform, wenn der Zedent einen Dritten zur Benennung des
Erwerbers der Forderung und Ergänzung der Abtretungserklärung ermächtigt (BGHZ 22, 128, 132).

Für die Briefübergabe gilt § 1117 Abs. 1 entsprechend. Notwendig ist eine **699**
Übergabe i.S. von § 929 S. 1 von dem bisherigen an den neuen Gläubiger,
wenn dieser nicht schon Besitzer ist (§ 929 S. 2). Übergabesurrogate gem.
§§ 930, 931 sind auch hier zulässig (s. o. Rn. 689). Ebenfalls findet § 1117
Abs. 2 Anwendung. An die Stelle der Briefübergabe kann damit die Aushändigungsabrede treten, wenn der Brief noch beim Grundbuchamt liegt.

Die schriftliche Abtretungserklärung kann gem. § 1154 Abs. 2 durch Ein- **700**
tragung in das Grundbuch ersetzt werden. Verstöße gegen das Formerfordernis für die Abtretungserklärung haben Nichtigkeit gem. § 125 S. 1 zur
Folge.

Als weitere Besonderheit tritt hinzu, dass der Zessionar gem. § 1154 Abs. 1 **701**
S. 2 vom Zedenten die öffentliche Beglaubigung der Abtretung verlangen
kann. Sie ist allerdings keine Wirksamkeitsvoraussetzung, sondern hat bspw.
für den Erwerb vom Nichtberechtigten und für die Geltendmachung
(§§ 1160 f.) Bedeutung.

Folgeerwerb der Hypothek vom Berechtigten

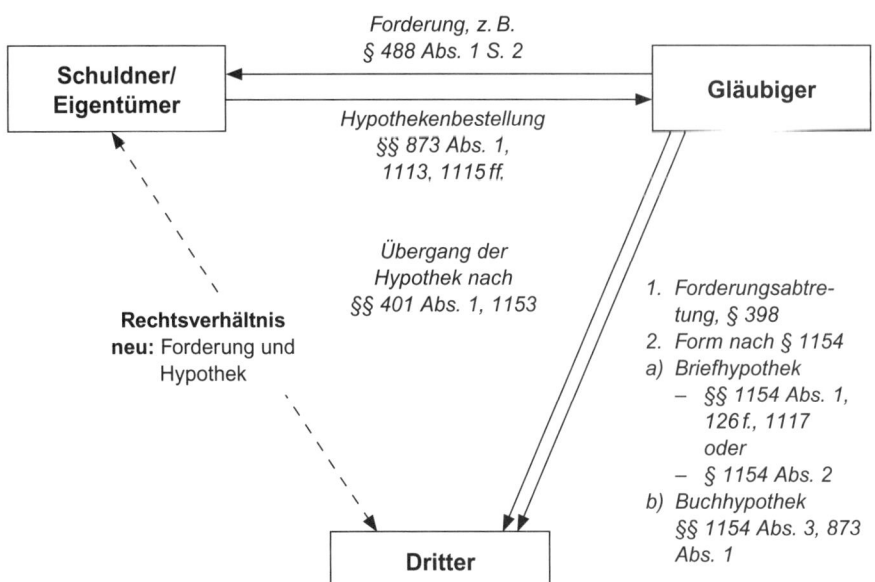

Folgeerwerb einer Hypothek vom Berechtigten

A. Buchhypothek
1. Einigung gem. §§ 1154 Abs. 3, 398 (formlos!)
2. Eintragung im Grundbuch (§ 873 Abs. 1)

B. Briefhypothek
1. Schriftliche Abtretungserklärung oder Eintragung der Abtretung im Grundbuch (§ 1154 Abs. 1 und 2)
2. Formlose Annahmeerklärung
3. Briefübergabe (§§ 1154 Abs. 1 S. 1, 1117 Abs. 1); ggf. Besonderheiten wegen Übergabesurrogats oder § 1117 Abs. 2;
4. Öffentliche Beurkundung (kann verlangt werden, ist aber keine Wirksamkeitsvoraussetzung; § 1154 Abs. 1 S. 2)

2. Folgeerwerb einer Hypothek vom Nichtberechtigten

702   Beim gutgläubigen Erwerb vom Nichtberechtigten sind verschiedene Fälle zu unterscheiden.

a) Mangel bei der Hypothekenbestellung

Der erste Fehler kann im Bereich der Hypothekenbestellung liegen. Es ist möglich, dass der Abtretende zwar Forderungsinhaber, nicht aber Inhaber der Hypothek geworden ist. Hier handelt es sich um einen Erwerb vom vermeintlichen Inhaber. Denkbar ist etwa, dass die Hypothekenbestellung angefochten wurde oder eine solche Hypothekenbestellung mangels vollständiger Erfüllung der Entstehungsvoraussetzung nicht wirksam vorgenommen wurde. Die Inhaberschaft kann somit rückwirkend entfallen oder schon von vornherein nicht entstanden sein.

703   Das Gesetz ermöglicht in diesem Fall einen gutgläubigen Erwerb. An die Stelle der materiellen Berechtigung des Zedenten bezogen auf die Hypothek tritt hier der gutgläubige Erwerb eines dinglichen Rechts. Der Zedent muss an den Zessionar in der Form des § 1154 die Briefhypothek übertragen haben. Die weiteren Voraussetzungen ergeben sich dann aus den §§ 398, 1154 f., 1153, 892.

Mangel bei der Hypothekenbestellung

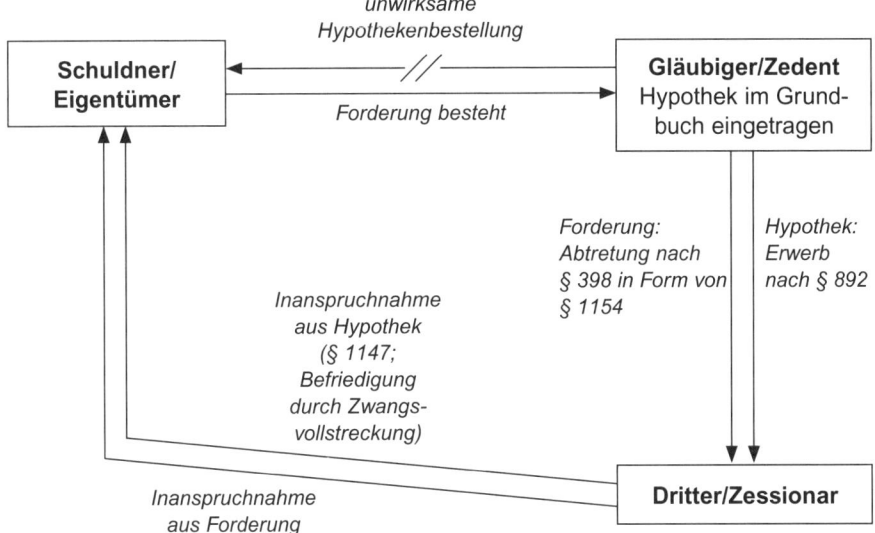

Auch hier muss es sich, wie stets beim gutgläubigen Erwerb, um ein Ver- **704** kehrsgeschäft handeln (s. o. Rn. 410, 206 f.). Dem steht nicht der Umstand entgegen, dass es sich im eigentlichen Sinne um einen gesetzlichen Erwerbsvorgang handelt (s. o. Rn. 697). Damit überhaupt ein gutgläubiger Erwerb möglich ist, wird dieser als **Verkehrsgeschäft** angesehen. Dem entspricht, dass die Übertragung der Hypothek das wesentliche Anliegen von Zedent und Zessionar ist. Weitere Voraussetzung ist, dass das Grundbuch unrichtig, der Gläubiger also trotz unwirksamer Bestellung als Inhaber der Buch- oder Briefhypothek eingetragen ist. Allerdings bedarf die Briefhypothek bei der Weiterübertragung keiner Eintragung im Grundbuch. Gem. § 1154 Abs. 2 wäre diese zwar möglich, bei unterbliebener Eintragung das Grundbuch aber nach einer ersten Übertragung unrichtig, da der eingetragene Zedent nicht mehr Gläubiger ist. Eine weitere Übertragung vom Zessionar an einen Dritten würde demzufolge nicht am guten Glauben teilnehmen, da der Verfügende nicht als Berechtigter der Briefhypothek im Grundbuch eingetragen ist. Hier fingiert § 1155 aus Gründen des Erwerberschutzes den Briefbesitzer als eingetragenen Gläubiger. Der Briefbesitzer muss durch eine **ununterbrochene Reihe von öffentlich beglaubigten Abtretungserklärungen** legitimiert sein, die auf den eingetragenen (früheren) Gläubiger zurückzuführen ist.

Der Hypothekenbrief erhöht also die Verkehrsfähigkeit, sofern die Verfü- **705** gungen öffentlich beglaubigt sind. Die Abtretungserklärung, die zwar gem. § 1154 Abs. 1 S. 1 nur der Schriftform (§ 126) bedarf, schafft eine weitergehende Wirkung bei öffentlicher Beglaubigung. Dies wirkt sich beim Folgeer-

werb (§ 1155) aus, aber auch bei der Geltendmachung der Hypothek gegenüber dem Eigentümer (§ 1160 Abs. 1; s. hierzu Fall 11, Rn. 707).

706   Zur Legitimation des Verfügenden bedarf es somit (beim Zweiterwerb)
entweder der Eintragung des Zedenten oder der öffentlich beglaubigten
Übertragungskette, die auf eine Eintragung zurückgeht (§ 1155). Weiterhin
darf der Erwerber keine Kenntnis von der fehlenden Hypothekarstellung des
Zedenten haben. Hier, wie stets im Rahmen des § 892, schadet lediglich positive Kenntnis (s. o. Rn. 414).

Übersicht zu § 1155

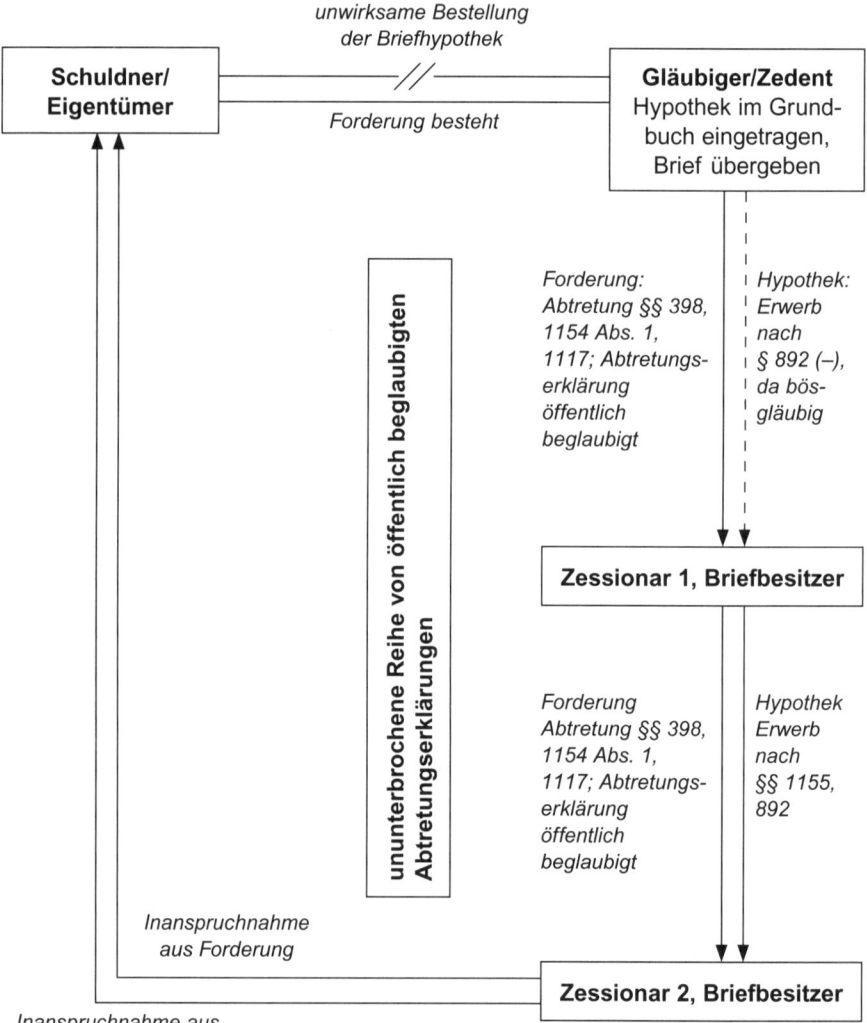

Sehr umstritten ist die Frage, ob ein gutgläubiger Erwerb auch dann noch **707**
in Betracht kommt, wenn die öffentlich beglaubigte Erwerbskette nicht ununterbrochen, die betreffende Verfügung jedoch aus anderen Gründen wirksam ist.

Fall 11 – Übertragung der Hypothek und § 1155: A gewährt dem X ein Darlehen. Zur Sicherung seines Rückzahlungsanspruchs wird eine Briefhypothek bestellt
(§§ 1113 Abs.1, 1116 f.). A wird im Grundbuch als Hypothekengläubiger eingetragen
und tritt später seinen besicherten Anspruch gegen X in öffentlich beglaubigter Urkunde an B ab. Dieser verfügt in privatschriftlicher Urkunde an C, der wiederum die
Forderung in öffentlich beglaubigter Urkunde an den gutgläubigen D abtritt. Als das
Darlehen zur Rückzahlung fällig wird, kann X nicht zahlen. D sucht daher Befriedigung aus der Hypothek. Zu Recht?

Abwandlung 1: Wie wäre die Rechtslage, wenn C die Forderung von B im Wege
der Universalsukzession (§ 1922) erhält?

Abwandlung 2: Wie Ausgangsfall, B verfälscht die Urkunde aber dergestalt, dass sie
den Anschein einer öffentlichen Beglaubigung erweckt.

Lösung:

D hat gegen X einen Anspruch auf Duldung der Zwangsvollstreckung gem. § 1147,
wenn er Inhaber der Hypothek ist. Ursprünglich war A deren Inhaber. Als Berechtigter hat er die Hypothekenforderung (488 Abs. 1 S. 2) an B abgetreten; §§ 398, 1153
Abs.1, 1154 Abs.1. Dadurch wurde B neuer Hypothekar und Forderungsinhaber. Dieser konnte in gleicher Weise an C verfügen. Allerdings war B bei Forderungsabtretung
nicht als Berechtigter im Grundbuch eingetragen. Gemäß § 1155 findet aber z.B.
§ 892 Anwendung, wenn eine öffentlich beglaubigte Übertragungskette auf den im
Grundbuch Eingetragenen zurückgeht. Das war hier der Fall, da die Abtretung zwischen A, der im Grundbuch eingetragen war, und B öffentlich beglaubigt wurde. C hat
die Forderung und damit die Hypothek von B (gutgläubig) erworben.

Die Frage ist, ob das auch für D gilt. Dieser könnte die Hypothek von C erworben
haben, als ihm die gesicherte Forderung abgetreten wurde. Allerdings war C als Verfü-
gender nicht im Grundbuch eingetragen, sodass C als Nichtberechtigter an D verfügte.
Folglich könnte D die Hypothek nur gutgläubig erwerben, §§ 1153 Abs.1, 1154
Abs.1, 1155, 892 Abs. 1. Nach § 1155 ist ein gutgläubiger Erwerb möglich, wenn sich
das Gläubigerrecht durch eine lückenlose Reihe öffentlich beglaubigter Abtretungserklärungen bis zum im Grundbuch eingetragenen Gläubiger (A) zurückverfolgen lässt.
Hier hat D zwar die Hypothekenforderung durch eine öffentlich beglaubigte Urkunde erhalten, doch ist die in § 1155 geforderte Reihe von Erklärungen durch die
privatschriftliche Übertragung von B an C unterbrochen. Fraglich ist daher, ob sich D
trotzdem auf § 1155 berufen kann.

Die überwiegende Auffassung in der Literatur (s. Palandt/*Bassenge*, §1155, Rn. 3;
Prütting, Rn. 689) wendet § 1155 auch auf nach der Unterbrechung liegende öffentlich beglaubigte Erklärungen an, wenn der privatschriftlich Zedierende (hier B) die
Forderung wirksam erworben hat. Ansonsten wäre die Umlauffähigkeit der Briefhypothek zu sehr eingeschränkt, da der Eigentümer gegenüber jedem Erwerber, der nicht
durch das Grundbuch oder eine lückenlose Reihe öffentlich beglaubigter Abtretungserklärungen ausgewiesen ist, der Geltendmachung gem. § 1160 Abs. 1 widersprechen
könnte. Im vorliegenden Fall wäre demzufolge ein gutgläubiger Erwerb möglich und

D könnte aus der Hypothek gegen X vorgehen. Nach a. A. endet mit der privatschriftlichen Abtretungserklärung der Gutglaubensschutz (vgl. MünchKomm-BGB/*Eickmann*, §1155 Rn. 8). Danach kann nur eine lückenlose Reihe beglaubigter Erklärungen der Grundbucheintragung gleichgestellt werden. Nach dieser Ansicht wäre D nicht Inhaber der Hypothek geworden und hätte keinen Anspruch auf Duldung der Zwangsvollstreckung gegen X.

Abwandlung 1

Durch den Erbfall wird die Kette i. S. v. § 1155 nur dem äußeren Anschein nach unterbrochen. Rechtlich gesehen bildet in diesem Fall C kein zusätzliches Glied in der Kette, sondern verfügt in Ausübung der Rechtsstellung des Erblassers (§ 1922). In diesem Fall kann D die Hypothek daher gutgläubig erwerben und X daraus in Anspruch nehmen.

Abwandlung 2

Ist eine Abtretungserklärung in der Kette gefälscht, ist § 1155 nach überwiegender Auffassung anzuwenden, wenn die Fälschung (wie hier) nicht erkennbar war (RGZ 85, 58, 60 f.; MünchKomm-BGB/*Eickmann*, §1155 Rn. 12). Andernfalls müsse jeder Zessionar, um der Gefahr der gefälschten Urkunde zu entgehen, die Eintragung des Rechts in das Grundbuch verlangen (MünchKomm-BGB/*Eickmann*, § 1155 Rn. 12). Die Verkehrsfähigkeit des Briefrechts würde so praktisch aufgehoben. Die Gegenmeinung (Palandt/*Bassenge*, § 1155 Rn. 4) hält § 1155 für nicht anwendbar, da bei einer gefälschten Eintragung in das Grundbuch auch kein Vertrauensschutz bestehe und über § 1155 die Eintragung gerade fingiert werde. Nach der h. M. wird der gutgläubige Erwerb des D also nicht gehindert, so dass er gegen X einen Anspruch aus § 1147 hat.

b) Mängel der Forderung

708 Der zweite Mangel beim Folgeerwerb kann im Bereich der Forderung liegen. In diesem Fall kommt ein gutgläubiger Erwerb nach den vorgenannten Grundsätzen nicht in Betracht, da eine Hypothek grundsätzlich zwingend eine Forderung voraussetzt und nur mit dieser übertragen werden kann, § 1153 Abs. 2. § 892 kann über diesen Mangel nicht hinweghelfen. Ein gutgläubiger Folge- bzw. Zweiterwerb scheidet daher aus, wenn die Hypothek auf einer Abtretung beruht, die eine nicht existente Forderung zum Gegenstand hat. Das Gesetz behilft sich hier, um einen gutgläubigen Hypothekenerwerb gleichwohl zu ermöglichen, mittels der Bestimmung des § 1138, indem es ausreichen lässt, dass ein rechtsgeschäftlicher Erwerb beabsichtigt war. § 1138 erstreckt somit die §§ 891–899 auf den Bestand der Forderung, soweit dies für den gutgläubigen Erwerb der Hypothek erforderlich ist. Die **Forderung** wird nur zum Zwecke des Bestands des dinglichen Rechts **fingiert**. Unerheblich ist es, ob die Forderung schon nicht entstanden oder aber zu einem späteren Zeitpunkt erloschen ist. Im Übrigen gelten für den gutgläubigen Erwerb dieselben Grundsätze wie zu § 892, die bereits verschiedentlich dargestellt wurden (s. z. B. Rn. 409 ff.). Der Schuldner/Eigentümer kann nur aus der Hypothek, nicht aber aus der Forderung selbst in Anspruch genommen werden, da jene nur fingiert, nicht aber gutgläubig erworben wird.

Mängel der persönlichen Forderung

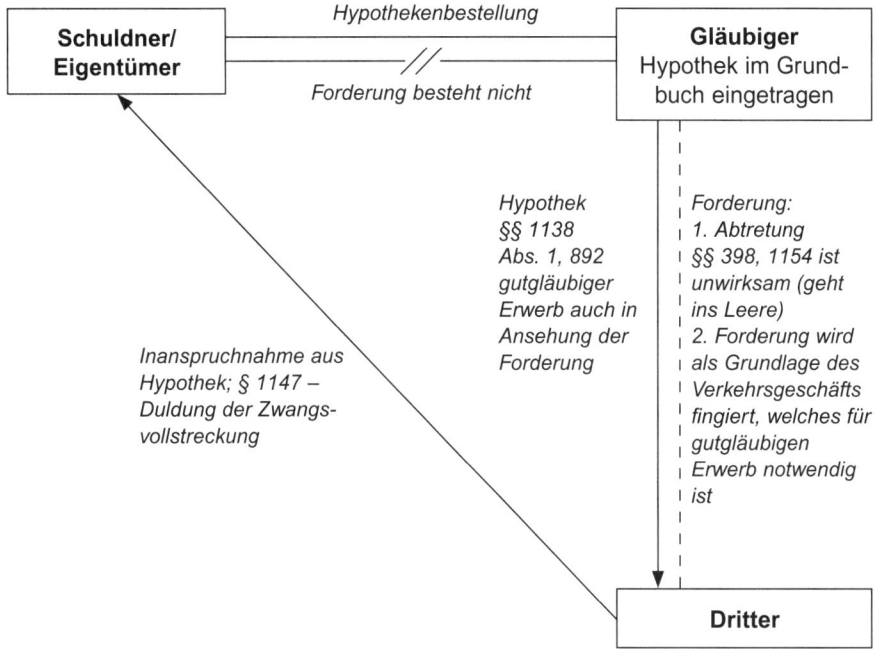

c) Doppelmangel

Schließlich kann es auch zu einer Kumulierung der vorgenannten Mängel **709** kommen. Hier sind die vorgenannten Grundsätze in gleicher Weise kumulativ anzuwenden. Insoweit kann auf die Darlegungen zu Rn. 702 ff. und 708 verwiesen werden.

VI. Einwendungen und Einreden

1. Allgemeines

Ein besonderes Problem besteht bei der Geltendmachung von Einwen- **710** dungen und Einreden. Dies wirkt sich vor allem aus, wenn der Schuldner und der Sicherungsgeber unterschiedliche Personen sind. Grundsätzlich ist zwischen den Einwendungen und Einreden gegen die Forderung und solchen gegen die hypothekarische Haftung zu unterscheiden.

2. Einreden und Einwendungen des Schuldners

Der Schuldner kann alle Einreden und Einwendungen gegen seine per- **711** sönliche Inanspruchnahme aus der Forderung geltend machen. Hier steht ihm offen, einzuwenden, dass der Anspruch nicht entstanden, später wieder erloschen oder nicht durchsetzbar sei.

3. Einreden und Einwendungen des Sicherungsgebers

712   Für den Sicherungsgeber stellt sich die Frage, welche Gegenrechte ihm zustehen. Unproblematisch kann er solche Einwendungen und Einreden geltend machen, die nur gegen die hypothekarische Haftung bestehen. So kann der Sicherungsgeber etwa gegenüber dem Hypothekar einwenden, die Einigung sei nichtig oder die Verwertung gestundet (§ 271 Abs. 2). Die Möglichkeit solcher Einwendungen und Einreden ergibt sich aus § 1157.

713   Weitergehend stehen dem Sicherungsgeber gem. § 1137 auch jene Einreden zu, die der persönliche Schuldner gegen die Forderung erheben kann. Da § 1137 nur von **Einreden,** nicht aber von **Einwendungen** spricht, stellt sich die Frage, wie letztere zu behandeln sind. Mit einer Einwendung gegen die Forderung macht der Eigentümer letztlich geltend, dass die Hypothek auf ihn übergegangen sei (§ 1163 Abs. 1). Dies aber ist ihm natürlich möglich. Insoweit stehen ihm auch die Einwendungen gegen die persönliche Forderung zu.

714   Auch § 1137 beruht auf der Akzessorietät. Ausgenommen von dieser Möglichkeit ist die Einrede der Verjährung, da Ansprüche aus eingetragenen Rechten nicht der Verjährung unterliegen (§§ 902, 216). Ebenfalls steht dem Sicherungsgeber nicht die Berufung auf die beschränkte Erbenhaftung zu (§ 1137 Abs. 1 S. 2). Weitergehend hat der Sicherungsgeber aber die Möglichkeit, Gestaltungsrechte einzuwenden, selbst wenn diese vom Schuldner nicht ausgeübt wurden. Dies ergibt sich aus dem Verweis auf § 770, der über seinen Wortlaut hinaus auch auf weitere Gestaltungsrechte angewandt wird (PWW/*Brödermann*, § 770 Rn. 3).

4. Einreden und Einwendungen bei Gläubigerwechsel

715   Weitere Probleme ergeben sich, wenn ein Gläubigerwechsel stattfindet. Hier stellt sich die Frage, inwieweit Einwendungen und Einreden erhalten bleiben. Die Möglichkeit für den Schuldner gegenüber dem Zessionar die Einwendungen und Einreden geltend zu machen, die ihm auch gegenüber dem Zedenten zustanden, ergibt sich aus § 404. Diese Einwendungen und Einreden können selbst dann dem Zessionar entgegengehalten werden, wenn sie ihm unbekannt sind (Ausnahme: § 405). Darüber hinaus kann der Schuldner die Wirksamkeit der Abtretung bestreiten. Schließlich schützt ihn § 407 vor Leistungen an den Zedenten in Unkenntnis der Abtretung.

716   Einwendungen und Einreden des Hypothekenschuldners können dem neuen Hypothekar gegenüber geltend gemacht werden. Dieser Grundsatz findet jedoch aus Gründen der Verkehrsfähigkeit eine erhebliche Einschrän-

kung durch § 1157 S. 2. Der Gläubiger kann die Hypothek gutgläubig einredefrei erwerben.

Entsprechendes gilt für die Einreden gegen die Forderung, die der Eigen- **717**
tümer gem. § 1137 Abs. 1 auch der hypothekarischen Inanspruchnahme
entgegenhalten kann. Der Zessionar kann gem. §§ 1138, 892 aber auch einredefrei gutgläubig erwerben. Außerdem können Einreden gegen die Forderung, die erst nach Abtretung entstehen, dem neuen Hypothekar nicht entgegengehalten werden, § 1156.

Einwendungen und Einreden bei der Hypothek

	a) **Schuldner** kann folgende Einwendungen und Einreden geltend machen:	b) **Eigentümer**/Sicherungsgeber (Dritter) kann folgende Einwendungen und Einreden geltend machen:
1. Gegen die Inanspruchnahme aus der **Forderung** durch Gläubiger	Alle, die Entstehung, Bestand und Durchsetzbarkeit der Forderung betreffen	Keine Inanspruchnahme möglich
2. Gegen die Inanspruchnahme aus der **Forderung** durch Neugläubiger/ **Zessionar**	– Nach § 404 alle, die die Forderung betreffen (s. unter 1.a), Ausnahme: § 405 – alle, die sich gegen Wirksamkeit der Abtretung richten – alle, die nach Zession entstanden sind (§§ 406 bis 408)	Keine Inanspruchnahme möglich
3. Gegen die Inanspruchnahme aus der **Hypothek** durch Gläubiger	Inanspruchnahme **nur** möglich, wenn Schuldner = Eigentümer – alle aus dem Rechtsverhältnis mit dem Gläubiger (z. B. Stundung, Verzicht), § 1157 S. 1 – nach § 1137 Abs. 1 alle, die die Forderung betreffen (s. 1.a) außer Verjährung (§ 216 Abs. 1) und beschränkte Erbenhaftung (§ 1137 Abs. 1 S. 2)	Wie 3a), auch Gestaltungsrechte bzgl. der Forderung, die Schuldner nicht ausgeübt hat, § 770
4. Gegen die Inanspruchnahme aus der **Hypothek** durch Neugläubiger/ **Zessionar**	Inanspruchnahme **nur** möglich, wenn Schuldner = Eigentümer – wie 3a), aber gutgläubiger einredefreier Erwerb nach § 1157 S. 2 oder § 1138 i. V. m. § 892 möglich – gem. § 1156 keine Anwendung der §§ 406 bis 408	Wie 4a), auch Gestaltungsrechte bzgl. der Forderung, die Schuldner nicht ausgeübt hat, § 770

VII. Erlöschen der Hypothek – Freiwillige Leistung, Vollstreckung

718 Die Hypothek geht nur durch die Befriedigung des Gläubigers aus dem Grundstück oder mit Betreiben der Zwangsvollstreckung eines vorrangigen Gläubigers in das Grundstück unter (§ 1181 und §§ 52 Abs. 1, 91 Abs. 1 ZVG). Freiwillige Leistungen dagegen führen nicht zum Untergang der Hypothek, sondern nur zu ihrem Verlust durch den Gläubiger.

1. Zahlung durch den Schuldner und Eigentümer

719 Der Hypothekar wird häufig nicht die Vollstreckung in das Grundstück betreiben, da der Schuldner der gesicherten Forderung freiwillig leistet. Damit erlischt zwar die Forderung gegen den Schuldner gem. § 362 Abs. 1. Trotz der Akzessorietät gilt Gleiches für die Hypothek jedoch nicht. Gem. § 1163 Abs. 1 S. 2 wird die Hypothek vom Eigentümer des belasteten Grundstücks erworben. Da eine Forderung nicht besteht, wandelt sich die Hypothek in eine **Eigentümergrundschuld** (§ 1177 Abs. 1). Für den Eigentümer hat das den großen Vorteil, dass die Rangstelle gewahrt ist.

2. Zahlung durch den Eigentümer

720 Bei Auseinanderfallen von Schuldner und Eigentümer steht Letzterem ein so genanntes Ablösungsrecht zu. Dieses ist in § 1142 geregelt. Die Befriedigung kann dabei in Durchbrechung des Gegenseitigkeitserfordernisses sogar durch Aufrechnung mit einer gegen den Gläubiger gerichteten Forderung erfolgen. Gegenüber der allgemeinen Bestimmung des § 267 hat das Ablösungsrecht nach dieser Vorschrift für den Eigentümer den Vorteil, dass der Gläubiger entgegen § 267 Abs. 2 nicht die Leistung ablehnen darf, soweit ihr der Schuldner widerspricht. Das Gesetz berücksichtigt hier das Interesse des Eigentümers, eine Zwangsvollstreckung in das Grundstück zu verhindern. Erforderlich für die Ablösung ist die Fälligkeit der Forderung gegenüber dem Eigentümer (z. B. bei Kündigung der Hypothek, § 1141). Gem. § 1143 Abs. 1 S. 1 geht die Forderung auf den leistenden Eigentümer über, der nicht zugleich Schuldner der Forderung ist. Die Hypothek wird, da zwar mit dem Eigentum vereinigt, aber wegen Bestehens einer Forderung zur **Eigentümerhypothek** (§ 1177 Abs. 2).

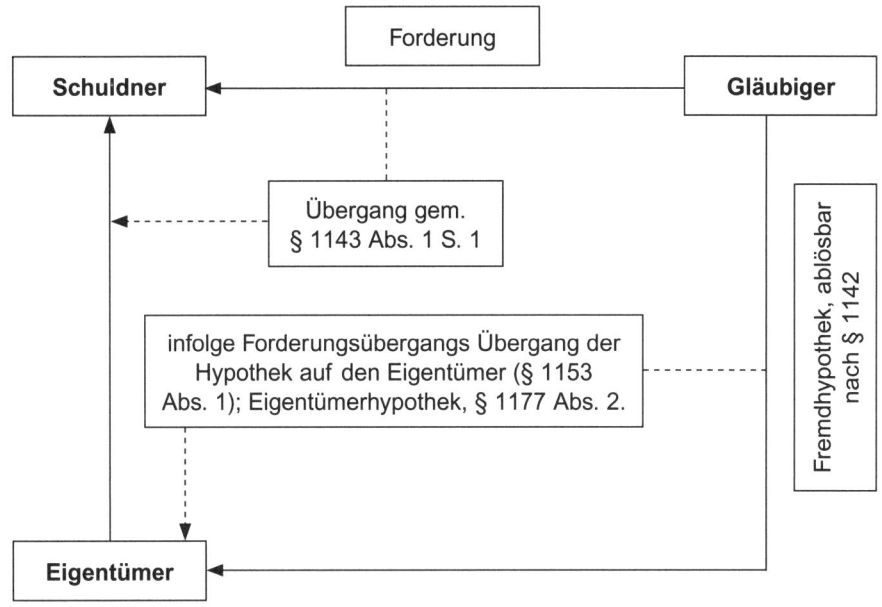

Ablösungsrecht nach § 1142

Für die Legalzession des § 1143 Abs. 1 gelten die allgemeinen Bestim- **721** mungen der Abtretung (§§ 412, 401), d.h. akzessorische Sicherungsrechte etwa gehen auf den Eigentümer über. Nach diesen Bestimmungen stehen dem Schuldner gegenüber dem Eigentümer zudem alle Einwendungen zu, die er im Abtretungszeitpunkt gegenüber dem alten Gläubiger geltend machen konnte (§ 404). Weiterhin kann er die Einwendungen aus seinem zum Gläubiger bestehenden Rechtsverhältnis erheben (§§ 1143 Abs. 1, 774 Abs. 1 S. 3).

Die durch die Hypothek gesicherte Forderung kann zusätzlich mit ande- **722** ren Sicherheiten besichert sein, z. B. einer Bürgschaft (§§ 765 ff.). In solchen Fällen stellt sich die Frage, ob die Sicherungsgeber untereinander einen Ausgleichsanspruch haben. Geregelt ist diese Frage für den Regress unter Mitbürgen gem. §§ 774 Abs. 2, 426 als Gesamtschuldner. Bei mehreren Pfandrechtsbestellern verweist § 1225 S. 2 auf § 774, so dass wiederum die Bestimmungen zur Gesamtschuld anzuwenden sind. Nicht geregelt ist der Ausgleich von Sicherungsgebern bei unterschiedlichen Sicherungsrechten. Für den Fall, dass der Eigentümer die Hypothek ablöst, geht nach §§ 1143 Abs. 1 S. 1, 412, 401 die akzessorische Sicherheit mit über. Dieser könnte sich dann wegen der ganzen Forderung an den Bürgen halten. Die Anwendung dieses Prioritätsprinzips hätte zur Folge, dass der zuerst in Anspruch Genommene sich befriedigen könnte, der letzte Sicherungsgeber dann aber keinen Anspruchsgegner mehr hätte (Wettlauf der Sicherungsnehmer). Daher ist für den Fall mehrerer gleichrangiger akzessorischer und nichtakzessorischer Sicherungsgeber ein Ausgleichanspruch entsprechend den Regeln der Gesamtschuld anzunehmen (BGHZ 108, 179).

723   Der Eigentümer kann vom Gläubiger die **Aushändigung des Hypothekenbriefs** und anderer Unterlagen verlangen, die zur Berichtigung des Grundbuchs oder zur Löschung der Hypothek erforderlich sind (§ 1144). Mit diesem Anspruch wird sichergestellt, dass der noch im Grundbuch eingetragene frühere Gläubiger oder der Briefbesitzer nicht trotz Übergangs der Hypothek als Eigentümerhypothek auf den Eigentümer über diese als Nichtberechtigter wegen Gutgläubigkeit des Erwerbers (s. o. Rn. 702 ff.) wirksam verfügt. Der Anspruch kann Zug um Zug gegen Befriedigung geltend gemacht werden.

3. Erfüllung der persönlichen Forderung durch den Schuldner

724   Erfüllt stattdessen der Forderungsschuldner, der nicht zugleich Eigentümer ist, die Forderung, so erlischt diese gem. § 362 Abs. 1. Es entsteht gem. §§ 1163 Abs. 1 S. 2, 1177 Abs. 1 eine Eigentümergrundschuld. Das gilt allerdings nicht, wenn dem Schuldner gegen den Eigentümer ein Regressanspruch zusteht. In diesem Fall geht die Hypothek gem. § 1164 Abs. 1 S. 1 in Höhe des Regressanspruches auf den Schuldner über. Dieser ist damit durch die Hypothek gesichert. Die hypothekarisch gesicherte Forderung wird damit von Gesetzes wegen **ausgewechselt.**

4. Zahlung durch Dritte

725   Auch Dritte haben gem. §§ 1150, 268 ein Ablösungsrecht, sofern sie möglicherweise in der Vollstreckung ein eigenes Recht verlieren könnten. Von Bedeutung ist diese Ablösungsmöglichkeit vor allem für gegenüber der Hypothek **nachrangige Rechte.** Selbst der Mieter hat ein solches Ablösungsrecht. Der vom Ersteher übernommene Mietvertrag kann von diesem gem. § 57a ZVG gekündigt werden. Durch die Ablösung wird das verhindert. Voraussetzung für dieses Ablösungsrecht ist, dass der Gläubiger Befriedigung aus dem Grundstück verlangt.

5. Zur Vollstreckung des Anspruchs gem. § 1147

726   Statt im Wege der freiwilligen Zahlung die Zwangsvollstreckung in das Grundstück abzuwenden, kann der Gläubiger gezwungen sein, die Hypothek und den mit ihr verbundenen Anspruch auf Duldung der Zwangsvollstreckung (§ 1147) gerichtlich durchzusetzen. In vielen Fällen wird der Sicherungsgeber sich der sofortigen Zwangsvollstreckung unterworfen haben (§ 794 Abs. 1 Nr. 5 ZPO). Dem Hypothekar bleibt damit die gerichtliche Durchsetzung erspart und er kann sofort die Zwangsvollstreckung betreiben.

Bei der Urkunde ist zwischen der sogenannten dinglichen Unterwerfungs-
erklärung (§ 800 Abs. 1 ZPO) und der Unterwerfung unter die Zwangsvollstreckung wegen der persönlichen Schuld zu unterscheiden. Während
Erstere nur zur Vollstreckung in das Grundstück und den gesamten Haftungsverband (s. hierzu Rn. 729 ff.) berechtigt, steht bei Vollstreckung aus
dem Schuldanerkenntnis dem Gläubiger das gesamte Vermögen des Schuldners offen.

Als Verwertungsform gibt es neben der Zwangsversteigerung auch die **727**
Zwangsverwaltung (§§ 146 ff. ZVG). Während die Zwangsversteigerung eine
zwangsweise Veräußerung mit dem Ziel darstellt, den betreibenden Gläubi-
ger möglichst vollständig aus dem Grundstück zu befriedigen, erfolgt bei der
Zwangsverwaltung die Befriedigung des Gläubigers aus den Nutzungen des
Grundstücks.

In der Insolvenz des Eigentümers hat der Hypothekar ein Recht auf abge- **728**
sonderte Befriedigung (§ 49 InsO). Sowohl Insolvenzverwalter (§ 165 InsO)
als auch Hypothekar haben ein Verwertungsrecht.

VIII. Haftungsgegenstand

1. Umfang der Haftung

Mit dem titulierten Anspruch hat der Hypothekar die Möglichkeit, in das **729**
Grundstück zu vollstrecken (§ 1147). Der Vollstreckung aus diesem Anspruch unterliegen alle wesentlichen (§ 94) und die dem Grundstückseigentümer gehörenden **unwesentlichen Bestandteile** des Grundstücks im Zeitpunkt der Vornahme der Vollstreckungshandlung. Gleiches gilt für die
ungetrennten Erzeugnisse. Damit kommt dem Hypothekar auch ein zwischen Hypothekenbestellung und Vollstreckung eingetretener Wertzuwachs
zugute. Selbst nach Trennung von Bestandteilen und Erzeugnissen des Grund
stücks bleiben sie grundsätzlich Bestandteile des Hypothekenhaftungsver-
bands bis sie Eigentum eines schuldrechtlich oder dinglich Berechtigten werden (§ 1120; s. auch o. Rn. 260).

Selbst das dem Grundstückseigentümer gehörende **Zubehör** (§ 97 Abs. 1) **730**
fällt in den Haftungsverband (§ 1120). Das Gesetz begreift somit das Grundstück, seine Erzeugnisse sowie das Zubehör als eine **wirtschaftliche Einheit,** die nach Möglichkeit durch Vollstreckungsmaßnahmen nicht auseinan-
dergerissen werden sollte. Die Regelung ist zwingend und abweichende
Vereinbarungen haben nur schuldrechtliche Wirkung. Entsprechend dem Eigentum fällt auch das Anwartschaftsrecht an Zubehörgegenständen in das
haftende Vermögen. Die Zugehörigkeit setzt sich bei Erstarken zum Eigentum am Eigentumsgegenstand fort.

Fall 12 – Hypothekarischer Haftungsverband (nach BGHZ 35, 85 ff. – sog. „Hotelbettenfall"): G ist Eigentümer eines als Brauerei genutzten Grundstücks. Zum Ausbau des Betriebsgeländes gewährt B dem G ein Darlehen i. H. v. 2.500.000 €. Als Sicherheit wird eine Hypothek zugunsten der B bestellt. Sodann erwirbt G von V eine unter Eigentumsvorbehalt gelieferte Etikettiermaschine. Diese bezahlt G mit Kreditmitteln des K. Zur Sicherung dieses Darlehens wurde die Etikettiermaschine dem K von G zur Sicherheit übereignet. Wegen anhaltender Umsatzrückgänge kommt G seinen Rückzahlungsverpflichtungen nicht mehr nach. B betreibt daraufhin die Zwangsvollstreckung in das Grundstück des G. B vertritt die Auffassung, dass sich die Hypothek auch auf die zur Sicherheit übereignete Etikettiermaschine erstreckt (§§ 1120, 97 Abs. 1). Kann K die Einstellung der Zwangsvollstreckung in die Etikettiermaschine verlangen, wenn er die restlichen Kaufpreisraten an V zahlt?

Lösung:

K könnte die Zwangsvollstreckung im Wege der Drittwiderspruchsklage verhindern, § 771 ZPO (s. hierzu o. Rn. 636). Ihm müsste dazu „ein die Veräußerung hinderndes Recht" (zur Problematik dieser missverständlichen Formulierung vgl. MünchKomm-ZPO/*K. Schmidt*, § 771 Rn. 16) an der Etikettiermaschine zustehen. Darüber hinaus dürfte er nicht zur Duldung der Zwangsvollstreckung verpflichtet sein (vgl. hierzu Stein/Jonas/*Münzberger*, § 771 Rn. 59).

1. Als „die Veräußerung hinderndes Recht" kommt das Eigentum an der Maschine in Betracht.

a) Zum Zeitpunkt der Einigung über den Eigentumsübergang zwischen K und G war Letzterer Nichtberechtigter i. S. d. §§ 929, 930 (Sicherungsübereignung; s. o. Rn. 615 ff.). Das Eigentum hatte G noch nicht erworben. Ein gutgläubiger Erwerb nach §§ 929, 930, 933 scheitert an der fehlenden Übergabe. Die Verfügung des G über das Eigentum an der Maschine ist deshalb unwirksam. Sie wird jedoch wirksam, sobald der Nichtberechtigte den Gegenstand erwirbt, § 185 Abs. 2 S. 1 Var. 2 (Lesen!). Das geschieht, sobald K die restlichen Kaufpreisraten an V zahlt. In diesem Moment geht das Eigentum von V auf G über. Eine juristische Sekunde später fällt es an K, § 185 Abs. 2 S. 1 Var. 2. Dieser erlangt das Eigentum also nicht direkt von V, sondern über G. Insofern spricht man von einem **Durchgangserwerb**.

b) Die Einigung des K mit dem Nichteigentümer G ist auch einer anderen Deutung fähig (Umdeutung bzw. Auslegung, §§ 133, 157; s. o. Rn. 575). Wenn G zwar hinsichtlich des Eigentums Nichtberechtigter ist, so will er zumindest seine Anwartschaft an K übertragen, die ihm zu diesem Zeitpunkt aufgrund des mit V vereinbarten ETVB zusteht. Insoweit ist er Berechtigter. Die Interessenlage der Parteien spricht dafür, die Anwartschaft analog §§ 929, 930 übergehen zu lassen. Zahlt K die letzte Kaufpreisrate, so erstarkt seine Anwartschaft zum Vollrecht. Er wird Eigentümer der Maschine. Folge der h. M. ist, dass K das Eigentum direkt von V erwirbt, da G im Zeitpunkt des Bedingungseintritts keine Anwartschaft mehr inne hat. Es findet ein **Direkterwerb** statt.

c) K hat nach beiden Lösungswegen Sicherungseigentum an der Maschine erlangt. Dieses stellt ein die Veräußerung hinderndes Recht im Sinne von § 771 ZPO dar.

2. Möglicherweise haftet die Maschine jedoch für den beizutreibenden Anspruch nach materiellem Recht, weshalb K die Zwangsvollstreckung zu dulden hat. Dies wäre der Fall, wenn das Sicherungseigentum des K mit dem Grundpfandrecht belastet ist. Nach § 1120 erstreckt sich die Hypothek auch auf das im Eigentum des Grundstückseigentümers stehende Zubehör. Die Etikettiermaschine ist nach ihrer Art und Beschaffenheit Zubehör im Sinne des § 97 Abs. 1.

a) Wählt man für den Eigentumserwerb den Weg des Durchgangserwerbs, so fällt die Maschine in den Haftungsverband der Hypothek. Sie war für eine juristische Sekunde im Eigentum des G. K konnte sie deshalb nur belastet erwerben (v. *Lübtow*, JuS 1963, 171, 172).

b) Anders ist dies im Fall des Direkterwerbs. Hier fällt das Eigentum nicht in den Haftungsverband der Hypothek, da es direkt von V auf K übergeht. Nach Ansicht des Bundesgerichtshofs (MDR 1961, 680 m. Anm. *Reinicke)* und dem überwiegenden Teil des Schrifttums (MünchKomm-BGB/*Eickmann*, § 1120 Rn. 38) wird aber bereits die Anwartschaft vom Haftungsverband der Hypothek erfasst (§§ 1120, 1121 analog). Mit Bedingungseintritt wandelt sich das hypothekarische Recht an der Anwartschaft in ein solches am Vollrecht (§§ 1247 S. 2, 1287 S. 1 analog). Diese Auffassung beruht vor allem auf der weitgehenden Gleichstellung von Eigentum und Anwartschaft. Durch sie wird auch der den Sicherungsrechten zugrunde liegende Prioritätsgrundsatz gewahrt.

Somit fiel bereits die Anwartschaft des G in den Haftungsverband der Hypothek und K konnte sie nur mit dem Grundpfandrecht belastet erwerben. Mit Zahlung der letzten Kaufpreisrate setzt sich diese Belastung zu Gunsten der B am Eigentum fort.

3. Unabhängig von der rechtlichen Konstruktion (Durchgangs- oder Direkterwerb) hat K deshalb nur belastetes Eigentum erworben. Ein gutgläubiger einredefreier Erwerb nach § 936 scheidet aufgrund des Anwendungsvorranges der §§ 1121 f. aus, die die spezielleren Regelungen darstellen (s. u. Rn. 734). Für eine Enthaftung im Sinne dieser Vorschriften bestehen keine Anhaltspunkte.

K kann deshalb die Zwangsvollstreckung nicht nach § 771 ZPO abwenden.

Auch **Forderungen**, die einen Wert verkörpern und die aus dem Grund-   **731** stück oder einem mithaftenden Gegenstand folgen, können in den Haftungsverband fallen. Dies gilt etwa bei vermieteten oder verpachteten Grundstücken für Miet- und Pachtforderungen (§ 1123 Abs. 1). Diese Forderungen werden nach Ablauf eines Jahres seit Eintritt der Fälligkeit frei, es sei denn, es ist zugunsten des Hypothekars die Beschlagnahme erfolgt. Die Forderungen

Hypothekenhaftungsverband

Grundstück mit wesentlichen Bestandteilen (§ 94) und ungetrennten Erzeugnissen (§ 99).

Zubehör, sonstige Bestandteile und getrennte Erzeugnisse, die Grundstückseigentümer gehören und nicht enthaftet sind (§§ 1120 ff.).

Fällige Miet- und Pachtforderungen, die Grundstückseigentümer gehören, rückwirkend für ein Jahr ab Beschlagnahme im Wege der Zwangsvollstreckung, soweit nicht bereits im Voraus erfüllt oder anderweit darüber verfügt wurde (§§ 1123 f.).

müssen dem Eigentümer zustehen (für Einzelheiten s. § 1123). Ähnliche Regelungen gelten für Versicherungsforderungen wegen Gegenständen, die in den Haftungsverband fallen (§ 1127), oder wiederkehrende Leistungen aus subjektiv dinglichen Rechten (§ 1126).

2. Enthaftung

732   Unter bestimmten Voraussetzungen werden die Bestandteile, Erzeugnisse sowie Zubehörstücke vom Haftungsverband frei. Das Gesetz regelt verschiedene Enthaftungstatbestände (§§ 1121 f.), bei denen es im Wesentlichen um eine bestimmte Abfolge der Maßnahmen – Veräußerung, Entfernung, Beschlagnahme – geht. Allein die Veräußerung kann nicht zu einer Enthaftung führen, wenn der haftungsbegründende wirtschaftliche Zusammenhang bestehen bleibt. Auch ein gutgläubiger lastenfreier Erwerb scheidet aus (s. u. Rn. 734).

733   Die **Beschlagnahme** findet durch Beschluss des Vollstreckungsgerichts statt, in dem die Zwangsverwaltung oder Zwangsversteigerung angeordnet wird (§§ 20, 146 Abs. 1 ZVG). Sie ist dem Schuldner zuzustellen und im Grundbuch einzutragen. Nach der Beschlagnahme durch Anordnung der Zwangsversteigerung kann der Eigentümer nur noch im Rahmen der ordnungsmäßigen Wirtschaft über den Gegenstand verfügen (§ 23 Abs. 1 S. 2 ZVG). Im Übrigen wirkt die Beschlagnahme – auch soweit es die mithaftenden beweglichen Gegenstände betrifft – als relatives Veräußerungsverbot zugunsten des Gläubigers (§ 23 Abs. 1 S. 1 ZVG).

734   Die Bestimmungen gehen als besondere Regelung dem Tatbestand des Erlöschens dinglicher Rechte Dritter nach § 936 vor. Ihnen liegen folgende Überlegungen zu Grunde: In allen Fällen soll ein sinnvoller Ausgleich zwischen dem Interesse des Hypothekengläubigers an seiner dinglichen Sicherheit und dem Interesse des Eigentümers an der wirtschaftlichen Verwertung der Erzeugnisse und des Zubehörs (s. *Prütting*, Rn. 655) geschaffen werden. Eine unauflösliche Zugehörigkeit zum Haftungsverband würde den Grundeigentümer in seiner wirtschaftlichen Freiheit unzumutbar einschränken, da sich wohl kaum ein Interessent für den Kauf von Waren finden würde, die mit einem Pfandrecht belastet sind. Der Hypothekar dagegen muss vor einer nicht zu rechtfertigenden Minderung des Haftungsgegenstandes geschützt werden.

Die Vorschriften unterscheiden zwischen Enthaftung durch Veräußerung (§ 1121) und einer solchen durch bloße Entfernung (§ 1122).

a) Beschlagnahme nach Veräußerung und Entfernung

735   Wird eine Beschlagnahme erst vorgenommen, nachdem Erzeugnisse, Bestandteile und Zubehörstücke veräußert und auch vom Grundstück entfernt wurden, so führt dies zu einer Enthaftung der betroffenen Gegenstände. Auf

die Reihenfolge zwischen Veräußerung und Entfernung kommt es dabei nicht an. Der Erwerber derartiger Gegenstände muss sich daher keine Gedanken darüber machen, ob eine hypothekarische Haftung fortbesteht.

b) Beschlagnahme vor Entfernung vom Grundstück

Erfolgt die Beschlagnahme vor der Entfernung vom Grundstück, so bleibt **736** die vor der Entfernung vorgenommene Beschlagnahme wirksam, wenn der Erwerber bei der Entfernung in Ansehung der Beschlagnahme nicht im guten Glauben ist. Bis zur Entfernung ist die Beschlagnahme selbst dann wirksam, wenn ihr eine Veräußerung folgt und der Erwerber bzgl. der Hypothek gutgläubig war (§ 1121 Abs. 2 S. 1). Für die Gutgläubigkeit ist § 23 Abs. 2 S. 2 ZVG zu beachten, nach dem die Beschlagnahme mit Eintragung des Zwangsversteigerungsvermerks als bekannt angenommen wird.

c) Veräußerung nach Entfernung und Beschlagnahme

Bei Veräußerung nach Entfernung und Beschlagnahme, kann die Enthaf- **737** tung unter den Voraussetzungen des gutgläubigen Erwerbs gem. §§ 135 Abs. 2, 136, 932 ff. stattfinden. Unerheblich ist dabei die Reihenfolge zwischen Entfernung und Beschlagnahme.

d) Entfernung ohne Veräußerung

Bei einer Entfernung von Zubehör vor Beschlagnahme kann die hypothe- **738** karische Haftung auch ohne Veräußerung (gem. § 1122 Abs. 2) erlöschen, sofern dies im Rahmen der ordnungsmäßigen Wirtschaft geschieht. Für Erzeugnisse und Bestandteile gilt das bei Trennung vom Grundstück, es sei denn, diese erfolgte nur zu vorübergehenden Zwecken (§ 1122 Abs. 1).

e) Enthaftung von Rechten

Miet- und Pachtforderungen werden enthaftet, wenn sie seit der Beschlag- **739** nahme (§ 148 ZVG) schon länger als ein Jahr fällig sind (§ 1123 Abs. 2 S. 1). Das Gleiche gilt für Miet- und Pachtforderungen, die der Eigentümer vor der Beschlagnahme eingezogen oder an Dritte abgetreten oder in anderer Weise über sie verfügt hat (§ 1124 Abs. 1). Zum Schutze des Grundpfandgläubigers ist eine solche Verfügung jedoch unwirksam, soweit sie Miet- und Pachtforderungen für einen Zeitraum später als den laufenden Monat betrifft, in dem die Beschlagnahme erfolgt ist (§ 1124 Abs. 2). Wird die Beschlagnahme durch Anordnung der Zwangsverwaltung erst nach dem 15. des Monats wirksam, ist auch die Verfügung über die Miet- und Pachtforderungen des Folgemonats noch wirksam.

Die verschiedenen Enthaftungstatbestände

Enthaftung richtet sich nach den §§ 1121, 1122; Grundgedanke: keine Haftung, wenn der wirtschaftliche Zusammenhang beseitigt wurde

1. **Grundfall**: § 1121 Abs. 1

oder

- Veräußerung einschl. Übereignung, nur schuldrechtliche Vereinbarung reicht nicht aus
- zu Voraussetzungen und Umfang der Beschlagnahme s. §§ 20 Abs. 1 und 2, 146 Abs. 1 ZVG
- beachte Sonderfälle des § 1122, wo wirtschaftliche Zuordnung keinen Schutz mehr verdient (s. u.)

2. **Fall**: § 1121 Abs. 2

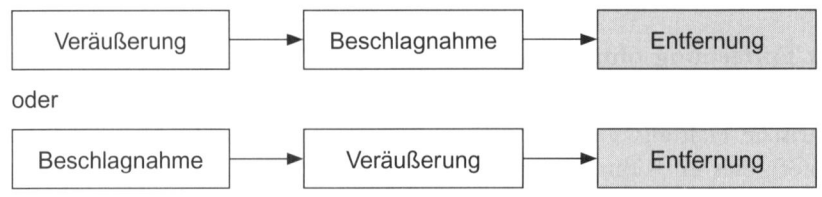

oder

- § 1121 Abs. 2 S. 1 gilt für beide Fälle (Wortlaut zu eng); § 936 gilt nicht;
- **aber**: § 1121 Abs. 2 S. 2 spezieller Gutglaubenstatbestand: gutgläubiger Erwerb, wenn Erwerber **bei Entfernung** hinsichtlich Beschlagnahme in gutem Glauben, aber Fiktion der Kenntnis:
  - bei Kenntnis des Antrags auf Zwangsversteigerung bzw. Zwangsverwaltung gem. §§ 23 Abs. 2 S. 1, 146 ZVG oder
  - bei Eintragung eines Zwangsversteigerungs- oder Zwangsverwaltungsvermerks im Grundbuch (§§ 23 Abs. 2 S. 2, 19 Abs. 1 ZVG)

3. **Fall**: §§ 136, 135 Abs. 2, 932 ff.

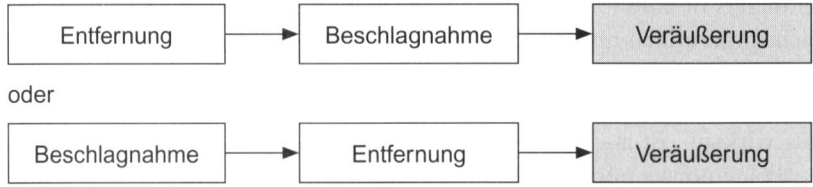

oder

- führt grundsätzlich nicht zur Enthaftung
- § 1121 Abs. 2 gilt nicht; es gelten die allgemeinen Regeln
- Beschlagnahme begründet relatives Veräußerungsverbot § 23 Abs. 1 S. 1 ZVG, §§ 136, 135 Abs. 2

– Enthaftung, wenn Gutgläubigkeit in Ansehung der Beschlagnahme zu dem nach §§ 932 ff. maßgeblichen Zeitpunkt, aber Fiktion der Kenntnis:
- bei Kenntnis des Antrags auf Zwangsversteigerung bzw. Zwangsverwaltung gem. §§ 23 Abs. 2 S. 1, 146 ZVG oder
- bei Eintragung eines Zwangsversteigerungs- oder Zwangsverwaltungsvermerks im Grundbuch (§§ 23 Abs. 2 S. 2, 19 Abs. 1 ZVG)

4. **Fall**: § 1122

Entfernung von Zubehör/nicht nur vorübergehende Trennung von Erzeugnissen oder Bestandteilen	⟶ Beschlagnahme

– Enthaftung ohne Veräußerung

IX. Fall zur schriftlichen Bearbeitung

Fall 13 – Einreden bei der Hypothek: A nimmt bei B ein Darlehen in Höhe von 5.000 € auf und bestellt ihm dafür an seinem Grundstück wirksam eine Briefhypothek in gleicher Höhe. Das Darlehen zahlt A in regelmäßigen Raten zurück. Nach einem Jahr hat er 4.000 € getilgt. Jetzt tritt B die Hypothek formgerecht in Höhe von 5.000 € an C ab, wobei er die bisher erfolgte Teilrückzahlung verschweigt. Wenig später zahlt A auch die restlichen 1.000 € an B. Als A nun von B eine löschungsfähige Quittung und Rückgabe des Hypothekenbriefes verlangt, stellt sich die Abtretung an C heraus.
1. Welche Ansprüche hat C gegen A?
2. Welchen Ansprüchen ist B ausgesetzt?

Lösung:

Frage 1:

I. Anspruch C gegen A auf Zahlung von 5.000 € aus §§ 398, 488 Abs. 1 S. 2
C könnte gegen A aus der Darlehensforderung Anspruch auf Zahlung von 5.000 € haben. Diese war zum Zeitpunkt der Abtretung aber bis auf 1.000 € durch Erfüllung gem. § 362 Abs. 1 erloschen. Einen gutgläubigen Forderungserwerb in der Art, dass C die Forderung i. H. v. 5.000 € erwerben kann, obwohl diese nicht in dieser Höhe besteht, kennt das BGB nicht. Der Inanspruchnahme des C aus der abgetretenen Teilforderung i. H. v. 1.000 € kann A darüber hinaus infolge der Zahlung an den Altgläubiger die Einwendung nach § 407 Abs. 1 Var. 1 entgegen gehalten. Dem A steht insoweit ein Wahlrecht zu, ob er nach § 407 Abs. 1 die Leistung an C verweigert oder die rechtsgrundlose Zahlung von B kondiziert und an C zahlt (s. Palandt/ *Grüneberg*, § 407 Rn. 5). C hat aus der Forderung daher grds. keinen durchsetzbaren Anspruch gegen A.

II. C könnte gegen A aber Anspruch auf Duldung der Zwangsvollstreckung aus § 1147 haben.
1. Dann müsste er Inhaber der Hypothek geworden sein. Diese könnte er von B erworben haben, bei dem die Briefhypothek laut Sachverhalt wirksam entstanden war. Nach §§ 1153 Abs. 1, 1154 Abs. 1, 398, 126 erfolgt deren Übertragung durch Abtre-

tung der gesicherten Forderung und Übergabe des Hypothekenbriefes (§§ 1154 Abs. 1, 1117).

a) Die gesicherte Darlehensforderung bestand im Abtretungszeitpunkt aufgrund des wirksamen Darlehensvertrags und der Teilerfüllung (§ 362 Abs. 1) noch i. H. v. 1.000 €.

b) C und B haben sich wirksam über die Abtretung der bestehenden Darlehensforderung in schriftlicher Form (§§ 1154 Abs. 1 S. 1, 126) geeinigt. B war zum Zeitpunkt der Abtretung Inhaber der persönlichen Forderung. Eine Briefübergabe ist erfolgt.

c) Mit Abtretung der Darlehensforderung von 1.000 € auf C ist die Hypothek kraft Gesetzes in ihrer bestehenden Höhe auf ihn übergegangen. Insofern bestand sie aber ebenfalls nur noch i. H. v. 1.000 €: Soweit die Forderung zuvor durch Erfüllung erloschen ist, erwarb der Grundstückseigentümer (A) die Hypothek nach § 1163 Abs. 1 S. 2. Insoweit entstand eine Eigentümergrundschuld (§ 1177 Abs. 1 S. 1). Zum Zeitpunkt der Abtretung bestand eine Hypothek, die auf C nach § 1153 Abs. 1 übergehen konnte, daher nur in Höhe von 1.000 €.

2. Entgegen zu dem nicht möglichen gutgläubigen Forderungserwerb, könnte C jedoch die auf 5.000 € lautende aber nur im Umfang von 1.000 € tatsächlich bestehende Hypothek in Höhe von 4.000 € wegen der gesetzlichen Richtigkeitsvermutung für das Grundbuch (§ 891) kraft öffentlichen Glaubens nach §§ 892 Abs. 1 S. 1, 1138 erworben haben.

a) Dann müsste das Grundbuch unrichtig gewesen sein. Infolge der entstandenen Eigentümergrundschuld (i. H. v. 4.000 €) entsprach die im Grundbuch eingetragene Hypothek (i. H. v. 5.000 €) nicht mehr der materiellen Rechtslage.

b) Die Hypothek als Grundpfandrecht ist auch ein dingliches Recht am Grundstück i. S. v. § 892. Sie müsste aber auch rechtsgeschäftlich erworben worden sein. Der Erwerb der Hypothek findet über §§ 401, 412 mit Abtretung der Forderung statt (§ 1153). Die Hypothek wird damit zwar kraft Gesetzes übertragen, gleichwohl geschieht dies rechtsgeschäftlich i. S. v. § 892, da die Übertragung auf einem Rechtsgeschäft (der Abtretung) beruht (s. o. Rn. 697). Die abgetretene Forderung bestand jedoch nur noch in Höhe von 1.000 €. Hinsichtlich der weiteren 4.000 € fehlt eine zur Hypothekenübertragung geeignete Forderung. Für diesen Betrag ist § 892 daher nur über § 1138 anwendbar. Diese Vorschrift fingiert die Forderung, aber nur soweit dies für den Erwerb der Hypothek erforderlich ist (s. o. Rn. 708). Ein tatsächlicher gutgläubiger Forderungserwerb findet nicht statt. Mangels eingetragenem Widerspruch und fehlendem Zahlungsvermerk auf dem Hypothekenbrief (§§ 1140, 1145) ist die nach § 892 Abs. 1 S. 1 vermutete Gutgläubigkeit des Erwerbers C nicht widerlegt.

c) C hat die Hypothek daher gutgläubig i. H. v. 4.000 € und insgesamt i. H. v. 5.000 € erworben.

3. Zu prüfen bleibt, ob A einer Inanspruchnahme daraus Einreden bzw. Einwendungen entgegen setzen kann. Gegen die Geltendmachung der Hypothek kann der Eigentümer (A) grds. die dem Schuldner gegen die gesicherte Forderung zustehenden Einreden gem. § 1137 geltend machen. Über den Wortlaut hinaus umfasst das auch Einwendungen (s. o. Rn. 714), die vor Abtretung begründet wurden. Folglich könnte A die Zahlung von 4.000 € als Erfüllung gem. § 362 nach § 1137 i. V. m. § 404 einwenden. C hat jedoch die Hypothek kraft öffentlichen Glaubens insoweit auch einredefrei gem. §§ 1138, 892 Abs. 1 erworben. Damit kann ihm A die Zahlung an B nicht entgegenhalten.

Die Frage ist, ob das auch für die Zahlung der 1.000 € gilt, die erst nach der Abtretung erfolgte. Hier käme für A § 407 Abs. 1 in Betracht. Gemäß § 1156 sind nach der Abtretung entstandene Einwendungen jedoch im Verhältnis zwischen Eigentümer und Neugläubiger grundsätzlich ausgeschlossen. Insofern kann sich A nicht auf § 407 berufen.

4. C hat somit insgesamt eine Hypothek in Höhe von 5.000 € erworben und daraus einen Anspruch gegen den Grundstückseigentümer A auf Duldung der Zwangsvollstreckung gem. §§ 1147, 1113 Abs. 1.

Frage 2:

I. Anspruch C gegen B auf Schadensersatz in Höhe von 4.000 € gem. § 311a Abs. 2

C könnte gegen B einen Schadensersatzanspruch aus § 311a Abs. 2 haben, da die Forderung auf Darlehensrückzahlung im Zeitpunkt des Forderungskaufs i.H. v. 4.000 € bereits erloschen, der Vertrag also auf eine teilweise unmögliche Leistung gerichtet war. Soweit sich C aus der Hypothek befriedigen kann, fehlt es jedoch an einem ersatzfähigen Schaden.

II. Anspruch C gegen B auf Zahlung von 1.000 € aus §§ 819 Abs. 1, 818 Abs. 4, 292, 989

Da B den Mangel seiner Berechtigung kannte, haftet er C gegenüber auch gem. § 819 Abs. 1 i.V. m. §§ 818 Abs. 4, 292, 989 auf Zahlung von 1.000 €. Vorausgesetzt ist allerdings, dass A dem C gegen die Inanspruchnahme aus der Forderung die Einwendung aus § 407 entgegenhält.

III. Anspruch C gegen B auf Zahlung von 1.000 € aus § 816 Abs. 2

C könnte auch ein Anspruch aus § 816 Abs. 2 gegen B zustehen. Nach der Abtretung war B nicht mehr Forderungsinhaber also Nichtberechtigter bezüglich der Erfüllung der Rückzahlungsforderung durch A. Neugläubiger C muss diese Zahlung gem. § 407 Abs. 1 Alt. 1 auch gegen sich gelten lassen, soweit sich A darauf beruft. Die Zahlung hat dann Erfüllungscharakter bzw. wird als wirksam angesehen. Damit hat C gegen B einen Anspruch gemäß § 816 Abs. 2, wenn sich A auf die Einwendung aus § 407 Abs. 1 beruft.

IV. Anspruch A gegen B auf Zahlung von 4.000 € gem. § 816 Abs. 1

A könnte ein Anspruch aus § 816 Abs. 1 gegen B zustehen. Dann müsste C als Nichtberechtigter über einen Gegenstand verfügt haben. Der Begriff des Gegenstandes ist dabei weit zu verstehen. Er umfasst auch Forderungen und Rechte (Palandt/ *Sprau*, § 816 Rn 1), wie die vorliegende Eigentümergrundschuld. Als B gem. §§ 1138, 892 über diese als Fremdhypothek durch die Abtretung verfügte, war er Nichtberechtigter, da die Eigentümergrundschuld dem A zustand. Diese Verfügung war aufgrund des gutgläubigen Erwerbs nach § 892 auch gegenüber A wirksam. B muss ihm daher das Erlangte herausgeben (den gezahlten Preis für den Hypothekenerwerb).

V. Anspruch A gegen B auf Zahlung von 1.000 € aus § 812 Abs. 1 S. 1 Fall 1

Wegen der nach der Abtretung geleisteten 1.000 € könnte A einen Anspruch aus § 812 Abs. 1 S. 1 Fall 1 gegen B haben. A wollte durch die Zahlung der 1.000 € seine vermeintliche Darlehensschuld gegenüber B tilgen, somit lag seiner Leistung kein Rechtsgrund (mehr) zugrunde. Auch gibt (nach überwiegender Auffassung) § 407 selbst keinen Rechtsgrund: Der Schuldner soll danach wählen können, ob er sich auf § 407 beruft, oder seine Leistung kondiziert (§ 812 Abs. 1 S. 1 Fall 1) und den wahren Forderungsinhaber befriedigt (Palandt/*Grüneberg*, § 407 Rn. 5 m.w.N.). Wenn A sich gegenüber der Forderungsinanspruchnahme durch C nicht auf § 407 beruft, steht ihm gegen B der Anspruch aus § 812 Abs. 1 S. 1 Fall 1 zu.

X. Kontrollfragen

1. A benötigt einen Kredit, weiß aber noch nicht, von wem er ihn erhalten wird. Kann er dennoch schon jetzt eine Hypothek an seinem Grundstück als Sicherheit bestellen?
2. A schließt einen Bausparvertrag ab. Kann er schon jetzt zugunsten der Bausparkasse eine Hypothek an seinem Grundstück bestellen?
3. A hat E bei Abschluss des Kaufvertrages über dessen Grundstück unerkannt arglistig getäuscht. Nach wirksamer Auflassung wurde A als Eigentümer im Grundbuch eingetragen. Danach beauftragt er Werkunternehmer W mit der Erstellung eines Bauwerks auf dem Grundstück.
   a) Welche Sicherungsmöglichkeiten hat W hinsichtlich seines Werklohnanspruchs gegen A für die Errichtung des Bauwerks?
   b) A bestellt W nun zur Sicherung von dessen Werklohnforderung eine Buchhypothek. Mittlerweile hat E den Kaufvertrag mit A wirksam gem. § 123 Abs. 1 Fall 1 angefochten. Ist W Inhaber der Buchhypothek geworden, wenn er einerseits nach Stellung des Eintragungsantrages von der Täuschung im Rahmen der Anfechtung des E erfahren hat oder andererseits im Wege einer einstweiligen Verfügung zu Gunsten des E ein Widerspruch im Grundbuch eingetragen wurde, bevor W als Hypothekar im Grundbuch stand?
4. E betreibt eine Spedition. Um seine unternehmerische Tätigkeit auch auf den osteuropäischen Raum zu erweitern, errichtet er in Görlitz einen Fuhrhof. Zur Finanzierung des Vorhabens hat ihm seine Hausbank einen Kredit gewährt. Als Sicherheit wurde eine Hypothek in gleicher Höhe am Betriebsgrundstück wirksam bestellt. E fürchtet die Zwangsvollstreckung aus der Hypothek und erkundigt sich bei Rechtsanwalt R, ob es aus dessen Sicht sinnvoll ist, die Lkw nicht mehr auf das Betriebsgrundstück fahren zu lassen, um zu verhindern, dass auch sie im Rahmen der Verwertung des Grundstücks mitverwertet würden. Besteht insoweit für die Fahrzeuge eine Gefahr?
5. Der Werkzeugmaschinenhersteller W hat der B-Bank (B) zur Sicherung eines Finanzierungsdarlehens an seinem Betriebsgrundstück wirksam eine Hypothek bestellt. Zur Sicherung eines weiteren Kredits durch die Sparkasse S übereignete W dieser u. a. eine Fräsmaschine im Wege der Sicherungsübereignung nach §§ 929 S. 1, 930. Nach einem Jahr kann W den Kredit der B nicht mehr bedienen, auf Antrag der B wird die Zwangsversteigerung in das Betriebsgrundstück angeordnet. Als die S davon erfährt, lässt sie die Fräsmaschine abbauen und vom Betriebsgrundstück holen.
   a) Kann B von S die Duldung der Zwangsversteigerung in die Fräsmaschine verlangen?
   b) Würde sich etwas ändern, wenn S die Maschine an den gutgläubigen D weiterveräußert, der weder Kenntnis von dem Versteigerungsantrag noch von der Hypothek hat?
   c) Könnte eine Enthaftung dadurch eintreten, dass W den Betrieb stilllegt und das Betriebsvermögen verwertet?
6. A bestellt der B-Bank (B) eine Hypothek an seinem Grundstück zur Sicherung eines von der B an ihn gewährten Darlehens. Später veräußert A das Grundstück an C. Dabei vereinbaren A und C, dass C die Darlehensschuld gegenüber der B und die Hypothek übernimmt und dafür ein Teil des Kaufpreises erlassen wird. C wird im Grundbuch als Eigentümer eingetragen, jedoch verweigert B ihre Zustimmung zu dem obigen Rechtsgeschäft. Kann B von A Rückzahlung des Darlehens verlangen?

7. W1, W2 und W3 bilden eine Wohnungseigentümergemeinschaft. W1 hat bei der B-Bank (B) ein Darlehen aufgenommen. Zur Sicherung des Rückzahlungsanspruchs haben W1 und W2 an ihrem Wohnungseigentum eine Gesamthypothek bestellt. Als das Darlehen fällig wird, kann W1 es nicht tilgen. Zur Abwendung der Zwangsvollstreckung zahlt W2 das komplette Darlehen an B zurück. Welche Ansprüche hat W2 gegen W1?

8. Sachverhalt wie unter 7. Am Wohnungseigentum des W1 besteht zusätzlich eine zweitrangige Hypothek der Sparkasse S. Welche Rechte hat S, wenn das Darlehen der B fällig ist, weder W1 noch W2 zahlen und somit die Zwangsvollstreckung droht?

9. Sachverhalt wie unter 8. Zusätzlich hat sich X für die Schuld des W1 gegenüber der B verbürgt. In welcher Höhe könnte X von W2 Regress verlangen, wenn er bei Fälligkeit des Darlehens an die B zahlt? Wie wäre es im umgekehrten Fall, wenn W2 zahlt?

Empfehlungen zur vertiefenden Lektüre:

Joussen, Der gesetzliche Übergang der Hypothek, Jura 2005, 577; *Mand*, Das Anwartschaftsrecht am Zubehör im Haftungsverband der Hypothek bzw. der Grundschuld, Jura 2004, 221; *Preuß*, Eigentümergrundschuld und Eigentümerhypothek, Jura 2002, 548; *Reischl*, Grundfälle zu den Grundpfandrechten, JuS 1998, 125, 220, 318, 414, 516; *Schmelz*, Der Sicherungsgeberausgleich – Eine rechtliche Problemskizze, JA 2005, 421; *Schreiber*, Der Hypothekenhaftungsverband, Jura 2006, 597; *ders.*, Hypothekenrecht, Jura 2002, 109; *Schur*, Grundprobleme der Wirkungsweise von Akzessorietätsprinzip und Sicherungsabrede, Jura 2005, 361.

§ 19. Die Grundschuld

I. Allgemeines

1. Zweck der Grundschuld und Unterschied zur Hypothek

a) Zweck der Grundschuld

740 Das wichtigste Sicherungsrecht im Bereich des Immobiliarsachenrechts ist die Grundschuld. Wie die Hypothek gewährt sie im Sicherungsfall ein Verwertungsrecht an dem Grundstück im Umfang des Hypothekenhaftungsverbandes (hierzu o. Rn. 729 ff.). Der Inhaber einer Grundschuld hat im Sicherungsfall gegen den Grundstückseigentümer einen Anspruch aus §§ 1192 Abs. 1, 1147 auf Duldung der Zwangsvollstreckung (zu dessen Durchsetzung s. o. Rn. 726).

b) Unterschiede zur Hypothek

741 Die Grundschuld hat einen größeren Verbreitungsgrad als die Hypothek. Vergleicht man den Wortlaut des § 1191 Abs. 1, der die Begriffsbestimmung der Grundschuld enthält, mit jenem des § 1113 Abs. 1 – der Parallelvorschrift zur Hypothek – so fällt eine wichtige Abweichung auf. Während die Hypothek dazu führt, dass „eine bestimmte Geldsumme zur Befriedigung wegen *einer ihm* (d. h. dem Hypothekar, der Verf.) *zustehenden Forderung* aus dem Grundstück zu zahlen ist", verzichtet § 1191 auf eine solche Bezugnahme auf die gesicherte Forderung. Dieser scheinbar kleine Unterschied hat erhebliche Folgen: Die Grundschuld ist im Gegensatz zur Hypothek **kein akzessorisches**, d. h. von der Forderung abhängiges Sicherungsrecht.

Genau hierin liegt ein wesentlicher Grund für ihren höheren Verbreitungsgrad. Ein weiterer Vorteil ist mit der Grundschuld verbunden: Sie kann auch zugunsten eines Eigentümers bestehen und damit die Rangstelle gegenüber nachfolgenden Eintragungen sichern. Eine solche als Eigentümergrundschuld entstandene Sicherung ist selbst dann nicht als Fremdschuld erkennbar, wenn die Briefgrundschuld auf einen Dritten übertragen wird.

c) Gesetzliche Regelungen

742 Die Regelungen zur Grundschuld im BGB sind sehr knapp gehalten. Das Gesetz verweist grundsätzlich auf die Bestimmungen des Hypothekenrechts mit der Maßgabe, dass diese nicht die Akzessorietät voraussetzen (§ 1192 Abs. 2). Das macht die Anwendung der Normen etwas schwierig und erfordert auch ein Verständnis des Hypothekenrechts, da ansonsten nicht beurteilt werden kann, ob eine Vorschrift auf der Akzessorietät beruht. Daneben werden im Gesetz lediglich einige Besonderheiten geregelt, wie etwa die Fälligkeit des Grundschuldkapitals, des Zahlungsortes oder die Möglichkeit einer Eigentümergrundschuld (§§ 1193 bis 1198; beachte für die Sicherungsgrundschuld nunmehr § 1193 Abs. 2 S. 2).

Anders als bei der Hypothek können nicht nur Schuldner und Eigentümer **743** (sog. Interzession), sondern auch Forderungsinhaber und Grundschuldgläubiger verschiedene Personen sein.

Personenkonstellation bei der Grundschuld

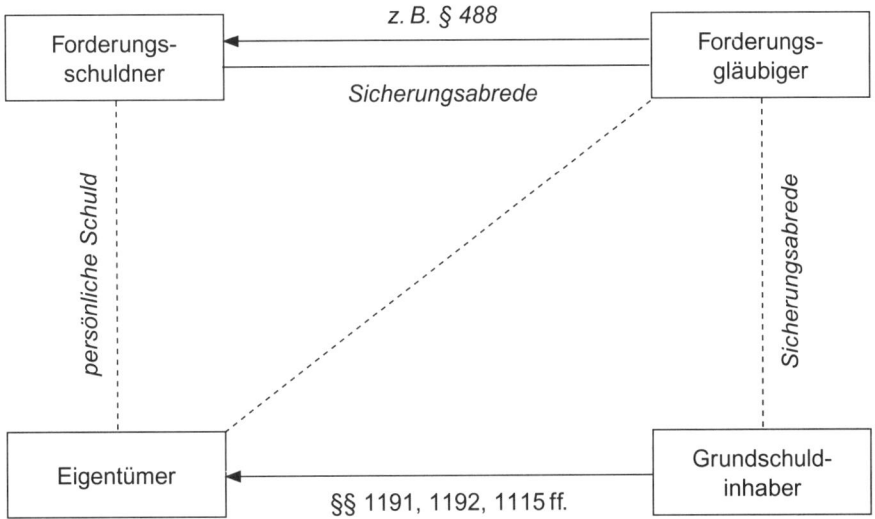

2. Sicherungsgrundschuld – Sicherungsabrede

Wichtigste Art der Grundschuld ist die Sicherungsgrundschuld, § 1192 **744** Abs. 1a S. 1. Sie dient der Sicherung einer Forderung. Das bei der Grundschuld bestehende Problem einer fehlenden „Anbindung" der Grundschuld an die Forderung wird durch die sog. **Sicherungsabrede** (auch Sicherungsvertrag genannt) gelöst.

Die Sicherungsabrede stellt ein schuldrechtliches Band zwischen der For- **745** derung und der Sicherheit her. Parteien der Sicherungsabrede sind grundsätzlich der Gläubiger der gesicherten Forderung als Sicherungsnehmer und der Eigentümer des belasteten Grundstücks als Sicherungsgeber. Letzterer ist aber bei Sicherung einer Drittschuld regelmäßig nicht Partei der Sicherungsabrede. Die Abrede wird in diesem Fall meist zwischen persönlichem Schuldner und Gläubiger getroffen (s. die Übersicht Rn. 743). Die Bestellung der Sicherheit geschieht dann im Verhältnis zum Schuldner in Erfüllung eines

Auftrags (§ 662). Ist der Eigentümer nicht Partei der Sicherungsabrede, so kann er allerdings auch keine Rechte aus ihr herleiten. Ein solches Vorgehen ist vor allem sachgerecht, wenn der Eigentümer vom Schuldner keinen Ersatz für die Grundschuldbestellung verlangen kann, sondern diese – etwa in Erfüllung einer Schuld des Eigentümers – gegenüber dem Schuldner begründet wird. Der Schuldner hat bei Begleichung der persönlichen Schuld aus der Vereinbarung einen Anspruch gegen den Gläubiger und Sicherungsnehmer auf Übertragung der Grundschuld. Zugleich darf dieser auf die Grundschuld nicht gegenüber dem Eigentümer verzichten (§§ 1192 Abs. 1, 1168), da er ansonsten seine Verpflichtung zur Übertragung der Grundschuld vereiteln würde (für Einzelheiten s. *BGH* NJW 1989, 1732).

Bestellung der Grundschuld durch Eigentümer, der nicht zugleich Schuldner ist

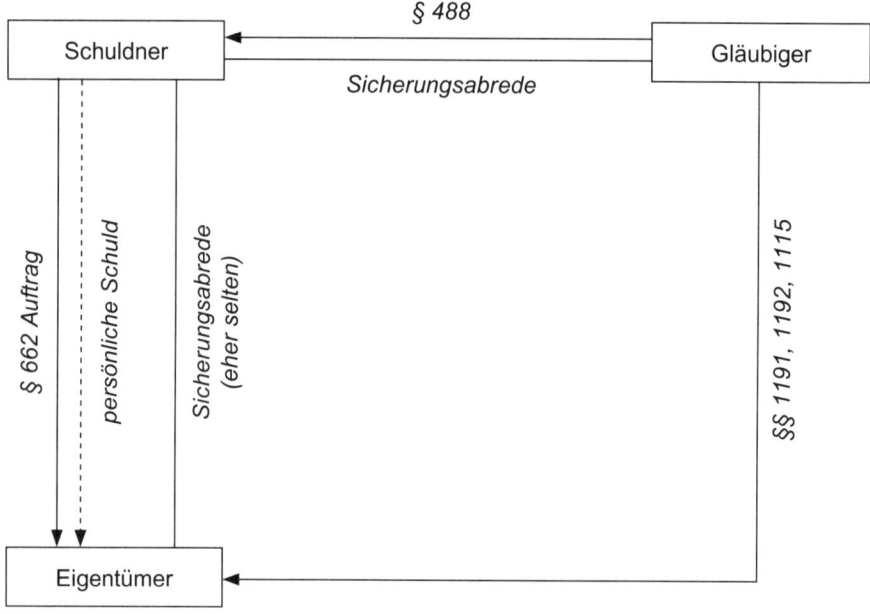

746 Die Sicherungsabrede ist, unabhängig von der Form des Vertragsabschlusses, vom eigentlichen schuldrechtlichen Vertrag (etwa dem Darlehen) zu trennen. Sie bedarf keiner bestimmten Form und kann auch konkludent vereinbart werden. Sie ist im Grundbuch eintragungsfähig, ohne dass die Eintragung für ihre Wirksamkeit Voraussetzung wäre. Die Sicherungsabrede stellt klar, dass die Grundschuld nur zur Sicherung der Forderung verwendet werden darf.

747 Inhalt der Sicherungsabrede ist zum einen, dass der Grundstückseigentümer sich verpflichtet, eine Grundschuld zu bestellen. Zum anderen verpflich-

tet sich der Grundschuldinhaber, die Grundschuld nur zur Sicherung der Forderung zu verwenden. Es handelt sich um einen unvollkommenen zweiseitigen Vertrag (*Bülow*, Rn. 63 ff.). Weiterhin können die Parteien in der Sicherungsabrede ausschließen, dass die Grundschuld ohne die Forderung auf einen Dritten übertragen wird. Die Grundschuld stellt das schuldrechtliche Band zwischen dem dinglichen Recht und der gesicherten Forderung her. Im Unterschied zur Hypothek besteht dieses mangels Akzessorietät nicht schon von Gesetzes wegen.

Bei Nichtigkeit der Sicherungsabrede vor Bestellung der Grundschuld **748** fehlt es an einer Verpflichtung zu ihrer Bestellung. Ein späterer Wegfall der Sicherungsabrede mit dem Eigentümer begründet einen Anspruch aus § 812 Abs. 1 S. 2 Fall 1 auf Rückgewähr der Grundschuld. Insoweit steht dem Eigentümer auch die Bereicherungseinrede (§ 821) zu.

Nach Ansicht des Bundesgerichtshofs finden auf die zwischen einem Ver- **749** braucher (§ 13) und einem Unternehmer (§ 14) getroffene Sicherungsabrede die Regeln über die Haustürgeschäfte Anwendung, wenn die Verpflichtung zur Grundschuldbestellung wegen der Erwartung des Sicherungsgebers übernommen wurde, dem Besteller oder einem Dritten werde daraus ein Vorteil erwachsen (*BGH* NJW 1996, 55). Dann habe der Vertrag nämlich eine entgeltliche Leistung i. S. des § 312 Abs. 1 S. 1 zum Gegenstand.

Soweit der Grundschuldgläubiger bei der Vereinbarung Allgemeine Ge- **750** schäftsbedingungen verwendet, finden die hierfür geltenden Bestimmungen (§§ 305 ff.) Anwendung. In derartigen Allgemeinen Geschäftsbedingungen ist häufig ein weiter Sicherungszweck vorgesehen. So hat das von den Sparkassen verwendete Vertragsformulars folgenden Wortlaut:

Die Grundschuld nebst Zinsen und sonstiger Nebenleistungen dient zur Sicherung aller bestehenden und künftigen, auch bedingten und befristeten Forderungen der Sparkasse gegen den Kreditnehmer aus der bankmäßigen Geschäftsverbindung (insbesondere aus laufender Rechnung, Krediten und Darlehen jeder Art und Wechseln). Sie sichert auch Ansprüche gegen den Kreditnehmer aus Wechseln, auch soweit sie von Dritten hereingegeben werden, aus Abtretungen oder gesetzlichem Forderungsübergang und aus vom Kreditnehmer gegenüber der Sparkasse übernommenen Bürgschaften, soweit die Sparkasse diese Ansprüche im Rahmen ihrer bankmäßigen Geschäftsverbindung mit dem Kreditnehmer erwirbt.

Eine solche Bestimmung sieht einen sog. weiten Sicherungszweck vor, in dem eventuelle Ansprüche aus der „bankmäßigen Geschäftsverbindung" durch die Grundschuld gesichert werden sollen. Sie kann zwar grundsätzlich – auch mit Blick auf § 305c (str., so die Rspr; s. *BGH* NJW 2000, 2675, 2676 m. w. N.) – als wirksam angesehen werden, da sich das eingegangene Risiko des Sicherungsgeber auf das Grundstück beschränkt. Allerdings kann im Rahmen formularmäßiger Vereinbarungen dennoch der Schutz vor überraschenden Klauseln (§ 305c) wirken: Zum einen, wenn eine nachträgliche (neue) Zweckerklärung den ursprünglichen Sicherungszweck erweitert (unter Umständen kommt hier auch ein Verstoß gegen die Generalklausel des § 307 in

Betracht). Zum anderen, wenn der Sicherungsgeber aufgrund des konkreten Einzelfalls nicht mit einem solch weiten Sicherungszweck rechnen konnte (*BGH* NJW 2002, 2710).

Eine überraschende Klausel soll dann vor allem gegeben sein, wenn Grundstückseigentümer und Schuldner auseinanderfallen und Anlass für die Grundschuldbestellung lediglich ein ganz bestimmter Kredit war (*BGH* NJW 2001, 1416, 1417 m.w.N.).

751 Bei nachträglicher formularmäßiger Erweiterung des Sicherungszweckes wird ein Verstoß gegen § 305c aber nur angenommen, wenn die neue Zweckerklärung in einem derart sachlich und zeitlich engen Zusammenhang zur Darlehensgewährung stattgefunden hat, dass mit einer Haftungserweiterung nicht zu rechnen war (s. *BGH* NJW 2001, 1416: verneint für sieben Jahre; die Annahme, die Zweckerklärung hänge nur mit der ursprünglichen Kreditaufnahme zusammen, sei nicht mehr gerechtfertigt).

Daneben kommen allgemeine Nichtigkeitsgründe wie § 138 Abs. 1 in Betracht, wenn die bestellte Grundschuld in einem auffälligen Missverhältnis zur gesicherten Forderung steht.

Fall 14 – Sicherungszweckvereinbarung bei der Grundschuld (nach *BGH* NJW 2001, 1417): Die X-Bank gewährt dem A ein Darlehen zur Baufinanzierung i.H.v. 250.000 €. Zur Sicherung des Darlehens bestellt A der X-Bank eine Grundschuld an seinem Baugrundstück. Am 19.7.2007 unterschrieb A eine formularmäßige Sicherungszweckerklärung. Sie bestimmte, dass die Grundschuld zur Sicherung aller bestehenden und künftigen Ansprüche (sog. weiter Sicherungszweck) der X-Bank gegen A dienen sollte. Am 23.7.2007 unterschrieb A eine weitere Zweckerklärung, in der die Grundschuld zusätzlich zur Sicherung des Rückzahlungsanspruchs eines Betriebsmittelkredites i.H.v. 200.000 € der X-Bank gegen die C-GmbH, deren Geschäftsführer A ist, genutzt werden sollte. Auch diese Vereinbarung enthielt eine formularmäßige Erklärung eines weiten Sicherungszwecks in Bezug auf alle bestehenden und künftigen Forderungen der X-Bank gegen A und die C-GmbH. Später kommt die C-GmbH ihren Verpflichtungen aus einem neuerlichen Darlehen nicht nach. Die X-Bank kündigt dieses Darlehen und verlangt die Duldung der Zwangsvollstreckung in das Grundstück des A. A ist erstaunt, da er davon ausging, die Grundschuld sichere nur Forderungen gegen ihn persönlich. Kann die X-Bank in das Grundstück des A vollstrecken?

Lösung:

Die X-Bank hat einen Anspruch gegen A auf Duldung der Zwangsvollstreckung (§§ 1192 Abs. 1, 1147), wenn die von A bestellte Grundschuld auch die neuerliche Darlehensforderung der X-Bank gegen die C-GmbH sichert. Durch die Sicherungszweckvereinbarung wird eine schuldrechtliche Verknüpfung zwischen Grundpfandrecht und Forderung geschaffen (s. o. Rn. 745). Der Sicherungsnehmer kann die Sicherheit nur in dem darin vereinbarten Rahmen verwerten (s. o. Rn. 747). Die Sicherungsabrede vom 19.7.2007 würde es der X-Bank nicht ermöglichen, aufgrund der Forderungen gegen die C-GmbH in das Grundstück des A zu vollstrecken, denn darin ist vereinbart, dass die Grundschuld nur der Sicherung der Forderungen gegen A dient. Die Sicherungsvereinbarung vom 23.7.2007 könnte dagegen ein Verwertungsrecht einräumen, denn sie soll auch alle bestehenden und künftigen Forderungen der X-Bank gegen die C-GmbH sichern. Zu prüfen ist daher, welche der Sicherungszweckerklärungen Vertragsbestandteil ist. Werden mehrere zeitlich aufeinander folgende Zweckerklärungen abgegeben, ist nach Ansicht des Bundesgerichtshofs auf die jüngste Erklärung und den Anlass ihrer Abgabe abzustellen (*BGH* NJW 1995, 1674). Insofern würden die Parteien unabhängig von der Wirksamkeit der zeitlich ersten Sicherungsabrede, diese ersetzen oder erweitern, den Vertrag in diesem Punkt also nachträglich ändern wollen. Daher ist vorliegend auf die Erklärung vom 23.7.2007 abzustellen.

Diese müsste wirksam sein, um der X-Bank ihr Vorgehen aus der Grundschuld zu ermöglichen. Problematisch ist dabei jedoch, dass der Darlehensnehmer (C-GmbH) und der Sicherungsgeber (A) auseinander fallen und sich die X-Bank wegen der Kündigung des neuerlichen Darlehens der C-GmbH aus der Grundschuld des A schadlos halten möchte. A wollte die Grundschuld aber nur zur Sicherung seines Baudarlehens einsetzen. Der Teil der zweiten formularmäßigen Sicherungszweckvereinbarung, nach dem die Grundschuld auch alle bestehenden und künftigen Ansprüche der X-Bank gegen die C-GmbH sichern soll, könnte für A daher eine überraschende Klausel i.S. des § 305c Abs. 1 darstellen. Der Bundesgerichtshof hat in einer Reihe von Entscheidungen zum Ausdruck gebracht, dass eine formularmäßige Erweiterung der Sicherungszweckvereinbarung zu einer Grundschuldbestellung dann überraschend ist, wenn Sicherungsgeber und Darlehensnehmer verschiedene Personen sind und die Grundschuld laut formularmäßiger Zweckvereinbarung auch zur Sicherung anderer Darlehen, als derer diene, die aus Sicht des Sicherungsgebers Anlass der Grundschuldbestellung waren (*BGH* NJW 2002, 2710; 1997, 2677; 1996, 191). Insbesondere gelte dies, wenn das Formular, wie im vorliegenden Fall, alle bestehenden und künftigen Ansprüche der Bank gegen den Darlehensnehmer nennt (s. auch o. Rn. 750 f.). A brauchte vernünftigerweise daher nicht damit zu rechnen, auch noch für alle schon bestehenden und künftigen Forderungen der C-GmbH einstehen zu müssen.

Folglich ist dieser Teil der zweiten Sicherungszweckerklärung als überraschende Klausel nicht Vertragsbestandteil geworden (§ 305c Abs. 1) und die Grundschuld darf nicht zur Sicherung der Forderungen gegen die C-GmbH verwendet werden (vgl. o. Rn. 746). Die X-Bank hat somit keinen Anspruch auf Duldung der Zwangsvollstreckung gegen A.

752 Mit Übereignung des Grundstücks nach Bestellung der Sicherungsgrundschuld geht die Sicherungsabrede nicht etwa auf den Erwerber über (vgl. BGHZ 155, 63 für den Fall des Erwerbs im Wege der Versteigerung). Will dieser etwa die Rückgewähr der Grundschuld nach Befriedigung geltend machen, so kann er sich auf die Sicherungsabrede nur stützen, wenn ein entsprechender Anspruch an ihn abgetreten wurde.

753 Ein hiervon zu trennendes Problem ist die Frage, inwieweit Einwendungen und Einreden aus der Sicherungsabrede auch gegen die Grundschuld erhoben werden können. Hierauf wird an späterer Stelle eingegangen (Rn. 770 ff.).

II. Bestellung der Grundschuld

1. Bestellung der Grundschuld vom Berechtigten

754　Für die Bestellung einer Grundschuld gelten gem. §§ 1191, 1192 Abs. 1, 1115 ff. die Bestimmungen über die Hypothek (auf die in diesem Zusammenhang gemachten Darlegungen wird verwiesen, s. o. Rn. 680 ff.), sofern diese nicht die Akzessorietät voraussetzen. Daraus folgt, dass es im Unterschied zur Bestellung der Hypothek **keiner Forderung** bedarf, die entstanden ist.

a) Dingliche Einigung

755　Die Grundschuld setzt eine dingliche Einigung gem. § 873 Abs. 1 voraus. Sie muss den Gläubiger, den Sicherungsgeber und das belastete Grundstück bezeichnen (§ 1191) und zwischen dem Erwerber und dem Grundstückseigentümer erfolgen. Einer Bezeichnung der gesicherten Forderung bedarf es im Unterschied zur Hypothek nicht. Die Einigung muss mit dem **verfügungsbefugten** Eigentümer oder einer von ihm ermächtigten Person stattfinden. Dritte können zur Bestellung einer Grundschuld kraft Amtes befugt sein (so etwa der Insolvenzverwalter nach § 80 InsO).

b) Eintragung im Grundbuch

756　Die Bestellung des Sicherungsrechts unterscheidet sich zwar weiterhin danach, ob eine Buch- oder Briefgrundschuld bestellt werden soll. Beide Formen der Grundschuld bedürfen aber zur Bestellung der Eintragung im Grundbuch, deren Inhalt sich aus §§ 1192 Abs. 1, 1115 ergibt (Einigung, Umfang der Sicherung, Grundschuldgläubiger). Auch hier müssen Einigung und Eintragung übereinstimmen, da ansonsten das Grundbuch unrichtig ist (vgl. o. Rn. 685).

c) Ausschluss der Briefgrundschuld oder Briefübergabe

757　Die Briefgrundschuld entsteht erst, wenn der Brief übergeben wurde (§§ 1192 Abs. 1, 1117). Für die Übergabe gelten dieselben Grundsätze wie zur Hypothek. Ausreichend sind danach die Übergabesurrogate der §§ 929 S. 2, 930, 931. Ebenfalls möglich ist die sog. Aushändigungsabrede gem. §§ 1192 Abs. 1, 1117 Abs. 2. Solange der Brief nicht übergeben ist und auch keines der im Weiteren erläuterten Übergabesurrogate vereinbart wurde, steht die Grundschuld als **gesetzliche Eigentümergrundschuld** gem. §§ 1192 Abs. 1, 1163 Abs. 2 dem Eigentümer zu. Voraussetzung hierfür ist, dass die übrigen Entstehungsvoraussetzungen (Einigung mit dem Gläubiger und Eintragung im Grundbuch) bereits vorliegen. Diese Grundschuld kann insbesondere zur Besicherung von Zwischenkrediten verwendet werden.

Der gesetzliche Regelfall ist die Briefgrundschuld. Das Gesetz verlangt **758**
daher für die Buchgrundschuld, dass die Brieferteilung ausgeschlossen ist
(§§ 1192 Abs. 1, 1116 Abs. 2). Dieser Ausschluss erfolgt in der dinglichen
Einigung und bedarf zudem ebenfalls der (insoweit deklaratorischen) Eintragung im Grundbuch (§§ 1192, 1116 Abs. 2 S. 3). Unterbleibt etwa aufgrund
eines Versehens des Grundbuchamtes eine Eintragung des Briefausschlusses,
auf den die Parteien sich geeinigt haben, so entsteht eine Briefgrundschuld,
die bis zur Übergabe eines Grundschuldbriefes eine Eigentümergrundschuld
ist. Ein Berichtigungsanspruch nach § 894 besteht in diesem Fall nicht, da
ohne die Eintragung des Ausschlusses der Brieferteilung eine Briefgrundschuld bestellt wird und auch eingetragen worden ist. Das Grundbuch ist somit nicht unrichtig. Anders ist es im umgekehrten Fall der Eintragung einer
Buchgrundschuld, obgleich es an einer Vereinbarung über den Ausschluss des
Grundschuldbriefes fehlt. Unter diesen Voraussetzungen ist eine Briefgrundschuld entstanden, eine Buchgrundschuld aber eingetragen und das Grundbuch unrichtig. Hier besteht somit ein Grundbuchberichtigungsanspruch.
Eine Briefgrundschuld kann auch nachträglich in eine Buchgrundschuld um-
gewandelt werden (§§ 1192 Abs. 1, 1116 Abs. 2 S. 2). Das erfordert eine entsprechende nachträgliche Einigung und Eintragung.

d) Besonderheiten bei rechtsgeschäftlicher Bestellung einer Eigentümergrundschuld

Eine Eigentümergrundschuld kann auch rechtsgeschäftlich bestellt werden. **759**
Das empfiehlt sich vor allem, wenn der Eigentümer hierdurch den Rang
einer späteren, Dritten zu übertragenden Sicherheit wahren will. Durch
Übertragung auf den Dritten wird die Eigentümergrundschuld zur Fremdgrundschuld mit den damit gesetzlich verbundenen Rechten. Bis zu diesem
Zeitpunkt besteht gem. § 1197 Abs. 1 für den Eigentümer ein Verbot, aus
der Grundschuld zu vollstrecken. Dieses Verbot schützt die Belange der nachrangig dinglichen Berechtigten.

Die Eigentümergrundschuld wird durch einseitige Erklärung des Eigen- **760**
tümers gegenüber dem Grundbuchamt bestellt (§ 1196 Abs. 2). Formbedürftig ist diese Erklärung nur im Hinblick auf § 29 GBO. Weiterhin bedarf die
Grundschuld der Eintragung im Grundbuch (§ 1196 Abs. 2). Im Ausnahmefall kann sogar bei mangelhafter Einigung aber wirksamer Erklärung des Eigentümers die fehlgeschlagene Fremdgrundschuldbestellung in eine Eigen-
tümergrundschuldbestellung münden.

Bestellung einer Grundschuld durch den Berechtigten

1. **Einigung** mit dem **materiell Berechtigten** nach §§ 873 Abs. 1, 1113, 1192 Abs. 1, 1191
2. **Eintragung** gem. §§ 873 Abs. 1, 1115 Abs. 1, 1192 Abs. 1, 1191
   a) **Briefübergabe** oder Surrogate, §§ 1117 Abs. 1 S. 2, 1117 Abs. 2, 1192 Abs. 1 oder
   b) Vereinbarung über **Ausschluss der Brieferteilung** (§§ 873 Abs. 1, 1116 Abs. 2, 1192 Abs. 1) und **Eintragung** dieses **Ausschluss**es, §§ 1116 Abs. 2, 1192

2. Bestellung der Grundschuld durch den nichtberechtigten Eigentümer

761   Hiervon abzugrenzen ist der Erwerb vom Nichtberechtigten. Die fehlende Berechtigung kann sich daraus ergeben, dass der Verfügende nicht Eigentümer ist oder als Eigentümer keine Verfügungsbefugnis hat (z. B. nach Insolvenzeröffnung und Bestellung eines Insolvenzverwalters, § 80 Abs. 1 InsO). Hier ermöglichen, wie bei der Hypothek, § 892 und § 878 eine gleichwohl wirksame Grundschuldbestellung, sofern dies im Rahmen eines Verkehrsgeschäftes geschieht.

762   Voraussetzung für einen Erwerb vom Nichtberechtigten nach § 892 ist die Eintragung des Bestellers als Eigentümer im Grundbuch, die auch keine Verfügungsbeschränkung erkennen lässt. Neben dieser Legitimation ist wichtige Voraussetzung für den gutgläubigen Erwerb, dass der Erwerber den Mangel der Eigentümerstellung seines Gegenübers nicht kennt. Wegen der übrigen Voraussetzungen wird auf die Darlegungen zur Hypothek verwiesen (Rn. 694 ff.).

763   Verliert der Eigentümer die Verfügungsbefugnis nachdem die dingliche Einigung für ihn bindend geworden ist (§ 873 Abs. 2) und der Eintragungsantrag gestellt wurde, so kann ein Rechtserwerb gleichwohl gem. § 878 eintreten. Auf diese Bestimmung wird von § 91 Abs. 2 InsO für das Insolvenzverfahren Bezug genommen. Zwar führt die Eröffnung des Insolvenzverfahrens in der Regel zum Verlust der Verwaltungs- und Verfügungsbefugnis. Gleichwohl vorgenommene Verfügungen des Insolvenzschuldners sind **absolut** unwirksam (§§ 80 Abs. 1, 81 Abs. 1 S. 1 InsO), sofern nicht § 892 Abs. 1 S. 2 über den Mangel der Verfügungsbefugnis hinweghilft, der gem. § 81 Abs. 1 S. 2 InsO entsprechend anwendbar ist. Ab dem Zeitpunkt, zu dem die Eröffnung des Verfahrens im Grundbuch eingetragen ist (sog. Insolvenzvermerk, § 32 InsO), scheidet ein gutgläubiger Erwerb aus. In der angesprochenen Situation mangelt es aber an einer Verfügung des Insolvenzschuldners, da es nur noch der Eintragung der Grundschuld durch das Grundbuchamt in das Grundbuch bedarf. Eine Anwendung des § 81 InsO scheidet daher aus. Hier hilft § 878 weiter, indem die Vorschrift trotz einer in diesem Zeitraum eintretenden Verfügungsbeschränkung einen Rechtserwerb für möglich erachtet (s. zum Ganzen oben Fall 10, Rn. 689).

III. Übertragung einer Sicherungsgrundschuld

1. Erwerb der Sicherungsgrundschuld vom Berechtigten

Der Unterschied zwischen Hypothek und Grundschuld wirkt sich auch **764** auf die Übertragung einer Grundschuld aus. Während die Hypothek als akzessorisches Recht durch Abtretung der gesicherten Forderung gem. § 398 – wenn auch in der Form des § 1154 – übertragen wird (s. o. Rn. 697), kann die Grundschuld nicht auf diesem Wege übergehen, da sie im Gegensatz zur Hypothek (§§ 1153, 401) nicht der Forderung folgt. Die Anwendung von § 1153 auf die Grundschuld ist also ausgeschlossen (s. § 1192 Abs. 1). Daraus folgt auch die Möglichkeit, dass persönlicher Gläubiger und dinglicher Rechtsinhaber unterschiedliche Personen sein können (s. o. Rn. 743).

Die Übertragung der Sicherungsgrundschuld richtet sich nach den **765** §§ 1192 Abs. 1, 1154 f.: Veräußerer und Erwerber müssen sich über den Erwerb der Grundschuld einigen. Die Form dieses Vertrages richtet sich danach, ob eine Brief- oder Buchgrundschuld besteht. Im erstgenannten Fall ist die Übertragung schriftlich auf dem Grundschuldbrief vorzunehmen und der Brief zu übergeben (§§ 1192 Abs. 1, 1154 Abs. 1 S. 1, 1117). Die Übertragungserklärung muss die Grundschuld bezeichnen sowie Zedent und Zessionar erkennen lassen. Die Ausführungen zur Übergabe des Grundschuldbriefs bei der Grundschuldbestellung gelten hier entsprechend (s. o. Rn. 757).

Bei der Übertragung einer Buchgrundschuld bleibt es bei der einfachen **766** Einigung zwischen Erwerber und Veräußerer. Es bedarf jedoch neben der Einigung noch der Eintragung des Erwerbers im Grundbuch (§§ 1192 Abs. 1, 1154 Abs. 3, 873).

Hiervon zu trennen sind die Rechte aus der Sicherungsabrede. Sie bedür- **767** fen einer getrennten Übertragung im Wege der Abtretung. Auch die persönliche Forderung muss getrennt gem. §§ 398 ff. abgetreten werden.

Folgeerwerb einer Grundschuld vom Berechtigten

> **1. Briefgrundschuld:**
> a) Einigung gem. § 873 Abs. 1
> b) Schriftliche Übertragungserklärung oder Eintragung der Abtretung im Grundbuch (§§ 1192 Abs. 1, 1154 Abs. 1 und 2)
> c) Briefübergabe (§§ 1192 Abs. 1, 1154 Abs. 1 S. 1, 1117 Abs. 1); ggf. Besonderheiten wegen Übergabesurrogat oder § 1117 Abs. 2
> d) Eintragung ins Grundbuch (§§ 1192 Abs. 1, 1115)
> **2. Buchgrundschuld:**
> a) Einigung gem. §§ 1192 Abs. 1, 1154 Abs. 3, 398 (formlos!)
> b) Eintragung im Grundbuch (§ 873 Abs. 1)
> c) Grundbucheintrag des Briefausschlusses (§§ 1192 Abs. 1, 1116 Abs. 2)

2. Gutgläubiger Folgeerwerb der Grundschuld

768 Wie bei der Hypothek erkennt das Gesetz auch bei der Grundschuld einen gutgläubigen Folgeerwerb vom Nichtberechtigten an. Dieser ist unter den Voraussetzungen des § 892 möglich. Dazu muss der Veräußerer im Grundbuch eingetragen sein und der Erwerber im Zeitpunkt des Rechtserwerbs guten Glauben haben, soweit es die Stellung des Gegenübers als Grundschuldinhaber betrifft.

769 Die Briefgrundschuld wird außerhalb des Grundbuchs übertragen. Mangels Eintragung des Veräußerers im Grundbuch scheidet ein gutgläubiger Erwerb gem. § 892 regelmäßig aus. Hier aber besteht wie bei der Hypothek die Möglichkeit eines gutgläubigen Erwerbs gem. §§ 1192 Abs. 1, 1155, wenn eine ununterbrochene Kette öffentlich beglaubigter Abtretungserklärungen auf den im Grundbuch eingetragenen Grundschuldinhaber zurückführt (vgl. oben Rn. 704 ff.).

IV. Einreden und Einwendungen

770 Die Frage, welche Einwendungen und Einreden gegen die dingliche Haftung und die persönliche Schuld geltend gemacht werden können, verkompliziert sich gegenüber der Hypothek durch die fehlende Akzessorietät der Grundschuld. Grundsätzlich sind zwei Konstellationen zu unterscheiden: In der ersten hat eine Übertragung der Grundschuld und Forderung nicht stattgefunden, im zweiten Fall ist eines dieser Rechte oder sind beide – auch an möglicherweise verschiedene Personen – übertragen worden.

1. Einwendungen und Einreden ohne Weiterübertragung von Forderung und Grundschuld

a) Einwendungen und Einreden gegen die Forderung

771 Einwendungen und Einreden gegen die Forderung stehen dem Schuldner wie bei ungesicherten Forderungen zu. Insoweit bestehen keine Besonderheiten.

b) Einwendungen und Einreden gegen die Grundschuld

772 aa) Einwendungen und Einreden aus dem schuldrechtlichen Verhältnis können dagegen nicht ohne weiteres der dinglichen Haftung entgegengehalten werden. § 1137 setzt Akzessorietät voraus und kann daher auf die Grundschuld nicht angewandt werden. Eine vergleichbare Wirkung kann allerdings die Sicherungsabrede bewirken (vgl. Rn. 774). In aller Regel soll bei der Sicherungsgrundschuld eine dingliche Haftung nur im Rahmen der persönlichen Forderung bestehen. Daraus folgt aber, dass bei Identität zwischen Sicherungsgeber und persönlichem Schuldner Einwendungen und Einreden gegen die Forderung auch bei Inanspruchnahme aus der Grundschuld erhoben werden können.

bb) Soweit Fehler bei der Grundschuldbestellung unterlaufen, die sich auf **773** deren Wirksamkeit auswirken, folgen hieraus Einwendungen, die ebenfalls der Inanspruchnahme aus dem Grundpfandrecht entgegengehalten werden können. Dasselbe gilt etwa für Einreden, die auf entsprechenden Vereinbarungen zwischen Grundstückseigentümer und Gläubiger beruhen (z. B. Stundung). Weitere Einreden können sich aus Gesetz, etwa bei Nichtigkeit der Sicherungsabrede (s. o. Rn. 748, Bereicherungseinrede) oder Erwerb durch unerlaubte Handlung (§ 853) ergeben.

cc) Auch die Sicherungsabrede kann Grundlage für Einwendungen und **774** Einreden gegen die Geltendmachung der dinglichen Haftung sein. So etwa legt die Abrede die näheren Umstände fest, unter denen die Grundschuld verwertet werden darf. Aufgrund der Zweckbestimmung der Grundschuld kann der Eigentümer etwa die Einrede der Nichtvalutierung, d. h. der unterbliebenen Auszahlung des Darlehens geltend machen. Gleiches gilt in Fällen des späteren Wegfalls der schuldrechtlichen Forderung aufgrund von Erfüllung. Sind Eigentümer und persönlicher Schuldner nicht identisch, so kann der Eigentümer bei Inanspruchnahme aus der Grundschuld dem Grundschuldinhaber keine Einrede aus der Sicherungsabrede entgegenhalten, wenn er nicht Partei dieser Vereinbarung ist (s. schon o. Rn. 745).

Einwendungen und Einreden bei der Grundschuld ohne Gläubigerwechsel

	Einreden/Einwendungen gegen Grundschuld	Einreden/Einwendungen gegen Forderung
Schuldner = Eigentümer	– aus Grundschuld (z. B. Nichtigkeit der Grundschuldbestellung) – aus Sicherungsabrede (z. B. Nichtvalutierung) – NICHT aus der Forderung, da § 1137 nicht gilt (s. Rn. 772)	– aus der Forderung
persönlicher Schuldner ≠ Eigentümer	Eigentümer: – aus Grundschuld – aus Sicherungsabrede, wenn Partei der Sicherungsabrede – NICHT aus der Forderung; § 1137 nicht anwendbar, Eigentümer kann auch keine Einrede erheben, die Schuldner nicht erhebt, es sei denn aus der Sicherungsabrede	Schuldner: – aus der Forderung

2. Einwendungen und Einreden nach Übertragung

775   Forderung und Grundschuld können an verschiedene Personen übertragen werden. Soweit es die Einwendungen und Einreden gegen die Inanspruchnahme aus Forderung und Grundschuld angeht, gilt das bisher Gesagte im jeweiligen Verhältnis.

776   Der neue Forderungsgläubiger muss sich gem. § 404 alle Einwendungen und Einreden aus dem Sicherungsvertrag entgegenhalten lassen. Dies schützt ihn etwa vor einer Befriedigung des Gläubigers ohne entsprechende Rückübertragung oder Löschung der Grundschuld. Von einem solchen Inhalt ist in der Regel im Rahmen einer Sicherungsabrede auszugehen. Zahlt der Schuldner, ohne von der Zession zu wissen auf die Forderung, so kann er dies dem Zessionar gem. § 407 entgegenhalten. Bei einer Leistung auf die Grundschuld ergibt sich eine entsprechende Einrede gegen die Forderung aus § 404.

777   Der Eigentümer des Grundstücks kann dem Erwerber der Grundschuld alle sogenannten grundschuldbezogenen Einwendungen und Einreden entgegenhalten, die er gegen den Veräußerer hatte (§§ 1192 Abs. 1, 1157 S. 1). Das Gesetz sieht aber neben § 1156, wonach die §§ 406–408 keine Anwendung finden, als wichtige Einschränkung in § 1157 S. 2 den Schutz des guten Glaubens seitens des Erwerbers vor. Hatte der Erwerber somit keine Kenntnis von dem Bestehen solcher Einreden, so erwirbt er die Grundschuld einredefrei. Um einen solchen einredefreien Erwerb zu verhindern, gibt das Gesetz die Möglichkeit, die Einrede entweder im Grundbuch eintragen oder auf dem Grundschuldbrief oder den Urkunden des § 1155 vermerken zu lassen (§§ 1192 Abs. 1, 892, 1140, 1155).

778   Ein alter Rechtsstreit bestand über die Frage, ob allein die Kenntnis vom Sicherungszweck der Grundschuld einen gutgläubigen „Wegerwerb" von Einreden ausschließt (vgl. hierzu *Palandt*/*Bassenge*, § 1191 Rn. 24). Mit Einführung von § 1192 Abs. 1a wurde diesem Streit für die Sicherungsgrundschuld (vgl. Rn. 744) die Grundlage entzogen. Nach dessen Satz 2 findet § 1157 S. 2 auf sie keine Anwendung. Die Neuregelung schließt mithin die Möglichkeit eines einredefreien Erwerbs einer Sicherungsgrundschuld grundsätzlich aus.

Aufgrund der bei der Grundschuld möglichen Personenverschiedenheit (vgl. Rn. 743) kann es Situationen geben, die zwar nicht vom Wortlaut des § 1192 Abs. 1a S. 2 (vgl. *Clemente*, ZfIR 2008, 589, 595), wohl aber vom Schutzzweck der Norm umfasst werden. Wie diese Fälle zu lösen sind, ist noch unklar (*Clemente*, a.a.O.).

779   § 1157 verlangt allerdings, dass der Tatbestand der Einrede schon bei Übertragung der Grundschuld verwirklicht war. Die Rechtsprechung des Bundesgerichtshofs (BGHZ 59, 1) führte jedenfalls dazu, dass der Erwerber einer Grundschuld nicht schlechter stand als jener einer Verkehrshypothek. Auch hier führt jedoch die Einfügung von § 1191 Abs. 1a zu einer wesentlichen Änderung. Dem Erwerber können Einreden, die sich aus dem Sicherungsvertrag ergeben, entgegengehalten werden. Dies sind aber nicht nur die, die bereits bei Übergang voll erfüllt, sondern auch die, die lediglich in ihm angelegt waren und sich erst später verwirklichen.

Trotz dieser Schutzmöglichkeiten kann es im Interesse des Eigentümers **780** und Schuldners liegen, ein Auseinanderfallen von Grundschuld und Forderung zu vermeiden. In der Regel geht die h.M. bei einer Sicherungsabrede davon aus, dass eine isolierte Veräußerung der Grundschuld vor Fälligkeit der Forderung nicht zulässig ist. Allerdings hat eine solche Abrede nur schuldrechtliche Wirkung (§ 137 S. 2). Die hiergegen verstoßende Verfügung führt zu Schadensersatzansprüchen. Eine Verfügungsbeschränkung mit dinglicher Wirkung ist im Falle der Abtretung zwar nicht ausgeschlossen (§ 399 Fall 2), bedarf für die Grundschuld aber der Eintragung im Grundbuch, § 877 (Jauernig/*Jauernig*, § 1191 Rn. 25).

Einreden und Einwendungen bei der Grundschuld nach Gläubigerwechsel

	Einreden/Einwendungen gegen Grundschuld	Einreden/Einwendungen gegen Forderung
Schuldner = Eigentümer; Gläubigerwechsel: Forderungsgläubiger = Grundschuldinhaber	– aus Grundschuld, z.B. Nichtigkeit der Grundschuldbestellung → es sei denn, gutgläubiger einredefreier Erwerb der Grundschuld (§§ 1192 Abs. 1, 1157 Abs. 2) – aus Sicherungsabrede; es sei denn, §§ 1192, 1157 S. 2	– aus Forderung gem. § 404
Schuldner = Eigentümer; Gläubigerwechsel: Forderungsgläubiger ≠ Grundschuldinhaber	– aus Grundschuld → es sei denn, gutgläubiger einredefreier Erwerb der Grundschuld (§§ 1192 Abs. 1 und Abs. 1a, 1157 S. 2) – aus Sicherungsabrede nur, wenn Grundschuldinhaber auch Partei des Vertrages und kein Fall der §§ 1192, 1157 S. 2	– aus Forderung gem. § 404
Schuldner ≠ Eigentümer/ Wechsel des Grundschuldinhabers	– aus Grundschuld, aber Möglichkeit des gutgläubigen Erwerbs (s. o.) – aus Sicherungsabrede nur, wenn sowohl Eigentümer als auch Grundschuldinhaber Partei und kein Fall der §§ 1192, 1157 S. 2	– aus Forderung

V. Folgen bei Tilgung

781   Bei der Befriedigung des Sicherungsnehmers und Gläubigers ist zunächst zwischen den Personen des Leistenden zu unterscheiden: In Betracht kommen hierfür der persönliche Schuldner, der mit ihm nicht identische dinglich Haftende und ein Dritter. Darüber hinaus kann entweder auf die persönliche Forderung oder auf die Grundschuld gezahlt werden.

1. Leistung durch Schuldner

Der Schuldner kann die **persönliche Forderung begleichen**, die damit gem. § 362 Abs. 1 erlischt. Die Grundschuld bleibt davon unberührt und geht nicht etwa „automatisch" über. § 1163 Abs. 1 S. 2 ist Mangels Akzessorietät nicht anwendbar (vgl. Fall 15 u. Rn. 794). Vielmehr ergibt sich in der Regel ein Rückübertragungsanspruch aus dem Sicherungsvertrag. Dieser Anspruch des Schuldners, der zugleich Eigentümer oder aber Partei der Sicherungsabrede ist, richtet sich auf Rückübertragung (§ 1154), Verzicht (§ 1168) oder Aufhebung (§ 875). Nur bei Letzterem erlischt die Grundschuld und die nachrangigen Belastungen rücken auf, während ansonsten die Eigentümergrundschuld den Rang wahrt. Fehlt es an einem solchen vertraglichen Anspruch, so kommt die Geltendmachung eines bereicherungsrechtlichen Anspruchs in Betracht.

782   Meist wird eine Tilgungsbestimmung in den Allgemeinen Geschäftsbedingungen zur Sicherungsabrede vereinbart. Fehlt es an einer solchen Regelung, so kann gem. § 366 Abs. 1 der Eigentümer/Schuldner eine entsprechende Bestimmung bei Erbringung der Leistung treffen. Mangels entsprechender Willensäußerung ist die Interessenlage der Beteiligten für die Auslegung der Tilgung maßgeblich (vgl. Palandt/*Bassenge*, § 1191 Rn. 40 f.). Bei fehlender Identität von Schuldner und Sicherungsgeber zahlt Ersterer nur auf die gesicherte Forderung, der Eigentümer dagegen i. d. R. auf die Grundschuld, es sei denn, dass er dem Schuldner gegenüber zur Tilgung der Forderung verpflichtet ist (z. B. bei Anrechnung auf den Kaufpreis). Im Fall der Identität von Schuldner und Eigentümer, wird man eine gleichzeitige Tilgung von Forderung und Grundschuld angesichts der Interessenlage annehmen müssen, wenn der gesamte Forderungsbetrag beglichen wird. Dies gilt auch dann, wenn der Schuldner auf die Grundschuld zahlt (z. B. zur Abwendung der Zwangsvollstreckung). Die Zahlung ist dann regelmäßig auch als Tilgung der Forderung anzusehen, da nach Sinn und Zweck der Sicherungsabrede eine doppelte Inanspruchnahme nicht gewollt ist (BGHZ 105, 154, 158 f. m. Anm. *Tiedtke*, JZ 1988, 1006). Erfolgt eine Teilzahlung, so wird regelmäßig nur die Forderung getilgt, da der Sicherungszweck ein Fortbestehen der Grundschuld erfordert und diese im Zweifel auch noch nicht fällig ist (*BGH* NJW 1983, 2502, 2503 f.; 2003, 2673, 2674).

Selbst von einer vereinbarten Tilgungsbestimmung kann einverständlich **783** auch nachträglich abgewichen werden (weitgehend *BGH* MDR 1971, 120). Letztlich ist aber für die Frage, worauf geleistet wird, nicht die Vereinbarung, sondern der Wille des Leistenden entscheidend, selbst wenn er nicht im Einklang mit einer solchen Vereinbarung steht.

Der auf die persönliche Forderung leistende Schuldner, der nicht zugleich **784** Eigentümer ist, hat ebenfalls einen „Rückgewähranspruch" gegen den Grundschuldinhaber, wenn er früher Eigentümer war und Partei der Sicherungsabrede ist. Anderenfalls steht dieser Anspruch dem Eigentümer zu. Im Innenverhältnis kann der Eigentümer aber zur Abtretung des Anspruchs verpflichtet sein. Einen Anspruch auf Rückgewähr aus der Sicherungsabrede hat der Schuldner auch, wenn er sich diesen (zumindest stillschweigend) bei Erwerb des mit der Grundschuld belasteten Grundstücks unter Übernahme eines mittels Grundschuld gesicherten Darlehens abtreten lässt. Befriedigt der Erwerber den Darlehensgeber, so hat er gegenüber dem Sicherungsnehmer einen Anspruch auf Rückübertragung (*BGH* NJW 1991, 1821, 1822).

2. Leistung durch den Eigentümer

Der Eigentümer kann gem. §§ 1193, 1142 auf die fällige Grundschuld **785** leisten, um die Verwertung des Grundstücks zu verhindern. Die Fälligkeit der Grundschuld richtet sich nach den bei Bestellung des dinglichen Rechts getroffenen, im Grundbuch eingetragenen Vereinbarungen. Fehlt es an einer solchen Vereinbarung, so gilt die gesetzliche Regelung des § 1193.

Bei Zahlung auf die Grundschuld seitens des Eigentümers verwandelt sich **786** die Fremdgrundschuld in eine Eigentümergrundschuld und geht als solche auf ihn über. Über dieses Ergebnis herrscht in Literatur und Rechtsprechung Einigkeit. Unterschiede bestehen nur in der Begründung dieser gesetzlich nicht geregelten Frage: Die Rechtsprechung leitet das aus den §§ 1142 f. her (*BGH* NJW 1986, 2108, 2111), während in der Literatur zum Teil eine Analogie zu § 1163 Abs. 1 S. 2 (*Wilhelm*, Rn. 1826) oder zu den §§ 1168, 1171 vertreten wird (*Wolff/Raiser*, § 156 Fn. 11). Auf diesen Streit von theoretischer Bedeutung soll hier nicht weiter eingegangen werden.

Sofern der Schuldner vom Eigentümer Ersatz verlangen kann, gilt § 1164 **787** nicht entsprechend. Vielmehr hat der Schuldner gegen den Eigentümer das Recht, die Abtretung des Rückgewähranspruchs zu verlangen. Wenn dieser bereits erfüllt war, richtet sich der Anspruch auf Übertragung der Eigentümergrundschuld. Er kann freilich durch einen entsprechenden Löschungsanspruch belastet sein (§ 1179a).

Die Zahlung des Eigentümers, der nicht zugleich persönlicher Schuldner **788** ist, erfolgt auf die Grundschuld. Der Eigentümer erwirbt eine Eigentümergrundschuld. Die persönliche Forderung geht nicht kraft Gesetzes über, da § 1143 auf der Akzessorietät beruht. Die Forderung bleibt allerdings beste-

hen und der Eigentümer hat einen Anspruch gegenüber dem Grundschuldgläubiger auf ihre Abtretung, sofern er zum Ersatz berechtigt ist (vgl. *BGH
NJW-RR* 1999, 504, 505; Palandt/*Bassenge*, § 1191 Rn. 36; dagegen für einen
gesetzlichen Forderungsübergang nach § 1143 MünchKomm-BGB/*Eickmann*, § 1191 Rn. 127).

3. Zahlungen durch Dritte

789   Auch Dritte können auf die Grundschuld zahlen. Hieran hat möglicher-
weise der Besitzer des Grundstücks (insbesondere Mieter oder Pächter) ein
Interesse. Gleiches gilt für den nachrangig dinglichen Berechtigten, da er sein
Recht im Falle der Zwangsversteigerung zu verlieren droht (§§ 91, 52, 44
ZVG; vgl. o. Rn. 725). Gem. §§ 1192 Abs. 1, 1150 findet § 268 auch auf die
Grundschuld Anwendung. Der Gläubiger hat daher entgegen § 267 Abs. 2
keine Möglichkeit, die Leistung abzulehnen. Anders als nach § 268 genügt
für das Befriedigungsrecht in dieser Situation, dass der Gläubiger Befrie-
gung aus dem Grundstück verlangt. Im Übrigen ist Schuldner i.S. des § 268
der Anspruchsgegner des Haftungsanspruchs nach § 1147.

790   Rechtsfolge der Befriedigung durch einen Dritten ist der Übergang der
Grundschuld kraft Gesetzes (*BGH* NJW 1983, 2502, 2503). Zwar ergibt sich
das mangels Akzessorietät nicht aus den §§ 268 Abs. 3, 1153, diese können
jedoch analog herangezogen werden.

791   Ablösungsberechtigt ist damit jeder, dessen Recht im Falle der Zwangsversteigerung nicht in das geringste Gebot (§ 44 Abs. 1 ZVG) aufgenommen
würde (vgl. o. Rn. 725). In Erweiterung ermöglicht § 268 Abs. 1 S. 2 auch
bei Gefährdung des Besitzes einen solchen Antrag (§§ 52 Abs. 1, 57 ff., 91
Abs. 1, 93 ZVG). Im Ergebnis fallen vor allem nachrangige Grundpfandgläubiger sowie die bereits angesprochenen Mieter und Pächter in den Kreis der
Ablösungsberechtigten. Die Forderung geht entgegen §§ 1150, 268 Abs. 3
S. 1 nicht auf den ablösenden Dritten über. Inwieweit sie erlischt, ist umstritten (s. *BGH* NJW 2001, 1417, 1418 m.w.N.).

VI. Gesetzliche Löschungsvormerkung

792   Die nachrangigen Berechtigten haben aufgrund des Risikos, dass ihre
Rechte bei Betreiben der Zwangsvollstreckung durch den Inhaber eines im
Rang vor ihnen stehenden Rechtes erlöschen (s. o. Rn. 789) ein naheliegen-
des Interesse daran, im Rang aufzurücken, wenn der Eigentümer Inhaber der
Grundschuld ist. Zwar erlischt diese bei freiwilliger Zahlung oder Gläubiger-
verzicht nicht, doch kann Aufhebung gem. § 875 verlangt werden. Die
§§ 1192 Abs. 1, 1179a Abs. 1 S. 1 geben den gleich- oder nachrangigen
Grundpfandgläubigern einen solchen Löschungsanspruch gegen den Eigen-

tümer. Er ist Bestandteil der gleich- und nachrangigen Grundpfandrechte. Kraft Gesetzes ist er mit den Wirkungen einer Vormerkung versehen (§§ 1192 Abs. 1, 1179a Abs. 1 S. 3 i.V. m. §§ 883 Abs. 2 und 3, 888). Diese Sicherung bedarf hier, da sie von Gesetzes wegen eingeräumt wird, keiner Eintragung im Grundbuch. Die Wirkungen der Vormerkungen bestimmen sich nach den §§ 883 ff., soweit nicht § 1179a Sonderregeln enthält. Auch hierin liegt ein wesentlicher Grund, weshalb regelmäßig die Zahlung auf die Forderung als vereinbart angesehen wird. Der Löschungsanspruch wirkt sich in dieser Situation erst aus, wenn die Grundschuld vom Gläubiger auf den Eigentümer zurück übertragen wird.

Keine Anwendung findet diese Regelung in verschiedenen Fällen, die **793** eine derartige Begünstigung gleich- und nachrangiger Grundpfandrechtsinhaber nicht rechtfertigen: Das gilt etwa für die Eigentümergrundschuld gem. § 1163 Abs. 2 (§ 1179a Abs. 2 S. 2) oder jene, die der Eigentümer gem. § 1196 selbst begründet hat (§ 1196 Abs. 3; s. hierzu Rn. 759 f.). Da gleich- und nachrangige Grundpfandrechtsgläubiger bei Erwerb einer Grundschuld durch den Eigentümer vor Rechtsbegründung nicht schutzwürdig sind, gilt diese Vorschrift auch in einer solchen Situation (*BGH* NJW 1997, 2597). Der Grundgedanke des § 1196 Abs. 3, dem Eigentümer eine Rangwahrung zu ermöglichen, um die Eigentümergrundschuld als Mittel der – oft verdeckten – Kreditsicherung zu nutzen, rechtfertigt in diesem Fall die Analogie. Für die später hinzugekommenen Grundpfandrechtsgläubiger ist die Situation durch entsprechenden Grundbucheintrag ersichtlich. Der Löschungsanspruch gem. § 1179a kann von den Parteien abgedungen werden (§ 1179a Abs. 5). Um zu verhindern, dass der Gläubiger auf Bewilligung der Umschreibung in Anspruch genommen wird, ist auch der Buchgläubiger des zu löschenden Grundpfandrechts Inhaber des gesetzlichen Löschungsanspruchs (§ 1179b).

Soweit Rechtsinhaber nicht schon vom gesetzlichen Löschungsanspruch **794** begünstigt sind, können sie einen solchen mit dem Grundstückseigentümer vereinbaren. Die Einzelheiten hierzu regelt § 1179. Eine derartige Möglichkeit steht den Inhabern einer Dienstbarkeit, eines Nießbrauchs, einer Reallast oder eines Vorkaufsrechts zu. Gleiches gilt für die Inhaber von Ansprüchen auf Einräumung solcher Rechte oder auf Grundstücksübereignung. Um einen wirksamen Schutz des Löschungsanspruchs zu ermöglichen, kann die Vormerkung nach § 883 eingetragen werden, bevor die Eigentümergrundschuld entstanden ist.

Fall 15 – Grundschuld: Für das von G gewährte Darlehen i.H.v. 50.000 € hat E der G an seinem Grundstück in gleicher Höhe wirksam eine Sicherungsgrundschuld bestellt. Dabei wird vereinbart, dass die Grundschuld nur zusammen mit der Forderung aus dem Darlehensvertrag abgetreten werden darf. Als G in finanzielle Schwierigkeiten gerät, tritt sie die Grundschuld in voller Höhe zur Sicherung eines Zwischenkredits an die N ab. N ist nicht bekannt, dass E zum Zeitpunkt der Abtretung bereits 30.000 € zurückgezahlt hat.

1. Nunmehr nehmen G aus fälligem Darlehensrückzahlungsanspruch und N aus fälliger Grundschuld den E in Anspruch. Zu Recht?
2. Unterstellt, G hätte im Ausgangsfall die Grundschuld an N und die Forderung an D abgetreten, jeweils ohne die Teilzahlung des E zu erwähnen. Kann D von E Zahlung der 50.000 € verlangen, wenn dieser in Unkenntnis dieser Abtretung noch 10.000 € an G gezahlt hätte?

Lösung:

Frage 1:

I. Anspruch G gegen E gem. § 488 Abs. 1 S. 2

1. G könnte gegen E Anspruch auf Zahlung i.H.v. 20.000 € aus § 488 Abs. 1 S. 2 haben. Der Rückzahlungsanspruch aus dem wirksamen Darlehensvertrag ist i.H.v. 30.000 € durch Leistung (§ 362 Abs. 1) erloschen, die Restforderung ist fällig. Da an N nur die Grundschuld wurde übertragen, ist G weiter Forderungsinhaberin.

2. Der Anspruch könnte aber nicht durchsetzbar sein. Mit Wegfall des Sicherungszweckes (Befriedigung) hat E einen Anspruch auf Rückübertragung der Grundschuld, inkl. der für die Grundbuchänderung notwendigen Urkunden (u.a. Brief, schriftliche Abtretungsbewilligung, Löschungsbewilligung). Diesen Anspruch, der aus der Sicherungsvereinbarung folgt (§ 1163 Abs. 1 S. 2 gilt nicht für Grundschuld, vgl. Rn. 781), kann E einredeweise dem Anspruch der G gemäß § 273 Abs. 1 entgegenhalten und die Zahlung so lange verweigern, bis G ihm die zur Grundbuchänderung notwendigen Unterlagen übergibt (s. o. Rn. 776).

3. Infolge der Übertragung der Grundschuld an N kann G dies nicht (mehr) leisten. Sie hat aus dem Darlehen gegen E daher keinen durchsetzbaren Anspruch.

II. Anspruch N gegen E auf Duldung der Zwangsvollstreckung gem. §§ 1192 Abs. 1, 1147

1. N könnte gegen E Anspruch auf Duldung der Zwangsvollstreckung nach §§ 1192 Abs. 1, 1147 haben. Dafür müsste sie Inhaberin der Grundschuld geworden sein. Dies war zunächst G, von der N durch Übertragung nach §§ 873 Abs. 1, 1192, 1191, 1154 die Grundschuld in voller Höhe erworben haben könnte. Da § 1163 Abs. 1 S. 2 auf die Grundschuld nicht anwendbar ist, hätte die Teilzahlung mangels entsprechender Tilgungsbestimmung nicht zur Folge, dass eine Teileigentümergrundschuld entsteht. Insofern ist grundsätzlich wegen des Sicherungszwecks davon auszugehen, dass eine Teilzahlung ohne Tilgungsbestimmung nur auf die gesicherte Forderung erfolgt (s. o. Rn. 782), zumal wenn die Grundschuld noch nicht fällig ist. Dieser Übertragung der Grundschuld könnte jedoch ein Abtretungsverbot entgegenstehen. Gemäß § 399 Fall 2 ist als Ausnahme von § 137 S. 1 (s. o. Rn. 780) eine Vereinbarung wirksam, die die Abtretung ausschließt. Die Auslegung der Sicherungsabrede zwischen E und G ergibt jedoch, dass die Parteien nicht die Abtretung, sondern lediglich die Trennung von Grundschuld und Forderung ausschließen wollten. Darin liegt noch kein Abtretungsverbot. Darüber hinaus wäre das Abtretungsverbot für die Grundschuld, um dinglich wirksam zu sein, im Grundbuch einzutragen gewesen (s. o. Rn. 780). N. ist daher Inhaberin der Grundschuld i.H.v. 50.000 € geworden.

2. E kann einer Inanspruchnahme aber eventuell Einreden entgegenhalten. Solche gegen die Darlehensforderungen sind davon aber grds. ausgeschlossen, da § 1137 auf die Grundschuld nicht anwendbar ist (s. o. Rn. 772).

3. Die Rückzahlung der 30.000 € könnte E der N möglicherweise gem. § 1157 S. 1 entgegenhalten, wenn er einwendet, dass nur i.H.v. 20.000 € ein Sicherungsfall besteht. Die Regelung erfasst (außerhalb von § 1137) sonstige Einreden, die dem Eigentümer aufgrund eines Rechtsverhältnisses (das ist hier die Sicherungsvereinbarung mit G) mit dem Zessionar gegen die Hypothek zustehen. Sie ist daher auf die Grundschuld anwendbar. Allerdings verweist § 1157 S. 2 auf § 892, sodass ein „einredefreier" Grundschulderwerb möglich ist. Ein solcher ist jedoch vorliegend ausgeschlossen, da es sich bei der Grundschuld um eine sog. Sicherungsgrundschuld handelt, § 1191 Abs. 1a S. 2 (vgl. bereits Rn. 778).

5. Daher muss E die Zwangsvollstreckung nur bis zu einer Höhe von 20.000 € dulden. Ein Anspruch auf Zahlung hat N gegen E nach §§ 1192 Abs. 1, 1147 nicht. E steht indessen ein Befriedigungsrecht nach §§ 1192 Abs. 1, 1142 zu.

Frage 2:
Anspruch D gegen E auf Zahlung von 50.000 € gem. § 488 Abs. 1 S. 2

1. D könnte gegen E einen Anspruch auf Zahlung von 50.000 € haben, wenn er Inhaber einer entsprechenden Forderung geworden ist. Hierfür kommt die Darlehensforderung zwischen G und E in Frage, deren ursprüngliche Gläubigerin G war. Durch Abtretung (§§ 398 ff.) könnte D Gläubiger dieser Forderung geworden sein. Ein Abtretungsverbot haben E und G nicht vereinbart (s. o.). Damit hat D grundsätzlich die Darlehensforderung erworben.

2. Fraglich ist, ob sie ihm in Höhe von 50.000 € zusteht. Da es einen gutgläubigen Forderungserwerb im BGB nicht gibt, erwirbt D die Forderung wie sie tatsächlich besteht (10.000 €). Insofern kann E dem D gem. §§ 404, 362 Abs. 1 die vor der Abtretung erfolgte Teilzahlung entgegenhalten. D könnte von E dann aber immer noch Zahlung von 20.000 € verlangen.

3. Gegenüber diesem Begehren kann E aber auch die weitere Erfüllung in Höhe von 10.000 € gegenüber D einwenden (§ 407 Abs. 1), da er von der Forderungsabtretung nichts wusste.

4. Gegen die verbleibende Forderung i.H.v. 10.000 € kann E darüber hinaus dem D die Einrede nach § 273 wegen des Anspruchs auf Rückübertragung der Grundschuld entgegenhalten (§ 404), da die Einwendung in ihrem Rechtsgrund bereits im Schuldverhältnis angelegt ist (vgl. o.). Außerdem kann E mit einem Schadensersatz- oder Bereicherungsanspruch (§ 280 Abs. 1 oder § 812 Abs. 1 S. 1 Fall 2) gegen G gem. § 406 auch gegenüber D aufrechnen. Durch die Teilrückzahlung an G hatte E einen Anspruch auf Rückübertragung der Grundschuld, den G durch ihre Verfügung über die Grundschuld vereitelt hat. Der hierdurch entstandene Schaden des E besteht darin, dass er die Zwangsvollstreckung in voller Höhe durch N dulden muss (s. o.), obwohl er bereits 40.000 € an G gezahlt hat. Zugleich hat G ohne Rechtsgrund in die Rechtsposition des E eingegriffen.

VII. Kontrollfragen

1. A benötigt einen Kredit, weiß aber noch nicht, von wem er ihn erhalten wird. Kann er dennoch schon jetzt eine Grundschuld an seinem Grundstück als Sicherheit bestellen?
2. X will ein Beratungsunternehmen für Informatik gründen und benötigt hierzu einen Kredit. Die B-Bank erklärt sich nach Einsicht des Geschäftskonzeptes grundsätzlich

zwar bereit, 200.000 € als Kredit zu gewähren, verlangt jedoch eine Sicherheit. X gewinnt seinen Vater Y dafür, in dieser Höhe eine Briefhypothek zugunsten der B-Bank einzuräumen. Der Kredit ist in Vierteljahresraten von jeweils 5.000 € zurückzuzahlen. Drei Jahre geschieht dies ohne Probleme. Danach gerät X in finanzielle Schwierigkeiten, da nach anfänglich gutem Start das Unternehmenskonzept nicht aufgeht. Y will eine Zwangsversteigerung seines Grundstücks verhindern. Er zahlt daher das restliche Darlehen (140.000 €) samt rückständiger Zinsen an die B-Bank.

a) Wer ist Inhaber der Hypothek?

b) Wie wäre die Rechtslage, wenn Y statt einer Hypothek eine Grundschuld bestellt hätte?

c) Schon vor der drohenden Zwangsversteigerung aus der Grundschuld bietet Y der B-Bank an, den Kredit seines Sohnes gegen Abtretung der Darlehensforderung abzulösen. Die B-Bank geht darauf ein. Das Geschäft wird vollzogen. Hat Y die Forderung der B-Bank erworben?

3. Wie in Frage 2b) hat Y zur Sicherung der Darlehensforderung der B-Bank gegen X eine Grundschuld an seinem Grundstück bestellt. Zudem hat Freund Z eine Bürgschaft für die Schuld des X übernommen. Was geschieht, wenn Y auf die Grundschuld zahlt? Hat er einen Ausgleichsanspruch gegen Z? Wie wäre es, wenn zunächst Z die Schuld des X begleichen würde?

4. E hat bei der C-Bank (C) einen Bausparvertrag abgeschlossen. Das zugehörige Baudarlehen wird aber frühestens in drei Jahren ab Erreichen eines bestimmten Baustandes ausgezahlt. E ist bereits Eigentümer seines Wunschgrundstückes. Darauf will er schon jetzt sein Eigenheim errichten. Seine Hausbank B ist zur Kreditgewährung nur gegen Eintragung eines Grundpfandrechts bereit. Welche Rechtsgeschäfte und Rechtshandlungen sind vorzunehmen, um zügig die Finanzierung des Hausbaus zu ermöglichen?

5. Lesen Sie die Kontrollfragen 4 und 5 am Ende von § 18 (Rn. 739) und beantworten Sie diese für den Fall, dass statt einer Hypothek eine Grundschuld besteht.

Empfehlungen zur vertiefenden Lektüre:

Goertz/Roloff, Die Anwendung des Hypothekenrechts auf die Grundschuld, JuS 2000, 762; *Mand*, Das Anwartschaftsrecht am Zubehör im Haftungsverband der Hypothek bzw. der Grundschuld, Jura 2004, 221; *Schreiber*, Die Grundschuld, Jura 2006, 22; *Schur*, Grundprobleme der Wirkungsweise von Akzessorietätsprinzip und Sicherungsabrede, Jura 2005, 361.

§ 20. Nutzungsrechte

I. Arten der Nutzungsrechte – Abgrenzung zur Baulast

Das BGB kennt bei den beschränkt dinglichen Rechten neben den Er- **795** werbs- und Verwertungs- oder Sicherungsrechten sog. Nutzungsrechte, die dem Berechtigten die Befugnis einräumen, Eigentum – in der Regel Grundeigentum – in bestimmter Hinsicht oder umfassend nutzen zu können (s. o. die Übersicht Rn. 11). Es sind vor allem drei Arten von Nutzungsrechten von praktischer Bedeutung: Die Dienstbarkeit (§§ 1018, 1090), der Nießbrauch (§ 1030) und das Erbbaurecht. Daneben gibt es dingliche Rechte, die sich nicht eindeutig den Nutzungsrechten zuordnen lassen und die hier nur kurz erwähnt werden können. Das gilt etwa für das **bergrechtliche Nutzungsrecht,** das einzelne oder alle Nutzungen dem Berechtigten bis zur vollen Inanspruchnahme des belasteten Grundstücks dem Bergbauberechtigten zuordnet. Zugleich verleiht das Bergrecht ein eigentumsähnliches Aneignungsrecht im Umfang der Bewilligung (s. hierzu schon o. Rn. 150).

Die **Reallast** (§§ 1105 ff.) gibt dem Berechtigten ein Recht auf wieder- **796** kehrende Leistungen aus dem Grundstück. Es muss sich dabei nicht etwa um Leistungen handeln, die das Grundstück produziert. Vielmehr besteht die notwendige Verbindung zum Grundstück darin, dass der Berechtigte die Zwangsvollstreckung in das Grundstück betreiben kann, wenn der Eigentümer des mit der Reallast belasteten Grundstücks die Leistungen nicht erbringt (§§ 1107, 1147). Sofern die Leistungen aus dem Grundstück erbracht werden, handelt es sich um ein Recht, das einem Nutzungsrecht nahe kommt, unter dem Aspekt der Verwertungsmöglichkeit handelt es sich um ein Verwertungsrecht.

Von den privatrechtlichen Nutzungsrechten abzugrenzen sind die sog. **797** **Baulasten** (s. hierzu schon o. Rn. 354). Sie sind **öffentlich-rechtliche Pflichten** des Grundstückseigentümers gegenüber der Baurechtsbehörde, die auf ein Tun, Dulden oder Unterlassen gerichtet sind. Sie werden freiwillig übernommen und betreffen Sachverhalte, die nicht schon durch öffentlich-rechtliche Vorschriften geregelt sind. Beispielhaft sei hier die Verpflichtung zur Einrichtung von Kfz-Stellplätzen genannt. Die Einzelheiten der Baulasten richten sich nach den Bestimmungen des Landesbaurechts. Baulasten sind im **Baulastenverzeichnis** eingetragen, das anders als das Grundbuch keinen öffentlichen Glauben genießt (vgl. o. Rn. 354). Der Eintrag in diesem Verzeichnis hat nur deklaratorische Bedeutung. Der Berechtigte der Baulast ist nicht eine Privatperson, sondern die öffentlich-rechtliche Behörde. Die Baulast erlischt auch beim Erwerb im Wege der Zwangsversteigerung nicht. Sie wird mit den Zwangsmitteln des öffentlichen Rechts durchgesetzt.

798   Privatpersonen können sich dagegen Nutzungen an einem anderen Grundstück mittels privatrechtlicher Dienstbarkeit einräumen lassen. Auf sie ist im Weiteren einzugehen.

II. Dienstbarkeiten

1. Arten der Dienstbarkeiten

Mit der Dienstbarkeit werden einzelne Nutzungen oder Vorteile eines Grundstücks mittels dinglichen Rechts gewährt. Es lassen sich verschiedene Dienstbarkeiten unterscheiden, je nachdem ob sie zugunsten einer bestimmten Person – sog. **beschränkt persönliche Dienstbarkeit** – oder zugunsten eines Grundstücks – sog. **Grunddienstbarkeit** – begründet sind.

799   Die **Grunddienstbarkeit** schafft einen Vorteil des **herrschenden** Grundstücks an dem **dienenden** Grundstück mit der Folge, dass die Dienstbarkeit wesentlicher Bestandteil des herrschenden Grundstücks wird (§ 96). Als solcher kann die Grunddienstbarkeit nicht getrennt übertragen oder belastet werden. Wird das herrschende Grundstück übertragen, so geht die Dienstbarkeit auf den Erwerber über. Die Grunddienstbarkeit ist das wichtigste Beispiel eines subjektiv dinglichen Rechts. Weitere Beispiele sind die Reallast (§ 1105) und das dingliche Vorkaufsrecht (§ 1094 Abs. 2; s. hierzu o. Rn. 452 ff.).

800   Die **beschränkt persönliche Dienstbarkeit** ist an eine bestimmte Person gebunden. Sie kann nicht auf Dritte übertragen werden (§ 1092 Abs. 1 S. 1). Nur die Ausübung des Nutzungsrechts kann anderen überlassen werden (§ 1092 Abs. 1 S. 2). Hieraus folgt, dass auch bei bloßer Ausübungsgestattung sogar die beschränkt persönliche Dienstbarkeit pfändbar ist (§ 857 Abs. 3 ZPO).

801   Die beschränkt persönliche Dienstbarkeit ist ebenfalls nicht belastbar und als solche vererblich (§§ 1090 Abs. 2, 1061). Bei Tod des Berechtigten erlischt sie. Die Parteien können allerdings einen schuldrechtlichen Anspruch auf künftige Bestellung einer beschränkt persönlichen Dienstbarkeit zugunsten eines Gesamt- oder Einzelrechtsnachfolgers des Dienstberechtigten begründen. Ein solcher Anspruch kann durch Vormerkung gesichert werden (hierzu allgemein Rn. 423 ff.). Durch eine derartige Regelung können Härten vermieden werden, die vor allem dann entstehen, wenn der Berechtigte der beschränkt persönlichen Dienstbarkeit hohe Investitionen im Hinblick auf das Nutzungsrecht getätigt hat, die sich infolge der kurzen Dauer seiner Nutzungszeit nicht amortisiert haben. Bei beschränkt persönlichen Dienstbarkeiten zugunsten **juristischer Personen** besteht die Möglichkeit der Übertragung gem. §§ 1090 Abs. 2, 1059a ff.

Grundsätzlich sind bei der **Grunddienstbarkeit** Eigentümer des herr- **802** schenden und des dienenden Grundstücks verschiedene Personen; entsprechend wird einem Nichteigentümer an einem Grundstück eine Dienstbarkeit eingeräumt. Ähnlich der Eigentümergrundschuld (s. o. Rn. 759 f.) wird es jedoch als zulässig angesehen, dass eine Dienstbarkeit vom Eigentümer an seinem eigenen Grundstück bestellt wird **(Eigentümerdienstbarkeit).** Dabei wird meist auf die Parallele zur Grundschuld verwiesen (§ 1196 analog; BGHZ 41, 209, 210 f.). Sinnvoll kann ein solches Vorgehen vor allem dann sein, wenn der Eigentümer die Veräußerung des Grundstücks beabsichtigt. Je nach Ausgestaltung der Dienstbarkeit handelt es sich um eine beschränkt persönliche Dienstbarkeit oder Grunddienstbarkeit.

Ein typisches Beispiel für eine solche Eigentümerdienstbarkeit stellt die Si- **803** tuation dar, in der der Errichter einer Wohnanlage, die aus einzelnen Häusern besteht und nach Grundstücksteilung einzeln veräußert werden soll, die Zuwegung zu den einzelnen Grundstücken im Wege von Grunddienstbarkeiten absichert.

2. Verhältnis schuldrechtliches Geschäft – dingliches Recht

Wie stets ist auch bei den Dienstbarkeiten zwischen dem schuldrechtli- **804** chen Grundgeschäft und dem dinglichen Geschäft zu unterscheiden (s. dazu Rn. 43 ff., 153 ff.). Die Verpflichtung zur Bestellung einer Dienstbarkeit ergibt sich aus einem schuldrechtlichen Vertrag. Dieser kann sogar bestimmte Unterlassungspflichten vorsehen, die sich nicht mit der Dienstbarkeit decken müssen. Ein Verbot der Fernwärme in Form einer Dienstbarkeit kann verbunden werden mit der schuldrechtlichen Verpflichtung zum Betrieb bestimmter Wärmeherstellungsanlagen. Letzteres könnte wirksam nicht im Rahmen einer Dienstbarkeit vereinbart werden. Die schuldrechtliche Vereinbarung unterliegt den allgemeinen vertragsrechtlichen und den speziellen Schranken des Wettbewerbs- und Kartellrechts. Auch hier gilt der Trennungs- und Abstraktionsgrundsatz. Das schuldrechtliche Kausalgeschäft, das etwa eine Vergütung für die Einrichtung der Dienstbarkeit vorsehen kann, ist in seiner Wirksamkeit getrennt zu beurteilen und unabhängig vom dinglichen Geschäft. Gleichwohl befürwortet die h. M. die Möglichkeit, zwischen beiden Rechtsgeschäften einen Bedingungszusammenhang herzustellen (so etwa *BGH* NJW-RR 1989, 519; Palandt/*Bassenge*, § 1018 Rn. 12). Stattdessen soll es auch möglich sein, beide Geschäfte zu einem einheitlichen Rechtsgeschäft i. S. des § 139 auszugestalten (s. o. Rn. 45). Bei Ausbleiben der Gegenleistung muss daher die Ausübung des Nutzungsrechts unterlassen werden.

3. Inhalt der Dienstbarkeit

805   Mit der Dienstbarkeit – sei es eine Grunddienstbarkeit oder eine beschränkt persönliche Dienstbarkeit – wird ein Recht auf einzelne Nutzungen an einem anderen Grundstück eingeräumt. Typisches Beispiel ist das bereits angesprochene Wegerecht (oben Rn. 803). Als weitere Nutzungsbefugnisse kommen die Verlegung von Überlandleitungen oder der Abbau von Bodenschätzen (Kies- oder Tongrube) in Betracht. Das Wohnungsrecht nach § 1093 stellt ebenfalls eine Form der (beschränkt persönlichen) Dienstbarkeit dar.

806   Auch andere Vorteile, die etwa dadurch entstehen, dass der Eigentümer des dienenden Grundstücks gewisse Handlungen unterlassen muss, können durch eine Dienstbarkeit eingeräumt werden. Dies gilt etwa für die Bebauung des Nachbargrundstücks nur bis zu einer bestimmten Firsthöhe, um eine zu starke Beschattung zu verhindern oder den Ausblick zu erhalten. Nicht möglich ist es aber, die rechtsgeschäftliche Verfügungsfreiheit im Wege eine Dienstbarkeit einzuschränken. So scheidet das Verbot, ein Grundstück an Gewerbetreibende zu veräußern, als Inhalt einer beschränkt persönlichen Dienstbarkeit aus. Stattdessen muss zum Inhalt der Dienstbarkeit die Untersagung gemacht werden, Gewerbe überhaupt oder nur bestimmtes Gewerbe auszuüben (s. auch Kontrollfrage 3 zu Kapitel 9 Rn. 380). Eine nicht unerhebliche Rolle spielen Dienstbarkeiten mit wettbewerblichem Inhalt. Neben der bereits angesprochenen Möglichkeit, gewerbliche Tätigkeit auf dem Nachbargrundstück überhaupt auszuschließen, kommt als Inhalt der Dienstbarkeit auch in Betracht, nur bestimmte Waren auf dem Nachbargrundstück zu vertreiben (s. *BGH* NJW 1962, 486). Bei Brauereien findet häufig eine Art Bezugsbindung statt, indem dem Inhaber einer beschränkten persönlichen Dienstbarkeit die Möglichkeit eingeräumt wird, auf dem Grundstück eine Gaststätte zu betreiben, jedoch dieser Bier nur einer bestimmten Marke verkaufen darf. Eine derartige Dienstbarkeit würde das Recht zur freien Auswahl des Warenlieferanten einschränken, das kein Ausfluss des Eigentumsrechtes am Grundstück ist. Eine derartige Pflicht ist daher kein zulässiger Inhalt einer Dienstbarkeit (so schon BGHZ 29, 244, 249), kann aber Gegenstand einer schuldrechtlichen Vereinbarung sein (*BGH* NJW 1985, 2474, 2475).

807   Schließlich ist es möglich, im Wege der Dienstbarkeit die Ausübung bestimmter Rechte – in der Regel geht es um den Unterlassungsanspruch aus § 1004 – im nachbarlichen Verhältnis auszuschließen. Auf diese Weise kann sich der Nachbar vor ihn belastenden Maßnahmen schützen, die er andernfalls wegen der von seinem Grundstück ausgehenden Emissionen ergreifen müsste.

Inhalt von Dienstbarkeiten

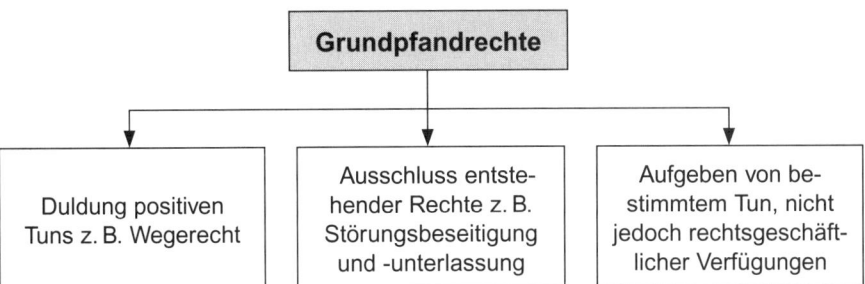

Ein besonderes Problem liegt vor allem bei der Grunddienstbarkeit in der **808** **langen Dauer** ihrer Gültigkeit. Die tatsächlichen Verhältnisse auf dem herrschenden wie auf dem belasteten Grundstück können sich im Laufe der Jahrzehnte erheblich verändern. Grundsätzlich ist der Bestand der Dienstbarkeit hiervon unabhängig. Notwendig ist allerdings, dass die Grunddienstbarkeit überhaupt noch ausgeübt werden kann. Dies ist zu verneinen, wenn die Bebauung des begünstigten Grundstücks eine ursprünglich vorgesehene Nutzung des Nachbargrundstücks weder erfordert noch ermöglicht.

Ein zugunsten von Pferdefuhrwerken eingerichtetes Wegerecht wird man **809** grundsätzlich in heutiger Zeit auch als für Lastkraftwagen nutzbar ansehen müssen. Der Umfang der Dienstbarkeit richtet sich nach dem jeweiligen Bedürfnis des Berechtigten. Allerdings darf eine Veränderung für den Eigentümer des belasteten Grundstücks nicht völlig unvorhersehbar und willkürlich sein. In diesen Grenzen ist der Inhalt einer Dienstbarkeit jeweils an die tatsächlichen Verhältnisse angepasst auszulegen.

4. Bestellung und Erlöschen der Dienstbarkeit

Die Dienstbarkeit entsteht durch Einigung und Eintragung auf dem **belas- 810 teten** Grundstück (§ 873). Bei Grunddienstbarkeiten ist die Eintragung auch im Grundbuch des herrschenden Grundstücks möglich, für das Bestehen der Dienstbarkeit aber ohne Bedeutung. Der Inhalt der Grunddienstbarkeit muss im Grundbuch ausreichend bestimmt eingetragen sein. Dabei genügen eine kurze Bezeichnung und die Bezugnahme auf die Eintragungsbewilligung.

Die Grunddienstbarkeit erlischt durch rechtsgeschäftliche Aufhebung **811** (§§ 875, 876). Ausnahmsweise verjährt der Anspruch auf Beseitigung einer Störung, wenn die Ausübung des Rechts über einen Zeitraum von 30 Jahren durch eine Anlage beeinträchtigt war (§ 1028). Mit der Verjährung des Anspruchs erlischt auch die Dienstbarkeit. Hier also genügt allein die Eintragung des Rechts nicht (§ 902). Bei der beschränkt persönlichen Dienstbarkeit kommt als weiterer Erlöschensgrund – wie bereits angesprochen – der Tod der berechtigten Person in Betracht (s. o. Rn. 801).

5. Schutz der Dienstbarkeit

812   Zwischen dem Dienstberechtigten und dem Eigentümer des belasteten Grundstücks besteht nach h.M. ein **gesetzliches Schuldverhältnis.** Es verpflichtet den Berechtigten zur Rücksichtnahme auf die Interessen des Eigentümers und zur schonenden Ausübung seines Rechts (§§ 1020 S. 1 und 1090 Abs. 2). Ist die Ausübung der Dienstbarkeit für den Eigentümer des belasteten Grundstücks besonders „beschwerlich", so hat er gegen den Inhaber der Dienstbarkeit einen Anspruch auf Verlegung der Ausübung auf eine andere, für den Berechtigten ebenso geeignete Stelle des Grundstücks (§§ 1090 Abs. 2, 1023 Abs. 1).

813   Der Berechtigte hat bei Beeinträchtigung seines Nutzungsrechts einen gegenüber jedermann geltenden Unterlassungs- und Störungsbeseitigungsanspruchs (§§ 1090 Abs. 2, 1027, 1004). Sofern der Besitzer eines Grundstücks in der Ausübung einer für den Eigentümer im Grundbuch eingetragenen Grunddienstbarkeit gestört wird, finden auch die für den Besitzschutz geltenden Vorschriften entsprechende Anwendung (§§ 1090 Abs. 2, 1029, 858 ff.).

III. Nießbrauch

1. Arten und Charakteristika des Nießbrauchs

814   Der Nießbrauch gem. §§ 1030 ff. ist nicht auf unbewegliche Sachen beschränkt. Er kann vielmehr auch an beweglichen Sachen oder Rechten bestellt werden. Seine praktische Bedeutung liegt aber im Bereich des Immobiliarsachenrechts. Mit dem Nießbrauch werden, anders als bei der beschränkten Dienstbarkeit, **alle** Nutzungen des belasteten Gegenstands gewährt. Es besteht jedoch die Möglichkeit, hiervon einzelne Nutzungen auszuschließen (§ 1030 Abs. 2). Der Nießbrauch muss an einzelnen Gegenständen bestellt werden. Übertragen wird ein Teilausschnitt des Vollrechts. Auf die Bestellung finden daher die für die Vollrechtsübertragung geltenden Vorschriften Anwendung (§§ 873 ff. für die Begründung des Nießbrauchs an Grundstücken, §§ 929 ff. an beweglichen Sachen [§ 1032] sowie die für die Übertragung des Rechts geltenden Vorschriften [§ 1069 Abs. 1]).

815   Die Besonderheit des Nießbrauchs besteht in der **Unveräußerlichkeit** (§ 1059) und **Unvererblichkeit** (§ 1061). Für juristische Personen gelten die bereits im Zusammenhang mit der beschränkten Dienstbarkeit dargestellten Besonderheiten (§ 1059a; s. o. Rn. 801). Der Nießbrauch kann daher auch nicht belastet werden (§ 1059 S. 1, 1274 Abs. 2). Es gelten dieselben Grundsätze wie sie bereits zur beschränkt persönlichen Dienstbarkeit dargestellt wurden (s. o. Rn. 800). Auch hier ist es möglich, die Ausübung des

Nießbrauchs einem anderen zu überlassen (§ 1059 S. 2); nur insoweit ist das Recht auch pfändbar (§ 857 Abs. 3 ZPO).

Es werden grundsätzlich zwei Formen des Nießbrauchs unterschieden: Der **816** **Versorgungsnießbrauch,** der zu Lebzeiten oder nach dem Tod des Eigentümers eingeräumt wird. Beispielhaft sei die Übertragung des elterlichen Wohnhauses auf das Kind unter Einräumung eines lebenszeitigen Nießbrauchs der Eltern genannt. Auf diese Weise besteht die Möglichkeit einer steuerlich günstigeren Ausgestaltung der Rechtsnachfolge als im Falle der Erbschaft.

Die zweite Form ist der sog. **Sicherungsnießbrauch,** den sich der Grund- **817** pfandrechtsinhaber bestellen kann, um auf diese Weise sofort in den Genuss der Nutzungen des Grundstücks zu gelangen. In der Sache erlangt der Gläubiger damit ein – im BGB nicht vorgesehenes – Nutzpfandrecht (probl. s. RGZ 67, 378).

2. Nutzungsrecht des Nießbrauchers

Mit dem Nießbrauch erhält der Nießbraucher das dingliche Nutzungs- **818** recht an der Sache (§§ 1030 Abs. 1, 1068 Abs. 2). Dieses Recht erstreckt sich auch auf **Sach- und Rechtsfrüchte.** Die Sachfrüchte werden mit Trennung zum Eigentum des Nießbrauchers. Bei schon bestehenden Mietverträgen geht der Mietzinsanspruch ohne weitere Abtretung auf den Nießbraucher von Gesetzes wegen über. Der Nießbraucher kann natürlich auch über die gezogenen Früchte verfügen. Ausgeschlossen ist dagegen eine Verfügung über die Sache als solche (Unzulässigkeit des Dispositionsnießbrauchs).

3. Schutz des Nießbrauchs – Verhältnis zwischen Eigentümer und Nießbraucher

Der Nießbraucher hat gem. § 1036 Abs. 1 ein Recht zum Besitz. Er ge- **819** nießt entsprechend den Eigentumsvorschriften mit seinem Nießbrauch Schutz (§§ 1065, 985, 1004). Daneben treten der deliktische und bereicherungsrechtliche Schutz sowie der Besitzschutz nach §§ 858 ff.

Zwischen Eigentümer und Nießbraucher besteht ein **gesetzliches 820** **Schuldverhältnis,** dessen Hauptinhalt darin besteht, dass der Nießbraucher die wirtschaftliche Bestimmung der Sache zu erhalten hat und mit ihr ordentlich wirtschaften muss (§§ 1036 Abs. 2, 1041). Er ist darüber hinaus verpflichtet, die Sache zu versichern (§§ 1045, 1046). Eine wesentliche Umgestaltung der Sache ist ihm verboten (§ 1037).

Der Nießbraucher trägt die gewöhnlichen öffentlichen und privatrecht- **821** lichen Lasten (§ 1047). Die Risiken des Eigentümers gegenüber Fehlverhalten des Nießbrauchers versucht das Gesetz durch entsprechende Möglichkeit zur Sicherheitsleistung (§ 1051) und einem Anspruch auf Unterlassung ordnungswidrigen Gebrauchs (§ 1053) vorzubeugen. Bei schuldhafter Verschlechterung oder Vernichtung der Sache haftet der Nießbraucher auf Schadensersatz aus der Verletzung des gesetzlichen Schuldverhältnisses (§ 280 Abs. 1) und aus § 823 Abs. 1. Ist der Nießbraucher zur Sicherheitsleistung rechtskräftig verurteilt, so kann der Eigentümer statt Sicherheitsleistung verlangen, dass die Ausübung des Nießbrauchs für Rechnung des Nießbrauchers einem von dem Gericht zu bestellenden Verwalter (Sequester) übertragen wird. Gleiches gilt bei trotz Abmahnung des Eigentümers fortgesetzter Verletzung der Eigentümerrechte in erheblichem Umfang (§ 1054).

822   Der Nießbrauch erlischt, wenn der Berechtigte stirbt (§ 1061) oder die berechtigte juristische Person nicht mehr besteht. Gleiches gilt bei Zusammentreffen von Nießbrauch und Eigentum in einer Person (§ 1063 Abs. 1; beachte aber § 1063 Abs. 2). Auch auf den Nießbrauch kann der Berechtigte verzichten (§§ 875 f., 1064). Nach Beendigung des Nießbrauchs ist der Nießbraucher verpflichtet, die Sache dem Eigentümer zurückzugeben (§ 1055 Abs. 1).

IV. Erbbaurecht

823   Das Erbbaurecht ist im Erbbaurechtsgesetz (ErbbauRG) geregelt. Es ist eine Belastung des Grundstücks in der Weise, dass dem Berechtigten das Recht zusteht, auf der Oberfläche des Grundstücks ein Bauwerk zu haben (§ 1 ErbbauRG). In der Rechtswirklichkeit spielt das Erbbaurecht eine nicht unerhebliche Rolle im Bereich des Eigenheimbaus. Für bestimmte Grundeigentümer, wie etwa die Kirchen, ist es weitgehend üblich, Grundstücke im Wege des Erbbaurechts nutzen zu lassen. Das Erbbaurecht stellt die weitestgehende Belastung des Grundeigentums dar. Der Eigentümer verliert mit dem Erbbaurecht den Besitz und alle Nutzungen des belasteten Grundstücks. Einen knappen Überblick geben bereits die oben in Rn. 147 ff. gemachten Ausführungen.

V. Kontrollfragen

1. Wie wird eine Grunddienstbarkeit übertragen?
2. Was kann Inhalt einer Dienstbarkeit sein?
3. Was ist bezüglich des gewährten Inhalts wichtigster Unterschied zwischen Grunddienstbarkeit und Nießbrauch?
4. Welchen Rechtscharakter hat die Beziehung zwischen Eigentümer und Nießbraucher bzw. Dienstberechtigten und Eigentümer des belasteten Grundstücks?

Empfehlungen zur vertiefenden Lektüre:

Schreiber, Beschränkte dingliche Rechte, Jura 2006, 270; *ders.,* Dienstbarkeiten, Jura 1992, 106.

Antworten zu den Kontrollfragen

§ 1

Zu 1: Das Verpflichtungsgeschäft hat schuldrechtlichen Charakter und kann zu einer Verfügung verpflichten (z. B. Kaufvertrag; anders etwa beim Dienstvertrag, der zur Erbringung von Diensten für eine Gegenleistung verpflichtet), ohne dass diese damit schon vorgenommen würde. Die Verfügung selbst, die die dingliche Rechtslage unmittelbar ändert (z. B. durch Begründung, Aufgabe, Belastung oder Übertragung eines Rechts), findet erst im Rahmen des Verfügungsgeschäftes statt. Dadurch wird die Verpflichtung aus dem schuldrechtlichen Grundgeschäft erfüllt. Diese Trennung fällt dem Anfänger vor allem deshalb schwer, weil im täglichen Leben beide Dinge zeitlich meist zusammenfallen. Das steht dieser rechtlich zunächst kompliziert wirkenden Unterscheidung freilich nicht entgegen (Rn. 43 ff.).

Zu 2: Trennungs- und Abstraktionsprinzip beziehen sich auf die unter Frage 1 dargestellten Begriffe: Das Trennungsprinzip verlangt, zwischen Verpflichtungs- und Verfügungsgeschäft zu *trennen*, nach dem Abstraktionsprinzip (diese Trennung fortführend) sind beide Geschäfte auch in ihrer Wirksamkeit grundsätzlich voneinander unabhängig, also *abstrakt*. Die Unwirksamkeit eines der beiden getrennt zueinander stehenden Rechtsgeschäfte hat grundsätzlich keine Auswirkungen auf das jeweils andere (hiervon gibt es wenige Ausnahmen; s. Rn. 43). Der Ausgleich bei Nichtigkeit nur des schuldrechtlichen Geschäftes findet über das Bereicherungsrecht (§§ 812 ff.) statt und erfordert eine Rückabwicklung des dinglichen Geschäfts (Rn. 43).

Zu 3: Neben umfassenden Herrschaftsrechten (in erster Linie das Eigentum) steht die Kategorie beschränkt dinglicher Rechte: Sie lassen sich in Erwerbsrechte (z. B. das Vorkaufsrecht), Nutzungsrechte (wie z. B. Dienstbarkeiten und Dauerwohnrechte) sowie Sicherungs- und Verwertungsrechte (v. A. in Form des Pfandrechts) untergliedern (Rn. 11 ff.).

Zu 4: Wichtige Regelungen über Sachen enthält der Allgemeine Teil in den §§ 90 ff. Dort finden sich verschiedene für das Sachenrecht wichtige Begriffsdefinitionen z. B. zum Zubehör, den wesentlichen Bestandteilen und vertretbaren Sachen (s. Rn. 14 ff.).

Zu 5: Wichtige weitere sachenrechtliche Prinzipen sind vor allem Typenzwang, Bestimmtheitsgrundsatz und das Publizitätsprinzip. Kurze Definitionen hierzu finden Sie in den Merkkästen zu § 1 (Rn. 29, 33 und 36).

Zu 6: Dingliche Rechte wirken absolut, also gegenüber jedermann. Dies ist ein wichtiger Unterschied zu den schuldrechtlichen Ansprüchen, die nur im Rahmen des Schuldverhältnisses *relativ* zwischen deren Parteien wirken. Um dingliche Rechte wie beispielsweise das Eigentum geltend machen zu können, bedarf es keiner solchen schuldrechtlichen Beziehungen zwischen den Personen, weil das dingliche Recht gegenüber jedermann wirkt (Rn. 37 f.).

§ 2

Zu 1: Die Übertragung des unmittelbaren Besitzes gem. § 854 Abs. 2 erfordert, dass der Erwerber allein infolge der Besitzaufgabe des (Noch-)Besitzers in der Lage ist, die Gewalt über die Sache auszuüben. Ein solcher „offener Besitz" liegt vor, wenn der Erwerber ohne weitere Gestattungshandlungen die Sachherrschaft über die Sache ausüben kann (Rn. 80 f.). Kennt der Erwerber den Standort eines nach § 929 S. 1 übereigneten Pkw und ist dieser frei zugänglich, liegt kein offener Besitz vor, da es noch der Übergabe der Fahrzeugschlüssel bedarf.

Zu 2: M hat die tatsächliche Sachherrschaft über die Wohnung, er ist unmittelbarer Besitzer. V könnte mittelbarer Besitzer gem. § 868 sein. Mittelbarer Besitzer ist, wer die tatsächliche Sachherrschaft durch einen anderen ausübt. Seine Beziehung zur Sache ist nur eine mittelbare, sie wird ihm durch den Besitzmittler vermittelt. Erforderlich ist, dass der Besitzmittler den anderen als Oberbesitzer anerkennt, also Fremdbesitzerwillen hat. Hinzukommen muss eine rechtliche Stellung kraft derer der unmittelbare Besitzer dem mittelbaren Besitzer verpflichtet ist und Letzterer eine Art Gewalt über die Sache ausübt. Hierfür ist ein konkretes Besitzmittlungsverhältnis i. S. von § 868 erforderlich, das den unmittelbaren Besitzer auf Zeit berechtigt. Auch muss ein Herausgabeanspruch bestehen und der mittelbare Besitzer eine gewisse Einflussnahmemöglichkeit haben.

Das Mietverhältnis zwischen M und V ist ein solches Besitzmittlungsverhältnis. Aufgrund des Mietvertrages ist M vorübergehend zum Besitz der Wohnung berechtigt. Indem er die vertraglichen Pflichten hinsichtlich der Behandlung der Mietsache beachtet und V als Oberbesitzer anerkennt, mittelt M dem V den Besitz an der Wohnung. Der Mietvertrag ist jedoch nichtig. Wegen der tatsächlichen Anerkennung des Oberbesitzers und der Beachtung der vertraglichen Pflichten hat V aber eine gewisse Einflussnahmemöglichkeit auf die Sache unabhängig von der Wirksamkeit des Besitzmittlungsverhältnisses. Da es für das Bestehen des mittelbaren Besitzes maßgeblich auf die tatsächliche Beziehung des mittelbaren Besitzers zur Sache ankommt, ist die Wirksamkeit des Besitzmittlungsverhältnisses nicht erforderlich. Darüber hinaus ergibt sich ein Herausgabeanspruch des V nunmehr aus § 812 Abs. 1 S. 1 Fall 1. V ist daher mittelbarer Besitzer (s. Rn. 58).

Zu 3: Der mittelbare Besitz endet mit Wegfall einer seiner Voraussetzungen: Das kann der Verlust des unmittelbaren Besitzes sein (sei des durch Rückgabe, Verbrauch, Veräußerung oder Abhandenkommen der Sache). Dadurch endet bereits das BMV. Dieses kann aber auch durch Übereignung der Sache an den unmittelbaren Besitzer nach § 929 S. 2 verbunden mit dem Wegfall des Rückgabeanspruchs entfallen. Außerdem verliert der Oberbesitzer seinen mittelbaren Besitz, wenn ihm der Besitzmittler äußerlich erkennbar den Besitz nicht mehr mittelt, sich also als Eigenbesitzer aufführt. Davon braucht der mittelbare Besitzers keine Kenntnis zu haben (Rn. 91).

Zu 4: § 861 Abs. 1 ist ein possessorischer Anspruch, der hinsichtlich seiner Voraussetzungen allein an den tatsächlichen Besitz des Anspruchsberechtigten im Zeitpunkt der verbotenen Eigenmacht anknüpft (s. Rn. 104, 97 f.). Für das Bestehen dieses Anspruches ist es unbeachtlich, ob der Anspruchsberechtigte ein Recht zum Besitz hat. Gegen diesen Anspruch sind Einwendungen aus materiellem Recht (petitorische Einwendungen) grundsätzlich ausgeschlossen (s. Rn. 108). Sie sind nur insoweit zulässig, als sie dem Nachweis dienen, dass keine verbotene Eigenmacht vorlag (§ 863), z. B. im Rahmen von Selbsthilferechten (s. Rn. 98).

Der petitorische Anspruch aus § 1007 Abs. 1 knüpft hingegen an das bessere Recht zum Besitz an, die tatsächliche Sachherrschaft allein genügt nicht (s. Rn. 93). Er ermöglicht die Herausgabe der Sache an den früheren Besitzer. Der Herausgabeanspruch besteht nur, soweit der frühere Besitzer ein besseres Recht zum Besitz hat. Fehlt dieses (§ 1007 Abs. 3 S. 1 Var. 1), ist der Anspruch ausgeschlossen. Gegen den Anspruch sind materielle Einwendungen möglich, z. B. ein Besitzrecht des jetzigen Besitzers gegenüber dem früheren Besitzer (§ 1007 Abs. 3 S. 2, 986; s. Rn. 111 ff.).

§ 3

Zu 1: Der sachliche Schutzbereich von Art. 14 GG entspricht nicht dem Eigentumsbegriff des BGB. Art. 14 GG umfasst mit seinem sachlichen Anwendungsbereich mehr als das Eigentum im Sinne des BGB und lässt jede vermögenswerte Rechtsposition genügen. Dagegen muss im BGB ein dingliches Recht an einer Sache vorliegen (s. Rn. 121).

Zu 2: Bruchteilseigentum bezeichnet die Form von schlichtem Miteigentum, in der das Eigentum an der Sache in ideelle Anteile aufgeteilt wird (sog. Bruchteilsgemeinschaft). Jeder der Miteigentümer kann über seinen Teil am Eigentum verfügen. Über die gesamte Sache können die Miteigentümer nur gemeinsam verfügen (s. Rn. 138 f.).

Soweit Gesamthandseigentum im Gesetz vorgesehen ist, hat der Einzelne am gemeinschaftlichen Vermögen zwar ebenfalls einen Anteil, kann über diesen aber (im Gegensatz zur Bruchteilsgemeinschaft) und den gesamten Eigentumsgegenstand grundsätzlich nicht frei verfügen (§ 719 Abs. 1; Rn. 140 f.).

Zu 3: Den für die Ausbildung wichtigsten gesetzlich geregelten Sonderfall stellt das Wohnungseigentum nach dem WEG dar (s. Rn. 142 f.). Sonderregeln finden sich weiterhin im BBergG für die bergfreien Bodenschätze (s. Rn. 150) und im SchiffsRG für das Eigentum an Schiffen (s. Rn. 151). Die beiden letzten Fälle sind für die Ausbildung von geringer Bedeutung.

§ 4

Zu 1: a) Das sittenwidrige Verhältnis von Leistung und Gegenleistung im Darlehensvertrag ist für die Wirksamkeit der bestellten Grundschuld ohne Folge (Trennungs- und Abstraktionsprinzip, s. o. Rn. 153 und 43 ff.). Sie bleibt bestehen und sichert in der Regel dann den Bereicherungsanspruch des Sicherungsnehmers auf Rückzahlung des ausgezahlten Darlehens gem. § 812 Abs. 1 S. 1 Alt. 1 oder 2 (*BGH* WM 1994, 583, 584).

b) Für den Fall, dass sowohl der subjektive als auch der objektive Tatbestand des Wuchers erfüllt sind, ergreift die Nichtigkeit des Verpflichtungsgeschäfts (Darlehensvertrag) auch das Verfügungsgeschäft (Bestellung der Sicherheit, z. B. Grundschuld) (sog. Fehleridentität, s. o. Rn. 155). Der Wucherer kann sich dann nicht einmal bzgl. seines bereicherungsrechtlichen Rückzahlungsanspruches aus der bestellten Sicherheit befriedigen (*BGH* WM 1994, 583, 584).

Zu 2: Soweit die dingliche Verfügung ein Rechtsgeschäft ist (betrifft die Einigung als dinglichen Vertrag), das durch übereinstimmende Willenserklärungen zustande kommt, sind hierauf die Regelungen des Allgemeinen Teils (insb. die §§ 104–185) anwendbar. Damit kann für die dingliche Einigung die Willenserklärung auch durch einen Stellvertreter abgegeben werden (s. o. Rn. 166, 169). Soweit die dingliche Verfügung kein Rechtsgeschäft ist (z. B. die Übergabe als Realakt), scheidet Stellvertretung aus.

Zu 3: Nach § 929 S. 1 müssen Einigung und Übergabe vorliegen.

a) Die Einigung ist ein dinglicher Vertrag (s. o. Rn. 169). Bei der Abgabe der Willenserklärung konnte V den A gem. § 164 Abs. 1 wirksam vertreten, so dass A die Rechtsfolgen der Einigung treffen.

b) Weiterhin müsste eine Übergabe an A stattgefunden haben. Diese ist ein Realakt – eine Stellvertretung ist daher nicht möglich (s. o. Rn. 173 f.). Dies ergibt sich aus § 164 Abs. 1, nach dessen Wortlaut eine Stellvertretung nur bei Willenserklärungen vorgesehen ist. Dennoch kann ein Dritter die Sache übergeben oder entgegennehmen. Dafür reicht es aus, dass die Person Besitzdiener (§ 855) des Veräußerers oder Erwerbers ist (s. o. Rn. 173). Besitzdiener ist derjenige, der die tatsächliche Gewalt über eine Sache für einen anderen ausübt (Besitzer) und dabei dessen Weisungen Folge zu leisten hat (s. o. Rn. 70 ff.). Das Gesetz gibt Tätigkeiten im Haushalt oder Erwerbsgeschäft als Beispielsfälle an. Der Besitzdiener muss zum Besitzer in einem sozialen Abhängigkeitsverhältnis stehen (s. Rn. 71). Dies ist hier der Fall, denn die V hat als Angestellte des A den Anweisungen ihres Arbeitgebers Folge zu leisten. Mit der Übergabe erwarb A daher Besitz an dem Auto (§ 854 Abs. 1), denn V handelte nicht für sich selbst, sondern war Besitzdienerin des A. Damit ist auch eine Übergabe i. S. v. § 929 S. 1 an A gegeben.

c) A ist daher Eigentümer des Kfz geworden. (Das Eigentum am Kfz-Brief geht gem. § 952 analog [Jauernig/*Jauernig*, § 952 Rn. 2] ebenfalls auf A über: „Das Recht am Papier folgt dem Recht aus dem Papier."; s. u. Rn. 259)

Zu 4: V ist als Eigentümer zur Verfügung berechtigt. Neben einer Einigung zwischen V und D über den Eigentumsübergang bedarf es für eine wirksame Übereignung nach § 929 S. 1 der Übergabe des Fahrrades oder eines Übergabesurrogates nach §§ 930, 931.

a) V könnte M daher anweisen, nunmehr für D zu besitzen und damit die Sache i. S. v. § 929 S. 1 übergeben. Hierfür kann auch die Einräumung von mittelbarem Besitz genügen (s. o. Rn. 173). Für eine Übergabe ist dann erforderlich, dass in Vollzug der Übereignung V seinen (mittelbaren) Besitz vollständig aufgibt und D auf Veranlassung des V mittelbarer Besitzer des Fahrrades wird. Grundsätzlich wäre entweder eine Vertragsübernahme durch D erforderlich oder M und D müssten neben der Beendigung des bisherigen Besitzmittlungsverhältnisses (zwischen V und M) ein neues Besitzmittlungsverhältnis, bspw. durch Abschluss eines Mietvertrage begründen. Im vorliegenden Fall kommt nur der Abschluss eines neuen Vertrages in Betracht, da der Eintritt in einen nichtigen Vertrag nicht möglich ist. V kann jedoch seinen Besitz nur aufgeben, wenn er überhaupt mittelbarer Besitzer ist. Dazu müsste V die tatsächliche Sachherrschaft vermittelt durch M ausüben.

Hierfür müsste der Besitzmittler M den V als Oberbesitzer anerkennen, also Fremdbesitzerwillen haben und die Sache im Rahmen eines konkreten, nicht notwendig wirksamen Besitzmittlungsverhältnisses i. S. v. § 868 auf Zeit besitzen, so dass der mittelbare Besitzer (V) im Zusammenhang mit dem Besitzmittlungsverhältnis eine gewisse Einflussnahmemöglichkeit auf die Sache und einen Herausgabeanspruch hat (hierzu o. Rn. 57 ff.). Der Mietvertrag ist zwar ein konkretes Besitzmittlungsverhältnis i. S. von § 868, der M auf Zeit zum Besitz berechtigt. Er ist jedoch nichtig. Dennoch beachtet M die vertraglichen Pflichten hinsichtlich der Behandlung des Rades und erkennt damit V als Oberbesitzer an (Fremdbesitzerwille; vgl. o. Rn. 59). Dadurch hat V eine gewisse Einflussnahmemöglichkeit auf die Sache unabhängig von der Wirksamkeit des Vertrags. Ob Besitz bzw. Sachherrschaft vorliegen, bestimmt sich nach der tatsächlichen Beziehung zur Sache, § 854 Abs. 1. Der rechtliche Bestand eines Vertrages ist dafür grundsätzlich ohne Bedeutung. Auch der Herausgabeanspruch muss sich nicht aus dem Besitzmittlungsverhältnis ergeben. Es genügt, dass der Besitz des M zeitlich begrenzt ist, indem V nach § 812 Abs. 1 S. 1 Fall 1 Herausgabe verlangen kann. Folglich ist für den mittelbaren Besitz des V die Wirksamkeit des Mietvertrages nicht erforderlich. Er ist mittelbarer Besitzer.

Wenn V den M anweist, künftig für D zu besitzen, gibt er seinen mittelbaren Eigenbesitz in Richtung des D auf, der diesen mit Abschluss des neuen Mietvertrages mit M erlangt. Der Besitzerwerb des D erfolgt dann auch auf Veranlassung des V. Für das neue Besitzmittlungsverhältnis sind wiederum die tatsächlichen Umstände maßgeblich. V könnte daher das Eigentum an dem Fahrrad nach § 929 S. 1 an D übertragen, ohne dass M seinen unmittelbaren Besitz verliert.

b) V könnte aber auch gem. § 930 übereignen. So könnte er als Übergabesurrogat dem D den Besitz mitteln, indem beide einen Mietvertrag als Besitzmittlungsverhältnis i. S. v. § 868 abschließen, das V zur Überlassung an Dritte (z. B. M) berechtigt. Dann würde V seinen mittelbaren Eigenbesitz aufgeben und für D besitzen (Fremdbesitzerwille). V wäre mittelbarer Fremdbesitzer erster Stufe und D mittelbarer Eigenbesitzer zweiter Stufe. Indem V den D als Oberbesitzer anerkennt, hat dieser eine Einflussnahmemöglichkeit auf das Rad. Diese Vorgehensweise würde für eine Übergabe nach § 929 S. 1 im Übrigen nicht genügen, weil V seinen Besitz nicht vollständig aufgibt (s. zum Ganzen o. die Übersicht Rn. 184 Konstellation 2)).

c) Schließlich könnte V auch das Übergabesurrogat des § 931 wählen. Hierfür müsste er seinen Herausgabeanspruch gegen M aus § 812 Abs. 1 S. 1 Var. 1 (der Mietvertrag ist nichtig) an D abtreten (s. o. die Übersicht Rn. 184 Konstellation 3)).

Zusatzfrage (für Fortgeschrittene): F könnte Miteigentum an dem Herd gem. § 1357 erworben haben, wenn F nach dieser Vorschrift dinglich berechtigt wird. Die tatbestandlichen Voraussetzungen von § 1357 Abs. 1 S. 1 liegen jedenfalls vor: Der Herd ist ein Haushaltsgegenstand, der zur Führung des ehelichen Haushalts notwendig und dessen Erwerb ein Geschäft zur Deckung des angemessenen Lebensbedarfs ist. Nach § 1357 Abs. 1 S. 2 wird F aus dem Kauf daher berechtigt und verpflichtet. Die Frage ist, ob das auch für die dingliche Rechtslage gilt. Nach h. M. wirkt § 1357 lediglich schuldrechtlich (MünchKomm-BGB/*Wacke*, § 1357 Rn. 37 m. w. N.). Ein Eigentumserwerb kraft Gesetzes ist damit nicht verbunden, zumal das Gesetz als güterrechtlichen Regelfall Gütertrennung vorsieht. Die dingliche Rechtslage bestimmt sich hier daher nach §§ 929 ff.

Die Veräußerung an M müsste die F daher mit einbeziehen. Mangels Vollmacht kommt hierfür nur ein Geschäft, für den, den es angeht, in Betracht. In diesen Fällen ist dem Veräußerer der Erwerber gleichgültig, der handelnde Ehegatte muss aber für den anderen (mit)erwerben wollen. Bei Bargeschäften des täglichen Lebens, übereignet der Veräußerer regelmäßig an den (Ehegatten), den es angeht. Auch wird man bei Hausrat, der während der Ehe für den gemeinsamen Haushalt angeschafft wird, nicht zuletzt aufgrund § 8 Abs. 2 HausratsVO von einem (mutmaßlichen) Willen dahingehend ausgehen müssen, dass der handelnde Ehegatte für seinen Partner Miteigentum begründen will (BGHZ 114, 74, 80). Der Herd gehört zum Hausrat, so dass die Willenserklärung und damit die Einigung des M auf Begründung von Miteigentum der F gerichtet ist (§§ 133, 157). Da der Herd im Haushalt gemeinsam genutzt wird, hat F auch Mitbesitz erlangt (wegen der Einigung in Bezug auf das Miteigentum auch auf Veranlassung des Veräußerers; BGHZ 114, 74, 79). Daher liegt eine Übergabe an F vor und diese hat Miteigentum nach § 929 S. 1 an dem Herd erlangt.

Soweit der Herd für einen alten Herd angeschafft wurde, der zuvor der F gehörte, wäre auch an eine Surrogation nach § 1370 zu denken (s. u. Rn. 259).

§ 5

Zu 1: Der Zeitpunkt, in dem der Erwerber gutgläubig i.S.v. § 932 Abs. 2 sein muss, ist nicht einheitlich und bestimmt sich nach dem jeweiligen Übereignungstatbestand. Bei einem Erwerb nach §§ 929 S. 1, 932 Abs. 1 S. 1 ist dies der Zeitpunkt der Übergabe, in § 932 Abs. 1 S. 2 der der Einigung. § 933 stellt auf den Zeitpunkt der Erlangung des unmittelbaren Besitzes ab. Das gilt auch für § 934 Fall 2. Für den Eigentumserwerb nach §§ 931, 934 Fall 1 ist der Zeitpunkt der Abtretung maßgeblich (s. zum Ganzen die Übersicht o. Rn. 196).

Zu 2: Die §§ 932 ff. schützen nur den rechtsgeschäftlichen Eigentumserwerb von Mobilien. Zusätzlich muss ein Verkehrsgeschäft vorliegen. Das schließt beispielsweise die Anwendung der §§ 932 ff. bei gesetzlichem Eigentumserwerb (hierzu u. Rn. 227 ff.), der Zwangsvollstreckung, aber auch der Universalsukzession des § 1922 Abs. 1 aus (s. Rn. 205). Liegt zwar ein Rechtsgeschäft, aber kein Verkehrsgeschäft vor, so soll der Schutz der §§ 932 ff. ebenfalls nicht greifen, da in diesen Fällen Veräußerer und Erwerber rechtlich oder wirtschaftlich identisch sind (s. o. Rn. 207).

Zu 3: Nach Prüfung der einzelnen Tatbestandsvoraussetzungen der jeweiligen Erwerbsvorschrift muss immer auch an eine Erörterung von § 935 gedacht werden. Hieran kann der gutgläubige Erwerb selbst bei Gutgläubigkeit des Erwerbers scheitern. Voraussetzung ist, dass der Eigentümer ohne oder gegen seinen Willen den unmittelbaren Besitz verloren hat (Abhandenkommen i.S.v. § 935 Abs. 1; s. o. Rn. 220 ff.).

Zu 4: Die Übereignung von M an K könnte wegen Verstoßes gegen das absolute Verfügungsverbot (s. o. Rn. 197) des § 1369 unwirksam sein, wenn die Espressomaschine ein Gegenstand des ehelichen Haushalts ist und M ohne Einwilligung über diesen Gegenstand verfügt hat.

M und F leben im Güterstand der Zugewinngemeinschaft, da durch Ehevertrag nicht etwas anderes geregelt wurde, § 1363 Abs. 1. Die Vorschrift des § 1369 ist daher auf die Verfügung des M grundsätzlich anwendbar. Die Espressomaschine ist zur gemeinsamen Nutzung im ehelichen Haushalt bestimmt und daher ein Gegenstand des ehelichen Haushalts i.S.v. § 1369. M hat ohne die Einwilligung der F über die Maschine verfügt, jedoch nicht als deren Eigentümer. Nach dem Wortlaut wäre § 1369 Abs. 1 daher nicht anwendbar. Der Regelungszweck des § 1369, der güterrechtliche Schutz der Grundlage des ehelichen Zusammenlebens (s. o. Rn. 160), erfordert jedoch eine analoge Anwendung. Gegen eine Analogie wird eingewandt, dass in der Vorschrift nur die güterrechtlich veranlasste Einschränkung der Verfügungsbefugnis des *Berechtigten* geregelt ist, nicht aber eine Begrenzung des gutgläubigen Erwerbs vom Nichtberechtigten, so dass keine planwidrige Regelungslücke bestehe (MünchKomm-BGB/*Koch*, § 1369 Rn. 13 m.w.N.). Der Glaube an das Eigentum erscheint in diesem Fall jedoch nicht schutzwürdig, da gerade ein Erwerb vom Berechtigten nach § 1369 Abs. 1 ausgeschlossen ist. Die Übereignung ist daher nach §§ 1369 Abs. 3, 1367 unwirksam. Lehnt man eine analoge Anwendung von § 1369 ab, so scheitert der gutgläubige Erwerb des V an § 935 Abs. 1, da F ihren Mitbesitz (s. o. Rn. 65) gegen ihren Willen (s. o. Rn. 223) verloren hat.

Zusatzfrage (für Fortgeschrittene): Bei einer öffentlichen Versteigerung nach Bürgerlichem Recht (§ 383 Abs. 3) kommt zwischen dem Versteigernden und dem Ersteigerer durch den Zuschlag ein Vertrag zustande (§ 156). Die Übereignung erfolgt jedoch nach den §§ 929 ff., regelmäßig gegen Barzahlung. Auch dabei kann sich der Versteigernde durch die öffentliche Versteigerungsperson (i.d.R. ein Gerichtsvollzieher) vertreten lassen, wenn der Versteigerungsauftrag dies mitumfasst. Im Fall des Pfandverkaufs (§§ 1228 ff.) ist der Pfandgläubiger, der wirksam nach § 1242 Abs. 1 über die Pfandsache verfügen kann, der Veräußerer; § 1228 Abs. 2 (s. hierzu auch u. Rn. 664). Da es sich um eine rechtsgeschäftliche Übereignung handelt, kommt es bei der Veräußerung/Versteigerung fremder Sachen auf die Gutgläubigkeit des Erwerbers an. Hier steht ein Abhandenkommen dem Erwerb jedoch nicht im Wege (§ 935 Abs. 2; s. o. Rn. 224; näher auch u. Rn. 664).

In der Mobiliarvollstreckung geht das Eigentum nicht schon mit der Erteilung des Zuschlags auf den Erwerber über (anders bei der Zwangsversteigerung von Grundstücken; § 90 ZVG). Nach einhelliger Auffassung kommt auch kein privatrechtlicher Kaufvertrag zustande, sondern ein öffentlich-rechtliches Rechtsverhältnis. Der Erwerber kann daraus nicht auf Erfüllung klagen, er hat aber die Erinnerung nach § 766 ZPO. Auch die Eigentumsübertragung erfolgt aufgrund eines staatlichen Hoheitsakts und nicht nach den §§ 929 ff. (gilt nicht im Falle von § 825 ZPO). Sie findet mit Ablieferung an den Ersteigerer und Barzahlung (§ 817 Abs. 2 ZPO) statt. Dazu muss der Gerichtsvollzieher den unmittelbaren Besitz mit dem Willen übergeben, das Eigentum zu übertragen. Der Eigentumserwerb infolge Hoheitsaktes ist originär, so dass bei der Versteigerung schuldnerfremder Sachen auch ein bösgläubiger Ersteigerer Eigentum erwirbt. Auf die Gutgläubigkeit kommt es daher nicht an.

§ 6

Zu 1: Ja, in § 946 kommt es auf das Wertverhältnis zwischen Grundstück und verbundener Sache nicht an (s. o. Rn. 230).

Zu 2: Verbindung, Vermischung und Verarbeitung sind rein tatsächliche Handlungen (Realakte), keine Rechtsgeschäfte. Die Vorschriften zur Vornahme von Rechtsgeschäften wie die §§ 104 ff. sind daher nicht anzuwenden (s. o. Rn. 231).

Zu 3: A ist Eigentümer der (alten) Nebensache. Dies wurde er durch die Verbindung nach § 947 Abs. 2, wobei die Rechtsfolge kraft Gesetzes eintritt. Abweichende Parteivereinbarungen hierüber sind nicht möglich. Daher verändert die Abmachung mit B die Rechtslage nicht. Auch lässt die spätere Trennung die alte Eigentumslage nicht wieder aufleben (s. Rn. 234).

Zu 4: Von einem erheblich geringeren Wert i.S.v. § 950 Abs. 1 S. 1 spricht man, wenn der Verarbeitungswert (d.i. der Wert der neuen Sache abzüglich des Wertes der verarbeiteten Stoffe) weniger als 60 Prozent des Wertes der verarbeiteten Stoffe erreicht (s. o. Rn. 238).

Zu 5: Der Fall weist Parallelen zum Jungbullenfall auf (klassische Entscheidung 3, o. Rn. 247). Durch die Verbindung der Kacheln mit dem Haus hat E gemäß § 946 Eigentum an ihnen erworben (das Haus ist wesentlicher Bestandteil des Grundstücks, § 94 Abs. 1; die Kacheln wesentlicher Bestandteil des Gebäudes, § 94 Abs. 2). Daher kommt ein Anspruch des A gegen E aus §§ 951 Abs. 1, 812 Abs. 1 S. 1 Var. 2 in Betracht. Es stellt sich (wie im Jungbullenfall) die Frage des Vorrangs der Leistungskondiktion. Im Unterschied dazu sind die Kacheln dem A aber nicht abhanden gekommen. Vielmehr gab er seinen unmittelbaren Besitz freiwillig auf. Darüber hinaus fallen Besitz- und Eigentumsleistung durch H zusammen. Allerdings müssen auch dann sachenrechtliche Wertungen berücksichtigt werden, diesmal jedoch die der §§ 932 ff.: Hätte H die Kacheln dem E rechtsgeschäftlich übereignet, so wäre A wegen der Bösgläubigkeit des E (§ 932 Abs. 2) Eigentümer geblieben. Es bestünde dann ein Herausgabeanspruch nach § 985. Entsprechendes muss aber auch im Rahmen des Rechtsfortwirkungsanspruchs von § 951 Abs. 1 gelten, sodass hier ebenfalls der Vorrang der Leistungskondiktion (H leistete durch den Einbau das Eigentum an E in Erfüllung seiner vertraglichen Pflichten) durchbrochen wird. Die Voraussetzungen von § 812 Abs. 1 S. 1 Var. 2 liegen auch vor: E hat „etwas", das Eigentum an den Kacheln, erlangt. Dies geschah durch einen Eingriff in das Eigentumsrecht des A auf dessen Kosten ohne Rechtsgrund. Für den Umfang der Bereicherung ist § 819 Abs. 1 zu beachten.

Der BGH deutet die vorliegende Problemlage der Berücksichtigung der Wertungen der §§ 932 ff. in BGHZ 56, 228, 239 ff. nur an und verneint den Anspruch. Das liegt vor allem aber daran, dass er sich im konkreten Fall mit der Annahme der Bösgläubigkeit schwer tat. Es ist allerdings konsequent, im Bereicherungsausgleich nicht nur die sachenrechtlichen Wertungen von § 935, sondern auch die der §§ 932 ff. zu berücksichtigen, denn auch sie nehmen Güterzuordnung vor.

Allgemein ist im Rahmen von § 951 Abs. 1 also zu fragen, ob ein rechtsgeschäftlicher Erwerb erfolgreich gewesen wäre. Ist dies nicht der Fall, wird im Mehrpersonenverhältnis der Vorrang der Leistungskondiktion durchbrochen.

Zu 6: Ja, die Ersitzung abhanden gekommener Sachen ist möglich. § 935 Abs. 1 gilt nicht im Rahmen der §§ 937 ff., die keine entsprechende Regelung enthalten (s. o. Rn. 249).

Zu 7: Sieht man § 937 als materiellen Erwerbsgrund (str., vgl. MünchKomm-BGB/*Baldus*, § 937 Rn. 34 ff. m.w.N.), scheidet dies aus. Sachgerecht ist es dagegen, zu differenzieren: § 937 bildet den Rechtsgrund nur im Rahmen der Eingriffskondiktion. Wurde das Ersessene unentgeltlich erlangt, findet § 816 Abs. 1 S. 2 Anwendung. Ebenfalls bleibt bei einem fehlgeschlagenen Leistungsgeschäft die Kondiktion nach § 812 Abs. 1 S. 1 Var. 1 möglich (s. o. Rn. 253).

§ 7 und § 8

Zu 1: C könnte gegen B einen Anspruch auf Herausgabe des Motorrads nach § 985 haben.

a) Dafür müsste C Eigentümer sein. Dies war er zunächst, er könnte sein Eigentum aber durch Übereignung von A an B verloren haben. Da A wegen des Eigentums des C aber als Nichtberechtigter verfügte, käme nur ein gutgläubiger Erwerb des B nach §§ 929 S. 1, 932 in Betracht. Der war hier jedoch gem.

§ 935 Abs. 1 S. 1 ausgeschlossen (s. o. Rn. 220 ff.), da C das Motorrad gestohlen wurde. Außerdem wäre B auch bösgläubig (§ 932 Abs. 2), da ein Fahrzeugbrief (Zulassungsbescheinigung Teil II), der A als Halter ausweisen würde, bei der Veräußerung nicht vorlag. B musste deshalb begründete Zweifel an der Eigentümerstellung des A haben (s. o. Rn. 203). C ist daher Eigentümer des Motorrades geblieben.

b) Es müsste sich im Besitz des B befinden, was laut Sachverhalt gegeben ist.

c) Schließlich kann B gegenüber C auch kein Recht zum Besitz (§ 986) geltend machen. Damit besteht eine Vindikationlage und C hat gegen B den Anspruch auf Herausgabe nach § 985.

d) B könnte die Herausgabe des Motorrads aber verweigern, wenn er gegenüber C einen Anspruch auf Ersatz der von ihm vorgenommenen Verwendungen hat (§ 1000 S. 1). Mangels vertraglicher Ansprüche sind zunächst Ansprüche aus dem Eigentümer-Besitzer-Verhältnis zu prüfen, das bereicherungs- oder deliktsrechtliche Ansprüche grds. ausschließen würde (s. o. Rn. 322 ff.).

aa) Hieraus könnte sich ein Anspruch aus § 994 Abs. 1 S. 1 ergeben, wenn es sich bei den Instandhaltungskosten um notwendige Verwendungen handelt. Darunter versteht man freiwillige Vermögensopfer, die zur Erhaltung oder ordnungsgemäßen Bewirtschaftung der Sache objektiv erforderlich sind und dem Eigentümer so eigene Aufwendungen ersparen (vgl. o. Rn. 328). Hier hat B umfangreiche Arbeiten an dem Motorrad durchgeführt. Die Verwendungen erscheinen im Hinblick auf die wiederhergestellte Fahrtüchtigkeit für C vorteilhaft, sie waren aber aufgrund des schlechten Ausgangszustandes nicht geeignet, eine weitere Verschlechterung des Motorrades abzuwenden. Das Verhältnis des ursprünglichen Wertes und der Instandsetzungskosten lässt erkennen, dass B das Fahrzeug runderneuern wollte. Folglich waren die Aufwendungen zum Erhalt nicht notwendig. Es handelt sich auch nicht um Aufwendungen zur ordnungsgemäßen Bewirtschaftung, die der Eigentümer ebenfalls zum Zwecke der Nutzung hätte machen müssen. B hat daher keinen Anspruch gem. § 994 Abs. 1 S. 1.

bb) Nach § 996 kann B die Verwendungen ersetzt verlangen, wenn er diese vor dem Eintritt der Rechtshängigkeit und vor dem Beginn der in § 990 bestimmten Haftung gemacht hat. Voraussetzung dafür ist, dass B bei Erwerb des Besitzes gutgläubig gem. § 932 Abs. 2 war. Daran fehlt es, wenn er infolge grober Fahrlässigkeit verkannt hat, dass er nicht zum Besitz des Motorrads berechtigt war. Beim Kauf gebrauchter Fahrzeuge ohne die Beteiligung eines Händlers stellt der Bundesgerichtshof strenge Voraussetzungen an die Gutgläubigkeit des Käufers (s. o. Rn. 203). Zwar hielt B den A für den Eigentümer, er hätte sich aber bei der Übereignung den Kraftfahrzeugbrief (Zulassungsbescheinigung Teil II) geben lassen müssen. Dann wäre ihm aufgefallen, dass A dort nicht als Eigentümer eingetragen war. Insofern trifft B eine Nachforschungspflicht, der er nicht nachgekommen ist. Da A hier keinen Fahrzeugbrief vorgelegt hat, ist B schon deshalb bösgläubig. Folglich hat er keinen Verwendungsersatzanspruch nach § 996.

cc) Weitere Ansprüche auf Ersatz der Verwendungen sind nicht ersichtlich. B kann die Herausgabe des Motorrades daher nicht nach § 1000 S. 1 verweigern.

e) Allerdings kann B unabhängig von seiner Bösgläubigkeit die Sachen, die er mit dem Motorrad als wesentliche Bestandteile (§ 93) verbunden (z. B. Karosserieteile – *OLG Stuttgart* NJW 1952, 145) und an denen C nach §§ 946, 947 Eigentum erworben hat, abtrennen und sich wieder aneignen (§ 997 Abs. 1 S. 1). Zwar begründet das Wegnahmerecht kein Zurückbehaltungsrecht nach § 1000 S. 1, B kann die Herausgabe jedoch für die zur Trennung erforderliche Zeit verweigern. (Sachen die B zwar mit dem Motorrad verbunden hat, die aber nicht wesentlicher Bestandteil des Motorrads sind, stehen ohnehin noch in seinem Eigentum.)

Zu 2: a) B könnte einen vertraglichen Schadensersatzanspruch gegen A aus dem Mietvertrag haben (§§ 280 Abs. 1, 535 ff.). Dafür müsste zwischen beiden ein wirksamer Mietvertrag bestehen. Zunächst war das auch der Fall, aufgrund der Anfechtung des B wurde der Vertrag aber rückwirkend (*ex tunc*) wieder beseitigt (§§ 142 Abs. 1, 119 Abs. 1 Fall 2). Der zwischen A und B bestehende Mietvertrag (§§ 535 ff.) ist daher als von Anfang an nichtig anzusehen.

b) B könnte gegen A aber einen Anspruch auf Schadensersatz aus §§ 990 Abs. 1, 989 haben. Voraussetzung hierfür ist eine Vindikationslage im Zeitpunkt des schädigenden Ereignisses (s. o. Rn. 289). B ist Eigentümer und A war im Zeitpunkt des Unfalls unmittelbarer und infolge der Vertragsanfechtung auch unrechtmäßiger Besitzer der Säge. A war jedoch bei Besitzerwerb nicht bösgläubig, da er die Umstände der späteren Anfechtung nicht kannte (s. § 142 Abs. 2). Ein Anspruch nach §§ 990 Abs. 1, 989 besteht deshalb nicht.

c) Ein Schadensersatzanspruch könnte sich aber aus § 823 Abs. 1 ergeben. Dieser wäre jedoch aufgrund des Vorliegens der Voraussetzungen des Eigentümer-Besitzer-Verhältnisses außerhalb von § 992 wegen der Sperrwirkung des § 993 Abs. 1 a.E. ausgeschlossen. Da § 992 nicht erfüllt ist, erscheint das unbillig, weil im Falle eines wirksamen Vertrages der A sowohl nach §§ 280 Abs. 3, 283 als auch wegen Eigentumsverletzung nach § 823 Abs. 1 haften könnte. Der unrechtmäßige Besitzer (A) steht somit besser als im Fall eines wirksamen Vertrages. Für Fälle, in denen der vermeintlich berechtigte Besitzer sein Besitzrecht überschreitet (sog. Fremdbesitzerexzesses; s. o. Rn. 307), wird daher eine Haftung nach § 823 Abs. 1 zugelassen, weil sich der vermeintliche Fremdbesitzer zumindest so behandeln lassen müsse, wie er bei Bestehen des Besitzrechts stünde (*BGH* JZ 1951, 716; *Medicus*, BR, Rn. 586). Der Fremdbesitzer besitzt bewusst für einen anderen, dem er später die Sache zurückgeben muss. Aus dem Umstand, dass der Vertrag zwischenzeitlich und ohne sein Wissen entfallen ist, kann ihm kein Vorteil entstehen. Das entspricht dem Rechtsgedanken, dass der unrechtmäßige Fremdbesitzer nur so weit geschützt wird, wie er sich vertragstreu verhält.

Der vermeintliche Mietvertrag zwischen A und B gab dem A nicht das Recht, die Sache zu zerstören. Mit Zerstörung infolge des Verkehrsunfalls überschritt A sein Besitzrecht, so dass eine Haftung nach § 823 Abs. 1 in Betracht kommt. A hat die Zerstörung der Säge verursacht. Er haftet dem B für den aus dieser rechtswidrigen, schuldhaften Eigentumsverletzung entstandenen Schaden gem. § 823 Abs. 1.

Zu 3: K könnte einen Anspruch auf Schadensersatz aus §§ 990, 989 haben, wenn die Bahn bei Besitzerwerb oder später hinsichtlich ihres fehlenden Besitzrechtes bösgläubig war. Aufgrund der vertraglichen Beziehung zu T bestand im Zeitpunkt der erstmaligen Besitzerlangung der Bahn jedoch ein Besitzrecht, so dass sie zunächst nicht unredlich war. Sie erlangte für den Transport berechtigten Fremdbesitz. Fraglich ist, ob sich hieran etwas änderte, als B sich später den Eigenbesitz an den Lokomotiven anmaßte und diese veräußerte. Insofern sieht der Bundesgerichtshof in der Veräußerung einen selbstständigen Besitzerwerb durch Umwandlung des berechtigten Fremdbesitzes in unberechtigten Eigenbesitz. Danach sei der Besitzerwerb i.S.d. § 990 Abs. 1 S. 1 nicht (nur) als Erlangung der Sachherrschaft zu verstehen (s. § 854), vielmehr müsse auch der Trennung von Eigen- und Fremdbesitz (§ 872) Rechnung getragen werden. Der Bundesgerichtshof begründet das mit der Erwägung, dass die Schutzfunktion des EBV vor allem die Privilegierung des Eigenbesitzers sei. Nur dieser könne sich für den Eigentümer halten, weshalb in solchen Konstellationen die erstmalige Erlangung des Eigenbesitzes für den Besitzerwerb i.S.v. § 990 Abs. 1 S. 1 den Ausschlag geben soll (BGHZ 31, 129, 134 f.). Folglich war nach Meinung des Bundesgerichtshofs B beim Eigenbesitzerwerb im Rahmen der Veräußerung bösgläubig. Das ermöglicht eine Haftung nach §§ 990, 989. K hat danach einen Anspruch auf Schadensersatz aus §§ 989, 990. Die h.L. folgt der Argumentation des Bundesgerichtshofs nicht und verneint die Voraussetzungen der §§ 990, 989 (s. o. Rn. 292). Haftungsgrundlage könnten aber Ansprüche aus Vertrag, angemaßter Eigengeschäftsführung (§ 687 Abs. 2), Delikt (§§ 823 ff.) oder Bereicherungsrecht (§§ 812 ff.) sein.

Zu 4: a) T könnte gegen K für die Monate Dezember bis April Anspruch auf Herausgabe der Einnahmen aus der Parkplatzvermietung i.H. von 250 € und Ersatz ersparter Mietkosten i.H. von 3.000 € gem. §§ 987, 988 haben. Nach § 988 hat der unentgeltliche Besitzer dem Eigentümer Nutzungen nach den Vorschriften des Bereicherungsrechts herauszugeben. Ein solcher Fall liegt hier nicht vor, da K der T einen Kaufpreis zahlte. Die Rechtsprechung wendet § 988 aber entsprechend auf Fälle des rechtsgrundlosen Besitzes an (BGHZ 32, 76, s. o. Rn. 316). Ein solcher wäre hier gegeben, da der Kaufvertrag aufgrund seiner Unwirksamkeit keinen Rechtsgrund darstellte. Für die analoge Anwendung von § 988 spricht der wertende Vergleich mit der Situation, in der nur das Kausalgeschäft, nicht aber das Erfüllungsgeschäft unwirksam ist. Es entsteht dabei keine Vindikationslage und der rechtsgrundlose Besitzer ist zur Herausgabe der Nutzungen nach §§ 812 Abs. 1 S. 1 Fall 1, 818 Abs. 1 S. 1 Var. 1 verpflichtet. Dies müsse nach Ansicht der Rechtsprechung erst recht so sein, wenn auch das dingliche Geschäft unwirksam sei. Eine in der Literatur vertretene Meinung befürwortet demgegenüber trotz der Ausschlusswirkung der §§ 987 ff. einen Anspruch gem. § 812 Abs. 1 S. 1 Var. 1 aus Leistungskondiktion (Palandt/*Bassenge*, § 988 Rn. 8; *Medicus*, BR, Rn. 600). Im vorliegenden Fall führen beiden Ansichten dazu, die Voraussetzungen von § 818 Abs. 1 prüfen zu müssen: Die Rechtsprechung aufgrund des Rechtsfolgenverweises (s. o. Rn. 315) des § 988, die Gegenmeinung wegen des Vorliegens der Voraussetzungen von § 812 Abs. 1 S. 1 Fall 1 (T hatte den Besitz der Wohnung an K wegen des unwirksamen Kaufvertrages ohne Rechtsgrund geleistet). Fraglich ist aber, ob die Situation von § 818 Abs. 1 Fall 1 vorliegt:

Dann müssten die begehrten Positionen Nutzungen sein. Nutzungen sind gem. § 100 Früchte einer Sache oder eines Rechts sowie Gebrauchsvorteile, die sich aus einer Sache oder einem Recht ergeben. Da § 985 die Herausgabe auf Sachen beschränkt, sind nach §§ 987 ff. nur Sachfrüchte und Gebrauchsvorteile aus einer Sache herauszugeben (s. o. Rn. 308). Die an K geflossenen Einnahmen aus der Parkplatzvermietung für die Monate Dezember bis April i.H. von 250 € sind Nutzungen der Eigentumswohnung. Durch den Kauf des Fahrrades für ihren Enkel ist die Bereicherung der K aber gem. § 818 Abs. 3 weggefallen und die Herausgabepflicht scheidet aus. K kann sich auf § 818 Abs. 3 auch berufen, da die Voraussetzungen von § 818 Abs. 4 und § 819 Abs. 1 nicht vorliegen. Bis Ende April war K weder verklagt noch kannte sie den Formmangel des Kaufvertrages.

K hat außerdem seit 1.12.2005 die Wohnung genutzt und dadurch Gebrauchsvorteile erlangt. Auch diese gehören zu den herauszugebenden Nutzungen (MünchKomm-BGB/*Lieb*, § 818 Rn. 12). Der objektive Wert der Gebrauchsvorteile richtet sich im Zweifel nach der üblichen Miete (BGHZ 149, 326). Für die Monate Dezember bis April hat K somit Wertersatz für Nutzungen in Höhe von 3.000 € zu leisten. Anhaltspunkte für einen Wegfall der Bereicherung bestehen nicht.

b) Weiter könnte T gegen K einen Anspruch auf Herausgabe der Einnahmen aus der Parkplatzvermietung i.H. von 150 € und auf Ersatz ersparter Mietkosten i.H. von 1.800 € gem. §§ 987 Abs. 1, 990 Abs. 1 haben (Monate Mai bis Juli). Danach hat der in Bezug auf das Besitzrecht bösgläubige Besitzer dem Eigentümer die gezogenen Nutzungen herauszugeben.

Nur nachträgliche positive Kenntnis des Besitzers vom Fehlen des Besitzrechts führt gemäß § 990 Abs. 1 S. 2 zur Bösgläubigkeit. Eine solche Kenntnis liegt vor, wenn der Besitzer über den Mangel seines Rechts in einer Weise aufgeklärt worden ist, dass ein redlich Denkender, der vom Gedanken an den eigenen Vorteil nicht beeinflusst ist, sich der Überzeugung seiner Nichtberechtigung nicht verschließen würde (BGHZ 26, 256, 258). K ist demnach ab dem 1.5.2006 bösgläubig. Nach Zusendung des Anwaltsschreibens der T, aus dem sich die Unwirksamkeit des Kaufvertrages ergibt, kann K sich nicht mehr auf einen Rechtsirrtum bezogen auf die Erfüllung des Formerfordernisses berufen. Somit ist K zur Herausgabe der Nutzungen gem. §§ 987 Abs. 1, 990 Abs. 1 für Mai bis Juli 2006 verpflichtet. Dies betrifft neben den ersparten Mietkosten auch die Einnahmen aus der Parkplatzvermietung i.H. von 150 € für die Monate Mai bis Juli. Hier kann sich K im Rahmen von § 987 Abs. 1 auch nicht auf den Wegfall der Bereicherung (§ 818 Abs. 3) berufen. Sie hat vielmehr grds. für nicht mehr vorhandene Nutzungen Wertersatz zu leisten. Das setzt allerdings ein Verschulden des Wegfalles der Nutzungen voraus (MünchKomm-BGB/*Medicus*, § 987 Rn. 18 m.w.N.). Das ist bzgl. des Fahrradkaufes für den Enkel aber zu befürworten. Die Höhe des Wertersatzes für Gebrauchsvorteile (hier die ersparte Miete) richtet sich wiederum nach dem objektiven Wert (Palandt/*Bassenge*, § 987 Rn. 4).

Zu 5: Grundsätzlich haftet G nach § 823 Abs. 1 persönlich wegen der verschuldeten Eigentumsverletzung. Da er die Wohnung aber als Organ (Geschäftsführer gem. § 35 GmbHG) für die GmbH besitzt (s. o. Rdnr 48), besteht zwischen ihm als natürliche Person und T keine Vindikationslage. Eine persönliche Haftung des G gem. § 823 Abs. 1 könnte daher unbillig erscheinen, wenn die besitzende Gesellschaft (Organbesitz, s. o. Rn. 48) aufgrund der Vindikationslage gem. § 993 Abs. 1 nur nach den §§ 989 ff. verantwortlich ist und womöglich nicht haften muss (die Voraussetzungen von § 992 liegen hier nicht vor). In diesem Verhältnis (GmbH/T) wären die §§ 823 ff. dann nicht anwendbar. Aus Billigkeitsgründen ist daher grundsätzlich das EBV-Haftungsprivileg, das auf die juristische Person oder den Besitzherrn Anwendung findet, auch auf das Verhältnis zum Vertretungsorgan oder den Besitzdiener zu übertragen. Zu prüfen ist daher, ob die GmbH haften würde. Die P-GmbH war zwar bei Besitzerwerb hinsichtlich ihres Besitzrechtes in Person des handelnden G gutgläubig, so dass grundsätzlich eine Haftung nach §§ 990 Abs. 1, 989 ausscheidet (und das Privileg des § 993 Abs. a.E. greifen würde). Aufgrund des Mietverhältnisses zwischen P und K würde Erstere jedoch als Besitzmittlerin gegenüber K aus Vertrag nach §§ 280 Abs. 1, 31, 535 ff. und aus unerlaubter Handlung gem. §§ 823 Abs. 1, 31 haften. Aufgrund § 991 Abs. 2 ergibt sich für die P deshalb gegenüber T keine Privilegierung. Sie (und folglich auch G, dieser allerdings aus den §§ 823 ff.) muss daher nach § 989 haften.

Zu 6: a) Da X bei Besitzerwerb bösgläubig war, haftet er gegenüber E nach §§ 990 Abs. 1, 989 für die von ihm zu vertretende Zerstörung des Fahrrads. Außerdem hat X dem E den Besitz am Rad vorsätzlich gegen dessen Willen entzogen. Er hat die Sache also durch schuldhafte, verbotene Eigenmacht (§ 858 Abs. 1) erlangt (auf den Meinungsstreit, ob die verbotene Eigenmacht schuldhaft begangen sein muss, kommt es daher nicht an; hierzu o. Rn. 303 f.). Außerdem liegt eine Straftat (§ 242 StGB) vor. Somit haftet X gegenüber E gem. § 992 auch wegen unerlaubter Handlung nach §§ 823 ff. Hierbei handelt es sich um eine Rechtsgrundverweisung (s. o. Rn. 305), so dass die Tatbestandsvoraussetzungen der §§ 823 ff. zu prüfen sind: Durch den Unfall hat X eine Eigentumsverletzung schuldhaft und rechtswidrig verursacht, für die er nach §§ 992, 823 Abs. 1 einstehen muss. Ebenso haftet er nach §§ 992, 823 Abs. 2 i. V. m § 242 StGB. Auch wird überwiegend eine Haftung gem. § 823 Abs. 2 i. V. m § 858 befürwortet (zum Streit um den Schutzgesetzcharakter von § 858 s. o. Rn. 116).

b) Mangels Verschulden könnte X weder die Voraussetzungen der §§ 990 Abs. 1, 989 (s. o. Rn. 300 f.) noch die der §§ 992, 823 Abs. 1 erfüllen. Für § 823 gilt das aber nur für die unfallbedingte Zerstörung des Fahrrades. Insofern ist die Fahrradentwendung aber bereits eine vorsätzliche Eigentumsverletzung i. S. v. § 823 Abs. 1, sodass es auf das Verschulden im Rahmen des Unfalls nicht ankommt. Die Voraussetzungen des § 823 Abs. 1 sind erfüllt und X schuldet nach §§ 992, 823 Abs. 1 für den daraus entstandenen Schaden Ersatz, nach § 848 sogar bei zufälligem Untergang. Gleiches gilt für die Haftung nach §§ 992, 823 Abs. 2 i. V. m § 242 StGB bzw. § 858.

c) Z haftet als bösgläubige Besitzerin wie X nach §§ 990 Abs. 1, 989, da sie aufgrund ihrer Kenntnis beim Besitzerwerb nicht in gutem Glauben war. Das allein stellt jedoch kein Verschaffen des Besitzes i. S. v. § 992 Fall 2 dar, sodass eine darüber hinausgehende deliktische Haftung der Z trotz ihrer Bösgläubigkeit ausscheidet. Auch ist § 992 Fall 1 nicht schon deswegen erfüllt, weil sich Z die verbotene Eigenmacht des X nach § 858 Abs. 2 S. 2 zurechnen lassen muss, da diese nur gegenüber dem früheren Besitzer wirkt (PWW/*Prütting*, § 858 Rn. 7).

d) Mangels Bösgläubigkeit scheidet eine Haftung des X nach §§ 990 Abs. 1, 989 aus. Jedoch hat er das fremde Fahrrad durch verbotene Eigenmacht (§ 858 Abs. 1) erlangt, indem er E den Besitz am Fahrrad ohne dessen Willen entzog. Es kommt daher eine Haftung nach §§ 992 Fall 1, 823 Abs. 1 in Betracht. Umstritten ist, ob die verbotene Eigenmacht schuldhaft begangen werden muss (s. o. Rn. 303 f.). Da § 992 gegenüber § 990 eine Haftungsverschärfung bewirkt, ist ein Verschulden bei Begehung der verbotenen Eigenmacht erforderlich, um Wertungswidersprüche zu anderen redlichen Besitzern zu vermeiden. Folglich kann X nur nach §§ 992 Fall 1, 823 Abs. 1 haften, wenn ihn hinsichtlich der verbotenen Eigenmacht ein Verschulden i. S. von § 276 Abs. 1 trifft. Danach reicht die leichte Fahrlässigkeit des X aus, um sein Verschulden zu begründen. Darüber hinaus genügt auch im Rahmen von § 823 Abs. 1 eine fahrlässige, rechtswidrige Eigentumsverletzung, um die Zufallshaftung des § 848 auszulösen. Folglich haftet X für die fahrlässig begangene verbotene Eigenmacht über die Rechtsgrundverweisung des § 992 für die durch den verschuldeten Unfall verursachte Eigentumsverletzung gem. § 823 Abs. 1.

Zusatzfrage (für Fortgeschrittene): F ist Eigentümerin des Kfz und kann daher von W Herausgabe nach § 985 verlangen, wenn er ein nicht zum Besitz berechtigter Besitzer ist. Das Kfz befindet sich in der tatsächlichen Gewalt (s. § 854 Abs. 1) des W. Er ist daher Besitzer. Als Besitzrecht i.S. von § 986 Abs. 1 kommt ein Werkunternehmerpfandrecht in Betracht (§§ 647, 1257, 1205 – dingliches Besitzrecht, s. o. Rn. 279). Gem. § 647 hat der Werkunternehmer für seine vertraglichen Forderungen an den vom ihm ausgebesserten Sachen des Bestellers ein Pfandrecht. Dafür müsste F Besteller i.S. der Vorschrift, Schuldner der Werklohnforderung und W zum Zwecke der Erbringung der Werkleistung in den Besitz des Wagens gelangt sein. Die Reparatur des Fahrzeuges ist ein Geschäft zur Deckung des angemessenen Lebensbedarfs nach § 1357 Abs. 1, so dass neben M auch F aus dem Werkvertrag zur Zahlung des Werklohns verpflichtet ist. Geht man davon aus, dass F dadurch Vertragspartner wird (so die h.M. s. Staudinger/*Voppel* (2007), § 1357 Rn. 77 ff.), ist sie als Besteller i.S. von § 647 anzusehen. Das entspricht dem von § 647 bezweckten Gläubigerschutz. Schließlich ist der Wagen zur Reparatur in den Besitz des W gelangt. F kann sich aufgrund von § 866 (s. o. Rn. 64 f.) nicht darauf berufen, dass dies gegen ihren Willen geschah. Folglich steht W das Werkunternehmerpfandrecht des § 647 und damit ein dingliches Recht zum Besitz nach § 986 Abs. 1 S. 1 zu. Das Werkunternehmerpfandrecht entsteht kraft Gesetzes. Es fehlt daher an einer zustimmungsbedürftigen rechtsgeschäftlichen Verfügung i.S. von § 1369 Abs. 1. Damit liegen die Voraussetzungen des Herausgabeanspruches nach § 985 nicht vor. Darüber hinaus steht W ein Zurückbehaltungsrecht aus § 273 Abs. 1 zu (zum Streit, ob dies ein Fall von § 986 ist, s. o. Rn. 281).

§ 9

Zu 1: Das Grundbuch soll die Entwicklung der Rechtsverhältnisse (materielle Rechtslage) vollständig und lückenlos wiedergeben. Das Voreintragungserfordernis schützt daher gegen Fehler des Grundbuchamtes bei Prüfung des materiell Berechtigten und dessen Verfügungsbefugnis. Gleichzeitig sichert es die Rechtsposition des Eingetragenen und hält diese mit der materiellen Rechtslage im Einklang (s. Rn. 366).

Materiellrechtlich spiegelt sich dieser Grundsatz in der Schlussfolgerung gemäß § 891 wider, dass aufgrund der Eintragung die Rechtsinhaberschaft vermutet wird (Rn. 347 ff.). Die Eintragung im Grundbuch legitimiert den Eingetragenen formal zur Verfügung. Da dies aber nur formell wirkt, fehlt der materiell berechtigten aber nicht eingetragenen Person allein deshalb noch nicht die Verfügungsbefugnis.

Zu 2: Nach der Rechtsprechung des Bundesgerichtshofs ist die Außen-GbR teilrechtsfähig, sie kann Rechte erwerben und Verbindlichkeiten eingehen (BGHZ 146, 341). Sie kann daher auch Eigentum erwerben. Was das Eigentum an Immobilien angeht, setzt dessen Erwerb neben der Auflassung aber auch die Eintragung in das Grundbuch voraus; §§ 873, 925. Die GbR müsste daher für einen wirksamen Erwerb als Eigentümerin in das Grundbuch eingetragen werden (sog. Grundbuchfähigkeit). Ob und ggf. wie das zu geschehen hat, ist umstritten.

Die traditionelle Auffassung (*Demharter*, § 19 Rn. 108 m.w.N.) lehnt eine Eintragung ab. Gemäß § 47 GBO seien nur die einzelnen Gesellschafter (hier also A, B und C) mit dem Zusatz „als Gesellschafter bürgerlichen Rechts" im Grundbuch eintragbar, nicht aber die GbR als solche. Aus sachenrechtlicher und historischer Sicht sprechen hierfür verschiedene Argumente. So sind in § 15 Abs. 1 lit. b GBV neben den juristischen Personen und Partnerschaftsgesellschaften nur die Handelsgesellschaften (OHG und KG) als eintragungsfähig aufgeführt. Über die Eintragung der GbR finden sich hingegen keine Regelungen im Gesetz. Das schließe die Grundbuchfähigkeit der GbR aus. Auch sei die GbR mit den Handelsgesellschaften insofern nicht zu vergleichen, als es für sie keine entsprechende Registerpublizität oder Pflicht zur Firmierung gibt. So ergebe sich aus den §§ 32, 47 GBO und §§ 9 Abs. 3, 15 HGB, dass sich der Gesetzgeber stets einen Gleichlauf der Eintragungsbedürftigkeit und -fähigkeit nach Grundbuch-, Handels- und Gesellschaftsrecht vorstelle. Sammelbezeichnungen unter dem Namen einer Gesellschaft sollen danach nur Verwendung finden, wenn sich Bestand und Vertretung der Gesellschaft aus dem Handelsregister ergeben, sodass der Rechtsverkehr durch entsprechende Vorschriften (z. B. § 15 HGB) geschützt sei. Weiterhin lasse sich nur über die Eintragung der einzelnen Gesellschafter der gutgläubige Erwerb von Grundstücksrechten (§§ 892 f.) aufrechterhalten. Das Grundstück als Teil des Gesellschaftsvermögens würde schließlich im Wege der Übertragung der Gesellschaftsanteile erfolgen. Diese Art von Verfügung fiele dabei zulasten der Rechtssicherheit nicht mehr in den Anwendungsbereich der §§ 892 f. Hiernach könnte die Küchler-GbR nicht im Grundbuch eingetragen werden, wohl aber die Gesellschafter A, B und C zur gesamten Hand.

Die Argumentation anhand der gesetzlichen Vorschriften erscheint auf den ersten Blick überzeugend, berücksichtigt aber die Rechtsprechung des Bundesgerichtshofs zur Teilrechtsfähigkeit der GbR nicht. Spricht man einer Außen-GbR eine solche jedoch zu, so kann es im Ergebnis wenig überzeugen, dass der Erwerb von Immobilien am formellen Grundbuchrecht scheitern soll, dem nicht die Aufgabe zukommt, festzulegen, wer Grundstücksrechte erwerben kann. Die Eintragung von Gesellschaften Bürgerlichen Rechts muss vielmehr dem materiellen Recht folgen (ausführlich *Leipold*, FS Canaris, Bd. II, 2007, 221, 230). Im Übrigen können die in Bezug genommenen Vorschriften den Fall der GbR als teilrechtsfähige Gesellschaft bisher nicht berücksichtigen, da die Teilrechtsfähigkeit im Wege richterlicher Rechtsfortbildung entwickelt wurde. Infolge dessen werden die §§ 124 ff. HGB analog auf die Außen-GbR angewendet und Vorschriften, die nicht von einer Teilrechtsfähigkeit der GbR ausgehen, sind von der Rechtsprechung des Bundesgerichtshofes quasi überholt. Daher lässt nunmehr auch der Bundesgerichtshof die Eintragung einer GbR unter ihrem Namen in das Grundbuch zu (*BGH* NJW 2009, 594 = ZfIR 2009, 93 m. Anm. *Volmer*, so zuvor auch MünchKomm-BGB/*Ulmer*, § 705 Rn. 314). Dabei verkennt auch der Bundesgerichtshof nicht, dass die konsequente Umsetzung der Rechtsprechung zur Teilrechtsfähigkeit der GbR auf den Immobilienerwerb Rechtsunsicherheit zur Folge hat. Zum einen sind aus dem Grundbuch Gesellschafterwechsel nicht ersichtlich. Zum anderen fehlt für die GbR etwas Vergleichbares wie das Handelsregister, aus dem sich die Vertretungsbefugnisse oder der aktuelle Gesellschafterbestand ermitteln lässt. Das steht in Widerspruch zu sachenrechtlichen Prinzipien (zum Erwerberschutz in diesen Fällen ausführlich *Reymann*, ZfIR 2009, 81). Hier ist letztlich der Gesetzgeber gefragt, der eine Änderung von § 47 GBO vorschlägt.

Infolge ihrer Rechtsfähigkeit kann die Küchler-GbR Grundeigentum erwerben. Sie muss danach aber auch unter ihrem Namen in das Grundbuch eingetragen werden. Bei einem Gesellschafterwechsel braucht keine Änderung der Eintragung vorgenommen werden.

Zu 3. Das Grundbuchamt kann eine Eintragung nur vornehmen, wenn das vereinbarte Verfügungsverbot eintragungsfähig ist. Sinn und Zweck des Grundbuchs ist es, die

Rechtsverhältnisse an Grundstücken darzustellen. Grundsätzlich können nur solche Rechte eingetragen werden, die von einer Rechtsnorm als eintragungsfähig angesehen werden (vgl. Rn. 353 f.). Dabei muss die Norm die Eintragungsfähigkeit nicht direkt erwähnen. Hier könnte sich die Eintragungsfähigkeit der Verfügungsbeschränkung aus § 892 Abs. 1 S. 2 ergeben. Die Vorschrift betrifft jedoch nur dingliche Verfügungsbeschränkungen. E und N haben dagegen einen schuldrechtlichen Vertrag geschlossen, der grundsätzlich nur zwischen ihnen wirkt und die Befugnis zur Verfügung über das Recht gegenüber Dritten nicht ausschließen kann (§ 137 S. 1). Die schuldrechtliche Verfügungsbeschränkung ist somit nicht eintragungsfähig. Veräußerte N das Grundstück an einen Dritten, so würde dieser ungeachtet der Vereinbarung mit E Eigentümer werden. Eintragungsfähig wäre allerdings eine beschränkt persönliche Dienstbarkeit i.S.v. § 1090 (BGHZ 29, 244) mit entsprechendem Inhalt (hierzu u. Rn. 800 f.; 806). Diese haben die Parteien aber gerade nicht bestellt. Das Grundbuchamt wird die Eintragung daher nicht vornehmen.

Zu 4: Grundsätzlich sind Grundbucheintragungen nach der zeitlichen Reihenfolge ihrer Anträge vorzunehmen (§§ 17, 18 Abs. 2, 45 GBO). Dabei handelt es sich um grundbuchrechtliche Ordnungsvorschriften (s. o. Rn. 380). Materiell ist für das Rangverhältnis unter mehreren Rechten lediglich auf den Zeitpunkt der tatsächlichen Eintragung abzustellen, § 879 Abs. 1 (s. o. Rn. 375 f.). Eintragungen unter Verstoß gegen grundbuchrechtliche Ordnungsvorschriften führen nicht zur Unrichtigkeit des Grundbuchs (s. o. Rn. 380). Deshalb hat die C-Bank keinen Anspruch gegen die H-Bank aus § 894. Vielmehr ist die H-Bank durch ihre zeitlich frühere Eintragung erstrangige Grundschuldgläubigerin geworden. Die C-Bank hat außerdem keinen Anspruch gegen die H-Bank auf Rangänderung aufgrund ungerechtfertigter Bereicherung, § 880 Abs. 2 i.V. m. § 812 Abs. 1 S. 1 Alt. 2. § 879 Abs. 1 ist als „rechtlicher Grund" für einen Erwerb unter Verstoß gegen § 45 GBO zu sehen (s. o. Rn. 380). Das nach §§ 17, 45 GBO vorgeschriebene Verfahren begründet keine materiellrechtliche Güterzuweisung. Der C-Bank steht jedoch unter den Voraussetzungen von § 839 i.V. m. Art. 34 GG gegen den Staat wegen Verletzung einer Amtspflicht ein Anspruch auf Schadensersatz zu (s. zum Ganzen auch die klassische Entscheidung 4, o. Rn. 380).

§ 10

Zu 1: Wichtigster Fall des gesetzlichen Eigentumserwerbs von Immobilien ist die Buch- oder Tabularersitzung (§ 900). Weiter gibt es die erbrechtlichen Erwerbsvorgänge (Universalsukzession, § 1922 Abs. 1 oder Übertragung eines Erbteils, §§ 2033 ff.) sowie den Erwerb bei Bildung einer Gütergemeinschaft (§ 1416 Abs. 1 S. 1; s. zum Ganzen Rn. 382 ff.)

Zu 2: Bei der Zwangsversteigerung eines Grundstücks wird der Ersteher durch den Zuschlag Eigentümer (§ 90 ZVG). Der Zuschlag wird mit Verkündung wirksam (§ 89 ZVG). Es handelt sich dabei um einen Eigentumserwerb kraft Hoheitsakts (s. Rn. 385).

Zu 3: Nein, die Einigung nach § 873 Abs. 1 ist (im Gegensatz zur Auflassung; § 925 Abs. 2) nicht bedingungs- und befristungsfeindlich (s. Rn. 393).

Zu 4: Eine bedingte Eigentumsübertragung wie beim Eigentumsvorbehalt (s. u. Rn. 543) ist bei Grundstücken nicht möglich, da die Auflassung bedingungsfeindlich ist (§ 925 Abs. 2). Eine bedingte Einigung ist für die Eigentumsübertragung daher nicht ausreichend. Auch wäre die Grundbucheintragung der Eigentumsübertragung unter einer Bedingung unzulässig, da dies auf Kosten des Rechtsverkehrs ginge: Aus dem Grundbuch wäre nicht ersichtlich, ob der Bedingungseintritt stattgefunden hat. Es wäre unklar, wer Eigentümer ist und die Verfügungsbefugnis hat. Die Garantie für die Richtigkeit des Grundbuches wäre nicht mehr gegeben (s. Rn. 393).

Zu 5: Eine Anwartschaft (z. Begriff s. o. Rn. 544, 562 ff.) besteht immer, wenn der Erwerber eine gesicherte Rechtsposition hat, die ihm nicht mehr einseitig entzogen werden kann. Die Auflassung selbst begründet noch keine Anwartschaft an dem Grundstück, denn der Veräußerer kann den Rechtserwerb noch verhindern, da er weiterhin verfügungsbefugt ist (Rn. 398).

Anders verhält es sich aber, wenn die Auflassung notariell beurkundet wurde (dann ist sie nach § 873 Abs. 2 bindend) und der Antrag auf Eintragung in das Grundbuch vom Erwerber gestellt wird. Außerdem besteht eine Anwartschaft nach notariell beurkundeter Auflassung und Eintragung einer Auflassungsvormerkung zugunsten des Erwerbers bzw. wenn der die Vormerkung Bewilligende diese zur Eintragung beantragt (PWW/*Huhn*, § 925 Rn. 13 m. w. N.).

Zu 6: Nein, der gute Glaube an eine fehlende Verfügungsbefugnis des Eingetragenen ist nicht geschützt, da gemäß § 892 die Fiktion der Richtigkeit des Grundbuchs nicht für zu Unrecht eingetragene Verfügungsbeschränkungen gilt. Lediglich der gute Glaube daran, dass der aus dem Grundbuch als Berechtigter ersichtliche verfügt, ist durch § 892 Abs. 1 geschützt (s. o. Rn. 421).

Zu 7: A hat gegen B einen Anspruch auf Verschaffung des Eigentums an dem Teil des Nachbargrundstückes aus § 433 Abs. 1 S. 1, wenn zwischen beiden ein wirksamer Kaufvertrag über diesen Teil des Nachbargrundstückes geschlossen wurde.

Die Vertragsurkunde nennt lediglich das Grundstück X. Nach dem Erklärungsgehalt des Vertrages wurde damit nur dieses Grundstück verkauft.

Es könnte jedoch sein, dass die Parteien subjektiv auch die Gartenfläche und damit einen Teil des Nachargrundstücks gemeint haben. A und B waren sich einig, dass der gesamte Bürokomplex unter Einschluss der Gartenfläche verkauft werden sollte. Beide irrten in der Annahme, dass der gesamte Gartenteil zum Grundstück X gehörte. Für einen solchen Fall der beidseitigen Falschbezeichnung gilt der Grundsatz, dass der Vertrag über das von den Parteien subjektiv Gewollte und nicht über das irrtümlich fehlerhaft Erklärte abgeschlossen wurde (*falsa demonstratio non nocet*; s. Rn. 391). Dies trifft auch für eine über die gekaufte Fläche hinausgehende Größe des Grundstücks zu (*BGH* EBE 2008, 84).

Der genannte Grundsatz gilt grundsätzlich auch bei Grundstücken, selbst wenn der Kaufvertrag gemäß § 311b Abs. 1 S. 1 formwirksam abgeschlossen, d. h. notariell beurkundet wurde. Der Normzweck des § 311b Abs. 1 S. 1 wird durch die Beurkundung gewahrt, da durch die Belehrung bezüglich des falschen Gegenstandes der Warn- und Beratungsfunktion Genüge getan wurde.

Für die Wirksamkeit des Kaufvertrages müsste die Leistungspflicht bestimmbar sein. Fraglich ist, ob die Bestimmbarkeit beim Grundstückskaufvertrag voraussetzt, dass die verkaufte Teilfläche zuvor vermessen wurde. Die Teilfläche kann allerdings auch mithilfe anderer Mittel bestimmt werden, z. B. durch maßstabsgetreue Pläne oder Skizzen (BGHZ 74, 116). Im vorliegenden Fall ist das gewollte Grundstück durch die Begrenzung der Gartenanlage hinreichend bestimmbar, denn der Bürokomplex sollte mitsamt der Gartenanlage gekauft werden, die sich auch stark von dem angrenzenden Wiesengrundstück abhob, so dass die Begrenzung gut sichtbar war (*BGH* EBE 2008, 84). Daher hat A gegen B einen Anspruch auf Verschaffung des Eigentums auch an dem Teil des Nachbargrundstückes aus § 433 Abs. 1 S. 1 (s. zum Ganzen Rn. 391 f.).

§ 11

Zu 1: Die Vormerkung kann auch zur Sicherung eines künftigen oder bedingten Anspruchs bestellt werden, § 883 Abs. 1 S. 2. Voraussetzung dafür ist, dass der Rechtsboden für die Entstehung des künftigen Anspruchs so weit vorbereitet ist, dass er nur noch vom Willen des Berechtigten abhängt (s. o. Rn. 438). Andernfalls würde das Grundbuch mit einer Vielzahl von Ansprüchen überlastet, die möglicherweise nie zur Entstehung gelangten. Der Anspruch aus einem Vermächtnis entsteht jedoch erst mit dem Erbfall (§§ 2176, 1922 Abs. 1) und richtet sich gegen den Erben (§§ 2147, 2174). Mangels Betroffenheit der Rechte des Erblassers kann dieser also bereits deswegen keine Vormerkung bewilligen (MünchKomm-BGB/*Wacke*, § 883 Rn. 28). Auch hat der Vermächtnisnehmer zu Lebzeiten des Erblassers keine gesicherte Anwartschaft, da der Vermächtnisanspruch nicht der Willkür des Erblassers entzogen ist (*Hager*, JuS 1990, 429, 432). Das gilt selbst dann, wenn das Vermächtnis durch Erbvertrag erfolgt (*Hager*, a.a.O.). Damit hat S als Vermächtnisnehmer vor dem Erbfall weder einen vormerkungsfähigen Anspruch noch eine Anwartschaft auf den Erwerb des Grundstücks. Da sich der Vermächtnisanspruch nicht gegen den Erblasser, sondern gegen den Erben richtet, fehlt es auch an der notwendigen Identität zwischen Schuldner und Vormerkungsbesteller (§ 885 Abs. 1).

Zu 2: Mit der Vormerkung soll hier ein bereits begründeter, jedoch an ein derzeit noch ungewisses Verhalten der Schuldnerin/Eigentümerin T (grober Undank) geknüpfter Rückübereignungsanspruch gesichert werden. Es handelt sich dabei um einen aufschiebend bedingten Anspruch (§ 158 Abs. 1). Auch solche Ansprüche sind vormerkungsfähig, wenn für ihre Entstehung eine ausreichende Grundlage geschaffen ist. Da T den Bedingungseintritt beeinflussen kann, ist die Entstehung des Rückübertragungsanspruchs des A nicht allein vom Willen des künftig Berechtigten abhängig. Im Unterschied zu künftigen Ansprüchen entstehen aufschiebend bedingte Ansprüche bereits mit Vereinbarung, also vor Bedingungseintritt. Von dieser Vereinbarung kann sich keine der Parteien mehr einseitig trennen. Damit besteht nach Ansicht des Bundesgerichtshofs und einem wesentlichen Teil der Literatur (BGHZ 151, 122; MünchKomm-BGB/*Wacke*, § 883 Rn. 23 m.w.N.) eine sichere, den Inhalt des Anspruch bestimmende Grundlage. Zwar kann die Schuldnerin des potentiellen Rückübereignungsanspruchs (T) den Bedingungseintritt durch ihr Verhalten (kein grober Undank) verhindern. Die für die Vormerkbarkeit erforderliche feste Grundlage des Anspruchs ist aber gegeben, weil der Schuldner des Auflassungsanspruchs (also der Gläubiger des Rückübereignungsanspruchs) diesen nicht mehr einseitig zerstören kann (keine sog. „Wollensbedingung des Schuldners"; s. o. Rn. 438). Vereinzelte Stimmen in der Literatur (*Timm*, JZ 1989, 13, 21) lehnen die Vormerkbarkeit eines durch groben Undank bedingten Rückübereignungsanspruchs mit der Begründung ab, dass andernfalls eine ungewollte Verdinglichung vertraglicher Ansprüche zu befürchten wäre. Sinn und Zweck der Vormerkung ist es aber gerade, schuldrechtliche Ansprüche mit dinglicher Wirkung (§ 883 Abs. 2) zu sichern.

Der Rückübertragungsanspruch wegen groben Undanks verstößt auch nicht gegen den Bestimmtheitsgrundsatz (hierzu allgemein Rn. 33 f.). Dieser verlangt, dass der zu sichernde Anspruch genügend bestimmt oder zumindest bestimmbar ist. Die Rechtsprechung hat dem unbestimmten Rechtsbegriff des groben Undanks einen bestimmbaren Bedeutungsgehalt verliehen und durch Fallgruppen präzisiert (siehe BGHZ 87, 149). Damit ist der Eintritt des Rückübereignungsanspruchs aufgrund objektiver Umstände bestimmbar, wobei einer richterlichen Feststellung des Bedingungseintritts nichts entgegensteht.

Im Ergebnis ist es daher möglich, den durch groben Undank bedingten Rückübereignungsanspruch vorzumerken (s. o. Rn. 438).

Zu 3: a) Der Sicherungsfall kann nicht mehr eintreten, da kein wirksamer Darlehensvertrag besteht. Die Sicherungsgrundschuld sichert ohne konkrete vertragliche Regelung nicht den Bereicherungsanspruch des vermeintlichen Darlehensgebers (vgl. u. Rn. 692 zur Hypothek). Damit steht A zumindest ein bereicherungsrechtlicher Anspruch auf Rückübertragung der Grundschuld zu. Zur Absicherung gegen Zwischenverfügungen des im Grundbuch als Grundschuldinhaber eingetragenen B kann sich A den Anspruch auf die Rechtsänderung im Wege der einstweiligen Verfügung vormerken lassen (§ 885 Abs. 1 und § 935 ZPO). Da das Grundbuch nicht unrichtig ist (s. o. Rn. 429), kommt ein Widerspruch nicht in Betracht.

b) Infolge der Unwirksamkeit der Grundschuldbestellung ist B nicht Inhaber der Grundschuld geworden. Damit ist das Grundbuch unrichtig (s. § 894). Zur Verhinderung eines gutgläubigen Zweiterwerbs der Grundschuld müsste A einen Widerspruch nach § 899 eintragen lassen (hierzu u. Rn. 475 ff.), wenn er nicht bereits durch die eingetragene Vormerkung ausreichend geschützt ist. Infolge unwirksamer Grundschuldbestellung besteht jedoch kein Rückübertragungsanspruch des A und damit auch keine Vormerkung (Akzessorietät, s. o. Rn. 439). Ein Dritter, an den B die Grundschuld womöglich übertragen könnte, ist jedoch durch die eingetragene Vormerkung gewarnt. Dann kann er im Falle der Fehleridentität (Unwirksamkeit von Kausal- und Verfügungsgeschäft; s. o. Rn. 43, 155) aber nicht besser stehen, als wenn nur das Kausalgeschäft unwirksam wäre (so die Konstellation unter Kontrollfrage 3a). Denn dort könnte A, wenn B die Grundschuld auf einen Dritten übertragen hätte, wegen der wirksamen Vormerkung von dem Dritten gem. § 888 Zustimmung zu seiner (A's) Eintragung als Grundschuldinhaber verlangen. Dies muss auch im Fall der Fehleridentität gelten. Da insofern die eingetragene Vormerkung wie ein Widerspruch wirkt, könnte A von einem Dritterwerber der Grundschuld ggf. Zustimmung zu seiner Eintragung nach § 894 verlangen (vgl. RGZ 139, 353, 355 f.). Daher braucht A für seine Sicherung nichts weiter zu unternehmen.

Zu 4: A ist nicht Eigentümer des Grundstücks, er verfügt bei der Bewilligung der Vormerkung folglich als Nichtberechtigter. Aus dem zwischen A und B geschlossenen Kaufvertrag folgt ein vormerkungsfähiger Auflassungsanspruch. B könnte die Vormerkung daher gutgläubig erworben haben. Einigkeit besteht in Literatur und Rechtsprechung darüber, dass eine rechtsgeschäftlich bewilligte Vormerkung bei ihrer Begründung gutgläubig erworben werden kann (s. o. Rn. 443). Umstritten ist lediglich die rechtliche Begründung.

Der Vormerkungserwerb vom Nichtberechtigten lässt sich nach einer Ansicht auf § 892 Abs. 1 stützen (*Kempf*, JuS 1961, 22, 24). Voraussetzung dafür ist der Erwerb eines (dinglichen) Rechts oder eines Rechts an einem solchen Recht. Die Vormerkung entfaltet jedoch keine Wirkung gegenüber jedermann, sondern führt lediglich zu einer relativen Unwirksamkeit von vormerkungswidrigen Verfügungen, § 883 Abs. 2. Damit fehlt der Vormerkung die Absolutheit – eine wesentliche Eigenschaft eines dinglichen Rechts – und sie kann nicht als ein solches angesehen werden. Der gutgläubige Ersterwerb der Vormerkung kann somit nicht auf § 892 gestützt werden (s. o. Rn. 443).

Die Vormerkung verleiht dem obligatorischen Anspruch jedoch in weitem Umfang dingliche Wirkungen. Sie bewirkt aufgrund von § 883 Abs. 2 eine dingliche Gebundenheit des Grundstücks. Ihre Einräumung stellt daher nach der h.M. in der Literatur und der Rechtsprechung des Bundesgerichtshofs eine Verfügung i.S. von § 893 dar (s. Rn. 443). Die Vormerkung kann demnach gem. den §§ 893, 892 gutgläubig erworben werden. Ein Teil der Vertreter dieser Ansicht wendet stattdessen § 893 analog an (*Medicus*, BR, Rn. 553). Dem liegt die Annahme zugrunde, die Bestellung der Vormerkung sei ein einseitiges Rechtsgeschäft und werde so – streng genommen – nicht vom Wortlaut des § 893 erfasst, da die Vorschrift als Verfügung ein zweiseitiges Rechtsgeschäft voraussetze. Jedoch liegt der Bestellung der Vormerkung eine Einigung zwischen Veräußerer und Erwerber zugrunde, sodass sich hinter der Abgabe der Verfügungserklärung letztlich ein Verkehrsgeschäft verbirgt.

Im vorliegenden Fall hat B die Vormerkung daher gutgläubig nach Maßgabe der §§ 883 Abs. 1, 893 Var. 2, 892 Abs. 1 erworben (s. Rn. 443).

Zu 5: D könnte gegen E einen Anspruch auf Zustimmung zur Eintragung aus § 888 Abs. 1 haben. Voraussetzung dafür ist, dass er Inhaber einer Vormerkung ist. Zwar war C Inhaber des Auflassungsanspruchs, B verfügte jedoch als Nichtberechtigter und aufgrund seiner Bösgläubigkeit entstand die Vormerkung nicht wirksam für C. D konnte daher die Vormerkung nicht im Wege der Abtretung des Auflassungsanspruchs nach §§ 398, 401 erwerben. Er könnte die Vormerkung aber gutgläubig erworben haben. Der sog. redliche Zweiterwerb der Vormerkung ist ausgeschlossen, soweit der zu sichernde Anspruch nicht besteht (s. o. Rn. 448). Eine Vorschrift, die mit § 1138 vergleichbar ist, besteht im Rahmen der Vormerkung gerade nicht. Für den Fall eines bestehenden Anspruchs werden unterschiedliche Auffassungen vertreten (s. o. Rn. 449 ff.).

Eine Auffassung verneint den gutgläubigen Erwerb der Vormerkung in derartigen Fällen. Ein Vergleich mit anderen akzessorischen Sicherungsrechten zeige, dass der Gesetzgeber den gutgläubigen Erwerb der Sicherung einer bestehenden Forderung nur zulassen wollte, wenn die Sicherung (z. B. eine Grundschuld) nach sachenrechtlichen Grundsätzen übertragen werde (vgl. auch § 892). Die Vormerkung geht aber analog § 401 mit Abtretung des gesicherten Anspruchs kraft Gesetzes auf den Zessionar über (o. Rn. 444 ff.). Eines zusätzlichen dinglichen Rechtsgeschäftes bedürfe es nicht. Darüber hinaus wird von dieser Auffassung keine Notwendigkeit gesehen, die Verkehrsfähigkeit von Übereignungsansprüchen dadurch zu steigern, dass man den gutgläubigen Zweiterwerb der Vormerkung zulässt. Zwar bestehe hier ein Rechtsschein, der durch die Eintragung der Vormerkung im Grundbuch veranlasst wird. Im Gegensatz zur Hypothek erfolge die Übertragung der Vormerkung aber außerhalb des Grundbuches, also unter Verzicht auf dessen Publizität. Weder sei die Eintragung im Grundbuch, noch eine Briefübergabe vorgesehen (vgl. § 1154; s. zum Ganzen Rn. 450).

Der Bundesgerichtshof und Teile der Literatur (s. o. Rn. 449) lassen dagegen einen redlichen Zweiterwerb der Vormerkung zu. Die Übertragung der Vormerkung basiere letztlich unmittelbar auf einem rechtsgeschäftlichen Erwerb. Trotz der Trennung von rechtsgeschäftlicher Abtretung und gesetzlich eintretendem Vormerkungserwerb entstehe durch die Voreintragung der Vormerkung ein förmlicher Vertrauenstatbestand, der auch gegenüber dem Zweiterwerber wirke. Nach dieser Meinung hätte D die Vormerkung gutgläubig nach den §§ 893, 892 erworben und damit einen Anspruch gegen E gem. § 888 Abs. 1. Die zwischenzeitliche Eintragung des E im Grundbuch wäre als beeinträchtigende Zwischenverfügung anzusehen (s. o. Rn. 451).

Zu 6: Der gute Glaube muss grundsätzlich bis zur Vollendung des Rechtserwerbs oder zumindest bis zur Stellung des Antrags auf Eintragung als Eigentümer (§ 892 Abs. 2) bestehen, anderenfalls ist ein gutgläubiger Rechtserwerb des Eigentums am Grundstück ausgeschlossen (s. o. Rn. 416).

Die Vormerkung führt zu einer dinglichen Gebundenheit des Grundstücks, so dass der Eigentümer den vorgemerkten Rechtserwerb nicht mehr einseitig beeinträchtigen kann (Sicherungswirkung; s. o. Rn. 426 ff.). Diese Wirkung muss dann auch im Falle einer gutgläubig erworbenen Vormerkung gelten. Deshalb sieht die in der Literatur herrschende (Palandt/*Bassenge*, § 885 Rn. 13; MünchKomm-BGB/*Wacke*, § 893 Rn. 11) und vom Bundesgerichtshof vertretene Meinung (BGHZ 26, 182, 187; 57, 341, 343 f.) eine nach Eintragung der Vormerkung erlangte Kenntnis von der wahren Sachlage, einen zwischenzeitlich eingetragenen Widerspruch oder die erfolgte Grundbuchberichtigung als unschädlich an (s. auch o. Rn. 416). Die Vorschrift des § 883 Abs. 2 enthält einen allgemeinen Grundsatz, dass es für den späteren Rechtserwerb auf den Zeitpunkt des Erwerbs der Vormerkung ankommen soll (Staudinger/*Gursky* (2008), § 892 Rn. 187 m.w.N.). Für den gutgläubigen Erwerb ist daher im Rahmen des § 892 Abs. 2 HS. 1 der Zeitpunkt der Stellung des Antrags auf Eintragung der Vormerkung maßgebend (siehe *BGH* NJW 1981, 446). Andernfalls hätte der gutgläubige Ersterwerb der Vormerkung keine selbstständige Bedeutung für die Erwerbssicherung.

Im Falle zwischenzeitlicher Eintragung des wahren Berechtigten im Grundbuch wird der Anspruch überwiegend entsprechend § 888 durchgesetzt: Dessen Zustimmung habe aber keine materiellrechtliche Wirkung, da gegenüber dem gutgläubigen Vormerkungsinhaber der frühere Bucheigentümer und nicht der wahre Eigentümer als Berechtigter gelte. Der (damals) Buchberechtigte sei deshalb Betroffener i.S.v. § 19 GBO und müsse die Auflassung nach § 20 GBO erklären (MünchKomm-BGB/*Wacke*, § 883 Rn. 71). Nach einer anderen Auffassung soll der Vormerkungsberechtigte die Zustimmung des tatsächlichen Eigentümers zur Verfügung des Nichtberechtigten verlangen können (§ 888 Abs. 1) und dessen Verfügung gemäß § 185 Abs. 2 Fall 1 wirksam werden lassen (*Baur*, JZ 1967, 437, 440). Beide Ansichten ermöglichen letztlich den Rechtserwerb.

§ 12

Zu 1: Die Vormerkung ist nach überwiegender Ansicht kein dingliches Recht. Sie entfaltet jedoch dingliche Wirkungen (s. Rn. 435). Deshalb wendet man § 894 auf Fälle unrichtig oder nicht im Grundbuch eingetragener Vormerkungen entsprechend an (RGZ 129, 186; BGHZ 60, 50 f.).

Zu 2: V könnte einen Anspruch gegen K aus § 894 haben. Voraussetzung dafür ist die Unrichtigkeit des Grundbuchs (s. Rn. 469). Hier ist das schuldrechtliche Geschäft zwischen V und K rückwirkend nichtig (§ 142 Abs. 1). Der Mangel des Grundgeschäfts berührt die Wirksamkeit des dinglichen Rechtsgeschäfts jedoch grundsätzlich nicht (Ausnahme: Fehleridentität, s. Rn. 43, die in Fällen von § 119 Abs. 1 nur ausnahmsweise vorliegen kann; *Prütting*, Rn. 36). Vielmehr sind hier Eintragung und Eintragungsbewilligung irrtumsfrei. Damit scheidet ein dinglicher Anspruch aus § 894 aus. Das Grundbuch ist durch die Anfechtung des schuldrechtlichen Grundgeschäfts nicht unrichtig geworden.

Ein Berichtigungsanspruch kann sich aber auch aus schuldrechtlichen Gesichtspunkten ergeben (Rn. 474). Hier könnte aufgrund der Nichtigkeit des Kausalgeschäftes ein Anspruch aus § 812 Abs. 1 S. 1 Alt. 1 bestehen. K hat durch Leistung des V das Eigentum an dem Grundstück ohne rechtlichen Grund erlangt. V hat gegen K daher einen schuldrechtlichen Grundbuchberichtigungsanspruch, der wie der Anspruch aus § 894 auf die Abgabe der erforderlichen Erklärungen gegenüber dem Grundbuchamt gerichtet ist. Ansprüche aus den §§ 812 ff. können grundsätzlich auch neben § 894 bestehen (so z. B. in Fällen der Fehleridentität).

Zu 3: Der Inhalt des Grundbuches muss von der materiellen Rechtslage abweichen (s. o. Rn. 469) und diese Diskrepanz ein Recht an einem Grundstück, ein Recht an einem solchen Recht oder eine relative Verfügungsbeschränkung gem. § 892 Abs. 1 S. 2 betreffen. In Bezug auf den Grundbuchinhalt werden nur solche Eintragungen von § 894 erfasst (s. Rn. 469). Inhaltlich unzulässige Eintragungen sind wirkungslos. Undeutlichkeiten, Ungenauigkeiten, Schreibfehler u. Ä. stellen ebenfalls keine Unrichtigkeit i. S. des § 894 dar. Für die Unrichtigkeit lassen sich folgende Fallgruppen bilden:

a) Unterbliebene Löschung eines nicht (mehr) bestehenden Rechts (z. B. eingetragene Grundschuld besteht nicht mehr).

b) Unterbliebene Eintragung eines bestehenden Rechts (z. B. Grundschuld, Hypothek) oder einer Verfügungsbeschränkung (z. B. Verfügungsgebot durch die Gemeinde aus raumordnungsrechtlichen Aspekten),

c) Unrichtige Angaben über Inhalt (z. B. Hypothek statt Grundschuld eingetragen), Umfang (z. B. Höhe der Grundschuld) und Rang (z. B. Sicherungsnehmer wird abweichend der Rangvereinbarung eingetragen) eines Rechts,

d) Eintragung eines nicht bestehenden Rechts oder einer nicht existierender Belastung oder Beschränkung (im Grundbuch wird ein in Wirklichkeit nicht bestehendes Wegerecht eingetragen).

e) Löschung eines (noch) bestehenden Rechts (z. B. einer Grundschuld)

§ 13

Zu 1: Öffentliches Nachbarrecht trifft Regelungen zu dem dreiseitigen Rechtsverhältnis zwischen den Nachbarn und dem jeweiligen Hoheitsträger. Das privatrechtliche Nachbarrecht regelt hingegen die (zweiseitige) Rechtsbeziehung zwischen Nachbarn (s. o. Rn. 486).

Zu 2: Das privatrechtliche Nachbarrecht ist im BGB (§§ 906 bis 924) und den Landesnachbargesetzen geregelt (s. o. Rn. 487).

Zu 3: Ein Beseitigungsanspruch des E könnte sich aus § 1004 Abs. 1 ergeben. Dieser ist jedoch ausgeschlossen, wenn E zur Duldung verpflichtet ist (§ 1004 Abs. 2; s. auch o. Rn. 488). Duldungspflichten im Bereich von Immissionen sind in § 906 geregelt. Dort müssen die (unwägbaren) Stoffe zumindest in ihrer Wirkung sinnlich wahrnehmbar sein, worunter ideelle Immissionen ästhetischer Art jedoch nicht fallen (s. o. Rn. 495). Sie sind keine ähnlichen Einwirkung im Sinne der Vorschrift. Daran ändern auch eventuelle finanzielle Einbußen des E grundsätzlich nichts (BGHZ 54, 56, 61). Liegt jedoch keine Beeinträchtigung i. S. v. § 906 vor, so sind diesbezügliche Abwehransprüche ebenso ausgeschlossen (Palandt/*Bassenge*, § 906 Rn. 13). Einen Anspruch auf Beseitigung des Schrottplatzes des A hat E daher nicht.

Zu 4: Der umgestürzte Baum hat das Wohnhaus der K (Eigentum) beschädigt. Dafür könnte sie von B Schadensersatz gem. § 823 Abs. 1 verlangen, wenn B hinsichtlich der Eigentumsverletzung rechtswidrig und schuldhaft gehandelt hat.

a) Die 2003 durchgeführten Auslichtungsarbeiten haben die Standfestigkeit des Baumes nicht beeinträchtigt. Somit liegt seitens des B keine aktive Verletzungshandlung vor. Es kommt aber eine Haftung für pflichtwidriges Unterlassens in Betracht. Dann muss B gegen eine ihm obliegende Verkehrssicherungspflicht verstoßen haben. Grundstückseigentümer haben dafür zu sorgen, dass von den auf ihrem Grundstück stehenden Bäumen keine Gefahr für Dritte ausgeht. Dafür müssen sie u.a. den Baumbestand auf Standfestigkeit und Krankheitsbefall überwachen. Gibt es Anzeichen für eine von dem Baum ausgehende Gefahr, so hat der Verkehrssicherungspflichtige den Baum eingehend untersuchen zu lassen. Diese Pflicht traf B grds. auch für die Eiche, da sie als wesentlicher Bestandteil (§ 94 Abs. 1; sie war mit Grund und Boden der Grundstücke von K und B fest verbunden) auch zu seinem Grundstück gehörte. Auf der Grundstücksgrenze stehend war sie Grenzbaum i.S.v. § 923. Die Frage ist, ob daran Mit- oder Teileigentum bestand. Bei Miteigentum trifft grds. auch den Miteigentümer die Verkehrssicherungspflicht an der in gemeinsamen Eigentum stehenden Sache. Dort ist dann fraglich, ob diese Pflicht auch gegenüber dem Nachbarn/Miteigentümer besteht. Bei Teileigentum trifft den jeweiligen Eigentümer die Verkehrssicherungspflicht nur für den in seinem (Teil-)Eigentum stehenden Teil des Baumes. Das würde auch den Nachbarn in den Schutzbereich einbeziehen.

Die Annahme von Miteigentum widerspricht aber § 94, wonach Pflanzen wesentlicher Bestandteil des Grundstückes sind und damit nicht Zuordnungsobjekt eines besonderen Eigentumsrechtes sein können. An einem Grenzbaum besteht daher grundsätzlich vertikales Teileigentum für die jeweiligen Grundstückseigentümer. Das ergibt sich auch aus § 923 Abs. 1. Danach haben die Nachbarn erst am gefällten Baum (Mit-)Eigentum zu gleichen Teilen. Diese Regelung wäre überflüssig, wenn bereits vorher Miteigentum bestünde. B traf daher als Teileigentümer der Eiche eine Verkehrssicherungspflicht für seinen Teil des Baumes. Diese Pflicht bestand auch gegenüber seiner Nachbarin K. Gegen diese Pflicht hat er verstoßen. Aufgrund der auch in seinem Teil des Baumes seit längerer Zeit vorhandenen Anzeichen in Form der verringerten Belaubung, dem Todholz in der Krone und des Pilzbefalls konnte B erkennen, dass die Eiche erkrankt war und von ihr eine Gefahr ausging. Deshalb hätte er eine fachmännische Untersuchung veranlassen müssen. Dies hat er versäumt. Wäre er hingegen seiner Verkehrssicherungspflicht nachgekommen, so wäre die mangelnde Standfestigkeit der Eiche erkannt worden und geeignete Abwehrmaßnahmen möglich gewesen, die den Umsturz der Eiche und den damit eingetretenen Schaden bei K verhindert hätten. Die unterbliebene Untersuchung war für die Eigentumsverletzung daher auch ursächlich. Zwar traf K die gleiche Verkehrssicherungspflicht. Es handelt sich hierbei aber weder um rechtmäßiges Alternativverhalten noch um einen hypothetischen Kausalverlauf. K ist für die Beschädigung „lediglich" mitverantwortlich. Damit ist sie aber nicht vom Schutzbereich der Verkehrssicherungspflicht des B als Teileigentümer ausgenommen.

b) Da B trotz der zu erkennenden Gefahr keine Untersuchung veranlasste, hat er den Umsturz und damit die Beschädigung des Nachbarhauses in Kauf genommen und handelte fahrlässig und rechtswidrig.

c) Für den durch den Umsturz des Baumes bei ihr entstandenen Schaden kann K gem. § 249 Abs. 2 S. 1 grds. die Wiederherstellungskosten verlangen. Die der K ebenfalls obliegende, die Eiche betreffende Verkehrssicherungspflicht führt nicht zu einem Ausschluss des Schadensersatzes. Jedoch besteht eine Mitverantwortung der K, die als Mitverschulden nach § 254 Abs. 1 zu berücksichtigen ist. Die Verschuldensanteile beider Nachbarn betragen jeweils 50 Prozent. Zwar war die einseitige Auslichtung der Krone letztlich für die Fallrichtung maßgeblich, dem steht jedoch das Unterlassen jeglicher Baumpflegearbeiten seitens der K gegenüber. Außerdem entsprach das Auslichten einer ordnungsgemäßen Bewirtschaftung und war daher nicht pflichtwidrig. Schließlich hatte es auch keinen Einfluss auf die fehlende Standfestigkeit der Eiche.

d) K kann daher nur 50 Prozent der Wiederherstellungskosten von B nach §§ 823 Abs. 1, 249 Abs. 2, 254 Abs. 1 ersetzt verlangen.

§ 14 und § 15

Zu 1: Beim Eigentumsvorbehalt steht die Einigung über den Eigentumserwerb einer beweglichen Sache (§ 929 S. 1; s. o. Rn. 164 ff.) unter der aufschiebenden Bedingung (§ 158 Abs. 1) der vollständigen Kaufpreiszahlung (§ 449 Abs. 1). Die Sache wird dem Käufer bereits übergeben. Erst wenn der Kaufpreis vollständig gezahlt ist, geht das Eigentum ohne weiteren Rechtsakt über (s. o. Rn. 543). Zweck dieses Vorgehens ist es, dem Käufer zwar den Besitz der Sache zu verschaffen und deren Nutzung zu ermöglichen aber gleichzeitig dem Verkäufer eine Sicherheit für den Fall zu verschaffen, dass der Käufer später den Kaufpreis nicht vollständig erbringt (s. Rn. 541 ff.).

Zu 2: a) bedingte Einigung (§§ 929 S. 1, 158 Abs. 1)
b) Übergabe oder Übergabesurrogat (§§ 929 ff.)
c) Einigsein zum Zeitpunkt von b)
d) Berechtigung oder gutgläubiger Erwerb (§§ 932 ff.)
e) Möglichkeit des Bedingungseintritts (so muss etwa die Forderung bestehen, das ist etwa bei erfolgtem Rücktritt, §§ 346 ff., oder Unwirksamkeit des Kausalgeschäftes nicht der Fall; s. o. Rn. 563)

Zu 3: a) Durch Bedingungseintritt,
b) durch Unwirksamwerden des Kausalgeschäfts (s. Rn. 563),
c) durch einseitigen Verzicht des Verkäufers auf den ETVB,
d) bei Weiterveräußerung durch den Käufer mit Einwilligung des Verkäufers,
e) bei gutgläubigem (unbelasteten) Erwerb durch Dritte oder
f) bei Verarbeitung (§ 950) bzw. Verbindung oder Vermischung (§§ 946 ff.) der Sache.

Zu 4: Ein gutgläubiger Erwerb kommt nur dann in Betracht, wenn die Anwartschaft tatsächlich existiert (sog. Zweiterwerb; s. o. Rn. 576). Andernfalls sind die §§ 932 ff. nicht anzuwenden (auch nicht analog). Besteht die Anwartschaft aber, so sind die §§ 932 ff. analog anzuwenden. Hierbei kann jedoch nur der gute Glaube an die Existenz der Anwartschaft (quasi als ein Weniger zum Rechtsschein des Besitzes) geschützt werden. Den guten Glauben bzgl. des obligatorischen Teils (also der Forderungshöhe und damit der tatsächlichen Höhe der Anwartschaft) erfassen die §§ 932 ff. nicht, sodass bei Vorspiegelung eines anderen Inhalts die Anwartschaft nur in der tatsächlich bestehenden Höhe erworben wird.

Vertreten wird auch, dass der gutgläubige Erwerb generell ausscheide (*Medicus*, BR, Rn. 475), weil der Veräußerer den Rechtsschein des Besitzes durch sein Gerede zerstöre und ein Vertrauen darauf nicht schutzwürdig sei (s. zum Ganzen Rn. 576 f.).

Zu 5: Bei Beantwortung der Frage ist zwischen obligatorischem und dinglichem Recht zum Besitz zu trennen (beide fallen unter § 986 Abs. 1 S. 1):

a) Der Kaufvertrag selbst gibt ein obligatorisches Recht zum Besitz, sodass dem Vorbehaltsverkäufer, der die unter Eigentumsvorbehalt veräußerte Ware vom Vorbehaltskäufer nach § 985 herausverlangt, § 986 Abs. 1 S. 1 Fall 1 entgegengehalten werden kann. Das gilt gemäß § 986 Abs. 2 auch gegenüber einem eventuellen neuen Eigentümer, wenn dieser das Eigentum nach § 931 erlangt hat. Dann stehen dem Vorbehaltskäufer gegen den neuen Eigentümer die Einwendungen zu, die er dem Vorbehaltsverkäufer entgegenhalten konnte. Gleiches gilt auch für den vom Gesetzeswortlaut nicht erfassten Fall, in dem der Eigentümer die Ware gemäß §§ 929, 930 an einen Dritten veräußert: § 986 Abs. 2 wird hier analog angewandt (MünchKomm-BGB/*Medicus*, § 986 Rn. 22 m.w.N.; BGHZ 111, 142)

b) Unterschiedlich beantwortet wird die Frage, ob die Anwartschaft auch ein dingliches Recht zum Besitz einräumt. Entscheidende Bedeutung erlangt das in Fällen, in denen das obligatorische Besitzrecht beispielsweise mangels Kaufvertrag den geschilderten Schutz nicht entfalten kann (s. hierzu die nächste Kontrollfrage). Vielfach wird ein gegenüber jedermann wirkendes dingliches Recht zum Besitz zugesprochen (Palandt/*Bassenge*, § 929 Rn. 41 m.w.N.). Mit Übertragung des Besitzes auf den Vorbehaltskäufer sei auch das Recht zum Besitz übertragen worden. Dagegen spricht, dass es bei der Anwartschaft um die Sicherung des Eigentumserwerbs geht, der aber auch ohne den Besitz gesichert ist (*Medicus*, BR, Rn. 465; s. auch o. Rn. 564).

Zu 6: E hat wirksam vom Berechtigten nach §§ 929, 930 Eigentum am Laptop erworben. B ist dessen Besitzer. Da B aber entsprechend der §§ 929 S. 1, 932 Abs. 1 S. 1 gutgläubig vom zu diesem Zeitpunkt nicht mehr berechtigten Vorbehaltsverkäufer eine Anwartschaft erwerben konnte (wofür die Gutgläubigkeit bei Veräußerung reicht; BGHZ 10, 69, 73; s. o. Rn. 573), ist für den Erfolg des Herausgabeverlangens des E nach § 985 entscheidend, ob das Anwartschaftsrecht dem B ein Recht zum Besitz nach § 986 Abs. 1 S. 1 gibt (§ 986 Abs. 2 liegt nicht vor, weil die Veräußerung nicht *nach* Besitzerlangung des Vorbehaltskäufers erfolgte).

Dieses müsste ein dingliches sein, da zwischen E und B keine schuldrechtliche Beziehung besteht. Der in der vorangegangenen Frage angesprochene Meinungsstreit (ausführlich bei *Zeranski*, AcP 203 (2003), 693, 706 ff.) ist für diese Frage entscheidend. M. E. ist die Auffassung, die ein dingliches Recht zum Besitz verneint, vorzuziehen, die Konstruktion eines dinglichen Rechts zum Besitz nicht notwendig (s. o. Rn. 564). Zwar müsste B den Laptop an E dann zunächst herausgeben, durch Zahlung der ausstehenden Kaufpreisraten und dem damit einhergehenden Bedingungseintritt (§ 158 Abs. 1) würde seine Anwartschaft aber zum Vollrecht erstarken. E würde sein Eigentum verlieren und B die Sache nun seinerseits herausverlangen können (§ 985). Die Herausgabe an E kann B freilich bereits durch sofortige Zahlung der restlichen Raten verhindern. § 985 scheitert dann bereits am Eigentum des E.

Zu 7: L könnte gegen V gemäß § 985 Anspruch auf Herausgabe der Fräsmaschine haben.

a) Dazu müsste L Eigentümerin der Maschine sein.

aa) Eigentum könnte sie von C nach §§ 929 S. 1, 931 erlangt haben. Dann müsste C zu diesem Zeitpunkt Eigentümerin der Fräsmaschine gewesen sein. Zunächst war V Eigentümerin. Durch die Veräußerung an H (§§ 929 S. 1, 158 Abs. 1) ging das Eigentum nicht auf H über, da durch den Eigentumsvorbehalt H nicht das Vollrecht (Eigentum), sondern lediglich eine Anwartschaft an der Maschine erwarb. Deshalb erlangte C durch die Sicherungsübereignung von H ebenfalls nicht Eigentum an der Maschine: Die Eigentumsübertragung nach §§ 929, 930 scheiterte an der Berechtigung der H, Eigentum übertragen zu dürfen. Für einen gutgläubigen Eigentumserwerb nach §§ 929, 930, 933 aber fehlte es an der Übergabe an C. Dieser erwarb daher ebenfalls nur die Anwartschaft. Damit scheidet ein Eigentumserwerb der L durch Übereignung von C nach §§ 929 S. 1, 931 aus (C war bezogen auf das Eigentum Nichtberechtigter).

bb) L könnte von C aber gutgläubig das Eigentum an der Fräsmaschine erworben haben (§§ 929 S. 1, 931, 934 Alt. 1). L und C haben sich über den Eigentumsübergang und die Abtretung des Herausgabeanspruchs (C gegen die Sicherungsgeberin H) aus dem Sicherungsvertrag geeinigt. Ein gutgläubiger Erwerb ist dabei nur nach Alt. 1 von § 934 möglich, weil L nicht unmittelbarer Besitzer geworden ist (§ 934 Alt. 2). C als Veräußerer muss im Zeitpunkt der Übereignung aber auch tatsächlich mittelbarer Besitzer der Fräsmaschine gewesen sein. Als Besitzmittlungsverhältnis zwischen H und C kommt der Sicherungsvertrag in Betracht. Dieser ist wirksam, auch wenn der bezweckte Erfolg (Eigentumserwerb des C) nicht eintreten konnte. Ebenso schadet die (wirksame) Übertragung der Anwartschaft nicht (der Bundesgerichtshof erörtert in seiner Entscheidung in diesem Zusammenhang § 139; dagegen überzeugend *Medicus*, BR, Rn. 560: der Eigentumserwerb durch C sei lediglich fehlgeschlagen, nicht aber – wie für § 139 nötig – nichtig). C war somit mittelbarer Besitzer der Fräsmaschine. Die Voraussetzungen von § 934 Alt. 1 lägen daher grundsätzlich vor. Problematisch erscheint aber, dass H den Besitz nicht nur für C (und durch diesen veranlasst nun für L), sondern nach wie vor auch für den Erstveräußerer V mittelt. Das Besitzmittlungsverhältnis zwischen V und H aus dem Eigentumsvorbehalt besteht also trotz der späteren Ereignisse fort: Eine Verdrängung der V aus dem mittelbaren Besitz findet nicht statt, weil H den Besitz der V nicht eindeutig zerstört (a. A. Palandt/*Bassenge*, § 868 Rn. 4). Letztlich spielt H eine Art Doppelspiel, v. a. wenn sie ihre Raten weiter an V zahlt. Ob dies bei der Anwendung von § 934 Alt. 1 schadet, ist umstritten (s. o. Rn. 215):

Zum Teil wird argumentiert, für § 934 Alt. 1 genüge es nicht, wenn nur mittelbarer Nebenbesitz (denn zwei mittelbare Besitzer stünden nebeneinander) übertragen wird (*Medicus*, BR, Rn. 561). Insoweit sei § 934 einzuschränken: Jemand, der nicht näher als der eigentliche Eigentümer an die Sache heranrückt, solle nicht gutgläubig erwerben können (*Medicus* a.a.O.).

Voraussetzung für diese Sichtweise ist dabei die Anerkennung der Figur des sog. mittelbaren Nebenbesitzes. Diese ist im Gesetz nicht vorgesehen. Deshalb wendet die h.M. § 934 Alt. 1 uneingeschränkt nach seinem Wortlaut an: Durch die Änderung des Besitzmittlungswillens der H hat V ihren mittelbaren Besitz verloren. C erlangte mittelbaren Besitz, der später an L wirksam übertragen werden konnte. Da die L nicht bösgläubig war, könnte sie letztlich Eigentum an der Maschine erworben haben.

Dieses Ergebnis wird teilweise allerdings im Wege einer teleologischen Reduktion des § 934 vermieden. Würde man in diesen Fällen einen Eigentumserwerb der L zulassen, widerspräche § 934 der Wertung des § 933, bei dem es auf den Erwerb des unmittelbaren Besitzes ankommt, während in den §§ 931, 934 bereits mittelbarer Besitz genügen soll (s. o. Rn. 212).

In der dem Fall zugrunde liegenden Entscheidung sieht der Bundesgerichtshof darin jedoch kein Hindernis: Mittelbarer und unmittelbarer Besitz seien vom Gesetz gleich gestellt und es genüge auch beim mittelbaren Besitz, dass sich der Veräußerer (hier C) dieses Besitzes vollständig entledige.

cc) § 934 Alt. 1 ist damit letztlich erfüllt und L Eigentümerin geworden.

b) V ist Besitzerin ohne Besitzrecht.

c) L kann die Fräsmaschine daher gemäß § 985 von V herausverlangen.

Zu 8: a) Die AGB der Beklagten enthielten einen verlängerten und einen erweiterten ETVB in Form eines Konzernvorbehaltes.

b) Die Veräußerung der Kranteile erfolgte im Wege des sog. Sale-and-Lease-Back-Verfahrens: Die unter ETVB von der Beklagten an G gelieferten Kranteile wurden an die Klägerin verkauft und von dieser wieder an G vermietet.

c) Ob der erweiterte ETVB in Form des Konzernvorbehaltes (zum Begriff s. Rn. 613 f.) wirksam war, lässt der Bundesgerichtshof offen. In keinem Fall hätte die Klägerin Eigentum an den Kranteilen erworben: Wäre der ETVB wirksam, könnte das Eigentum zwar bei Veräußerung im ordnungsgemäßen Geschäftsgang im Sinne der fraglichen Klausel übergehen, ein derartiges Sale-and-Lease-Back-Geschäft stelle aber nach Auffassung des Gerichts keine solche Veräußerung dar. Vielmehr sei es ein reines Finanzierungsgeschäft, das ähnlich wie die nach den AGB ausdrücklich untersagte Verpfändung und Sicherungsübereignung dem Sicherungsbedürfnis der Beklagten für die Klägerin erkennbar zuwider laufe. Der für die Ware erhaltene Gegenwert in Gestalt des Kaufpreises müsse insofern in unmittelbarem Zusammenhang zu den sich aus dem Leasingvertrag ergebenden neuen Verpflichtungen gesehen werden: Ähnlich einer Rückzahlungspflicht beim Darlehen im Falle einer Sicherungsübereignung wirkten sie risikoerhöhend für den Vorbehaltsverkäufer. Die Veräußerung sei dann unwirksam, da sie nicht von der Ermächtigung nach § 185 Abs. 1 gedeckt sei (s. hierzu auch o. Rn. 592). Zum Fall der Unwirksamkeit des ETVB vgl. die nächste Frage.

d) G hätte bei Unwirksamkeit des erweiterten ETBV nicht Eigentum an den Kranteilen erworben. Schuldrechtliche und dingliche Ebene müssen getrennt betrachtet werden: Bei Unwirksamkeit der ETVB-Klausel bestünde schuldrechtlich zwar ein Anspruch auf unbedingte Übereignung, ein unbedingtes Übereignungsangebot hat die Beklagte in Vollzug des Vertrages aber nicht abgegeben. G war aus ihren Geschäftsbeziehungen zur Beklagten auch bekannt, dass deren Lieferbedingungen einen ETVB enthielten. Darauf, ob der ETVB Vertragsinhalt geworden ist, kommt es (wie auch in Fällen eines nach Vertragsschluss in den Lieferbedingungen enthaltenen ETVB; s. Rn. 552 ff.) bei Prüfung der Übereignung daher nicht an.

Zudem hindert die Unwirksamkeit der Klausel nach den §§ 307 ff. nicht deren Berücksichtigung bei der Auslegung sachenrechtlicher Willenserklärungen.

e) Nein. Soweit die Sicherungsinteressen des Vorbehaltsverkäufers gewahrt bleiben, kann sich nach Auffassung des Gerichts eine derartige Veräußerung als ordnungsgemäßer Geschäftsgang darstellen, beispielsweise wenn der Vorbehaltskäufer mit dem vom späteren Leasinggeber erlangten Kaufpreis die Restforderungen seiner Lieferanten tilge. Regelmäßig werde dem Sicherungsinteresse des Vorbehaltsverkäufers dann aber nur bei einfachem ETVB Genüge getan. Bei erweitertem ETVB hingegen bleibe es trotz Begleichung einer konkreten Forderung so lange erhalten, als andere durch den ETVB gesicherte Forderungen des Vorbehaltsverkäufers gegen den Vorbehaltskäufer bestünden.

§ 16

Zu 1: H will einen Teil seines Warenlagers, dessen Bestand regelmäßig wechselt, an B übereignen. Der Bestimmtheitsgrundsatz erfordert, dass alle zu übereignenden Sachen genau bestimmt sind (s. o. Rn. 626). Dies kann dadurch geschehen, dass die Sachen markiert oder auf einer Liste verzeichnet werden (sog. Markierungs- oder Listenverträge). Hinsichtlich der Fliesen bietet sich eine räumliche Kennzeichnung an, indem sie in einem konkret bezeichneten Raum separat gelagert werden (sog. Raumsicherungsvertrag). Die Einigung muss für die künftig in den Sicherungsraum eingebrachten Sachen antizipiert erfolgen. Gegenstand der Einigung ist neben dem Eigentum des H auch eine mögliche Anwartschaft, da die Fliesen von den Herstellern regelmäßig unter Eigentumsvorbehalt geliefert werden. Die Übergabe wird durch ein konkretes Besitzmittlungsverhältnis nach § 930 in Form eines Verwahrungsvertrages ersetzt. Für die künftig eingebrachten Fliesen erfolgt der Abschluss antizipiert. Eine vertragliche Vereinbarung könnte wie folgt lauten:

Vertrag zur Sicherungsübereignung des Warenlagers des H, … (Anschrift, Vertretung) und der B, … (Anschrift, Vertretung): Zur Sicherung der bestehenden und künftigen, auch befristeten und bedingten Ansprüche der B aus dem mit H am … geschlossenen Gelddarlehensvertrag überträgt H sein Eigentum oder seine Anwartschaft auf Eigentumserwerb an den Fliesen, die sich gegenwärtig und künftig in dem besonders gekennzeichneten Sicherungsraum befinden. Der Sicherungsraum (siehe beigefügte Skizze) befindet sich in der Lagerhalle 1 des H auf dessen Betriebsgelände in … (genaue Anschrift) … und ist mit einem Türschild (Sicherungsgut der B) gekennzeichnet.

Die Übergabe der Fliesen im Sicherungsraum wird jeweils durch einen Verwahrungsvertrag ersetzt. H verpflichtet sich, die Fliesen im Sicherungsraum für B mit der Sorgfalt eines ordentlichen Kaufmanns unentgeltlich zu verwahren.

Nach Erfüllung aller Ansprüche aus dem Darlehensvertrag ist das verbleibende Sicherungsgut an H zurück zu übertragen.

b) Weiterhin ist in einem Sicherungsvertrag H zur Weiterveräußerung zu ermächtigen. Um eine Übersicherung zu vermeiden, muss eine Freigabe bei Überschreitung der Deckungsgrenze geregelt sein. Hierzu müssen die Deckungsgrenze und die Bestimmung des Sicherungswertes geregelt werden. Für den umgekehrten Fall ist der H zum „Auffüllen" des Sicherungsgutes zu verpflichten. Dem Sicherungsgeber ist die Möglichkeit der Überprüfung des Bestands und im genau bezeichneten Sicherungsfall die Verwertung zu ermöglichen. Dazu ist es sinnvoll, H zu verpflichten, eine Liste über das Sicherungsgut zu führen und diese in regelmäßigen Zeitabständen zu aktualisieren. Diesbezüglich sollte auch eine Informationspflicht gegenüber B festgeschrieben werden. Sinnvoll ist außerdem eine Versicherung des Gutes gegen Brand usw. (für einen ausführlichen Beispielsvertrag s. *Baur/Stürner*, Anhang 7, S. 1005 ff.).

Zu 2: a) V kann nicht erfolgreich anfechten, wenn der Pkw bereits vor Beginn der Anfechtungsfrist von A an G übereignet wurde. Für eine Übereignung nach § 929 S. 1 fehlte A zunächst die Rechtsmacht, da B aufgrund der Sicherungsübereignung Eigentümerin war. Die für die Übereignung erforderliche Einigung ist jedoch auch antizipiert möglich (s. Rn. 627). Der Eigentumsübergang findet dann aber erst zu dem Zeitpunkt, in dem A sein Eigentum von B zurückerlangt, statt

(§ 185 Abs. 2 Var. 2). Eine entsprechende Rückübereignungsofferte der B lag aber frühestens in der Rücksendung des Fahrzeugbriefs. Dann läge die Übereignung von A an G jedoch innerhalb der Anfechtungsfrist und V könnte erfolgreich anfechten.

b) A könnte vor dem anfechtbaren Zeitraum also nur als Nichtberechtiger das Eigentum an dem Porsche auf G übertragen haben (§§ 929 S. 1, 932). Dafür müsste G aber gutgläubig sein (§ 932 Abs. 2), was aufgrund ihrer Kenntnis der Sicherungsübereignung nicht zutrifft.

c) Aufgrund der nicht auflösend bedingten Einigung (§ 158 Abs. 2) im Rahmen der Sicherungsübereignung hatte A auch keine Anwartschaft, welche er vor dem anfechtbaren Zeitraum an G hätte übertragen können.

d) A hatte daher kein dingliches Recht an dem Auto, das er bei der Schenkung auf G hätte übertragen können. Vielmehr konnte er zur Erfüllung seines Schenkungsversprechens nur den gegen B bestehenden (künftigen) Rückübereignungsanspruch an G abtreten. Mit dieser Abtretung geht der dem A aus der Sicherungsabrede mit B zustehende Anspruch auf Rückübereignung auf die G über, die in Erfüllung dieses Übereignungsanspruches von der B das Eigentum an dem Auto erwirbt. Letzteres geschieht dann zwar in dem anfechtbaren Zeitraum, betrifft aber nicht mehr das Vermögen des A, aus dem der Rückübereignungsanspruch schon vor dem anfechtbaren Zeitraum in Erfüllung der Schenkung ausgeschieden ist. Das Handeln des A ist insofern auslegungsbedürftig (§§ 133, 157). Dabei ist zu berücksichtigen, dass es juristischen Laien bei ihrem Handeln regelmäßig nicht um die juristische Konstruktion (Übereignung oder Abtretung etc.), sondern um das Ergebnis geht. A wollte hier alle seine Rechte an dem Wagen auf seine Frau übertragen. Das war ihm aber nur im Wege der Abtretung seines Übereignungsanspruches möglich. Im Rahmen einer antizipierten Einigung wäre er an diese nicht gebunden gewesen. Gerade das wollte er aber, weil er ein Interesse an einer möglichst raschen Übertragung an G hatte. Auch konnte nur so sein formnichtiges Schenkungsversprechen gem. § 518 Abs. 2 zügig geheilt werden. Im Ergebnis wurde G daher Eigentümerin (durch Übereignung von B) und V kann die vorausgehende Abtretung des Übereignungsanspruches an G nicht anfechten, da diese in den nichtanfechtbaren Zeitraum fällt.

Zu 3: a) A kann von der B den Erlös nach § 816 Abs. 1 S. 1 verlangen, wenn diese als Nichtberechtigte über die Waren verfügt hat. Dies wäre der Fall, wenn die Sicherungsübereignung sittenwidrig und B deshalb zur Verwertung nicht berechtigt war. Eine anfängliche Übersicherung besteht nicht, da der realisierbare Wert der Waren 150 Prozent der gesicherten Forderung nicht übersteigt. Wegen des Risikos, dass bei der Verwertung der Marktpreis nicht erzielt werden kann, ist ein Bewertungsabschlag in Höhe von einem Drittel des aktuellen Wertes (Marktpreis) anerkannt (Rn. 633, 600). Es kommt deshalb mangels Freigabeklausel nur eine nachträgliche Übersicherung als Einschränkung der wirtschaftlichen Bewegungsfreiheit und damit als Grund für eine Sittenwidrigkeit nach § 138 Abs. 1 in Betracht. Das Fehlen einer ausdrücklichen (dinglichen) Freigabeklausel und einer Deckungsgrenze führt seit der Entscheidung des Großen Senats für Zivilsachen (BGHZ 137, 212) jedoch nicht mehr zur Sittenwidrigkeit, da eine genaue Deckungsgrenze im Voraus regelmäßig nicht bestimmbar sei (s. auch o. Fall 9, Rn. 609). Jeder Sicherungsvertrag enthält bereits einen ermessensunabhängigen Freigabeanspruch des Sicherungsgebers für den Eintritt nachträglicher, nicht nur vorübergehender Übersicherung (s. o. Rn. 602).

Daher sind der Sicherungsvertrag und die Sicherungsübereignung (zur Fehleridentität s. o. Rn. 43, 155 f.) an die B wirksam. Die zwischenzeitliche Rückführung des Kredits begründet nur einen Freigabeanspruch, der die Wirksamkeit der Übereignung nicht betrifft. Folglich war die B zur Verfügung aufgrund ihres Eigentums, welches Sie durch die wirksame Sicherungsübereignung von A erlangt hat, berechtigt. Ein Anspruch aus § 816 Abs. 1 besteht für A somit nicht.

b) C könnte aber aufgrund des gutgläubigen lastenfreien Erwerbs der Dritterwerber (§ 936 Abs. 1) von der B einen Teil (10.000 €) des Erlöses nach § 816 Abs. 1 S. 1 verlangen, wenn sein Vermieterpfandrecht gegenüber dem Sicherungseigentum vorrangig bzw. das Sicherungseigentum mit dem Vermieterpfandrecht belastet war. C steht an den eingebrachten Sachen des Mieters (A) gem. § 562 Abs. 1 ein Pfandrecht zu. In dem Zeitpunkt, in dem A die Sachen in den konkret bezeichneten Lagerraum einbringt, werden sie aber auch zur Übereignung an B bestimmt. Insoweit würden Sicherungseigentum und Vermieterpfandrecht gleichzeitig (§§ 1209, 1257) entstehen. Eine Ansicht geht deshalb von einer Gleichrangigkeit beider Rechte aus (Weber/Rauscher, NJW 1988, 1571, 1572). Nach Ansicht des Bundesgerichtshofs widerspricht eine gleichmäßige Berücksichtigung beider Rechte jedoch dem Willen des Gesetzgebers, dem Vermieter sei vielmehr eine bevorzugte Sicherung zu geben (BGHZ 117, 200, 207). Da die Forderungen des Sicherungsnehmers regelmäßig wesentlich höher seien als die Mietforderungen, sei ein Vorrang des Vermieterpfandrechtes zum Schutz vor einer Aushöhlung notwendig (im Ergebnis ebenso, wenn auch mit anderer Begründung Baur/Stürner, § 59 Rn.65). Damit kann C von B Zahlung von 10.000 € verlangen.

§ 17

Zu 1: Das Pfandrecht gewährt dessen Inhaber grundsätzlich ein Verwertungsrecht bei Pfandreife. Neben diesem praktisch wichtigsten Fall kann eine Pfandsache im Ausnahmefall auch gebraucht und Nutzungen aus ihr gezogen werden, sog. Nutzungspfandrecht (§ 1213; s. o. Rn. 640).

Zu 2: Das Pfandrecht setzt eine Forderung voraus: Ohne eine bestimmbare, zu sichernde Forderung gelangt das Pfandrecht nicht zur Entstehung, sog. Akzessorietät (s. o. Rn. 643). Das hat zum einen Auswirkungen auf die Übertragung des Pfandrechts, die durch Forderungsabtretung erfolgt: Das Pfandrecht als akzessorisches Sicherungsrecht geht mit der Forderung über (§§ 1250 Abs. 1, 398, 401 Abs. 1). Zum anderen schließt die Akzessorietät bestimmte Fälle des gutgläubigen Pfandrechtserwerbs aus: So kommt es beim Ersterwerb auf die Gutgläubigkeit nicht an, wenn keine Forderung besteht, da dann ein Erwerb von vornherein ausscheidet. Aber auch der gutgläubige Zweiterwerb ist dann ausgeschlossen (unstreitig, für einen anderen Fall s. Kontrollfrage Nr. 5): Die Abtretung der angeblichen Forderung (die nicht gutgläubig erworben werden kann) geht ins Leere (s. o. Rn. 662) und mangels Forderung besteht kein Pfandrecht. Dann kann kein gutgläubiger Erwerb des Pfandrechtes stattfinden, weil es ein „forderungsentkleidetes" Pfandrecht wie nach § 1138 bei der Hypothek nicht gibt. Auf den „Erwerber" würde in solchen Fällen daher nichts übergehen.

Zu 3: Das Pfandrecht an beweglichen Sachen wurde weitgehend durch die Sicherungsübereignung, das Pfandrecht an Rechten durch die Sicherungsabtretung verdrängt.

Für das Pfandrecht an beweglichen Sachen hängt dies vor allem mit der gesetzlichen Ausgestaltung als Besitzpfandrecht zusammen. Dieses widerspricht häufig den Erfordernissen und Interessen des Rechtsverkehrs. So will der Sicherungsgeber die Sache i.d.R. weiterhin nutzen und der Sicherungsnehmer diese bspw. nicht nutzlos verwahren. Hier bietet sich die Sicherungsübereignung an, die keinen unmittelbaren Besitz des Sicherungsnehmers voraussetzt (s. ausführlich o. Rn. 648 und 616).

Nachteil der Rechtsverpfändung im Vergleich zur Sicherungsabtretung ist die Anzeigepflicht gem. § 1280. Sie ist Entstehungsvoraussetzung für viele Pfandrechte an Rechten und führt zur Bevorzugung der Sicherungsabtretung durch die Praxis. Die Sicherungsabtretung kennt ein solches Erfordernis nicht. Dadurch braucht dem Forderungsschuldner das oft hinter der Sicherungsabtretung steckende Kreditgeschäft nicht offengelegt werden (s. Rn. 669, 616).

Zu 4: Nach überwiegender Meinung ist der gutgläubige Erwerb eines gesetzlichen Pfandrechtes ausgeschlossen (Wortlautargument § 1257: „*entstandenes*" Pfandrecht; s. Rn. 656 und Fall 9, Rn. 614).

Zu 5: Hier ist B zwar Inhaber der Forderung (die Darlehenforderung gegen A), nicht aber Inhaber des Pfandrechts geworden. Ob C durch die Abtretung der Forderung (§ 1250) das Pfandrecht gutgläubig erwerben kann, hängt davon ab, ob man in diesen Fällen den gutgläubigen Zweiterwerb eines Pfandrechts zulässt (s. hierzu Rn. 662): Überwiegend wird das abgelehnt, da eine dem § 1207 (dieser gilt nur für die Erstbestellung) entsprechende Vorschrift fehlt (Jauernig/*Jauernig*, § 1250 Rn. 1). Im Übrigen fehlt schon ein Rechtsscheinsträger für den guten Glauben. Die Bank kann daher auch bei Gutgläubigkeit das Pfandrecht nicht erwerben.

§ 18

Zu 1: Die Bestellung einer Hypothek kommt nur in Betracht, wenn die zu sichernde Forderung hinreichend bestimmt ist (s. o. Rn. 682). Dies ist hier nicht der Fall. Weder steht ein konkreter Forderungsbetrag, noch der Gläubiger fest. Mangels hinreichender Bestimmtheit wäre die Hypothek daher auch nicht eintragungsfähig (s. § 1115).

Zu 2: Wie in Kontrollfrage 1 stellt sich das Problem, ob die für die Hypothekenbestellung erforderliche, bestimmbare Forderung vorliegt. Ein Bausparvertrag ist ein zwischen Bausparer und Bausparkasse vereinbartes Anlagemodell, bei dem der Bausparer ein Guthaben anspart. Bei Zuteilung des Bausparvertrages wird dann die Differenz von dem Guthaben zur vertraglich vereinbarten Bausparsumme von der Bausparkasse als Baudarlehen (ein Darlehen, das den Zweck des Neu-, Aus- oder Umbaus eines Gebäudes hat; Palandt/*Weidenkaff*, Vorb. § 488 Rn. 14) gewährt. Bei dem Rückzahlungsanspruch aus dem Baudarlehen handelt es sich um eine künftige Forderung. Auch solche Forderungen können grundsätzlich durch eine Hypothek gesichert werden, § 1113 Abs. 2. Zur Wahrung der Rechtssicherheit und zur Vermeidung übermäßiger Inanspruchnahme, werden an künftige Forderungen hohe Anforderungen gestellt (ähnlich wie bei der Vormerkung; s. o. Rn. 438). Dazu ist es erforderlich, dass für die künftige Forderung eine hinreichende Grundlage geschaffen wurde, so dass eine gewisse Sicherheit für ihr Entstehen besteht (Jauernig/*Jauernig*, § 1113 Rn. 9). Dazu muss die künftige Forderung hinsichtlich des Schuldners, des Gläubigers, des Geldbetrages und der Einzelheiten ihrer Erfüllung bestimmt sein. A könnte daher eine Hypothek bestellen, wenn bereits jetzt

zwischen ihm als Schuldner und der Bausparkasse als Gläubigerin die Höhe des
Darlehensrückzahlungsanspruchs nebst Zinsen und Zahlungsmodalitäten vertraglich festgelegt wird. Für die Bestimmtheit der Zinsen genügt insoweit, dass ihre
Berechnungsgrundlage, also die Kriterien angegeben werden, nach denen sich die
Zinshöhe bemisst und der Zinssatz sich ändert. Für einen variablen Zins (§ 489
Abs. 2) ist zusätzlich erforderlich, dass ein Höchstzinssatz oder ein Zinsrahmen angegeben wird. Sind diese Voraussetzungen erfüllt, kann A schon jetzt zugunsten
der Bausparkasse eine Hypothek an seinem Grundstück bestellen. Bis zur Valutierung besteht diese dann als Eigentümergrundschuld nach §§ 1163 Abs. 1 S. 1,
§ 1177 Abs. 1 (s. o. Rn. 682).

Zu 3: a) Zunächst hat W gem. § 648a einen Anspruch auf Bestellung von Sicherheiten,
bei deren Nichtgewährung er ein Leistungsverweigerungsrecht mit den Rechten der §§ 643, 645 Abs. 1 hat (§ 648a Abs. 5). Außerdem kann W gem. § 648
die Einräumung einer Sicherungshypothek (§ 1184; s. o. Rn. 675) auf dem
Baugrundstück des Bestellers (A) verlangen. Dazu kann er sich im Wege der
einstweiligen Verfügung eine Vormerkung eintragen lassen (s. o. Rn. 441). Wegen der meist schon vorliegenden Belastung mit Grundpfandrechten durch
finanzierende Kreditinstitute hat diese Sicherungsmöglichkeit jedoch geringe
praktische Bedeutung.

b) W hat sich zwar mit A über die Bestellung der Hypothek nach §§ 873 Abs. 1,
1113, 1115 Abs. 1, 1116 Abs. 2 geeinigt und wurde im Grundbuch als Hypothekar eingetragen, A verfügte jedoch als Nichtberechtigter, sodass nur ein gutgläubiger Erwerb nach § 892 in Betracht kommt. Die Anfechtung des Kaufvertrages durch E wegen arglistiger Täuschung schlägt auf die Auflassung durch, da
E bei Kenntnis der Täuschung das Erfüllungsgeschäft nicht gewollt hätte (Fehleridentität; s. o. Rn. 43, 155 f.). Damit ist A im Zeitpunkt der Verfügung an W
(§ 142 Abs. 1) nicht Eigentümer gewesen und verfügte als Nichtberechtigter.
Zugunsten des W wird jedoch nach § 892 Abs. 1 der Inhalt des Grundbuches
als richtig angesehen, soweit er beim Erwerb des dinglichen Rechts im guten
Glauben und kein Widerspruch im Grundbuch eingetragen war. Nach dieser
Vorschrift hindert nur die positive Kenntnis der Unrichtigkeit des Grundbuches den gutgläubigen Erwerb (s. o. Rn. 414). Dafür genügt die Kenntnis der
die Unrichtigkeit begründenden Tatsachen (s. § 142 Abs. 2). Zwar hat W hier
letztlich von den Tatsachen der arglistigen Täuschung Kenntnis erlangt, dies geschah jedoch erst nach Stellung des Antrages auf Eintragung des W als Hypothekar im Grundbuch. Gem. § 892 Abs. 2 ist eine Bösgläubigkeit nach Stellung
des Eintragungsantrages jedoch unbeachtlich, so dass W in diesem Fall Hypothekar geworden ist. Anders verhält es sich im Falle der Eintragung eines Widerspruchs (s. o. Rn. 418): Dieser hindert den gutgläubigen Erwerb auch noch
nach Stellung des Eintragungsantrages bis zum Zeitpunkt der Eintragung des
Rechts. § 892 Abs. 2 findet keine Anwendung. In diesem Fall kann W die Hypothek daher nicht gutgläubig erwerben.

Zu 4: Da E eine Zwangsvollstreckung aus der Hypothek in sein Grundstück dulden
muss (§ 1147), stellt sich die Frage, ob dieser auch die Fahrzeuge unterliegen. Das
wäre der Fall, wenn sie Zubehör (§ 97 Abs. 1) sind und sich gem. § 1120 die Haftung auch auf sie erstrecken würde. Voraussetzung dafür ist, dass die Zubehörstücke im Eigentum des Grundstückseigentümers stehen (§ 1120). Hiervon ist mangels anderweitiger Angaben im Sachverhalt auszugehen. Die Zubehöreigenschaft
richtet sich nach § 97. Die Fahrzeuge müssten hierzu dem wirtschaftlichen Zweck
der Hauptsache zu dienen bestimmt sein und in einem dieser Bestimmung ent-

sprechenden räumlichen Verhältnis stehen. Bezogen auf die Fahrzeuge eines Fuhrunternehmens lehnt die Rechtsprechung das Vorliegen dieser Voraussetzungen ab. Man wird bereits das Merkmal der Hauptsache i. S. v. § 97 Abs. 1 bei einer Außenstelle wie vorliegend in Zweifel ziehen können. Insofern liegt der Schwerpunkt des Speditionsbetriebes wohl eher auf der Hauptniederlassung. Auch handelt es sich bei dem Fuhrpark nicht um Kraftfahrzeuge, die auf dem Grundstück genutzt werden (so aber z. B. Gabelstapler etc.). Dann aber fehlt es an dem Bezugzusammenhang zwischen den Fahrzeugen und dem Grundstücks. E muss also im Falle einer Zwangsvollstreckung in das Grundstück nicht befürchten, dass hiervon auch die Lkw betroffen sind (vgl. zu allem BGHZ 85, 234).

Zu 5: a) S muss die Zwangsvollstreckung in die Fräsmaschine nach § 1147 dulden, wenn sich der Haftungsverband der Hypothek auch darauf erstreckt und keine Enthaftung eingetreten ist. B ist infolge wirksamer Bestellung Gläubiger einer Hypothek am Grundstück des W geworden. Die Fräsmaschine ist Grundstückszubehör nach §§ 97, 98 Nr. 1. Die Maschine stand zum Zeitpunkt der Bestellung der Hypothek oder später im Eigentum des Grundstückseigentümers W. Sie wird daher vom Haftungsverband der Hypothek nach § 1120 erfasst. Nach § 20 Abs. 2 ZVG bezieht sich die Beschlagnahme des Grundstücks auch auf diese Gegenstände. Da die Entfernung der Fräsmaschine vom Grundstück nach Veräußerung und Beschlagnahme erfolgte, ist eine Enthaftung nach § 1121 Abs. 2 S. 2 zu prüfen (s. o. die Übersicht Rn. 739). Danach ist die Beschlagnahme zugunsten der B gegenüber S nur wirksam, wenn Letztere bei Entfernung der Maschine in Ansehung der Beschlagnahme nicht in gutem Glauben war. Die Bösgläubigkeit könnte sich dabei aus § 23 Abs. 2 S. 1 ZVG ergeben, wonach die Kenntnis des Versteigerungsantrags der Kenntnis der Beschlagnahme gleich steht. Die Vorschrift bezieht sich aber nur auf Verfügungen, die gegen die Beschlagnahme verstoßen. Eine solche lag nach Beschlagnahme aber nicht mehr vor. Vielmehr entfernte S, nachdem sie von der Anordnung der Zwangsversteigerung erfahren hatte, die Maschine. Die Entfernung selbst ist aber keine Verfügung. Insofern hat S zwar die nach dieser Vorschrift nötige Kenntnis für ihre Bösgläubigkeit, es lag aber keine Verfügungen vor. § 23 Abs. 2 S. 1 ZVG fände nach seinem Wortlaut daher keine Anwendung. Es kommt jedoch eine analoge Anwendung in Betracht. Dem Gesetzgeber kam es bei der Enthaftung neben der Veräußerung entscheidend auf die Entfernung der Sache vom belasteten Grundstück an (s. § 1121 Abs. 2). Wegen dieses Zusammenhanges ist § 23 Abs. 2 S. 1 ZVG auf die Entfernung analog anzuwenden. Ein Versteigerungsvermerk (§ 23 Abs. 2 S. 2 ZVG) war noch nicht im Grundbuch eingetragen, jedoch hatte S zum Zeitpunkt der Entfernung (§ 1121 Abs. 2 S. 2) Kenntnis vom Versteigerungsantrag und war daher bösgläubig nach § 23 Abs. 2 S. 1 ZVG. Eine Enthaftung der Fräsmaschine ist damit nicht eingetreten und B kann von S Duldung der Zwangsvollstreckung in die Maschine verlangen.

b) Die Veräußerung von S an D erfolgte wie die Entfernung nach der Beschlagnahme des Grundstücks. Nach § 20 Abs. 2 ZVG bezieht sich die Beschlagnahme auch auf die Gegenstände, auf die sich die Hypothek erstreckt. Sie begründet nach § 23 Abs. 1 ZVG ein relatives Veräußerungsverbot. Insoweit verfügte S als Nichtberechtigte. Da D aber weder von der Beschlagnahme noch von der Hypothek wusste, konnte er nach §§ 136, 135 Abs. 2, 932 gutgläubig Eigentum an der Maschine erwerben. Hier finden die §§ 932 ff. aber nur entsprechende Anwendung (S war Eigentümerin) auf den guten Glauben an die Verfügungsbefugnis (Kropholler, § 932 Rn. 6; s. o. Rn. 197). Es liegt kein Fall des

§ 1121 Abs. 2 vor, da die Entfernung vor der Veräußerung erfolgt (s. o. die Übersicht Rn. 739).

c) Durch die Betriebsstilllegung könnte die Zubehöreigenschaft (ohne Veräußerung) gem. § 1122 Abs. 2 aufgehoben worden sein, so dass die Maschine nicht mehr vom Haftungsverband des § 1120 umfasst wird. Die Regelungen über die Enthaftung nach §§ 1121 f. bezwecken einen Ausgleich zwischen den Interessen des Eigentümers an der wirtschaftlichen Verwertung der Erzeugnisse und des Zubehörs im Rahmen einer ordnungsgemäßen Bewirtschaftung des Grundstücks und dem Sicherungsinteresse des Grundpfandgläubigers (s. o. Rn. 734). Eine unauflösliche Zugehörigkeit der genannten Gegenstände zum Haftungsverband schränkt einerseits die wirtschaftliche Freiheit des Eigentümers hinsichtlich seines Grundstückes zu stark ein. Andererseits ist der Grundpfandgläubiger vor jeder unberechtigten Minderung des Haftungsgegenstandes zu schützen. Legt man diese Interessenlage zu Grunde, so wird das nach § 1120 haftende Zubehör nur „im Rahmen einer ordnungsmäßigen Wirtschaft" (§ 1122 Abs. 2) bei Aufhebung der Zubehöreigenschaft enthaftet (BGHZ 60, 267, 270). Dies geschieht z. B. dadurch, dass altes durch neues Zubehör ausgetauscht wird und somit das Sicherungsinteresse des Grundpfandgläubigers nicht gefährdet wird. Die Stilllegung des Betriebes und Verwertung der einzelnen Betriebsmittel getrennt vom Grundstück entspricht jedoch keiner ordnungsgemäßen Bewirtschaftung. Insoweit besteht kein Bewirtschaftungsinteresse des Eigentümers mehr, das zu berücksichtigen wäre. Vielmehr tritt in dieser Situation das Sicherungsinteresse der Grundpfandgläubiger in den Vordergrund, da eine Darlehenstilgung infolge Betriebsstilllegung nicht mehr zu erwarten ist. Die Grundpfandgläubiger haben daher ein besonderes Interesse das Grundstück nebst Inventar als Gesamtheit zu verwerten. Mangels Veräußerung der Maschine im Rahmen einer ordnungsmäßigen Wirtschaft würde die Zubehöreigenschaft und damit die Zugehörigkeit zum Haftungsverband nicht aufgehoben. Darüber hinaus wäre eine Enthaftung nach § 1122 Abs. 2 nur möglich, wenn die Zubehöreigenschaft vor einer Beschlagnahme erfolgt. Nach Beschlagnahme könnte W die Enthaftung also auch nicht bei Aufhebung der Zubehöreigenschaft im Rahmen einer ordnungsmäßigen Wirtschaft erreichen.

Zu 6: B könnte von A Rückzahlung des Darlehens nach § 488 Abs. 1 S. 2 verlangen, wenn A weiterhin Schuldner der Rückzahlungsverpflichtung ist. Aufgrund des wirksamen Darlehensvertrages ist B Inhaberin der Rückzahlungsforderung. Deren Schuldner war zunächst A. Infolge Schuldübernahme könnte C jedoch neuer Schuldner der Forderung geworden sein. Ein Schuldübernahmevertrag nach § 414 zwischen A und B liegt nicht vor. Eine Schuldübernahme nach §§ 415, 416 zwischen A und C bedarf der Genehmigung durch B, der in dem speziellen Fall einer hypothekarisch gesicherten Forderung eine Mitteilung durch den Veräußerer (A) vorausgehen muss (§ 416 Abs. 1). Ohnehin wurde hier die Genehmigung durch B verweigert. Darüber hinaus war schon unklar, durch wen die Mitteilung an B erfolgte. Für die Mitteilung durch die Person des Veräußerers wird insofern zwar am Wortlaut von § 416 Abs. 1 festgehalten, aber eine Stellvertretung des Veräußerers durch den Erwerber oder eine Genehmigung von Mitteilungen Dritter durch den Veräußerer zugelassen (PWW/*H. F. Müller*, § 416 Rn. 3 m.w.N.), sodass es regelmäßig nicht darauf ankommt, wer die Mitteilung gemacht hat. Mangels Genehmigung durch B kam es hier aber nicht zu einer wirksamen Schuldübernahme. A ist daher Schuldner der B geblieben, die von A Rückzahlung des Darlehens verlangen

kann. Im Verhältnis zwischen A und C liegt jedoch gem. § 415 Abs. 3 eine Erfül-
lungsübernahme i.S. von § 329 vor.

Zu 7: Nach § 1114 kann auch das Wohnungseigentum mit einer Hypothek oder im Fall
mehrerer Wohnungseigentumsteile mit einer Gesamthypothek nach § 1132 belastet werden. W2 könnte daher von W1 aus dem Darlehensvertrag nach § 488 Abs. 1
S. 2 Zahlung verlangen, wenn die Forderung auf ihn übergegangen ist. Nach § 1142
Abs. 1 ist W2 bei Fälligkeit der gesicherten Rückzahlungsforderung zur Befriedigung der Gläubigerin B berechtigt. Da W2 nicht persönlicher Schuldner ist, geht
nach § 1143 Abs. 1 die Darlehensforderung auf ihn über, so dass er daraus gegen
W1 vorgehen kann. Nach §§ 412, 401, 1153 Abs. 1 geht grundsätzlich auch das akzessorische Sicherungsrecht in Höhe des Ersatzanspruches auf W2 über. Hier besteht jedoch eine Gesamthypothek, für die nach § 1143 Abs. 2 die Sonderregelung
des § 1173 gilt. Gem. § 1173 Abs. 1 erwirbt der zahlende Eigentümer/Wohnungs-
eigentümer die Hypothek, soweit sie an seinem Grundstück/Wohnungseigentum
besteht. Hinsichtlich des übrigen Grundstücks/der anderen Wohnungseigentumsteile erlischt die Gesamthypothek. Soweit allerdings ein Wohnungseigentümer
(W2) von dem anderen Wohnungseigentümer (W1) Ersatz für die Befriedigung
des Gläubigers verlangen kann, geht in dieser Höhe die Hypothek an dem Miteigentumsanteil des einen (W1) auf den anderen (W2) über und bleibt zusammen
mit der Hypothek am Miteigentumsanteil des W2 als Gesamthypothek bestehen (s.
§ 1173 Abs. 2). Folglich hat W2 die Hypothek am Wohnungseigentumsanteil des
W1 zusammen mit der Hypothek an seinem Wohnungseigentumsanteil als Gesamthypothek erworben und kann von W1 Duldung der Zwangsvollstreckung in
dessen Wohnungseigentum nach §§ 1147, 1132 Abs. 1 verlangen.

Zu 8: Der S steht ein Ablösungsrecht nach §§ 1150, 268 Abs. 1 zu (vgl. o. Rn. 725). Mit
Zuschlag in der Zwangsversteigerung des Grundstücks erlöschen alle nachrangigen Rechte gem. §§ 52 Abs. 1, 91 Abs. 1 ZVG. Da das nachrangige Grundpfandrecht der S nicht vom Deckungsprinzip nach § 44 ZVG und damit nicht vom ge-
ringsten Gebot umfasst ist, besteht die Gefahr, dass S durch die vom erstrangigen
Gläubiger B betriebene Zwangsvollstreckung ihr Sicherungsrecht verliert, ohne
dass sie aus dem Versteigerungserlös (vollständig) befriedigt wird. Mit der Ablösung dagegen erwirbt S nach §§ 1150, 268 Abs. 3 die Darlehensforderung der B
und nach §§ 412, 401, 1153 Abs. 1 die Gesamthypothek. Die Ausübung des Ab-
lösungsrechts ist immer eine Abwägung nach wirtschaftlichen Gesichtspunkten.

Zu 9: Zahlt X als Bürge an die B, so würde er nach §§ 774 Abs. 1 S. 1, 412, 401 die Darlehensforderung und die Gesamthypothek erwerben. Bei Zahlung durch W2 an B
würde dieser über die Forderung (§ 1143 Abs. 1) neben der Gesamthypothek
(§§ 1143 Abs. 2, 1173 Abs. 2; s. Kontrollfrage 7) auch die Bürgschaftsforderung
gegen X erwerben (§§ 412, 401). Dies hätte zur Folge, dass der jeweils zuerst zahlende Sicherungsgeber in voller Höhe bei dem anderen Sicherungsgeber Regress
nehmen könnte. Zur Vermeidung einer unangemessenen Benachteiligung werden
mehrere Sicherungsgeber daher als Gesamtschuldner behandelt, so dass der zahlende Sicherungsgeber zwar die persönliche Forderung in voller Höhe erwirbt, die
dazugehörige Sicherheit jedoch nur anteilig nach dem Rechtsgedanken des § 426
Abs. 1 (s. o. Rn. 722 und Kontrollfrage 3 zu § 19, Rn. 794).

§ 19

Zu 1: Die zu sichernde Forderung ist nicht hinreichend bestimmt (s. Kontrollfrage 1 zu § 18; Rn. 739). Für die Bestellung einer Grundschuld ist das jedoch bedeutungslos, da diese nicht akzessorisch, also kein von der Forderung abhängiges Sicherungsrecht, ist (s. o. Rn. 741). Die Grundschuld kann auch zugunsten eines Eigentümers bestellt werden (sog. Eigentümergrundschuld) und damit die Rangstelle gegenüber nachfolgenden Eintragungen sichern (s. Rn. 759 f.). Eine Grundschuldbestellung ist daher bereits jetzt möglich.

Zu 2: a) Zunächst war die B-Bank Inhaberin der Hypothek. Persönlicher Schuldner und dinglich Haftender müssen auch bei der Hypothek nicht identisch sein (vgl. § 1137 Abs. 2). Mit der anfänglichen Tilgung der Forderung durch X in Höhe von 60.000 € ist eine der Resthypothek der B-Bank nachrangige Eigentümergrundschuld des Y entstanden (§§ 1163 Abs. 1 S. 2, 1177 Abs. 1 S. 1; s. o. Rn. 724). X wurde nicht nach § 1164 Abs. 1 Inhaber der Hypothek, da er keinen Ersatzanspruch gegen Y hat. Durch die Zahlung zur Vermeidung der Zwangsvollstreckung übte Y sein Befriedigungsrecht gemäß § 1142 Abs. 1 aus, das er als Eigentümer des mit der Hypothek belasteten Grundstücks hatte. Damit ging gem. § 1143 Abs. 1 die Forderung auf ihn über und nach §§ 1153 Abs. 1, 412, 401 auch die Resthypothek (s. o. Rn. 720 f.). Diese wurde zur Eigentümerhypothek, für die gem. § 1177 Abs. 2 die Beschränkungen des § 1197 gelten. In Höhe der gezahlten Zinsrückstände ist die Hypothek dagegen nach § 1178 Abs. 1 S. 1 erloschen, der diesbezüglich übergegangene Anspruch also nicht mehr gesichert.

b) Der persönliche Schuldner X zahlt die 60.000 € im Zweifel auf die persönliche Schuld. Die Grundschuld bleibt dabei Fremdgrundschuld (s. o. Rn. 782), Y hat aber aus dem Sicherungsvertrag in Höhe der Tilgung einen Rückübertragungsanspruch, der gerichtet ist auf Übertragung (§§ 1192 Abs. 1, 1154) Verzicht (§§ 1192 Abs. 1, 1168) oder Aufhebung (§ 875). Diese Möglichkeiten stehen ihm zur Wahl (s. o. Rn. 781).

Durch die Zahlung zur Vermeidung der Zwangsvollstreckung wäre Y grds. aber nicht Inhaber der Grundschuld geworden, da § 1153 Abs. 1 auf diese nicht anwendbar ist (s. o. Rn. 764): Voraussetzung für den Übergang der Hypothek ist die Akzessorietät zur Forderung, die bei der Grundschuld nicht gegeben ist (s. Rn. 741).

Der Übergang der Grundschuld wird aber dennoch angenommen, wenn der Eigentümer eine Zahlung **auf die Grundschuld** leistet (s. o. Rn. 786). Er erfolgt nach h.M. analog §§ 1192 Abs. 1, 1142, 1143 Abs. 1 (zu den Gegenauffassungen s. Rn. 786). Hier wollte A eine Zwangsvollstreckung aus der Grundschuld verhindern und deshalb die Grundschuld ablösen. Auch war er nicht persönlicher Schuldner. Seine Zahlung erfolgte daher auf die Grundschuld (s. o. Rn. 788). Die Fremdgrundschuld der Bank wurde dadurch zur Eigentümergrundschuld des Y.

c) Ein Übergang der Forderung gemäß § 1143 Abs. 1 ist bei der Grundschuld nicht möglich, da auch diese Norm die Akzessorietät voraussetzt (s. o. Rn. 788). Y kann daher nach h.M. von der B-Bank Abtretung der Forderung an sich gem. §§ 398 ff. aus dem Sicherungsvertrag verlangen (s. Rn. 788 m.w.N.). Die Bestellung einer Grundschuld zur Sicherung einer fremden Verbindlichkeit steht der Bestellung einer Hypothek für eine fremde Schuld so nahe, dass die Eigentümer gleichgestellt werden müssen. Deshalb enthält der Sicherungsvertrag regelmäßig die Verpflichtung, die Forderung an den ablösenden Eigentümer zu übertragen. Hierin liegt eher ein Forderungskauf als Rechtsgrund für die Abtretung als Rechtsgrund für die Abtretung als eine Leistung auf die persönliche Forderung. Andernfalls würde diese erlöschen (§§ 362 Abs. 1, 267 Abs. 1). Y hat daher die Forderung von der B-Bank im Wege der Abtretung erworben (s. *BGH* NJW 1982, 2308).

Zu 3: Im Falle einer Zahlung des Y auf die Grundschuld wird diese zur Eigentümergrundschuld (§§ 1192, 1142, 1143 Abs. 1 analog; s. o. Rn. 786), die Forderung gegen X geht nicht unter. Y kann deren Abtretung an sich aber aus dem Sicherungsvertrag verlangen. Mit der Abtretung der Forderung nach § 398 ginge die Bürgschaft gemäß § 401 auf Y über und er könnte Z in voller Höhe in Regress nehmen.

Würde dagegen Z die Forderung der B-Bank gegen X tilgen, ginge gemäß § 774 Abs. 1 S. 1 die Forderung der B-Bank auf Z über. Die Grundschuld wäre davon nicht betroffen, denn sie ist kein akzessorisches Recht und kann daher nicht mit der abgetretenen Forderung gem. §§ 401, 412 übergehen (s. o. Rn. 764). Allerdings wäre die B-Bank verpflichtet, auch die Grundschuld an Z zu übertragen, da sie die abgetretene Forderung sichert. Damit könnte dann Z die Zwangsvollstreckung in das Grundstück des Y (in voller Höhe) betreiben, §§ 1192 Abs. 2, 1147.

Dieses Ergebnis, die uneingeschränkte Geltung des Prioritätsprinzips, ist unbefriedigend. Es würde die jeweiligen Sicherungsgeber auffordern, als Erster auf die Forderung zu zahlen, um bei den anderen Sicherungsgebern Regress nehmen zu können.

Teilweise wird dieses Prioritätsprinzip unter Verweis auf den Gesetzeswortlaut dennoch angewandt (s. *Reinicke/Tiedke*, Rn. 1317 f.). Hergeleitet wird dies aus § 776. Nach der Rechtsprechung und der nunmehr h. M. ist die Sicherung durch verschiedene Sicherungsmittel und Sicherungsgeber wie die Gesamtschuld zu behandeln (*Medicus*, BR, Rn. 941 m. w. N.; s. o. Rn. 722). Die Sicherungsgeber seien analog § 426 Abs. 1 zum Innenausgleich verpflichtet. Für die Ansicht spricht, dass diese Regelung von Gesetzes wegen für den Ausgleich der Bürgen untereinander gilt (§§ 774 Abs. 2, 426) und der Gesetzgeber es unterlassen hat, einen Ausgleich für gleichstufige, unterschiedliche Sicherungsmittel zu regeln. Zudem verweist § 1143 Abs. 1 S. 2 auf § 774 Abs. 1, was für eine Gleichartigkeit von Hypothekar- und Bürgenregress spricht. Dieses gesetzliche Regressverhältnis ist auch auf den Grundschuldbesteller anzuwenden, da er dem Hypothekar in dieser Situation wirtschaftlich gleichsteht.

Zu 4: Die Fallkonstellation behandelt den typischen Fall einer Zwischenfinanzierung (vgl. *BGH* WM 1976, 682; s. o. Rn. 757). Diese könnte E durch Abtretung seines (künftigen) Auszahlungsanspruchs aus dem Baudarlehen an den Zwischenkreditgeber (Hausbank B) erreichen. Da B zur Kreditgewährung aber nur gegen Verschaffung eines Grundpfandrechtes bereit ist, wäre E allein damit nicht geholfen. Darüber hinaus wird später auch die Auszahlung des Baudarlehens durch C von der Gewährung einer möglichst erstrangigen Sicherheit (i. d. R. eine Grundschuld) abhängen. Es sind also Sicherungsbedürfnisse von B *und* C zu berücksichtigen. Wenn das ausgezahlte Baudarlehen jedoch später zur Tilgung des Zwischenkredites eingesetzt würde, könnte man beide Sicherungsinteressen nacheinander bedienen. Denn dann entfiele das Sicherungsinteresse der B mit Auszahlung des Baudarlehens und das der C würde erst entstehen.

Am einfachsten wäre daher die Eintragung einer Briefhypothek für C an dem Grundstück des E. Bis zur Valutierung des Baukredites steht diese gem. §§ 1163 Abs. 1 S. 1, 1177 Abs. 1 dem E als (vorläufige) Eigentümergrundschuld zu (das Entstehen der Forderung ist – noch – möglich). Sie steht unter der auflösenden Bedingung der Forderungsentstehung (BGHZ 60, 226, 228) und eignet sich zur Sicherung einer Zwischenfinanzierung, weil der Eigentümer über sie (durch schriftliche Abtretung und Briefübergabe bzw. Vereinbarung eines Übergabesurrogates; §§ 1192, 1154 Abs. 1, 1117 Abs. 1 S. 1 bzw. S. 2) verfügen kann (BGHZ 53, 60). Mit Übertragung der Grundschuld an B wird dann i.d.R. auch der künftige Baudarlehensanspruch des Eigentümers gegen die Bausparkasse an den Zwischenfinanzierer (B) abgetreten und die Abtretung offengelegt (*Medicus*, BR, Rn. 471). Valutiert C später das Baudarlehen, wird dieses aufgrund der Offenlegung an B ausgezahlt. Damit wird zwar die Grundschuld des Zwischenfinanzierers (B) kraft Gesetzes zur Fremdhypothek des C, der Sicherungszweck der B entfällt aber dadurch wegen der Erfüllung ihrer Forderung gegen den Eigentümer. Kommt es nicht zur Auszahlung, wird die (vorläufige) Grundschuld der B zu deren endgültigen Sicherungsgrundschuld.

Nach überwiegender Ansicht soll wegen § 39 GBO eine entsprechende Vorgehensweise bei der Buchhypothek nicht möglich sein (Staudinger/*Wolfsteiner* (2002), § 1163 Rn. 36 m.w.N.).

Weitaus häufiger wird C als Sicherheit aber eine Buchgrundschuld verlangen (Palandt/*Bassenge*, § 1163 Rn. 11). Dann sind mangels Anwendbarkeit von § 1163 Abs. 1 (Palandt/*Bassenge*, § 1163 Rn. 19) für eine Zwischenfinanzierung zusätzliche Abreden der Parteien nötig, denn eine für C bestellte Grundschuld an E's Grundstück entsteht als Fremdrecht. Die Übertragung der Grundschuld von C auf B und wieder zurück (oder auch nur von B auf C, falls diese gleich für B bestellt würde) wäre jeweils nur durch Grundbucheintragung möglich. Um diesen aufwendigen Weg zu vermeiden, erreicht man die Sicherung des Zwischenfinanzierers dadurch, dass der Eigentümer seinen Rückübertragungsanspruch aus der Sicherungsabrede mit der Bausparkasse an den Zwischenfinanzierer abtritt und zwischen End- und Zwischenfinanzierer eine Treuhand derart vereinbart wird, dass Ersterer die Grundschuld treuhänderisch für Letzteren verwaltet, bis das Baudarlehen ausgezahlt ist (Palandt/*Bassenge*, § 1163 Rn. 11).

(Vgl. auch *Rimmelspacher*, JuS 1971, 14.)

Zu 5: Die Enthaftungsvorschriften der §§ 1120 ff. gelten gemäß § 1192 Abs. 1 auch für die Grundschuld, so dass sich gegenüber den Antworten zu § 18 keine Änderungen ergeben. Auf diese sei verwiesen.

§ 20

Zu 1: Eine Grunddienstbarkeit kann nur zusammen mit dem herrschenden Grundstück übertragen werden, da sie als sog. subjektives dingliches Recht gemäß § 96 als Grundstücksbestandteil gilt und somit nicht Gegenstand gesonderter Rechte sein kann (§ 93). Eine isolierte Übertragung der Grunddienstbarkeit scheidet daher aus (s. o. Rn. 799).

Zu 2: Inhalt von Dienstbarkeiten können Nutzungen und Vorteile verschiedenster Art (beispielsweise durch Unterlassungsverpflichtungen) für das herrschende Grundstück sein. Wichtige Grenzen sind jedoch zu beachten: So darf eine Dienstbarkeit nicht die rechtsgeschäftliche Verfügungsfreiheit über das dienende Grundstück beeinträchtigen. Darüber hinaus dürfen Rechte, die nicht Ausfluss des Eigentums (an dem dienenden Grundstück) sind, nicht durch eine Dienstbarkeit eingeschränkt werden (s. o. Rn. 805 ff.).

Zu 3: Beim Nießbrauch werden im Gegensatz zur Dienstbarkeit grundsätzlich alle Nutzungen (an einem Gegenstand oder Grundstück) gewährt. Einzelne Nutzungen können nur ausgeschlossen werden (§ 1030 Abs. 2; s. o. Rn. 814). Die Dienstbarkeit räumt ein Recht auf einzelne Nutzungen ein (s. o. Rn. 805).

Zu 4: In beiden Fällen liegt ein gesetzliches Schuldverhältnis vor. Daran ist insbesondere bei der Fallbearbeitung zu denken. Details hierzu können Sie unter Rn. 812 und 820 wiederholen.

Antworten zu den klassischen Entscheidungen

Entscheidung 1 (Rn. 172)

Zu 1: Der „Bonifatiusfall" enthält im Kern ein sachenrechtliches und ein erbrechtliches Problem. Zum einen nimmt das Reichsgericht zur rechtlichen Qualifizierung des Einigseins i.S. des § 929 S. 1 Stellung. Zum anderen geht es um die Frage, ob ein (form-)wirksames Schenkungsversprechen vorliegt, wenn dieses mündlich abgegeben wurde und die Sache erst nach dem Tod des Schenkers durch einen Boten des Verstorbenen dem Beschenkten überbracht wird. Entscheidend ist, ob es sich dabei um eine Schenkung unter Lebenden (§§ 516 ff.) oder von Todes wegen (§ 2301) handelt. Nach der Auffassung des Reichsgerichts kommt § 2301 auch dann zur Anwendung, wenn der Schenker seinen nahen Tod erwartet und das Überleben des Beschenkten für gewiss hält. Für die Heilung nach § 2301 Abs. 2 genügt im Gegensatz zu § 518 Abs. 2 die bloße Leistungsbewirkung durch den Erblasser nicht (vgl. Palandt/*Edenhofer*, § 2301 Rn. 8; Palandt/*Weidenkaff*, § 518 Rn. 9 ff.). Daher müssen derartige Schenkungsversprechen notariell beurkundet werden, §§ 2301 Abs. 1 S. 1, 2276 Abs. 1.

Zu 2: Das Reichsgericht verlangt einen im Zeitpunkt der Übergabe vorhandenen Übereignungswillen von Eigentümer und Erwerber. Dabei beruft es sich auf den Wortlaut des § 929 S. 1. Verstirbt der Erklärende vor der Übergabe, so hängt die Wirksamkeit der Übereignung letztlich vom Einigungswillen seines Rechtsnachfolgers ab.

Zu 3: Bei Berücksichtigung des entgegenstehenden Willens des Rechtsnachfolgers könnte der Erwerber nicht auf den Bestand der ihm bereits zugegangenen Willenserklärung vertrauen. Nach den §§ 130 Abs. 2, 153 kann ein Vertrag aber auch zustande kommen, wenn der Antragende nach Abgabe und vor Annahme der Willenserklärung stirbt (sog. transmortaler Vertrag).

Zu 4: Nach heutigem Verständnis wird das Einigsein in § 929 S. 1 als dinglicher Vertrag gesehen (s. Rn. 166). Im Zeitpunkt der Übergabe müssen zwei übereinstimmende und wirksame Willenserklärungen vorliegen. Der Inhalt der vom Erblasser abgegebenen Erklärung wird seinen Erben zugerechnet. Eine bloße Änderung der Willensrichtung der Erben ist unbeachtlich. Diesen bleibt (nur) die Möglichkeit, die Erklärung nach außen erkennbar zu widerrufen. Die heute überwiegende Ansicht geht davon aus, dass die Erklärung, selbst nachdem sie dem Erwerber zugegangen ist (§ 130 Abs. 1 S. 2), bis zum Zeitpunkt der Übergabe widerrufen werden kann (Rn. 170 ff.).

Siehe auch *Martinek/Röhrborn*, JuS 1994, 473, 564; *Otte*, Jura 1993, 643.

Entscheidung 2 (Rn. 208)

Zu 1: Für einen eigenen vertraglichen Anspruch müssten die Parteien einen Kaufvertrag geschlossen haben. Dies setzt zwei übereinstimmende Willenerklärungen voraus, deren Vorliegen im Wege der Auslegung der (konkludenten) Erklärungen der möglichen Vertragsparteien zu ermitteln ist. Hierbei gilt der Maßstab der §§ 133, 157. Danach kommt es auf den Erklärungsgehalt an, wie er sich vom (objektiven) Empfängerhorizont darstellt (Jauernig/*Jauernig*, § 133 Rn. 10). Der Abruf der Brennstoffe durch den Hausmeister gegenüber H ist nicht an die Klägerin gerichtet, so dass darin kein Angebot an sie zum Vertragsschluss enthalten ist. Ein Angebot könnte aber in der Anlieferung des Koks liegen. Nach Ansicht der Klägerin hat H jedoch bereits als ihr Vertreter einen entsprechenden Vertrag mit der Beklagten geschlossen, so dass sie kein neues Angebot abgeben wollte. Außerdem ist der Kaufpreis nicht genannt. Damit fehlt es aber an einem für den Kaufvertrag erforderlichen Element (essentialia negotii). Die Beklagte ging von einem bestehenden Vertrag mit der Firma St. aus. Die Sicht eines Erklärungsempfängers ergibt daher kein Angebot. Mangels Vertragsschluss hat die Klägerin daher keinen eigenen vertraglichen Anspruch gegen die Beklagte. Soweit sie sich den Anspruch aus dem Vertrag zwischen H und der Beklagten hat abtreten lassen, war dieser bereits durch Erfüllung erloschen oder die Beklagte kann zumindest hinsichtlich der Anzahlung aufrechnen (§ 406).

Zu 2: Der Grund dafür, dass die Übergabe auf Geheiß des Veräußerers der Übergabe durch den Veräußerer gleich gestellt wird, liegt in der Besitzverschaffungsmacht des Veräußerers. Der Umstand, dass der Dritte (Geheißperson) sich dem Geheiß des Verfügenden unterwirft und die Sache weisungsgemäß übergibt, lässt auf eine mittelbare Sachherrschaft des Veräußerers schließen, die ihn wie eigener Besitz als Herren der Sache ausweist (s. o. Rn. 178 f.). Voraussetzung für eine Geheißlage ist, dass sich der Dritte tatsächlich dem Geheiß unterwirft (s. o. Rn. 179). Teilweise wird zusätzlich gefordert, dass der Eigentümer im Bewusstsein liefert, der Anweisende habe die Sache an den Empfänger veräußert, also die Übergabe zwecks Übereignung erfolgt (*Medicus*, BR, Rn. 564).

Zu 3: Neben der Übergabe ist für die Übereignung ein entsprechendes Angebot der Klägerin auf Übereignung und dessen Annahme durch die Beklagte nötig (§ 929 S. 1). Durch die Auslieferung wollte die Klägerin aufschiebend bedingt übereignen. Als empfangsbedürftige Willenserklärung ist das Angebot so auszulegen, wie es der Empfänger nach Treu und Glauben unter Berücksichtigung der Verkehrssitte verstehen musste (§§ 133, 157). Da die Beklagte keinen Vertrag mit der Klägerin geschlossen hatte, musste sie die Lieferung grundsätzlich als Erfüllungsleistung des H und nicht als Übereignungsangebot der Klägerin verstehen. Der Inhalt des Lieferscheins lässt sich anhand des Urteilstatbestands nicht genau ermitteln. Soweit er lediglich die Auslieferung dokumentiert, musste die Beklagte daraus nicht auf ein Übereignungsangebot schließen. Der Hinweis auf den Eigentumsvorbehalt konnte von der Beklagten auch so verstanden werden, dass die Klägerin diesen mit H vereinbart hat. Die (bedingte) Übereignung nach § 929 S. 1 zwischen Klägerin und Beklagter scheitert daher am fehlenden Erfordernis der Einigung.

Zu 4: Durch den Abruf seitens des Hausmeisters macht die Beklagte dem H ein Übereignungsangebot, das dieser mit der von ihm veranlassten Lieferung annahm. Für die Übergabe nach § 929 S. 1 genügt es, dass sich die Klägerin dem Geheiß des H unterworfen hat. Da H nicht Eigentümer des Koks ist, kommt nur ein gutgläubiger Erwerb nach § 932 in Betracht. Soweit die Beklagte trotz ihrer Vorauszahlung von einem Eigentumsvorbehalt zwischen H und der Klägerin ausgehen musste und daher an die Verfügungsbefugnis des H glaubte, richtet sich der Erwerb nach § 366 HGB. Dafür ist ausreichend, dass seitens des H ein Handelsgeschäft nach §§ 343, 344 HGB vorlag. Die Beklagte wusste nicht, dass H als Nichtberechtigter verfügte. Aufgrund des Lieferscheins waren daran auch keine Zweifel begründet, die zu einer Nachforschungspflicht der Beklagten führen würden (hierzu o. Rn. 202 f.).

Der Senat hat in seiner Entscheidung den Erwerber im Rahmen von § 932 als schutzwürdig angesehen, unabhängig davon, ob ihm die Sache vom Veräußerer direkt oder auf dessen Anweisung von einem Dritten übergeben wird. Eine andere Ansicht (*Medicus*, BR, Rn. 564) fordert für die Geheißlage als zusätzliche (subjektive) Voraussetzung, dass der Eigentümer im Bewusstsein liefert, der Anweisende habe an den Empfänger veräußert. Danach konnte die Beklagte kein Eigentum erwerben. Für die Übergabe nach § 929 S. 1 ist jedoch nur die tatsächliche Sachherrschaft maßgeblich, so dass in diesem Zusammenhang ein subjektives Merkmal grundsätzlich ohne Bedeutung ist. Für die Frage des gutgläubigen Erwerbs ist entscheidend, ob der Umstand, dass der Nichtberechtigte den Eigentümer (evtl. durch Täuschung) zur Übergabe veranlasst hat, als Rechtsschein ausreicht. Der Bundesgerichthof hat in einer späteren Entscheidung (*BGH* JZ 1975, 27) den Erwerb zugelassen, wenn die Lieferung objektiv betrachtet aus der Sicht des Erwerbers als Leistung des Veräußerers erscheint. Hat der Eigentümer diesen Rechtsschein mit veranlasst, erscheint es interessengerecht, seinen Schutz hinter den des Erwerbers zurücktreten zu lassen. Die Klägerin wollte H als ihren Vertreter einsetzen, dafür muss sie auch die Folgen tragen.

Zu 5: Zur Vermeidung eines Eigentumserwerbs hätte die Klägerin der Beklagten eindeutig mitteilen müssen, dass sie ausschließlich in Erfüllung eines Kaufvertrags zwischen ihr und der Beklagten übereignet. Hier könnten ähnliche Anforderungen wie nach der Rechtsprechung zum nachträglich vereinbarten Eigentumsvorbehalt (BGHZ 64, 395) zu stellen sein (s. hierzu u. Rn. 552 ff.), z. B. dass die Klägerin das Angebot drucktechnisch deutlich erklären müsste und für den Zugang an eine für den Vertragsschluss zuständige Person Sorge trägt.

Zu 6: Da H dann wirksam als Nichtberechtigter über den Koks verfügt hat, kann die Klägerin von ihm gem. § 816 Abs. 1 S. 1 den Erlös verlangen. Wegen der Handlung des H in Schädigungsabsicht, haftet er auch gem. § 826, § 823 Abs.1 und § 823 Abs. 2 i.V. m § 263 Abs. 1 StGB.

Entscheidung 3 (Rn. 247)

Zu 1: Der Bundesgerichtshof prüft den Schadensersatzanspruch gemäß §§ 989, 990 Abs. 1 und einen Bereicherungsanspruch nach §§ 951 Abs. 1, 812 Abs. 1 S. 1 Var. 2. Der Anspruch aus §§ 989, 990 Abs. 1 schied dabei aus, weil der Fabrikant zum Zeitpunkt der Tierübergabe gutgläubig hinsichtlich seines Besitzrechtes war. Eigentum an den Tieren hat er wegen § 935 erst durch Verarbeitung erlangt (§ 950). Nach § 951 Abs. 1 S. 1 kann der Landwirt für diesen Rechtsverlust Vergütung in Geld nach den Vorschriften der ungerechtfertigten Bereicherung verlangen. Allerdings nur, wenn die dortigen Voraussetzungen vorliegen (Rechtsgrundverweisung; s. o. Rn. 246).

Zu 2: Zunächst stellt sich die Frage, ob das Bereicherungsrecht nicht wegen § 993 Abs. 1 a. E. ausgeschlossen ist und der Fleischfabrikant nur für die Übermaßfrüchte haften muss. Wortlaut und Sinn von § 993 Abs. 1 wollen Bereicherungsansprüche bezüglich des Sachwertes selbst aber nicht ausschließen, sodass § 951 Abs. 1 S. 1 anwendbar bleibt (näher hierzu u. Rn. 323 f.).

Weiterhin fragt sich, ob der Anspruch aus § 812 Abs. 1 S. 1 Var. 2 am Vorrang der Leistungskondiktion scheitert. Der Bundesgerichtshof verneint das in den Urteilsgründen zwar nicht ausdrücklich, letztlich aber inzidenter in seinen Ausführungen zum rechtfertigenden Grund i.S.v. § 812 Abs. 1 S. 1 Var. 2. Anderenfalls entstünden Wertungswidersprüche, wenn der Eigentümer vor der Verarbeitung seine Tiere erfolgreich heraus verlangen könnte (gem. § 985), ihm nach Verarbeitung aber keinerlei Ansprüche verblieben, obwohl § 935 ihm im Falle des Abhandenkommens die Eigentumsposition zuordnet. Nach dieser Wertung ist es dem Fabrikanten verwehrt, auf seine Leistungsbeziehung mit dem Dieb zu verweisen. Er ist damit dem Verlangen des Landwirtes aus §§ 951 Abs. 1 S. 1, 812 Abs. 1 S. 1 Var. 2 ausgesetzt. Nur so kann der Anspruch die Wertung von § 935 fortführen (Rechtsfortwirkungsanspruch).

Nach einer in der Literatur vertretenen Ansicht bedarf es keiner Durchbrechung des Grundsatzes, nach dem der Leistungskondiktion der Vorrang gegenüber der Eingriffskondiktion gebührt, da der Dieb nur den Besitz und gerade nicht das Eigentum geleistet hat (*Medicus*, BR, Rn. 727). Bezüglich des Eigentums bestünde keine Leistungsbeziehung.

Zu 3: Auch hier müssen die sachenrechtlichen Wertungen von § 935 fortgeführt werden. Da vor Verarbeitung der Fabrikant einem Herausgabeverlangen des Eigentümers nach § 985 nicht den an den Dieb geleisteten Kaufpreis hätte entgegenhalten können, muss Entsprechendes auch für den Bereicherungsanspruch gelten, den § 951 Abs. 1 S. 1 als Rechtsfortwirkungsanspruch gewährt. Folglich scheitert der Einwand des Wegfalls der Bereicherung. Der Fabrikant ist darauf verwiesen, den geleisteten Kaufpreis vom Dieb zurückzufordern.

Entscheidung 4 (Rn. 380)

Zu 1: Nein, Verstöße gegen Vorschriften der GBO machen das Grundbuch nicht unrichtig, da die Ordnungsvorschriften der GBO die dingliche Rechtslage nicht beeinflussen (s. o. Rn. 380).

Zu 2: Der Rang eines eingetragenen Grundstücksrechts bestimmt sich ausschließlich nach der Reihenfolge der Eintragung (§ 879). In welcher Reihenfolge die Anträge beim Grundbuchamt eingegangen sind und ob die §§ 17, 45 GBO beachtet wurden, ist unerheblich (Rn. 376).

Zu 3: Da das Grundbuch nicht unrichtig ist, kommt lediglich ein Anspruch aus § 812 Abs. 1 S. 1 Alt. 2 gegen den Bevorzugten in Betracht. Dieser hat einen besseren Rang (vermögenswerte Rechtsposition) erlangt, als bei Beachtung der gesetzlichen Vorschriften (§§ 17, 45 GBO) der Fall gewesen wäre. Das geschah auf Kosten des Benachteiligten, in dessen Anwartschaft eingegriffen wurde. Fraglich ist aber, ob dies ohne Rechtsgrund erfolgte. Die h.M. (MünchKomm-BGB/*Wacke*, § 879 Rn. 34 m.w.N.) verneint das (a.A. *Baur/Stürner*, § 17 Rn. 17 f.). Der Bundesgerichtshof sieht dabei § 879 als Rechtsgrund für die Rangposition (a.A. *Baur/Stürner*, § 17 Rn. 18: § 879 habe nur Bedeutung für gutgläubige Dritte). Im Ergebnis ist dem die h.M. aus Gründen der Rechtssicherheit gefolgt. Insbesondere Kreditgeber müssten sich auf den eingetragenen Rang verlassen (s. zum Ganzen Rn. 380). Ein Anspruch aus § 812 Abs. 1 S. 1 Alt. 2 besteht daher im Ergebnis nicht.

Zu 4: Der Benachteiligte kann gem. § 839 i.V.m Art. 34 GG einen Amtshaftungsanspruch geltend machen. Dieser ist aber nicht auf Verschaffung des Ranges, sondern auf Zahlung von Schadensersatz gerichtet.

Zu 5: Ja, beispielsweise wenn zwischen den Gläubigern (also später Benachteiligtem und dem im Rang Bevorzugten) eine Rangvereinbarung geschlossen wurde. Dann besteht zwischen ihnen eine schuldrechtliche Sonderbeziehung, die die Parteien vertraglich verpflichtet. Andernfalls besteht nach h.M. weder zwischen ihnen untereinander noch zwischen dem Benachteiligten und dem Eigentümer ein Anspruch (s. o. Frage 3).

Hat sich der Eigentümer jeweils mit beiden Gläubigern (diese aber nicht untereinander) auf einen bestimmten Rang geeinigt (s. § 879 Abs. 3) und erfolgt die Eintragung unter Verstoß gegen die §§ 17, 45 GBO, so dass derjenige den schlechteren Rang erhält, dem der bessere zugestanden hätte, so wird der Eigentümer seinen nun gegen den im Rang Bevorzugten bestehenden schuldrechtlichen Anspruch auf Rangänderung (§ 880) an den Benachteiligten abtreten müssen. Als Anspruchsgrundlage hierfür käme § 285 analog in Betracht (str.; zum Ganzen *Baur/Stürner*, § 17 Rn. 25 ff.; s. auch o. Rn. 380).

Entscheidung 5 (Rn. 386)

Zu 1: Der Kaufvertrag über das Grundstück wurde nicht formwirksam geschlossen, da ein Grundstückskaufvertrag (Verpflichtungsgeschäft) gemäß § 311b Abs. 1 S. 1 notariell beurkundet werden muss. Daran fehlte es im vorliegenden Fall. Die Auflassung (dingliche Einigung, § 925) war ebenso formunwirksam. Sie hätte vor einer zuständigen Stelle erklärt werden müssen (§ 925 Abs. 1, in der Regel notariell beurkundet, s. o. Rn. 397 und 396). Eine Eintragung des Eigentümerwechsels im Grundbuch hatte ebenfalls nicht stattgefunden. Damit war keine Heilung gemäß § 311b Abs. 1 S. 2 möglich (s. o. Rn. 386).

Zu 2: Der Beklagte handelte nicht arglistig (s. § 123 Abs. 1), da er zum Zeitpunkt seines Versprechens, dem Kläger das Haus zu übertragen, dies tatsächlich beabsichtigt hatte. Er wollte daher den Kläger nicht täuschen, zumal beide Parteien das Formerfordernis kannten.

Zu 3: Eine Rechtspflicht des Beklagten, sein Wort zu halten, gab es nicht. Eine Pflicht, sich an formlose Versprechen zu halten folgt auch nicht aus § 242.

Sachverzeichnis

Die Zahlen verweisen auf die Randnummern des Buches.